Schriftenreihe

Religionspädagogik
in Forschung und Praxis

Band 4

ISSN 2191-320X

Verlag Dr. Kovač

Andrea Dietzsch

Evangelische Schulseelsorge

Impulse für Theorie und Praxis

Verlag Dr. Kovač

Hamburg
2013

VERLAG DR. KOVAČ GMBH
FACHVERLAG FÜR WISSENSCHAFTLICHE LITERATUR

Leverkusenstr. 13 · 22761 Hamburg · Tel. 040 - 39 88 80-0 · Fax 040 - 39 88 80-55

E-Mail info@verlagdrkovac.de · Internet www.verlagdrkovac.de

Das vorliegende Werk wurde an der Universität Erlangen-Nürnberg im Jahre 2013 in ungekürzter Form als Dissertation mit folgendem Titel angenommen:
„Evangelische Schulseelsorge. 25 Thesen für eine Theoriebildung von Schulseelsorge unter Berücksichtigung des Potentials von Schulseelsorge als Beitrag zur Schulentwicklung. Eine qualitativ-empirische Studie im Kontext allgemeinbildender Gymnasien."

Bibliografische Information der Deutschen Nationalbibliothek
Die Deutsche Nationalbibliothek verzeichnet diese Publikation in der Deutschen Nationalbibliografie; detaillierte bibliografische Daten sind im Internet über http://dnb.d-nb.de abrufbar.

ISSN: 2191-320X
ISBN: 978-3-8300-7232-4

Zugl.: Dissertation, Friedrich-Alexander-Universität Erlangen-Nürnberg (FAU), 2013.

© VERLAG DR. KOVAČ GmbH, Hamburg 2013

Mit CD-ROM-Beilage

Printed in Germany
Alle Rechte vorbehalten. Nachdruck, fotomechanische Wiedergabe, Aufnahme in Online-Dienste und Internet sowie Vervielfältigung auf Datenträgern wie CD-ROM etc. nur nach schriftlicher Zustimmung des Verlages.

Gedruckt auf holz-, chlor- und säurefreiem, alterungsbeständigem Papier.
Archivbeständig nach ANSI 3948 und ISO 9706.

Inhaltsverzeichnis

VORWORT 9

TEIL I: KONZEPTION UND FOKUSSIERUNG

1 EINLEITUNG 11
1.1 Hinführung 11
1.2 Forschungsmotivation 14
1.3 Erste Zielformulierung 16

2 TERMINOLOGISCHE ANNÄHERUNG: SCHULSEELSORGE 19
2.1 Schulseelsorge und Schulpastoral 19
    2.1.1 Katholische Kirche 19
    2.1.2 Evangelische Kirche 22
    2.1.3 Schulseelsorge und Schulpastoral – zwei unterschiedliche Phänomene? 25
2.2 Arbeitsdefinition Schulseelsorge 28
2.3 Schulseelsorge im evangelischen Verständnis von Seelsorge 31
2.4 Zusammenfassung 34

3 KONZEPTIONELLE, WISSENSCHAFTSTHEORETISCHE UND FORSCHUNGSMETHODISCHE ÜBERLEGUNGEN 37
3.1 Konzeptionelle Überlegungen 37
    3.1.1 Zielsetzung 37
    3.1.2 Konzeption 40
    3.1.3 Grafische Darstellungen der Forschungskonzeption 43
3.2 Normative Theorie und Empirie – eine Verhältnisbestimmung 44
    3.2.1 Grundlagen einer empirischen Theologie 44
    3.2.2 Das Verhältnis von Theologie und Empirie 45

TEIL II: FORSCHUNGSSTAND UND PRÄZISIERUNG DER FRAGESTELLUNG

4 ÜBERBLICK ÜBER DEN FORSCHUNGSSTAND 61
4.1 Kirchliche Verlautbarungen 63
    4.1.1 Kirchliche Verlautbarungen auf katholischer Seite 63
    4.1.2 Kirchliche Verlautbarungen auf evangelischer Seite 64
4.2 Lexikonartikel 67
4.3 Erfahrungs- und Praxisberichte 71
4.4 Monografien 72
4.5 Empirische Studien 80

5 Systematisierende Auswertung der Forschungsliteratur 87
5.1 Konzeption von Schulseelsorge 90
    5.1.1 Grundlagen 90
    5.1.2 Angebote 105
    5.1.3 Kontextuelle Verortung 120
5.2 Schulseelsorge als personales Angebot - Die Schulseelsorgeperson 141
    5.2.1 Selbstverständnis und beruflicher Hintergrund 141
    5.2.2 Beauftragung 150
    5.2.3 Kompetenzen 152
    5.2.4 Qualifizierung/Fortbildung/Begleitung 160
    5.2.5 Motivation 161
5.3 Schulseelsorge als Beitrag zur Schulentwicklung 162
    5.3.1 Schulentwicklung und Schulkultur 163
    5.3.2 Das Verhältnis von Schulseelsorge und Schulentwicklung 166
    5.3.3 Beispiele für den Beitrag der Schulseelsorge zur Schulentwicklung 167
    5.3.4 Das Spezifische des schulseelsorgerlichen Beitrags zur Schulentwicklung 171
    5.3.5 Exkurs: Rezeption forschungspraktischer Hinweise aus der Literatur 171

6 Zusammenfassung des Forschungsstandes und Präzisierung der Fragestellung 175
6.1 Zusammenfassung 175
6.2 Präzisierung der Fragestellung 184

Teil III: Qualitativ-empirische Studie

7 Methodik 189
7.1 Methodische Entscheidungen 190
    7.1.1 Qualitativ-empirische Forschung 190
    7.1.2 Gütekriterien qualitativ-empirischer Forschung 191
    7.1.3 Grounded Theory als Basis 194
    7.1.4 Methodische Präzisierung: Teilstandardisiertes Experteninterview 196
7.2 Datenerhebung 203
    7.2.1 Sample - Auswahl der Interviewpartnerinnen und -partner 203
    7.2.2 Durchführung der Interviews 206
7.3 Datenauswertung 208
    7.3.1 Datenaufbereitung 208
    7.3.2 Datenanalyse 209
7.4 Zusammenfassung: Grafische Darstellung des Forschungsdesigns 214

8 Ergebnisse I: Einzelfallanalysen 215

9 ERGEBNISSE II: FALLÜBERGREIFENDE ANALYSE.................217
9.1 Konzeption von Schulseelsorge..219
    9.1.1 Grundlagen...219
    9.1.2 Angebote von Schulseelsorge....................................226
    9.1.3 Kontextuelle Verortung von Schulseelsorge............241
9.2 Schulseelsorge als personales Angebot: Die Schulseelsorgeperson...........253
    9.2.1 Selbstverständnis und Hintergrund der Schulseelsorgeperson.............253
    9.2.2 Beauftragung der Schulseelsorgeperson...................261
    9.2.3 Kompetenzen der Schulseelsorgeperson 262
    9.2.4 Ausbildung, Qualifizierung und Begleitung der Schulseelsorgeperson........269
    9.2.5 Motivation der Schulseelsorgeperson........................271
9.3 Schulseelsorge als Beitrag zur Schulentwicklung..................273
    9.3.1 Verständnis von Schulentwicklung............................274
    9.3.2 Schulseelsorge als Teil des schulischen Leitbildes....275
    9.3.3 Beispiele für den Beitrag der Schulseelsorge zur Schulentwicklung.............276
    9.3.4 Strukturen..281
    9.3.5 Abgrenzung zu anderen Beiträgen..............................282

TEIL IV: IMPULSE FÜR THEORIE UND PRAXIS

10 ZUSAMMENFASSUNG DER EMPIRISCHEN BEFUNDE UND DISKUSSION MIT DER LITERATUR...........................283
10.1 Konzeption..285
    10.1.1 Grundlagen...285
    10.1.2 Angebote..290
    10.1.3 Kontextuelle Verortung..296
10.2 Schulseelsorge als personales Angebot: Schulseelsorgeperson..............301
    10.2.1 Beruflicher Hintergrund und Lehrtätigkeit..............301
    10.2.2 Kompetenzen...304
    10.2.3 Qualifizierung, Ausbildung und Begleitung............309
    10.2.4 Beauftragung und Motivation...................................310
10.3 Der schulseelsorgliche Beitrag zur Schulentwicklung........311
    10.3.1 Das Potential von Schulseelsorge als Beitrag zur Schulentwicklung...........311
    10.3.2 Beispiele für den schulseelsorglichen Beitrag zur Schulentwicklung.....312
    10.3.3 Spezifika des schulseelsorglichen Beitrags zur Schulentwicklung.........313
    10.3.4 Notwendige Ressourcen und Strukturen.................314

11 DISKUSSION MIT AUSGEWÄHLTEN SEELSORGEKONZEPTEN................317
11.1 Ausgewählte Seelsorgekonzepte als Bezugstheorien...........318
    11.1.1 Alltagsseelsorge: Eberhard Hauschildt....................320
    11.1.2 Diakonische Seelsorge: Henning Luther und Jürgen Ziemer.............322
    11.1.3 Kommunikative Seelsorge: Henning Luther und Thomas Henke..........325
11.2 Diskussion..327
    11.2.1 Schule als Alltagssituation..327
    11.2.2 Schule als Lebenswelt/-raum...................................328

Inhaltsverzeichnis

11.2.3 Schüler- und Lehrerschaft als Hauptadressaten..................................329
11.2.4 Seelsorge im schulischen Beziehungsgeflecht...................................331
11.2.5 Seelsorge und ihr Verhältnis zur Schule..332
11.2.6 Formale oder informelle Seelsorgegespräche...................................333
11.2.7 Mittelpunkt des Schulseelsorgegesprächs..335

12 Diskussion mit ausgewählten Schulentwicklungstheorien 337
12.1 Ausgewählte Schulentwicklungsansätze als Bezugstheorien..................339
    12.1.1 Kooperative Schulentwicklung..340
    12.1.2 Pädagogische Schulentwicklung...342
    12.1.3 Schulentwicklung aus subjektwissenschaftlicher Perspektive.......344
    12.1.4 Systemisch-konstruktivistische Schulentwicklung 345
12.2 Diskussion..347
    12.2.1 Kooperation und Teamentwicklung..347
    12.2.2 Gestaltung des Schullebens..349
    12.2.3 Gestaltung förderlicher Beziehungen...350
    12.2.4 Standpunkt- bzw. Perspektiven-Bildung 350
    12.2.5 Gegenentwurf/Gegenraum...353

13 Thesen für eine Theoriebildung von Schulseelsorge 355
13.1 Thesen 1-25 356
13.2 Die Thesen im Überblick...395

14 Zusammenfassung, Reflexion und Perspektiven.......................399
14.1 Zusammenfassung der Arbeit..399
    14.1.1 Forschungsziel und -konzeption...400
    14.1.2 Forschungsergebnisse...403
14.2 Reflexion des Forschungsprozesses...411
14.3 Handlungsperspektiven für die religionspädagogische (Ausbildungs-)Praxis 418
    14.3.1 Ausgewählte Professionstheorien als Bezugstheorien....................421
    14.3.2 Perspektiven für den Erwerb von Kompetenz für Schulseelsorge für Religionslehrerinnen und -lehrer..........................452
    14.3.3 Gesamtfazit...455

Teil V: Literatur und Materialien

15 Literaturverzeichnis...457

16 Anhang...499

Vorwort

Während meines Referendariats begegnete ich Evangelischer Schulseelsorge zum ersten Mal. Nur wenige Jahre später eröffnete sich mir die Möglichkeit, mich mit diesem Thema wissenschaftlich auseinandersetzen zu können. Während meiner Zeit als Repetentin/Studienleiterin am Evangelischen Stift Tübingen genoss ich das Privileg, neben unterrichtenden und beratenden Tätigkeiten dieses bislang empirisch und systematisch wenig beachtete Feld speziell an allgemeinbildenden Gymnasien zu erforschen. Allen, die dies ermöglicht haben, danke ich herzlich.

Besonders Herrn Oberstudiendirektor Steffen Prill, der mich im Zuge einer Abordnung vier Jahre „ziehen ließ" (und im Anschluss wieder herzlich aufnahm). Weiter danke ich Herrn Kuratoriumsvorsitzendem Prof. Dr. Hans-Joachim Eckstein und den Kuratoriumsmitgliedern des Evangelischen Stifts, die mich als Repetentin gewählt haben sowie der Württembergischen Landeskirche, die meine Repetentur finanziell getragen hat. Besonders danke ich aber Herrn Ephorus Prof. Dr. Volker H. Drecoll und Frau Studieninspektorin Dr. Juliane Baur, die mich in großartiger Weise unterstützt und in meinem wissenschaftlichen Vorhaben ermutigt haben. Ein Dank geht auch an das Kollegium der Repetentinnen und Repetenten und die Studierenden des Evangelischen Stifts sowie die Bibliothekare Frau Beate Martin und Herrn Ulrich Gebhardt: Sie haben mein wissenschaftliches Arbeiten und Denken auf unterschiedliche Weise unterstützt und gefördert.

Zur Entstehung dieser Arbeit haben durch ihren fachkundigen, kritisch-konstruktiven Rat die Mitglieder des empirisch forschenden Kolloquiums an der Katholischen Fakultät der Universität Tübingen unter der Leitung von Herrn Dr. Dr. Jochen Sautermeister wesentlich beigetragen. Dafür sei ihnen herzlich gedankt. Aus dem großen Kreis der Mitforschenden seien vor allem Frau Dr. Cäcilie Blume und Frau Beate Thalheimer genannt, die mich durch ihre kompetenten Anregungen und treuen Korrekturen freundschaftlich unterstützt haben.

Vorwort

Danken möchte ich außerdem Frau Diplom-Psychologin Ingrid Nestor, die mir vonseiten des PTZ Stuttgart-Birkach mit ihrer Fachkompetenz zur Seite stand und erste Kontakte zu Schulseelsorgerinnen und Schulseelsorgern eröffnete. Den vielen praktizierenden Schulseelsorgerinnen und Schulseelsorgern, die mir Einblick in ihre Arbeit und Erfahrungen gewährten und für meine Interviews zur Verfügung standen sei ganz ebenso gedankt wie Herrn Pfarrer Walter Staude, der mir Einblick in die Schulseelsorgearbeit der EKHN gewährte.

Danken möchte ich ferner Herrn Prof. Dr. Peter Bubmann für die Erstellung des Zweitgutachtens. Außerdem danke ich ihm und Frau Prof. Dr. Annette Scheunpflug für die Bereitschaft, mich im Rahmen der Disputation zu prüfen.

Mein großer Dank gilt aber besonders und allen voran meinem Doktorvater Herrn Prof. Dr. Manfred L. Pirner. Ihm danke ich für eine hervorragende Betreuung und kritisch-konstruktive Begleitung meiner Arbeit, die sich gleichermaßen durch seine fachliche Kompetenz, seine Menschlichkeit und Herzlichkeit auszeichnete.

Ohne die Unterstützung durch meine Familie und Freunde hätte diese Arbeit nicht entstehen können: Deshalb gilt mein abschließender Dank ihnen.

Andrea Dietzsch
Ludwigsburg, im Mai 2013

Teil I: Konzeption und Fokussierung

1 Einleitung

1.1 Hinführung

In einer pluralistischen, von steigender Optionalität geprägten Gesellschaft werden Kinder und Jugendliche heute mit vielfältigen Anforderungen in schulischer und familiärer Hinsicht konfrontiert. Werte und Traditionen werden in Frage gestellt; Menschen, die kritisch und verlässlich Orientierung für das eigene Tun und Handeln bieten, sind gefragt. Hinzu kommt ein für Jugendliche unüberschaubarer Pluralismus an Lebensmodellen und Zukunftsperspektiven: Möglichkeiten, die eigene Zukunft zu gestalten sind für die einen unendlich, für andere nicht verfügbar – beide werden von der Machbarkeit und Leistbarkeit der eigenen Zukunft unter Druck gesetzt und verunsichert. Die Kompensation durch Gewalt, Sucht oder auffälliges Verhalten scheint eine logische Konsequenz dieser Überforderung zu sein. Nicht selten muss „die Schule [...] das zeitliche und pädagogische Vakuum füllen helfen, das entsteht, wenn eine große Zahl von Eltern ihrer erzieherischen Verantwortung entweder nicht gewachsen ist oder sich mehr oder weniger selbst aus der (erzieherischen) Verantwortung entlässt".[1] Schule wird zur erzieherischen Instanz in einem ganzheitlichen Sinne, zur Ersatzfamilie oder gar zur Heimat.[2] Diese der Schule zugewachsene Aufgabe wird umso problematischer, je mehr Jugendliche Schule als Ort des Leistungsdrucks und der Überforderung und nicht als Ort des ganzheitlichen Lernens und Lebens empfinden (können). In diesem „Haupt-Lebensraum"[3] von Heranwachsenden sind „alle Lebensthemen präsent, die Kinder und Jugend-

---

1 Englert, Vier Dimensionen, 38.
2 Zu den (kirchlichen) Herausforderungen von Ganztagsschulen: Vgl. Spenn, Ganztagsschule, 99ff.
3 Spenn, Evangelische Schulseelsorge, 54.

1.1 Hinführung

liche beschäftigen: [...] Fragen der sinnvollen Lebensgestaltung und der Freizeitkultur, von Liebe und Partnerschaft, das Hereinbrechen und Bewältigen von persönlichen Krisen und gesellschaftlichen Katastrophen".[4] Der zeitliche Rahmen des Unterrichts kann diesen Fragen und Themen nicht befriedigend begegnen. Aber auch im außerunterrichtlichen schulischen Rahmen sind Grenzen gesetzt, den Sorgen und Nöten von Schülerinnen und Schülern adäquat zu begegnen: Aufgrund struktureller Vorgaben ist es Lehrerinnen und Lehrer oft nicht möglich, die Lebens-Fragen in diesem speziellen Lebensraum wahr- und aufzunehmen.

War Schule immer schon als Lebensraum von jungen Menschen zu verstehen, so hat das umso mehr Geltung, je mehr dem bildungspolitischen Wunsch nach Ganztagsschulen dessen Realisierung folgt. Damit ist das Unternehmen Schule zuerst als schul- und bildungspolitische Herausforderung anzusehen. Aber es stellt auch eine Herausforderung für die Kirchen dar. Dass deshalb eine aktive Mitgestaltung sowohl der Schulkultur als auch der Bildungspolitik (auch) aus kirchlicher Perspektive über den Religionsunterricht hinaus von großer Dringlichkeit und Wichtigkeit ist, wird erkannt. Dies zeigen nicht nur Dokumente der EKD, sondern in jüngster Zeit auch Verlautbarungen, die die Impulse der EKD aufnehmen, wie zuletzt das Papier der Evangelischen Landeskirchen in Baden und Württemberg aus dem Jahr 2009. Beide Landeskirchen erkennen und formulieren ihre kirchliche, seit der Reformation historisch gewachsene und im christlichen Menschenbild begründete Mitverantwortung für das Bildungswesen. Unter Verweis auf die EKD Schrift *Maße des Menschlichen*[5] sprechen sich die beiden Landeskirchen für ein „unverkürztes, mehrdimensionales Verständnis von Bildung"[6] aus und betonen, dass „Bildung aus evangelischer Sicht die Entfaltung einer Gott-offenen Humanität und Orientierung des Handelns an christlichen Werten"[7] bedeutet. Konkret wenden sie sich gegen Bildungsun-

---

4 Spenn, Evangelische Schulseelsorge, 54.
5 Vgl. EKD, Maße des Menschlichen, 9.
6 Evangelische Landeskirche in Württemberg, Freiheit, 1.
7 Evangelische Landeskirche in Württemberg, Freiheit, 1.

1 Einleitung

gerechtigkeit, die aufgrund sozialer Herkunft selektiert. Weil „jeder junge Mensch ein Recht auf Förderung und Erziehung zu einer eigenverantwortlichen und gemeinschaftsfähigen Persönlichkeit"[8] hat, fordern sie u. a. „längeres gemeinsames Lernen, die flächendeckende Einführung des rhythmisierten Ganztagsbetriebes und die individuelle Förderung"[9] der Lernenden.

Mit dieser Absichtserklärung nehmen die evangelische Landeskirchen in Baden und Württemberg die „Schule als Ort in den Blick, an dem junge Menschen Bedarf an Begleitung"[10] haben und erkennen, dass Schülerinnen und Schüler „Erziehung als Hilfe [brauchen], [um] zu menschlicher Reife zu gelangen. Kinder brauchen nicht (nur) fachliches Wissen, sondern verständige Orientierung und verlässliche Wegbegleitung".[11]

Als eine Möglichkeit kirchlicher Wegbegleitung innerhalb der Schule kann Schulseelsorge gewertet werden. Schulseelsorge als kirchlich verantwortetes Engagement im säkularen Raum der Schule bedarf allerdings und zuallererst einer schulpädagogischen und/oder bildungstheoretischen Begründung. Eine erste plausible schulpädagogische Begründung der Schulpastoral an staatlichen Schulen entwirft Kristina Roth in ihrer 2013 veröffentlichten Dissertation. Gleichwohl sie aus katholischer Perspektive das Feld der Schulpastoral in den Blick nimmt, ergeben sich doch Begründungslinien, die auch für Evangelische Schulseelsorge gelten können. Roth orientiert sich an den Funktionen der Schule bei Helmut Fend[12], hinterfragt diese aufgrund des christlichen Bildungsverständnisses von Schulpastoral aber mit Blick auf das Individuum kritisch und ergänzt sie.[13] Schulpastorales Engagement kann demnach einerseits durch ihre Ziele, „*Menschwerdung in Solidarität* und *ganzheitliches Wachstum* zu ermöglichen"[14] im säkularen Raum der Schule schulpädagogisch begründet werden. Aus ihnen erwachsen dann

---

8 Evangelische Landeskirche in Württemberg, Freiheit, 1.
9 Evangelische Landeskirche in Württemberg, Freiheit, 1.
10 Spenn, Evangelische Schulseelsorge, 54.
11 Englert, Vier Dimensionen, 37.
12 Vgl. Roth, Sinnhorizonte, 184ff.
13 Vgl. Roth, Sinnhorizonte, 284f.
14 Roth, Sinnhorizonte, 308.

1.1 Hinführung

Verantwortung für gesellschaftliche und politische Fragen.[15] Zum anderen lässt sich schulpastorales Engagement begründen durch die Anknüpfungspunkte von Schulpastoral und Schulentwicklung: Roth wertet Schulpastoral als Beitrag zu einer Schule als Lebensraum.[16] Ausführlich wird im Rahmen einzelner Kapitel auf diese schulpädagogische Begründung (kritisch) Bezug genommen.

Neben dem langjährigen Engagement der katholischen Kirche im Bereich der Schulseelsorge bzw. Schulpastoral ist gegenwärtig ein verstärktes Interesse in vielen evangelischen Landeskirchen an der Schulseelsorge wahrzunehmen.[17] Das kirchliche Interesse an Schulseelsorge lässt sich nach Dam/Spenn dadurch begründen, dass Religion angesichts einer steigenden Anzahl von Menschen mit Migrationshintergrund sowie eines zunehmenden Orientierungsbedürfnisses in einer multioptionalen Gesellschaft ein neuer Stellenwert zugeschrieben wird.[18] Dass das Interesse aber auch aus der genuin christlichen Basis jeglichen kirchlichen Handelns erwächst und erwachsen muss, scheint zudem stringent: So gehört es zum diakonischen Auftrag von Kirche, im Bonhofferschen Sinne *Kirche für andere* zu sein.

Schulseelsorge als kirchliches Handlungsfeld im schulischen, von unterschiedlichsten Herausforderungen geprägten Kontext wahrzunehmen, zu reflektieren und sowohl empirisch als auch theoretisch zu fundieren, ist die Aufgabe der vorliegenden Arbeit.

1.2 Forschungsmotivation

Junge Menschen in ihrer Identitätsfindung und Persönlichkeitsentwicklung hin zu einem selbstständigen und selbstverantworteten Leben zu begleiten, stellt die Motivation meiner Berufswahl dar. Als Gymnasiallehrerin bin ich mit meinen Unterrichtsfächern Evangelische Religion und Ge-

---

15 Vgl. Roth, Sinnhorizonte, 308.
16 Vgl. Roth, Sinnhorizonte, 309ff.
17 Siehe Kapitel 2.1.
18 Vgl. Dam/Spenn, Evangelische Schulseelsorge, 11.

schichte in der privilegierten Lage, für Schülerinnen und Schüler Lernangebote zu schaffen, die einen breiten Kompetenzerwerb ermöglichen und (optimalerweise) zu einer ganzheitlichen (Herzens-) Bildung beitragen. In diesem Bestreben bin ich allerdings an strukturelle schulische und persönliche Rahmenbedingungen gebunden: Den Problemen und Bedürfnissen von Schülerinnen und Schülern kann nach meiner Erfahrung weder im 45-Minuten-Takt noch im Doppelstundenmodell befriedigend begegnet werden. Junge Menschen brauchen in ihrer individuellen Entwicklung Ansprechpartnerinnen und -partner, die sich im schulischen Kontext Zeit für sie nehmen können und wollen. Stellen Schülerinnen und Schüler fest, dass die Bereitschaft und eine (für Schülerinnen und Schüler) günstige Disposition der Lehrperson vorhanden ist, werden Lehrerinnen und Lehrer zwischen Tür und Angel angesprochen und um Rat gefragt.

Diese Nachfrage von Schülerinnen und Schülern zum einen, mein Interesse an einer Reflexion und die Suche nach einem alternativen Modell außerunterrichtlichen Engagements für Schülerinnen und Schüler zum anderen stellten den Ausgangspunkt meiner Beschäftigung mit Schulseelsorge dar. In einem solchen Sinne multifaktoriell bedingt fand meine „Erstbegegnung" im Rahmen einer Fortbildung der badischen Landeskirche mit Herrn Dr. Peter Cleiss in Kooperation mit der Schulpastoral der Erzdiözese Freiburg dar. Meine „Zweitbegegnung" fand im Schulzentrum Lampertheim statt: Auf Einladung von Herrn Walter Staude, einem der Pioniere der Schulseelsorge der Evangelischen Kirche in Hessen-Nassau (EKHN), wurde mir ermöglicht, die Praxis der Schulseelsorge zu erleben.

Mein wachsendes Interesse an einer reflexiven Auseinandersetzung mit schulseelsorgerlichen Entwürfen, meist Anregungen aus der Praxis, mündete in dem Wunsch, zur Erforschung des Phänomens *Schulseelsorge* wissenschaftlich beizutragen. Dieser Wunsch konnte im Rahmen meiner Tätigkeit als Repetentin/Studienleiterin am Evangelischen Stift Tübingen verwirklicht werden. Aufgrund meiner Erfahrungen (und ergänzt durch die Forschungslage) an Gymnasien sowie meiner Verbundenheit mit und der Si-

1.2 Forschungsmotivation

tuation von Schulseelsorge in der württembergischen Landeskirche begann ich 2009 an allgemeinbildenden Gymnasien (und ergänzend an anderen Schularten, siehe unten) im Raum der württembergischen Landeskirche zum Thema Schulseelsorge zu forschen mit dem Ziel, Impulse für eine Theoriebildung von Schulseelsorge zu entwickeln.

1.3 Erste Zielformulierung

Vor dem Hintergrund eines wachsenden Interesses an Schulseelsorge auf evangelischer Seite in Theorie und Praxis einerseits und dem Kontrast einer „eher spärlichen Theoriebildung"[19] zu einer gut dokumentierten Praxis[20] andererseits[21] möchte diese Arbeit einen Beitrag zur Erforschung des Phänomens *Schulseelsorge* leisten, das empirische Erkenntnisse analysiert und in theoretisch-konzeptionelle Impulse überführt. Dass eine solche Reflexion in diesem Bereich gewinnbringend ist, lässt sich angesichts des eher diffusen Spektrums des Verständnisses und Ziels von Schulseelsorge in Praxis und Theorie konstatieren, das von „Restkategorie außerunterrichtlicher Zusatzangebote"[22] bis hin zu „Alles ist Schulseelsorge, was ich an der Schule tue"[23] reicht. Es scheint, als ob Schulseelsorge bisher meistens „situativ und nebenher"[24] geschieht. Auch das Fehlen einer schulpädagogischen oder -theoretischen Begründung verstärkt diesen Eindruck und motiviert zur Beschäftigung mit Schulseelsorge.

Um Impulse für eine theoretisch-konzeptionelle Perspektiven für eine Theoriebildung zu entwickeln, werden intuitiv drei Vorentscheidungen getroffen, die in Auseinandersetzung mit der Forschungslage bestätigt bzw. verstärkt werden:[25]

---

19 Thalheimer, Schulpastoral, 576.
20 Vgl. Thalheimer, Schulpastoral, 576.
21 Ausführlich siehe Kapitel 5.
22 Heimbrock, Evangelische Schulseelsorge, 459.
23 Heimbrock, Evangelische Schulseelsorge, 459.
24 Spenn, Evangelische Schulseelsorge, 54.
25 An dieser Stelle folgt keine ausführliche Darstellung methodologischer Grundentscheidungen und der konkreten Vorgehensweise. Hier sei auf die Kapitel 4-6 verwiesen.

1 Einleitung

Mein eigener Praxisbezug, meine Kenntnis schulischer Strukturen sowie mein Interesse an subjektiven Deutungen und Erfahrungen aus der Praxis legen einen *empirischen Zugang* zum Thema nahe. Während diese Entscheidung in den Kapiteln 4-7 ausführlich aus unterschiedlichen Perspektiven begründet wird, seien hier bereits einige Argumente für einen empirischen Zugang angedeutet: Trotz einer gut dokumentierten Praxis[26] findet sich keine empirische Studie zur evangelischen Schulseelsorge. Dies ist besonders auch deshalb bemerkenswert, da empirische Befunde in Form von subjektiven Deutungen und Erfahrungen der praktizierenden Schulseelsorgerinnen und Schulseelsorger Ausgangspunkt für theoretisch-konzeptionelle Überlegungen sein können. Aus diesen Gründen entscheide ich mich für eine empirische Auseinandersetzung mit dem Phänomen der Schulseelsorge.

Ich beschränke mich bei meinen Forschungen auf den schulischen Bereich des *allgemeinbildenden Gymnasiums*. Dies ist durch meine Ausbildung und Erfahrung als Gymnasiallehrerin begründet und wurde bestätigt durch die Forschungslage[27] zur Schulseelsorge an allgemeinbildenden Gymnasien. Dabei lag zwar der Forschungsschwerpunkt von Anfang an auf Gymnasien, sollte aber ursprünglich durch eine Forschung an anderen Schularten mit dem Ziel ergänzt werden, das Spektrum der Ergebnisse an Gymnasien zu erweitern. Die Interviews an anderen Schularten wurden zwar geführt, aber nicht ausgewertet, da sich herausstellte, dass ihre Ergebnisse für diese Arbeit zu umfangreich sind. Sie bedürfen einer gesonderten Bearbeitung. Diese Entscheidung bedeutet zwar eine Beschränkung aus empirischer Perspektive, aber keine Beschränkung der Gesamtperspektive dieser Arbeit, wie noch dargelegt wird. Außerdem beschränke ich mich auf die qualitative Untersuchung der Schulseelsorge an Einzelschulen. Damit folge ich der zentralen Grundannahme des Zugangs fallorientierter Einzelschulforschung, wonach Prozesse aus einer kasuistischen Logik resultieren, die in quantita-

---

26 Vgl. Thalheimer, Schulpastoral, 576.
27 Ausführlich siehe Kapitel 4-6.

1.3 Erste Zielformulierung

tiven Studien systematisch nicht in den Blick geraten kann.[28] Die Frage nach der Repräsentativität der Ergebnisse wird ausführlich in den Kapiteln 3 und 7 behandelt.

An den Untersuchungsschulen ist die Schulseelsorge keineswegs institutionalisiert: Größtenteils sind die Schulseelsorgerinnen und Schulseelsorger ehrenamtlich schulseelsorgerlich aktiv, während einige wenige für ihr Engagement Deputatsstunden erhalten. Daher muss entschieden davon Abstand genommen werden, von einem institutionalisierten Amt der Schulseelsorgerin bzw. des Schulseelsorgers zu sprechen. In dieser Tatsache liegt die große Chance dieser Studie: Sie untersucht ein sehr junges kirchliches Feld, das einer Institutionalisierung noch entbehrt. Dies hat besonders für den Bereich der Württembergischen Landeskirche Geltung.

Als Forschungsfeld wähle ich den *Bereich der Württembergischen Landeskirche*. Diese Entscheidung resultiert aus meiner persönlichen Verbundenheit mit der Württembergischen Landeskirche sowie aus der Situation von Schulseelsorge in Württemberg. So wird Schulseelsorge hier erst seit 2005 als eigenständiges Projekt innerhalb der Landeskirche gefördert.[29] Dieses relativ junge Feld kirchlichen Handelns zu erforschen, scheint mir besonders deshalb reizvoll (und sinnvoll), da noch keine flächendeckende Qualifizierung oder Fortbildung zur Schulseelsorgeperson möglich ist, keine verbindliche Konzeption vorliegt und vieles vor Ort noch individuell gestaltet wird.

Im folgenden Kapitel wird geklärt, was unter Schulseelsorge gegenwärtig verstanden wird. Dabei wird auch eine Arbeitsdefinition von Schulseelsorge angestrebt, die dieser Arbeit im weiteren Verlauf als erste Orientierung zugrunde liegt.

---

28 Nach Idel (Fallstudien, 138) gestalten „schulische Akteure [...] Schulentwicklung in lokalen einzelschulischen Prozessen in Auseinandersetzung mit jeweils spezifischen Ausgangsbedingungen und Möglichkeitsräumen im Rahmen selbst (re-)formulierter Entwicklungsaufgaben".
29 Vgl. Kapitel 2.

2 Terminologische Annäherung: Schulseelsorge

2.1 Schulseelsorge und Schulpastoral

An dieser Stelle muss darauf verzichtet werden, eine umfassende, der evangelischen Perspektive verpflichtete Geschichte der Schulseelsorge zu schreiben, auch wenn eine solche noch aussteht. Gerade im 20. Jahrhundert ist die Geschichte einer Evangelischen Schulseelsorge besonders reizvoll. Dies sowohl im Hinblick auf die Diskussion, ob von Schulseelsorge vor dem Ende der Konfessionsschulen und der Einführung der Gemeinschaftsschulen zu sprechen ist oder wie sie sich in den Schulen in kirchlicher Trägerschaft (bis heute) gestaltet.

Im Folgenden kann allerdings nur ein knapper Überblick über die Entwicklung von Schulseelsorge bzw. Schulpastoral der vergangenen 50 Jahre gegeben werden. Daher sei auf die lesenswerte historische Verortung der Schulseelsorge (aus katholischer Perspektive) von der Spätantike bis in das 20. Jahrhundert bei Lames und Rüttiger verwiesen.[1] Dort kommt Lames zu dem Schluss, dass explizite Schulseelsorge, wie wir sie heute in den kirchlichen Diskussionen und in der Praxis vorfinden „als reflektiertes kirchliches Handeln eine Neuentwicklung der schulbezogenen Arbeit von Kirche ist, das als theoriegeleitetes Handeln keinen direkten Vorläufer"[2] in den letzten Jahrhunderten hat.

2.1.1 Katholische Kirche

Im Bereich der katholischen Kirche weist Schulseelsorge eine längere, vielfältigere und zuweilen reflektiertere Tradition auf als im evangelischen Bereich. Schneider datiert das Aufkommen des Begriffes Schulseelsorge im katholischen Raum um 1950.[3] In dieser Zeit umfasst der Begriff „alle pasto-

---
1 Vgl. Lames, Schulseelsorge, 24ff. Rüttiger, Schulpastoral, 13ff.
2 Lames, Schulseelsorge, 25.
3 Vgl. Schneider, Schulseelsorge, 1959. Schneider/Fuchs (Atmende Zwischenräume,

2.1 Schulseelsorge und Schulpastoral

ralen Bemühungen, Kinder und Jugendliche über die zumeist konfessionelle Schule [...], über [den] Religionsunterricht und Schulgottesdienst zum Glauben und zur kirchlichen Praxis zu führen".[4] Das Prinzip des kerygmatischen Religionsunterrichts soll „katechetische und pastorale Ziele und religiös-kirchliche Vollzüge aufs Engste mit der Schule verbinden".[5] Dieser integralistische Ansatz musste nach Bitter geradezu misslingen, da er ein „übermäßiges Einbringen der Kirche in die wertneutrale Schule"[6] bedeutete. Im Zuge der Bildungsreform der 1960er Jahre wird diese enge Verbindung von Kirche und (weiterführender) Schule „häufig abrupt"[7] beendet.[8] Zur Beendigung des Miteinanders von Schule, Unterricht und Seelsorge führt außerdem die kirchliche Entscheidung, den Religionsunterricht schultheoretisch im Schnittpunkt von Theologie und Pädagogik zu begründen.[9] Parallel dazu vollzieht sich der „Schwund konfessioneller Milieus und die wachsende Distanzierung der Menschen von den Kirchen".[10] Auf diese „krisenhaften Symptome"[11] reagiert die Katholische Kirche mit der Entwicklung einer gemeindlichen „Sakramentenkatechese"[12], der Stärkung des konfessionellen Religionsunterrichts und dem Ausbau schulbezogener, pastoraler Initiativen.[13] Unter dem Begriff „Schülerseelsorge"[14] werden ab 1965/70 pastorale

---

133) weisen darauf hin, dass es Schulpastoral prinzipiell schon immer dort gegeben hat, wo „Christinnen und Christen die Notwendigkeit erkannten, in der Schule einen Lebensraum zu gestalten". Neu ist ab 1996, „dass nun die Schule als ganzes System gesehen wird und sich somit der Träger- und Adressatenkreis im Sinne des Pastoralbegriffs aus *Gaudium et Spes* geweitet hat".
4 Schneider, Schulseelsorge, 1959.
5 Schneider, Schulseelsorge, 1959.
6 Bitter, Schulseelsorge, 70.
7 Die deutschen Bischöfe, Schulpastoral, 11.
8 Ein Umstand, der auch „durch das regional unterschiedliche Weiterbestehen von staatlichen Bekenntnisschulen (Niedersachsen, Nordrhein-Westfalen) und katholischen Schulen in freier Trägerschaft nicht umfassend ausgeglichen werden" konnte. Vgl. Die deutschen Bischöfe, Schulpastoral, 11.
9 Vgl. Schneider, Schulseelsorge, 1959.
10 Schneider, Schulseelsorge, 1959.
11 Kumher, Schulpastoral und religiöse Bildung, 21.
12 Die deutschen Bischöfe, Schulpastoral, 11.
13 Vgl. Schneider, Schulseelsorge, 1959.
14 Vgl. Die deutschen Bischöfe, Schulpastoral, 11f. Dam, Schulseelsorge, 360. Alternativ auch: Schülerforum oder Primanerforum.

2 Terminologische Annäherung: Schulseelsorge

Angebote subsumiert, wie „Besinnungstage, religiöse Schulwochen, Schulgottesdienste oder Tage religiöser Orientierung".[15] Die Schülerseelsorge versteht sich als „Ergänzung zum Religionsunterricht, indem sie den dort geltenden Vorrang der Glaubenslehre durch eine betonte Hervorhebung des Glaubensvollzugs zu unterstützen suchte".[16]

Wichtige Impulse erhält die katholische Schulseelsorge durch die Erziehungserklärung des II. Vatikanischen Konzils *Gravissimum educationis* und durch den Beschluss der Würzburger Synode, *Schwerpunkte kirchlicher Verantwortung im Bildungsbereich*.[17] Das Zweite Vatikanum entfaltet ein grundlegendes Verständnis von Kirche als Pastoral, das Kirche nicht als Gegenüber zur Welt, sondern als Dienst an den Menschen in der Welt wahrnimmt.[18] In den Verlautbarungen der gemeinsamen Würzburger Synode der Bistümer (1971-1975) wird Schulseelsorge als notwendige Ergänzung zum Religionsunterricht betrachtet. In dieser Zeit lässt sich ein Wechsel in der Zielvorstellung von Schulseelsorge konstatieren: Der kirchliche Dienst an der Schule wandelt sich von der Glaubensvermittlung hin zum Glaubenszeugnis, von der Glaubenslehre hin zum Glaubensleben.[19]

In den letzten 20 Jahren erfährt das Feld der Schulseelsorge im katholischen Bereich breite Beachtung und konzeptionelle Ausgestaltung.[20] 1989 setzt sich die Vereinigung Deutscher Ordensoberen grundsätzlich mit der Schulseelsorge auseinander, wählt aber den Begriff *Pastoral*.[21] Auch die Deutschen Bischöfe sprechen 1996 in ihrem Grundlagentext von Schulpas-

---

15 Die deutschen Bischöfe, Schulpastoral, 11. Vgl. Schneider, Schulseelsorge, 1959. Dam, Schulseelsorge, 360.
16 Die deutschen Bischöfe, Schulpastoral, 11. Schmitz (Schulpastoral, 65) meint belegen zu können, dass der Begriff „Schulseelsorge" zum ersten Mal (zumindest überdiözesan) in einem offiziellen kirchlichen Dokument 1976 auftaucht.
17 Gemeinsame Synode der Bistümer, Schwerpunkte kirchlicher Verantwortung im Bildungsbereich, 518-548. Vgl. Die deutschen Bischöfe, Schulpastoral, 5.
18 Pastoral impliziert damit den Anspruch, Dienst im jeweiligen Lebensraum zu sein.
19 Vgl. Bitter, Schulseelsorge, 70.
20 Ausführlich geschieht diese Darstellung zwar in Kapitel 5, doch seien hier einige Grundlagentexte erwähnt, die aufgrund ihrer Zahl und Autoren die Bedeutung des schulpastoralen Engagements der katholischen Kirche betonen.
21 Vgl. Vereinigung der deutschen Ordensoberen, Schulpastoral, 21ff.

2.1 Schulseelsorge und Schulpastoral

toral als einem „Dienst, den Christen aus ihrer Glaubensüberzeugung heraus für das Schulleben leisten mit der Absicht, so zur Humanisierung der Schule beizutragen".[22]

Wie etabliert Schulpastoral im katholischen Bereich ist, zeigt sich nicht zuletzt daran, dass an der kirchlichen Arbeitsstelle für Fernstudien/ Katholische Akademie Domschule Würzburg ein eigener Fernstudiengang für Schulpastoral eingerichtet und damit eine einheitliche Qualifizierungsmöglichkeit für Mitarbeitende in der Schulpastoral institutionalisiert ist.[23]

2.1.2 Evangelische Kirche

Schulseelsorgerliches Engagement beginnt auf evangelischer Seite mit Initiativen einzelner Personen. Vorreiter sind Pfarrerinnen und Pfarrer der Evangelischen Landeskirche in Hessen-Nassau[24], die in den späten 1950ern als Religionslehrerinnen und -lehrer an beruflichen Schulen den zeitlichen Rahmen des Religionsunterrichts als zu begrenzt wahrnehmen und mit außerunterrichtlichen Angeboten die „Bedürfnisse der Jugendlichen nach Orientierung und Sinngebung [zu] befriedigen"[25] suchen. Ihre Wurzeln hatten sie oftmals in der kirchlichen Jugendarbeit, weshalb es nicht verwunderlich ist, dass sich Schulseelsorge nach Auffassung der EKHN aus drei Quellen entwickelt: Der evangelischen Jugendarbeit, der Seelsorge und der Religionspädagogik.[26] Indem sich auf dem Feld der Religionspädagogik eine Trennung von Glaubenslehre (im Religionsunterricht) und Glaubenserfahrung (in Angeboten der Jugendarbeit), also weg vom Prinzip der Evangelischen Unterweisung, vollzieht, werden Angebote zur Glaubenserfahrung und -begleitung wichtig.

---

22 Die deutschen Bischöfe, Schulpastoral, 7.
23 Ausführlich siehe Kapitel 3.
24 Da Schulseelsorge „situativ und nebenher" geschieht (Spenn, Evangelische Schulseelsorge, 54), ist es durchaus denkbar, dass auch in anderen Landeskirchen schulseelsorgerliche Ansätze zu dieser Zeit vorhanden sind. Ob und inwieweit bewusst, reflektiert und mit welcher Absicht, darüber liegen m. W. keine Berichte vor.
25 Dam, Evangelische Schulseelsorge, 125. Vgl. Büttner, Dimension, 510f.
26 Vgl. Dam, Schulseelsorge, 358.

2 Terminologische Annäherung: Schulseelsorge

Wichtige Impulse für die Entwicklung der evangelischen Schulseelsorge kommen in den 1970ern vonseiten der Katholischen Kirche. Die Würzburger Synode bestärkt auch evangelische Kreise in den Bemühungen, schulseelsorgerliche Formen als Ergänzung zum Religionsunterricht anzubieten, was in der EKHN auf ein reges Interesse stößt. Parallel dazu kommen wichtige Impulse vonseiten der Evangelischen SchülerInnenarbeit der EKHN in Richtung schulnaher Jugendarbeit.[27] Ein wichtiger Schritt auf dem Weg zur institutionalisierten Verankerung von Schulseelsorge in der EKHN wurde 1988 auf der Synode gewagt.[28] Als erste evangelische Landeskirche ermöglicht die EKHN ab Dezember 1988 „begleitende Seelsorge an Schülern".[29] Die Kirchenleitung initiiert schulnahe Pilotprojekte und beauftragt eine Arbeitsgruppe zur Erarbeitung eines Konzepts für Schulseelsorge. 1992 münden die Ergebnisse aus der Pilotphase in die Konzeption von Schulseelsorge, die mit der offiziellen Verabschiedung von Leitlinien[30] für Schulseelsorge in der EKHN fest installiert wird.[31] Ab 1993 wird die Koordi-

---

[27] Aus rechtlichen, versicherungstechnischen und finanziellen Gründen wurden Pfarrer als Träger der Schulseelsorge in der EKHN bestellt, zum ersten Mal im Juni 1987. Nach Gesprächen mit den Schulaufsichtsbehörden in Rheinland-Pfalz und Hessen wurde an einer beruflichen Schule in Lampertheim eine Teilzeitstelle in „schulbezogener Arbeit" einem Gestellungsvertrag beigestellt. Der juristischen Schwierigkeiten war sich die Kirche durchaus bewusst: „Noch bewegte man sich damit aber in einer juristischen Grauzone zwischen Kirche und Staat, Schulseelsorge war geduldet. Man setzte entsprechend zunächst einmal auf die Fähigkeiten der einzelnen ausgewählten Personen, sich in diesem schwierigen „Zwischenraum" ihren Platz zu schaffen, um das Ganze von der Praxis her zu entwickeln [...]." Zick-Kuchinke, Entstehung, 58.

[28] Vorbereitet wurde diese durch eine Diskussion in der Zeitschrift „Der Evangelische Erzieher". So erschienen im Heft 4/1988 verschiedene Beiträge zum Thema wie: Dienst, Schulbezogene Jugendarbeit, 363-371; Himmighofen, Schulseelsorge, 381-389; Keil, Religionslehrer, 372-380; Schenk, Schülernahe Jugendarbeit, 355-363.

[29] Zick-Kuchinke, Entstehung, 58.

[30] Leitlinien der EKHN (Amtsblatt der EKHN 7/1993. in: Dam/Zick-Kuchinke, Jugendarbeit, 80-82. Vgl. Heimbrock, Evangelische Schulseelsorge, 459): „Durch die Einrichtung der „Schulseelsorge" will die EKHN über den zeitlichen Rahmen des Religionsunterrichts hinaus durch lebens- und erfahrungsmäßige Vertiefung der biblischen Botschaft, religiöse Bildung, Beratung und Begleitung christliche Verantwortung für die am Lebensbereich und am Lernfeld Schule Beteiligten wahrnehmen und verwirklichen. Sie versteht diese vielfältige Kommunikation des Evangeliums zugleich als einen Beitrag zum Schulleben und zur schulischen Gemeinschaftsbildung."

[31] Förderlich war nach Dam (Schulseelsorge, 15) zudem die Öffnung der Schule im Schulgesetz 1992: „In § 16,2 werden kirchliche Einrichtungen explizit als Kooperati-

2.1 Schulseelsorge und Schulpastoral

nation der AG Schulseelsorge, die Fachberatung und die finanzielle Ausstattung der Schulseelsorge an Dr. Harmjan Dam als Landesschülerpfarrer im Amt für Kinder- und Jugendarbeit übergeben. Die Fort- und Weiterbildung geschieht seither in Kooperation zwischen Jugendarbeit, Religionspädagogik und Seelsorge. 1998/99 wurde vonseiten der EKHN[32] ein erster Weiterbildungskurs Schulseelsorge EKD-weit angeboten.[33]

Während eine Etablierung von Schulseelsorge noch vor wenigen Jahren nur in einigen Landeskirchen, wie der Landeskirche in Hessen-Nassau, der Hannoverschen Landeskirche und in der Evangelischen Kirche von Westfalen wahrzunehmen war[34], wird sie gegenwärtig als Arbeitsbereich in vielen Landeskirchen aufgefasst, wenn auch mit unterschiedlichem Umfang, Ausstattung und Augenmerk. Eine Zusammenstellung der aktuellsten Zahlen findet sich bei Spenn/Dam.[35]

Damit hat sich die Schulseelsorge auch im evangelischen Bereich als eigenständiges kirchliches Arbeitsfeld etabliert. Konzeptionelle Entwicklung erfährt die evangelische Schulseelsorge auf den in regelmäßigen Abständen stattfindenden EKD-weiten Tagungen[36], im Religionspädagogischen Institut der bayerischen Landeskirche in Heilsbronn sowie maßgeblich im

---

onspartner genannt".
32 Vgl. Dam, Evangelische Schulseelsorge, 125. Schulpfarrerinnen und -pfarrer können eine Beauftragung für Schulseelsorge erhalten. Sie unterrichten dann 18 oder 19 Stunden RU (Gestellungsvertrag), haben ihr Unterrichtsdeputat um 6 Stunden reduziert für Schulseelsorge (=100%). Im Jahr 2009 stellt die EKHN hierfür 11,5 Pfarrstellen zur Verfügung. Das sind 55 Beauftragungen von Schulpfarrerinnen und Schulpfarrern mit je 4-6 Deputatsstunden. Im Jahre 2013 wird zum Jubiläum der Schulseelsorge in der EKHN eine Festschrift veröffentlicht, die die neuesten Zahlen sowie eine ausführliche Geschichte der Schulseelsorge in der EKHN enthält.
33 Vgl. Kramer, Schulseelsorge, 190.
34 Vgl. Dam, Schulseelsorge, 360.
35 Vgl. Dam/Spenn, Qualifizierung Schulseelsorge, 103f.
36 Eine bundesweite Fachtagung *Evangelische Schulseelsorge* fand 2006 in Kronberg/Taunus statt. Sie beschäftigte sich mit Qualifizierung von Schulseelsorgern und definierte dafür vier Kompetenzbereiche. Eine zweite Tagung folgte im April 2008. Als Ergebnisdokumentation sind folgende Publikationen zu lesen: Dam/Spenn, Evangelische Schulseelsorge. Dam/Spenn, Qualifizierung Schulseelsorge.

2 Terminologische Annäherung: Schulseelsorge

Comenius-Institut Münster. Im Comenius-Institut Münster sind einige wegweisende Publikationen entstanden, die meines Erachtens das Verständnis von Schulseelsorge im evangelischen Bereich wesentlich geprägt haben.[37]

In der *Evangelischen Landeskirche Württembergs* wurde zum Schuljahr 2007/08 Schulseelsorge „aufgegriffen [...], Fortbildungsmodule implementiert und versucht Schulseelsorgeangebote"[38] zu etablieren. Finanziert werden über Projektmittel des landeskirchlichen Bildungsdezernats 60 Deputatsstunden, was ungefähr einer Deputatsstunde pro Kirchenbezirk bzw. zwei pro Schuldekanat entspricht. Nach Verlautbarungen der Württembergischen Landeskirche konnte die Schulseelsorge über die Verfügungsstunden der Schuldekanate an 40 Schulen installiert werden.[39] Außerdem können projektbezogene Maßnahmen wie die Tage der Orientierung mit Zuschüssen unterstützt werden.[40] Nach Angaben der Württembergischen Landeskirche geschehen 60% des Engagements ehrenamtlich. Nach meinen Erfahrungen muss diese Zahl sicherlich nach oben korrigiert werden.

2.1.3 Schulseelsorge und Schulpastoral
– zwei unterschiedliche Phänomene?[41]

Im *katholischen Bereich* finden vor allem die beiden Begriffe Schulseelsorge und Schulpastoral Verwendung, wobei zu beobachten ist, dass der Begriff Schulpastoral seit 1996 bevorzugt verwendet wird. Der bis in die 1970er Jahre gebräuchliche Begriff der Schülerseelsorge ist gegenwärtig nicht mehr relevant, was als Konsequenz des Beschlusses der Würzburger

---

37 Vgl. Dam/Spenn, Evangelische Schulseelsorge, 2007. Dam/Spenn, Qualifizierung Schulseelsorge, 2009. Eine ausführliche Darstellung beider Werke folgt in Kapitel 4.
38 Evangelische Landeskirche in Württemberg, Schulseelsorge, 1.
39 Evangelische Landeskirche in Württemberg, Schulseelsorge, 6.
40 Vgl. Evangelische Landeskirche in Württemberg, Schulseelsorge, 1. Dort ist die Rede von 7€ pro Schüler/in. Vgl. auch: Evangelische Landeskirche in Württemberg, Schulseelsorge, 12. Zum Vergleich: Nach Kramer (Schulseelsorge, 190) arbeiten in der EKHN Schulpfarrerinnen und Schulpfarrer mit um ein Viertel reduziertem Stundendeputat im Religionsunterricht in der Schulseelsorge.
41 Vgl. Dam, Schulseelsorge, 360.

2.1 Schulseelsorge und Schulpastoral

Synode[42] (1971-75) interpretiert werden kann: Die Würzburger Synode beschreibt die Aufgaben von Schulseelsorge und entwirft ein Verständnis von Schulseelsorge, das an alle Menschen im Lebensraum Schule adressiert ist und nicht nur Schülerinnen und Schüler in den Blick nimmt. Damit verabschiedet sich die Katholische Kirche nicht nur konzeptionell, sondern auch terminologisch von der Schülerseelsorge.[43] Ein weiterer Begriffswechsel, weg von der Schulseelsorge hin zur Schulpastoral, vollzieht sich schließlich im Anschluss an das 1996 von der Deutschen Bischofskonferenz verabschiedete Grundlagenpapier. Es begreift Schulpastoral als Dienst der Kirche an den Menschen im Handlungsfeld Schule[44] und entspricht damit dem Geist des Zweiten Vatikanums.

Auch wenn Dam meint, dass sich Schulseelsorge und Schulpastoral inhaltlich kaum unterscheiden,[45] werden diese Begriffe hier differenziert erläutert, um der Begriffswahl auf katholischer Seite sensibilisiert begegnen zu können. Während Thalheimer die nahezu synonyme Verwendung der Begriffe Schulseelsorge und Schulpastoral und damit die „Bevorzugung des einen oder anderen Begriffes"[46] im katholischen Bereich regional von „Traditionen und Gepflogenheiten"[47] oder divergierenden Seelsorge- und Pastoralverständnissen abhängig macht, finden sich bei Bitter, Dirmeier und Weißenberger differierende Begründungen für die unterschiedliche Begriffswahl. Für Bitter markiert der Begriff Schulpastoral eher den kirchlichen (pastoralen) Einsatz in der Schule, wohingegen der Begriff Schulseelsorge die Intention des Unternehmens unterstreicht: Die Aufmerksamkeit für die Schüler und Lehrer, für die Schulkultur.[48] Dagegen unterscheidet Dirmeier

---

42 Vgl. Thalheimer, Schulpastoral, 577f.
43 Freilich gibt es in der katholischen Kirche Jugendverbände, die ihre seelsorgerliche Arbeit auf die Adressatengruppe der Schülerinnen und Schüler fokussieren. In diesen Fällen ist weiterhin von Schülerseelsorge die Rede.
44 Vgl. Die deutschen Bischöfe, Schulpastoral, 1996. Thalheimer, Schulpastoral, 575.
45 Vgl. Dam, Schulseelsorge, 360.
46 Thalheimer, Schulpastoral, 575.
47 Thalheimer, Schulpastoral, 575.
48 Vgl. Bitter, Schulseelsorge, 71. Bitter (Schulseelsorge, 71) zufolge ist bei der Begriffswahl von Schulpastoral und Schulseelsorge „bis zur Stunde noch keine rechte Scheidelinie zu erkennen".

2 Terminologische Annäherung: Schulseelsorge

zwischen Schulseelsorge und Schulpastoral aufgrund von Adressaten und Aufgabenfeldern. So fokussiere Schulpastoral auf alle an der Schule Beteiligten (im Unterschied zur Schülerseelsorge) und umfassen die Bereiche Verkündigung (im Unterschied zur Schulpsychologin) und Liturgie.[49] Eine theologisch-reflektierte Begriffsdefinition nimmt Weißenberger vor. Er unterscheidet zwischen Schulseelsorge und Schulpastoral aufgrund biblischer Beispiele. Seines Erachtens wird das seelsorgerliche Handeln Jesu deutlich an der „alltäglichen Begegnung"[50] von Jesus und einem einzelnen Menschen, nämlich der Frau am Jakobsbrunnen.[51] Dagegen wird (schul-)pastorales Handeln für ihn bei der Speisung der 5000 erkennbar. Jesus hat zwei Gruppen im Blick: Einerseits die Jünger, andererseits die Menschen, die ihm folgen.[52] Demnach benennt die Schulseelsorge die Begegnung eines Ratsuchenden mit einem Ratgebenden, während die Schulpastoral die Begegnung einer Gruppe mit einem oder mehreren Leitenden bezeichnet.[53] Nach Weißenberger sind „insofern alle Bereiche des kirchlichen Handelns in der Schule Seelsorge und Pastoral, als dass Lebenshilfe und Lebensraumgestaltung sowohl individuell als auch im Hinblick auf die Gruppe zu vollziehen sind".[54] Allerdings differenziert er begrifflich, indem er „dem Bereich der individuellen Lebenshilfe [...] eher de[n] Begriff der Schulseelsorge, dem Bereich der Lebensraumgestaltung eher de[n] Begriff der Schulpastoral"[55] zuordnet.

---

49 Vgl. Dirmeier, Schulseelsorge, 687ff.
50 Weißenberger, Schulseelsorge, 236.
51 Vgl. Weißenberger, Schulseelsorge, 238. Bei Weißenberger (Schulseelsorge, 240) ist weiter zu lesen: Am Jakobsbrunnen (Joh 4,6-26), einer „Situation zwischen Tür und Angel", hilft Jesus der Frau, „das zu finden, was sie sucht, indem er nachfragt und Zusammenhänge aufzeigt". In dieser Situation vollzieht sich vorbildhaft, was Weißenberger unter Schulseelsorge versteht: Jesus nimmt das Thema der Frau an und schenkt „menschgewordenes Heil [...], das mehr ist als Selbstreflexion der Situation der Frau oder tiefen- oder vulgärpsychologische Aufarbeitung einer Anfrage. Die Frau beginnt sich selbst zu werden. Sie erkennt, welchen (Lebens-)Weg sie gehen muss und welches (Glaubens-)Ziel sie finden wird".
52 Vgl. Weißenberger, Schulseelsorge, 241.
53 Vgl. Weißenberger, Schulseelsorge, 235.
54 Weißenberger, Schulseelsorge, 243.
55 Weißenberger, Schulseelsorge, 243.

2.1 Schulseelsorge und Schulpastoral

Im Gegensatz zur Katholischen Kirche ist in der *Evangelischen Kirche* ausschließlich von Schulseelsorge die Rede. Daneben findet sich die Begrifflichkeit der *Schulnahen Jugendarbeit*[56], die sich aber meines Erachtens nicht als Synonym für Schulseelsorge etablieren konnte, sondern die kirchliche Verbandsarbeit für Schülerinnen und Schüler bezeichnet. Exemplarisch sei hier die Arbeit des Evangelischen Jugendwerks von Württemberg angeführt, das mit den *Tagen der Orientierung* konkrete Angebote für die Zielgruppe der Schülerschaft bereithält.

2.2 Arbeitsdefinition *Schulseelsorge*

In der Württembergischen Landeskirche wurde im Jahr 2007 das Projekt Schulseelsorge ins Leben gerufen und mit personeller Ausstattung konzeptionell vorangetrieben. Da die vorliegende Arbeit im Bereich der Württembergischen Landeskirche forscht, ist diese Konzeptionalisierung von besonderer Bedeutung. Sie soll als Orientierung und Hintergrundfolie für die Untersuchung der schulseelsorgerlichen Praxis dienen. Von der Württembergischen Landeskirche wurde eine Definition von Schulseelsorge formuliert. Sie kann meines Erachtens nur den Charakter einer Arbeitsdefinition haben und soll für diese Arbeit als erste inhaltliche Annäherung an die Begrifflichkeit gelten. Auch kann sie nur den Zweck erfüllen, der Leserin bzw. dem Leser Orientierung zu geben, für das, was unter Schulseelsorge verstanden werden kann, da eine Vielzahl von terminologischen Beschreibungen von Schulseelsorge existieren, die auch unterschiedliche Begründungszusammenhänge haben können. Diese Heterogenität der Definitionen rührt daher, dass es „bisher kein gemeinsames Konzept der Schulseelsorge [gibt] – nicht unter den deutschen Bistümern, nicht zwischen evangelischer und katholischer Kirche, nicht in den Gemeinden"[57] und, wie ich meine, nicht un-

---

56 Vgl. die Anfangszeit der Schulseelsorge in der EKHN.
57 Schneider, Lehrer, 319.

2 Terminologische Annäherung: Schulseelsorge

ter den evangelischen Landeskirchen. Dies kann damit zusammenhängen, dass ein einheitliches Konzept schwierig ist, da jede Schule ihre Besonderheiten hat und einer eigenen Situationsanalyse bedarf.[58]

Trotz der Heterogenität und Diversität der Definitionen von Schulseelsorge ist es für die vorliegende Studie sinnvoll, von einer Arbeitsdefinition von Schulseelsorge auszugehen, die im Laufe der Arbeit in einzelnen Aspekten zu verifizieren bzw. falsifizieren sowie zu modifizieren oder zu erweitern ist.

„Evangelische Schulseelsorge ist ein durch den christlichen Glauben motiviertes und von den Kirchen getragenes offenes Angebot an alle Menschen im Lebensraum Schule (SchülerInnen, LehrerInnen, Mitarbeitende an der Schule, Eltern). Sie bietet ein offenes Ohr, qualifizierten Rat, Hilfe und religiös-ethische Begleitung in den Herausforderungen des alltäglichen Lebens. Damit leistet sie einen unverwechselbaren Beitrag zu einer lebendigen und menschenfreundlichen Schulkultur."[59]

Die Württembergische Landeskirche beschreibt in ihrer Definition Evangelische Schulseelsorge in dreifacher Hinsicht: Sie beleuchtet Schulseelsorge erstens hinsichtlich der Motivation und Verantwortung, zweitens hinsichtlich der Adressatengruppe(n) und drittens hinsichtlich ihrer Zielsetzung. Als Motivation schulseelsorgerlichen Handelns schreibt die Württembergische Landeskirche den christlichen Glauben fest. Als vom christlichen Glauben motiviert wird Schulseelsorge nach Meinung der Württembergischen Landeskirche von der Kirche getragen und damit verantwortet. Als Adressatengruppen werden alle am Schulleben Beteiligten benannt. Schulseelsorge wird als offenes Angebot verstanden, dessen Zielsetzung sehr differenziert beschrieben wird: Schulseelsorge „bietet ein offenes Ohr, qualifizierten Rat, Hilfe und religiös-ethische Begleitung in den Herausforderungen des alltäglichen Lebens".[60] Allerdings benennt diese Formulierung

---

58 Vgl. Rüttiger, Schulpastoral – ein selbstloser Dienst, 277.
59 Evangelische Landeskirche in Württemberg, Schulseelsorge, 4.
60 Evangelische Landeskirche in Württemberg, Schulseelsorge, 4.

2.2 Arbeitsdefinition Schulseelsorge

nicht dezidiert, wie, in welcher Form bzw. wer das „offene Ohr" etc. bietet. Für die Württembergische Landeskirche besteht in dieser Zielsetzung der „Beitrag zu einer lebendigen und menschenfreundlichen Schulkultur".[61]

Diese Arbeitsdefinition gibt Anhaltspunkte, das Phänomen Schulseelsorge in mindestens zwei Perspektiven zu untersuchen: Erstens ist eine Analyse der konzeptionellen Grundlagen von Schulseelsorge geboten. Zu ihnen können die Motivation, Verantwortung, Adressaten und Zielsetzungen gezählt werden. Zweitens weist die Arbeitsdefinition darauf hin, den Zusammenhang von schulseelsorgerlicher Zielsetzung bzw. Schulseelsorge und Schulkultur, also die Beschreibung des schulseelsorgerlichen Beitrags zur Schulkultur zu betrachten. Dabei ist zu fragen, welches Verständnis dem Begriff *Schulkultur* zugrunde liegt oder wie er (nachfolgend) verstanden werden will. Denkbar ist beispielsweise, den Begriff der *Schulkultur* als synonyme, wenn auch undifferenzierte Ersetzung des Begriffes des *Schulentwicklung* zu verstehen.

Ich meine allerdings, dass noch ein drittes einer genaueren Analyse unterzogen werden muss, auch wenn die Arbeitsdefinition der Württembergische Landeskirche hier sehr offen formuliert: Wer ist das offene Ohr, wer bietet „religiös-ethische Begleitung"[62] etc.? Unter Berücksichtigung dessen, dass die Württembergische Landeskirche an anderer Stelle davon spricht, dass „SchulseelsorgerInnen […] theologisch und/oder pädagogisch sowie seelsorgerlich qualifiziert"[63] sind, wird auch hier angenommen, dass es einer personalen Repräsentation des offenen Ohres und qualifizierten Rats, der Hilfe und religiös-ethischen Begleitung[64] bedarf. Denkbar ist, dass es sich dabei um eine von der Kirche beauftragte Person für Schulseelsorge

---

[61] Evangelische Landeskirche in Württemberg, Schulseelsorge, 4.
[62] Evangelische Landeskirche in Württemberg, Schulseelsorge, 4.
[63] Dort (Evangelische Landeskirche in Württemberg, Schulseelsorge, 6) weiter: Sie verfügen „über Wahrnehmungs- und Deutungskompetenz sowie über kommunikative und liturgische Kompetenz und über Kenntnisse systemischer Zusammenhänge".
[64] Evangelische Landeskirche in Württemberg, Schulseelsorge, 4.

2 Terminologische Annäherung: Schulseelsorge

handelt.[65] Die Singularform von Schulseelsorgeperson wird ebenfalls hypothetisch angenommen: Vielleicht muss von Schulseelsorgepersonen die Rede sein?

Damit ergibt sich eine weitere Beschäftigung mit dem Phänomen von Schulseelsorge in dreifacher Hinsicht:

1. Konzeptionelle Grundlagen
2. Schulseelsorgeperson
3. Zusammenhang von Schulseelsorge und Schulkultur bzw. Schulentwicklung

Bewusst wird an dieser Stelle auf die Darstellung weiterer Definitionen und die detaillierte Beschreibung von Angebotsformen oder Handlungsprinzipien von Schulseelsorge verzichtet, da eine solche umfassende Bestandsaufnahme den Rahmen dieser Arbeit sprengen würde und darüber hinaus nicht als Aufgabe der vorliegenden empirischen Arbeit verstanden wird. Die angeführte Arbeitsdefinition von Schulseelsorge soll ein heuristisches Rahmenmodell für Schulseelsorge darstellen, das als orientierende Richtschnur, aber auch kritisches Gegenüber dient.

2.3 Schulseelsorge im evangelischen Verständnis von Seelsorge

An dieser Stelle kann aus forschungspragmatischen Gründen keine umfassende Darstellung des evangelischen Seelsorgeverständnisses vorgenommen werden. Wohl aber sollen elementare Charakteristika eines evangelischen Seelsorgeverständnisses skizziert werden mit dem Ziel, die kontextuelle Verortung von evangelischer Schulseelsorge in einem poimenischen Diskurs anzudeuten.

---

65 Denkbar könnte auch sein, dass es sich im evangelischen Verständnis von Seelsorge auch um Seelsorge unter Gleichen, also unter Schülerinnen und Schülern, unter Lehrerinnen und Lehrern etc. handelt. Dies wird in Kapitel 5 noch ausführlich diskutiert.

2.3 Schulseelsorge im evangelischen Verständnis von Seelsorge

Grundlegend für das evangelische Verständnis von Seelsorge ist ihre durch Schleiermacher formulierte Begründung aus der evangelischen Freiheit.[66] Wurde Seelsorge bis dato als *cura animarum generalis* verstanden, die Seelsorge in allen Tätigkeitsbereichen des Geistlichen in der Gemeinde, also sowohl im Gottesdienst als auch in der Katechese gesehen hat, so begründet Schleichermacher Seelsorge nun als *cura animarum specialis*. Eine solche Zuwendung zum Individuum begründet sich im evangelischen Verständnis von Freiheit. Da alle „Gemeineglieder in ein unmittelbares Verhältniß zu dem göttlichen Wort gesezt sind, gestehen wir ihnen zu daß sie selbst ihr Gewissen aus dem göttlichen Wort berathen können".[67] Diese „geistige Freiheit und Selbständigkeit seiner Gemeineglieder soll der protestantische Geistliche vorrausezen".[68] falls allerdings das Vertrauen in die eigene Fähigkeit, Gottes Wort zu verstehen erschüttert wird oder der Einzelne „durch äußere Umstände aus der Identität mit der Gemeine gefallen"[69] ist, so ist es Aufgabe des Geistlichen, sich dem Einzelnen seelsorgerlich zuzuwenden und „die geistige Freiheit der Gemeineglieder zu erhöhen und ihnen eine solche Klarheit zu geben"[70], dass das Vertrauen nicht mehr erschüttert ist. Diese „specielle Seelsorge oder Seelsorge im engeren Sinne"[71] wird zum einen als „Rathgeben"[72], zum anderen als freie Begegnung zweier Individuen[73] verstanden. Letzteres unterscheidet sie vor allem vom katholischen Amtsverständnis. Bei Schleiermacher zielt die Seelsorge als Zuwendung zum Einzelnen darauf, den Einzelnen zum selbstständigen Glauben und in die Sozialität der Gemeinde zurückzuführen.

---

66 Obwohl Schleiermacher sicherlich keine Seelsorge im Sinne einer Schulseelsorge vor Augen hatte, ist sie so grundlegend für das evangelische Seelsorgeverständnis, das sie hier skizziert wird.
67 Schleiermacher, Die praktische Theologie, 430.
68 Schleiermacher, Die praktische Theologie, 444.
69 Schleiermacher, Die praktische Theologie, 459.
70 Schleiermacher, Die praktische Theologie, 445.
71 Schleiermacher, Die praktische Theologie, 428.
72 Schleiermacher, Die praktische Theologie, 452.
73 Vgl. Schleiermacher, Die praktische Theologie, 435.

2 Terminologische Annäherung: Schulseelsorge

Die Grundentscheidungen Schleiermachers werden in der Folgezeit beispielsweise von Carl Immanuel Nitzsch und Christian Palmer weiterentwickelt. Aus einer Vielzahl von Seelsorgeansätzen scheinen für die Kontextualisierung von Schulseelsorge in einem evangelischen Verständnis besonders jene Ansätze interessant zu sein, die in den letzten 30 Jahren unter Aufnahme soziologischer Aspekte entwickelt wurden wie beispielsweise die Konzepte von Henning Luther oder Thomas Henke. Weitere Seelsorgetheorien werden in Auswahl im Rahmen der Diskussion mit den empirischen Befunden der vorliegenden Studie skizziert.[74]

Im Gegensatz zu älteren Seelsorgekonzepten (Scharfenberg, Thurneysen u. a.), die seelsorgerliche Arbeit mit Jugendlichen kaum bzw. nicht rezipieren[75], geraten in den letzten Jahren Kinder und Jugendliche in den Blick von Seelsorge wie dies die Monografien zur *Kinderseelsorge* von Städtler-Mach bzw. Mack[76], zur Seelsorge mit jungen Menschen[77], zur Suizidalität bei Jugendlichen[78] oder zur Seelsorge im Jugendstrafvollzug[79] illustrieren.

An dieser Stelle kann Schulseelsorge noch nicht in einem abschließenden, umfassenden Sinne als poimenische Theorie im evangelischen Seelsorgeverständnis beschrieben werden. Wohl aber ergeben sich aus der Diskussion mit der Arbeitsdefinition von Schulseelsorge der Württembergischen Landeskirche erste Hinweise auf das implizite evangelische Seelsorgeverständnis.

---

74 Vgl. Kapitel 11.
75 Schweitzer (Seelsorge, 99) stellt fest, dass die seelsorgerliche Arbeit mit Jugendlichen [lange Zeit] kaum anerkannt war. Im Lehrbüchern der Seelsorge kamen Jugendliche nicht vor". Vgl. beispielsweise Riess/Fiedler, Die verletzlichen Jahre, 1993.
76 Vgl. Städtler-Mach, 2004. Kinderseelsorge. Mack, Handbuch Kinderseelsorge, 2010.
77 Vgl. Günther, Seelsorge, 2009. Günther, Ermutigung, 2010. Dieterich, Streiflichter zur Seelsorge, 2000.
78 Vgl. Langer, Auf Leben und Tod, 2001.
79 Elisabeth Roth wurde 2012 mit einer Arbeit über Seelsorge im Jugendstrafvollzug an der LMU München promoviert. Vgl. Roth, „Denn dieser mein Sohn", 2011 (z. Zt. unveröffentlicht).

2.3 Schulseelsorge im evangelischen Verständnis von Seelsorge

Schulseelsorge kann mit Schleiermacher als „offenes Angebot"[80] im Sinne einer freien Begegnung von Individuen gesehen werden. Schulseelsorge kann weiter als Zuwendung zum Einzelnen gesehen werden, indem sie „ein offenes Ohr, qualifizierten Rat, Hilfe und religiös-ethische Begleitung"[81] bietet. Umfasst das schulseelsorgerliche Angebot als „Beitrag zur Schulkultur"[82] auch Gottesdienste (was erst noch geklärt werden muss), so ist die von Schleiermacher betonte Verbindung von spezieller Seelsorge und allgemeiner Seelsorge im Gottesdienst anzunehmen. Zu fragen ist sicherlich nach dem Verhältnis von Schulseelsorge und Gemeinde.

2.4 Zusammenfassung

Im Rahmen dieses Kapitels wurde die Genese und gegenwärtige Situation von Schulpastoral bzw. Schulseelsorge in den beiden christlichen Kirchen Deutschlands seit ca. 1950 skizziert. Dabei zeigte sich, dass Schulseelsorge auf katholischer Seite eine längere Geschichte aufweist als auf evangelischer. Während auf katholischer Seite vor allem die Begriffe Schulpastoral und Schulseelsorge Verwendung finden, ist auf evangelischer Seite anfangs auch von schulnaher Jugendarbeit, gegenwärtig nur von Schulseelsorge die Rede. Im katholischen Bereich ist gegenwärtig der Begriff der Schulpastoral dominant, der im Geist des Zweiten Vatikanums den Begriff der Pastoral aufnimmt. Allerdings werden trotz divergierender Verständnisse die Begriffe Schulseelsorge und Schulpastoral (auch heute noch) synonym gebraucht.

Das schulseelsorgerliche Engagement beginnt auf evangelischer Seite mit der Initiative einzelner (Schul-) Pfarrerinnen und Pfarrer. Motiviert vom Anliegen, Schülerinnen und Schülern Orientierung (an)zu bieten und Sinnfindung zu ermöglichen, wurden an einigen Schulen im Raum der Evangelischen Kirche von Hessen-Nassau schulseelsorgerliche Formen entwickelt.

---

80 Evangelische Landeskirche in Württemberg, Schulseelsorge, 4.
81 Evangelische Landeskirche in Württemberg, Schulseelsorge, 4.
82 Evangelische Landeskirche in Württemberg, Schulseelsorge, 4.

2 Terminologische Annäherung: Schulseelsorge

Als erste evangelische Landeskirche ermöglicht die EKHN in den späten 1980ern bzw. frühen 1990ern die Institutionalisierung von Schulseelsorge durch Schaffung finanzieller und rechtlicher Rahmenbedingungen (z. B. Gestellungsvertrag) und die fachliche Koordination durch das Amt für Kinder- und Jugendarbeit. Zwischenzeitlich wird Schulseelsorge in vielen Landeskirchen als Arbeitsbereich anerkannt – allerdings mit sehr unterschiedlicher finanzieller und personeller Ausstattung oder konzeptionellen Grundlagen. Von einer flächendeckenden Etablierung und Institutionalisierung von Schulseelsorge kann nicht die Rede sein. Im Bereich der Württembergischen Landeskirche wird das Projekt Schulseelsorge seit 2007 vom Pädagogisch-Theologischen Zentrum der Landeskirche begleitet und durch ein Weiterbildungsprogramm unterstützt. An finanzieller Ausstattung verfügen die Schuldekanate jeweils über zwei Verfügungs-/Deputatsstunden für kirchliche Religionslehrende sowie Zuschüsse für Projekte. Schulseelsorge wird im Bereich der Württembergischen Landeskirche also weitgehend ehrenamtlich betrieben.

Da die vorliegende Arbeit im Bereich der Württembergischen Landeskirche entsteht, dient zur vorläufigen terminologische Klärung eine Definition von Schulseelsorge, die der Württembergischen Landeskirche entlehnt ist. Demnach ist Schulseelsorge ein durch den christlichen Glauben motiviertes und von den Kirchen getragenes offenes Angebot an alle Menschen im Lebensraum Schule, das ein offenes Ohr, qualifizierten Rat, Hilfe und religiös-ethische Begleitung in den Herausforderungen des alltäglichen Lebens bietet und dadurch einen unverwechselbaren Beitrag zu einer lebendigen und menschenfreundlichen Schulkultur leistet.[83] Als vorläufige Kernkategorien von Schulseelsorge werden die *Konzeption*, die *Schulseelsorgeperson* und der *schulseelsorgerliche Beitrag zur Schulkultur bzw. Schulentwicklung* begriffen.

---

83 Vgl. Evangelische Landeskirche in Württemberg, Schulseelsorge, 4.

2.4 Zusammenfassung

In Auseinandersetzung mit einem evangelischen Seelsorgeverständnis ausgehend von Schleiermacher kann Schulseelsorge als „offenes Angebot"[84] im Sinne einer freien Begegnung von Individuen und damit auch als *cura animarum specialis* gesehen werden. Umfasst das schulseelsorgerliche Angebot als „Beitrag zur Schulkultur"[85] auch Gottesdienste (was erst noch geklärt werden muss), so könnte die von Schleiermacher betonte Verbindung einer *cura animarum specialis* und einer *cura animarum generalis* bestehen. Im Gegensatz zu älteren Seelsorgekonzepten, die Schleiermachres Impulse aufnehmen und weiterentwickeln, die seelsorgerliche Arbeit, geraten in den letzten Jahren Kinder und Jugendliche in den Blick von Seelsorge.

Nach dieser Annäherung an die Genese und Situation von Schulseelsorge, ihre terminologische *Erst*-Klärung sowie der Verortung im evangelischen Verständnis von Seelsorge wird nun im folgenden Kapitel ein Überblick über den Forschungsstand zur Schulseelsorge gegeben.

---

84 Evangelische Landeskirche in Württemberg, Schulseelsorge, 4.
85 Evangelische Landeskirche in Württemberg, Schulseelsorge, 4.

3 Konzeptionelle, wissenschaftstheoretische und forschungsmethodische Überlegungen

3.1 Konzeptionelle Überlegungen

3.1.1 Zielsetzung

Die Erhebung des Forschungsstandes in den Kapiteln 4-6 wird den ersten Eindruck hinsichtlich der Forschungsliteratur zur Evangelischen Schulseelsorge bestätigen: Weder liegen empirische Arbeiten zur Evangelischen Schulseelsorge noch Studien zur Schulseelsorge speziell an allgemeinbildenden Gymnasien vor. Auch steht die Fülle an Erfahrungsberichten im Gegensatz zur spärlichen Konzeptionalisierung von evangelischer Schulseelsorge – nicht nur, aber besonders im Kontext allgemeinbildender Gymnasien. Damit ist ein Defizit in zwei Richtungen angezeigt: Zum einen existieren keine empirischen Studien zur Praxis von Evangelischer Schulseelsorge, zum anderen liegen keine Arbeiten vor, die Evangelische Schulseelsorge, besonders an allgemeinbildenden Gymnasien, in einem umfassenden Sinne theoretisch-konzeptionell reflektieren. Diesen Defiziten möchte die vorliegende Arbeit begegnen. Gleichzeitig bedingen diese Defizite die Vorgehensweise und Konzeption, d. h. die methodischen Entscheidungen.

Diese Arbeit möchte Impulse für eine Theoriebildung von Schulseelsorge unter besonderer Berücksichtigung des schulseelsorgerlichen Kontextes des allgemeinbildenden Gymnasiums formulieren. Als Grundlage soll das Verständnis von Schulseelsorge im speziellen Kontext allgemeinbildender Gymnasien im subjektiven Deutungs- und Erfahrungshorizont von evangelischen Schulseelsorgerinnen und Schulseelsorgern empirisch erhoben werden. Die empirischen Befunde bilden die Basis für die Formulierung von Thesen für eine erste Theoriebildung von Schulseelsorge, indem strukturelle Typologien herausgearbeitet werden.

3.1 Konzeptionelle Überlegungen

Dabei wird der empirische Ansatz bewusst gewählt: Angesichts des Forschungsgegenstands und des Forschungsstandes ist er sinnvoll und verspricht, gewinnbringend zu sein. Wie bereits oben erwähnt, schließt die empirische Beschäftigung mit dem Phänomen der Evangelischen Schulseelsorge einerseits eine Lücke im Forschungsdesiderat. Andererseits verspricht die Erhebung der subjektiven Alltagstheorien von praktizierenden Schulseelsorgerinnen und Schulseelsorgern einen Zuwachs an Erkenntnis - gerade weil Schulseelsorgerinnen und Schulseelsorger von ihrer *Profession* her Religionslehrerinnen und -lehrer bzw. Pfarrerinnen und Pfarrer sind. Als Religionslehrerinnen und -lehrer ist die berufliche Praxis von Schulseelsorgerinnen und Schulseelsorgern aus strukturtheoretischer Perspektive als Profession zu bestimmen. Sie zeichnet sich neben einem „hohen Grad an Freiheitsspielraum und Eigenverantwortung"[1] durch eine „hohe Reflexionsfähigkeit und wissenschaftliche Expertise"[2] aus, die es erlauben, flexibel auf unterschiedlichste, nicht vorhersehbare Situationen reagieren zu können. Dieses Maß an Reflexivität und Theoriegeleitetheit verspricht, dass gerade Schulseelsorgerinnen und Schulseelsorger bereits in ihren subjektiven Deutungen einen Zusammenhang von schulseelsorgerlicher Praxis und Theorie herstellen, der besonders fruchtbar für eine Theoriebildung von Schulseelsorge ist.

Sicherlich dürfen die empirischen Befunde nicht quasi eins-zu-eins als theoretisch-konzeptionelle Normen verstanden werden. Denn meines Erachtens hat hier auch Geltung, was Härle für die weltanschaulichen Voraussetzungen jeder normativen Ethik formuliert hat[3]: Subjektive Deutungen und Alltagstheorien sind nie neutral oder voraussetzungslos. Sie sind immer schon geprägt durch ein Wirklichkeitsverständnis und damit eben auch durch pädagogische, humanwissenschaftliche und/oder theologische Normen oder Theorien. Wenn es sich hierbei um Prägungen handelt, die im Widerspruch zu theologischen Normen stehen, so können sie in der Auseinan-

---

1 Pirner, Wer ist ein guter Lehrer, 17.
2 Pirner, Wer ist ein guter Lehrer, 17.
3 Vgl. Härle, Die weltanschaulichen Voraussetzungen, 15ff.

3 Konzeptionelle, wissenschaftstheoretische und forschungsmethodische Überlegungen

dersetzung von empirischem Befund und theologisch-normativer Literatur sichtbar herausgearbeitet werden. Deshalb bedürfen die empirischen Befunde der kritischen und normierenden Auseinandersetzung mit der Literatur und theologisch-normativer Theorie. Nur so können die empirischen Befunde zu Impulsen für eine normative Theoriebildung von Schulseelsorge weiterentwickelt werden. Umgekehrt ist die Auseinandersetzung von empirischem Befund und normativ-theologischen Überlegungen wichtig und sinnvoll, weil es auch verhindert, dass die Theorie von Schulseelsorge allein aus theoretischen Konstrukten entwickelt wird. Insofern werden die subjektiven Theorien und Deutungen als Schatz verstanden, der die normativ-theologischen Überlegungen „erdet", herausfordert und ergänzt, nicht aber ersetzt. Um das Verhältnis von Empirie und normativer Literatur hinreichend beschreiben zu können, wird in Kapitel 3.2 nach einem sinnvollen Modell gesucht.

Diese Arbeit versteht sich als ein Beitrag auf dem Weg zur Theoriebildung von Schulseelsorge. Sie verortet sich innerhalb der Evangelischen Theologie im Bereich der Praktischen Theologie und hier eindeutig in der Disziplin der Religionspädagogik. Indem sie aber auch Impulse für ein Seelsorgekonzept von Schulseelsorge entwickeln und das schulseelsorgerliche Potential als Beitrag zur Schulentwicklung analysieren möchte, setzt sie sich sowohl mit der Poimenik als auch mit der Erziehungswissenschaft auseinander – eben aus der Perspektive der Religionspädagogik. Dabei ist die Religionspädagogik mit Schweitzer nicht *zwischen* Pädagogik und Theologie und Pädagogik, sondern in einem doppelten Sinne zu verorten: Sie gehört „zwei verschiedenen Wissenschaften an, die jeweils für sich eine Einheit oder einen geschlossenen Theoriezusammenhang darstellen".[4] Für die Religionspädagogik bedeutet dies im Hinblick auf die Theologie, dass sie sich „nicht von der Theologie verabschieden kann, wenn sie ihren Bezug auf die Religion nicht ins Diffus-Allgemeine auflösen will".[5] Damit muss die Reli-

---
4 Schweitzer, Religionspädagogik, 273.
5 Schweitzer, Religionspädagogik, 273.

gionspädagogik die Theologie im Sinne Lachmanns als normative Größe begreifen. Im Hinblick auf die Pädagogik bedeutet dies für die Religionspädagogik, dass sie „sich aber gegenüber der Erziehungswissenschaft nicht zu isolieren vermag, wenn sie pädagogisch ausweisbaren Ansprüchen Genüge tun will".[6] Gerade wenn die Religionspädagogik das Phänomen Schulseelsorge zu beschreiben sucht und damit ein kirchliches Angebot im schulischen Kontext, bedarf diese Beschreibung und Theoriebildung aus religionspädagogischer Perspektive neben theologischen Normen eben auch der Berücksichtigung erziehungswissenschaftlicher und hier besonders schulpädagogischer Erkenntnisse oder Begründungen. Meine Erachtens braucht deshalb „die Religionspädagogik eine doppelte Verankerung sowohl in der Theologie als auch in der Erziehungswissenschaft."[7]

Diese doppelte Verankerung ist allerdings nicht im Sinne von Nipkows Konvergenzmodell als „gleichberechtigte Konvergenz und Divergenz zweier Wissenschaften in einer Disziplin, nämlich der Theologie und Pädagogik in der Religionspädagogik"[8] zu verstehen. Wie Grethlein zu Recht bemerkte, enthält diese Gleichberechtigung „systematische und praktische Probleme [...] und dürfte nicht nur logisch schwierig sein, sondern auch praktisch unmöglich"[9] sein. Daher ist Dressler zuzustimmen, dass bei dieser doppelten Verankerung „nicht sachliche Zuordnungen, sondern perspektivische Modi ausschlaggebend sind".[10]

3.1.2 Konzeption

Die vorliegende Arbeit möchte Impulse für eine Theoriebildung von Schulseelsorge entwickeln. Ausgehend von meinem Forschungsinteresse und bestärkt durch einen ersten Blick in die Forschungsliteratur, der eine empirische Forschung zur Schulseelsorge an allgemeinbildenden Gymnasi-

---
6 Schweitzer, Religionspädagogik, 273.
7 Schweitzer, Religionspädagogik, 273.
8 Grethlein, Religionspädagogik, 194.
9 Grethlein, Religionspädagogik, 194.
10 Dressler, Religionspädagogik, 154.

3 Konzeptionelle, wissenschaftstheoretische und forschungsmethodische Überlegungen

en unterstützte wird (in den Kapiteln 4-6) ausführlich der Forschungsstand erhoben. Einem Forschungsüberblick (Kapitel 4) folgt die inhaltliche, systematisierende Auswertung der Literatur. Sie führt zur Präzisierung der Forschungsfrage.

Dabei wird die thematisch relevante Literatur zur Schulseelsorge als Seismograph verstanden: Sie soll als Hintergrundfolie - gerade auch in ihrer Heterogenität - den Blick schärfen, um speziell für den Kontext des allgemeinbildenden Gymnasiums Forschungsfragen zu entwickeln. Aus der systematisierenden Rezeption der Literatur werden Forschungsfragen formuliert, die mit Hilfe von leitfadengestützen Interviews Schulseelsorgerinnen und Schulseelsorgern gestellt werden. Mittels dieses Interviewleitfadens werden praktizierende Schulseelsorgerinnen und Schulseelsorger nach ihren „Alltagstheorien", Deutungsmustern und Erfahrungen befragt.

Die empirischen Befunde dieser Studie sollen also die Grundlage der Theoriebildung für Schulseelsorge an allgemeinbildenden Gymnasien bilden. Sie stehen aber in zirkulärem Austausch mit der normativen Theorie von Schulseelsorge und betrachten diese als Korrektiv und Prüfstein. Dabei ist der Beginn des zirkulären Prozesses und damit die wechselseitige Bedingung von Literatur und empirischem Befund bereits in Kapitel 5 anzusetzen: Die systematisierende Auswertung der Forschungsliteratur führte zur präzisen Formulierung der Forschungsfragen. Diese finden in Form eines Interviewleitfadens ihren Niederschlag. Die in diesem Verfahren erhobenen empirischen Befunde werden fallzentriert und fallübergreifend analysiert, um dann wiederum mit der relevanten Forschungsliteratur in Beziehung gesetzt zu werden. Diese phänomenologische Analyse von Äußerungen und Deutungsmustern werden mit relevanter Literatur, d. h. auch ausgewählten Bezugstheorien aus dem Bereich der Poimenik und Schulentwicklung in Beziehung gesetzt, um Widersprüche, Unterschiede oder Kongruenzen herauszuarbeiten[11], auch um Aussagen über das Wesen von Schulseelsorge zu

---

11 Der literarische Befund wird mit empirisch erhobenen Befunden „in Verbindung gebracht [...], um die Hypothesen zu bilden, zu korrigieren oder zu erweitern". Glaser/Strauss, Grounded Theory, 174.

3.1 Konzeptionelle Überlegungen

treffen, die über den Geltungsbereich der empirischen Ergebnisse im spezifischen Kontext allgemeinbildender Gymnasien hinausweisen.[12] Zudem lässt sich vor dem Hintergrund der Literatur der innovative Charakter der Forschungsergebnisse zeigen und so zu einer profilierten Theoriebildung von Schulseelsorge aus evangelischer Perspektive beitragen. Mithilfe der Seelsorgetheorien und Schulentwicklungsansätze kann zudem eine Weiterentwicklung einer Theoriebildung von Schulseelsorge erreicht werden.

Die empirischen Befunde werden als repräsentativ verstanden.[13] Unter Repräsentativität ist dabei keine Repräsentativität im quantitativ-statistischen Sinne zu verstehen. Sondern es wird davon ausgegangen, dass den empirischen Befunden eine konzeptuelle Repräsentativität[14] inhärent ist: Aufgrund der Befunde an Gymnasien lassen sich (repräsentative) Strukturen rekonstruieren[15], die Grundlage für quantitative Studien sein können, die wiederum statistische Repräsentativität generieren. Angedeutet und in Ansätzen angerissen wird die schulartübergreifende Repräsentativität der aus den empirischen Befunden an Gymnasien generierten, konzeptionell-theoretischen Impulsen in der und durch die Diskussion mit Studien an anderen Schularten oder der konzeptionellen Literatur.

Wie bereits in Kapitel 3.1.1 angemerkt, muss dabei allerdings dringend und grundlegend das Verhältnis von empirischer Forschung und normativer Theorie geklärt werden. Diese Klärung folgt in Kapitel 3.2.

---

12 Damit will die vorliegende Arbeit der Beobachtung von Schmitz (Schulpastoral, 5.) begegnen, der beklagt, dass die „zum Thema erschienene Literatur, soweit sie überhaupt konzeptionellen Charakter hatte und nicht einfach Beschreibung bestehender Praxis oder „Handreichung" für diese Praxis ist, [...] auf weite Strecken hin kaum eine hinreichende Theorie von Schulseelsorge/Schulpastoral" bietet.
13 Ausführlich und grundlegend dazu vgl. Kapitel 7.
14 Vgl. Strübing, Grounded Theory, 31. Ebd., 79.
15 Vgl. Lamnek, Qualitative Sozialforschung, 31.

3 Konzeptionelle, wissenschaftstheoretische und forschungsmethodische Überlegungen

3.1.3 Grafische Darstellungen der Forschungskonzeption

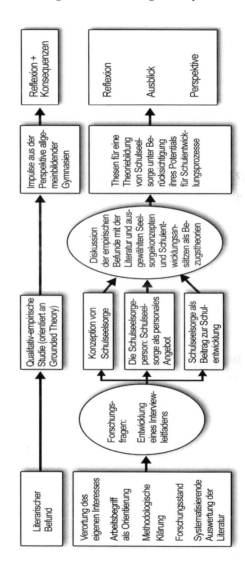

3.2 Normative Theorie und Empirie – eine Verhältnisbestimmung

Wenn sich die Theologie sozialwissenschaftlicher Forschungsmethoden bedienen möchte, muss sie zum einen die Wissenschaftlichkeit ihrer Forschung zur Geltung bringen, zum anderen das Verhältnis von normativer Theorie und empirischen Einsichten klären.[16] Während die methodische Wissenschaftlichkeit dieser Arbeit in Kapitel 7 ausgeführt wird, ist im Folgenden zu klären, in welcher Beziehung die subjektiven Theorien und Deutungen einerseits und die normativ-theologischen Überlegungen andererseits zueinander stehen.

Bevor grundlegende Modelle skizziert werden, die das Verhältnis von Theologie und Empirie klären, und zugunsten eines Modells als Grundlage für diese Arbeit argumentiert wird, sollen elementare Voraussetzungen einer empirischen Theologie geklärt werden.

3.2.1 Grundlagen einer empirischen Theologie

Beansprucht die Theologie die Relevanz und Wissenschaftlichkeit ihrer empirisch orientierten Forschung gegenüber anderen Wissenschaften, so darf sie „sich keiner naiven Wirklichkeitsvorstellung hingeben, die hinter den erreichten Reflexionsstand in anderen Wissenschaften zurückfällt".[17] Vielmehr muss sie die gewählten sozialwissenschaftlichen Methoden sowie deren erkenntnistheoretische Voraussetzungen einer kritischen Überprüfung unterziehen[18] mit dem Ziel, positivistische, psychologistische oder rela-

---

16 Vgl. Klein, Zum Verhältnis von Glaube und Empirie, 236. Hinsichtlich der Verwendung sozialwissenschaftlicher Methoden in der Theologie lässt sich in den vergangenen Jahren ein grundlegender Wandel beobachten. Gegenwärtig prägen die praktisch-theologische Forschung eine Vielzahl von empirisch orientierten theologischen Studien. Die Situation von und Haltung gegenüber empirischer Theologie in den 1980er Jahren ist bei Grethlein (Religionsunterricht, 23ff) beschrieben.
17 Klein, Zum Verhältnis von Glaube und Empirie, 240.
18 Hierbei ist die Erkenntnis leitend, dass empirische Daten und Theorien von erkenntnistheoretischen Voraussetzungen bestimmt sind. Vgl. dazu die grundlagentheoretischen Arbeiten von Stephanie Klein: Klein, Theologie und empirische Biographieforschung, 1994. Dies., Erkenntnis und Methode in der Praktischen Theologie, 2005.

tivistische Wirklichkeitsverständnisse zu vermeiden. Elementar ist dabei die Einsicht, die sich u. a. dem Konstruktivismus verdankt, dass empirische Daten kein Abbild der Wirklichkeit oder die Wirklichkeit selbst sind[19], sondern „voraussetzungsreiche komplexe gedankliche Konstruktionen über die soziale Wirklichkeit".[20] Eine empirische Theologie muss weiter anerkennen, dass die Wirklichkeit nicht als objektive Tatsache des Wirklichkeitsverständnisses, sondern als ein Konstrukt der Psyche angesehen wird.[21] Grundlegend ist schließlich, dass die soziale Wirklichkeit nie als solche, sondern immer nur annäherungsweise zu erfassen ist. Für die Generierung einer Theorie von Schulseelsorge bedeutet diese Einsicht, dass die „Bedingungen der eigenen Erkenntnis wahrgenommen, reflektiert und benannt werden [...] und der Weg der Theoriegenerierung intersubjektiv nachvollziehbar dargelegt wird".[22]

3.2.2 Das Verhältnis von Theologie und Empirie

Das Verhältnis von Theologie und Empirie wird in einer Vielzahl von Modellen beschrieben. Meines Erachtens birgt das Modell der Intradisziplinarität des niederländischen Patsoraltheologen Johannes A. van der Ven[23] das größte Potential für die Verhältnisbestimmung, weshalb ich es auch für meine Arbeit präferiere. Um die Vorzüge des intradisziplinären Modelles herauszustellen, stelle ich zwei weitere grundlegende und in der Forschung hauptsächlich rezipierte Modelle dar. Hierbei handelt es sich um das Regelkreismodell von Rolf Zerfaß[24] und das Modell der konvergierenden Optionen von Norbert Mette und Hermann Steinkamp[25], die gerade die Genese und Vorzüge des intradisziplinären Modells verdeutlichen. Neben diesen

---

19 Vgl. Ven, Entwurf, 137. Klein, Zum Verhältnis von Glaube und Empirie, 239.
20 Klein, Zum Verhältnis von Glaube und Empirie, 240. Vgl. auch: Schmälzle, Wege zur Partnerschaft, 141.
21 Vgl. Klein, Zum Verhältnis von Glaube und Empirie, 240.
22 Klein, Zum Verhältnis von Glaube und Empirie, 240.
23 Vgl. Ven, Entwurf. Ven, Unterwegs, 102-128.
24 Vgl. Zerfaß, Praktische Theologie, 164-177.
25 Vgl. Mette/Steinkamp, Sozialwissenschaften, 164-176.

3.2 Normative Theorie und Empirie – eine Verhältnisbestimmung

drei Modellen beschreiben weitere Modelle das Verhältnis von Sozialwissenschaft und Theologie, so das *ancilla*-Paradigma, das Fremdprophetie-Paradigma, das Modell der Theologie als Sozialwissenschaft[26] sowie die Modelle der Monodisziplinarität, der Multidisziplinarität oder der Interdisziplinarität.

3.2.2.1 Das Regelkreismodell

Rolf Zerfaß' handlungswissenschaftliches Modell, das zeitlich innerhalb der empirischen Wende der Praktischen Theologie zu verorten ist, entdeckt im Anschluss an Werner Gruehn und Arndt Hollweg „die Wirksamkeit empirischer Instrumente zur klärenden Beschreibung von Religiosität und kirchlicher Wirklichkeit".[27] Charakteristisch für das Regelkreismodell von Rolf Zerfaß ist die Unterscheidung zwischen „Sollbestand"[28], der im Überlieferungsanspruch der theologischen Inhalte besteht, und „Istbefund"[29], den die empirische Gegenwartsanalyse zeigt.

---

26 Vgl. Mette/Steinkamp, Sozialwissenschaften, 172ff. Im Modell der Praktischen Theologie als Sozialwissenschaft leisten die „Teildisziplinen der Praktischen Theologie einen genuinen Beitrag zur Erforschung sozialwissenschaftlicher Themen [...] und [verstehen] sich folglich selbst als Sozialwissenschaften". Ven, Der Modus der Kooperation, 267.
27 Meyer, Typen Empirischer Theologie, 27.
28 Zerfaß, Praktische Theologie, 168.
29 Zerfaß, Praktische Theologie, 168.

3 Konzeptionelle, wissenschaftstheoretische und forschungsmethodische Überlegungen

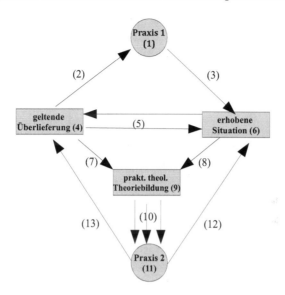

Zeichnung: Regelkreismodell nach Rolf Zerfaß[30]

Ausgangspunkt eines „handlungswissenschaftlich orientierten Reflexionsgangs in der Praktischen Theologie"[31] stellt für Rolf Zerfaß das konkrete christliche und kirchliche Handeln dar (1), das sich verändert. Die erste Re-Aktion auf diese veränderte Praxis 1 besteht nach Zerfaß im „Rückgriff auf das Regelrepertoire der Überlieferung"[32] (2), die sich in Denkmodellen, Normen des Handelns, Bekenntnissen und dogmatischen Formeln ausdrückt (4). Um eine „adäquatere, situationsgerechtere Antwort"[33] (10) auf die Praxis (1) zu erhalten, ist allerdings eine „genauere, d. h. mit sozialwissenschaftlichen Methoden (3) zu leistende Situationserhebung"[34] erforderlich. Nach Rolf Zerfaß liefert das so erhobene Datenmaterial (6) an sich

---

30 Skizze nachgezeichnet, vgl. Zerfaß, Praktische Theologie, 167.
31 Zerfaß, Praktische Theologie, 167.
32 Zerfaß, Praktische Theologie, 167.
33 Zerfaß, Praktische Theologie, 168.
34 Zerfaß, Praktische Theologie, 168.

3.2 Normative Theorie und Empirie – eine Verhältnisbestimmung

noch keine Handlungsanweisungen, sondern muss zunächst mit dem geltenden Überlieferungsanspruch in Beziehung gesetzt werden (5). In diesem Spannungsfeld von Istbefund und Sollbestand „muss ein gemeinsamer Boden ermittelt werden, von dem her sich die neuen Handlungsimpulse (10) sowohl theologisch wie humanwissenschaftlich verantworten lassen"[35], was Zerfaß als Aufgabe der praktisch-theologischen Theoriebildung (9) versteht. Solche Handlungsanweisungen können zum einen die „Praxis wirksamer in der gewünschten Richtung beeinflussen"[36], was zur (veränderten) Praxis 2 führt (11). Zum anderen können sie innerhalb einer erneuten Situationserhebung (12) überprüft werden, schließlich aber auch Auswirkungen auf ein „vertieftes Verständnis der Überlieferung"[37] (13) haben.

Bedenkenswert ist an einer solchen theologischen Applikation der Empirie die „recht unkritische Vorstellung von gleichsam aus der Wirklichkeit zu extrahierenden Tatsachen".[38] Unbefriedigend ist an diesem Modell m. E. die Verhältnisbestimmung von Empirie und Theologie als Istbefund und Sollbestand, was in sich die Gefahr birgt, dass die empirisch arbeitende Sozialwissenschaft als „Disziplin zur Hilfswissenschaft degradiert wird".[39]

3.2.2.2 Das Modell der konvergierenden Optionen[40]

Norbert Mette und Hermann Steinkamp entfalten in ihrer 1983 erschienenen Monografie das Verhältnis von Theologie und Empirie in einem Modell der konvergierenden Optionen. Während sie einräumen, dass sowohl das *ancilla*-Paradigma[41] als auch das Fremdprophetie-Paradigma[42] „ein

---

35 Zerfaß, Praktische Theologie, 169.
36 Zerfaß, Praktische Theologie, 169.
37 Zerfaß, Praktische Theologie, 169.
38 Meyer, Typen Empirischer Theologie, 27.
39 Schmälzle, Wege zur Partnerschaft, 139.
40 Vgl. Mette/Steinkamp, Sozialwissenschaften, 170ff.
41 *ancilla*-Paradigma: „Alle Erkenntnisse anderer Wissenschaften müssten der Wahrheitssuche der Theologie nutzbar gemacht werden". Mette/Steinkamp, Sozialwissenschaften, 167.
42 Nach Mette/Steinkamp (Sozialwissenschaften, 168) bedeutet das Fremdprophetie-Paradigma, dass die Theologie „fasziniert […] eine Handlungsmethode" rezipiert

3 Konzeptionelle, wissenschaftstheoretische und forschungsmethodische Überlegungen

Defizit wissenschaftstheoretischer Selbstreflexion verraten"[43], trägt das Modell der konvergierenden Optionen ihres Erachtens als „Paradigma der Interaktion zwischen Humanwissenschaften und Theologie zwei wissenschaftstheoretischen Grundsätzen Rechnung"[44]: Grundlegend ist dem Modell der konvergierenden Optionen die Einsicht, dass interdisziplinäre Forschungsprozesse von jeweils eigenen Interessen bzw. Optionen geprägt sind und „dass die Selektion des fremden Wissensbestandes auf der Basis gleicher, zumindest kompatibler (=konvergierender) Optionen erfolgt".[45] Dabei arbeiten Praktische Theologie und Humanwissenschaften „in gegenseitiger Kenntnis ihrer jeweiligen Struktur, unter gegenseitiger Anerkennung ihrer jeweiligen Eigengesetzlichkeit und mit ihren unterschiedlichen Mitteln auf ein gemeinsames Erkenntnisziel"[46] hin. Im Sinne Vens kann dieses Verhältnis als Interdisziplinarität verstanden werden. Dieses Modell gelangt allerdings nicht zur Reichweite der Integration von Empirie und Theologie wie es Johannes A. van der Ven in seinem empirisch-theologischen Zyklus gelingt.[47]

3.2.2.3 Der empirisch-theologische Zyklus

Der Entwurf einer empirischen Theologie des niederländischen Pastoraltheologen Johannes A. van der Ven besticht durch die Höhe des Niveaus, mit dem zum einen über das Verhältnis von Theologie und Empirie reflektiert, zum anderen die Verwendung und Aufnahme empirischer Me-

---

und „in den Werten [...] der fremden Methode vergessene Bestandteile ihrer eigenen christlich-jüdischen Tradition" entdeckt oder auf Ideale stößt, die sie „als Bereicherung, als neue Wahrheit" betrachtet.
43 Mette/Steinkamp, Sozialwissenschaften, 170.
44 Mette/Steinkamp, Sozialwissenschaften, 170.
45 Mette/Steinkamp, Sozialwissenschaften, 170. Als Beispiel der konvergierenden Option nennen Mette/Steinkamp (Sozialwissenschaften, 171) die Option für das Subjekt-Sein des Menschen.
46 Ven, Der Modus der Kooperation, 267.
47 Vgl. Eich, Einsatz, 19.

3.2 Normative Theorie und Empirie – eine Verhältnisbestimmung

thodologie durch die Theologie diskutiert wird.[48] Schließlich überzeugt Vens Explikation konkreter Phasen eines iterativen Forschungsprozesses, dessen Ziel eine empirisch-hermeneutische Theologie ist.

Ven beschreibt das Verhältnis von Theologie und Empirie mit dem Modell der Intradisziplinarität, das er als „praktikable[n] Vollzug der Kooperation zwischen Praktischer Theologie und Humanwissenschaften"[49] charakterisiert. Das Modell der Intradisziplinarität resultiert aus den Einwänden gegen die Beschreibung der Beziehung von Theologie und Empirie durch die Modelle der Monodisziplinarität[50], Multidisziplinarität[51] oder In-

---

48 Vgl. Meyer, Typen Empirischer Theologie, 27.
49 Ven, Der Modus der Kooperation, 277.
50 Eine methodisch monodisziplinäre Theologie versteht sich im Sinne von Franz Stephan Rautenstrauch als angewandte Theologie. Nach Ven (Der Modus der Kooperation, 268.) bedient sich die Praktische Theologie „der Methoden jener theologischen Disziplinen, deren Anwendung sie zu erläutern hatte: der literarischen Methode, insoweit sie exegetische Erkenntnisse anwendet [...]. Die Praktische Theologie verbleibt methodisch innerhalb der einen Gesamtdisziplin Theologie, ist also monodisziplinär."
51 Nach Ven (Der Modus der Kooperation, 270) wählen „mehrere wissenschaftliche Disziplinen unabhängig voneinander ein bestimmtes Untersuchungsobjekt. Sie tun das auf der Basis der eigenen wissenschaftlichen Voraussetzungen und mit Hilfe der eigenen Theorien und Konzepte sowie der eigenen Methoden, Techniken und Verfahren. Jede Disziplin untersucht für sich, ob und auf welche Weise die Erkenntnis hinsichtlich des betreffenden Objektes vergrößert werden kann. Anschließend werden die Ergebnisse gegenseitig mitgeteilt." In einer ersten Phase „sammeln TheologInnen empirische Ergebnisse, die Sozialwissenschaften" gewonnen haben, in der zweiten Phase „werden die Erkenntnisse [...] mit theologischen Theorien verknüpft und normativ theologisch evaluiert [...], einer theologischen Reflexion unterzogen". Gegen dieses Verhältnis spricht, dass theologische Forschung in Abhängigkeit von sozialwissenschaftlichen Daten gerät und sich bei der theologischen Reflexion der Daten einem Methodenproblem gegenüber sieht.

3 Konzeptionelle, wissenschaftstheoretische und forschungsmethodische Überlegungen

terdisziplinarität.[52] Den beiden letztgenannten Modellen sind in gewisser Weise auch das Regelkreismodell Zerfaß und das Modell der konvergierenden Optionen verhaftet.

Elementar ist als Ausgangspunkt des Modells der Intradisziplinarität das Axiom, „dass die Praktische Theologie selbst empirisch werden muss".[53] Ven begründet die Erweiterung des traditionellen theologischen Instrumentariums durch die empirische Methodologie damit, dass theologische Disziplinen schon immer durch ihre Intradisziplinarität bereichert und verändert wurden. Besonders die Geschichte der Theologie stellt für Ven „ein Beispiel par excellence für intradisziplinäre Übernahme und Integration"[54] dar, was er beispielsweise im Falle der Exegese durch Aufnahme der historisch-kritischen Methode oder im Falle der Systematischen Theologie durch Integration philosophischer Verfahren illustriert.[55] Seines Erachtens gewinnt

---

52 Für Ven (Der Modus der Kooperation, 272) besteht das Modell der Multidisziplinarität „in einer seriellen Schaltung von Monologen", während das Modell der Interdisziplinarität in „einer parallelen Schaltung von Dialogen" besteht. Diese Interdisziplinarität vollzieht sich entweder als interdisziplinärer Dialog „zwischen Theologie und Sozialwissenschaften in ein und derselben Person" oder als interdisziplinärer Dialog zwischen mindestens zwei Personen, dann spricht man von interpersonaler Interdisziplinarität. Die Grenzen dieser Verhältnisses bestehen darin, dass die Kooperation von Theologie und Empirie an Voraussetzungen geknüpft ist wie an die Bereitschaft und Fähigkeit zur Teamarbeit. Außerdem ist nicht jede Teamarbeit interdisziplinär, sondern es besteht durchaus die Möglichkeit, dass sie den Regeln der Mono-, Multi- oder Interdisziplinaritätsmodellen folgt. Vgl. Ven, Der Modus der Kooperation, 272.
53 Ven, Der Modus der Kooperation, 273.
54 Ven, Der Modus der Kooperation, 273.
55 Für Ven (Entwurf, 117) beinhaltet das „Modell der Intradisziplinarität [...], dass die Theologie selbst empirisch werden muss, das heißt, dass sie ihr traditionelles Instrumentarium, bestehend aus literarhistorischen und systematischen Methoden und Techniken, in die Richtung einer empirischen Methodologie erweitern muss. Man kann diese Erweiterung mit dem Begriff der Intradisziplinarität umschreiben, da er sich im allgemein-wissenschaftstheoretischen Sinn auf die Übernahme von Konzepten, Methoden und Techniken der einen Wissenschaft durch eine andere und auf die integrierende Aufnahme dieser Elemente in diese andere Wissenschaft bezieht. [...] Gerade die Theologie ist ein Beispiel par excellence von intradisziplinärer Übernahme, Aufnahme und Integration. Um einige [...] markante Beispiele zu nennen: Die Moraltheologie von Thomas ist ohne die aristotelische Ethik undenkbar, die Tübinger Schule der ersten Hälfte des 19. Jahrhunderts ohne den philosophischen Idealismus unmöglich, die theologische Systematik Tillichs ohne die Tiefenpsychologie und die Existenzpsychologie unbegreifbar[...]". Vgl. Ven der Modus der Kooperation, 273.

3.2 Normative Theorie und Empirie – eine Verhältnisbestimmung

Theologie durch das intradisziplinäre Moment tiefere und neue Erkenntnisse. Die Aufnahme und Verwendung der empirischen Methodologie durch die Praktische Theologie fasst Ven als „empirische Intradisziplinarität"[56] auf. Sorgfältig diskutiert Ven die „Adäquatheit, die Relevanz und die faktische Möglichkeit der Verwendung der empirischen Methodologie in der Theologie".[57] So entkräftet er Paul Tillichs Einwand, dass die „empirische Methodologie [...] der Theologie nicht adäquat [ist], und das aufgrund der Art sowohl des Objekts der Theologie als auch der Prämissen der empirischen Forschung"[58], indem er zweierlei grundsätzlich festhält: Zum einen sieht Ven das Forschungsobjekt empirischer Theologie nicht im Materialobjekt Gott, das sich durch prinzipielle Unerforschbar- und Unverfügbarkeit auszeichnet, sondern in den Ausdrucksformen des Glaubens an Gott.[59] Zum anderen geht nach Ven die „heutige empirische Methodologie [...] nicht (mehr) von der Abwesenheit theoretischer aprioris aus, sondern expliziert diese gerade".[60] Die Relevanz der empirischen Methodologie in der Theologie begründet er damit, dass im Praxisbegriff der Theologie die hermeneutisch-kommunikative Praxis gemeint ist, die darauf abzielt, die „Zwiepoligkeit"[61] von Tradition und Situation darzustellen. Gerade darin zeigt sich die Kongruenz von Praxisbegriff und empirischer Theologie, welche die Aufgabe hat, die Gegenwart zu erforschen.[62] Eine empirische Theologie, wie sie im Entwurf Vens entfaltet ist, stellt die „theologische Erforschung der Gegenwart in einen hermeneutischen Rahmen [...] und [verbindet] sie mit der theologischen Erforschung der Bibel und Tradition, [wodurch] die empirische Theologie zu einer hermeneutisch-empirischen Theologie"[63] wird. Für

---

56 Ven, Der Modus der Kooperation, 273.
57 Ven, Entwurf, 130. Vgl. Ven, Entwurf, 118. Ebenso sorgfältig setzt er sich mit den Einwänden des Empirismus, Pragmatismus, Modernismus und Szientismus auseinander. Vgl. Ven, Der Modus der Kooperation, 276f.
58 Ven, Entwurf, 119.
59 Vgl. Ven, Entwurf, 121.
60 Ven, Entwurf, 123.
61 Ven, Entwurf, 124.
62 Vgl. Ven, Entwurf, 124. Ven, Der Modus der Kooperation, 277.
63 Ven, Der Modus der Kooperation, 276.

3 Konzeptionelle, wissenschaftstheoretische und forschungsmethodische Überlegungen

Ven kann eine solche „empirisch-theologische Forschung [...] viele Fakten nicht nur beschreiben, sondern auch vom Ziel, Entwicklungsprozess und den Ursachen her, aus denen sie hervorgehen, ordnen [und so zur] zur Entwicklung erklärender Konzepte und Theorien innerhalb der Theologie beitragen".[64] In diesem Sinne schadet die „empirische Methodologie [...] nicht der theologischen Identität, sondern fördert sie sogar".[65]

Nach diesen theoretischen Grundlegungen expliziert Ven schließlich den Entwurf einer empirischen Theologie in den konkreten Phasen eines iterativ-empirischen Zyklus.[66] An den fünf Phasen[67] dieses intradisziplinären Prozesses wird deutlich, dass Empirie eben nicht Hilfswissenschaft und somit in einem mono-, multi- oder interdisziplinären Verhältnis zur Theologie steht, sondern integrativer Bestandteil der Theologie ist. Die Empirie steht in ständigem Austausch zur Theologie, was bedeutet, dass sich Theologie und Empirie wechselseitig bedingen, prägen und in einem zirkulär ausgerichteten, hermeneutischen Prozess beeinflussen. Damit entspricht der empirische Zyklus Vens dem Anspruch des Entwurfs eines offenen Erkenntnissystems, das sich aufgrund empirischer Befunde permanent verändert.[68] Vens empirischer Zyklus wird als eine iterative Spirale aufgefasst, d. h., dass „die letzte Phase auf fast spontane Weise in die erste übergeht" und dass „der Zyklus mehrere Male durchlaufen werden muss".[69]

---

[64] Ven, Entwurf, 127. Ebd. expliziert Ven weiter, dass durch die empirischen Befunde die Konzepte und Theorien „auch einen weniger beschaulichen und essayistischen Charakter [bekommen], als wenn sie nur das Produkt subjektiver Gedankenassoziationen und Argumentationen eines einzelnen Theologen sind".
[65] Ven, Entwurf, 130.
[66] Vgl. Ven, Der Modus der Kooperation, 274.
[67] Bei der Anwendung dieses Modells unterscheidet Ven (Der Modus der Kooperation, 273) fünf Phasen, „in denen es immer aus der Perspektive theologischer Theorien und im Hinblick auf ein praktisch-theologisches Ziel um die Erforschung der konkreten Glaubenspraxis, der Kirche [...] in der gegenwärtigen Gesellschaft geht und die den sogenannten empirischen Zyklus bilden".
[68] Vgl. Englert, Wissenschaftstheorie, 150. Ven, Erfahrung und Empirie, 149.
[69] Ven, Der Modus der Kooperation, 274.

3.2 Normative Theorie und Empirie – eine Verhältnisbestimmung

In der ersten Phase, der *Theologischen Problem- und Zielentwicklung* wird „hinsichtlich des zu untersuchenden Problems eine wissenschaftlich-theologische Frage formuliert [...], die zwischen verschiedenen Dimensionen und Aspekten des Problems unterscheidet".[70] In der Phase der *Theologischen Induktion* wird eruiert, welche Fakten, Inhalte, Befunde, „Menschen, Kognitionen, Affekte, Handlungen, Prozesse und Strukturen"[71] für diese Forschungsfrage wichtig sind. In der Phase der *Theologischen Deduktion*[72] werden „die Begriffe aus der Untersuchungsfrage so scharf wie möglich mit Hilfe der theologisch-wissenschaftlichen Literatur definiert".[73] In der vierten Phase, der *Empirisch-Theologischen Überprüfung*[74] werden diese Vorannahmen empirisch überprüft. In der Phase der *Theologischen Evaluation* werden die Ergebnisse der qualitativ-empirischen Studie zusammengefasst. Die Ergebnisse dieser Phase können als „Vorschlag für zukünftige Untersuchungen"[75] verstanden werden. Daher schließt sich im zirkulären Prozess die fünfte Phase nahtlos an, die Phase der *Theologischen Problem- und Zielentwicklung* – insofern „transformiert sich der empirische Zyklus selber in eine empirische Spirale".[76] Grafisch kann dieses Zyklusmodell in Anlehnung an Ven wie folgt skizziert werden:[77]

---

[70] Ven, Der Modus der Kooperation, 274.
[71] Ven, Der Modus der Kooperation, 274.
[72] Vgl. Ven, Entwurf, 140-148.
[73] Ven, Der Modus der Kooperation, 274.
[74] Vgl. Ven, Entwurf, 161-175.
[75] Ven, Der Modus der Kooperation, 275.
[76] Ven, Der Modus der Kooperation, 275.
[77] Vgl. Ven, Entwurf, 132.

3 Konzeptionelle, wissenschaftstheoretische und forschungsmethodische Überlegungen

Abbildung: Der empirisch-theologische Zyklus nach Ven

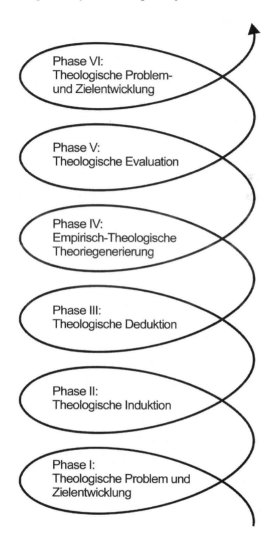

3.2 Normative Theorie und Empirie – eine Verhältnisbestimmung

Im Folgenden werden Vens Ansatz in seiner Reichweite für meine Forschung begründet sowie die fünf Phasen des empirischen Zyklus mit der konkreten Forschungskonzeption meiner Arbeit verbunden. Das Modell Vens scheint mir für meine Arbeit besonders fruchtbar, weil es den Zusammenhang und das grundlegende Zusammengehören von (christlicher) Praxis und normativer Theorie betont: Normative Theologie kann sich eben nie ohne Impulse aus der (Glaubens-)Praxis weiterentwickeln. Dieser intradisziplinäre Charakter, ausführlich von Ven als genuiner Charakter der Theologie belegt[78] wird auch sichtbar in der Auseinandersetzung von normativen theologischen Einsichten mit empirischen Erkenntnissen: Theologie wird weiterentwickelt durch die Integration und Diskussion von Impulsen aus der Praxis, die empirische Studien generieren. Gerade für die Erforschung von Schulseelsorge als Phänomen der Gegenwart stellt das Modell Vens einen sinnvollen Ansatz dar: Eine theologische Theoriebildung von Schulseelsorge wird weiterentwickelt, befruchtet und ergänzt, wenn sie Impulse aus der Praxis aufnimmt. Unter Impulsen werden hier die subjektiven Theorien und Deutungsmuster verstanden, die praktizierende Schulseelsorgerinnen und Schulseelsorger in ihrer Praxis entwickeln und reflektieren. Die Integration und Diskussion der empirischen Befunde schadet mit Ven also „nicht der theologischen Identität, sondern fördert sie sogar".[79]

Im Folgenden werden die fünf Phasen des Venschen Ansatzes im Hinblick auf meine Vorgehensweise modifiziert dargestellt und konkretisiert. Die Modifikation des Venschen Zyklus ist dadurch bedingt, dass Ven einen quantitativ-empirischen Forschungsprozess expliziert. Ich dagegen werde qualitativ-empirisch forschen, was allerdings nicht im Widerspruch zu Vens Ansatz steht, da „die Wahl des quantitativen Survey-Designs [...] keine Prinzipienfrage"[80] ist, sondern „nur als Beispiel"[81] dient. Außerdem verzichte ich

---

78 Ven, Entwurf, 117.
79 Ven, Entwurf, 130.
80 Ven, Der Modus der Kooperation, 275.
81 Ven, Der Modus der Kooperation, 275.

3 Konzeptionelle, wissenschaftstheoretische und forschungsmethodische Überlegungen

im Gegensatz zu Ven auf eine Befragung von lebenden Experten in der Phase der *Theologischen Induktion*, sondern präzisiere die Forschungsfrage durch die systematisierende Auswertung der Literatur in Kapitel 5.

In der Phase der *Theologischen Problem- und Zielentwicklung* wird „eine wissenschaftlich-theologische Frage formuliert [...], die zwischen verschiedenen Dimensionen und Aspekten des Problems unterscheidet".[82] Für die vorliegende Arbeit lauten die zu untersuchenden Hauptfragen, welches Verständnis von Schulseelsorge und der Schulseelsorgeperson sowie des Beitrages der Schulseelsorge zur Schulentwicklung an allgemeinbildenden Gymnasien vorliegen. Diese Problemfelder erfahren in den folgenden Phasen zwei und drei ihre Differenzierung in Dimensionen, Aspekte und Parameter.

Die Phase der *Theologischen Induktion* dient dem Zweck die für die Forschungsfrage wichtigen Fakten, Inhalte, Befunde, „Menschen, Kognitionen, Affekte, Handlungen, Prozesse und Strukturen"[83] zu erfassen. Ausgangspunkt dieses induktiven Prozesses sind meine eigenen Erfahrungen, Fortbildungen und Wahrnehmungen von schulseelsorgerlichem Engagement in meiner Praxis als Gymnasiallehrerin sowie die Erfahrungsberichte von praktizierenden Schulseelsorgerinnen und Schulseelsorgern. Meine persönliche Erfahrung sensibilisiert und motiviert für die reflektierte Auseinandersetzung mit dem Thema „auf der Basis der wissenschaftlichen Literatur"[84], die sich in Form einer sorgfältigen Sichtung der vorhandenen Publikationen vollzieht. Dieser perzeptive und reflexive Prozess verfolgt das Ziel, die Hauptfragestellungen zu differenzieren.

In der Phase der *Theologischen Deduktion*[85] werden „die Begriffe aus der Untersuchungsfrage so scharf wie möglich mit Hilfe der theologisch-wissenschaftlichen Literatur definiert".[86] In dieser Phase modifiziere

---

82 Ven, Der Modus der Kooperation, 274.
83 Ven, Der Modus der Kooperation, 274.
84 Ven, Der Modus der Kooperation, 274.
85 Vgl. Ven, Entwurf, 140-148.
86 Ven, Der Modus der Kooperation, 274.

3.2 Normative Theorie und Empirie – eine Verhältnisbestimmung

ich Vens empirischen Zyklus und frage, ausgehend von einer Arbeitsdefinition von Schulseelsorge, nach einzelnen Aspekten und Parametern, die das Verständnis von Schulseelsorge, der Schulseelsorgeperson und des schulseelsorgerlichen Beitrages zur Schulkultur/-entwicklung bestimmen können. Mein Interesse zielt in einer offenen Erwartung darauf ab, zu erfassen, welche Verständnisse im Kontext des allgemeinbildenden Gymnasiums vorliegen. Daher ist die vierte Phase des empirischen Zyklus nicht im Sinne einer Empirisch-Theologischen Überprüfung[87], sondern im Sinne einer *Empirisch-Theologischen Theoriegenerierung* zu sehen. Hier orientiere ich mich an der Grounded Theory nach Glaser/Strauss[88], die auch im Urteil Vens gut mit dessen empirischem Zyklus in Einklang zu bringen ist, da sie ebenfalls die beiden Phasen der Induktion und Deduktion enthält.[89] Mittels leitfadengestützter Experteninterviews generiere ich empirische Befunde, aufgrund derer Bausteine für eine Theorie von Schulseelsorge, der Schulseelsorgeperson und des Beitrages zur Schulkultur/-entwicklung formuliert werden. Dabei sind die empirischen Befunde als Basis zu verstehen: Die subjektiven Deutungsmuster und Erfahrungen von praktizierenden Schulseelsorgerinnen und Schulseelsorger repräsentieren im Sinne der Grounded Theory strukturelle Typologien. Diese können als Impulse für eine Theoriebildung von Schulseelsorge verstanden werden. Sie benötigen aber im Sinne des Venschen Zyklus einer Rückbindung an vorhandene Literatur und weitere Studien. Daher werden in der Phase der *Theologischen Evaluation* die Ergebnisse der qualitativ-empirischen Studie zusammengefasst und die Befunde in Beziehung zur wissenschaftlichen Literatur gesetzt, woran auch die Zirkularität des Prozesses deutlich wird. Die Impulse für eine Theorie wird in Kapitel 13 in Thesenform mit erläuternden Ausführungen formu-

---

87 Vgl. Ven, Entwurf, 161-175.
88 Ausführlich dazu siehe Kapitel 5.
89 Vgl. Ven, Entwurf, 137.

3 Konzeptionelle, wissenschaftstheoretische und forschungsmethodische Überlegungen

liert. Danach folgen in Kapitel 14 die Handlungsperspektiven, die als „Vorschlag für zukünftige Untersuchungen"[90] verstanden werden können und damit eine neue empirische Studie evozieren.

---

90 Ven, Der Modus der Kooperation, 275.

Teil II: Forschungsstand und Präzisierung der Fragestellung

4 Überblick über den Forschungsstand

Im Folgenden wird die vorhandene Literatur zum Phänomen der Schulseelsorge besprochen. Dabei wird in Kapitel 4 ein Überblick über den Forschungsstand gegeben. Ihm folgt in Kapitel 5 die sorgfältige inhaltliche, systematisierende Auswertung der Forschungsliteratur mit dem Ziel, die Forschungsfrage zu präzisieren. Die thematisch relevante Literatur wird unter jenen drei Gesichtspunkten analysiert, die in Kapitel 2 entwickelt wurden: Konzeptionelle Grundlagen – Schulseelsorgeperson – schulseelsorgerlicher Beitrag zur Schulkultur/-entwicklung. Die Zielsetzung der systematisierenden Auswertung der Literatur verdeutlicht die Zirkularität dieses Forschungsprozesses: So stellt die Literatur zum einen den Ausgangspunkt dar, indem sie dazu beiträgt, die Forschungsfrage zu präzisieren. Zum anderen wird sie nach der empirischen Erhebung dessen Rückbezug, Korrektiv und Prüfstein darstellen, wenn in Teil IV dieser Arbeit die literarischen Befunde mit den empirischen Ergebnissen diskutiert werden, um Widersprüche, Divergenzen oder Übereinstimmungen festzustellen. Insofern kann von einer wechselseitigen Beziehung von Literatur und Empirie gesprochen werden, in der beide ihre Aufgabe und Bedeutung haben. In Kapitel 6 werden schließlich die Erhebung des Forschungsstandes zusammengefasst und die Forschungsfragen detailliert formuliert.

4 Überblick über den Forschungsstand

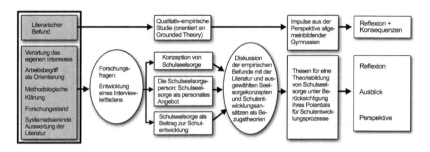

Zur Schulseelsorge bzw. Schulpastoral liegt eine Vielzahl von Publikationen vor und dies, obwohl es sich um ein verhältnismäßig junges Feld der Forschung handelt. Dabei können die Veröffentlichungen einerseits hinsichtlich ihres Charakters, andererseits hinsichtlich ihrer konfessionellen Perspektive unterschieden werden. Obgleich die konfessionelle Herkunft des Autors ursächlich für Unterschiede bezüglich Konzeption, Verständnis, Erfahrung und Praxis von Schulseelsorge sein kann, werden im Rahmen dieser Arbeit Veröffentlichungen von evangelischer und katholischer Seite beachtet. Dies beruht auf der Annahme, dass sich gerade im Diskurs mit der Literatur aus dem katholischen Bereich das Profil von evangelischer Schulseelsorge an allgemeinbildenden Gymnasien herausarbeiten lässt. Dabei bleibt offen (und wird auch im Rahmen dieser Arbeit nicht bearbeitet), ob konfessionell bedingte Schwerpunktsetzungen in der Theorie eine Relevanz für die schulseelsorgerliche Praxis besitzen.

Neben kirchlichen Verlautbarungen (4.1) und Artikeln in Fachlexika (4.2) lässt sich die Fülle an Publikationen zur Schulseelsorge/Schulpastoral hinsichtlich ihres Charakters in Erfahrungsberichte aus der oder Handreichungen für die Praxis (4.3), in konzeptionelle Arbeiten (4.4) sowie empirische Arbeiten (4.5) unterteilen. Insgesamt liegen nur wenige Veröffentlichungen vor, die als Monografien zu bezeichnen sind. Sie weisen entweder konzeptionellen Charakter auf[1] oder basieren auf empirischen Ergebnissen.

---

1 Das Handbuch Schulseelsorge von Ralf Koerrenz und Michael Wermke stellt beispielsweise eine Mischung aus Konzeptionalisierung und Erfahrungsbericht dar. Vgl. Korrenz/Wermke, Schulseelsorge, 2008.

4.1 Kirchliche Verlautbarungen

4.1.1 Kirchliche Verlautbarungen auf katholischer Seite

Als grundlegend auf katholischer Seite können die Verlautbarungen der Würzburger Synode der Bistümer (1971-1975) gesehen werden. Der Beschluss der Würzburger Synode *Schwerpunkte kirchlicher Verantwortung im Bildungsbereich*[2] widmet bereits 1976 der Schulseelsorge einen eigenen Abschnitt. Die Pfarrseelsorge soll durch ein Netz weiterer pastoraler Angebote ergänzt werden „und so die Menschen für den christlichen Dienst in ihrem jeweiligen Lebensbereich [...] stärken, ihnen dort die frohe Botschaft [...] verkündigen und mit ihnen Gottesdienst [...] feiern".[3] Realisiert soll dieses Konzept dadurch werden, dass die Bistümer für jede Schule einen Verantwortlichen für Schulseelsorge benennen.[4] Die benannten Priester, Diakone oder Laien sollen an der Schule oder überörtlich entsprechende Angebote machen oder darauf verweisen.[5]

1989 setzt sich die *Vereinigung Deutscher Ordensoberen* grundsätzlich mit der Schulseelsorge auseinander, für die sie, geprägt vom pastoralen Verständnis des Zweiten Vatikanischen Konzils, den Begriff der *Pastoral* wählt.[6] Die VDO formuliert als Ziel der Schulpastoral, „jungen Menschen und, soweit möglich, Erwachsenen im Handlungsfeld Schule, zu einer ganzheitlichen Entfaltung [zu] verhelfen, damit diese als Befreite und Erlöste leben und glauben können".[7]

---

2 Vgl. Gemeinsame Synode der Bistümer, Schwerpunkte kirchlicher Verantwortung, 518ff.
3 Gemeinsame Synode der Bistümer, Schwerpunkte kirchlicher Verantwortung, 539.
4 Vgl. Gemeinsame Synode der Bistümer, Schwerpunkte kirchlicher Verantwortung, 540.
5 Vgl. Gemeinsame Synode der Bistümer, Schwerpunkte kirchlicher Verantwortung, 540. Vor allem die katholischen Orden sollen eine tragende Rolle spielen, den großen Bedarf ideell, konzeptionell und finanziell zu decken.
6 Vgl. Vereinigung der Deutschen Ordensoberen, Schulpastoral, 23.
7 Vereinigung der Deutschen Ordensoberen, Schulpastoral, 23.

4.1 Kirchliche Verlautbarungen

Bis heute ist die Erklärung der Kommission für Erziehung und Schule der Deutschen Bischofskonferenz (22.1.1996) mit dem Titel *Schulpastoral – der Dienst der Kirche an den Menschen im Handlungsfeld Schule*[8] grundlegend. Sie entfaltet ein Verständnis von Schulpastoral als Dienst von Christinnen und Christen im Lebensraum Schule.[9]

4.1.2 Kirchliche Verlautbarungen auf evangelischer Seite

Auf evangelischer Seite finden sich zum einen kirchliche Verlautbarungen, die die kirchliche Bildungsverantwortung postulieren, zum anderen spezifische Positionspapiere zum Thema Schulseelsorge.

Im weitesten Sinne können als grundlegende Aussagen für schulseelsorgerliches Engagement die allgemeinen Äußerungen zur kirchlichen Verantwortung im Bildungsbereich die zwischen 1958 und 2003 veröffentlichten Positionspapiere der EKD gelesen werden. Während die 1971, 1978, 1994 und 2006 verabschiedeten Beschlüsse der Synoden bzw. Denkschriften, die seit der Reformation gewachsene kirchliche Verantwortung für die Schule als Mitverantwortung für Bildung und Bildungspolitik betonen[10], formuliert die Kammer der EKD für Bildung und Kirche in ihrer Schrift *Evangelisches Bildungsverständnis in einer sich wandelnden Arbeitsgesellschaft*[11], dass Bildung primär auf Lebensorientierung zielt.[12] Als Aussage in Richtung Schulseelsorge könnte jene Formulierung vom 30. April 1958 interpretiert werden: In ihrem Wort zur Schulfrage erklärt die EKD die Bereitschaft der Kirche zu „einem freien Dienst an einer freien Schule".[13] Allerdings fehlt eine dezidierte Konkretisierung dieses freien Dienstes in Richtung Schulseelsorge.

---
8 Vgl. Die deutschen Bischöfe, Schulpastoral, 1ff.
9 Vgl. Dam, Schulseelsorge, 360.
10 Vgl. EKD, Leben und Erziehen, 1979. EKD, Evangelisches Bildungsverständnis, 1991. EKD, Aufwachsen, 1995. EKD, Maße des Menschlichen, 2003. Vgl. auch: EKD, Bildungsplanung, 1972.
11 Vgl. EKD, Evangelisches Bildungsverständnis, 1991.
12 Vgl. EKD, Evangelisches Bildungsverständnis, 35.
13 Zitiert in: Müller-Rolli, Evangelische Schulpolitik, 718.

4 Überblick über den Forschungsstand

Auch im Bereich einzelner Landeskirchen sind Verlautbarungen zu einer allgemein-umfassenden, kirchlichen Bildungsverantwortung zu finden, so das 2009 veröffentlichte Positionspapier der evangelischen Landeskirchen in Baden und Württemberg.[14] In ihrer gemeinsamen Entschließung *Freiheit, Gerechtigkeit und Verantwortung* eröffnen die beiden Landeskirchen Perspektiven für die aktuelle Schul- und Bildungspolitik in Baden-Württemberg. Sie formulieren ihre Bildungs(mit)verantwortung, die sie neben dem Religionsunterricht auch „in der Mitgestaltung des Schullebens"[15] wahrnehmen.

Neben diesen allgemeinen Aussagen zur kirchlichen Bildungsverantwortung finden sich spezifische Verlautbarungen einzelner Landeskirchen bzw. ihrer religionspädagogischen Institute zum Thema Schulseelsorge wie beispielsweise die Broschüre der Evangelisch-lutherischen Kirche in Bayern *Evangelische Schulseelsorge in Bayern. Mehr als ein Trostpflaster*[16], das Positionspapier der Landeskirche Kurhessen-Waldeck *Wenn Kirche in die Schule kommt...*[17] oder das Themenheft *Schulseelsorge*[18] der Landeskirche Hannovers.

Vielfach rezipiert werden die Veröffentlichungen des Comenius-Instituts Münsters. Unter der Leitung von Harmjan Dam und Matthias Spenn veröffentlichte das Comenius-Institut Münster in den Jahren 2007 und 2009 zwei Themenhefte, die beide auf die EKD-weiten Fachtagungen zur Schulseelsorge in Kronberg/Taunus zurückgehen. Sie können als Beschreibung des jeweiligen Entwicklungsstandes von Schulseelsorge gelesen werden und weisen als solche auch unterschiedliche Charakter auf.[19] Die 2007 erschienene Publikation, *Evangelische Schulseelsorge. Hintergründe, Erfahrungen, Konzeptionen*[20] soll dazu anregen, „das vielfältige [schulseelsorgliche]

---

14 Evangelische Landeskirche in Württemberg, Freiheit.
15 Evangelische Landeskirche in Württemberg, Freiheit, 6.
16 Vgl. Religionspädagogisches Zentrum Heilsbronn, Evangelische Schulseelsorge, 2009.
17 Vgl. Evangelische Kirche von Kurhessen-Waldeck, Wenn Kirche, 2005.
18 Religionspädagogisches Institut Loccum, Schulseelsorge 4/09.
19 Vgl. Dam/Spenn, Evangelische Schulseelsorge, 8.
20 Vgl. Dam/Spenn, Evangelische Schulseelsorge, 2007.

4.1 Kirchliche Verlautbarungen

Engagement in seiner sehr unterschiedlichen Praxis als Ressource wahrzunehmen, Schulseelsorge sowohl kirchlich als auch schulisch als Kernbestandteil weiterer Entwicklungen ernster zu nehmen, zu unterstützen und zu verstetigen".[21] Im Rahmen dieser Arbeit stellt auch Klaus Wild die Schulseelsorge in den Zusammenhang der inneren Schulentwicklung. Die zwei Jahre später erschienene Dokumentation *Qualifizierung Schulseelsorge*[22] zeigt deutlich den Entwicklungsfortschritt in Sachen Schulseelsorge. Dies ist nicht nur an der synoptischen Zusammenschau der landeskirchlichen Schulseelsorgesituationen abzulesen[23], sondern auch an der thematischen Ausrichtung der Publikationen, die sich der Vorstellung von Fort- und Weiterbildungskursen verschiedener Landeskirchen verpflichtet weiß.

Da sich die vorliegende Arbeit auf den Bereich der Württembergischen Landeskirche beschränkt, sind besonders die Veröffentlichungen der Württembergischen Landeskirche von Interesse. Dies ist zum einen das 2009 erschienene *Mutmachbuch*[24], zum anderen eine Darstellung der Grundpositionen zur Schulseelsorge aus dem Jahr 2008.[25] Während das Mutmachbuch nach einigen konzeptionellen Worten eher einer Sammlung von Erfahrungsberichten entspricht, entfaltet die 2008 erschienene Broschüre die Konzeption des 2007 begonnenen Projekts Schulseelsorge in der Württembergischen Landeskirche. Auf 13 Seiten findet Schulseelsorge ihre Begründung, Definition und Abgrenzung sowie die Beschreibung ihrer Arbeits- und Angebotsformen. Schulseelsorge im Verhältnis zum Religionsunterricht wird ebenso gesondert beachtet wie Schulseelsorge als Aufgabe von Schule und Gemeinde. Abschließend werden Bedarf, Personalstruktur, Finanzierung und Qualifizierung von Schulseelsorge dargestellt.[26]

---

21 Dam/Spenn, Evangelische Schulseelsorge, 8.
22 Vgl. Dam/Spenn, Qualifizierung Schulseelsorge, 2009.
23 Vgl. Dam/Spenn, Qualifizierung Schulseelsorge, 103ff.
24 Vgl. PTZ, Mutmachbuch, 2009.
25 Vgl. Evangelische Landeskirche in Württemberg, Schulseelsorge, 2008.
26 En detail werden auch hier die einzelnen Punkte im Rahmen von Kapitel 5 ausgeführt.

4.2 Lexikonartikel

Die wachsende Aufmerksamkeit für Schulseelsorge ist in den letzten 30 Jahren auch in theologischen Fachlexika zu beobachten. Allerdings fehlt in grundlegenden Werken zur Theologie und Seelsorge[27] die Schulseelsorge noch immer. Dies kann zwar pragmatische Gründe haben (etwa Erscheinungsmodi), kann aber eben auch symptomatisch für die marginalisierte Wahrnehmung dieses seelsorgerlichen Phänomens sein. So fehlt ein eigener Artikel über Schulseelsorge sowohl in der *Theologischen Realenzyklopädie* und dem *Evangelischen Lexikon für Theologie und Kirche* als auch in der Lexikonreihe *Religion in Geschichte und Gegenwart*.

Beachtung findet Schulseelsorge vor allem in religionspädagogischen Überblickswerken, wie dem *Handbuch der Religionspädagogik*, dem *Neuen Handbuch religionspädagogischer Grundbegriffe* und dem *Lexikon der Religionspädagogik*, während es in Werken zur Gemeindepädagogik dezidiert nicht erwähnt wird.[28] Dies zeigt, dass Schulseelsorge vor allem von der theologischen Disziplin der Religionspädagogik wahrgenommen wird. Daneben findet Schulseelsorge im Rahmen eines Artikels der Theologin Thalheimer[29] (also aus der Binnenperspektive) Erwähnung im *Handbuch für Erziehungswissenschaft*. Andere erziehungswissenschaftliche Lexika lassen eine Wahrnehmung von Schulseelsorge oder Schulpastoral hingegen gänzlich vermissen. So ist weder in aktuellen (*Wörterbuch Erziehungswissenschaft, Wörterbuch der Pädagogik, Beltz Lexikon Pädagogik*) noch in (älteren) Nachschlagewerken von Schulseelsorge bzw. Schulpastoral oder Seelsorge die Rede.[30] Im *Lexikon der Pädagogik* wird immerhin das Verhältnis von

---

27 Eine Ausnahme bildet hier: Engemann, Handbuch, 2007. Dort führt Büttner (Dimension, 508ff) die seelsorgliche Dimension des Religionsunterrichts aus, die er der Schulseelsorge subsumiert.
28 So fehlt Schulseelsorge in folgenden Standardwerken: Grethlein, Gemeindepädagogik, 1994. Wegenast/Lämmermann, Gemeindepädagogik, 1994. Adam/Lachmann, Neues Gemeindepädagogisches Kompendium, 2008. Bubmann/Doyé/Keßler et al, Gemeindepädagogik, 2012.
29 Vgl. Thalheimer, Schulpastoral, 575-581.
30 Vgl. Honrey, Pädagogisches Lexikon, 1970. Böhm, Wörterbuch der Pädagogik, 2005. Krüger, Wörterbuch Erziehungswissenschaft, 2006. Tenorth/Tippelt, Beltz Lexikon

4.2 Lexikonartikel

Seelsorge und Erziehung beleuchtet.[31] Auch im *Historischen Wörterbuch der Pädagogik* werden die Begriffe Schulseelsorge, Schulpastoral oder Seelsorge nicht beleuchtet, wohl aber findet sich dort ein Artikel zur *Religion/religiöse Erziehung*, in dem Karl Ernst Nipkow die Geschichte der religiösen Erziehung und die religionspädagogische Theoriebildung von der Spätantike bis ins 20. Jahrhundert skizziert.[32] Weder aus der Perspektive der pädagogischen Psychologie[33], der Schulpädagogik[34] oder der Schulforschung[35] findet Schulseelsorge/Schulpastoral bzw. Seelsorge Erwähnung.

Dieser Befund verdeutlicht zum einen, dass Schulseelsorge eben (noch) kein Thema für die Schulpädagogik bzw. Erziehungswissenschaft darstellt. Zum anderen verweist er auf das Desiderat einer schulpädagogischen oder schultheoretischen Verortung von Schulseelsorge. In Ansätzen findet sich eine solche Verortung aus der (theologischen) Binnenperspektive zwar beispielsweise bei Schröder (als Religion im Schulleben) oder der Württembergischen Landeskirche sowie als schulrechtliche Verortung bei Seeliger.[36] Aus der (erziehungswissenschaftlichen) Perspektive entwirft Kristina Roth eine schultheoretische Begründung von Schulseelsorge in der Auseinandersetzung mit Fends Funktionen von Schule.[37]

Analog zur breiten schulseelsorgerlichen Tradition in der katholischen Kirche und dem eher jungen Feld, das Schulseelsorge in der evangelischen Kirche darstellt, kann die Konfessionszugehörigkeit der einzelnen Autoren verstanden werden: So ist die Mehrzahl der Autoren katholischer Provenienz.

Pädagogik, 2007.
31 Vgl. Willmann-Institut München-Wien, Lexikon der Pädagogik, 1971.
32 Vgl. Benner/Oelkers, Historisches Wörterbuch der Pädagogik, 807-823.
33 Vgl. Wörterbuch der pädagogischen Psychologie, Herder, 1974. Brunner/Zeltner, Lexikon zur Pädagogischen Psychologie und Schulpädagogik, 1980.
34 Vgl. Keck/Sandfuchs, Wörterbuch Schulpädagogik, 2004.
35 Im Gegensatz zur Schulseelsorge/Schulpastoral/Seelsorge findet die Sozialarbeit als Schulsozialarbeit in der Schule dort (Helsper/Böhme, Handbuch Schulforschung, 2008, hier: 495ff.) Erwähnung.
36 Vgl. Schröder, Warum, 11ff. Seeliger, Schulseelsorge, 525ff. Evangelische Landeskirche in Württemberg, Schulseelsorge, 2ff.
37 Vgl. Roth, Sinnhorizonte, 183ff.

4 Überblick über den Forschungsstand

Fast alle Autoren stimmen darin überein, dass sie Schulseelsorge bzw. Schulpastoral als kirchliches Engagement im gegenwärtigen Verständnis erst seit 1950 datieren. Unterschiede hinsichtlich des Verständnisses von Schulseelsorge lassen sich bezüglich des entfalteten Konzeptes, besonders in Bezug auf Adressaten, Zielsetzung und Angebotsformen ausmachen.

Robert Leuenberger versteht im *Handbuch der Religionspädagogik* Schulseelsorge als „Dienst der Kirche".[38] Aus katholischer Perspektive begründet er das kirchliche Engagement „bei schulpolitischen Fragen"[39] und entfaltet eine Seelsorge sowohl *an den Lehrern* als auch *am Schüler*. Für Leuenberger kann „Seelsorge am Schüler auch außerhalb des Unterrichts geschehen"[40], doch hat sie „ihren legitimen Ort im Unterrichtsgeschehen selbst".[41] Interessant ist zum einen, dass hier ein enger Adressatenbegriff dominiert, zum anderen, dass aus katholischer Perspektive der Religionsunterricht explizit und dezidiert als Ort für Schulseelsorge genannt wird.

Aus evangelischer Perspektive entfaltet Harmjan Dam[42] in *Neuen Handbuch religionspädagogischer Grundbegriffe* Religionspädagogik, Jugendarbeit und Poimenik als Wurzeln von Schulseelsorge.[43] Es folgt die Darstellung der vier Arbeitsformen, die für das Handlungsfeld Schulseelsorge „trotz individueller Ausprägungen"[44] Geltung besitzen. Dam kategorisiert die schulseelsorgerlichen Angebotsformen hinsichtlich ihres Adressatenkreises. Ihre schematische Umsetzung findet diese Kategorisierung im Konzentrischen Kreismodell, das vielfältig Eingang in die Literatur evangelischer Provenienz gefunden und ausführlich in Kapitel 4.2 dargestellt wird.

---

38 Leuenberger, Kirchlicher Dienst, 383.
39 Leuenberger, Kirchlicher Dienst, 384.
40 Leuenberger, Kirchlicher Dienst, 386.
41 Leuenberger, Kirchlicher Dienst, 387.
42 Dam, Schulseelsorge, 358ff.
43 Im Anschluss daran legt Dam (Schulseelsorge, 360) die Entwicklung des Begriffs Schulpastoral im katholischen Raum dar, der sich seines Erachtens inhaltlich kaum von der Schulseelsorge unterscheidet.
44 Dam, Schulseelsorge, 360.

4.2 Lexikonartikel

Im *Lexikon der Religionspädagogik*[45] verortet Jan Heiner Schneider schulseelsorgerliches Engagement historisch seit 1950. Er stellt den Wechsel des Interesses der Kirchen weg vom Gedanken, „was sie von der Schule haben und welchen Ertrag sie aus ihrem schulbezogenen Engagement für sich herausziehen können"[46] hin zu der Überlegung, „was die Kirchen zugunsten des Schullebens, als Beitrag zur Humanisierung der Schule [...] leisten können"[47] dar. Dabei betont er die zentrale Bedeutung des Religionsunterrichts für die Schulseelsorge. Schneider entfaltet weiter das Angebotsspektrum der Schulseelsorge, zu dem er beispielsweise neben gottesdienstlichen und spirituellen Angeboten auch die Schulsozialarbeit zählt.[48] Der individuelle schulische Kontext ist dabei entscheidend für die jeweilige Konzeptentwicklung von Schulseelsorge vor Ort.[49]

Prägnant skizziert Jan Heiner Schneider im *Lexikon für Theologie und Kirche*[50] den Begriff der Schulpastoral, ursprünglich als Schulseelsorge bezeichnet. Für ihn verstehen zukunftsorientierte Konzeptionen „Schulpastoral als ökumenisch vollzogenen und interreligiös verantworteten Dienst der Kirchen zugunsten der Schüler-, Lehrer-, Elternschaft und zur Gestaltung des Schulwesens".[51]

Magdalena Seeliger entfaltet im *Lexikon für Kirche und Staatskirchenrecht*[52] ebenfalls das katholische Verständnis von Schulpastoral, die sie, im Gegensatz zu Jan Heiner Schneider, heute eher als Schulseelsorge bezeichnet sieht, als eine an den Religionsunterricht anknüpfende, „freie Initiative der Kirche im Kontext Schule"[53], die in den „Raum gelebter Religion"[54] ein-

---

45 Schneider, Schulseelsorge,1959ff.
46 Schneider, Schulseelsorge, 1960.
47 Schneider, Schulseelsorge, 1960.
48 Vgl. Schneider, Schulseelsorge, 1960.
49 Vgl. Schneider, Schulseelsorge, 1961.
50 Schneider, Schulpastoral, 298.
51 Schneider, Schulpastoral, 298.
52 Seeliger, Schulseelsorge, 525ff.
53 Seeliger, Schulseelsorge, 525.
54 Seeliger, Schulseelsorge, 525.

führt. Weiter stellt sie kirchliche Bestimmungen für den katholischen Raum zusammen und gibt einen Überblick über die staatlichen Bestimmungen, die Schulseelsorge im deutschen Raum tangieren.

Im *Handbuch für Erziehungswissenschaft*[55] klärt Beate Thalheimer zuerst die Begrifflichkeiten Schulseelsorge und Schulpastoral, bevor sie in einem zweiten Schritt das schulseelsorgerliche bzw. schulpastorale Engagement der beiden großen Kirchen darstellt. Aus den differierenden Verständnissen von Schulseelsorge und Schulpastoral zieht sie Schlüsse für konfessionell bedingte Unterschiedlich- oder Gemeinsamkeiten. Sie schließt mit dem Postulat des innovativen Charakters beider kirchlichen Handlungsfelder, den sie damit begründet, dass Schulpastoral und Schulseelsorge durch „den lebensraumorientierten Ansatz [...] in einer permanenten Entwicklung [sind], die die Veränderungen von Schule, Gesellschaft und Wissenschaften im Blick behält".[56]

4.3 Erfahrungs- und Praxisberichte

Die Erfahrungs- und Praxisberichte sind meist von praktizierenden Schulseelsorgepersonen geschrieben und setzen sich mit konkreten Aspekten von Schulseelsorge auseinander.[57] Charakteristisch ist für sie ein deskriptiver, zuweilen auch problematisierender Zugang zu einem Gesichtspunkt schulseelsorgerlicher Praxis. Einzelne Arbeiten sind auch im Sinne ei-

---

55 Thalheimer, Schulpastoral, 575-581.
56 Thalheimer, Schulpastoral, 575: „Der Versuch, Schulseelsorge und Schulpastoral zu beschreiben, wird also immer bemüht sein, Grundlagen zu überprüfen, Konzepte zu sichten und die aktuelle Situation zu analysieren."
57 Als Beispiele seien hier genannt: Abesser, Schulandachten, 143ff. Bischöfliches Ordinariat, Den Alltag durchbrechen, 13ff. Dehm, Schülercafé, 158ff. Ders., Schülercafés, 93ff. Gröger, Aus dem Alltag, 140. Husmann, Tage religiöser Orientierung, 154ff. Ders., Räume der Stille, 168. Kloß, Kirche, 361ff. Kollig, Schulseelsorge, 203ff. Lames, Kooperative Schulseelsorge, 394ff. Möhring-Plath, Leben, 94ff. Schröder, Schulgottesdienst, 148ff. Winzenhörlein, Schulseelsorge konkret, 320ff. Im Bereich der Württembergischen Landeskirche ist das 2009 veröffentlichte „Mutmachbuch" als Sammlung von Erfahrungsberichten aus der Praxis zu werten. Nach einigen einleitenden, konzeptionellen Worten geben praktizierende Schulseelsorgerinnen und Schulseelsorger dort Einblick in ihre schulseelsorgerliche Arbeit. Vgl. PTZ, Mutmachbuch, 2009.

ner Bestandsaufnahme zu lesen.[58] Einige wenige schulartspezifische Erfahrungsberichte, die sich vor allem dem Aspekt schulseelsorgerlicher Angebote widmen, sind an berufsbildenden Schulen[59], einer Gesamtschule[60], einer Grundschule[61] und einer Regelschule[62] entstanden.

4.4 Monografien

Bemerkenswert ist eine Vielzahl von Veröffentlichungen unterschiedlichen Umfangs, die das Angebot der Schulseelsorge zu konzeptualisieren suchen. Neben einigen Monografien zur Schulseelsorge, findet sich eine Vielzahl von Aufsätzen, die sich mit einzelnen Aspekten von schulseelsorgerlichem Handeln konzeptionell auseinandersetzen.[63] Skizziert werden im Folgenden ausgewählte Monografien, deren Auswahl und Darstellung keinen Anspruch auf Vollständigkeit erhebt, sondern die Einbettung dieser Arbeit in den gegenwärtigen Forschungsstand von Schulseelsorge gewährleisten soll. Allerdings handelt es sich dabei um eine Auswahl derjenigen Arbeiten, die den Diskurs maßgeblich bestimmen und/oder eine (inhaltliche) Relevanz für die vorliegende Schulseelsorge-Studie aufweisen.

Auf katholischer Seite werden exemplarisch die Werke von Helmut Demmelhuber, Gundo Lames und Joachim Burkhard sowie die Studienbriefe der Kirchlichen Arbeitsstelle für Fernstudien/Katholischen Akademie Domschule Würzburg besprochen.[64] Interessant, aber für den Rahmen dieser Ar-

---

58 Z. B.: Bischöfliches Ordinariat, Den Alltag durchbrechen, 3ff.
59 Vgl. Seibt, Schulpastoral, 61ff. Schreiner, Praxismodelle, 270ff.
60 Vgl. Spenn, Praxismodelle, 257ff.
61 Vgl. Wünscher, Praxismodelle, 245ff.
62 Vgl. Musall, Praxismodelle, 251ff.
63 Hierunter können u. a. genannt werden: Evangelische Landeskirche in Württemberg, Schulseelsorge, 7f. Dam, Kompetenzen, 39ff. Ders., Evangelische Schulseelsorge, 127f. Demmelhuber, Sozialarbeit, 75-92. Ders., Schulseelsorge, 55ff. Kramer, Schulseelsorge, 194ff.
64 Weitere Arbeiten auf katholischer Seite wären zweifelsohne interessant, beispielsweise die Aufsatzsammlung unter Herausgeberschaft von Rüttiger (Schulpastoral, 1992) und die (allerdings für diese Arbeit zu spezielle) Dissertation über Ignatianische Schulpastoral von Görtz (Nach den Sternen greifen, 2010). Einzelne Aspekte werden ggf. in Kapitel 5 dargestellt und besprochen.

4 Überblick über den Forschungsstand

beit zu weitreichend sind die Konzeptionen von Schulpastoral des Erzbistums Köln, des Bistums Osnabrück, der Diözese Rottenburg-Stuttgart und der Erzdiözese Freiburg.[65]

Helmut Demmelhuber entwirft in seiner 1996 erschienen Monografie *Sozialarbeit und Seelsorge in der Schule*[66] und in einigen seiner Aufsätze[67] einen diakonischen Ansatz von Schulpastoral. Dabei sieht er seine Arbeit zum einen als Bestandsaufnahme gegenwärtiger Überlegungen zur Schulpastoral, zum anderen als Impuls zu einer diakonischen Neukonzeption von Schulpastoral.[68] Demmelhuber zeigt, dass sich Sozialarbeit und Seelsorge in der Schule in fruchtbarer Weise miteinander verbinden lassen. Nach einer terminologischen und historischen Klärung und einem Vergleich von Schulseelsorge und Schulsozialarbeit[69], entfaltet er den diakonischen Ansatz von Schulpastoral, der wesentlich von einer Offenheit des schulpastoralen Angebots gegenüber allen am Schulleben Beteiligten gekennzeichnet ist. Eine solche Schulpastoral „will ganzheitliche und lebensbezogene Begleitung und Beratung [....] anbieten und Hilfe und Stütze in den Fragen, Sorgen und Nöten des alltäglichen Lebens sein. Sie will zur Persönlichkeits-, Identitätsfindung [...] beitragen und die unterrichtliche, soziale und psychische Situation aller Beteiligten verbessern".[70] Grundlegend ist für sie, dass sie sich auf den speziellen schulischen Kontext und seine Strukturen einlässt und in ihrer Offenheit ein breites schulpastorales Handlungs- und Angebotsspek-

---

65 Vgl. Diözese Rottenburg-Stuttgart, Schulpastoral, 1996. Erzbischöfliches Ordinariat Freiburg, 1998. Erzbistum Köln, Schulpastoral, 2006. Schulpastoral. Erzdiözese Freiburg, Schulpastoral, 2006. Bistum Osnabrück, Konzept, 2011.
66 Vgl. Demmelhuber, Sozialarbeit, 1996.
67 Demmelhuber, Der diakonische Ansatz, 60ff. Demmelhuber, Schulseelsorge, 55ff.
68 Vgl. Demmelhuber, Sozialarbeit, 11.
69 Nach einer knapp gehaltenen Darlegung der veränderten familiären und gesellschaftlichen Bedingungen, aus denen Herausforderungen für die Schule resultieren, stellt er zum einen die formalrechtlichen Möglichkeiten für schulpastorales Engagement exemplarisch für Bayern dar, zum anderen kontextualisiert er die Schulpastoral in kirchliche und theologische Aussagen.
70 Demmelhuber, Sozialarbeit, 74.

4.4 Monografien

trum ermöglicht.[71] Leitend ist einer diakonisch konzeptionalisierten Schulpastoral die Frage, „was sie zugunsten der Schule zu leisten vermag"[72] und eben nicht (mehr), was „die Kirche von der Schule hat".[73]

Gundo Lames entwickelt in seiner Arbeit *Schulseelsorge als soziales System*[74] ein sytemtheoretisches Konzept von Schulseelsorge basierend auf Niklas Luhmanns Systemtheorie. Die 2000 erschienene Arbeit stellt im katholischen Bereich (nach Jan Heiner Schneiders Arbeit *Schule, Kirche, Seelsorge*, die bereits 1976 erschien) „zum ersten Mal wieder die Fragen nach der Identität von dem, was Schulseelsorge ist bzw. zu sein vorgibt"[75] und gibt eine „hinreichende Definition von Schulpastoral [...] in Abgrenzung zu den für die Schulpastoral relevanten sozialen Systemen der Umwelt".[76] Grundlegend sind für Lames die Erkenntnisse Niklas Luhmanns, der von Systemen ausgeht, die sich aufgrund von Abgrenzung und Kommunikation bilden. Im Anschluss an dessen Unterscheidung von Ebenen sozialer Systeme (Systeme der Gesellschaft (Religion, Erziehung,..), der Organisation (Kirche, Schule,..) und der Interaktion (Glaubensgespräche, Unterricht,..)) entfaltet Gundo Lames Schulpastoral als soziales System.[77] Dieser Ansatz erweist sich als besonders fruchtbar, um die Aufgaben und Ziele, aber auch die Unterschiede zu anderen Systemen[78] zu benennen. Zwei Aspekte von Lames Konzept seien hier genannt: Erstens ist Schulseelsorge kein Religionsunterricht, da sie weder einem schulischen Curriculum verpflichtet ist, noch auf Lernziele rekurriert.[79] Zweitens ist Systemische Schulseelsorge „Kirche in

---

71 Vgl. Demmelhuber, Sozialarbeit, 74.
72 Demmelhuber, Sozialarbeit, 72.
73 Demmelhuber, Sozialarbeit, 72. Im Anschluss an diese Konzeptentwicklung illustriert Helmut Demmelhuber die diakonische Schulpastoral und ihre praktische Organisation mit Beispielen.
74 Vgl. Lames, Schulseelsorge, 2000. Dort ist auch eine ausführliche Darstellung der Geschichte von Schulseelsorge und der Verortung der expliziten Schulpastoral seit ca. 1970 zu finden. Vgl. außerdem: Lames, Kirche, 295ff. Ders., Schulpastoral, 134ff.
75 Schmitz, Schulpastoral, 66.
76 Schmitz, Schulpastoral, 66.
77 Lames, Schulpastoral, 138.
78 Andere Systeme wie Religionsunterricht, Schulentwicklungsgruppe oder Schulsozialarbeit.
79 Vgl. Lames, Schulpastoral, 316. Nach Lames (Schulpastoral, 316) „ist Schulseelsorge

der Schule"[80], „wenn sich schulseelsorgerliche Kommunikation als Mystagogie und Diakonie in den Kontexten der Schule auf die eine oder andere Art und Weise ereignet".[81] Lames großes Verdienst ist die systemtheoretische Eingrenzung und klare Begründung eines Konzept von Schulseelsorge.[82]

In seiner 2002 erschienenen Dissertation[83] versteht Joachim Burkhard schulpastorale Angebote als Beitrag zur Schulkultur, die seines Erachtens als „Integrationsbegriff der Schulentwicklung"[84] zu verstehen ist. Burkhard entfaltet in vier Aspekten Analogien zwischen Schulkultur und Schulpastoral, deren Konvergenz er in einen theologisch verantwortbaren Zusammenhang stellt. Burkhard kommt zum Schluss, dass Schulpastoral als pneumatologisch basiertes und damit als schulkulturelles Handeln aus dem Geist Gottes zu verstehen ist.[85] Dieses konzeptionelle Ergebnis erfährt am Ende der Arbeit seine Konkretion in zwei schulpastoralen Handlungsfeldern, den Tagen der Orientierung und der Konfliktarbeit. Die Arbeit Burkhards verstärkt meinen Eindruck, dass ein Zusammenhang von Schulentwicklung und Schulseelsorge durchaus plausibel ist.

In inzwischen dritter Auflage sind die (Fern-) *Studienbriefe zur Fort- und Weiterbildung Schulpastoral* erschienen[86], die, ergänzt durch einzelne Präsenzveranstaltungen, als Weiterbildungsprogramm für die schulpastorale Praxis dienen. Die zehn Themenhefte richten sich als „Lern-, Diskussions-

---

eben kein Unterricht, sondern eine freie und mit Autonomie ausgestattete Initiative, die gewählt oder nicht gewählt werden kann".
80 Lames, Schulpastoral, 318.
81 Lames, Schulpastoral, 319.
82 Nach Lames (Schulpastoral, 138) ist Schulpastoral eine „freie Initiative, die sich, wenn sie an der Schule zugelassen, absichtsvoll programmiert, sich an die Erwachsenen sowie die Jugendlichen in der Schule wendet". Lames lässt allerdings eine Rezeption der Studienbriefe (herausgegeben von Theologie im Fernkurs/Katholische Akademie Domschule Würzburg) vermissen, die ja immerhin als Dokumentation des Standes der Konzeptentwicklung auf katholischer Seite darstellen und bereits einige von Lames Gedanken andeuten oder vorbereiten.
83 Vgl. Burkhard, Schulpastoral als Beitrag, 2002.
84 Burkhard, Schulpastoral als Beitrag zur Schulkultur, 82.
85 Vgl. Burkhard, Schulpastoral als Beitrag, 148f.
86 Da die Studienbriefe nicht über den Buchhandel erhältlich sind, sei an dieser Stelle Frau Beate Thalheimer herzlich für die Bereitstellung der Einheiten gedankt.

4.4 Monografien

und Anwendungshilfen"[87] an Lehrerinnen und Lehrer, insbesondere Religionslehrerinnen und Religionslehrer, Pastoral- und Gemeindereferentinnen und -referenten, sowie Ordensleute, Priester und weitere kirchlichen Mitarbeiterinnen und Mitarbeitern im Schuldienst.[88] Sie führen in thematisch abgeschlossenen Einheiten in den Kontext der Schulpastoral, die Schule (Studieneinheiten I, III), die Lebenswelt von Kindern und Jugendlichen und ihre spezifischen (schulischen) Probleme (StE II, V), die Konzeption (StE IV, VII, VIII), die theologischen Grundlagen (VI) und das Selbstverständnis (X) ein. Der neunte Studienbrief befasst sich mit der Schulpastoral als Beitrag zur Schulkultur (IX)[89] und findet aufgrund der thematischen Relevanz für die vorliegende Arbeit vor allem Eingang in die Schulseelsorge-Studie. Das Fernstudienmaterial bildet den gegenwärtigen Stand der Konzeptualisierung für die Praxis der katholischen Schulpastoral ab, der bereits so weit gediehen ist, dass er sich in einem Weiterbildungsprogramm aller deutschsprachigen Diözesen nieder schlägt.

Auf evangelischer Seite werden im Folgenden vier Monografien skizziert.

Mit dem *Handbuch Schulseelsorge*[90] gelang es Ralf Koerrenz und Michael Wermke, dem Thema Schulseelsorge mit breitem Interesse zu begegnen. So werden Grundlagen, beispielsweise die Verhältnisbestimmung von Schulseelsorge und Schulsozialarbeit, Elementare Strukturen, Seelsorgerliche Handlungsräumen, die wohl als exemplarische Auswahl zu verstehen sind, Seelsorge in Konfliktfällen sowie Praxismodelle und Erfahrungsfelder von Schulseelsorge dargestellt. Neben ausgewiesenen Experten für Schulseelsorge kommen auch renommierte Theologen zu Wort, deren Beiträge

---

87 Theologie im Fernkurs, Schulpastoral, 7. Hier wird bereits der Charakter der Studieneinheiten deutlich. Neben grundlegender, verständlich zusammengefasster Theorie wird der Schwerpunkt der Einheiten auf die praktische Umsetzbarkeit und Impulse für die Praxis gelegt.
88 Theologie im Fernkurs, Schulpastoral, 6.
89 Vgl. Kirchliche Arbeitsstelle, Schulpastoral IX: Schulkultur, 1998.
90 Vgl. Koerrenz/Wermke, Schulseelsorge, 2008.

4 Überblick über den Forschungsstand

eher den Charakter von Postulaten aufweisen. Exemplarisch sei hier der Beitrag von Michael Meyer-Blanck zur Theorie und Praxis des schulseelsorgerlichen Gesprächs genannt.

Bernd Schröder versammelt in seinem Aufsatzband *Religion im Schulleben*[91] zwar nicht nur Beiträge, die sich dezidiert mit Schulseelsorge auseinandersetzen, sondern auch solche, die die Vielfalt christlicher Präsenz im schulischen Kontext beschreiben. Christliche Präsenz ist dabei nicht auf Schulseelsorge zu reduzieren, sondern umfasst die Handlungsformen unterrichtsbezogene Projekte, Schulgottesdienst, Schulseelsorge, Schulsozialarbeit und schulnahe Jugendarbeit. Interessant ist hier besonders sein Versuch, die Unterscheidung dieser Handlungsformen, die er aufgrund der spezifischen Angebotsspektren von Kirche und Schule begründet.[92] Zu Beginn des Buches sind vier Grundsatzartikel zu finden, die Religion im Schulleben begründen, ihre rechtlichen Rahmenbedingungen darlegen, die Rolle von Religionslehrern und Schulpfarrern als Impulsgeber für Religion im Schulleben beleuchten sowie die Kompetenzen für Schulseelsorge besprechen. Als „gelungene Beispiele"[93] folgen dann Erfahrungsberichte von Praktikerinnen und Praktikern, die zeigen, welches Potential „allein schon in christlicher Religion für die Bereicherung von Schule und für die Förderung der Schülerinnen und Schüler steckt".[94] In Schröders einführendem Aufsatz findet sich u. a. eine schultheoretische Begründung von Religion im Schulleben. Seines Erachtens ist Religion im Schulleben „legitim und notwendig, weil sich darin [...] das Interesse von Schule an ganzheitlicher, die Person betreffender Bildung [...] spiegelt".[95] Für ihn legitimieren sich christlich-religiöse Angebote zum Schulleben [...] rechtlich und sachlich vor allem daraus, dass sie den Bedürfnissen und Interessen der Schulangehörigen genügen – nicht aus den Handlungsmöglichkeiten der Institution Kirche".[96]

---
91 Vgl. Schröder, Religion, 2006.
92 Vgl. Schröder, Religion, 24f.
93 Schröder, Religion, 7.
94 Schröder, Religion, 8.
95 Schröder, Warum, 18.
96 Schröder, Warum, 21.

4.4 Monografien

Jüngst ist mit *Schulseelsorge – ein junges Handlungsfeld im Schulalltag und in Krisenzeiten*[97] eine Monografie erschienen, die sich einem speziellen Aspekt von Schulseelsorge zuwendet. Die von Anna-Christina Petermann vorgelegte Arbeit entfaltet ein Organisationsmodell von Schulseelsorge in Trauerfällen.[98] Dabei widmet sie sich ausführlich den methodischen und didaktischen Möglichkeiten der Gestaltung von Trauerprozessen und -tagen mittels eines Trauer-Koffers. Petermann schließt mit der Forderung einer Verortung der Qualifizierung zum bereits im Lehramtsstudium und der Ausstattung von finanziellen und personellen Ressourcen, da „nicht nur in Krisensituationen, zum Beispiel beim Tod eines Schülers, [...] eine qualifizierte Schulseelsorge gefragt"[99] ist. Aus ihren Ausführungen über die Schulseelsorgeperson ist zu schließen, dass Anna-Christina Petermann zum einen das Zugangsamt für Schulseelsorge an den Lehrberuf bindet, zum anderen einem system-immanenten Ansatz von Schulseelsorge anhängt. Für Petermann ist Schulseelsorge nicht nur im schulischen Kontext relevant, sondern zugleich „eine gesellschaftspolitische Aufgabe – eine pädagogische Plattform, um junge Menschen zu seelisch ausgeglichenen und damit konstruktiven Mitgliedern einer möglichst humanen Gesellschaft zu erziehen".[100]

An dieser Stelle sei auch Gerhard Büttners Monografie *Seelsorge im Religionsunterricht*[101] (und ergänzend weitere Veröffentlichungen[102]) erwähnt, da in den schulseelsorglichen Diskurs immer wieder das Verhältnis von Schulseelsorge und Religionsunterricht Eingang findet. Büttner begreift Schulseelsorge als Möglichkeit der Begegnung mit gelebter Religion und zählt darunter beispielsweise die *Evangelische Kontaktstunde* an Grundschulen in Nordrhein-Westfalen oder das Modell der schulnahen Jugendar-

---

97 Vgl. Petermann, Schulseelsorge, 2011.
98 Vgl. Petermann, Schulseelsorge, 144. Dabei ist die Schulseelsorgeperson innerschulisch als Ansprechpartnerin in Trauerfällen zu verstehen, die im Notfallseelsorger einen außerschulischen Ansprechpartner hat.
99 Petermann, Schulseelsorge, 145.
100 Petermann, Schulseelsorge, 145.
101 Vgl. Büttner, Seelsorge, 1991.
102 Vgl. Büttner, Seelsorge im Religionsunterricht, 2006. Büttner/Dieterich, Religion, 2004. Büttner/Sauter, Seelsorge und Religionsunterricht, 1988.

beit der EKHN.[103] Für ihn ist „der Begriff Schulseelsorge weit gespannt"[104], da der ursprünglich katholische Begriff der *Schulseelsorge* punktuell vom Protestantismus übernommen und ausgeweitet wurde.[105] Aufgrund unterschiedlicher Ursprünge wird die protestantische Intention von Schulseelsorge mit der „Konzentration auf den Religionsunterricht und der bescheideneren Formulierung von den seelsorgerlichen Dimensionen [zutreffender ausgedrückt] als der Begriff der Schulseelsorge".[106] Büttner subsumiert den Religionsunterricht unter Schulseelsorge, indem dem „*klassischen* Religionsunterricht gemäß den curricularen Vorgaben eine seelsorgerliche Qualität"[107] verliehen wird. Er betont in seiner Monografie unter Berücksichtigung pastoral-, tiefen- und sozialpsychologischer Erkenntnisse die seelsorgerliche Dimension des Religionsunterrichts. Dabei verliert er die schulischen Rahmenbedingungen nicht aus dem Blick (Notengebung, Klassengröße, Schulklima), die seelsorgerliche Prozesse im Religionsunterricht erleichtern oder erschweren. Grundsätzlich setzt er sich mit der Frage auseinander, wie Religionsunterricht gestaltet werden kann, um der seelischen Entwicklung von Schülern förderlich zu sein. Er resümiert, dass (allgemeine und spezifische) Voraussetzungen beachtet werden müssen sowie eine bestimmtes Verhältnis von Thema und Interaktion bestehen muss, um seelsorgerliche Dimensionen für die Schülerin bzw. den Schüler zu eröffnen.[108] Für Büttner hat der Religionsunterricht korrespondierende Symbole bereitzustellen, die Emotionen, Progression oder Regression fördern.[109] Seines Erachtens lässt sich mit Hilfe von alters- bzw. entwicklungspsychologisch angemessenen „Symbolen" ein Thema auf einer „Sachebene" verhandeln, die die psychische Rezeption und Wirkweise beim Schüler widerspiegelt.

---

103 Vgl. Büttner, Dimension, 511ff.
104 Büttner, Dimension, 520.
105 Vgl. Büttner, Dimension, 509.
106 Büttner, Dimension, 509.
107 Büttner, Dimension, 520.
108 Vgl. Büttner, Seelsorge, 199ff.
109 Vgl. Büttner, Seelsorge, 72ff. Vgl. Baumann, Seelsorge, 12.

4.5 Empirische Studien

Für diese Arbeit sind besonders die empirischen Studien zum Thema Schulseelsorge von großem Interesse. Bemerkenswert ist einerseits, dass keine empirische Arbeit im Kontext evangelischer Schulseelsorge vorliegt, andererseits, dass die vorliegenden Studien überwiegend an berufsbildenden Schulen und Hauptschulen entstanden sind.[110] Als empirische Studien im Bereich der Schulseelsorge sind die qualitativ-empirische Arbeit von Markus Seibt und die quantitativ-empirische Arbeit von Ulrich Kumher an berufsbildenden Schulen zu nennen, die sich vor allem dadurch hervorheben, dass sie die Konzeptualisierung von Schulpastoral auf der Basis von empirischer Forschung vornehmen oder weiterentwickeln. Im Sinne einer Dokumentation sind die quantitativ-empirischen Studien des Religionspädagogischen Zentrums Bayern an Hauptschulen und der Diözese Rottenburg-Stuttgart an beruflichen Schulen und Hauptschulen zu verstehen. Daneben findet sich die Dissertation von Klaus-Gerd Eich, der einen empirisch-religionspädagogischen Entwurf zur Rezeption und Evaluation von Qualitätsmanagementsystemen für Religionsunterricht und Schulseelsorge entfaltet. An dieser Stelle seien auch die qualitativ bzw. quantitativ empirischen Untersuchungen von Klaus Kießling, Jochen Sautermeister und Christian Grethlein zum Religionsunterricht erwähnt, aus denen, quasi als Nebeneffekt, Aussagen zur Schulseelsorge bzw. Schulpastoral getroffen werden können. Einzelne Aspekte der empirischen Studien von Andreas Feige et al., Bernhard Dressler bzw. Werner Tzscheetzsch,[111] die die Profession von Religionslehrerinnen und Religionslehrern untersuchen, werden in Kapitel 5 ausführlich besprochen, sofern sie für diese Arbeit relevant sind.

---

110 Eine Ausnahme bildet hinsichtlich der Schulart die Arbeit von Klaus-Gerd Eich, der seine quantitative Erhebung an verschiedenen Schularten durchgeführt hat. Vgl. Eich, Einsatz, 2003.
111 Vgl. Feige/Dressler/Tzscheetzsch, Religionslehrerin oder Religionslehrer werden, 2006. Feige/Dressler/Lukatis/Schöll, Religion bei ReligionslehrerInnen, 2000. Feige/Friedrichs/Köllmann, Religionsunterricht von morgen, 2007.

4 Überblick über den Forschungsstand

Im Folgenden werden Konzeption, Zielsetzung und Methodologie der ausgewählten Studien skizziert sowie ihre Ergebnisse punktuell entfaltet. Ausführlich und detailliert werden die Ergebnisse der Untersuchungen in Kapitel 5.2 dargestellt, sofern sie für einzelne Aspekte von Schulseelsorge relevant sind.

Im Auftrag des Katholischen Schulkommissariats begleitete das Religionspädagogische Zentrum in Bayern in Zusammenarbeit mit der Katholischen Universität Eichstätt-Ingolstadt den Erprobungsversuch *Schulpastoral an bayerischen Hauptschulen*[112] von 1998-2001.[113] Die Daten[114] können als breites Ergebnispanorama gelesen werden, wobei an dieser Stelle nur einzelne relevante Aspekte angedeutet werden. Die Versuchsauswertung unterstreicht die Situationsabhängigkeit des Angebotsspektrums von Schulpastoral und differenziert in Abhängigkeit von der jeweiligen Befragtengruppe hinsichtlich der Wahrnehmung und Bewertung von Schulpastoral. Im Anschluss daran werden Thesen für die künftige Arbeit von Schulpastoral formuliert, wie beispielsweise die Folgerung, dass Schulpastoral „Personal, Zeit, Raum und Geld"[115] bedarf.

Von 2000-2003 wurde in der Diözese Rottenburg-Stuttgart das Projekt *Schulpastoral an Hauptschulen und Beruflichen Schulen*[116] mit dem Ziel durchgeführt, neue Ansätze und Formen von Schulpastoral zu entwickeln, erproben und dokumentieren sowie in der Schulpastoral Tätige zu qualifizieren und fortzubilden.[117] Von den Befragten wird ein breites Spektrum an

---

112 Vgl. RPZ, Schulpastoral an Hauptschulen, 2002.
113 An insgesamt 18 Hauptschulen, verteilt auf die sieben bayerischen (Erz-)Diözesen, werden kirchliche Religionslehrerinnen und Religionslehrer mit einem Deputat von drei Wochenstunden ausgestattet und mit der Entwicklung eines schulpastoralen Konzepts in Absprache und unter Beachtung der Situation der Schule vor Ort beauftragt. Abgeschlossen wird dieser Erprobungsversuch durch eine stichprobenartige, anonyme quantitative Befragung.
114 Von den insgesamt 624 ausgeteilten Fragebögen betrug die Rücklaufquote 77,7%, so dass die Werte von 255 Schülerinnen und Schülern, 95 Eltern, 117 Lehrerinnen und Lehrern sowie 18 Schulleitungen ausgewertet werden konnten.
115 Gandlau, Bayernweites Projekt, 93.
116 Vgl. Referat Schulpastoral, Huch, 2004.
117 Vgl. Demmelhuber, Schulpastoral an Beruflichen Schulen, 141. An dem Projekt nahmen acht kirchliche Religionslehrerinnen und -lehrer, ein Gemeindereferent, ein Pfar-

4.5 Empirische Studien

Schwierigkeiten und Problemen entfaltet, beispielsweise bezüglich der Rahmenbedingungen, Abgrenzung, Rollenverständnisse oder Kooperation von Schulseelsorge. Interessant ist im Hinblick auf die vorliegende Arbeit vor allem die Einschätzung der Befragten bezüglich der Auswirkung schulpastoralen Engagements auf das Schulklima.

Die von Klaus-Gerd Eich 2003 publizierte Dissertation *Der Einsatz pastoraler Mitarbeiter des Bistums Trier in der Schule*[118] entfaltet auf der wissenschaftstheoretischen Grundlage einer Empirischen Religionspädagogik Qualitätskriterien für den Religionsunterricht, die Schulseelsorge und die Ausbildung pastoraler Mitarbeiter an der Schule. Diese, in Auseinandersetzung mit der Rezeption von Qualitätsmanagementsystemen in pädagogischen Kontexten generierten Kriterien werden mittels einer Fragebogenerhebung der empirischen Überprüfung unterzogen und kritisch bewertet.[119] Als Ergebnisse seiner schulartübergreifenden Arbeit können die Bewertung des Beitrages des Religionsunterrichts zur Schulentwicklung, die Erhebung des schulseelsorgerlichen Angebotsspektrums der Pastoralen Mitarbeiter im Bistum Trier sowie die Darstellung des Zusammenhangs von Schulseel-

---

rer sowie vier staatliche Religionslehrerinnen und -lehrer teil, die in der Regel im Umfang von zwei Deputatsstunden für das Projekt freigestellt wurden. (Elf Projektteilnehmer erhielten zwei Deputatsstunden, zwei Projektteilnehmer nur eine. Vgl. Demmelhuber, Projekt, 11.) Das Projekt wurde mittels schriftlicher Fragebögen vonseiten der beteiligten Schulseelsorgerinnen und Schulseelsorger sowie den Schulleitungen vor Ort evaluiert. In einer Dokumentation der Ergebnisse werden die Äußerungen nach Schularten differenziert aufgeführt, ergänzt durch eine Bestandsaufnahme vielfältiger Beispiele schulpastoraler Praxis. Eine Auswertung des Erprobungsversuchs findet sich in einer Veröffentlichung des IboR. Vgl. Demmelhuber, Schulpastoral an Beruflichen Schulen, 2006.

118 Vgl. Eich, Einsatz, 2003.

119 Insgesamt 425 Fragebögen wurden ausgewertet, was einer Rücklaufquote von 51,4% entspricht. Das Sample berücksichtigt Seelsorgerinnen und Seelsorger des Bistums Trier, die sich beispielsweise hinsichtlich ihrer Berufsgruppenzugehörigkeit, des Lehrauftrags und der Schulartverortung unterscheiden. Die Seelsorgerinnen und Seelsorger erteilen entweder Religionsunterricht oder nicht, gehören den drei Berufsgruppen Gemeindereferent, Pastoralreferent oder Geistlicher an und arbeiten an den Schularten Grund-, Haupt-, Regional-, Sekundar-, Real- oder Berufsschule sowie integrierter Gesamtschule oder Gymnasium. Vgl. Eich, Einsatz, 100;104. Da sich das Bistum Trier auf die Bundesländer Rheinland-Pfalz und das Saarland erstreckt, sind die Schulartbezeichnungen teilweise unterschiedlich.

sorge und Schulentwicklung festgehalten werden. Besonders der Beitrag der Schulseelsorge zur Schulentwicklung ist für die vorliegende Studie relevant und interessant zugleich. Bemerkenswert ist außerdem Eichs Ergebnis, dass schulpastorales Engagement seinen Ort überwiegend an Grund- und Hauptschulen hat.[120] Das schulpastorale Engagement an Gymnasien, das nur in zwei Fällen (!) belegt wird, beschreibt Eich damit, dass es „in den Berufsgruppen der Pastoralreferenten und Geistlichen [...] Berufsträger"[121] gibt, die an Gymnasien unterrichten, aber der „Einsatz in einer solchen Schulart eher die Ausnahme"[122] darstellt.

Ulrich Kumher leistet mit seiner Dissertation „einen Beitrag für die Konzeptentwicklung einer Schulpastoral [...], die auf die Anforderungen religiöser Pluralität an deutschen Schulen Bezug nimmt."[123] Rekurrierend auf Raimon Panikar und das interkulturelle Seelsorgekonzept von Christoph Schneider-Harpprecht (bei beiden stellen *Begegnungen* eine Größe der Seelsorge dar)[124] entwickelt er ein Schulpastoralkonzept, das er in Relation zur (empirisch erhobenen)[125] Situation an Berufsschulen setzt, da dort die „religiöse und kulturelle Pluralität"[126] weit fortgeschritten ist. Als Ergebnis seiner Studie entfaltet Kumher „Schulpastoral im Kontext religiöser Pluralität als Ermöglichung von Begegnungen zwischen den Angehörigen verschiedener Religionen und Weltanschauungen"[127], deren Ziel es ist, „Konvivenz zwischen ihnen zu stiften".[128]

---

120 Vgl. Eich, Einsatz, 135.
121 Eich, Einsatz, 136.
122 Eich, Einsatz, 136.
123 Kumher, Schulpastoral und religiöse Bildung, 5.
124 Vgl. Kumher, Schulpastoral und religiöse Bildung, 6.
125 Kumher führt eine quantitative Fragebogenerhebung an beruflichen Schulen zu Religiosität, Ambiguitätstoleranz, Konfliktbewältigungsmodi, Zukunftsängsten und Geschlecht von Schülerinnen und Schülern durch. Von den insgesamt 2000 Fragebögen, wurden 1227 zurückgesendet und flossen in die Analyse ein (608 weiblich, 619 männlich). Vgl. Kumher, Schulpastoral und religiöse Bildung, 200ff.
126 Kumher, Schulpastoral und religiöse Bildung, 5.
127 Kumher, Schulpastoral und religiöse Pluralität, 306.
128 Kumher, Schulpastoral und religiöse Pluralität, 306.

4.5 Empirische Studien

Markus Seibts 2008 erschienene qualitativ-empirische Studie[129] zielt auf die Entwicklung von Qualitätskriterien für eine gelingende Schulpastoral an berufsbildenden Schulen des dualen Schulsystems. Dabei befragt Seibt in halbstandardisierten-problemzentrierten Experteninterviews elf Schulseelsorgerinnen und Schulseelsorger nach ihren subjektiven Erfahrungen sowie Einschätzungen von Chancen und Hindernissen der schulpastoralen Arbeit. Im Anschluss daran generiert er acht Qualitätskriterien für gelingende Schulpastoral.[130] Seines Erachtens kann mit Hilfe dieser Kriterien „Schulpastoral an Berufsschulen konkretisiert und operationalisiert, das schulpastorale Profil geschärft und die Schulpastoral weiterentwickelt werden".[131]

Daneben liegen empirische Arbeiten im Bereich der Religionspädagogik vor. Ihr Fokus liegt zwar nicht auf der Erforschung von Schulseelsorge bzw. Schulpastoral, sie generieren aber Einzelergebnisse, die im Rahmen der vorliegenden Arbeit von Interesse sind. So kann *Christian Grethlein* in seiner Dissertation[132] aus dem Jahre 1983 belegen, dass sich die meisten (evangelischen) Religionslehrerinnen und -lehrer seiner Befragungsgruppe „als Seelsorger der Schüler verstehen".[133]

---

129 Vgl. Seibt, Schulpastoral, 2008.
130 Vgl. Seibt, Schulpastoral, 210-220. Als Kriterien formuliert Seibt: Spiritualität und Solidarität, Adressaten- und Lebensraumorientierung, Ressourcen- und Situationsorientierung, Konzeptorientierung und Profilschärfung, Kommunikationsfähigkeit und Kompetenzorientierung, Kooperationsfähigkeit und Abgrenzung, Interkulturelle und Interreligiöse Sensibilisierung sowie Unterstützung und Wertschätzung der Schulpastoral. Vgl. Seibt, Schulpastoral, 223-237.
131 Seibt, Schulpastoral, 223.
132 Grethlein befragt evangelische Pfarrer, die hauptamtlich an bayerischen Gymnasien Religion unterrichten, zu ihrer Einstellung gegenüber ihrem Unterrichtsfach. Methodologisch wählt er die postalische Befragung mittels Fragebögen, die geschlossene Fragen beinhalten. Vgl. Grethlein, Religionsunterricht, 37ff. Seine Ergebnisse (Religionsunterricht, 79) beruhen auf 87 Fragebögen, was einer Rücklaufquote von 66% entspricht, die er aufgrund von deskriptiv bzw. analytisch statistischen Auswertungsverfahren generiert.
133 Grethlein, Religionsunterricht, 118. Die Daten sind auf S. 115 ersichtlich.

4 Überblick über den Forschungsstand

In seiner 2004 erschienen, qualitativen Untersuchung zum Religionsunterricht an berufsbildenden Schulen stellt *Klaus Kießling* fest, dass (katholische) „Religionslehrerinnen und -lehrer [...] innerhalb und außerhalb des Unterrichts als Seelsorgerinnen und Seelsorger [wirken], vorrangig ihrer Schülerinnen und Schüler, aber auch ihrer Kolleginnen und Kollegen".[134]

Bei *Jochen Sautermeister* finden sich ebenfalls Aussagen zur Schulpastoral, ohne dass er diese explizit erfragt hätte. Jochen Sautermeister[135] erforscht aus pädagogisch-psychologischer Perspektive den Religionsunterricht an berufsbildenden Schulen.[136] Speziell im Hinblick auf die Schulseelsorge ist die Bewertung der Religionslehrkraft als Seelsorgender aus der Perspektive der Schülerschaft von Interesse.[137] Sautermeister kann belegen, dass die „Berufsschüler den Religionslehrer eher als Seelsorger [...] denn als Ansprechpartner für religiöse Fragen und Probleme"[138] erachten.

---

134 Kießling, Stimme, 160.
135 Vgl. Sautermeister, Religionsunterricht, 2006.
136 Sautermeisters 2006 erschienene Dissertation arbeitet mit der quantitativ-empirischen Methode der Fragebogenerhebung. Insgesamt 339 schriftliche Rückmeldungen von Schülerinnen und Schülern der Gewerblichen, der Kaufmännischen bzw. der Hauswirtschaftlichen Berufsschule fanden Eingang in die Auswertung.
137 Sautermeister (Religionsunterricht, 161) stellt aufgrund von Kießlings Ergebnissen folgende Hypothese auf: „Die Schüler sehen aufgrund der Konnotation des Wortes *Seelsorger* ihren Religionslehrer eher als Ansprechpartner denn als Seelsorger an".
138 Sautermeister, Religionsunterricht, 251.

5 Systematisierende Auswertung der Forschungsliteratur

Wie in Kapitel 4 bereits ausgeführt und begründet, möchte die vorliegende Arbeit Impulse für eine Theoriebildung von Schulseelsorge unter besonderer Berücksichtigung des schulseelsorgerlichen Kontextes des allgemeinbildenden Gymnasiums formulieren. Um dieses Ziel zu erreichen, erfährt die Forschungsfrage im Folgenden ihre Präzisierung und Fokussierung. Dieser Schritt ist im Sinne von Vens empirischem Zyklus als Phase der *Theologischen Deduktion*[1] näher zu charakterisieren. In ihr werden „die Begriffe aus der Untersuchungsfrage so scharf wie möglich mit Hilfe der theologisch-wissenschaftlichen Literatur definiert".[2] Ausgehend von einer Arbeitsdefinition von Schulseelsorge werden in sorgfältiger systematisierender Auseinandersetzung mit der Literatur einzelne Aspekte und Parameter bestimmt, die das Verständnis von Schulseelsorge, der Schulseelsorgeperson und des Beitrages zur Schulkultur/-entwicklung bestimmen können.

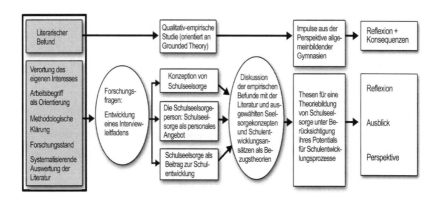

---

1 Vgl. Ven, Entwurf, 140-148.
2 Ven, Der Modus der Kooperation, 274.

5 Systematisierende Auswertung der Forschungsliteratur

Ziel dieser systematisierenden Auswertung ist die Entwicklung eines umfassenden heuristisches Rasters, das als Basis für die Feldforschung dienen kann. Die so generierten Kategorien finden Aufnahme in einen Fragenkatalog, mittels dessen Befunde erhoben werden, aufgrund derer Impulse für die Theoriebildung von Schulseelsorge entwickelt werden können.

Als Orientierung und zur Strukturierung des offenen Kodierprozesses werden die in Kapitel 2 vorläufig entwickelten Kernkategorien verwendet, die der Arbeitsdefinition der Württembergischen Landeskirche von Schulseelsorge entnommen sind: *Konzeption*[3] – *Schulseelsorgeperson – schulseelsorgerlicher Beitrag zur Schulkultur bzw. Schulentwicklung*. Im Rahmen der systematisierenden Literaturauswertung werden diese Kategorien modifiziert und/oder erweitert.

Unter *Konzeption* sind in Anlehnung an Geißler/Hege[4] Ziele, methodische Grundprinzipien, Adressaten und Charakteristika in Abgrenzung zu anderen (seelsorgerlichen oder schulischen Instanzen) zu verstehen. Zur Konzeption ist im Rahmen der methodischen Grundprinzipien und Charakteristika auch die Schulseelsorgeperson zu zählen. Zwar ist eine *Schulseelsorgeperson* in der Arbeitsdefinition von Schulseelsorge nicht ausdrücklich be-

---

[3] In Anlehnung an Geißler/Hege (Konzepte, 23) wird die Begrifflichkeit der Konzeption verstanden als ein Handlungsmodell, dessen Ziele, Inhalte und Methoden in einem Zusammenhang stehen. Um Aussagen über die schulseelsorgerliche Konzeption treffen zu können, wird dies wie folgt gefüllt: Während unter den Zielen die Zielsetzung im Sinne der Ausrichtung von Schulseelsorge verstanden wird, werden die Methoden als Grundprinzipien schulseelsorgerlichen Handelns interpretiert. Die Inhalte von Schulseelsorge sind hingegen nicht eindeutig zu beschreiben: Sie korrespondieren zum einen eng mit den Angeboten von Schulseelsorge, zum anderen mit der theologischen Begründung, aus der sie resultieren. Außerdem lassen sich auch aus den Adressaten und den Abgrenzungen Aussagen treffen, die auf Ziel, Methodik und Inhalte einwirken. Auch die Angebote können im weitesten Sinne als Methodik verstanden werden. Sie werden aber aufgrund ihrer Vielfalt gesondert behandelt. Die Adäquatheit (Geißler/Hege, Konzepte, 28) der Angebote in Bezug auf Adressaten und Gegenstand von Schulseelsorge wird zu beachten sein.

[4] Vgl. Geißler/Hege, Konzepte, 23.

nannt, wohl aber ist ihre Existenz im Sinne eine personalen (singuläre oder plurale) Repräsentation des offenen Ohres und qualifizierten Rats, der Hilfe und religiös-ethischen Begleitung[5] anzunehmen.

Obwohl die Schulseelsorgeperson definitorisch zur Konzeption von Schulseelsorge gehört, wird der Beschreibung ihres Selbstverständnisses als zweitem Forschungsschwerpunkt besondere Aufmerksamkeit zukommen. Dies ist zum einen darin begründet, dass die Erforschung dieses Selbstverständnisses ein Desiderat der Literatur, besonders im Hinblick auf allgemeinbildende Gymnasien darstellt.[6] Zum anderen ist es in der Hoffnung begründet, dass sich der breite subjektive Erfahrungs- und Reflexionsschatz praktizierender Schulseelsorgerinnen und Schulseelsorger vor diesem Hintergrund als gewinnbringend erweisen wird.

Drittens ist für meine Arbeit leitend, aus der Perspektive praktizierender Schulseelsorgerinnen und Schulseelsorger den Beitrag der Schulseelsorge zur *Schulkultur* und/oder zur *Schulentwicklung* zu erfassen. Dieses Interesse rekurriert auf zahlreiche Zitate in der Literatur, die alle einen Beitrag von Schulseelsorge zur Inneren Schulent1wicklung postulieren, ohne dass dies empirisch gestützt werden könnte. Exemplarisch sei hier Jan Heiner Schneider zitiert, für den Schulseelsorge einen wichtigen Beitrag zur „Humanisierung der Schule [...] und zur Entwicklung des Schulwesens"[7] leistet. Es muss allerdings geklärt werden, ob es sich um einen Beitrag zur Schulkultur oder einen Beitrag zur Schulentwicklung handelt: Dafür ist eine terminologische Klärung der Begrifflichkeiten von Schulkultur und Schulentwicklung erforderlich (5.3).

---

5 Evangelische Landeskirche in Württemberg, Schulseelsorge, 4.
6 Ausführlich wird dies in Kapitel 5 gezeigt.
7 Schneider, Schulseelsorge, 1960. Ähnlich formulieren auch: Die deutschen Bischöfe, Schulpastoral, 15. Hallermann, Schulpastoral, 333. Schneider/Fuchs, Atmende Zwischenräume, 137.

5.1 Konzeption von Schulseelsorge

5.1.1 Grundlagen

5.1.1.1 Zielsetzung/Ausrichtung von Schulseelsorge

Nach der Definition des Schulseelsorgebegriffs der Evangelischen Landeskirche in Württemberg zielt schulseelsorgerliches Handeln als „offenes Angebot"[8] darauf ab, „ein offenes Ohr, qualifizierten Rat, Hilfe und religiös-ethische Begleitung in den Herausforderungen des alltäglichen Lebens"[9] zu bieten. Korrelierend damit bzw. ergänzend dazu werden in der Literatur in zum Teil sehr großer Übereinstimmung fünf wesentliche Zielsetzungen formuliert: Individuelle Lebenshilfe und Beitrag zur (auch religiösen) Identitätsfindung (1), Eröffnung religiöser Erlebnisräume bzw. Einführung in die gelebte Religion (2), Form gelebter Kirche (3), Gestaltung des Schullebens (4) sowie Ergänzung zum außerschulischen Freizeitangebot (5).

(1) Besonders häufig wird als Zielsetzung von Schulseelsorge die *individuelle Lebenshilfe* und der *Beitrag zur (religiösen) Identitätsfindung* der am Schulleben Beteiligten formuliert.[10] Schulseelsorge zielt demnach auf die Begleitung von Menschen mit ihren Lebens- und Sinnfragen[11], um zur individuellen Persönlichkeitsentwicklung[12] und zu einem gelingenden Leben beizutragen.[13] Für Kollig ist das Anliegen der Schulseelsorge, „dass aus dem

---

8 Evangelische Landeskirche in Württemberg, Schulseelsorge, 4.
9 Evangelische Landeskirche in Württemberg, Schulseelsorge, 4.
10 Vgl. Lames, Kirche, 303. Demmelhuber, Schulseelsorge, 59. Katholisches Schulkommissariat, Leitlinien, 13. Die deutschen Bischöfe, Schulpastoral, 14. Kramer, Schulseelsorge, 183. Geißler, Aufgaben, 104. Vierling-Ihrig, Kirche, 41. Langer, Dienst, 16. Leibnitz, Lebensraum, 151. Evangelische Landeskirche in Württemberg, Schulseelsorge, 4f. Dam/Daube, Spiritualität, 57. Weißenberger (Schulseelsorge und Schulpastoral, 243) nennt den Beitrag zur Identitätsbildung eine „Ermöglichung zur Selbstfindung". Vgl. Kollig, Schulseelsorge, 202.
11 Vgl. Dam, Kompetenzen, 38. Demmelhuber, Schulseelsorge, 56ff. Petermann, Schulseelsorge, 28. Krawczack, Schulpastoral, 307f. Demmelhuber, Schulpastoral, 9.
12 Vgl. Petermann, Schulseelsorge, 28. Reuter, Bildungsökonomisierung, 393. Leibnitz, Lebensraum, 151. Schneider, Profil, 156. Bitter, Schulseelsorge, 73f.
13 Vgl. Demmelhuber, Schulseelsorge, 59. Englert (Vier Dimensionen, 37) umschreibt dies als „Hilfe, zu menschlicher Reife zu gelangen" oder (Vier Dimensionen, 38) als Beitrag zum „Gelingen des Lebens von jungen Menschen".

5 Systematisierende Auswertung der Forschungsliteratur

erlernten Leistungswissen ein den Mensch prägendes Bildungswissen wird".[14] Damit korreliert auch das Ergebnis der empirischen Studie an bayerischen Hauptschulen, die belegen, dass „Lehrer/innen und Schulleitungen [...] in schulpastoralen Angeboten eine Bereicherung [sehen], weil sie die Entwicklung personaler und sozialer Kompetenz der Schüler/innen unterstützen"[15], die als integrativer Bestandteil der Persönlichkeit und Identität eines Menschen interpretiert werden können. Eine religiöse Konnotation erhält diese Zielsetzung von Schulseelsorge, indem sie als „Lebenshilfe durch Glaubensvermittlung"[16] gedeutet wird. Der empirische Befund der Studie an Haupt- und Berufsschulen bestätigt, dass Schulpastoral die Persönlichkeit bzw. die religiöse Identitätsfindung stärkt.[17]

(2) In der Literatur findet sich als weitere Zielsetzung von Schulseelsorge, *religiöse Erfahrungsräume* zu eröffnen[18] und „in den Raum gelebter Religion"[19] einzuführen. In diesem Verständnis möchte Schulseelsorge „Glauben und Religion als Lebensthema sichtbar [...] machen"[20] und zu einem „Leben in Vertrauen auf Gott führen"[21] sowie zum „Leben- und Glaubenlernen"[22] und „zur religiösen Sprachfähigkeit"[23] beitragen.[24] Damit kor-

---

14 Kollig, Schulseelsorge, 202.
15 RPZ, Schulpastoral, 18.
16 Weißenberger, Schulseelsorge, 242 und 246. Vgl. Petermann, Schulseelsorge, 28. Hallermann, Schulpastoral, 333. Demmelhuber, Schulseelsorge, 58.
17 Vgl. Demmelhuber, Ein Blick über den Nachbarzaun, 48.
18 Vgl. Dam, Kompetenzen, 38. Kramer, Schulseelsorge, 183. Demmelhuber, Schulseelsorge, 56ff. Demmelhuber, Schulpastoral, 9. Bitter, Schulseelsorge, 73. Katholisches Schulkommissariat, Leitlinien, 13. Englert, Vier Dimensionen, 39;42. Geißler, Aufgaben, 104. Vierling-Ihrig, Kirche, 41.
19 Bitter, Schulseelsorge, 73.
20 Thalheimer, Als Religionslehrerin, 698. Vgl. Demmelhuber, Der diakonische Ansatz, 61. Schneider, Profil, 156.
21 Weißenberger, Schulseelsorge und Schulpastoral, 243. Vgl. Katholisches Schulkommissariat, Leitlinien, 13: „Beheimatung im christlichen Glauben". Bitter (Schulseelsorge, 71) erkennt einen Wechsel in den Zielvorstellungen von Schulseelsorge „von der Glaubensvermittlung gestern hin zum Glaubenszeugnis heute, von der Glaubenslehre hin zum Glaubensleben."
22 Die deutschen Bischöfe, Schulpastoral, 16. Vgl. Krawczack, Schulpastoral, 307f. Weißenberger, Schulseelsorge und Schulpastoral, 242. Leibnitz, Lebensraum, 151.
23 Evangelische Landeskirche in Württemberg, Schulseelsorge, 5.
24 Diese Konzeption kann mit Gottfried Bitter (Schulseelsorge, 73) als mystagogische Konzeption von Schulseelsorge bezeichnet werden.

5.1 Konzeption von Schulseelsorge

reliert auch das Ergebnis der empirischen Studie an bayerischen Hauptschulen, wonach Schulseelsorge wahrgenommen wird als Beitrag, die „religiös-spirituelle Ausdrucksformen der Schüler/innen"[25] zu fördern.

(3) Diese konzeptionelle Ausrichtung findet ihre Weiterentwicklung, in der Zielsetzung von Schulseelsorge, eine „*Form gelebter Kirche*"[26] oder „Präsenz von Kirche"[27] im Kontext Schule zu sein.

(4) Als viertes Ziel schulseelsorgerlichen Handelns wird die *Gestaltung des Schullebens* bzw. synonym der Schulkultur oder des Schulprofils genannt.[28] Dieses Ziel kann mit einer Vielzahl von Autoren als „Beitrag zu einer lebendigen und menschenfreundlichen Schulkultur"[29] oder zu einer Humanisierung der Schule formuliert werden.[30] Die theoretischen Postulate finden ihre Bestätigung im Ergebnis der empirischen Studie an bayerischen Hauptschulen, wonach „Lehrer/innen und Schulleitungen […] in schulpastoralen Angeboten eine Bereicherung [sehen], weil sie […] das Schulklima verbessern".[31]

---

25 RPZ, Schulpastoral, 18.
26 Schneider/Fuchs, Atmende Zwischenräume, 139. Vgl. Winzenhörlein, Schulseelsorge konkret, 323. Die deutschen Bischöfe, Schulpastoral, 7. Demmelhuber, Der diakonische Ansatz, 61. Möhring-Plath, Leben, 94.
27 Dam/Daube, Spiritualität, 57. Vgl. Lames, Kirche, 306.
28 Vgl. Englert, Vier Dimensionen, 42f. Demmelhuber, Schulseelsorge, 56. Krawczack, Schulpastoral, 307f. Dam, Kompetenzen, 38. Katholisches Schulkommissariat, Leitlinien, 13. Möhring-Plath, Leben, 94. Schneider, Lehrer, 320. Demmelhuber, Schulpastoral, 9. Fröhling, Weite Räume, 156. Englert (Vier Dimensionen, 42) formuliert diesen schulseelsorgerlichen Beitrag als Beitrag zur „Seele der Schule", zur „corporate identity".
29 Demmelhuber, Schulseelsorge, 58. Vgl. Linsen, Schulpastoral, 93ff.
30 Vgl. Hallermann, Schulpastoral, 333. Englert, Vier Dimensionen, 37; 43. Schneider, Diskussion, 24. Schneider, Lehrer, 320. Dirmeier, Schulseelsorge, 689. Wittenbruch, Was erwartet, 86. Dam, Evangelische Schulseelsorge, 124. Krawczack, Schulpastoral, 307f. Dam, Kompetenzen, 38. Die deutschen Bischöfe, Schulpastoral, 7;15. Hallermann, Schulpastoral, 333. Demmelhuber, Der diakonische Ansatz, 61f. Lames, Kirche, 302. Bitter, Schulseelsorge, 75f. Van Hooff, Zur theologischen Grundlegung, 15.
31 RPZ, Schulpastoral, 18.

5 Systematisierende Auswertung der Forschungsliteratur

Meines Erachtens ist die Begrifflichkeit der Humanisierung näher zu bestimmen, um keine leere Worthülse zu sein. *Humanisierung* kann im Sinne einer christlich-humanistischen Anthropologie verstanden werden, die mit Lames als „Mitmenschlichkeit und Gesprächsbereitschaft, menschliche Nähe und Verständnis"[32] im schulischen Kontext beschrieben werden kann.

(5) Schließlich wird als Zielsetzung von Schulseelsorge die *Ergänzung zum außerunterrichtlichen und außerschulischen Freizeitangebot* genannt.[33]

Daneben finden sich weitere, singulär genannte Zielsetzungen von Schulseelsorge: Das „Verständnis für andere Religionen und Kulturen zu wecken"[34] und „für Versöhnung, Frieden, Gerechtigkeit und Bewahrung der Schöpfung zu sensibilisieren".[35]

Grundlegend scheint in der Diskussion um die Zielsetzungen von Schulseelsorge zu sein, dass Schulseelsorge von ihrem Wesen her *christlich motiviert* ist und sich an christlichen Werten orientiert.[36] Außerdem können als Charakteristika einer solchen Schulseelsorge sowohl ein *diakonisches* als auch ein *kritisches* Moment beschrieben werden. So weist eine Schulseelsorge, die zur Gestaltung der Schulkultur beiträgt, keinen missionarisch-bekehrenden Charakter auf, sondern ist an diakonischen Grundsätzen orientiert.[37] In diesem Sinne wird Schulseelsorge nicht als „kirchliche[r] Rekolonialisier-

---

32 Lames, Kirche, 302.
33 Vgl. Weißenberger, Schulseelsorge, 246. Schneider, Lehrer, 320. Dirmeier, Schulseelsorge, 689. Winzenhörlein, Schulseelsorge konkret, 322f. Kollig, Schulseelsorge, 202. Kramer, Schulseelsorge, 195. Diese Ausrichtung kann mit Bitter (Schulseelsorge, 74) als kommunikativer Ansatz verstanden werden, der „in und mit kirchlicher Jugendarbeit" Schülerinnen und Schüler aus ihren familiären und sozialen Vereinzelungen heraus zu Freizeit- und Bildungsangeboten einlädt.
34 Katholisches Schulkommissariat, Leitlinien, 13. Vgl. Geißler, Aufgaben, 104. Demmelhuber, Schulpastoral, 9.
35 Katholisches Schulkommissariat, Leitlinien, 13.
36 Vgl. Weißenberger, Schulseelsorge, 243. Schneider, Profil, 156. Thalheimer, Als Religionslehrerin, 698. Hallermann, Schulpastoral, 333. Winzenhörlein, Schulseelsorge konkret, 322. Demmelhuber, Schulseelsorge, 56. Demmelhuber, Schulpastoral, 9. Petermann, Schulseelsorge, 27. Kramer, Schulseelsorge, 183. Die deutschen Bischöfe, Schulpastoral, 7. Dam/Daube, Spiritualität, 56. Evangelische Landeskirche in Württemberg, Schulseelsorge, 4.
37 Vgl. Bitter, Schulseelsorge, 75f. Vgl. auch: Demmelhuber, Der diakonische Ansatz, 61f. Van Hooff, Zur theologischen Grundlegung, 15.

5.1 Konzeption von Schulseelsorge

ungsversuch [in] der Schule"[38] verstanden, die die in der Schule „anzutreffenden Menschen zu Objekten von Missionsstrategien"[39] macht. Weiter wird Schulseelsorge als kritische Irritation des Systems Schule verstanden, die zum Ziel hat, nicht nur Reparatur verwundeter Seelen zu sein.[40] Fröhling begründet diese kritische Haltung mit dem christlichen Kern von Schulseelsorge, d. h. dass die „Wahrheit des Evangeliums"[41] getan werden will.[42]

Im Anschluss an die Unterscheidung der schulseelsorgerlichen Zielsetzungen ist zu fragen, in welchem Verhältnis die Ausrichtungen zueinander stehen und ob es mit Schmitz „nicht zum allgemeinen Begriff und zur Sache der Seelsorge im christlichen Verständnis"[43] gehört, dass sich die unterschiedlichen Zielsetzungen nicht ausschließen, sondern als „Akzente der Schulseelsorge"[44] zu verstehen sind.

---

38 Englert, Vier Dimensionen, 37.
39 Lames, Kirche, 305. Wird Schulseelsorge als soziales System innerhalb der Schule begriffen, kann sich nach Lames (Schulpastoral, 137) ihre diakonische Ausrichtung in der Zuwendung zu allen Menschen in der Schule zeigen.
40 Vgl. Englert, Vier Dimensionen, 45f. Diese kritische Ausrichtung von Schulseelsorge vertreten in unterschiedlicher Gewichtung auch Schneider/Fuchs (Atmende Zwischenräume, 138), Dam/Daube, Lames und Reuter. Während Schneider (Diskussion, 24) Kritik nur anregt und Schulseelsorge vor allem als „Mitarbeit im Feld des schulischen Sozialisation" begreift, betont Reuter (Bildungsökonomisierung, 398f), dass „Seelsorge die Bedingungen des Zustandekommens dieser Nöte im Blick haben und hier zu Änderungen beizutragen versuchen [muss]." Dam/Daube (Spiritualität, 55) postulieren, dass die christliche Spiritualität für die Schule unbequem ist, „weil sie unvermeidbar eine politische Dimension hat und einklagt, dass die Schule für die Menschen da ist und nicht andersherum".
41 Fröhling, Weite Räume, 156. Vgl. Englert, Vier Dimensionen, 45f. Weißenberger, Schulseelsorge und Schulpastoral, 246. Kollig, Schulseelsorge, 201f. Schneider/Fuchs, Atmende Zwischenräume, 138. Winzenhörlein, Schulseelsorge konkret, 322.
42 Lames (Schulpastoral, 138) betont diese kritische Ausrichtung von Schulseelsorge: Da Schulseelsorge weder Schule noch Unterricht ist, ist sie in der Lage, „schulische Kommunikation zu beobachten und zu irritieren". Lames (Schulseelsorge, 225) weiter: „Schulseelsorge symbolisiert durch ihr Auftreten also Unzufriedenheit mit bestimmten Entwicklungen, die die Schule und die Kirche betreffen." Vgl. Lames, Kirche, 304.
43 Schmitz, Schulpastoral, 75. Lames (Schulpastoral, 138) vertritt die Ansicht, dass Schulseelsorge konzeptionell „diakonisch im Sinne der Verbesserung von persönlichen sowie sozialen Lebensbedingungen in der Schule" gestaltet werden kann.
44 Schmitz, Schulpastoral, 75. Als Akzente versteht auch Bitter (Schulseelsorge, 76) die aufgeführten Konzeptionen.

5 Systematisierende Auswertung der Forschungsliteratur

▣ Im Rahmen der empirischen Untersuchung wird sowohl die Frage zu bedenken sein, was aus der subjektiven Perspektive der Schulseelsorgerinnen und Schulseelsorger als Zielsetzung von Schulseelsorge verstanden wird als auch in welchem Verhältnis die Zielsetzungen zueinander stehen.

5.1.1.2 (Theologische) Begründung von Schulseelsorge

In der Literatur finden sich vor allem theologische Begründungen von Schulseelsorge. Dieser Befund verwundert bei einem christlichen Angebot nicht und kann mit Seibt darauf zurückgeführt werden, dass „die theologische Begründung schulpastoraler Aktivitäten"[45] die „Basis jeglichen pastoralen Handelns"[46] ist. Daneben können einzelne Aussagen in der Literatur als bildungs- bzw. schultheoretische oder ekklesiologische Begründung von Schulseelsorge interpretiert werden.

Die in der Literatur vorfindlichen *theologischen Begründungen* von Schulseelsorge lassen sich in vier, teilweise komplementären Argumentationslinien nachzeichnen:[47] Schulseelsorgerliches Engagement wird theologisch begründet, indem es Antwort und damit Reaktion auf Gottes Handeln gegenüber dem Menschen ist.[48] Demnach ist Gott, der den Menschen in seiner Gottebenbildlichkeit geschaffen, in seiner Selbstoffenbarung das Ange-

---

45 Seibt, Schulpastoral, 55.
46 Seibt, Schulpastoral, 55.
47 Eine sehr ausführliche und gründliche theologische Grundlegung findet sich in einer Studieneinheit der kirchlichen Arbeitsstelle für Fernstudien. Im Rahmen der Weiterbildung zur Schulpastoral widmet die Kirchliche Arbeitsstelle den theologischen Grundlagen ein umfangreiches Themenheft (Studieneinheit VI: Theologische Grundlagen), was auch eine Aussage über den Wert trifft, welcher der theologischen Grundlegung im Rahmen des Weiterbildungsprogramms beigemessen wird.
48 Vgl. Schneider, Ich werde da sein, 153. Die deutschen Bischöfe, Schulpastoral, 14.

5.1 Konzeption von Schulseelsorge

bot zur Begleitung macht und in Christus für den Menschen eintritt, die Motivation des Begleitens und „Füreinander-Eintreten[s] von Menschen"[49] wie es sich in der Schulseelsorge zeigt.

Zweitens begründet sich Schulseelsorge in der Nachfolge Jesu:[50] Zum einen konkretisiert sich die Nachfolge an der Vorbildfunktion des Verhaltens Jesu (Lk 13,10-17, Mt 25,31-46, Mt 9,10)[51], zum anderen in der Orientierung an seinen Worten, vor allem dem Gebot der Nächstenliebe (Lk 10,25-37)[52] sowie dem Missionsbefehl (Mt 28,19).[53] Ihre theologische Fundierung findet Schulseelsorge drittens in der Rechtfertigungslehre.[54] In dieser Argumentation resultiert aus der Botschaft von der Annahme des Sünders die rechtfertigungstheologische Grundorientierung aller christlichen Seelsorge, die im speziellen schulischen, von Leistung geprägten Kontext „der Beeinträchtigung der Persönlichkeitsentwicklung entgegentreten und -wirken"[55] soll. Indem sich Schulseelsorge als Kommunikation des „Evangeliums vom gerechtfertigten Sünder"[56] versteht, macht sie die leistungsunabhängige Wertschätzung und Menschenfreundlichkeit Gottes durch personale Wertschätzung erlebbar.[57] Mit dieser dritten theologischen Begründung

---

49 Reuter, Bildungsökonomisierung, 396. Vgl. Die deutschen Bischöfe, Schulpastoral, 15. Mit den deutschen Bischöfe (Schulpastoral, 14) „können Menschen in ihrer Zuwendung zueinander und zur Mitwelt dieses Wesen Gottes selbst Wirklichkeit werden lassen", indem „dem Einzelnen seine Würde als Mensch und Gottes Ebenbild" zugesprochen und er „im Licht des Glaubens als Ebenbild [...] Gottes erkennbar wird".
50 Vgl. Schneider/Fuchs, Atmende Zwischenräume, 137. Weißenberger, Schulseelsorge, 236. Die deutschen Bischöfe, Schulpastoral, 15. Reuter, Bildungsökonomisierung, 396. Kirchliche Arbeitsstelle, Studieneinheit VI: Theologische Grundlagen, 88ff.
51 Vgl. Rüttiger, Schulpastoral – ein selbstloser Dienst, 275.
52 Vgl. PTZ, Schulseelsorge, 2.
53 Vgl. Vierling-Ihrig, Kirche 35. Hallermann, Schulpastoral, 336. Die deutschen Bischöfe, Schulpastoral, 14. Kloß, Kirche, 369.
54 Vgl. Schneider/Fuchs, Atmende Zwischenräume, 137. PTZ, Schulseelsorge, 2. Heimbrock, Evangelische Schulseelsorge, 460f. Reuter, Bildungsökonomisierung, 387ff.
55 Reuter, Bildungsökonomisierung, 393.
56 Reuter, Bildungsökonomisierung, 386.
57 Vgl. Reuter, Bildungsökonomisierung, 398: „Es ist nötig Menschen zu sagen, dass sie wertvoll sind, auch wenn sie manches nicht können. [...] Rechtfertigung kommuniziert sich innerweltlich als Ausdruck personaler Wertschätzung, sowohl im seelsorgerlichen Gespräch als auch in der alltäglichen Begegnung. [...] Indem ich jemandem Wertschätzung zusage, schätze ich ihn wert." Vgl. auch: Dam/Daube, Spiritualität, 56. Evangelische Landeskirche in Württemberg, Schulseelsorge, 4f.

5 Systematisierende Auswertung der Forschungsliteratur

von Schulseelsorge konvergiert die vierte. Da die „christliche Religion [...] mehr als Wissen"[58] ist, möchte sie als Erfahrungsreligion gestaltet werden. Durch schulseelsorgerliches Handeln werden innerhalb der Schule Orte geschaffen, „an denen Christen sich ihrer Gemeinschaft und ihres Glaubens vergewissern"[59] können. Neben diesen theologischen Begründungen finden sich weitere Argumentationslinien. Schulseelsorge wird aus *ekklesiologischer Perspektive* damit begründet, dass Kirche als *Kirche für andere* (Bonhoeffer) „mit allen rechnet und [...] sich mit ihrer Arbeit auf alle einstellt".[60] Kirche leistet als Schulseelsorge einen „Beitrag für die Entwicklung des Bildes von Kirche in der Öffentlichkeit".[61] Eben auch, weil Kirche „mehr zu bieten [hat] als Unterricht".[62] Aus *bildungs- bzw. schultheoretischer Perspektive* argumentiert vor allem Schröder zugunsten einer nicht auf Schulseelsorge begrenzten *Religion im Schulleben*. Eine christliche Präsenz in der Schule kann seines Erachtens die „Auseinandersetzung mit Fragen der Lebensführung befördern".[63] In einem solchen Sinne kann Schulseelsorge dazu beitragen, dass „Kinder und Jugendliche sich dort als ganze Person wahrgenommen fühlen".[64] Schulseelsorge wird aus einer schülerorientierten Perspektive damit begründet, dass „Kinder und Jugendliche [...] persönliche Begleitung stärker [brauchen] als früher"[65] und „in ihrer Suche nach Sinn [...] eine Kirche [benötigen], die nicht nur unterrichtet, sondern auch in der (Schul-)Seelsorge [...] den Trost des Evangeliums und das offene Ohr Gottes über menschliche Begegnung erlebbar macht".[66] Auch der Staat muss nach

---

58 Schröder, Warum, 18.
59 Wermke, Schulseelsorge, 32.
60 Evangelische Landeskirche in Württemberg, Schulseelsorge, 2. Vgl. Schröder, Warum, 19.
61 Evangelische Landeskirche in Württemberg, Bericht, 5. Die Evangelische Landeskirche in Württemberg (Schulseelsorge, 2) zählt die Schulseelsorge „zu den sozialdiakonisch notwendigen Aufgaben der Kirche in öffentlichen Handlungsfeldern".
62 Evangelische Landeskirche in Württemberg, Bericht, 4.
63 Schröder, Warum, 17.
64 Evangelische Landeskirche in Württemberg, Bericht, 4.
65 Evangelische Landeskirche in Württemberg, Bericht, 4.
66 Evangelische Landeskirche in Württemberg, Schulseelsorge, 2.

5.1 Konzeption von Schulseelsorge

Schröder Interesse an Religion im Schulleben haben, da durch sie ein „Fenster zur Selbstreflexion, [...] zu zweckfreiem Engagement"[67] offen gehalten wird und das Interesse an einer ganzheitlichen Bildung widerspiegelt.[68]

Im Rahmen der vorliegenden Studie wird der Schwerpunkt bewusst auf die theologische Begründung von Schulseelsorge gelegt. Diese Entscheidung ist zum einen inhaltlich begründet, zum anderen forschungspragmatisch. Inhaltlich steht die theologische Begründung von Schulseelsorge als christliches Angebot meines Erachtens im Zentrum aller Begründungslinien. Zuerst muss Schulseelsorge von ihrer Intention und Basis her begründet werden, bevor sie eine kontextuelle, also schul- oder bildungstheoretische Legitimation erfährt.

Der umfangreichen Aufgabe einer schultheoretischen Begründung von Schulpastoral hat sich meines Wissens als Erste und in dieser Gründlichkeit als Einzige Kristina Roth mit ihrer Arbeit gewidmet, die parallel zu dieser Arbeit entstand. Roth orientiert sich dabei zwar an den Funktionen der Schule bei Helmut Fend[69], hinterfragt bzw. ergänzt diese aber kritisch. Für Roth ist eine direkte Übertragung von Fends Funktionsbegriff auf die Schulpastoral nicht möglich, da Fend, anders als die Schulpastoral, die Funktionen von Schule als Ganze im Blick hat, Schulpastoral sich aber vor allem auf den einzelnen Menschen bezieht.[70] Für Roth hat sich die Schulpastoral „vom funktionalistischen Denken der Schultheorie Fends"[71] aufgrund des christlichen Bildungsverständnisses zu lösen und sie mit Blick auf das Individuum kritisch zu hinterfragen und zu ergänzen.[72] Während „Fend im Bildungswesen ein Instrument des sozialen Wandels sieht, dass darauf ausgerichtet ist, Qualifikationen zu vermitteln und auf zukünftige Aufgaben vorzubereiten"[73], zielt Schulpastoral demgegenüber auf eine Ermöglichung von

---

67 Schröder, Warum, 18.
68 Vgl. Schröder, Warum, 19.
69 Vgl. Roth, Sinnhorizonte, 184ff.
70 Vgl. Roth, Sinnhorizonte, 284.
71 Roth, Sinnhorizonte, 284.
72 Vgl. Roth, Sinnhorizonte, 284f.
73 Vgl. Fend, Neue Theorie, 49.

5 Systematisierende Auswertung der Forschungsliteratur

Menschwerdung in Solidarität und *ganzheitlichem Wachstum*. Erst aus diesen kann ihres Erachtens Verantwortung für gesellschaftliche und politische Fragen erwachsen.[74] das heißt, dass schulpastorale Angebote zuerst das Individuum in seiner Entwicklung fördern sollen, was wiederum Auswirkungen auf die Gesellschaft hat.[75] Zwar kann „die Schulpastoral [...] nicht alle gesellschaftlichen Defizite ersetzen und Desiderate einlösen; sie ist kein Allheilmittel. Es gilt jedoch, alle Möglichkeiten zu nutzen, die Schule für ein soziales und humanes Erfahrungsfeld bietet."[76] Roth interpretiert diese Absichtserklärung der Deutschen Bischöfe, dass sich „Schulpastoral [...] ihrer Einbindung in das schulische System bewusst ist und die damit verbundenen Funktionen von Schule wahrnimmt".[77] Als Brückenschlag zwischen Schulpastoral und den Anliegen der inneren Schulentwicklung sieht Roth im Beitrag der Schulpastoral zu einer Schule als Lebensraum.[78]

Aus forschungspragmatischen Gründen konzentriert sich die vorliegende Arbeit auf die theologische Begründung von Schulseelsorge. Allerdings ist nicht auszuschließen, dass praktizierende Schulseelsorgerinnen und Schulseelsorger aus ihrer subjektiven Perspektive weitere Begründungslinien entfalten oder anreißen. Denkbar sind zum Beispiel schultheoretische oder ekklesiologische Begründungslinien im Rahmen der Frage nach dem Verhältnis von Kirche und Schule (siehe unten).

⇒ Im Fokus des Interesses der vorliegenden Arbeit steht aus den genannten Gründen die Frage nach der theologischen Begründung von Schulseelsorge: Im Rahmen der empirischen Studie ist zu fragen, welche theologischen Begründungen in der Praxis des allgemeinbildenden Gymnasiums Relevanz besitzen.

---

74 Vgl. Roth, Sinnhorizonte, 308.
75 Vgl. Roth, Sinnhorizonte, 308.
76 Die deutschen Bischöfe, Schulpastoral, 14.
77 Roth, Sinnhorizonte, 308.
78 Vgl. Roth, Sinnhorizonte, 309ff.

5.1 Konzeption von Schulseelsorge

5.1.1.3 Adressaten von Schulseelsorge

Obwohl der Begriff des Adressaten nicht ideal ist, da er Passivität und nicht Interaktion suggeriert, wurde er in Ermangelung einer besseren Alternative gewählt. Mit ihm sind jene Personen und Personenkreise gemeint, für die Schulseelsorge Angebote bereit hält und von denen Schulseelsorge in Anspruch genommen werden kann.

In den Erfahrungsberichten und konzeptionellen Arbeiten steht einem eng umrissenen Begriff von Adressaten ein weiter gegenüber. Während der enge Begriff Eltern, Lehrende sowie Schülerinnen und Schüler als Adressaten umfasst[79], erweitert der weite Begriff diese Personenkreise um das administrative und technische Schulpersonal.[80] Einen dritten, noch weiteren Begriff entwickelt Kollig, der neben Lehrenden, Schülerinnen und Schülern sowie Eltern weitere Personen anführt, „die den Entwicklungsprozess von Kindern und Jugendlichen begleiten (z. B. in [...] Vereinen, Verbänden)".[81]

Der Studie an bayerischen Hauptschulen liegt ein weiter Adressaten-Begriff in der Theorie zugrunde,[82] Allerdings wird im Rahmen der Datenerhebung nicht überprüft, ob dieser weite Adressaten-Begriff in der Praxis relevant ist, sich also Schulseelsorge in der Praxis an alle am Schulleben Beteiligten richtet. Es wird lediglich untersucht, ob und inwiefern sie von den Adressaten Schülerinnen und Schüler, Lehrenden, Eltern und Schulleitungen wahrgenommen wird.[83]

---

79 Vgl. Linsen, Schulseelsorge, 672. Schneider, Lehrer, 320. Ders., Diskussion, 24. Weißenberger, Schulseelsorge, 243. Ergänzend (nicht widersprechend) betonen Büttner (Seelsorge an Unterrichtenden, 107-114, v.a. 114) und Schneider (Lehrer, 319ff) die Wichtigkeit einer Seelsorge an Lehrenden.
80 Vgl. Demmelhuber, Der diakonische Ansatz, 61. Ders. Schulseelsorge, 56. Domsgen, Seelsorge an Eltern, 120. Hallermann, Schulpastoral, 333;336. Krawczack, Schulpastoral, 307f. Meyer-Blanck, Theorie und Praxis, 81. Petermann, Schulseelsorge, 27. Rüttiger, Schulpastoral – ein selbstloser Dienst, 276. Schneider, Ich werde da sein, 153. Van Hooff, Zur theologischen Grundlegung, 15.
81 Kollig, Schulseelsorge, 200.
82 Vgl. RPZ, Schulpastoral, 9.
83 Vgl. RPZ, Schulpastoral, 20ff. Die Studie an bayerischen Hauptschulen (RPZ, Schulpastoral, 18) generiert in Bezug auf die Adressatengruppe der Eltern als Ergebnis, dass

5 Systematisierende Auswertung der Forschungsliteratur

▶ Damit steht eine Studie aus, die empirisch fundierte Aussagen über den Adressaten-Begriff trifft: Wer sind die Adressaten von Schulseelsorge an allgemeinbildenden Gymnasien? Inwiefern sind Anspruch und Wirklichkeit deckungsgleich? Lässt sich zwischen tatsächlichen und potentiellen Adressaten unterscheiden? Werden schulseelsorgerliche Angebote vorwiegend von einem Personenkreis in Anspruch genommen?

5.1.1.4   Grundprinzipien schulseelsorgerlicher Arbeitsweise

Als grundlegende Prinzipien schulseelsorgerlichen Handelns werden in der Literatur hauptsächlich die Prinzipien der Freiwilligkeit[84], Offenheit[85], Personalität[86], Situationsabhängigkeit[87] bzw. Prozessorientierung[88], Koope-

---

„60% der befragten Eltern [erklären], dass sie an schulpastoralen Angeboten nicht mitwirken wollen".

84 Vgl. Burkhard, Mitgestaltung der Schulkultur, 29. Dam/Daube, Spiritualität, 58. Demmelhuber, Schulseelsorge, 56. Ders., Schulpastoral, 9. Fröhling, Weite Räume, 155. Petermann, Schulseelsorge, 28. Schneider, Ich werde da sein, 154. Seibt, Schulpastoral, 32. Für Mendl (Schulreligion, 274) unterscheidet sich die „Schulpastoral [...] vom Pflichtfach Religionsunterricht gerade als freiwilliges Angebot einer Religion für alle."

85 Vgl. Schneider, Ich werde da sein, 154. Rüttiger, Schulpastoral – ein selbstloser Dienst, 276. Gandlau/Rüttiger, Schulpastoral, 6.

86 Vgl. Seibt, Schulpastoral, 33. Gandlau/Rüttiger, Schulpastoral, 6. Demmelhuber, Schulseelsorge, 56. Ders., Schulpastoral, 9.

87 Vgl. Petermann, Schulseelsorge, 27f. Demmelhuber, Schulseelsorge, 56. Ders., Schulpastoral, 9. Gandlau/Rüttiger, Schulpastoral, 5. Rüttiger, Schulpastoral – ein selbstloser Dienst, 277. Seibt, Schulpastoral, 32 und 227. Vgl. Thalheimer, Aufbau, 13ff.

88 Für Burkhard (Mitgestaltung der Schulkultur, 29) ergeben sich die Aktivitäten der Schulpastoral „aus der konkreten schulischen Situation und den Interessen der Beteiligten".

5.1 Konzeption von Schulseelsorge

ration[89] und Ökumene[90] genannt. Seltener finden sich die Prinzipien der Partnerschaftlichkeit[91], Verschwiegenheit[92], Aktion und der Genderspezifität.

Während sich das Prinzip der *Freiwilligkeit* auf die Möglichkeit zur Teilnahme bezieht, drückt das Prinzip der *Offenheit* die Bedingungslosigkeit der Teilnahme ungeachtet sozialer und religiöser Parameter aus.

Personalität meint, „dass junge Menschen [durch die Schulseelsorge] ein personales Angebot haben, d. h. Menschen, die sich Zeit für sie nehmen".[93] Sowohl die Erfahrungen Fröhlings als auch die Einschätzung von Dam/Daube illustrieren das Prinzip der Personalität. Fröhling postuliert eine schulseelsorgerliche Arbeitsweise, die geprägt ist vom Vorleben (des Glaubens), denn die „Schüler beobachten wohl nichts an uns mit solcher Aufmerksamkeit wie unsere Art zu leben. Nichts ist interessanter, was auch immer an Lippenbekenntnissen von uns kommt".[94] Damit konvergiert auch die von Dam/Daube formulierte Grundhaltung der Schulseelsorgeperson: „Ich habe keine Angebot, ich bin das Angebot".[95]

Die *Situationsabhängigkeit* von Schulseelsorge bedenkt, dass es aufgrund heterogener schulischer Kontexte kein allgemeingültiges Konzept von Schulseelsorge gibt.

---

89 Vgl. Die deutschen Bischöfe, Schulpastoral, 17. Seibt, Schulpastoral, 32. Demmelhuber, Schulseelsorge, 56. Katholisches Schulkommissariat, Leitlinien, 14. Gandlau/Rüttiger, Schulpastoral, 5f. Kramer, Schulseelsorge, 197. Rüttiger, Schulpastoral – ein selbstloser Dienst, 278. Geißler, Aufgaben, 104. Langer, Dienst, 16. Englert, Vier Dimensionen, 39. Demmelhuber, Schulpastoral, 9.
90 Vgl. Petermann, Schulseelsorge, 28. Demmelhuber, Schulseelsorge, 56. Ders., Schulpastoral, 9. Katholisches Schulkommissariat, Leitlinien, 14. Seibt, Schulpastoral, 33. Burkhard, Mitgestaltung der Schulkultur, 29.
91 Vgl. Katholisches Schulkommissariat, Leitlinien, 14. Petermann, Schulseelsorge, 27. Gandlau/Rüttiger, Schulpastoral, 5f. Burkhard, Mitgestaltung der Schulkultur, 29.
92 Vgl. Dam/Daube, Spiritualität, 57.
93 Gandlau/Rüttiger, Schulpastoral, 6.
94 Fröhling, Weite Räume, 154. Vgl. Kollig, Schulseelsorge, 201.
95 Dam/Daube, Spiritualität, 58.

Das Prinzip der *Aktion* entfaltet Kloß: Sie beschreibt Schulseelsorge aufgrund ihrer Erfahrungen als „aufsuchende und nachgehende Seelsorge".[96] Sie weist außerdem darauf hin, dass ihre schulseelsorgerliche Arbeitsweise vom Geschlecht des Adressaten geprägt ist: So ist ihres Erachtens die „geforderte Form der Initiative [...] immer auch von der Geschlechtszugehörigkeit abhängig".[97]

Interessant ist, dass die Studie an berufsbildenden Schulen das Prinzip der Situationsorientierung empirisch belegt[98], während einige konzeptionelle Arbeiten dies nicht erwähnen. Dies lässt eine Bedeutsamkeit dieses Prinzips in der Praxis vermuten. Das Prinzip der Ökumene wird im Rahmen der empirischen Untersuchung auf Interreligiosität[99] erweitert. Auch dies könnte auf eine veränderte Praxis hindeuten. Weiterhin ist es bemerkenswert, dass das vom Katholischen Schulkommissariat formulierte Prinzip der Gastfreundschaft anderswo als Offenheit benannt wird, was auf eine (nicht nur verbalisierte) Verschiebung hindeuten könnte.[100]

➡ Im Rahmen der vorliegenden Studie ist zu fragen, welche der (genannten) Grundprinzipien charakteristisch für die schulseelsorgerliche Arbeitsweise sind.

5.1.1.5 Schulseelsorge als spezifisches Seelsorgefeld

Bei Bitter findet sich eine Aussage über das Verhältnis der Schulseelsorge zu anderen Seelsorgefeldern. Er hält die Schulseelsorge als „offenes Unternehmen"[101] erstens „im Raum Schule"[102] mit der Betriebsseelsorge für

---

96 Kloß, Kirche, 366. Vgl. Kollig (Schulseelsorge, 201) beschreibt dieses Prinzip als „Einladungs- [...] und als Geh-hin-Seelsorge".
97 Kloß, Kirche, 367.
98 Vgl. Seibt, Schulpastoral, 227. Gandlau/Rüttiger (Schulpastoral, 6) formulieren im Rahmen der Studie des RPZ an bayerischen Hauptschulen die Situationsabhängigkeit als Postulat, sie wird allerdings nicht empirisch belegt.
99 Vgl. Gandlau/Rüttiger, Schulpastoral, 6.
100 Bei Demmelhuber (Schulpastoral, 9) wird dieses Prinzip als „Ökumene und Gastfreundschaft" benannt.
101 Bitter, Schulseelsorge, 71.
102 Bitter, Schulseelsorge, 71.

5.1 Konzeption von Schulseelsorge

vergleichbar, zweitens „in einer festen Personengruppe, nämlich aller Schulbeteiligten"[103] mit der Hochschulseelsorge für vergleichbar. Ebenfalls auf katholischer Seite findet sich bei van Hooff die Aussage, dass Schulpastoral „eine eigenständige Sparte innerhalb der kirchlichen kategorialen Seelsorge"[104] ist. Er hält die Kooperation von Schulpastoral „mit anderen Formen von kategorialer Seelsorge [...] für unverzichtbar".[105]

Aus dem Subtext der Literatur lassen sich weitere Impulse für die Erarbeitung dieser Verhältnisbestimmung lesen: So kann als Unterschied zwischen Schulseelsorge und anderen Seelsorgefeldern verstanden werden, dass die Schulseelsorge kein spezieller Seelsorgedienst der Kirche ist wie die Krankenhaus- oder Gefängnisseelsorge es sind. Schröder spricht sich gegen die Schulseelsorge als verlängerten Arm der Kirche in der Schule aus.[106] Im Anschluss daran stellt sich mit Ziemer die Frage, ob die Schulseelsorge nur auf den „Wurzelboden der Gemeindeseelsorge"[107] gedeihen kann, wie er es für die Seelsorgefelder der Krankenhaus- oder Gefängnisseelsorge propagiert. Allerdings treffen die empirischen Arbeiten keinerlei Aussagen über die Gemeinsamkeiten bzw. Unterschiede von Schulseelsorge und anderen Seelsorgefeldern.

➡ Die Verhältnisbestimmung von Schulseelsorge zu anderen seelsorgerlichen Handlungsfeldern soll im Folgenden aus Sicht der praktizierenden Schulseelsorgepersonen an Gymnasien beleuchtet werden, um Aussagen über spezifische Charakteristika von Schulseelsorge zu treffen, die nur in Abgrenzung von anderen Seelsorgefeldern ersichtlich und für die Konzeptualisierung von und Qualifizierung für Schulseelsorge wichtig sind.

---

103 Bitter, Schulseelsorge, 71.
104 Van Hooff, Zur theologischen Grundlegung, 15.
105 Van Hooff, Zur theologischen Grundlegung, 15.
106 Vgl. Schröder, Warum, 21.
107 Ziemer, Seelsorgelehre, 123.

5.1.2 Angebote

5.1.2.1 Das schulseelsorgerliche Gespräch

Mit großer Deutlichkeit führt die Mehrzahl der Publikationen das schulseelsorgerliche Gespräch als Angebot der Schulseelsorge auf. Da dem Gesprächsangebot beigemessen wird, „wesentlicher Bestandteil"[108] schulseelsorgerlichen Handelns zu sein, bedarf es einer besonderen Beachtung. Nach der systematisierenden Auswertung der Literatur scheint die Untersuchung des schulseelsorgerlichen Gesprächs hinsichtlich der Adressaten, des Ortes, der Form, der Initiation, der Intention, des Ablaufs und des Inhalts sinnvoll zu sein.

Adressaten des schulseelsorgerlichen Gesprächs: Im Rahmen der empirischen Studie wird zu fragen sein, welche Adressaten bzw. Adressatengruppen des Schulseelsorgegesprächs zu nennen sind. Stellen Schülerinnen und Schüler, Lehrerinnen und Lehrer, Eltern oder Angehörige des Schulpersonals gleichermaßen die Adressaten dar?[109]

Ort des schulseelsorgerlichen Gesprächs: Weiter ist nach dem Ort des schulseelsorgerlichern Gesprächs[110] zu fragen. Werden schulseelsorgerliche Gespräche mit Unterrichtenden in der Pause, nach Schulschluss[111], in Freistunden oder vor dem Unterrichtsbeginn im Lehrerzimmer[112] geführt, während sie institutionell in Balintgruppen verankert stattfinden?[113] Werden Gespräche mit Schülerinnen und Schülern innerhalb von Sprechstunden[114],

---

108 Demmelhuber, Sozialarbeit, 80. Vgl. Langer, Schulpastoral, 16.
109 Ist die Beobachtung zu bestätigen, dass die Altersgruppe der Mittelstufenschülerinnen und -schüler „vergleichsweise wenig präsent ist", was Remy (Praxismodelle, 264) mit dem Zustand der Pubertät erklärt?
110 In der Literatur finden sich wenige Aussagen zum Ort von schulseelsorgerlichen Gesprächen. Daher wird im Rahmen der empirischen Untersuchung ein besonderer Fokus auf die konkrete Beschreibung von Ort des schulseelsorgerlichen Gesprächs zu legen sein.
111 Vgl. Büttner, Seelsorge an Unterrichtenden, 111.
112 Vgl. Remy, Praxismodelle, 264.
113 Vgl. Büttner, Seelsorge an Unterrichtenden, 111. Zur Balintmethode vgl. auch: Leuenberger, Kirchlicher Dienst, 385.
114 Vgl. Schneider/Fuchs, Atmende Zwischenräume, 138. Evangelische Landeskirche in Württemberg, Schulseelsorge, 11.

5.1 Konzeption von Schulseelsorge

im „Unterricht im Zusammenhang einer Lerngruppe"[115] oder als zufällige Begegnungen im Schulhaus oder auf dem Pausenhof[116] geführt? Zu fragen ist weiter, ob Gespräche neben innerschulischen Orten[117] auch an außerschulischen Orten stattfinden. Das Ergebnis könnte auch einen Hinweis darauf geben, welches Hintergrundsamt die Schulseelsorgeperson bekleiden bzw. ob sie als externe Schulseelsorgeperson oder als Unterrichtende an der Schule arbeiten sollte.

Form des schulseelsorgerlichen Gesprächs: Die Form des schulseelsorgerlichen Gesprächs lässt sich aufgrund des offenen Kodierprozesses in zweierlei Richtung bestimmen: Sie wird in der Literatur entweder als *Einzel- oder Gruppengespräch* oder als *spontan oder verabredet* verstanden. Bezüglich der Form als *Einzel- oder Gruppengespräch* ist zu fragen, ob das Einzelgespräch mit einer Schülerin bzw. einem Schüler den Normalfall des Schulseelsorgegespräches darstellt, wie es Meyer-Blanck postuliert.[118] Oder ob das klassische Zweiergespräch eben gerade nicht die übliche Gesprächsform mit Schülerinnen und Schülern ist, wie es Schweitzer und Kloß vertreten: Schweitzer gibt zu bedenken, dass Einzelgespräche „zumindest als Einstieg"[119] für Jugendliche häufig eher bedrohlich wirken, während Gespräche in der Gruppe ihnen Schutz geben und es ihnen ermöglichen, Vertrauen für ein Gespräch entwickeln zu können. Dies wird durch Kloß' Erfahrung unterstrichen: Kinder und Jugendliche fühlen sich i. E. mit der Seelsorgeperson „zu zweit in einem geschlossenen Raum in der Regel unwohl".[120]

Im Hinblick auf die Form als *spontanes oder verabredetes* Gespräch ist zu fragen, ob sich eine Tendenz zugunsten einer typischen Form an allgemeinbildenden Gymnasien nachzeichnen lässt. In der Literatur findet sich

---

115 Baumann, Seelsorge, 12f.
116 Vgl. Kloß, Kirche, 364.
117 Vgl. Schweitzer, Seelsorge, 105. Remy, Praxismodelle, 266. PTZ, Mutmachbuch, 46. Wermke, Schulseelsorge, 29.
118 Daneben erachtet Meyer-Blanck (Theorie und Praxis, 82) auch Gruppengespräche bzw. systemische Gespräche als Möglichkeit schulseelsorgerlicher Gespräche.
119 Schweitzer, Seelsorge, 105.
120 Kloß, Kirche, 364.

eine Mehrheit der Aussagen, die das Schulseelsorgegespräch als spontanes Gespräch im Sinne eines unverabredeten Gesprächs zwischen Tür und Angel qualifizieren.[121] Allerdings treffen die Autoren nur Aussagen über das Schulseelsorgegespräch mit Schülerinnen und Schülern. So ist für Baumann die „Seelsorge mit Heranwachsenden [...] in der Regel nicht als geplantes Einzelgespräch denkbar".[122] Auch Büttner spricht sich für „beiläufige[...] Kontakte"[123] aus, die als spontane Gespräche gewertet werden können. Kloß gibt schließlich zu bedenken, dass das verabredete Gespräche, gar nach Schulschluss, auch unnötige Verdächtigungen nach sich ziehen würde.[124] Auch für Günther ist „das verabredete Gespräch zwischen zwei Partnern [...] sicher auch ein Modell einer ermutigenden Seelsorge mit jungen Menschen, kaum aber deren Grundmodell".[125] Im Anschluss an die Aussagen über die Form des Schulseelsorgegesprächs mit Schülerinnen und Schülern ist nach der Form des Gesprächs mit anderen schulischen Adressatengruppen zu fragen. Interessant ist außerdem, wann Schulseelsorgegespräche als verabredete, wann als spontane Gespräche stattfinden. Aus diesen Ergebnissen könnten Konsequenzen für die strukturelle Ausstattung von Schulseelsorge gezogen werden.

Initiation des schulseelsorgerlichen Gesprächs: Beachtung findet in der Literatur die Initiation des schulseelsorgerlichen Gesprächs. Während Kloß es der Verantwortung und Initiative der Seelsorgeperson zuschreibt, Gesprächsbedarf zu erkennen und Signale wahrzunehmen[126], führt Thalheimer zwei davon zu unterscheidende Formen der Initiation schulseelsorgerlicher Gespräche an: Einerseits sprechen Schüler und vor allem Schülerin-

---

121 Vgl. Reuter, Bildungsökonomisierung, 397. Dam, Kompetenzen, 43. Kramer, Schulseelsorge, 194. Kloß, Kirche, 363.
122 Baumann, Seelsorge, 12f.
123 Büttner, Dimension, 515.
124 Kloß, Kirche, 364.
125 Günther, Ermutigung, 103.
126 Kloß (Kirche, 366) beschreibt die Seelsorge mit Schülerinnen und Schülern als „aufsuchende und nachgehende Seelsorge". Zur Verantwortung der Schulseelsorgeperson gehört es ihres Erachtens auch, Anlässe für nachfolgende Gespräche zu schaffen.

5.1 Konzeption von Schulseelsorge

nen sie „nach dem Unterricht"[127] an, andererseits macht der Schulleiter sie auf „schwierige Schüler und Schülerinnen aufmerksam"[128], wonach sie die Initiative ergreift. Kloß weist außerdem darauf hin, dass Jungen und Mädchen „verschiedene Methoden benutzen"[129], um ihre Aufmerksamkeit zu erlangen.[130] Ausgehend von diesen Erfahrungsberichten muss empirisch untersucht werden, wie Seelsorgegespräche im Kontext Schule initiiert werden. Diese Fragestellung könnte einen Hinweis auf die Konsequenzen für die Befähigung und den beruflichen Hintergrund von Schulseelsorgepersonen geben.

Ablauf des schulseelsorgelichen Gesprächs: Aufgrund des literarischen Befunds scheint die Untersuchung des *Ablaufs* des schulseelsorgerlichen Gesprächs interessant: Hier ist zu fragen, welche *Gesprächselemente* im Sinne von Fragetechniken, Formulierungen, verbalisierten Verhaltensweisen und Grundhaltungen sowie Gesprächsenden charakteristisch für das schulseelsorgerliche Gespräch sind. Hieraus könnte sich Aufschluss ergeben, inwiefern das von Meyer-Blanck als wichtigste Regel des intentionalen Seelsorgegesprächs erachtete Einnehmen einer zugewandten Grundhaltung eine Rolle spielt, die er als „bewusste Bejahung dieses im Rahmen der Schule durchaus ungewöhnlichen Kommunikationsmodus"[131] und damit als Konzentration auf eine Schülerin bzw. einen Schüler beschreibt. Auch kann geklärt werden, ob und inwiefern Gesprächselemente eine „geistliche Dimension"[132] beinhalten: Werden performative Möglichkeiten in Form von Gebet, Fürbitte oder Segen eröffnet? Inwiefern gehört die religiöse Symbolik im speziellen Kontext Schule zum Charakteristikum seelsorgerlicher Kommunikation, um „die alltäglichen Problemfelder von Scheitern und Leiderfah-

---

127 Thalheimer, Als Religionslehrerin, 696.
128 Thalheimer, Als Religionslehrerin, 696.
129 Kloß, Kirche, 367.
130 Während Mädchen ihr oft „erzählen, was sie beschäftigt" und sie direkt zur Stellungnahme herausfordern, benutzen Jungen nach Kloß (Kirche, 367) „in der Regel indirekte Methoden": So versuchen sie beispielsweise durch Raufen oder betonte Höflichkeit aufzufallen.
131 Meyer-Blanck, Theorie und Praxis, 85.
132 Büttner, Seelsorge an Unterrichtenden, 108.

rung in den Rahmen einer anderen Semantik zu stellen"?[133] Diese Analyse könnte Kriterien generieren, die ein Gespräch erfüllen muss, um als schulseelsorgerliches Gespräch charakterisiert zu werden. Wird die „beiläufige Form seelsorgerlicher Kontakte und Gespräche"[134], die sich in den Pausen oder an der Schultür nebenbei ergeben, aus Sicht der praktizierenden Schulseelsorgerinnen und Schulseelsorger schon als Seelsorge verstanden? Besitzt auch für die Schulseelsorge der Anspruch Geltung, „dass im Gespräch eine religiöse Interpretation des Alltags präsent ist, auch wenn nicht zwingend religiöse Inhalte explizit zum Thema werden"?[135] Qualifiziert sich das Gespräch durch die christliche Überzeugung des Seelsorgers zum Seelsorgegespräch[136], wie es Büttners Aussage nahe legt, der außerdem dem Gesprächsort eine wichtige Rolle hinsichtlich der Qualifizierung zum Schulseelsorgegespräch zuweist.[137] Oder wird in der Praxis nur das Gespräch als Seelsorgegespräch aufgefasst, das von der „Intention individueller Begleitung und Situationsklärung"[138] dominiert wird und Gesprächsregeln folgt?

In der Literatur findet sich kein Seelsorgekonzept von Schulseelsorge.[139] Nur bei Kramer finden sich erste Impulse für eine Seelsorgetheorie von Schulseelsorge.[140] Untersuchenswert ist im Rahmen der empirischen Studie deshalb, ob die Erfahrungen in der Praxis auf eine Gesprächstheorie oder ein Seelsorgemodell hinweisen. Im Bereich der Gesprächstheorien ist

---

133 Büttner, Seelsorge an Unterrichtenden, 109.
134 Schweitzer, Seelsorge, 105.
135 Wermke, Schulseelsorge, 29.
136 Wermke (Schulseelsorge, 30) gibt zu bedenken, dass „die Grenzen zwischen Alltags-, Beratungs- und Seelsorgegespräch in der Schule" fließend sind. Außerdem kann es „auch nicht das Anliegen sein, jedes Beratungsgespräch in ein Seelsorgegespräch überführen zu wollen". Kloß (Kirche, 368) postuliert, dass im seelsorgerlichen „Gespräch mit Kindern und Jugendlichen [...] die religiöse Dimension natürlich gegeben" ist. Sie beantwortet die Frage nach der religiösen Dimension des seelsorgerlichen Gesprächs mit Kindern und Jugendlichen: „Ja, ich würde sagen: Entweder die religiöse Ebene ist natürlich gegeben, oder sie ist nicht."
137 Vgl. Büttner, Dimension, 509. Die Gespräche finden in kirchlicher Schule oder in einem kirchengemeindlichen Raum statt.
138 Meyer-Blanck, Theorie und Praxis, 81.
139 Diesen Befund bestätigt auch. Wermke, Schulseelsorge, 16.
140 Vgl. Kramer, Aktuelle Tendenzen, 51ff.

5.1 Konzeption von Schulseelsorge

zu fragen, inwiefern Gesprächspsychotherapie, Psychoanalyse und Transaktionsanalyse[141] sowie Verhaltenstherapie, Tiefenpsychologie und konstruktivistische Einsichten fruchtbar für die Schulseelsorge sind.[142] Im Bereich der Seelsorgetheorien ist zu fragen, ob und inwiefern Schulseelsorgerinnen und Schulseelsorger von einer Lebensraumorientierten Seelsorge[143], dem Modell der psychoanalytisch orientierten Krisenintervention[144] oder anderen Seelsorgemodellen geprägt sind. Daraus könnte geschlossen werden, welche Elemente für eine genuine Schulseelsorgetheorie konstitutiv sind und ob Dam zuzustimmen ist, der darauf hingewiesen hat, dass „die traditionellen Seelsorgekonzepte [...] für die Schulseelsorge ergänzt werden [müssen] durch Ansätze aus der sog. „Alltagsseelsorge" (Henning Luther) und der systemischen Seelsorge".[145] Für ihn ist Schulseelsorge als „eine neue Form kategorialer Seelsorge an jungen Menschen in Schulen"[146] zu verstehen. Aus der Frage nach den erkennbaren oder impliziten Seelsorgetheorien innerhalb der schulseelsorgerlichen Praxis könnten sich Impulse für die Entwicklung einer Theorie von Schulseelsorge ergeben.

Ziel des schulseelsorgerlichen Gesprächs: Meyer-Blanck nennt als Intention eines Schulseelsorgegespräches, den Einzelnen, „zu stärken, künftig eigenständiger [...], verantwortlicher und [...] ohne Seelsorge handeln zu können".[147] Clemens Weißenberger hingegen definiert das Ziel schulseelsorgerlicher Gespräche in Analogie zur Frau am Jakobsbrunnen darin, dass die Person im seelsorgerlichen Gespräch beginnt, „sich selbst zu werden. Sie erkennt, welchen (Lebens-) Weg sie gehen muss und welches (Glaubens-)Ziel sie finden wird".[148] Vielleicht kann das Ziel auch darin gesehen

---

141 Vgl. Meyer-Blanck, Theorie und Praxis, 85.
142 Vgl. Büttner, Seelsorge an Unterrichtenden, 108f.
143 Vgl. Schneider/Fuchs, Atmende Zwischenräume, 134ff.
144 Vgl. Heimbrock, Schulseelsorge, 461ff.
145 Dam, Schulseelsorge, 359. Vgl. Reuter, Bildungsökonomisierung, 397.
146 Dam, Schulseelsorge, 359.
147 Meyer-Blanck, Theorie und Praxis, 86. Dieses Ziel formuliert Meyer-Blanck in Hartmut von Hentigs Grundsatz „Die Menschen stärken, die Sachen klären".
148 Für Weißenberger (Schulseelsorge und Schulpastoral, 238) ist dies mehr als die

werden, sich ohne fertige Lösungen „mit den Ratlosen auf eine gemeinsame Suche [zu begeben] und [...] sie bei der Umsetzung gemeinsam gefundener Lösungen [zu unterstützen]"[149]?

Zu fragen ist weiter, ob und inwiefern das Ziel schulseelsorgerlicher Gespräche je nach Adressatenkreis divergiert, wie dies Büttner und Domsgen aufwerfen: Während Büttner als Ziel des Seelsorgegesprächs mit Unterrichtenden die Habitualisierung einer neuen Deutung bekannter Situationen postuliert[150], besteht für Domsgen das Ziel von Gesprächen mit Eltern darin, zu einer „Erziehungspartnerschaft"[151] beizutragen.[152]

Inhalt des schulseelsorgerlichen Gesprächs: Großer Aufmerksamkeit wird in der Literatur den Inhalten des schulseelsorgerlichen Gesprächs geschenkt. In der Literatur findet sich eine Vielfalt von Inhalten des schulseelsorgerlichen Gesprächs mit Schülerinnen und Schülern, Lehrerinnen und Lehrern sowie Eltern. Kategorisieren lassen sich die Gesprächsinhalte zum einen nach Adressaten, zum anderen nach Themenbereichen.

„Selbstreflexion der Situation der Frau oder tiefen- oder vulgärpsychologische Aufarbeitung einer Anfrage".
149 Evangelische Landeskirche in Württemberg, Schulseelsorge, 4.
150 Aus Büttners (Seelsorge an Unterrichtenden, 114) konstruktivistischer Perspektive zielt Seelsorge mit Unterrichtenden auf die „Wirklichkeit zweiter Ordnung": Während die Wirklichkeit erster Ordnung (z. B. strukturelle Rahmenbedingungen von Schule) nicht verändert werden kann, ist Seelsorge davon überzeugt, „dass es möglich ist, im gemeinsamen Gespräch diese Konstruktionen zu verflüssigen oder durch andere zu ergänzen bzw. zu ersetzen", um künftig besser damit umgehen zu können.
151 Für Domsgen (Seelsorge an Eltern, 122) ergibt sich neben theologischen Gründen die Notwendigkeit einer Schulseelsorge mit Eltern auch daraus, dass Kinder und Jugendliche Wanderer zwischen Elternhaus und Schule sind. S. E. wird diese Wanderschaft „umso besser gelingen, je offener und konstruktiver beide im Interesse der Schülerinnen und Schüler kooperieren. Damit Schulseelsorge den Lernort Schule positiv gestalten kann, ist es vonnöten, die „Elternhäuser" einzubeziehen.
152 Interessant wäre hier außerdem, eine Verhältnisbestimmung zwischen den Zielen schulseelsorgerlicher Gespräche und den Zielen bzw. Grundanliegen von Bildung oder Pädagogik. Bedenkenswert könnte hier mit Schweitzer (Brauchen Kinder Religion?, 48) die „Frage nach mir selbst und nach meiner Identität" oder die „Frage nach dem anderen, und zwar dem anderen mit seiner Religion" sein. Aus forschungspragmatischen Gründen wird diesen interessanten Fragen im Rahmen der vorliegenden Arbeit allerdings nicht nachgegangen.

5.1 Konzeption von Schulseelsorge

In der Darstellung der schulartübergreifenden Publikationen beinhalten schulseelsorgerliche *Gespräche mit Schülerinnen und Schülern* Problemfelder in schulischer, familiärer, persönlich-privater und religiöser Perspektive.

Als Probleme, deren Ursachen im schulischen Kontext bedingt sind, werden Schulversagen[153], Konflikte mit Lehrerinnen und Lehrern[154], Ausgrenzung und Mobbing, Gewaltbedrohung in der eigenen Schule und die Wahrnehmung schulischer Massaker bzw. angedrohter Anschläge postuliert.[155] In familiärer Hinsicht beinhalten schulseelsorgerliche Gespräche das (konfliktbeladene) Verhältnis zum Elternhaus.[156] Als Inhalte des schulseelsorgerlichen Gesprächs, die im engen Sinn die Person der Schülerin/ des Schülers in ihrer sozialen Verfasstheit betreffen werden Beziehungen und Beziehungskrisen, Partnerschaft und Sexualität, ‚Selbstwert- und Minderwertigkeitserfahrungen, Suizid und Suizidversuche, „Verarbeitung" von Suizidfällen im Freundeskreis oder in der Schule, Schuld und Schuldvorwürfe, Sucht und Drogenabhängigkeit Entscheidungen im Blick auf Lebensweg und Berufswahl, drohende Arbeitslosigkeit, fehlende Lehrstellen, problematische Bindungen an Gruppen („Jugendreligionen"), Sekten und Vereinigungen[157] sowie Essstörung[158] postuliert. Auch religiöse Themen sind nach Meinung der Autoren Inhalt des schulseelsorgerlichen Gesprächs: Dazu gehören religiöse Krisen[159], Pendeln, Gläserrücken und übersinnliche Erlebnisse[160] sowie religiös-kirchliche Fragen.[161] Eine empirische Überprüfung der Postulate von Meyer-Blanck und Schweitzer steht noch aus.

---

153 Vgl. Meyer-Blanck, Theorie und Praxis, 80.
154 Vgl. Meyer-Blanck, Theorie und Praxis, 80. Schweitzer, Seelsorge, 104.
155 Vgl. Schweitzer, Seelsorge, 104.
156 Vgl. Meyer-Blanck, Theorie und Praxis, 80. Schweitzer, Seelsorge, 104.
157 Alle genannten Inhalte bei: Schweitzer, Seelsorge, 104.
158 Vgl. Meyer-Blanck, Theorie und Praxis, 80.
159 Vgl. Schweitzer, Seelsorge, 104.
160 Vgl. Kloß, Kirche, 368.
161 Kloß (Kirche, 368) betont, dass sie als Expertin für die kirchliche Praxis angefragt wird.

Als Themen des Schulseelsorgegesprächs speziell mit *Gymnasiastinnen und Gymnasiasten* werden Probleme genannt, die ebenfalls in die vier Bereiche schulisch, familiär, persönlich-privat und religiös eingeordnet werden können.

In schulischer Perspektive sind dies Probleme mit Lehrerinnen und Lehrern, schulisches Scheitern und Mobbing, während in familiärer Perspektive familiäre Probleme angeführt werden.[162] Als Inhalte, die die Person der Schülerin/des Schülers betreffen werden Suchtproblematik, Beziehungsprobleme, autoaggressives Verhalten, Suizid und Trauer angeführt.[163] Als religiös konnotierter Inhalt kann schließlich die Theodizee-Problematik angesehen werden.[164] Während nach Remy Schwierigkeiten im Elternhaus eher im Gespräch mit Gleichaltrigen thematisiert werden, sind sie bei Schwarz Bestandteil der Gespräche.[165]

Als Inhalte des seelsorgerlichen Gesprächs mit *Unterrichtenden* werden „familiäre Probleme aus Ehe, Familie und Freundeskreis"[166], der Todesfall in der Familie, die Taufe des eigenen Kindes oder Schwierigkeiten mit der Klasse[167] sowie berufstypische Belastungen („Überalterung der Kollegien, Versetzung von einer Schule zu einer ungeliebten anderen, Verpflichtung zum Erteilen fachfremden Unterrichts"[168]) und private Fragestellungen genannt.[169]

Den Ausgangspunkt für Kontakte mit *Eltern* stellen „in aller Regel auf Schule bezogene Probleme"[170] dar. Welche speziellen Inhalte sich im Gespräch mit Eltern aus diesem Ausgangspunkt ergeben, wird ebenso zu em-

---

162 Vgl. PTZ, Mutmachbuch, 46. Remy, Praxismodelle, 262; 266; 268f.
163 Vgl. PTZ, Mutmachbuch, 46. Remy, Praxismodelle, 262; 266; 268f.
164 Vgl. PTZ, Mutmachbuch, 46. Remy, Praxismodelle, 262; 266; 268f.
165 Vgl. Remy, Praxismodelle, 266. PTZ, Mutmachbuch, 46.
166 Schneider, Lehrer, 321.
167 Vgl. Büttner, Seelsorge an Unterrichtenden, 107.
168 Schneider, Lehrer, 321.
169 Vgl. Remy, Praxismodelle, 264.
170 Domsgen, Seelsorge an Eltern, 121.

pirisch zu untersuchen sein wie die Inhalte des Schulseelsorgegesprächs mit Angehörigen des Schulpersonals, die in der Literatur keine Erwähnung finden.

➡ Im Hinblick auf das schulseelsorgerliche Gespräch als Angebot von Schulseelsorge wird im Rahmen der vorliegenden Studie zu fragen sein, nach seinen Orten und Adressaten. Außerdem wird nach dem Verhältnis zwischen Ort und Form einerseits und den Adressaten des schulseelsorgerlichen Gesprächs andererseits zu untersuchen sein. Zu fragen ist weiter nach der Initiation, Struktur, Ziele und Inhalte schulseelsorgerlicher Gespräche. Von dieser Erforschung sind Impulse für die Entwicklung einer speziellen Seelsorge-Theorie im Kontext Schule zu erhoffen.

5.1.2.2 Weitere Angebote

Aus der Fülle an Veröffentlichungen lassen sich drei Beobachtungen festhalten:

(1) Es ist eine bemerkenswerte *Angebotsvielfalt von Schulseelsorge* zu beobachten.[171] Die Fülle an Angeboten wird im Folgenden zu kategorisieren versucht: Als *spirituelle Angebote* werden in der Literatur genannt: Schulgottesdienste, Andachten, Klassengebetbuch, Tage der (religiösen) Orientierung, Wallfahrten, Gebetswerkstatt, Spurensuche in meinem Glauben, Gesprächs-, Gebets- und Bibelkreise, interreligiöse Gebetsstunde, spirituelle

---

171 Die aufgeführten Angebotsformensollen lediglich einen Eindruck vermitteln, wie vielfältig das Angebotsspektrum ist und erheben keinen Anspruch auf Vollständigkeit. Betont sei, dass nicht alle Publikationen alle der aufgeführten Angebotsformen nennen. Vgl. Leibnitz, Lebensraum, 151. Pastusiak, Elterngespräche, 253ff. Gandlau, Projekt, 90. Schneider/Fuchs, Atmende Zwischenräume, 138. Leuenberger, Kirchlicher Dienst, 387. Winden, Wie hältst du's, 170. Bischöfliches Ordinariat, Den Alltag durchbrechen, 13ff. Evangelische Landeskirche in Württemberg, Schulseelsorge, 7f. Linsen, Schulseelsorge, 671. Petermann, Schulseelsorge, 77ff. Demmelhuber, Schulseelsorge, 58. Englert, Vier Dimensionen, 39f. Schneider, Lehrer, 319. Gandlaus empirische Studie (Projekt, 90) gibt einen Überblick über die Angebotsvielfalt an bayerischen Hauptschulen. Sie ist v. a. aufgrund ihrer Angebote im Feld „Zusammenhalt in der Gemeinschaft" einem weiten Verständnis von Schulseelsorge zuzuordnen.

Angebote speziell für Lehrkräfte bzw. Eltern, meditative Angebote, Räume der Stille, Besinnungszeiten im Schulalltag, alternative Pausen oder Entspannung.

Auf die *Begleitung von Individuen und Gruppen* fokussieren: Beratung, Begleitung und Hilfe in besonderen Situationen und Konflikten, Trauer-Koffer, Schülersprechstunden, Vermittlung und Vernetzung zu Beratungsinstanzen, Persönlichkeitstrainings zur Berufsvorbereitung, Krisenseelsorge, kollegiale Beratung und Präsenz der Schulseelsorgeperson im schulischen Alltag.

Angebote, die das soziale Miteinander gestalten sind: Initiativen zur Förderung der Klassengemeinschaft (z. B. Kennenlern- und Klassentag), Sozialpraktikum, Projekt Compassion, Streitschlichtung, Prävention, Theater-, Musical-, Bandprojekte, interreligiöse Projekte, Konflikttraining, Schulchor, Freizeitangebote (z. B. Radtouren, Zeltlager, Kinoabende), Schülertreff oder -café, Kooperationen mit außerschulischen Partnern, spezielle Angebote für Religionslehrer oder allgemeiner Kollegentreff. Sowohl die alternative Prüfungsvorbereitung als auch die Mittags- und Hausaufgabenbetreuung könnten sowohl hier als auch im Bereich der begleitenden Angebote für Individuen und Gruppen anzusiedeln sein.

Schließlich zielen folgende Angebote auf die *Gestaltung des schulischen Lebensraums*: Beiträge zur Schulentwicklung, Schulhausgestaltung, Schulraummitgestaltung, Aktionstage, Thematische Projekte und Mitgestaltung von Schulfeiern und -festen.

Dieses breite Spektrum von schulseelsorgerlichen Angeboten ist vermutlich damit zu begründen, dass sich Schule als Bedingungsfeld von Schulseelsorge als heterogen darstellt[172] und Schulseelsorge daher von Schule zu Schule variiert.[173] Da der Fokus der vorliegenden Arbeit auf dem allgemein-

---

172 Vgl. Kollig, Schulseelsorge, 200.
173 Vgl. auch: Rüttiger, Schulpastoral – ein selbstloser Dienst, 277. Hallermann, Schulpastoral, 332, 334. Da nach Kollig (Schulseelsorge, 200) „Schulseelsorge im Kontext Schule subsidiär zu konzipieren ist", ist an jeder Schule neu zu fragen, wie Schulseelsorge aussehen kann.

5.1 Konzeption von Schulseelsorge

bildenden Gymnasium liegt, werden die überwiegend auf schulartübergreifenden Erfahrungen basierenden Veröffentlichungen durch Einzelerfahrungen an Gymnasien pointiert. Demnach stellt der Schwerpunkt des schulseelsorgerlichen Angebots an Gymnasien Gespräche mit Schülerinnen und Schülern, gelegentlich auch mit Lehrerinnen und Lehrern dar.[174] Daneben finden sich Andachten in der Advents- und Passionszeit, Tage der Orientierung, Gesprächsabende mit Eltern über religiöse Erziehung, Frühstücksangebot oder Raum der Stille.[175] Eine Schlüsselstellung kommt nach Wermkes schulartübergreifenden Aussagen dem Schulgottesdienst zu, da er „die christliche Gemeinde in der Schule neu konstituiert [...], die Lebens- und Leidenssituationen in den Horizont des christlichen Glaubens [stellt], [...] die lebendige Erfahrung *christlicher Präsenz* in der Schule [vermittelt] und [...] Mitte und Ausgangspunkt der Schulseelsorge [bietet]".[176]

Im Rahmen der empirischen Studie ist sowohl zu überprüfen, inwiefern diese Einzelerfahrungen verallgemeinert werden können bzw. wo sie einer Ergänzung bedürfen als auch welche Schwerpunktsetzung schulseelsorgerlicher Arbeit an Gymnasien vorherrscht. Außerdem ist zu untersuchen, ob eine Schulartspezifik der Angebote begründet werden kann.

(2) Es lassen sich *zwei unterschiedliche Interpretationen des schulseelsorgerlichem Angebotsspektrums* beobachten: Einem sehr weiten[177] Verständnis schulseelsorgerlicher Angebote steht ein enges[178], auf religiös-spi-

---

174 Sie werden über verschiedene Kommunikationsmedien (persönliches Gespräch oder via Telefon) und an unterschiedlichen Orten (im oder nach dem Religionsunterricht (verabredet oder spontan), in der Pause oder am Krankenbett) geführt. Vgl. Remy, Praxismodelle, 264. PTZ, Mutmachbuch, 46, 59.
175 Vgl. PTZ, Mutmachbuch, 48ff.
176 Wermke, Schulseelsorge, 32.
177 Vgl. PTZ, Mutmachbuch, 12: Hausaufgabenbetreuung und Gitarrenkurse werden hier ebenso zum schulseelsorgerlichen Angebot gezählt wie Andachten.
178 Hierzu ist beispielsweise das Angebotsspektrum der Diözese Rottenburg-Stuttgart zu zählen, das überwiegend religiöse Formen beinhaltet. Bischöfliches Ordinariat, Den Alltag durchbrechen, 3ff. Vgl. Winzenhörlein, Schulseelsorge konkret, 322. Pastusiak, Elterngespräche, 253ff. Leibnitz, Lebensraum, 151. Hierzu können Gottesdienste, Andachten, Elterngesprächsabende zu religiösen Themen oder Gebets- und Bibelkreise gezählt werden.

5 Systematisierende Auswertung der Forschungsliteratur

rituelle Angebote begrenztes gegenüber. Allerdings gibt die Literatur keinen Aufschluss darüber, welches Verständnis speziell an der Schulart des allgemeinbildenden Gymnasiums vorliegt.

(3) Es existieren *Modelle zur Kategorisierung schulseelsorgerlicher Angebote*.[179] Im evangelischen Bereich wird vor allem Dam konzentrischen Kreismodell rezipiert, weshalb es hier skizziert werden soll.[180] Dam klassifiziert die schulseelsorgerlichen Angebotsformen entsprechend ihres Adressatenkreises in vier Bereiche. Er benennt als Adressatenkreise Individuum, Gruppen, Schule als System und Umfeld von Schule. Als Angebote für das Individuum sind Begleitungs- und Beratungsgespräche, für Gruppen Bildungs- und Freizeitangebote wie Wochenendfreizeiten, Studienfahrten, Reflexionstage, Theologiekreis und Meditationsangebote zu nennen. Zur Gestaltung von Schule als Lebensraum dienen die schulseelsorgerlichen Angebote wie Andachten und Schulgottesdienste, Kontakte mit Kollegium und Schulleitung, Krisen und psychosoziale Probleme lösen, Schülercafés, der Vernetzung mit dem Umfeld Kontakte zur staatlichen Jugendhilfe oder die Hausaufgabenbetreuung.

1. *Individuum*
Begleitungs- und
Betreuungsgespräche

2. *Gruppen*
Bildungs- und
und Freizeitangebote

3. *Schule als System*
Gestaltung von Schule als
Lebensraum

4. *Umfeld*
Vernetzung

Abbildung aus: Dam, Kompetenzen, 39.

---

179 Vgl. Kramer, Schulseelsorge, 194ff. Wermke, Schulseelsorge, 26. Büttner, Dimension, 517. Schröder, Warum, 11ff.
180 Vgl. Dam, Evangelische Schulseelsorge, 127f.

5.1 Konzeption von Schulseelsorge

Die Württembergischen Landeskirche kategorisiert die Angebote in drei Grundformen von Schulseelsorge[181]: Sie benennt erstens Einzelgespräche, zweitens Begleitung von Gruppen (liturgische und spirituelle Formen) und drittens Vermittlung und Vernetzung als die drei Grundformen von Schulseelsorge.[182] Um sie näher zu beschreiben, wird zwischen impliziten und expliziten Formen von Schulseelsorge differenziert, wobei zwischen direkten und indirekten Formen unterschieden wird. Während sich Schulseelsorge implizit „in allen Feldern kirchlichen Handelns in der Schule ereignen"[183] kann, zeigt sie sich explizit als bewusstes und „reflektiertes seelsorgerliches Handeln im Lebensraum Schule".[184] Als explizite Schulseelsorge werden die drei Grundformen verstanden: Einzelgespräche, die sich im Schulalltag ergeben oder im Rahmen von festen Sprechzeiten geführt werden, die spirituelle oder liturgische Begleitung von Gruppen, die sich in Gruppengesprächen, Schulgottesdiensten oder Andachten zeigt und drittens in der Vermittlung und Vernetzung zwischen Schule und kirchlichen Angeboten oder Beratungsstellen. Auch bei Kramer[185] findet sich eine Vierteilung der Angebote, während Dams Kreismodell bei Petermann[186] um die Angebote in Krisenzeiten eine Erweiterung erfährt.

Im katholischen Bereich ist jene Kategorisierung maßgeblich, die in den Verlautbarungen der deutschen Bischöfe entfaltet wird. Dort werden die Angebote entsprechend ihrer Intentionalität den vier Bereichen Diakonia, Koinonia, Martyria und Leiturgia zugeordnet und nach verschiedenen Schulstufen differenziert.[187] Demmelhuber kategorisiert vier Formen „pas-

---

181 Vgl. Evangelische Landeskirche in Württemberg, Schulseelsorge, 2008. PTZ, Mutmachbuch, 2009.
182 Evangelische Landeskirche in Württemberg, Schulseelsorge, 7f. Vgl. auch: PTZ, Mutmachbuch, 12.
183 Evangelische Landeskirche in Württemberg, Schulseelsorge, 7.
184 Evangelische Landeskirche in Württemberg, Schulseelsorge, 7.
185 Kramer, Schulseelsorge, 194ff.
186 Vgl. Petermann, Schulseelsorge, 26ff.
187 Vgl. Die deutschen Bischöfe, Schulpastoral, 19ff. Langer, Schulpastoral, 16. Gandlau, Projekt, 90.

5 Systematisierende Auswertung der Forschungsliteratur

toraler Arbeit in der Schule": Dies sind Veranstaltungen und Seminare, Projekte und Aktionen, Kooperationen und schließlich Lebensberatung und Spiritualität.[188]

Die empirische Studie an bayerischen Hauptschulen[189] kategorisiert die Angebote in „Freizeitangebote (z .B. Tanzen, Filmabend, Spiele, Sport,..); Raumangebote (z. B. Cafeteria, schöneres Schulhaus,..); religiöse Angebote (z. B. Projekte, TdOs,..); Beratungsangebote (z. B. Schülersprechstunde); Angebote für lebendiges Schulleben (z. B. Essensangebote, Arbeitsgruppen, Sportangebote)" sowie „Beratung (Drogenaufklärung, Kummersprechstunde, Elternberatung); Gemeinschaft (Elternstammtisch, Streitschlichter); Bildungsangebote (Eine-Welt-Projekt); Öffentlichkeitsarbeit (Information der Eltern über schulpastorale Angebote)".[190]

⟹ Im Rahmen der Schulseelsorge-Studie ist zu bedenken, welche Angebote praktizierende Schulseelsorgerinnen und Schulseelsorger an allgemeinbildenden Gymnasien unter den Begriff der Schulseelsorge subsumieren. Weiter ist zu fragen, ob eine Schwerpunktsetzung der Angebot zu beobachten ist, was in Auseinandersetzung mit dem literarischen Befund auf eine Schulartspezifik an Gymnasien hindeuten könnte. Außerdem sind Ergebnisse zu erhoffen, die Aussagen über das Verständnis von Schulseelsorge in der Wahrnehmung der Befragten zulassen.

---

188 Vgl. Demmelhuber, Sozialarbeit, 75ff. Vgl. auch: Langer, Schulpastoral, 16
189 RPZ, Schulpastoral, 19.
190 RPZ, Schulpastoral, 19.

5.1 Konzeption von Schulseelsorge

5.1.3 Kontextuelle Verortung

5.1.3.1 Strukturelle Rahmenbedingungen von Schulseelsorge

Schulseelsorge ist in ein Gefüge aus strukturellen Gegebenheiten in finanzieller, räumlicher und personeller Hinsicht eingebettet.[191] Von großer Bedeutung scheinen die finanziellen Ressourcen von Schulseelsorge zu sein, da sie häufig in der Literatur erwähnt werden. Selbstredend korrelieren mit den finanziellen Ressourcen die personellen, materiellen und räumlichen Rahmenbedingungen.[192]

finanziell: Dezidiert wird sowohl von evangelischer als auch katholischer Seite die Ausstattung von Schulseelsorge mit finanziellen Mitteln in Form einer „stundenweise[n] Freistellung von ReligionslehrerInnen für Maßnahmen der Schulseelsorge als Gewährung von Deputatsstunden"[193] gefordert.[194]

---

[191] An dieser Stelle soll keine Bestandsaufnahme der gegenwärtigen finanziellen Ausstattung von Schulseelsorge im Raum der EKD oder Deutschen Bischofskonferenz geleistet werden. Vielmehr soll dargestellt werden, welche Bedeutung die konzeptionellen Arbeiten, Erfahrungsberichte und die empirischen Arbeiten bestimmten Rahmenbedingungen beimessen.

[192] Daher werden die finanziellen Rahmenbedingungen als Basis und Ausgangspunkt dessen betrachtet, was sich an zeitlichen, personellem, materiellen und räumlichem Bedarf konkretisiert wird.

[193] Kramer, Schulseelsorge, 197. Vgl. Rüttiger, Schulpastoral – ein selbstloser Dienst, 274. Kramer (Schulseelsorge, 197) begründet diese Forderung, indem dadurch „effektiv und zeichenhaft zugleich kompetente Angebote" anerkannt und unterstützt werden. Diese Stundenreduzierung ist nach Rüttiger (Schulpastoral – ein selbstloser Dienst, 274) finanziell von der Kirche zu tragen

[194] Weiter wird (Kramer, Schulseelsorge, 197) eine Finanzierung von überregionalen Vernetzungs- und Begleitungsangeboten und der konzeptionellen Weiterentwicklung gefordert: „Um einschlägige schulseelsorgerliche Bemühungen einer Region, eines Kirchenkreises oder einer Landeskirche zu vernetzen, zu begleiten und konzeptionell weiterzuentwickeln, müssten eigens Stellen eingerichtet und finanziert werden."

5 Systematisierende Auswertung der Forschungsliteratur

personell/zeitlich: Eng mit der finanziellen Ausstattung korreliert die personelle Ausstattung. Vage formuliert findet sich dies in der Forderung der Württembergischen Landeskirche, dass die Schulseelsorgeperson „zu bestimmten Zeiten verlässlich erreichbar"[195] sein sollte. Auch Heimbrock betont die Wichtigkeit des Zur-Verfügung-Stellens von Zeit.[196]

räumlich: Konkreter wird über räumliche Ausstattung von Schulseelsorge befunden: Die Württembergische Landeskirche postuliert die Notwendigkeit eines eigenen Schulseelsorge-Raumes, „der ständig zur Verfügung steht, [...] den sie so gestalten können, dass die Atmosphäre vertrauensvolle Gespräche fördert".[197] Sie begegnet so der Forderung nach der Bereitstellung von Räumen.[198] Letzterer betont überdies, dass „vonseiten der Schule gewisse Voraussetzungen erwartet"[199] werden, etwa die Verankerung von Schulseelsorge im Schulprogramm, um Schulseelsorge zu ermöglichen.[200]

Die Studie an bayerischen Hauptschulen generiert als Ergebnis die Wichtigkeit von Ressourcen in räumlicher, zeitlicher, personeller und finanzieller Hinsicht: So wird die Ausstattung mit Räumen, mit Anrechnungsstunden für Schulseelsorgepersonen und finanziellen Mitteln als mangelhaft empfunden und dies obwohl, die am Erprobungsversuch ausgestatteten Schulseelsorgepersonen mit einer Deputatsvergütung von 3h/Woche ausgestattet waren.[201] Zu einem ähnlichen Ergebnis kommt auch Seibt im Rahmen seiner Studie an berufsbildenden Schulen. So stellt die Ausstattung mit ausreichend Zeit und einem eigenen Raum für die Mehrheit der befragten Berufsschulseelsorger und -innen wichtige Qualitätsmerkmale für schul-

---

195 Evangelische Landeskirche in Württemberg, Schulseelsorge, 6.
196 Vgl. Heimbrock, Schulseelsorge auf dem Weg, 56ff. Vgl. auch: Büttner, Dimension, 515. Demmelhuber, Sozialarbeit, 120.
197 Evangelische Landeskirche in Württemberg Schulseelsorge, 6.
198 Vgl. Büttner, Dimension, 515.
199 Büttner, Dimension, 516.
200 Darüber hinaus betont Demmelhuber (Sozialarbeit, 115), dass die Schulseelsorge neben der personellen und räumlichen Ausstattung auch der Ausstattung mit Materialien und Medien bedarf.
201 RPZ, Schulpastoral, 19. Vgl. RPZ, Schulpastoral, 7.

5.1 Konzeption von Schulseelsorge

seelsorgerliches Handeln dar. Die empirischen Daten belegen, dass „die Sprechstunde nur [gelingt], wenn sie täglich angeboten wird, da aufgrund des Dualen Systems an der Berufsschule jeden Tag andere Schüler anwesend sind"[202], woraus „die Forderung nach mehr Verfügungsstunden für das schulpastorale Engagement"[203] resultiert.

▶ Im Rahmen der empirischen Studie ist zu untersuchen, inwiefern diese Befunde Relevanz für den Kontext der allgemeinbildenden Gymnasien besitzen.[204] Außerdem soll es in der empirischen Studie nicht um einen bloßen Nachweis des Ist-Zustandes im Sinne eines Abgleichs von Postulat und Wirklichkeit/Praxis gehen. Vielmehr ist von Interesse, welche strukturellen Rahmenbedingungen in der Praxis bedeutsam sind und welche Rahmenbedingungen (mit welchem Ziel) aus Sicht der Beteiligten wünschenswert wären.

5.1.3.2 Verankerung und Verortung der Schulseelsorge im Kontext Schule

Aussagen über die Verortung der Schulseelsorge im System Schule werden auch im Zusammenhang von Rollenzuschreibungen der Schulseelsorgepersonen getroffen. An dieser Stelle sei die Konzeptionalisierung von Demmelhuber skizziert, die aufgrund ihrer Differenziertheit als besonders fruchtbar im Hinblick auf die Analyse der empirischen Daten zu sein scheint.

Demmelhuber entfaltet mittels dreier Organisationsmodelle verschiedene Ansätze, die das Verhältnis von Schulpastoral und Schule beschreiben.[205] Meine grafische Darstellung soll zur besseren Verständlichkeit beitragen.

---

202 Seibt, Schulpastoral, 227.
203 Seibt, Schulpastoral, 227.
204 Vor allem vor dem Hintergrund, dass nach Seibt (Schulpastoral, 228) „an berufsbildenden Schulen des dualen Schulsystems die Rahmenbedingungen völlig anders [sind] als an Vollzeitschulen".
205 Ich wähle die Begrifflichkeit Schulseelsorge der Einfachheit halber.

5 Systematisierende Auswertung der Forschungsliteratur

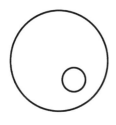
Vom *system-immanenten Ansatz* kann dort gesprochen werden, wo Schulseelsorgepersonen als Lehrende fest im System Schule verankert sind. Nach Demmelhuber geschieht Schulpastoral dort überwiegend im Unterrichtsgeschehen, aber auch darüber hinaus – entsprechend der zeitlichen und finanziellen Ressourcen von Schulseelsorgepersonen.[206]

Vom *system-distanzierten Ansatz* der Schulpastoral ist dann die Rede, wenn zwischen dem Träger der Schulpastoral und der Schule nur lose Kontakt besteht. Als Außenstehender, nicht in das System Schule als Lehrender integriert, macht die Schulseelsorgeperson punktuell Angebote für eine bestimmte Adressatengruppe.[207]
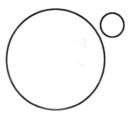

Der *system-kooperative Ansatz* besteht dort, wo die Zusammenarbeit von
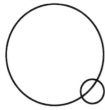
Schulpastoral und Schule durch vereinbarte Strukturen geregelt und durch punktuellen, aber regelmäßigen Kontakt der Schule mit der Schul-

---

[206] Vgl. Demmelhuber, Sozialarbeit, 102f. Der Vorteil dieser Systemimmanenz besteht darin, dass die Schulseelsorgeperson ihre systemische Verankerung nutzen kann und sie durch den Unterricht bekannt ist. Nachteilig können die Rollendiffusion zwischen Lehr- und Seelsorgerrolle sowie systembedingte Gegebenheiten sein. Dies illustriert Demmelhuber (Sozialarbeit, 103) mit Beispielen: „Desweiteren sind die Lehrer der Schulaufsicht unterstellt, orientieren ihre Arbeit oftmals an Notwendigkeiten der Schule, haben eine eingeschränkt autonome Stellung und sind von der Kooperation der jeweiligen Schule abhängig."

[207] Demmelhuber (Sozialarbeit, 104) nennt als vorteilhaft die Unabhängigkeit von schulischen Strukturen, nachteilig sind die beschränkten Möglichkeiten, „direkt auf die Schule und das Schulklima einzuwirken". Als Beispiele für externe Schulseelsorgepersonen nennt Demmelhuber (Ebd.) „Referenten für Schulpastoral, die an bischöflichen Schul- und Jugendämtern, in kirchlichen Jugendbildungsstätten oder Schülercafés angestellt sind."

5.1 Konzeption von Schulseelsorge

seelsorgeperson geprägt ist. Externe Schulseelsorgepersonen können hier die Möglichkeit zu einem eigenständigen, aber kontinuierlichen Angebot an der Schule nutzen.[208]

Demmelhuber bewertet die Konzeptionalisierung des Verhältnisses von Schule und Schulpastoral in Abhängigkeit von individuellen schulischen Situationen und Bedürfnissen als elementar für schulseelsorgerliches Handeln, was eben auch eine Misch-Konzeption aus mehr als einem Ansatz bedeuten kann.

Die Württembergische Landeskirche betont die Notwendigkeit, „dass SchulseelsorgerInnen gut im System ihrer Schule verankert sind".[209] Aufgrund dessen und aufgrund der Tatsache, dass unterrichtende Pfarrerinnen und Pfarrer sowie Religionslehrerinnen und Religionslehrer als Träger der Schulseelsorge postuliert werden, kann ihr Ansatz von Schulseelsorge als system-immanenter interpretiert werden.

Ergänzt sei dies durch das Ergebnis der empirischen Studie in Bayern: Die befragten Lehrerinnen und Lehrer sowie Schulleitungen nahmen im Rahmen der Befragung an Hauptschulen einen positiven Effekt des schulseelsorgerlichen Engagements auf die Verankerung der Lehrperson wahr, wenn sie feststellen, dass „sich die Stellung der Religionslehrkräfte im Kollegium durch ihr schulpastorales Engagement eindeutig verbessert"[210] hat. Die Studie an Haupt- und Berufsschulen der Diözese Rottenburg-Stuttgart kommt aus Sicht der befragten Schulleitungen zu dem Ergebnis, dass die Schulpastoral eine „andere Akzeptanz des Religionslehrers an der Schule"[211] bewirkt. Angemerkt sei hier, dass es sich innerhalb der Befragung um Schul-

---

208 Als vorteilhaft ist nach Demmelhuber (Sozialarbeit, 106) die Rolle der Schulseelsorgeperson, die „unbefangener auf Schüler zugehen [kann], da sie z. B. keine Noten geben" muss. Ein Nachteil wird darin gesehen, dass es der Schulseelsorgeperson nur unzureichend möglich ist, am Schulalltag zu partizipieren und zuverlässig Zugang zu schulinternen Informationen zu haben.
209 Evangelische Landeskirche in Württemberg, Schulseelsorge, 6. Nestor (Schulseelsorge, 20) hält die Integration der Schulseelsorgeperson in die Schule und einen guten Kontakt zu den Kolleginnen und Kollegen sowie Mitarbeiterinnen und Mitarbeitern für sehr wichtig.
210 RPZ, Schulpastoral, 18.
211 Demmelhuber, Projekt Schulpastoral, 15.

seelsorge in einem system-immanenten Ansatz handelte. Aussagen über die Akzeptanz von Schulseelsorgepersonen, die einen system-distanzierten oder -kooperativen Ansatz verfolgen und damit über ihre kontextuelle Verortung, können damit nicht getroffen werden.

Der Gang durch die Literatur weist eine Tendenz auf, dass die kontextuelle Verortung von Schulseelsorge als kontextuelle Verortung der Schulseelsorgeperson reflektiert wird. Dies könnte darauf hindeuten, dass im Rahmen der empirischen Untersuchung die Frage nach der Verankerung und Verortung von Schulseelsorge im schulischen Kontext als Frage nach der Verankerung und Verortung der Schulseelsorgeperson bedacht werden muss. Da allerdings die Verortung von Schulseelsorge die Konzeption von Schulseelsorge bedingt, wird sie im Rahmen der Leitkategorie *Konzeption* behandelt. Sollten die empirischen Ergebnisse die vorfindliche Tendenz bestätigen, muss entschieden werden, ob die Verortung von Schulseelsorge personal gedacht und damit als Teil der Leitkategorie Schulseelsorgeperson bedacht werden muss.

➡ Aus dem Befund der Literatur resultiert für die vorliegende Studie die Frage nach der Verortung der Schulseelsorge innerhalb des speziellen schulischen Kontextes.

5.1.3.3 Schulseelsorge im Verhältnis von Schule und Kirche

Im Verhältnis von Schule und Kirche[212] wird Schulseelsorge als „Nahtstelle"[213], Bindeglied[214], Brückenbauer und institutionelles „Dazwischenstehen"[215] beschrieben. Diese Beschreibung wirft mit Thalheimer (vor allem im Anschluss an das Grundlagenpapier der Deutschen Bischofskonferenz[216])

---
212 An dieser Stelle wird die rechtliche Diskussion nicht berücksichtigt. Es wird verwiesen auf den Beitrag von Dinter (Rechtliche und strukturelle Rahmenbedingungen, 71ff). Vgl. auch den Beitrag von de Wall (Religion, 51ff), der die rechtlichen Aspekte von Religion im Schulleben umfassend beleuchtet.
213 Englert, Vier Dimensionen, 39.
214 Vgl. Evangelische Landeskirche in Württemberg, Schulseelsorge, 9.
215 Schneider/Fuchs, Atmende Zwischenräume, 138.
216 Vgl. Die deutschen Bischöfe, Schulpastoral.

5.1 Konzeption von Schulseelsorge

die Frage auf, wer „vorrangig und initiativ Schulpastoral verantwortet: Schule oder Gemeinde?".[217] Ist mit Wermke Schulseelsorge als Dienst der Gemeinde in der Schule zu verstehen, die sich „aus der Gemeinde legitimiert [...] auf die Gemeinde hin [...] bezogen [ist], über die Gemeinde [...] in die gesamte Schule hineinwirken"[218] kann, wenngleich sie keinen verlängerten „Arm der Kirche in die Schulen hinein"[219] darstellt? Oder ist Schulseelsorge eine Aufgabe von Schule und Gemeinde, was sich darin konkretisiert, dass Pfarrerinnen und Pfarrer als Schulseelsorgepersonen ein „wichtiges Bindeglied ihrer Gemeinden in die Schulkultur/-alltag hinein"[220] sind, wie es die Württembergische Landeskirche formuliert?

Dieser Verhältnisbeschreibung steht die schultheoretische Perspektive Schröders entgegen, dass sich Schulseelsorge rechtlich und sachlich im Verhältnis von Kirche und Schule „nicht aus den Handlungsmöglichkeiten der Institution Kirche"[221] legitimiert, sondern dadurch, dass sie zum einen „den Bedürfnissen und Interessen der Schulangehörigen"[222] genügt, zum anderen das schulisch-staatliche Interesse an einer ganzheitlichen Bildung widerspiegelt.[223] Eine sorgfältige, grundlegende schultheoretische Verortung der Schulseelsorge von staatlicher Seite steht allerdings noch aus. Bislang finden sich überwiegend Publikationen, die aus (erziehungswissenschaftlicher Sicht) Religion in Bildungsprozessen oder das Verhältnis von Religion und Schulentwicklung beleuchten.[224]

Dass eine Verortung von Schulseelsorge im Verhältnis von Schule und Kirche nicht spannungsfrei ist, zeigen die Ergebnisse des bayerischen Erprobungsversuchs an Hauptschulen. Aus den empirischen Daten wird von

---

217 Thalheimer, Begegnung, 128.
218 Wermke, Schulseelsorge, 32.
219 Wermke, Schulseelsorge, 32. Vgl. Schröder, Warum, 21.
220 Evangelische Landeskirche in Württemberg, Schulseelsorge, 9.
221 Schröder, Warum, 21.
222 Schröder, Warum, 21.
223 Vgl. Schröder, Warum, 19.
224 Vgl. Krobath, Schulentwicklung und Religion, 163ff. Schweitzer, Schulentwicklung und Religionsunterricht, 157ff. Schreiner, Schulentwicklung und Religion, 140ff. Fischer, Religion, 2ff.

5 Systematisierende Auswertung der Forschungsliteratur

Lehrenden und Schulleitungen eine „Skepsis der Schule gegenüber Schulpastoral"[225] wahrgenommen, die beispielsweise als „Missionierungsverdacht"[226] illustriert wird.

▧▶ In der empirischen Studie ist zu fragen, wie praktizierende Schulseelsorgerinnen und -seelsorger die Schulseelsorge im Verhältnis von Schule und Kirche wahrnehmen und begründen und welche Aspekte dabei relevant erscheinen. Vielleicht ergeben sich daraus auch Aspekte für eine schultheoretische Begründung von Schulseelsorge.

5.1.3.4 Verhältnis von Schulseelsorge und Religionsunterricht

Zum Verhältnis von Schulseelsorge und Religionsunterricht findet sich ein breites Spektrum an Veröffentlichungen. Besonders erwähnenswert sind hier die Grundlagenpapiere der Deutschen Bischofskonferenz und der Württembergischen Landeskirche sowie Aspekte der Monografien von Lames, Büttner und Seibt.

Abgesehen von der grundsätzlichen Unterscheidung aufgrund der juristischen Verortung des Religionsunterrichts als ordentlichem Lehrfach, finden sich meines Erachtens zwei konträre Positionen, die ungeachtet ihrer konfessionellen Determination im Folgenden mit dem Ziel skizziert werden, Orientierung zu bilden für eine Verhältnisbestimmung, die in der Praxis Relevanz besitzt.

Während die erste Position eine klare Trennung von Schulseelsorge und Religionsunterricht entfaltet (1), postulieren die Vertreter der zweiten Position einen (unterschiedlich engen) Zusammenhang von Schulseelsorge und Religionsunterricht (2).

---

225 RPZ, Schulpastoral, 19.
226 RPZ, Schulpastoral, 19.

5.1 Konzeption von Schulseelsorge

(1) Die *Trennung von Schulseelsorge und Religionsunterricht* wird erstens systemlogisch begründet: Nach Lames' systemtheoretischem Ansatz[227] ist Schulpastoral weder Schule noch Unterricht und daher frei von curricularen und unterrichtlichen Themen. Sie wendet sich aufgrund ihrer Leitunterscheidung anders als der Religionsunterricht allen Menschen in der Schule *un-bedingt* zu.[228] Bei Meyer-Blanck ist Religionsunterricht und Seelsorge aufgrund bestimmter Spezifika der Kommunikation und Gegenstände zu trennen.[229] So zielt die systemspezifische Kommunikation des Unterrichts auf das Lernen, in der Seelsorge auf die Problemlösung; der Gegenstand der unterrichtlichen Kommunikation besteht im Unterrichtsinhalt, im seelsorgerlichen Gespräch besteht er im Subjekt.[230]

Eine Trennung von Schulseelsorge und Religionsunterricht wird zweitens durch die Unterschiedlichkeit folgender Parameter begründet: So ist zwischen Religionsunterricht und Schulpastoral aufgrund von Trägerschaft und Zuständigkeit[231], Adressaten[232] und Rollengefüge von Lehrendem/Seelsorgenden und Schüler/Seelsorgeklient[233] sowie der „Verschiedenheit der angewandten Mittel [und] Diversität der spezifischen [...] Ziele"[234] zu unterscheiden, weshalb „Schulpastoral [...] nicht im Unterricht"[235] geschieht.

---

227 Während der Religionsunterricht nach Lames (Kirche, 304) dem System Schule zugeordnet ist, das mit Lehrplänen operiert und eine soziale Selektion zur Folge hat ist die Schulseelsorge aktiver Teil einer lernenden Organisation Kirche und schließt als soziales Teilsystem von Kirche und Religion an geistlicher Kommunikation an.
228 Lames, Schulpastoral, 137.
229 Meyer-Blanck (Theorie und Praxis, 80ff) konstatiert freilich auch Gemeinsamkeiten von Seelsorgegespräch und Religionsunterricht, beispielsweise die Suche nach gegenseitigem Verständnis.
230 Meyer-Blanck, Theorie und Praxis, 80f.
231 Vgl. Sekretariat der Deutschen Bischofskonferenz, Religionsunterricht, 33.
232 Während der Religionsunterricht für Kienast (Schulpastoral, 37) „als ordentliches Unterrichtsfach ganz auf die Schüler bezogen ist, richtet sich Schulpastoral zwar schwerpunktmäßig auch an die Schüler, aber darüber hinaus an alle am Schulleben Beteiligten".
233 Vgl. Kienast, Schulpastoral, 38.
234 Van Hoof, Zur theologischen Grundlegung, 14.
235 Seibt, Schulpastoral, 41.

Allerdings scheint fraglich zu sein, ob eine trennscharfe Unterscheidung durchhaltbar ist: Zwar ist für Kienast „Schulpastoral [...] keine Alternative und kein Ersatz für den Religionsunterricht"[236], sondern findet außerhalb des Religionsunterrichts statt, doch gibt er zu bedenken, dass Schulpastoral und Religionsunterricht „nicht klar voneinander abgegrenzt werden [können], weil Religionsunterricht und Schulpastoral in ihren Strukturen, Konzepten und Personen miteinander verwoben sind".[237]

Auch für die Württembergische Landeskirche stellt Schulseelsorge zwar ein „eigenständiges Handlungsfeld"[238] dar. Ein Zusammenhang der beiden Handlungsfelder Religionsunterricht und Schulseelsorge kann allerdings implizit vermutet werden, da „Schulseelsorge [...] im Schnittpunkt grundlegender Entwicklungslinien des Religionsunterrichts und der Schulentwicklung"[239] steht. Damit ist ein Zusammenhang von Schulseelsorge und Religionsunterricht bereits angedeutet, weshalb die nachfolgende Aspekte der Verhältnisbestimmung nicht als eigenständige und abgrenzbare Position(en) zu betrachten ist.

(2) Die zweite Position postuliert (in unterschiedlicher Intensität) einen *Zusammenhang zwischen Religionsunterricht und Schulseelsorge*. Beginnend mit der Formulierung des intensivsten Zusammenhangs lassen sich zwei Aspekte nachzeichnen, deren Übergänge allerdings fließend sein können.

a) (Schul-)Seelsorge im und durch den Religionsunterricht: Eine sehr enge Verbindung zwischen Seelsorge und Religionsunterricht findet sich bei Günther, Schweitzer und Remy, die eine Seelsorge im und durch den Religionsunterricht entfalten. Leuenberger gesteht der Seelsorge an der Schule sogar „ihren legitimen Ort im Unterrichtsgeschehen"[240] zu. Allen gemeinsam ist die Auffassung, dass Seelsorge im Unterricht und durch den Unterricht

---
236 Kienast, Schulpastoral, 37. Vgl. auch Weißenberger, Schulseelsorge und Schulpastoral, 244. Schneider, Diskussion, 23.
237 Kienast, Schulpastoral, 37.
238 Evangelische Landeskirche in Württemberg, Schulseelsorge, 9.
239 Evangelische Landeskirche in Württemberg, Schulseelsorge, 9.
240 Leuenberger, Kirchlicher Dienst, 387.

5.1 Konzeption von Schulseelsorge

stattfindet.[241] Aus dieser Annahme resultiert weder, dass andere seelsorgerliche Formen überflüssig wären, noch, dass sich Seelsorge dadurch erschöpft.[242] Letzteres konkretisiert sich in dem Postulat, dass „Seelsorge mit jungen Menschen [...] nicht nur im Unterricht oder im Schul- und Gemeindeleben stattfindet, sondern immer auch durch den Unterricht und durch Schul- und Gemeindeleben".[243] In gewisser Hinsicht ist auch Reuter dieser Meinung zuzuordnen, der zwei Formen von Schulseelsorge im Kontext Schule beschreibt. Seines Erachtens findet Schulseelsorge „zum einen als seelsorgerliches Gespräch im engeren Sinne [statt], zum anderen als Gestaltung des unterrichtlichen Geschehens".[244] Interessanter Weise findet sich bei Demmelhuber die Verortung „konkreter Formen von Schulpastoral im Unterricht"[245], natürlich neben „Formen von Schulpastoral aus dem Freiwilligkeitsbereich außerhalb des Unterrichts [und] aus dem Freiwilligkeitsbereich außerhalb der Schule".[246]

---

241 Vgl. Schweitzer, Seelsorge, 105f. Günther, Ermutigung, 103.
242 Vgl. Schweitzer, Seelsorge, 105f: „Seelsorge im Religionsunterricht und durch den Religionsunterricht ist deshalb auch im Jugendalter eine eigens wahrzunehmende Aufgabe und Möglichkeit, ohne dass dadurch besondere seelsorgerliche Anlässe überflüssig würden." Vgl. Leuenberger, Kirchlicher Dienst, 386.
243 Günther, Ermutigung, 103. Vgl. Leuenberger, Kirchlicher Dienst, 386: „Dem Religionslehrer steht in der Regel keine andere Möglichkeit der Seelsorge offen [...] als [...] dem Schüler im Unterricht so zu begegnen, dass dieser sich als Person angenommen und respektiert weiß. Zwar kann und soll Seelsorge am Schüler auch außerhalb des Unterrichts geschehen."
244 Reuter, Bildungsökonomisierung, 397. Für Reuter (Bildungsökonomisierung, 400) ist allerdings der „Religionsunterricht selbst [...] keine Seelsorgeveranstaltung".
245 Demmelhuber, Schulpastoral in der Diözese Rottenburg-Stuttgart, 9.
246 Demmelhuber, Schulpastoral in der Diözese Rottenburg-Stuttgart, 9. Konkretisiert wird die Schulpastoral im Religionsunterricht (Ebd.): „Religionslehrer-/innen als Seelsorger/-innen bei Problemen und schwierigen Lebenslagen, Schulgebet, Morgenkreis, meditative Elemente und spirituelle Angebote, Feiern von namens- und Geburtstagen, Hilfestellungen bei Konfliktsituationen, religiöse und soziale Projekte". Bemerkenswert ist u. a. die Betonung, dass Schulpastoral außerhalb des Unterrichts freiwillig ist (Demmelhuber, Schulpastoral in der Diözese Rottenburg-Stuttgart, 8), was dahingehend interpretiert werden könnte, dass Schulpastoral innerhalb des Unterrichts nicht dem schulpastoralen Grundprinzip der Freiwilligkeit entspricht.

Eine Möglichkeit, dieses Verhältnis von Schulseelsorge und Religionsunterricht zu konkretisieren, kann mit Büttner, Baumann und Englert darin gesehen, dem Religionsunterricht eine seelsorgerliche Dimension beizumessen.[247] Nach Büttner hat Religionsunterricht seelsorgerliche Dimension, insofern er durch seine Inhalte eine Beschäftigung mit lebensbedeutenden Symbolen initiiert[248] und die Unterrichtsstörungen vom seelsorgerlich geschulten Religionslehrer seelsorgerlich analysiert wird.[249] Baumann schreibt dem Religionsunterricht seelsorgerliche Aufgaben zu, da die Übergänge zwischen Pädagogik und Seelsorge bei Fragen der Identitätsbildung und Sinnstiftung fließend sind.[250] Zwar bleibt für sie der Religionsunterricht „Unterricht, in dem bestimmte Lernergebnisse zu erarbeiten sind"[251], doch ergeben sich „seelsorgerliche Anlässe [...] auch im Unterricht im Zusammenhang einer Lerngruppe".[252] Wie auch Baumann und Büttner, begründet Englert die „seelsorgerliche Dimension des Religionsunterrichts"[253] mit den

---

247 Gleichwohl besteht dort keine völlige Kongruenz von Schulseelsorge und Religionsunterricht.
248 Aus ihr kann nach Büttner (Dimension, 519) „niederschwellig eine Bearbeitung der Krisen des Heranwachsens erfolgen".
249 Büttner (Dimension, 520) entwirft keinen therapeutischen Religionsunterricht, sondern einen klassischen Religionsunterricht nach curricularen Vorgaben, dem aber seelsorgerliche Qualität verliehen werden kann, indem Unterrichtsstoff durch seelsorgerlichen Impetus ganzheitliche Perspektive gewinnt. Büttner (Dimension, 509) wendet sich gegen die Auffassung, Religionsunterricht sei nach evangelischem Verständnis per se Schulseelsorge. Zwar teilt der Protestantismus „weitgehend die Praxis dessen [...], was katholischerseits als Schulseelsorge verhandelt wird, [benennt] diese jedoch [...] mit einer anderen Begrifflichkeit". Daher trifft seines Erachtens die Zuschreibung einer seelsorgerlichen Dimension des Religionsunterrichts „die protestantische Intention besser [...] als der Begriff der Schulseelsorge."
250 Baumann (Seelsorge, 12) rekurriert auf Büttner sowie auf Nipkows Entwurf eines biographiebegleitenden Religionsunterrichts.
251 Baumann, Seelsorge, 12.
252 Baumann, Seelsorge, 12f.
253 Englert, Vier Dimensionen, 41.

5.1 Konzeption von Schulseelsorge

Unterrichtsinhalten.[254] Ergänzt wird diese Begründung der seelsorgerlichen Dimension des Religionsunterrichts durch das „personale Angebot der jeweiligen Religionslehrkraft".[255]

b) Religionsunterricht als Ergänzung von Schulseelsorge: Nach den Verlautbarungen der Deutschen Bischofskonferenz stellt der Religionsunterricht einen „unverzichtbaren Partner"[256] für die Schulpastoral dar, die aber „keine Alternative oder [...] Ersatz für den Religionsunterricht"[257], während umgekehrt der „Religionsunterricht keine Maßnahme oder Funktion der Schulpastoral"[258] ist. Hermanutz beschreibt das Verhältnis von Religionsunterricht und Schulpastoral „als zwei Wesen des einen personalen Dienstes der Kirche in der Schule".[259]

Positiv wird hervorgehoben, dass Schulseelsorge „keine Alternative zum schulischen Religionsunterricht [ist], aber ein Unternehmen, das ihn vernünftig und sinnvoll werden lässt".[260] Nach Dam/Daube wird „durch die Schulseelsorge eine „Plausibilitätsspur" für die Inhalte des Religionsunterrichts gelegt".[261] Büttner beschreibt eine wechselseitige Ergänzung von Schulseelsorge und Religionsunterricht: Da die Inhalte des Religionsunterrichts auf den Erfahrungen gelebter Religion rekurrieren, sind seines Erachtens ergänzende (schulseelsorgerliche) Angebote zur Ermöglichung dieser

---

254 Vgl. Baumann, Seelsorge, 13: Um dem Religionsunterricht eine seelsorgerliche Dimension zu verleihen, „können die spezifischen Inhalte und Themen des Religionsunterrichts als entscheidende Steuerungsinstrumente eine konstruktive Rolle spielen, nicht zuletzt wegen ihres symbolischen Gehalts". Für Reuter (Bildungsökonomisierung, 400) sind jene Themenbereiche in Seelsorge und Religionsunterricht relevant, die „immer wieder um die Fragen nach Leben, Sinn und Wert kreisen". Vgl. Remy, Praxismodelle, 265. Büttner, Dimension, 517.
255 Seibt, Schulpastoral, 41. Vgl. Hermanutz, Bedeutung, 52.
256 Die deutschen Bischöfe, Schulpastoral, 17. Kienast (Schulpastoral, 37) betont, dass „der Religionsunterricht [...] wichtigster Bezugspunkt der Schulpastoral" bleibt.
257 Kienast, Schulpastoral, 37. Vgl. Hallermann, Schulpastoral, 334.
258 Hallermann, Schulpastoral, 334.
259 Hermanutz, Bedeutung, 52.
260 Bitter, Schulseelsorge 72.
261 Dam/Daube, Spiritualität, 56. Vgl. Büttner, Dimension, 516. Auch für Kienast (Schulpastoral, 37) bleibt „der Religionsunterricht [...] wichtigster Bezugspunkt der Schulpastoral".

5 Systematisierende Auswertung der Forschungsliteratur

Erfahrungen hilfreich.[262] Umgekehrt ist der Religionsunterricht für die Schulseelsorge von Bedeutung, da in ihm eine Person wirkt, der man auch im säkularen Kontext als Christ oder Vertreter einer Kirche Vertrauen schenkt.[263]

Die konzeptionellen Entwürfe und Erfahrungsberichte erfahren ihr Korrelat in den Ergebnissen der empirischen Studien. So kann Seibt die Schulpastoral als positive Ergänzung zum Religionsunterricht empirisch untermauern, allerdings aus einem anderen Grund als die konzeptionellen Arbeiten es entfalten: Schulpastoral wird als positive Ergänzung zum Religionsunterricht aufgrund des personalen Angebots bewertet.[264]

Auch die Ergebnisse der empirischen Studie an bayerischen Hauptschulen unterstützen die positiv-ergänzende Funktion von Schulpastoral, indem „52% der befragten Schüler/innen betonen, dass sich durch Schulpastoral die Beziehung zum/r Religionslehrer/in positiv veränderte".[265] Die

---

262 Vgl. Büttner, Dimension, 511. Englert, Vier Dimensionen, 41. Englert (Vier Dimensionen, 41): „Deshalb ist es für den Religionsunterricht heute lebenswichtig, dass er sich auf schulisch vermittelte Erfahrungen gelebter Religiosität beziehen kann. Schulseelsorgerliche Angebote sind von daher auch Ermöglichung qualifizierten Religionsunterrichts." Englerts Intention zielt nicht auf die Wiederbelebung des „verkündigenden Religionsunterrichts", sondern meint, dass der „Religionsunterricht in Anbetracht der gewachsenen sozialen und seelischen Probleme der SchülerInnen auch therapeutische Wirkung zu erzielen versuchen muss und religiöses Lernen [...] als Hilfe zum Leben erfahrbar werden" soll.
263 Vgl. Büttner, Dimension, 517. Averbeck (Schulseelsorge, 50) entfaltet in seinem Erfahrungsbericht angesichts einer tödlichen Messerstecherei unter Schülern das Verhältnis von Schulseelsorge, Religionsunterricht und Krisenintervention: Er unterscheidet zwischen Religionsunterricht und Schulseelsorge, postuliert aber „Versteht sich der Religionsunterricht zunächst als ordentliches Unterrichtsfach an der Schule, der die Unterrichtsthemen wesentlich aus dem entsprechenden Bildungsplan generiert, so hat die Schulseelsorge ihren Schwerpunkt in Angeboten zur Lebensbegleitung und -beratung der am Schulleben beteiligten Personen, insbesondere der Schülerinnen und Schüler. Insofern unterstützen der Religionsunterricht und die Angebote der Schulseelsorge auch Prozesse im Kontext von Krisensituationen."
264 Nach Seibt (Schulpastoral, 231) nehmen die Schülerinnen und Schüler durch die Schulpastoral wahr: „Der Religionslehrer ist über den Unterricht hinaus für uns da."
265 RPZ, Schulpastoral, 18. Weiter (RPZ, Schulpastoral, 19) unterstreichen sie die Notwendigkeit der Klärung des Verhältnisses von Schulseelsorge und Religionsunterricht. Dies legt die Wahrnehmung sowohl eines Rollenkonflikts zwischen Religionslehr- und Seelsorgeperson als auch der Wahrnehmung von Spannungen aufgrund von Überschneidung zwischen Religionsunterricht und Schulpastoral nahe. Beide Beob-

5.1 Konzeption von Schulseelsorge

Studie an Haupt- und Berufsschulen der Diözese Rottenburg-Stuttgart kommt aus Sicht der befragten Schulleitungen zu dem Ergebnis, dass die Schülerinnen und Schüler „über die Schulpastoral offener für den Religionsunterricht"[266] und „über die Schulpastoral für den Religionsunterricht vielfältig motiviert"[267] werden. Die befragten Schulseelsorgerinnen und Schulseelsorger erleben sowohl an Berufsschulen[268] als auch an Hauptschulen[269] das schulpastorale Engagement als positiv für ihre Rolle als Religionslehrer bzw. ihr Unterrichtsfach.

▶ Im Rahmen der empirischen Studie an allgemeinbildenden Gymnasien wird zu fragen sein, wie die praktizierenden Schulseelsorgepersonen das Verhältnis von Schulseelsorge und Religionsunterricht entfalten und welche Aspekte dominant sind.

5.1.3.5 Kooperation und Abgrenzung

Schulseelsorgerinnen und Schulseelsorger engagieren sich innerhalb des schulischen Kontextes in einem Netz von schulischen Akteuren. Die Verhältnisbestimmung von Schulseelsorgepersonen und anderen schulischen Beratungsinstanzen wird in der Literatur hinsichtlich von Kooperation (1) und Abgrenzung (2) konkretisiert:

(1) *Kooperation*: Unabhängig der konfessionellen Herkunft des Autors oder des Charakters der Publikation findet sich die Forderung nach Kooperation von Schulseelsorge mit inner- oder außerschulischen Partnern. Sowohl konzeptionelle Arbeiten und Erfahrungsberichte als auch die empirischen Studien an bayerischen Hauptschulen[270] und berufsbildenden

---

achtungen stellen nicht die Wahrnehmung der Schulseelsorgepersonen, sondern der Lehrerkollegen und Schulleitungen der Schulseelsorgeperson dar.
266 Demmelhuber, Projekt Schulpastoral, 15.
267 Demmelhuber, Schulpastoral an Beruflichen Schulen, 142.
268 Laut Demmelhuber (Projekt Schulpastoral, 17) wurde die „Rolle als Religionslehrer innerhalb des Kollegiums wurde positiv gestärkt".
269 Vgl. Demmelhuber, Projekt Schulpastoral, 17.
270 Vgl. RPZ, Schulpastoral.

5 Systematisierende Auswertung der Forschungsliteratur

Schulen[271] artikulieren die Wichtigkeit von Kooperationen[272] aufgrund von personellen bzw. systemischen Implikationen. So bedarf Schulseelsorge der Kooperation, da sich darin die „Sorge um das Heil der Menschen"[273] realisiert und ein „anderes Niveau der Wahrnehmung von Schülern und Schülerinnen sowie der eigenen Rolle"[274] entsteht. Weiter ist die Kooperationsbereitschaft von Schulseelsorge wichtig, da sie eine „Mitsorge um die Offenheit der Schule"[275] darstellt sowie zur Verbesserung der Beziehungen zwischen Schule und sozialem Umfeld, besonders der Kirche beiträgt.[276]

Als Kooperationspartner von Schulseelsorge werden auf evangelischer Seite im innerschulischen Bereich Kolleginnen und Kollegen, Sozialarbeiter, das Kriseninterventionsteam und die Religionsfachschaft[277] sowie andere Schulseelsorgepersonen[278] postuliert, im außerschulischen Bereich Kirchengemeinden, die Jugendarbeit der Bezirksjugendwerke, diakonische und psychologische Beratungsstellen, Eltern- und Familienarbeit, Erwachsenenbildung[279] sowie die Stadtjugendämter und weitere städtische Einrichtungen oder Vereine im sozialen Umfeld der Schule.[280]

---

271 Vgl. Seibt, Schulpastoral.
272 Vgl. Kramer, Schulseelsorge, 196. Evangelische Landeskirche in Württemberg, Schulseelsorge, 8. Lames, Kooperative Schulseelsorge, 398. Gandlau/Rüttiger, Schulpastoral, 6. Rüttiger, Schulpastoral – ein selbstloser Dienst, 278. Englert, Vier Dimensionen, 39.
273 Rüttiger, Schulpastoral – ein selbstloser Dienst, 278.
274 Lames, Kooperative Schulseelsorge, 398.
275 Englert, Vier Dimensionen, 39. Vgl. Lames, Kooperative Schulseelsorge, 398. Bei Lames (Kooperative Schulseelsorge, 398.) findet sich eine ausführliche Reflexion und Bewertung von kooperativ-ökumenisch verantworteter, schulartübergreifender Schulseelsorge. Sein Praxisbericht stellt die positiven Effekte in personeller Hinsicht dar, verschweigt aber nicht die ernüchternden Erfahrungen mit fehlenden finanziellen Ressourcen.
276 Vgl. Kramer, Schulseelsorge, 196. Die Evangelische Landeskirche in Württemberg (Schulseelsorge, 8) versteht hier die Schulseelsorge als „wesentliches Scharnier zwischen Schule und Kirche [...] die zum Lebensraum Schule Gehörenden mit Angeboten aus dem Raum Kirche" beiträgt.
277 Vgl. Evangelische Landeskirche in Württemberg, Schulseelsorge, 8.
278 Vgl. Kramer, Schulseelsorge, 196.
279 Vgl. Evangelische Landeskirche in Württemberg, Schulseelsorge, 8. Kramer, Schulseelsorge, 196.
280 Vgl. Kramer, Schulseelsorge, 196.

5.1 Konzeption von Schulseelsorge

Die Vorarbeiten der empirischen Studie an bayerischen Hauptschulen benennen als mögliche schulische und außerschulische Kooperationspartner von Schulseelsorge die „Verbindungs- und Beratungslehrer/innen, Elternbeirat, Schulforum, Schülersprecher/innen, Schulpsychologe/in, sonderpädagogische Dienste und schulhausinterne Erziehungshilfe [...], die Pfarr- und Kirchengemeinden, die Dekanatsjugendstellen [...], Beratungsstellen, kommunale Einrichtungen der Jugendhilfe, Erwachsenenverbände".[281] Zwar findet dieses Postulat keinen empirischen Beleg innerhalb der Studie, wohl aber werden allgemeine Aussagen bezüglich der Kooperation von Schulpastoral empirisch belegt: So werden als Empfehlungen und Wünsche von Lehrerinnen, Lehrern und Schulleitung an die Schulpastoral „stärkere Kooperationen mit LehrerInnen und Schulleitung [sowie] die ökumenische Zusammenarbeit"[282] formuliert. Als negative Problemanzeige wird eine „zu geringe Kommunikation und Kooperation mit KollegInnen"[283] als problematisch für schulpastorales Arbeiten von Lehrenden und der Schulleitung empfunden.

Als Ergebnis der empirischen Studie an berufsbildenden Schulen formuliert Seibt, dass Kooperation die Grundlage der schulpastoralen Arbeit darstellt.[284] Seines Erachtens verweisen die „empirischen Befunde und die allgemeine Theorie zur Schulpastoral [...] auf eine wichtige Qualität der Schulpastoral an Berufsschulen: Kooperation".[285]

Vor diesem Hintergrund ist im Rahmen der empirischen Studie zu untersuchen, welche Rolle der Kooperation an allgemeinbildenden Gymnasien beigemessen werden muss und welche Kooperationspartner in der Praxis relevant sind.

---

281 Gandlau/Rüttiger, Schulpastoral, 6.
282 RPZ, Schulpastoral, 19.
283 RPZ, Schulpastoral, 19.
284 Vgl. Seibt, Schulpastoral, 231.
285 Seibt, Schulpastoral, 232.

(2) *Abgrenzung*: Schulseelsorge geschieht für Spenn „neben und ergänzend zu den schulischen Angeboten der Vertrauenslehrer/innen, der Schulsozialarbeit oder zu spezifischen Beratungsangeboten anderer Träger".[286] Erfahrungsberichte und einige wenige konzeptionelle Arbeiten illustrieren, wie sich dieses Nebeneinander der schulischen Akteure gestaltet und inwiefern sich schulseelsorgerliches Handeln von Beratungslehrer, Verbindungslehrer[287] und von der Schulsozialarbeit abgrenzt.[288] Argumentativ wird die Abgrenzung der Schulseelsorge zu Beratungs- bzw. Verbindungslehrer und Schulsozialarbeit begründet, indem den einzelnen Beratungsinstanzen Kompetenz- oder Zuständigkeitsbereiche zugeordnet werden.

So wird dem Aufgabenbereich des Beratungslehrers die Beratung von Schülerinnen und Schülern hinsichtlich ihrer Schullaufbahn und das Erkunden beispielsweise von Lernschwächen und ihren Ursachen zugewiesen, während in den Bereich des Verbindungslehrers die Zuständigkeit für die SMV fällt.[289] Seibt grenzt die Schulseelsorgeperson vom Beratungs- und Verbindungslehrer dadurch ab, dass im Unterschied zur Schulseelsorgeperson „der Verbindungslehrer von den Schülern gewählt [wird] und der Beratungslehrer [...] ein Staatsexamen zur qualifizierten Beratungs-

---

286 Spenn, Evangelische Schulseelsorge, 54.
287 An dieser Stelle sei erwähnt, dass die offizielle Bezeichnung Verbindungslehrer (SchG, 2004, 469 §68. VO, 2004, 243 §16) in der Praxis oft synonym mit der Bezeichnung Vertrauenslehrer Verwendung findet. Vgl. Spenn, Evangelische Schulseelsorge, 54. Thalheimer, Als Religionslehrerin, 697.
288 Obwohl die *Schulpsychologische Beratungsstelle* auch Teil des „Ensembles des sozialen Netzwerks der Schule" (Schneider, Ich werde da sein, 156) ist, findet sie keine Beachtung. Dies kann unterschiedliche Gründe haben und wird in der empirischen Studie zu untersuchen sein. Die Aufgabenbereiche von Verbindungslehrer, Beratungslehrer, Schulpsychologischer Beratungsstelle und Schulsozialarbeit sind durch das SchG bzw. durch Verwaltungsvorschriften geregelt. Richtlinien, 2000, 332: „Die *Schulpsychologischen Beratungsstellen* sind Bestandteil der beratenden Schulaufsicht und unterstützen die Schulen bei der Erfüllung ihres Erziehungsauftrages [und] helfen mit psychologischen Beratungsmethoden Schülerinnen und Schülern, die wegen Lern- und Arbeitsstörungen sowie aufgrund von Beeinträchtigungen im sozialen und emotionalen Bereich Schwierigkeiten haben [...], unterstützen Lehrkräfte [...] bei pädagogisch-psychologischen Fragestellungen [...], beraten und informieren Ratsuchende in Fragen des Zweiten Bildungsweges".
289 Vgl. Thalheimer, Als Religionslehrerin, 697f.

5.1 Konzeption von Schulseelsorge

lehrkraft vorweisen"[290] muss. Diese Aussage findet ihre schultheoretische Fundierung in den rechtlichen Bestimmungen - hier exemplarisch von Baden-Württemberg: So beraten die Verbindungslehrer „die Schülermitverantwortung, unterstützen sie bei der Erfüllung ihrer Aufgaben und fördern ihre Verbindung zu den Lehrern, dem Schulleiter und den Eltern."[291] Die Beratungslehrer hingegen „üben ihre Beratungstätigkeit neben ihrem Unterrichtsauftrag aus. [...] Schwerpunkt der Aufgaben ist die Schullaufbahnberatung, d. h. die Information und Beratung von Schülerinnen, Schülern und Eltern über die geeigneten Bildungsgänge. [...] Weitergehende, insbesondere psychotherapeutische Maßnahmen bei einzelnen Schülerinnen und Schülern gehören nicht zu den Aufgaben."[292]

Besondere Beachtung findet das Verhältnis von Schulseelsorge und Schulsozialarbeit[293], welches unterschiedlich beschrieben wird. Brenner/Nörber grenzen Schulseelsorge und Schulsozialarbeit eindeutig voneinander ab, da sie Schulsozialarbeit als „durchweg von professionellen Sozialarbeitern getragen, oft einzelfallorientiert und auf bestimmte, oft von Schulleitungen und Behörden definierte Problemgruppen in der Schülerschaft

---

290 Seibt, Schulpastoral, 46.
291 SchG, 2004, 469.
292 Richtlinien, 2000, 332 II.1f.
293 Eine begriffliche und konzeptionelle Einordnung von Schulsozialarbeit findet sich bei: Olk/Speck, Was bewirkt Schulsozialarbeit?, 912ff, besonders 913. Als Aufgaben der Schulsozialarbeit, die auch Schulbezogene Jugendsozialarbeit genannt wird (Vgl. Demmelhuber, Schulseelsorge, 57) werden genannt (GEW-Jahrbuch 2005, 870): Sozialpädagogische Angebote an alle Schülerinnen und Schüler, Stabilisierung und Verbesserung des Selbstwertgefühls, Vermittlung bei interkulturellen Konflikten, Beratung von Schülerinnen und Schüler, Eltern und Lehrkräften, Gruppenarbeit mit Schulklassen, Eltern oder Lehrkräften, Aufbau von Kooperationsstrukturen, Mitwirkung in der Unterrichts – und Schulorganisation. Die Jugendsozialarbeit wird von den örtlichen Trägern der öffentlichen Jugendhilfe getragen. Es kann weiterhin nicht davon ausgegangen werden, dass württembergische Gymnasien flächendeckend mit Schulsozialarbeit ausgestattet sind, da die Jugendsozialarbeit gemäß den Empfehlungen der Enquete-Kommission „Jugend-Arbeit-Zukunft" an Förderschulen, Hauptschulen und beruflichen Schulen, die unter erschwerten sozialen und pädagogischen Bedingungen arbeiten, ausgebaut werden soll.

zielend"[294] definieren. Obwohl die Gemeinsamkeit von Schulseelsorge und Schulsozialarbeit[295] in ihrem Grundanliegen gesehen wird, „jungen Menschen Hilfen zu einem sinnvollen und gelingenden Leben zu geben und ihnen in ihren Lebensfragen Begleitung anzubieten"[296], lassen sich nach Demmelhuber Schulseelsorge und Schulsozialarbeit hinsichtlich ihres Adressatenkreises, ihres Konzepts und ihrer Handlungsprinzipien unterscheiden: Erstens richten sich schulseelsorgerliche Angebote an alle Akteure des schulischen Lebens, während die Schulsozialarbeit in erster Linie auf Schülerinnen und Schüler fokussiert. Zweitens ist für die Schulseelsorge seines Erachtens das Handlungsprinzip der Freiwilligkeit charakteristisch, während die Teilnahme an den Angeboten der Schulsozialarbeit nicht immer freiwillig ist. Schließlich eröffnet Schulseelsorge religiöse Erfahrungsräume und ist „vorrangig Begleitung, Beratung und sozialpädagogische Bildungsarbeit"[297], während sich die Schulsozialarbeit vorrangig an „Schüler mit besonderem Bedarf an Unterstützung in schulischer und familiärer Hinsicht"[298] wendet und „überwiegend reaktiv-eingreifend"[299] arbeitet. Letzteres ist auch bei Thalheimer zu finden, die dem Kompetenzbereich der Schulsozialarbeit jene Arbeit zuordnet, „die sich vor allem an auffälligen, gewaltbereiten Jugendlichen orientiert".[300] Lames betont aus systemtheoreti-

---

294 Brenner,/Nörber, Thema: Jugendarbeit und Schule, 13. Auch Seibt (Schulpastoral, 43) benennt Unterschiede hinsichtlich der rechtlichen Grundlagen sowie der Profession und der zeitlichen Ressourcen der zuständigen Fachkraft festzuhalten.
295 Demmelhuber, Schmid, Seibt und Langer betonen (mit Demmelhuber, Schulseelsorge, 58), dass „Schulseelsorge (insbesondere in ihrer diakonischen Dimension) und Schulsozialarbeit" häufig nicht trennscharf zu unterscheiden sind. Vgl. Schmid, Schulsozialarbeit, 49. Seibt, Schulpastoral, 43. Langer, Schulpastoral, 10. Demmelhuber, Der diakonische Ansatz, 63. Schmitz, Schulpastoral kontrovers, 35.
296 Demmelhuber, Schulseelsorge, 59.
297 Demmelhuber, Schulseelsorge, 59.
298 Demmelhuber, Schulseelsorge, 59 Vgl. auch: Olk/Speck, Was bewirkt Schulsozialarbeit?, 912.
299 Demmelhuber, Schulseelsorge, 58.
300 Thalheimer, Als Religionslehrerin, 698. Die deutschen Bischöfe (Schulpastoral, 17) unterscheiden aufgrund der Problemlagen: Die Schulpastoral „weiß um die Möglichkeiten der Sozialarbeit und wird sie vor allem in Konfliktfällen als hilfreiches Angebot annehmen".

5.1 Konzeption von Schulseelsorge

scher Perspektive, dass Schulsozialarbeit ebenso wie Schulseelsorge „ein System in der Umwelt der Schule"[301] ist. Er fragt an, ob „Schulseelsorge nicht auch als unbedingte Zuwendung Schulsozialarbeit ist, die lediglich auf der Innenseite religiös-christlich definiert".[302]

Interessant ist vor diesem Hintergrund, dass die empirische Studie an bayerischen Hauptschulen nachzeichnen kann, dass die fehlende Kompetenzklärung von Lehrerinnen und Lehrern sowie Schulleitungen als problematisch in der Abgrenzung von schulischen Beratungsinstanzen wahrgenommen wird.[303]

Neben der Abgrenzung der Schulseelsorge gegenüber spezifischen Beratungsinstanzen, finden sich zwei allgemeine Begründungslinien, wie sich Schulseelsorge generell von anderen schulischen Akteuren abgrenzt: Erstens wird mit der Motivation der Schulseelsorgeperson argumentiert. Ihr Engagement ist von ihrem christlichen Glauben getragen.[304] Diese Motivation resultiert aus der Zielsetzung und Basis von Schulseelsorge, die als zweites allgemeines Abgrenzungsmerkmal betrachtet werden kann[305]: Als elementar wird die christlich-ethische Orientierung der Schulseelsorge be-

---

301 Lames, Schulseelsorge, 206.
302 Lames, Schulseelsorge, 207.
303 RPZ, Schulpastoral, 19.
304 Vgl. Dam/Daube, Spiritualität, 55: „Im sozialen Netz der Schule [...] unterscheidet die Schulseelsorge sich vor allem durch ihre christliche Spiritualität. Weißenberger (Schulseelsorge, 243) dazu: „Nur der Seelsorger oder pastoral Tätige ist Träger von Angeboten und Maßnahmen der Schulseelsorge und Schulpastoral, der den christlichen Glauben zu seiner Lebensgrundlage gemacht hat." Thalheimer (Als Religionslehrerin, 699) vermutet, dass „es [...] nicht die Angebotspalette ist, die [sie] von den anderen Aufgaben in der Schule unterscheidet, sondern [ihr] christlicher Hintergrund und Auftrag." Wermke (Schulseelsorge, 31) weist dem christlichen Glauben grundlegende Bedeutung für das Lebensverstehen des Seelsorgers zu.
305 Thalheimer, (Als Religionslehrerin, 698) sieht die Abgrenzung der Schulseelsorge zu anderen Begleitungsangeboten darin, dass es in der Schulseelsorge darum geht „Glauben und Religion als Lebensthema sichtbar zu machen". Weißenberger (Schulseelsorge und Schulpastoral, 243) sieht Schulseelsorge als „Ermöglichung zur Selbstfindung bei Schülern, Lehrern und Eltern vor dem Hintergrund der christlichen Botschaft, die zu einem Leben in Vertrauen auf Gott führen will."

schrieben und dass sie in „Verbindung zu einer über das Leben hinausgehenden Macht"[306] steht, was dem „Kunden der Seelsorgearbeit bewusst"[307] ist.

➡ In der empirischen Studie wird zu fragen sein, inwiefern und wodurch sich praktizierende Schulseelsorgerinnen und Schulseelsorger an allgemeinbildenden Gymnasien Schulseelsorge von anderen schulischen Beratungsinstanzen abgrenzen und welche Kriterien relevant sind. Im Anschluss daran ist zu fragen, ob es Grenzen schulseelsorgerlichen Arbeitens gibt, die in Abgrenzung zu anderen schulischen Akteuren pointiert werden.

5.2 Schulseelsorge als personales Angebot - Die Schulseelsorgeperson

Schulseelsorge wird häufig als personales Angebot beschrieben. Daher ist die Untersuchung der Schulseelsorgeperson hinsichtlich ihres Selbstverständnisses, ihrer Motivation, Kompetenzen, Qualifizierung und Beauftragung von großem Interesse für eine Theorie von Schulseelsorge an allgemeinbildenden Gymnasien.

5.2.1 Selbstverständnis und beruflicher Hintergrund

5.2.1.1   Beruflicher Hintergrund

Das Amt der Schulseelsorgerin/des Schulseelsorgers ist gegenwärtig noch kein eigenständiges Amt. Vielmehr engagieren sich in den meisten Fällen Schulseelsorgerinnen und Schulseelsorger vor dem Hintergrund ihres jeweiligen Ausgangsamtes als (Schul-)Pfarrerinnen und Pfarrer, kirchliche Religionslehrerinnen und -lehrer oder staatlicher Lehrerinnen und Lehrer in der Schulseelsorge. Daher ist zu fragen, inwiefern dieser beruflicher Hin-

---

306 Schneider, Ich werde da sein, 156.
307 Schneider, Ich werde da sein, 156. Der Nachweis dieses Bewusstseins entbehrt allerdings jeglicher empirischer Grundlage wie Wermke (Schulseelsorge, 31) auch bemerkt.

5.2 Schulseelsorge als personales Angebot - Die Schulseelsorgeperson

tergrund das Selbstverständnis der Schulseelsorgeperson prägt, welche Vor- und Nachteile das Ausgangsamt impliziert, welche Kompetenzen daraus resultieren.

Hier soll keine Diskussion darüber geführt werden, wer im weitesten Sinne Träger der Schulseelsorge ist oder sein kann.[308] Sondern es soll um die konkrete Beschreibung und Bewertung der Rolle des jeweiligen beruflichen Hintergrunds der Schulseelsorgeperson gehen, mit dem Ziel, Aussagen darüber zu treffen, welcher beruflicher Hintergrund für die Schulseelsorgeperson optimal ist. Denn in der Literatur wird diese Diskussion lediglich angerissen. Es finden sich keine differenzierten Aussagen weder konzeptioneller noch empirischer Art darüber, welcher beruflicher Hintergrund für die Schulseelsorgeperson von Vorteil für das schulseelsorgerliche Engagement ist. Im Folgenden werden die Aussagen zum beruflichen Hintergrund der Schulseelsorgeperson gesondert nach Pfarrerin/Pfarrer, kirchliche/r Lehrerin/Lehrer, staatliche/r Lehrerin/Lehrer oder kirchliche/r Mitarbeiterin/Mitarbeiter dargestellt.

Das berufliche Hintergrundsamt der Schulseelsorgeperson als Pfarrerin oder Pfarrer findet in der Literatur Beachtung. So betont Weißenberger, dass Schulseelsorge neben Religionslehrern nur von Priestern angeboten

---

308 Nach katholischem Verständnis sind Träger der Schulseelsorge alle am Schulleben Beteiligten. So bezeichnen die deutschen Bischöfe (Schulpastoral, 25f) alle Christinnen und Christen als Trägerinnen und Träger der Schulpastoral: „Die Schulpastoral lebt wesentlich davon, dass Christen im Lebensraum Schule ihre originäre Sendungskompetenz entfalten und sich aus pastoraler Gesinnung [...] für die Gestaltung der Schullebens engagieren". Langer (Schulpastoral, 14f) zählt zum Trägerkreis die „gläubigen LehrerInnen, Eltern und SchülerInnen", die gemäß des „Priestertums aller Getauften und Gefirmten" seelsorglich tätig sein dürfen. Allerdings bilden diese nur das Team um einen „haupt- oder nebenamtlichen Schulseelsorger". Eine Unterscheidung zwischen subsidiären Trägern (alle Christen) und genuinen Trägern (spezifische Beauftragte) der Schulpastoral treffen nicht nur Langer oder das Konzept des Erzdiözese Freiburg (Erzbischöfliches Ordinariat Freiburg, Schulpastoral, 18f), sondern auch die deutschen Bischöfe (Schulpastoral, 26). Vgl. Hallermann, Schulpastoral, 332. Käbisch (Schüler, 131) führt Schüler als Seelsorger ihrer Mitschüler an. Zwar sieht er in den „Schülerbibelkreisen keine eigene Form von Schulseelsorge[...], sondern einen Zusammenschluss von engagierten Schülern", aber deren „Leiter können zu Seelsorgern deren Mitschüler" werden. Im Rahmen dieser Arbeit wird als Prämisse gesetzt, dass die Schulseelsorge von einer Person verantwortet wird.

5 Systematisierende Auswertung der Forschungsliteratur

werden kann.[309] Die Württembergische Landeskirche schreibt dem Pfarramt als beruflichem Hintergrund des schulseelsorgerlichen Engagements große Bedeutung zu, auch wenn sie die Schulseelsorge nicht ausschließlich an den Pfarrdienst bindet.[310]

Als problematisch wird am beruflichen Hintergrund des Pfarrerseins erachtet, dass ein Pfarrer nur mit wenigen Stunden an der Schule tätig ist und als Schulseelsorgeperson von der Lehrerschaft nicht als Kollege, von der Schülerschaft nur punktuell bei Gottesdiensten und von den Eltern nicht als Gegenüber in Fragen der religiösen Erziehung erlebt und somit nicht als Teil des Schulsystems wahrgenommen wird.[311]

Das berufliche Hintergrundsamt der Schulseelsorgeperson als kirchliche Lehrerin oder kirchlicher Lehrer, die als Religionslehrende an der Schule tätig ist, wird in der Literatur ebenso positiv bewertet[312] wie das berufliche Hintergrundsamt der Schulseelsorgeperson als staatliche Lehrerin und staatlicher Lehrer.[313] Schneider argumentiert zugunsten einer Schulseelsorge durch Lehrerinnen und Lehrern die nicht aus kirchlicher, wohl aber aus schulischer Motivation schulseelsorgerlich aktiv werden möchten.[314]

---

309 Vgl. Weißenberger, Schulseelsorge, 243.
310 Evangelische Landeskirche in Württemberg, Schulseelsorge, 9 und 12: „Evangelische Schulseelsorge kann nur von qualifizierten evangelischen Lehrpersonen und Gemeindegliedern wahrgenommen werden. Sie können aus dem Pfarrdienst, aus dem Schuldienst oder dem Gemeindedienst kommen." Pfarrerinnen und Pfarrer sind" ein wichtiges Bindeglied ihrer Gemeinden in die Schulkultur/-alltag hinein [...]. Deshalb sind auch Pfarrerinnen und Pfarrer ins Konzept der Schulseelsorge einzubeziehen". Nach Englert (Vier Dimensionen, 40): „Schulseelsorge ist kein Reservat priesterlichen Handelns, sondern eigentlich als Wegbegleitung Sache aller LehrerInnen". Daher darf Schulseelsorge „nicht zum Alibi für die anderen werden, die nur Fachlehrer sein wollen". Schulseelsorge begreift er als „allgemeine christliche Mitsorge". Vgl. Dam, Evangelische Schulseelsorge, 128.
311 Vgl. Lames, Kooperative Schulseelsorge, 394f.
312 Vgl. Evangelische Landeskirche in Württemberg, Schulseelsorge, 9. In diese Richtung können auch interpretiert werden: Dam, Evangelische Schulseelsorge, 128. Englert, Vier Dimensionen, 40. Weißenberger, Schulseelsorge, 243.
313 Vgl. Dam, Evangelische Schulseelsorge, 128. Englert, Vier Dimensionen, 40.
314 Vgl. Schneider, Lehrer, 323f. Die Erweiterung des Personenkreises für Schulseelsorge resultiert aus Schneiders Verständnis von Schulseelsorge als Lehrerseelsorge, was zum einen das Bemühen um die Lehrer bedeutet, zum anderen die von Lehrerinnen

5.2 Schulseelsorge als personales Angebot - Die Schulseelsorgeperson

Demgegenüber wird die christliche Motivation oder kirchliche Bindung als Hintergrund für schulseelsorgerliches Engagement bewertet: So stimmen Englert, Dam und Langer[315] mit Krawczack darin überein, dass „alle kirchlich engagierten Lehrerinnen und Lehrer aufgrund ihres christlichen Sendungsbewusstseins außerhalb des Unterrichts in der Schule pastorale Anliegen fördern und umsetzen".[316] Die Württembergische Landeskirche betont, dass Schulseelsorge auch von „Lehrkräfte[n] evangelischen Bekenntnisses [...] wahrgenommen"[317] werden kann.

Linsen und Welter sehen als beruflichen Hintergrund für das schulseelsorgerliche Engagement eine kirchliche Mitarbeiterschaft.[318] Ihr (zeitlich begrenzter) Einsatz, ihre Bereitschaft zu kooperieren und außerunterrichtliche Projekte zu schaffen sprechen ebenso für sie wie ihre „Freiheit von institutionellen Bindungen"[319] und ihr Zusatzangebot, das „als Gewinn für die Schulkultur"[320] bewertet wird.[321] Allerdings gibt Fröhling zu bedenken, dass ein Seelsorger „nicht von Zeit zu Zeit eingeflogen werden [kann]- und sei es als noch so guter Impulsgeber. Der parte centrale darf kein Externer sein, soll er wirklich Motor sein. Er muss wirklich mit denen leben, die anzutreiben er sich aufmacht".[322]

---

und Lehrern getragene Sorge um die Menschen in der Schule und um die Schule als ganze. Unklar bleibt, welche Kompetenzen zur schulseelsorgerlichen Mitarbeit notwendig sind, die den Lehrerinnen und Lehrern nach Schneider aus deren fachlichen Kompetenz für unterrichtliche und schulpädagogische Aufgaben erwachsen.

315 Vgl. Dam, Evangelische Schulseelsorge, 128. Englert, Vier Dimensionen, 40. Langer, Schulpastoral, 3.
316 Krawczack, Schulpastoral, 308.
317 Evangelische Landeskirche in Württemberg, Schulseelsorge, 6.
318 Vgl. Linsen, Schulseelsorge, 671. Welter, Schulseelsorger, 132.
319 Langer, Schulpastoral, 3.
320 Welter, Schulseelsorger, 132.
321 Welter (Schulseelsorger, 132) argumentiert zugunsten der generellen Vermeidung eines Rollenkonflikts von Schulseelsorgeperson und Lehrperson, indem er die Vorzüge einer „Schulseelsorge von außen" aufzählt, wie es im Bistum Aachen praktiziert wird. Schulseelsorge wird dort von „Nicht-Lehrern" projektartig angeboten.
322 Fröhling, Weite Räume, 157.

5 Systematisierende Auswertung der Forschungsliteratur

➡ Aus der systematisierenden Auswertung der Literatur folgt für die vorliegende Studie die Frage nach der Bewertung des beruflichen Hintergrunds.

5.2.1.2   Die Schulseelsorgeperson als Lehrende

Lehrende:[323] Als Vorteile des Lehrerseins als Hintergrund des schulseelsorgerlichen Engagements werden in der Literatur Präsenz, Verankerung und Vertrauen genannt. Sie resultieren aus der Integration der lehrenden Schulseelsorgeperson in den Schulalltag: Zum einen wird die Kenntnis der schulischen Gesprächspraxis[324] und des Lebensraumes Schule als soziales Umfeld von Schülerinnen und Schülern aus eigenen Erfahrungen als Voraussetzung für schulseelsorgerliches Handeln beschrieben.[325] Zum anderen wird die Präsenz im Schulalltag als vorteilhaft für Schulseelsorge charakterisiert.[326] So stellt Demmelhuber fest, dass „Schulpastoral [...] umso mehr gelingt, je mehr eine Schulseelsorgerin/ein Schulseelsorger im System Schule verortet und präsent ist".[327] Auch die von der Württembergischen Landeskirche postulierte Notwendigkeit einer Verankerung der Schulseel-

---

[323] Hier ist zu fragen, wie das Lehrersein als Hintergrund des schulseelsorgerlichen Engagements bewertet wird: Was sind die Vorteile, was die Nachteile des Lehrerseins für das schulseelsorgerliche Engagement?
[324] Vgl. Meyer-Blanck, Theorie und Praxis, 82.
[325] Kollig (Schulseelsorge, 201) begründet dies damit, da der Schüler in seiner Komplexität nur von einem Lehrer wahrgenommen werden kann
[326] Vgl. Langer, Schulpastoral, 3. Auch wird es als wertvolle Ergänzung begriffen, zugleich Lehrer und Schulseelsorger zu sein. Vgl. Gröger, Aus dem Alltag, 141.
[327] Demmelhuber, Ein Blick über den Nachbarzaun, 48. Untermauert wird dies dadurch, dass eine kontinuierliche Präsenz und eindeutige Verortung der Schulseelsorgeperson an (einer) Schule wichtig für schulpastorales Engagement sind. Vgl. Langer, Schulpastoral, 3. Demmelhuber, Projekt Schulpastoral, 16. Nach Dam (Kompetenzen, 45) muss die Schulseelsorgeperson geradezu als Lehrende „in den Unterricht, das Kerngeschäft der Schule, eingebunden sein", da für ihn „Schulseelsorge durch Schulfremde, die zu bestimmten Zeiten lediglich Sprechstunden anbieten, [kaum] funktioniert".Aus der Präsenz und Verankerung der Schulseelsorgeperson als Lehrende im Kontext Schule resultieren außerdem die Kompetenz der Schulseelsorgeperson, die schulische Kommunikation und den Lebensraum Schule zu kennen. Vgl. Meyer-Blanck, Theorie und Praxis, 82. Kollig, Schulseelsorge, 201.

5.2 Schulseelsorge als personales Angebot - Die Schulseelsorgeperson

sorgeperson „im System ihrer Schule"[328] spricht dafür, dass der von der Württembergischen Landeskirche definierte Personenkreis der Schulseelsorgepersonen als Lehrende an der Schule tätig ist.[329]

Empirisch belegt ist das Ergebnis, dass als Voraussetzung schulpastoralen Engagements die Unterrichtstätigkeit gewertet wird, „um Projekte gut umsetzen zu können".[330] Einen weiteren Vorteil des Lehrerseins als Hintergrund des schulseelsorgerlichen Engagements beschreibt Remys Erfahrung: „Manchmal hatte sich im Unterricht ein Vertrauensverhältnis aufgebaut, das für die Beratung genutzt werden konnte".[331] Das Vertrauensverhältnis als Grundlage schulseelsorgerlichen Handelns betont auch Dam.[332] Problematisiert wird allerdings an Berufsschulen, dass der Religionslehrer „in vielen Klassen nur mit einer Stunde [unterrichtet], was den Kontaktaufbau zu den Schülern erschweren kann".[333]

Religionslehrende: Als vorteilhaft wird es für das schulseelsorgerliche Engagement begriffen, nicht nur als Lehrende an der Schule tätig zu sein, sondern auch speziell das Fach Religion zu unterrichten. Dafür spricht sich dezidiert Bleistein aus, der in der Person des „Religionslehrers die geeignete Person für die Schulseelsorge"[334] sieht, insofern „er bereit ist, seine Wirksamkeit über den Unterricht hinaus zu verlängern".[335] Auch Gröger postu-

---

328 Evangelische Landeskirche in Württemberg, Schulseelsorge, 6.
329 „Evangelische Schulseelsorge kann nur von qualifizierten evangelischen Lehrpersonen und Gemeindegliedern wahrgenommen werden. Sie können aus dem Pfarrdienst, aus dem Schuldienst oder dem Gemeindedienst kommen." Evangelische Landeskirche in Württemberg, Schulseelsorge, 12.
330 Demmelhuber, Projekt Schulpastoral, 16.
331 Remy, Praxismodelle, 263. Dies unterstreicht auch Leuenberger (Kirchlicher Dienst, 386): „Manche Lehrer haben bei Schülern und Eltern soviel Vertrauen erworben, dass diese sie in irgendwelchen Lebensfragen zum Gespräch aufsuchen. Das Vertrauen ist dann aber doch im Unterricht gewachsen, denn die Person des Lehrers ist nun einmal von der sachlichen und menschlichen Qualität des Unterrichts nicht zu trennen". Bei Leuenberger (Kirchlicher Dienst, 387) ist weiter zu lesen: „Und doch hat Seelsorge an der Schule ihren legitimen Ort im Unterrichtsgeschehen selbst".
332 Vgl. Dam, Evangelische Schulseelsorge, 125: „Seelsorge in der Schule bedeutet Vertrauen bekommen, Zeit haben und Gelegenheiten schaffen."
333 Demmelhuber, Projekt Schulpastoral, 15.
334 Bleistein, Schulseelsorge, 644.
335 Bleistein, Schulseelsorge, 644. Allerdings hält Bleistein (Schulseelsorge, 645) dieses

liert eine begünstigende Wirkung des Religionslehrerseins, insofern es dem Religionslehrenden möglich ist, „Sehnsüchte, Anfragen und Wünsche der Schülerinnen und Schüler aufzuzeichnen, um ihnen im Bereich der Schulseelsorge dafür spezielle Räume zu eröffnen".[336] Schneider spricht sich dezidiert dafür aus, dass Religionslehrende aufgrund ihrer fachlichen Kompetenz „für unterrichtliche und schulpädagogische Aufgaben"[337] und aufgrund ihrer theologischen Kompetenz, die sie mit der *missio* bzw. *vocatio* ausstattet, für Schulseelsorge geeignet sind.[338]

Wie eng aus Schülerperspektive das Religionslehrer- und Seelsorger-Sein zusammenhängen, kann Sautermeister empirisch nachweisen: „Berufsschüler [erachten] den Religionslehrer eher als Seelsorger [...] denn als Ansprechpartner für religiöse Fragen und Probleme".[339] Dieser statistisch höchst signifikante Befund bringt erstens zum Ausdruck, dass „nicht von einer durchgängig negativen Konnotation des Wortes Seelsorger auszugehen"[340] ist. Zweitens kann er dahingehend interpretiert werden, dass „der Person des Religionslehrers [...] eine wichtige Bedeutung zu[kommt], insofern er als aufgeschlossener, authentischer Gesprächspartner, der sich selbst mit Alltagsproblemen und auch den großen (Lebens-)Fragen auseinandersetzt und in Beziehung mit den Berufsschülern tritt".[341] Aufgrund der empirischen Ergebnisse von Klaus Kießling kann das enge Verhältnis von Religionslehrer- und Seelsorger-Sein unterstrichen werden, insofern „Reli-

---

schulseelsorgerliche Engagement hält er aber für eine Überforderung, weshalb er sich stattdessen für die Konzeption einer Gemeindekatechese für junge Menschen ausspricht.
336 Gröger, Aus dem Alltag, 141. Vgl. Krawczack, Schulpastoral, 308.
337 Schneider, Lehrer, 324.
338 Vgl. Schneider, Lehrer, 323f.
339 Sautermeister, Religionsunterricht, 251. Grethlein (Religionsunterricht, 118) kann empirisch belegen, dass Religionslehrerinnen und -lehrer n in hohem Maße dem zustimmen, dass der „Religionslehrer eine Vertrauensperson für die Schüler sein solle" und „selbstverständlich noch außerhalb der Schulzeit Zeit für seine Schüler haben sollte"
340 Sautermeister, Religionsunterricht, 251.
341 Sautermeister, Schülereinschätzungen, 8.

gionslehrerinnen und -lehrer [...] innerhalb und außerhalb des Unterrichts als Seelsorgerinnen und Seelsorger [wirken], vorrangig ihrer Schülerinnen und Schüler, aber auch ihrer Kolleginnen und Kollegen".[342]

Umgekehrt hat die Tätigkeit als Schulseelsorgeperson auch positive Auswirkungen auf die Tätigkeit als Religionslehrende: Dies belegen die empirischen Studien mit großer Deutlichkeit. So erleben die befragten Schulseelsorgerinnen und Schulseelsorger an Berufs- und Hauptschulen[343] das schulpastorale Engagement als positiv für ihre Rolle als Religionslehrer bzw. ihr Unterrichtsfach. Auch die Befunde der Studie der Diözese Rottenburg-Stuttgart, belegen, dass (aus Sicht der Schulleitungen an Hauptschulen) die Schulpastoral eine „andere Akzeptanz des Religionslehrers an der Schule"[344] bewirkt und (aus Sicht der Schulleitungen an Berufsschulen) Schülerinnen und Schüler „über die Schulpastoral offener für den Religionsunterricht"[345] wurden.

➡ Um Aussagen über die Sinnhaftigkeit der Lehrtätigkeit von Schulseelsorgepersonen treffen zu können, soll im Rahmen der empirischen Studie an allgemeinbildenden Gymnasien nach der Bewertung jener Lehrtätigkeit gefragt werden.

5.2.1.3   Personalunion und Rollenbewusstsein

Schulseelsorgerinnen und Schulseelsorger vereinen, sofern sie nicht als Externe eine *Schulseelsorge von außen* anbieten, die Lehrerrolle und die Schulseelsorgerrolle in Personalunion. Diese Doppelrolle wird in der Literatur als ambivalent wahrgenommen.

Sehr anschaulich verdeutlicht die Aussage von Remy die intrapersonale Ambivalenz: „Manchmal hatte sich im Unterricht ein Vertrauensverhältnis aufgebaut, das für die Beratung genutzt werden konnte, manchmal

---
342 Kießling, Stimme, 160.
343 Vgl. Demmelhuber, Projekt Schulpastoral, 17.
344 Demmelhuber, Projekt Schulpastoral, 15.
345 Demmelhuber, Projekt Schulpastoral, 15.

5 Systematisierende Auswertung der Forschungsliteratur

wurde aber bewusst auch jemand gesucht, der nicht gleichzeitig als Notengeber fungierte. Ich habe häufig von Schülerseite die Befürchtung gehört, dass eine Rollendiffusion die Objektivität des Beraters trüben könnte."[346] Diese Ambivalenz resultiert wohl auch daraus, dass die „Seelsorge [...] nicht zu den klassischen Aufgaben des Lehrberufs"[347] gehört, aber nun in ein Verhältnis zur Lehrerrolle treten muss.

Als spannungsvoll wird dieses Verhältnis beispielsweise von Burkhard[348] oder Thalheimer wahrgenommen. Vor allem, wenn Thalheimer als Schulseelsorgerin die Gründe für die Verwirrtheit des Mädchens anvertraut wurden, ist sie als Fachlehrerin versucht, der Schülerin eine bessere Note für ihren diffusen Aufsatz zu geben, um sie nicht noch mehr in dieser Situation zu belasten.[349]

Als eindeutig problematisch wird diese Doppelrolle aufgrund der Verankerung der Schulseelsorgeperson als Unterrichtende in das schulische System gesehen: Eine nicht lehrende Schulseelsorgeperson kann ihre schulseelsorgerliche Tätigkeit „eindeutig und frei von institutionellen Bindungen"[350] wahrnehmen. Nach Meyer-Blanck ist das Gespräch mit einer nicht lehrenden Schulseelsorgeperson „unbelasteter"[351] und nicht „von den spezifischen Grenzen und Möglichkeiten der Lehrerrolle geprägt".[352]

---

346 Remy, Praxismodelle, 263.
347 Schweitzer, Seelsorge, 105.
348 Burkhard (Mitgestaltung der Schulkultur, 17) spricht von „intra- und interpersonellen Rollenkonflikten".
349 Thalheimer, Als Religionslehrerin, 698. Ein Problem, das dem Schulsozialarbeiter nicht begegnen wird.
350 Langer, Schulpastoral, 3. Welter (Schulseelsorger, 132) führt als Beleg für positive Erfahrungen einer *Schulseelsorge von außen* das projektartige Angebot im Bistum Aachen auf.
351 Meyer-Blanck, Theorie und Praxis, 82.
352 Meyer-Blanck, Theorie und Praxis, 82.

5.2 Schulseelsorge als personales Angebot - Die Schulseelsorgeperson

Die empirische Studie an Hauptschulen und beruflichen Schulen kommt aus Sicht der Schulleitungen zu dem Schluss, dass „die Rolle Religionslehrer und Schulseelsorger [...] sich nicht trennen"[353] lässt. Aus dieser Personalunion resultiert ein Rollenkonflikt, wie auch die empirischen Befunde der bayerischen Studie an Hauptschulen belegen.[354]

➡ Daher ist im Anschluss an die systematisierende Auswertung der thematisch relevanten Publikationen zu fragen, mit welchem Bewusstsein die lehrenden Schulseelsorgepersonen ihre beiden Rollen wahrnehmen. Nehmen sie sich in erster Linie als Lehrende wahr? Oder nehmen sie sich als Seelsorgende wahr und zwar als Teil ihres Selbstverständnisses als Religionslehrende, wie es die empirischen Befunde von Grethlein nahe legen: Er kann belegen, dass sich die meisten Religionslehrerinnen und -lehrer seiner Befragungsgruppe als Seelsorger der Schüler verstehen.[355]

5.2.2 Beauftragung

Die Frage nach der Beauftragung der Schulseelsorgepersonen ist keine Frage nach den (kirchen-)rechtlichen oder institutionellen Möglichkeiten einer Beauftragung zur Schulseelsorge, da hier keine Darstellung des Ist-Zustandes im Bereich der Evangelischen Landeskirchen in Deutschland beabsichtigt wird. Vielmehr soll danach gefragt werden, wie sich Schulseelsorgepersonen von ihrem Selbstverständnis her als beauftragt wahrnehmen, d. h. von wem sie sich beauftragt sehen und in wessen Auftrag sie schulseelsorgerlich aktiv sind – ungeachtet dessen, ob tatsächlich eine Beauftragung ausgesprochen wurde. Angemerkt sei hier, dass die Württembergische Landeskirche das schulseelsorgerliche Engagement an eine Beauftragung

---

353 Demmelhuber, Projekt Schulpastoral, 15.
354 RPZ, Schulpastoral, 19.
355 Vgl. Grethlein, Religionsunterricht, 115 und 118. Auch Kießling (Stimme, 160) stellt im Hinblick auf Schulpastoral fest, dass „Religionslehrerinnen und -lehrer [...] innerhalb und außerhalb des Unterrichts als Seelsorgerinnen und Seelsorger [wirken], vorrangig ihrer Schülerinnen und Schüler, aber auch ihrer Kolleginnen und Kollegen".

bindet, da „evangelische Schulseelsorge [...] Präsenz der Evangelischen Kirche an der Schule"[356] ist. Die „Qualifizierung bzw. Vorbereitung für den Einsatz mit Auftrag Evangelische Schulseelsorge erfolgt ausschließlich durch das Pädagogisch-Theologische Zentrum".[357]

Auf katholischer Seite scheint *opinio communis* zu sein, dass die kirchenamtliche Beauftragung für Schulseelsorge (durch den Ortsordinarius) Voraussetzung schulseelsorgerlichen Engagements ist, mit dem Ziel, die kirchliche Sendung zu betonen und gegenüber allen an der Schule Beteiligten deutlich und transparent zu machen.[358] Der haupt- oder nebenamtliche Koordinator der Schulpastoral bedarf einer kirchenamtlichen Beauftragung.[359] Ob die Beauftragung durch eine *vocatio* bzw. *missio canonica* ausreicht, die nach Schneider Religionslehrer „zu eigenverantwortlichen Entscheidungen in Unterricht und Seelsorge"[360] beauftragt oder ob es dazu eines offiziellen Aktes bedarf, scheint unterschiedlich beurteilt zu werden.

▶ Im Rahmen der empirischen Studie ist zu untersuchen, wie sich praktizierende Schulseelsorgerinnen und Schulseelsorger in ihrer Beauftragung wahrnehmen – ungeachtet einer (evtl. fehlenden) offiziellen kirchlichen Beauftragung.

---

356 Evangelische Landeskirche in Württemberg, Schulseelsorge, 13.
357 Evangelische Landeskirche in Württemberg, Schulseelsorge, 13.
358 Die deutschen Bischöfe (Schulpastoral, 26) betonen die Notwendigkeit einer offiziellen Beauftragung für Schulseelsorge: „Wer haupt- oder ehrenamtlich in der Schulpastoral tätig ist und damit der Schulpastoral an einer Schule zu einer wahrnehmbaren und quasi institutionellen Einrichtung verhilft, bedarf der offiziellen Beauftragung für diesen Dienst." Vgl. Weißenberger, Schulseelsorge, 243. Hallermann, Schulpastoral, 334.
359 Die deutschen Bischöfe, Schulpastoral, 326. Die bischöfliche Erklärung setzt eine kirchenamtliche Beauftragung voraus und stellt kein „sollte haben" zur Wahl, wie dies Hallermann (Schulpastoral, 334) formuliert.
360 Schneider, Lehrer, 324. Vgl. auch: Krawczack, Schulpastoral, 308.

5.2.3 Kompetenzen[361]

Im Verständnis der Württembergischen Landeskirche sind „SchulseelsorgerInnen [...] theologisch und/oder pädagogisch sowie seelsorgerlich qualifiziert".[362] Die Betonung der Qualifizierung für Schulseelsorge konvergiert mit der von Schweitzer postulierten These, dass „Seelsorge [...] nicht zu den klassischen Aufgaben des Lehrberufs"[363] gehört und deshalb eines Kompetenzerwerbs bedarf. Dies unterstützt auch Dams These, dass die „benötigten Kompetenzen für Schulseelsorge über das in der Ausbildung [von Lehrerinnen und Lehrern, Pfarrerinnen und Pfarrern] Vermittelte hinausgehen".[364] Diese Meinung steht freilich der Badischen Landeskirche gegenüber, die dem Aufgabenbereich der Religionslehrperson die Seelsorge zuordnet.[365]

In der Literatur findet sich eine Vielzahl von Aussagen über Kompetenzen der Schulseelsorgeperson. Im Folgenden werden zuerst (1) die empirischen Befunde der Studie an berufsbildenden Schulen dargestellt, so-

---

361 Als Kompetenz wird im Folgenden die Bereitschaft und Fähigkeit zur Reorganisation und Kombination von Kenntnissen und Fertigkeiten zur Bewältigung einer Herausforderung verstanden. Eine alternative Definition findet sich bei Weinert (Leistungsmessung, 27f): „Kompetenzen sind die bei Individuen verfügbaren oder durch sie erlernbaren kognitiven Fähigkeiten und Fertigkeiten, um bestimmte Probleme zu lösen, sowie die damit verbundenen motivationalen, volitionalen und sozialen Bereitschaften und Fähigkeiten, um die Problemlösungen in variablen Situationen erfolgreich und verantwortungsvoll nutzen zu können." Nach Dam (Kompetenzen, 4): kann folgendes „professionelle Handeln [...] auch als Kompetenz beschrieben werden": „Professionalität zeichnet sich dadurch aus, dass die Schulseelsorgerin bzw. der Schulseelsorger weiß, nach welchem Konzept er oder sie arbeitet; dass er über ein entsprechendes Methoden- und Handlungsrepertoire verfügt und die Methoden reflektiert einsetzt."
362 Dort (Evangelische Landeskirche in Württemberg, Schulseelsorge, 6) weiter: Sie verfügen „über Wahrnehmungs- und Deutungskompetenz sowie über kommunikative und liturgische Kompetenz und über Kenntnisse systemischer Zusammenhänge".
363 Schweitzer, Seelsorge, 105. Schweitzer (Ebd.) betont weiter, dass der Bedarf an Schulseelsorge trotz schulpsychologischer Angebote besteht.
364 Dam, Kompetenzen, 41.
365 Für Schulseelsorge sind nach Angaben der Badischen Landeskirche (in: Dam, Entwicklung, 107) keine Stellen bzw. Deputatsanteile für Lehrkräfte vorgesehen, da „alle Religionslehrer/-innen [...] Seelsorge als Teilaufgabe[haben]".

dann (2) vier (teils stark differierende) Modelle skizziert und grafisch dargestellt, die Kompetenzen einer Schulseelsorgeperson aufzählen und kategorisieren.

(1) Gegenwärtig finden sich nur bei Seibt empirisch gesicherte Befunde über die Kompetenzen von Schulseelsorgepersonen.[366] Aufgrund der Aussagen von praktizierenden Schulseelsorgerinnen und Schulseelsorgern formuliert er die These, dass es „für eine erfolgreiche Arbeit als Schulseelsorger [...] vielfältiger persönlicher und fachlicher Fähigkeiten"[367] bedarf. Als wichtige persönliche Kompetenzen für ihre schulpastorale Arbeit an der Berufsschule erachten die meisten der Befragten „Offenheit und Zugewandtheit, Beziehungsarbeit durch Kommunikation[368], Teamfähigkeit und Kooperationsfähigkeit, Fähigkeit zur Abgrenzung, Nähe und Distanz in einem richtigen Maß zuzulassen, Organisationstalent und eine gestärkte Persönlichkeit zu haben".[369] Die Befragten zählen zur „fachlichen Kompetenz [eine] Theologische Ausbildung, Grundkenntnisse in Psychologie und Pädagogik und Kenntnisse über regionale und überregionale Hilfsstrukturen".[370] Neben diesen persönlichen und fachlichen Kompetenzen werden von den Befragten spirituelle sowie liturgische Kompetenzen als unerlässlich bzw. wesentlich „für das Gelingen von Schulpastoral"[371] erachtet. Diese Ergebnisse können grafisch wie folgt dargestellt werden:

---

366 Seibt (Schulpastoral, 215) formuliert als These, dass „Schulpastoral an Berufsschulen [...] gelingen [kann], wenn die Schulseelsorger durch gezielte Aus-, Fort- und Weiterbildung die notwendigen Kompetenzen erlangen, vor allem die eigene spirituelle Kompetenz".
367 Seibt, Schulpastoral, 215.
368 Nach Seibt (Schulpastoral, 216) ist nach Aussage einiger Befragte die Gesprächsführungskompetenzen besonders wichtig: „Wichtigste Bedingung für das Herstellen einer positiven Gesprächskultur ist die Grundhaltung des Beratens also Einfühlungsvermögen, Kongruenz, Akzeptanz des Anderen. Vielleicht auch rechtliche Grundkenntnisse, soziale Kompetenzen".
369 Seibt, Schulpastoral, 215f.
370 Seibt, Schulpastoral, 216.
371 Seibt, Schulpastoral, 216.

5.2 Schulseelsorge als personales Angebot - Die Schulseelsorgeperson

(2) Aus der Vielzahl der Entwürfe, die schulseelsorgerliche Kompetenzen zu konzeptionalisieren suchen, werden exemplarisch vier Kategorisierungsmodelle grafisch dargestellt bzw. skizziert. Sie unterscheiden sich in der Zuordnung bzw. Anzahl der Kompetenzbereiche und in ihrer Konzeption.[372] So unterscheidet das Praktisch-Theologische Zentrum der Evangelischen Landeskirche in Württemberg die vier Bereiche der personalen Kompetenz[373], der sozialen Kompetenz[374], der Sachkompetenz[375] und der Methodenkompetenz.[376]

Die *personale Kompetenz* umfasst die Selbstwahrnehmung im Hinblick auf die eigene Motivation zur Schulseelsorge und die eigene religiöse Sozialisation, Selbstständigkeit, Selbstwirksamkeit und Selbstverantwortung, die Bereitschaft zur Selbstreflexion, Sensibilität für die individuellen Fähigkeiten und Grenzen, Umgangsmöglichkeiten mit Belastungssituationen und die Fürsorge für sich.

---

372 Diese Form der Darstellung erhebt nicht den Anspruch auf Vollständigkeit, stellt aber doch innovative und gegenwärtig wichtige Modell dar. Die Darstellung soll zum einen einen Überblick über das breite Spektrum ermöglichen, zum anderen eine Hintergrundfolie für den empirischen Befund bilden, der in den Kapiteln 6-8 generiert bzw. diskutiert wird. Abschließend werden aufgrund der Sichtung der Literatur zusammenfassende Beobachtungen formuliert.
373 Vgl. Nestor, Qualifizierungsangebot, 25.
374 Vgl. Nestor, Qualifizierungsangebot, 25.
375 Vgl. Nestor, Qualifizierungsangebot, 25f.
376 Vgl. Nestor, Qualifizierungsangebot, 26.

5 Systematisierende Auswertung der Forschungsliteratur

Die *soziale Kompetenz* meint die Beziehungsfähigkeit, Rollenkompetenz, Wahrnehmungs- und Beurteilungsfähigkeit, konstruktive Kommunikation und Kooperation, die Fähigkeit zum Konflikt- und Konsensmanagement, Erfahrung mit Kriseninterventionsstrategien, Bereitschaft zum Perspektivwechsel, Offenheit im Umgang mit kultureller und religiöser Heterogenität.

Die *Sachkompetenz* umfasst die Kenntnis und Reflexion von Seelsorge- und Beratungskonzepte, die Wahrnehmung der unterschiedlichen Lebenswelten und Benachteiligungen von Kindern und Jugendlichen, die Ermöglichung erlebbarer Formen christlicher Religiosität und Spiritualität, die Entwicklung von Projekte und ihre Implementierung im System Schule, die intelligente Nutzung von erworbenem Wissen in den verschiedenen Handlungsfeldern sowie die Kooperationsbereitschaft und Vernetzungsfähigkeit mit dem (außer-)schulischen Umfeld.

Die *Methodenkompetenz* umfasst die Kenntnis unterschiedliche Methoden als Instrumente der Diagnostik, Beratung und Begleitung und ihre Anwendung als Bewältigung von Herausforderungen, Problemlösungen und Unterstützung je nach Situation, Kontext und persönlichem Stil gestaltet.

Auch Spenn entfaltet vier Kompetenzbereiche, die er - im Unterschied zur Evangelischen Landeskirche in Württemberg - allerdings als Seelsorgekompetenz, theologische, spirituelle und liturgische Kompetenz[377], Beziehungskompetenz sowie Projektentwicklungskompetenz/ Projektmanagement bezeichnet.[378]

---

377 Vgl. Spenn, Evangelische Schulseelsorge, 54. Hier ist eine Übereinstimmung mit der Evangelischen Landeskirche in Württemberg (Schulseelsorge, 6) zu konstatieren, die vom Modell des ptz (Nestor, Qualifizierungsangebot, 25-32) in der Bezeichnung dieses Kompetenzbereiches abweicht.
378 Vgl. Spenn, Evangelische Schulseelsorge, 54. Der Bereich der personalen Kompetenzen wird gegenüber dem Modell des ptz wenig betont.

5.2 Schulseelsorge als personales Angebot - Die Schulseelsorgeperson

Die *Seelsorgekompetenz* umfasst nach Spenn sowohl die Kenntnis von Grundlagen der Seelsorge und Entwicklungspsychologie, Fähigkeiten in Gesprächsführung[379], Räume für Seelsorge in der Schule schaffen können, Seelsorge unter Gleichaltrigen im Blick haben als auch die Unterscheidung zwischen Seelsorge, Beratung und Therapie sowie die Reflexion des eigenen Seelsorgeverständnis und der Rolle.[380] Als *Beziehungskompetenz* wird die Fähigkeit bezeichnet, Beziehungen zu den Akteuren des schulischen Lebens herzustellen, die Kooperationsfähigkeit sowie über eine Rollensicherheit zu verfügen.[381] Die Trias von *theologischer, spiritueller und liturgischer Kompetenz*[382] umfasst Fähigkeiten für seelsorgerliche Alltagssituationen, zur Gestaltung von Gottesdiensten, zum interkulturellen und -religiösen Dialog ebenso wie religionspädagogische Fähigkeiten zur Erarbeitung biblischer Texte und die von Ansätzen der Kinder- und Jugendtheologie.[383] Die *Projektentwicklungskompetenz*[384] meint die Fähigkeit, „Situationen erkennen, Bedarfe erfassen, [...] je nach Anforderung Konzepte entwickeln"[385] zu können. Hierunter zählt Spenn auch die „Grundkenntnisse in Fragen der Schulentwicklung und der Schulprogrammarbeit".[386]

Collmar beschränkt sein Kompetenzmodell auf drei Kompetenzbereiche und nennt neben *allgemeinen Kompetenzen* (Kenntnis des deutschen Schulsystems, reflektiertes Selbstverständnis, Achtsamkeit)[387] zwei weitere Kompetenzbereiche: Zum einen als Kernbereich seelsorglicher Kompetenzen die Gesprächsführungs- und Beratungskompetenzen, zum anderen Kompetenzen, die speziell der schulische Kontext erfordert.

---

379 Insbesondere im Kurzgespräch und in der ressourcenorientierten Kurzberatung.
380 Vgl. Spenn, Evangelische Schulseelsorge, 54. Vgl. auch: Günther, Ermutigung, 105.
381 Vgl. Spenn, Evangelische Schulseelsorge, 55.
382 Vgl. Spenn, Evangelische Schulseelsorge, 54.
383 Vgl. Spenn, Evangelische Schulseelsorge, 54f.
384 Vgl. Spenn, Evangelische Schulseelsorge, 54.
385 Spenn, Evangelische Schulseelsorge, 55.
386 Spenn, Evangelische Schulseelsorge, 55.
387 Vgl. Collmar, Schulseelsorgerliche Kompetenzen, 125f.

5 Systematisierende Auswertung der Forschungsliteratur

Den *Gesprächsführungs- und Beratungskompetenzen* als dem Kernbereich seelsorgerlicher Kompetenzen ordnet Collmar[388] die Wahrnehmungskompetenz oder hermeneutische Kompetenz (Menschen wahrnehmen und verstehen), die kommunikative Kompetenz (Grundlagen der Gesprächsführung, Beziehungskompetenz), geistliche und spirituelle Kompetenz (in erzählter Lebensgeschichte religiöse Dimension wahrnehmen und sensibel aufzugreifen, biblisches Deutungsangebot, eigene Glaubwürdigkeit) zu.

Zu den *Kompetenzen, die die Seelsorge an und in der Struktur der Schule erfordert* zählt er die diakonische Kompetenz (Blick auf schulische und gesellschaftliche Strukturen, Vernetzung und Kooperation, Mitgestaltung des Schullebens), gruppen- und freizeitpädagogische Kompetenzen („Teamfähigkeit und Authentizität im gelebten Christsein"[389], Organisation und Durchführung) und liturgische Kompetenzen (Gottesdienste, Andachten).

In drei Kompetenzbereiche unterteilt auch Demmelhuber die Kompetenzen für Schulseelsorge: Er unterscheidet zwischen *menschlicher Kompetenz* (z. B. Beziehungsfähigkeit, Kooperationsfähigkeit, Kennen und Bejahen der Rahmenbedingungen der Institution Schule)[390], *religiöser Kompetenz* (z. B. reflektierter Glaube, zeitgemäße Spiritualität, liturgische Sensibilität und Fähigkeiten)[391] und *fachlicher Kompetenz* (z. B. Kenntnisse über schulkonzeptionelle und-organisatorische Zusammenhänge, Fähigkeit zur Gestaltung von Schulleben und Schulkultur).[392]

---

388 Vgl. Collmar, Schulseelsorgerliche Kompetenzen, 125ff.
389 Dam, Kompetenzen, 47.
390 Vgl. Demmelhuber, Sozialarbeit, 111.
391 Vgl. Demmelhuber, Sozialarbeit, 112.
392 Vgl. Demmelhuber, Sozialarbeit, 112f.

5.2 Schulseelsorge als personales Angebot - Die Schulseelsorgeperson

Generell lässt der (in der Empirie und in der Literatur geführte) Diskurs über die Kompetenzen der Schulseelsorgeperson folgende Beobachtungen zu: Sowohl die Seelsorge als Tätigkeitsfeld als auch der spezifische schulische Kontext dieses Tätigkeitsfeldes erfordern spezielle Kompetenzen, wie die Kenntnis von Seelsorgetheorien[393], theologischer Loci oder Entwicklungspsychologie und die Fähigkeit, „bei schulischen Notfall- und Krisensituationen"[394] handlungsfähig zu sein oder „die Fähigkeit und Sensibilität, Anlässe für Seelsorge wahrzunehmen".[395] Da es sich um spezielle, tätigkeitsspezifische Kompetenzen handelt, können sie als Sachkompetenzen benannt werden.

Grundlegend für die Schulseelsorgeperson scheinen Kompetenzen zu sein, die einen reflexiven Umgang der Schulseelsorgeperson mit sich selbst ermöglichen, wie die Selbstwahrnehmung, Reflexion der Motivation für Schulseelsorge und der eigenen religiösen Sozialisation. Ebenso elementar scheinen Kompetenzen der Schulseelsorgeperson im Umgang mit Menschen zu sein, wie Kommunikationskompetenz oder Beziehungsfähigkeit.

Da die Tätigkeit der Schulseelsorgeperson im spezifischen Kontext nicht nur Seelsorge im Sinne einer Gesprächsseelsorge, sondern auch erlebbare Formen christlicher Religiosität umfasst, sind auch liturgische, theologische und spirituelle Kompetenzen erforderlich.

---

393 Vor allem vor dem Hintergrund dessen, dass es gegenwärtig noch keine adäquate Theorie für Schulseelsorge gibt. Auch für Heimbrock steht eine Theorie der Schulseelsorge noch aus, die stärker die systemische und intersystemische Eingebundenheit individueller Lebenssituationen und biographischer Konfliktlagen berücksichtigt.
394 Vgl. Dam/Mann, In der Schulseelsorge, 85ff.
395 Wermke (Schulseelsorge, 30) dort weiter: Die Fähigkeit, „Gesprächssituationen herzustellen, in denen die Gesprächspartner ihre Anliegen zu Gehör bringen können, ist zunächst eine Frage der Entwicklung seelsorgerlicher Kompetenzen, insbesondere die Kompetenz zu hören, was ʻzwischen den Zeilenʻ steht: für verborgene Äußerungen von Schülerinnen und Schülern, Lehrkräften und Eltern, ebenso für religiöse Dimensionen im weiteren Sinne – also eine Art Sensibilität für die Transzendenz in der Immanenz".

5 Systematisierende Auswertung der Forschungsliteratur

Prinzipiell scheint es m. E. an dieser Stelle wichtig, den Begriff des Spirituellen bzw. der Spiritualität an dieser Stelle wenigstens kurz zu skizzieren: In Anlehnung an die Denkschrift der EKD verstehe ich Spiritualität als Einheit von „Glaube, Frömmigkeitsübung und Lebensgestaltung"[396] und als „das wahrnehmbare geistgewirkte Verhalten des Christen vor Gott".[397]

⟹ Im Rahmen der empirischen Studie ist zu fragen, welchen Kompetenzen und Kompetenzbereichen von praktizierenden Schulseelsorgepersonen Relevanz für schulseelsorgerliches Handeln zugeschrieben werden. Dieses Frage verfolgt das Ziel, einen Beitrag sowohl für den Kompetenzerwerb und damit für die Qualifizierung zur Schulseelsorge als auch die Professiontheorie von Schulseelsorgerinnen und Schulseelsorgern zu leisten. Besonders im Hinblick auf die Ausbildung und Entwicklung einer Professionstheorie von Schulseelsorgerinnen und Schulseelsorgern sind die Ergebnisse der empirischen Studie an allgemeinbildenden Gymnasien von großem Interesse, nicht nur weil dies bislang ein Desiderat der Forschung darstellt: Gibt es eine Unterscheidung von allgemeinen Kompetenzen, über die Religionslehrende (aufgrund ihrer Religionslehrausbildung) verfügen, und speziellen Kompetenzen, die die Schulseelsorgeperson haben muss?[398]

---

396 EKD, Evangelische Spiritualität, 10.
397 EKD, Evangelische Spiritualität, 12.
398 Vgl. Kapitel 10.

5.2 Schulseelsorge als personales Angebot - Die Schulseelsorgeperson

5.2.4 Qualifizierung/Fortbildung/Begleitung[399]

In der Literatur wird die Frage nach der Notwendigkeit einer Aus- bzw. Fortbildung für Schulseelsorge sowohl von konzeptioneller als auch empirischer Seite als positiv beantwortet. So ist beispielsweise für Büttner mit dem Begriff Seelsorge „ein gewisser Grad von Professionalisierung"[400] verbunden. Während die Art der Qualifizierung seines Erachtens zweitrangig ist, muss sie zuerst zur Erkenntnis führen, „dass in unserem naiven intuitiven Handeln möglicherweise Mechanismen mit transportiert werden, die kontraproduktiv sind"[401], denn die Kenntnis von psychologischen Mechanismen ermöglicht, „einen Beratungskontext [...] ein Stück weit zu objektivieren".[402] Auch Günther hält „einerseits eine Schulseelsorgeausbildung im Studium der Religionspädagogik für zukünftige Religionslehrerinnen und Religionslehrer [für wünschenswert], andererseits eine Ausbildung in der Seelsorge mit jungen Menschen im Studium der Religionspädagogik für zukünftige Pfarrerinnen und Pfarrer".[403] Für die Württembergische Landeskirche ist die Qualifizierung für Schulseelsorge im Rahmen des Qualifizierungsprogramms Voraussetzung für die Beauftragung zur Schulseelsorge.[404]

---

399 Hier geht es nicht um die Bestandsaufnahme der Ausbildungs-, Fortbildungs- oder Qualifizierungs-möglichkeiten für Schulseelsorge. Einen guten Einblick in den Ist-Zustand liefert auf evangelischer Seite die Veröffentlichung des Comenius Instituts. Vgl. Dam/Spenn, Qualifizierung Schulseelsorge. Dort werden sowohl ausgewählte Fort- und Weiterbildungskurse für Schulseelsorge der Landeskirchen Hessen und Nassau, Rheinland, Württemberg, Bayern und Baden als auch Bausteine für Qualifizierungs-kurse vorgestellt. Besonders interessant für diese Arbeit ist das Qualifizierungsangebot der Württembergischen Landeskirche (Nestor, Qualifizierungsangebot, 25-32). Auch ein Blick auf die katholische Seite ist lohnend, besonders im Hinblick auf den Fernstudiengang Schulpastoral. Vgl. Kirchliche Arbeitsstelle, Schulpastoral, 1999ff. Deitert, Fort- und Weiterbildung, 108ff. Geissler, Aufgaben, 106f.
400 Büttner, Seelsorge an Unterrichtenden, 108.
401 Büttner, Seelsorge an Unterrichtenden, 108.
402 Büttner, Seelsorge an Unterrichtenden, 108.
403 Günther, Ermutigung, 105. Günther nennt a. a. O. Beispiele für Ausbildungsprogramme.
404 Vgl. Evangelische Landeskirche in Württemberg, Schulseelsorge, 13. „Das Qualifizierungsprogramm umfasst den Grundkurs sowie Qualifikationskurse und Studientage.

Seibt kann aufgrund seiner Befragungen an Berufsschulen die These formulieren, dass gezielte Fort- und Weiterbildungen gerade in den Bereichen Gesprächsführungskompetenz und spiritueller Kompetenz „notwendig [seien], da sie die Religionslehrer bzw. Schulseelsorger in ihrem personalen Selbstverständnis unterstützen und zur Stabilisierung und Weiterentwicklung der schulpastoralen Qualität beitragen".[405]

▣▶ Im Rahmen der empirischen Studie an allgemeinbildenden Gymnasien wird zu fragen sein, wie die praktizierenden Schulseelsorgerinnen und Schulseelsorger die Aus- oder Fortbildung für Schulseelsorge bewerten. Interessant ist, welche Ausbildungsinhalte für die Praxis relevant sind und welchen Stellenwert Aus- und Fortbildungen zugeschrieben wird. Beides generiert auch Aussagen über das das Selbstverständnis der Schulseelsorgepersonen, nicht zuletzt als Religionslehrerin oder -lehrer.

5.2.5 Motivation

Als Motiv für schulseelsorgerliches Engagement wird in der Literatur der persönliche, christliche Glaube der Schulseelsorgeperson gewertet.[406]

▣▶ Im Rahmen dieser Arbeit ist zu fragen, welche motivationalen Gründe praktizierende Schulseelsorgerinnen und Schulseelsorge anführen.

---

[405] Seibt, Schulpastoral, 216. Empirisch kann Kießling (Stimme, 163) bei Lehrenden ein hohes Maß an Fortbildungsbedarf hinsichtlich der Theorie und Praxis von Seelsorge belegen. Dieses Ergebnis korreliert mit dem Ergebnis der Studie an bayerischen Hauptschulen (RPZ, Schulpastoral, 19), wonach vonseiten der teilnehmenden Lehrenden und Schulleitungen Professionalisierung und Kompetenzklärung (Fortbildung, Schulung) erwünscht sind.

[406] Vgl. Demmelhuber, Schulseelsorge, 56 .Petermann, Schulseelsorge, 27. Dam, Evangelische Schulseelsorge, 128. Englert, Vier Dimensionen, 40. Langer, Schulpastoral, 3. Krawczack, Schulpastoral, 308. Nach Weißenberger (Schulseelsorge, 243) ist der Träger von Angeboten und Maßnahmen der Schulseelsorge und Schulpastoral „nur der Seelsorger oder pastoral Tätige [...], der den christlichen Glauben zu seiner Lebensgrundlage gemacht hat".

5.3 Schulseelsorge als Beitrag zur Schulentwicklung

In der Literatur finden sich einige Publikationen, die sich dem allgemeinen Verhältnis von Religionsunterricht bzw. Religion und Schulentwicklung eingehend widmen.[407] Daneben findet sich in großer Zahl die Auffassung, dass Schulseelsorge einen Beitrag zur Schulentwicklung oder Schulkultur bzw. zum Schulklima leiste. Vor allem konzeptionelle Arbeiten postulieren dies[408], aber auch die wenigen empirischen Studien belegen einen schulseelsorgerlichen Beitrag zur Schulentwicklung für einzelne Schularten.[409] Sogar als Beitrag zur „Humanisierung der Schule [...] und zur Entwicklung des Schulwesens"[410] wird Schulseelsorge gewertet.

Bevor der Blick weiter auf das Verhältnis von Schulseelsorge und Schulentwicklung in der Literatur gerichtet wird, soll hier eine Klärung jener Begrifflichkeiten Platz haben, mit denen in der Literatur überwiegend operiert wird: *Schulentwicklung und Schulkultur*.

---

407 Vgl. Krobath, Schulentwicklung und Religion, 163ff. Schweitzer, Schulentwicklung und Religionsunterricht, 157ff. Schreiner, Schulentwicklung und Religion, 140ff. Fischer, Religion, 254ff. Dies., Religion im Schulprogramm, 2ff. Lichtenthäler, Religionsunterricht, 71ff.

408 Für die Evangelische Landeskirche in Württemberg (Schulseelsorge, 4) leistet Schulseelsorge „einen unverwechselbaren Beitrag zur einer lebendigen und menschenfreundlichen Schulkultur". Vgl. Schneider, Schule, 737. Rüttiger, Das „Einmaleins", 8. Bauer, Projekt Schulseelsorge, 4. Peterman, Schulseelsorge, 142. Burkhard, Mitgestaltung der Schulkultur, 10ff. Geißler, Aufgaben, 104f. Nestor, Schulseelsorge, 18ff. Tzscheetzsch, „Schule ist mehr...", 8. Kramer, Schulseelsorge, 195.

409 Die empirischen Studien an beruflichen Schulen und Hauptschulen weisen ebenfalls einen Beitrag der Schulseelsorge zur Schulentwicklung nach: So kommt Demmelhuber (Ein Blick über den Nachbarzaun, 49. Vgl. Ders., Projekt Schulpastoral, 15) zu dem Ergebnis, dass „Schulpastoral [...] innerhalb der Schulentwicklung vielfältige Beiträge" leistet. Die Studie an bayerischen Hauptschulen (RPZ, Schulpastoral, 18) belegt, dass „über 70% der befragten Eltern [...] schulpastorale Angebote als Bereicherung für das Schulleben" bewerten. Auch der Erfahrungsbericht von Kalb (Schulpastoral, 136ff) sieht Schulpastoral als Handlungsfeld innerer Schulentwicklung.

410 Schneider, Schulseelsorge, 1960. Vgl. Ders.. Schule, 739. Ähnlich formulieren auch: Die deutschen Bischöfe, Schulpastoral, 7;15. Hallermann, Schulpastoral, 333. Schneider/Fuchs, Atmende Zwischenräume, 137. Petermann, Schulseelsorge, 142. Burkhard, Mitgestaltung der Schulkultur, 10. Wild, Schulseelsorge, 65ff. Nestor, Schulseelsorge, 18. Wittenbruch, Was erwartet, 84.

An dieser Stelle kann keine erschöpfende Darstellung dieser Begrifflichkeiten vorgenommen werden, die der Fülle an Konzeptionen gerecht werden würde. Die terminologische Annäherung soll lediglich den Problemhorizont eröffnen, in dem die Schulseelsorge-Studie zu verorten ist und als Orientierung für das Verständnis der Begrifflichkeiten dienen. Eine Einbettung der empirischen Ergebnisse in ausgewählte Schulentwicklungsansätze folgt in Kapitel 9. Dort werden einzelne Konzeptionen von Schulentwicklung ausführlich dargestellt und mit den empirischen Befunden diskutiert.

5.3.1 Schulentwicklung und Schulkultur

5.3.1.1 Schulentwicklung

Die systematische Schulentwicklung ist die selbstorganisierte, „bewusste und systematische Weiterentwicklung von Einzelschulen"[411] „hin zur qualitätsorientierten Profilbildung innerhalb staatlicher Vorgaben".[412] Diese intentionale Schulentwicklung unterschätzt den Gesamtzusammenhang von Schule (politische, rechtliche oder gesellschaftliche Rahmenbedingungen) nicht, sondern unterstützt die Weiterentwicklung des Gesamtzusammenhangs aus der Perspektive der Einzelschule.[413] Ein solches Verständnis von Schulentwicklung unterscheidet sich durch seine Systematik und Intentionalität vom Verständnis einer alltäglichen Schulentwicklung, die davon ausgeht, dass sich Einzelschulen aufgrund von Umweltbedingungen ständig verändern und nicht-gesteuert entwickeln, eben weil das Schulsystem wechselnden gesellschaftlichen, kulturellen, ideologischen und fiskalischen Interessen und Rahmenbedingungen unterliegt.[414] Charakteristisch für eine systematische Schulentwicklung sind die Fokussierung auf die Qualität der Einzelschule, das Verständnis der Schule aus organisationstheoretischer

---

411 Rolff, Schulentwicklung als Trias, 36.
412 Rahm, Kooperative Schulentwicklung, 83. Vgl. Dies., Einführung in die Theorie, 2005.
413 Vgl. Rolff, Schulentwicklung als Trias, 36.
414 Vgl. Holtappels/Rolff, Theorien, 73.

5.3 Schulseelsorge als Beitrag zur Schulentwicklung

Perspektive und eine Neuausrichtung der Steuerungskompetenz.[415] Die gegenwärtige Schulentwicklungsforschung untersucht auf den Ebenen des Schulsystems, der einzelnen Schule sowie innerhalb der Schule auf der Ebene der Lerngruppe und des Lehrerhandelns die „Voraussetzungen und Bedingungen, Formen und Prozesse sowie Ergebnisse und Wirkungen im Schulbereich"[416] mit besonderem Fokus auf der Prozesshaftigkeit.

5.3.1.2 Schulkultur

Ein einheitliches Verständnis von Schulkultur[417] ist gegenwärtig nicht zu erkennen, vielmehr betonen die divergierenden Definitionen jeweils unterschiedliche Facetten von Schulkultur.[418] Abhängig ist das Verständnis des Begriffes der Schulkultur weiter durch die Verhältnisbestimmung von Schulkultur und Schulentwicklung: Entweder stellt die Schulkultur einen Oberbegriff der Schulentwicklung dar, d. h. die systematische Schulentwicklung ist Teil der Schulkultur (so bei Bohl oder Helsper)[419] oder aber die Schulkultur ist Teil der systematischen Schulentwicklung (wie bei Rolff als Teil der Organisationsentwicklung).[420] Hier wird der Begriff der Schulkultur als Oberbegriff skizziert: Schulkultur ist demnach „die Gesamtheit der in schulischen Bildungs- und Erziehungsprogrammen vermittelten Inhalte, die

---

415 Vgl. Holtappels/Rolff, Theorien, 75. Seit rund 20 Jahren ist innerhalb der Schulentwicklungsforschung eine Fokussierung auf die Erforschung der Einzelschule zu beobachten. Sie wird als „Motor der Schulentwicklung" (Holtappels/Rolff, Theorien, 75) verstanden, die die Basis für die Entwicklung des Gesamtschulsystems darstellt. Für Knab (Vierzig Jahre Schulentwicklung, 153) kann „Schulentwicklung ebenso wenig flächendeckend verordnet werden wie Schulreform". Vgl. Rolff, Schulentwicklung als Trias, 29f; 36.
416 Holtappels, Schulentwicklungsforschung, 26.
417 Scheinbar synonym für den Begriff der Schulentwicklung wird der Begriff der Schulkultur verwendet. Auch die Arbeitsdefinition der Evangelischen Landeskirche in Württemberg spricht von einem Beitrag der Schulseelsorge zur Schulkultur. Daher sei der Begriff Schulkultur hier in seiner Verwendung und Bedeutung kurz skizziert.
418 Vgl. Helsper, Der kulturtheoretische Ansatz, 106.
419 Helsper, Der kulturtheoretische Ansatz, 107. Das *normative Schulkulturkonzept* begreift die Schulkultur als Kompensation zum Unterricht im Sinne eines reichhaltigen Schullebens.
420 Vgl. Rolff, Schulentwicklung als Trias, 34.

sie vermittelnden Lehr- und Erziehungsformen und bereitgestellten Lern- und Erfahrungsmöglichkeiten".[421] Schulkultur ist konzipiert als symbolische Ordnung der Einzelschule, „die durch symbolische Kämpfe und Aushandlungen der einzelschulischen Akteure in Auseinandersetzung mit den Strukturen des Bildungssystems im Rahmen sozialer Kämpfe um die Definition und Durchsetzung kultureller Ordnungen generiert wird".[422]

Für Holtappels impliziert Schulkultur drei Dimensionen: Die Lernkultur (Unterrichtsqualität, z. B. curriculare und didaktisch-methodische Bezüge der Unterrichtsgestaltung), die Organisationskultur (pädagogische Werte und Ziele, Zeit- und Raumgestaltung, Entscheidungsmuster der Schule, Umfeld- und Kooperationsbezüge) und drittens die Erziehungskultur (Leistungs- und Sozialverhalten, Interaktions- und Beziehungsstrukturen).[423]

Besonders die Integrationsleistung des Begriffes der Schulkultur wird als Vorteil gesehen, da „er doch zum Nutzen der Schulpraxis bislang künstlich begrenzte und abgegrenzte, sachlich aber aufeinander bezogene Begriffe wie Schulprofil, Schulqualität, Schulleben oder Schulklima zusammen[zu]führen"[424] vermag.

---

421 Holtappels, Schulkultur, 11f. Vgl. Helsper, Der kulturtheoretische Ansatz, 108.
422 Helsper., Der kulturtheoretische Ansatz, 108. Vgl. Keuffer/Trautmann, Institution und Schulkultur, 113.
423 Vgl. Holtappels, Schulkultur, 12ff. Helsper, Der kulturtheoretische Ansatz, 109. Burkhard, Mitgestaltung der Schulkultur, 11.
424 Wiater, Schulkultur, 39. Für Burkhard (Mitgestaltung der Schulkultur, 11) erlaubt der Begriff Schulkultur „eine Gesamtsicht auf das System Schule". Wiater (Schulkultur, 39) definiert Schulkultur als „das Gesamt von Konsens, Kooperation und Aktivitäten an der Schule". Für Schneider (Schule, 737) soll der Begriff der Schulkultur „das Ganze des Schullebens mit seiner Intentionalität, seinen geistig-kulturellen Gehalten, seinen sozialen und sittliche Implikationen, seiner Einbettung in Zeit und Geschichte und seiner Verhältnisbestimmung zur modernen Gesellschaft umschließen. In seiner weiter gespannten Gedanken- und Assoziationsrahmen gestattet er es auch, das weltanschaulich-religiös-geistliche Hintergrundfeld und den Zusammenhang verschiedener Erziehungsbereiche (Elternhaus, Schule, Wohnmilieu, peer-group. Medien, Kirche usw.) zu berücksichtigen und für die Bestimmungen der Funktion der Schule fruchtbar zu machen". Im umfassenden Begriff der Schulkultur versteht Schneider (Schule, 738) „Schule [...] als Repräsentation der ganzen Gesellschaft".

5.3 Schulseelsorge als Beitrag zur Schulentwicklung

5.3.2 Das Verhältnis von Schulseelsorge und Schulentwicklung

Um einen Beitrag zur bewussten, systematischen Schulentwicklung leisten zu können, muss Schulseelsorge Teil einer solchen Schulentwicklung sein. Dies kann mit Büttner vermutet werden, der betont, dass „vonseiten der Schule gewisse Voraussetzungen erwartet"[425] werden, etwa die Verankerung von Schulseelsorge im Schulprogramm, um Schulseelsorge zu ermöglichen.[426]

➡ Es ist daher in der Schulseelsorge-Studie zu fragen, welchen Ort und Stellenwert am jeweiligen allgemeinbildenden Gymnasium der Schulseelsorge zugewiesen wird: Wird sie bewusst und geplant in die Schulentwicklung integriert? Ist sie Teil des Schulprogramms oder des schulischen Leitbilds? Oder stellt die Schulseelsorge einen Beitrag zur Schulkultur in ihrer Gesamtheit dar? Von diesen Fragen sind Antworten zu erhoffen, die dem Defizit begegnen, das sich auch in der Literatur widerspiegelt.

Selbst Eichs schulartübergreifende Studie, die diesen Fragenkomplex integriert, lässt sowohl offen, welchen Stellenwert der Schulseelsorge im Bewusstsein der in der Schule Agierenden beigemessen wird als auch ob Schulseelsorge an der jeweiligen Schule ein integrales Moment der Organisationskultur ist oder nur unbewusster (Zusatz-) Beitrag zur Schulentwicklung.[427]

---

425 Büttner, Dimension, 516.
426 Darüber hinaus betont Demmelhuber (Sozialarbeit, 115), dass die Schulseelsorge neben der personellen und räumlichen Ausstattung auch der Ausstattung mit Materialien und Medien bedarf.
427 Vgl. Eich, Einsatz, 244ff. Dazu auch: Seibt, Schulpastoral, 101.

5 Systematisierende Auswertung der Forschungsliteratur

5.3.3 Beispiele für den Beitrag der Schulseelsorge zur Schulentwicklung

Dass Schulseelsorge einen Beitrag zur Schulentwicklung oder Schulkultur leisten kann, wird häufig in der Literatur postuliert.[428] Wodurch und auf welche Weise Schulseelsorge die Schulentwicklung beeinflusst oder die Schule gestaltet, wird hingegen nur von einigen Autoren konzeptionell entfaltet, von wenigen Studien empirisch belegt.

Konzeptionell entfaltet Burkhard anhand von vier Komponenten der Schulkultur[429] die schulkulturellen Dimensionen von Schulpastoral. Für ihn trägt Schulpastoral zur Konflikt- und Versöhnungskultur[430], zur Kultur des Miteinanders[431], zur Fest- und Feierkultur[432] und zur Kultur der Aufmerksamkeit[433] bei.[434] Indem Schulpastoral Erfahrungsräume eröffnet, „in denen Sinn ganzheitlich erlebt und gelebt werden kann"[435], ermöglicht sie Sinnfin-

---

428 Ergänzend zu den oben bereits genannten Publikationen sei hier exemplarisch die Formulierung des Konzepts von Schulpastoral des Erzbistum Kölns zitiert. Demnach (Erzbistum Köln, Schulpastoral, 7) will Schulpastoral „ein spezifischer Beitrag zur Kultivierung und Humanisierung des Lebensraumes Schule sein".
429 Vgl. Burkhard, Schulpastoral als Beitrag, 111ff. Ders., Mitgestaltung der Schulkultur, 14. Burkhard, Schulpastoral, 81ff.
430 Vgl. Burkhard, Schulpastoral als Beitrag, 111f. Vgl. Ders., Mitgestaltung der Schulkultur, 15: Muss die „pädagogische Schulkultur und die Kultur der Schule als Organisation als konsensorientiert etikettiert werden", dann ist die Schulpastoral als Konflikt- und Versöhnungskultur zu beschreiben. Ihre erste Aufgabe ist die Wahrnehmung von Konflikten, ihre zweite das Bemühen um Versöhnung. „Christinnen und Christen können zu Protagonisten der Schulkultur gemeinsam mit anderen werden, wenn sie dazu verhelfen, Entscheidungs- und Verantwortungsräume zu öffnen, notwendige Auseinandersetzungen nicht scheuen und die Qualität des dialogischen Miteinanders prägen".
431 Vgl. Burkhard, Schulpastoral als Beitrag, 113ff. Vgl. Ders., Mitgestaltung der Schulkultur, 16: „Eine theologisch verantwortete Schulpastoral sieht in einer Beziehungskultur eine ihrer vornehmsten Aufgaben, denn sie weiß, dass eine humane Schulkultur durch Begegnung und Beziehung geprägt wird und sich daraus entwickelt".
432 Vgl. Burkhard, Schulpastoral als Beitrag, 121ff. Für Burkhard (Ebd.) gelten „Fest und Feier [...] als Grunddiktum des Menschen und der Kultur, mit dem das Leben der Einzelnen und der Institution bejaht wird". Die „Schulpastoral sorgt für eine Feierkultur" und „stellt notwendige Riten und eine (gottesdienstliche) Feierkultur zur Verfügung".
433 Vgl. Burkhard, Schulpastoral als Beitrag, 124ff. Vgl. auch: Ders., Mitgestaltung der Schulkultur, 19: Indem Schulpastoral einen Raum für Muße und Stille fordert, trägt sie zu einer Kultur der Aufmerksamkeit bei.
434 Vgl. Burkhard, Schulpastoral, 82.
435 Burkhard, Mitgestaltung der Schulkultur, 14.

5.3 Schulseelsorge als Beitrag zur Schulentwicklung

dung, die eine „zentrale Funktion von Persönlichkeitsentwicklung hat und Identitätsbildung anzielt".[436] Für Burkhard trägt Schulpastoral in diesem Sinne zur Schulkultur bei, weil Schulkultur „ein tragfähiger Terminus [ist] für eine pädagogische Interpretation von Sinn- und Identitätsentwicklung im und durch das System Schule".[437] In Anlehnung an Hubertus Halbfas ist für Burkhard die Schulpastoral als als „schulkulturelles Handeln aus dem Geist Gottes"[438] „zur Sorge um das Niveau der Schulkultur"[439] verpflichtet.

Linsen formuliert auf der Grundlage des pastoralen Verständnisses von Schulseelsorge der deutschen Bischofskonferenz den angestrebten Beitrag der Schulpastoral zur Schulkultur. Das breitgefächerte Spektrum lässt sich zusammenfassen als Förderung einer Schulkultur, „die sich den christlichen Wertvorstellungen verpflichtet weiß".[440]

Nach Linsen trägt Schulseelsorge zur Schulkultur bei, indem sie sich müht „um eine Suche nach gelingenden Modellen des Schullebens, die innere Gestaltung lebendiger Klassen- und Schulgemeinschaften, eine kinderfreundliche Einschulung und Übergänge zu den weiterführenden Schulen, Klassenräume, in denen sich Schüler/-innen und Lehrer/-innen wohlfühlen können, eine Schule, in der nicht nur Leistung produziert und gemessen, sondern in der auch gespielt, gesungen, getanzt, erzählt und gefeiert wird, ein solidarisches Miteinander von Schüler/-innen, Eltern und Lehrer/-innen, interessante Schulhöfe und freundliche Schulgebäude, eine vertrauensvolle Beziehung zwischen Schüler/-innen und Lehrer/-innen, ein kollegiales

---

436 Burkhard, Mitgestaltung der Schulkultur, 14. Ähnlich auch Tzscheetzsch („Schule ist mehr...", 8): Religionsunterricht und Schulpastoral eröffnen einen Raum, „in dem Erlebnisse in den Sinnhorizont gestellt und von diesem her gedeutet werden".
437 Burkhard, Mitgestaltung der Schulkultur, 12.
438 Burkhard, Mitgestaltung der Schulkultur, 28. Für Burkhard (Ebd.) ist Schulpastoral „schulkulturelles Handeln und lebensweltlich verankert, weil sie sich auf die Resultate der Schulentwicklungsforschung und die Gegebenheiten im konkreten Feld der Schule bezieht. Sie erweitert den schulischen Handlungsbereich".
439 Burkhard, Mitgestaltung der Schulkultur, 13.
440 Linsen, Beitrag, 96. Vgl. Tzscheetzsch, „Schule ist mehr...", 8.

und freundschaftliches Verhältnis unter den Lehrer/-innen, eine partnerschaftliche Zusammenarbeit zwischen den Lehrer/-innen und Eltern, die Eröffnung von religiösen Erlebnis- und Erfahrungsfeldern".[441]

Petermann und Schneider betonen die religiös-spirituelle Dimension des schulpastoralen Beitrags zur Schulentwicklung: Nach Petermann trägt Schulseelsorge nachhaltig zur Schulkultur bei, „da [sie] christlichen Glaube im Lern- und Lebensraum Schule sichtbar werden lässt"[442], während Schulseelsorge für Schneider insofern einen Beitrag zur Schulkultur leistet, als Schulkultur „auch eine Frage nach Spiritualität"[443] ist.[444]

Geißlers Ausführungen über die Kongruenz der Intention von Schulseelsorge und Schulentwicklung können als Argumentation zugunsten eines schulseelsorgerlichen Beitrags zur Schulentwicklung gewertet werden: Für ihn „geht es [der Schulpastoral und der Schulentwicklung] darum, den Schlagworten „Humanisierung der Schule", „Kooperation", „Kommunikation", „Wertevermittlung", „Persönlichkeitsentwicklung" und „Qualitätssicherung" Konturen und Lebendigkeit zu verleihen".[445]

Die Ergebnisse der empirischen Studien konkretisieren den schulseelsorgerlichen Beitrag zur Schulentwicklung hinsichtlich verschiedener Ebenen. Auf der Ebene der einzelnen Schülerin/des einzelnen Schülers trägt Schulseelsorge zur Schulentwicklung bei, indem sie die Entwicklung von personaler und sozialer Kompetenz sowie die „religiös-spirituelle Ausdrucksformen"[446] von Schülerinnen und Schülern fördert.[447] Auf der Ebene

---

441 Linsen, Beitrag, 96.
442 Petermann, Schulseelsorge, 142.
443 Schneider. Schule, 739.
444 Ähnlich formuliert auch Wermke. Für Wermke (Schulseelsorge, 32) eröffnet Schulseelsorge Orte, „an denen Christen sich ihrer Gemeinschaft und ihres Glaubens vergewissern und von denen etwas Entscheidendes in die Kultur der Schule ausstrahlen kann."
445 Geißler, Aufgaben, 104.
446 RPZ, Schulpastoral, 18.
447 RPZ, Schulpastoral, 18. Die Studie an bayerischen Hauptschulen (RPZ, Schulpastoral, 18) belegt, dass schulpastorale Angebote „die Entwicklung personaler und sozialer Kompetenz der Schüler/innen unterstützen, religiös-spirituelle Ausdrucksformen der Schüler/innen fördern, das Schulklima verbessern, das inhaltliche Angebot der Schule erweitern".

5.3 Schulseelsorge als Beitrag zur Schulentwicklung

der Schule trägt Schulseelsorge zur Verbesserung des Schulklimas bei[448], zur Erweiterung des schulischen Angebotsspektrums[449] und zur Profilierung der Schule.[450]

Schulseelsorge leistet nach Demmelhuber auch einen Beitrag zur Schulentwicklung, indem sie das soziale Miteinander prägt: So belegen die empirischen Befund, dass schulseelsorgerliche Angebote „eine integrative Wirkung an der Schule bei Schülerinnen und Schülern, aber auch im Kollegenkreis"[451] haben, zur Verbesserung des Schüler-Kollegen-Verhältnis[452] und zur Vernetzung von innerschulischen Beratungsangeboten[453] beitragen. Außerdem weisen die empirischen Befunde darauf hin, dass Schulseelsorge zur Schulentwicklung beiträgt, indem sie eine ganzheitliche Sicht auf die Menschen im Schulleben verstärkt.[454]

➡ Im Rahmen der Schulseelsorge-Studie ist zu fragen, welchen Beitrag Schulseelsorge zur Schulentwicklung im speziellen Kontext des allgemeinbildenden Gymnasiums in der Wahrnehmung von Schulseelsorgerinnen und Schulseelsorgern leisten kann und wie dieser mit Beispielen illustriert wird. Daran schließt sich konsequenter Weise die Frage nach den Bedingungen an, unter denen Schulseelsorge einen Beitrag zur Schulentwicklung leisten kann: Welche Strukturen fördern, welche Strukturen erschweren oder verhindern einen Beitrag der Schulseelsorge zur Schulentwicklung?

---

448 Zu diesem Ergebnis kommt nicht nur die Studie an bayerischen Hauptschulen (RPZ, Schulpastoral, 18), sondern auch die Erhebung an Hauptschulen und beruflichen Schulen in der Diözese Rottenburg-Stuttgart. Dort (Demmelhuber, Projekt Schulpastoral, 15) nehmen die Schulleitungen an Hauptschulen überwiegend eine positive Wirkung des Projekts auf das Schulklima wahr, während an Berufsschulen das Ergebnis konstatiert wird, dass „Schulpastoral […] dazu bei[trägt], ein positives Grundklima an der Schule zu schaffen".
449 Vgl. RPZ, Schulpastoral, 18. An Hauptschulen wird wahrgenommen (Demmelhuber, Projekt Schulpastoral, 18), dass Schule durch Schulpastoral „mehr zu bieten hat".
450 Demmelhuber, Projekt Schulpastoral, 17.
451 Demmelhuber, Schulpastoral an Beruflichen Schulen, 142.
452 Vgl. Demmelhuber, Projekt Schulpastoral, 17.
453 An Berufsschulen wird festgestellt (Demmelhuber, Projekt Schulpastoral, 17), dass Schulpastoral dazu beiträgt, schulische Beratungsangebote zu vernetzen und ergänzen.
454 Vgl. Demmelhuber, Projekt Schulpastoral, 17.

5 Systematisierende Auswertung der Forschungsliteratur

5.3.4 Das Spezifische des schulseelsorgerlichen Beitrags zur Schulentwicklung

In einem komplexen schulischen System stellt Schulseelsorge einen potentiellen Beitrag zur Schulentwicklung unter anderen dar.[455] ➡ Daher ist zu fragen, wie sich der schulseelsorgerliche Beitrag zur Schulentwicklung von anderen Beiträgen, beispielsweise der Schulsozialarbeit, abgrenzt und wodurch er charakterisiert werden kann. Liegt das Spezifikum des schulseelsorgerlichen Beitrags zur Schulentwicklung in der schulseelsorgerlichen Arbeitsweise oder Motivation, wie es Petermann vermuten lässt: Ihres Erachtens trägt die Schulseelsorge nachhaltig zur Schulkultur bei, „da ihre Angebote auf menschlicher Nähe und persönlicher Fürsorge basieren" und dadurch christlichen Glauben im Lern- und Lebensraum Schule sichtbar werden lässt.[456]

5.3.5 Exkurs: Rezeption forschungspraktischer Hinweise aus der Literatur

Um Impulse für die empirische Erforschung des schulseelsorgerlichen Beitrags zur Schulentwicklung zu erhalten, sind die Beiträge von Wild und Olk/Speck interessant.

Wild postuliert einen Beitrag der Schulseelsorge zur Schulkultur im Rahmen einer wahrnehmungsorientierten Schulentwicklung.[457] Dabei rekurriert er auf die Konzeption der Inneren Schulentwicklung, die er im Rahmen seiner Dissertation entworfen hat.[458] Eine wahrnehmungsorientierte Schulentwicklung berücksichtigt die Wahrnehmung der Lehrerinnen und

---

455 An dieser Stelle sei auf die Wirksamkeitsforschung zur Schulsozialarbeit und Schulentwicklung verwiesen, die unten besprochen wird. Vgl. Olk/Speck, Was bewirkt Schulsozialarbeit?, 914ff.
456 Vgl. Petermann, Schulseelsorge, 142. Ihr Fazit rekurriert auf Dinter, Rechtliche und strukturelle Rahmenbedingungen, 71. Dam/Jung-Hankel, Schulseelsorge und schulnahe Jugendarbeit, 60.
457 Für Wild (Schulseelsorge, 66) kann Schulseelsorge „im Rahmen einer derartigen, an den Werten guter Schule orientierten bedarfsgerechten Entwicklungsarbeit einen wesentlichen Beitrag zur Humanisierung leisten".
458 Vgl. Wild, Schulentwicklung.

5.3 Schulseelsorge als Beitrag zur Schulentwicklung

Lehrer von Schulqualität wesentlich und zielt darauf ab, die Wahrnehmung der realen Schulsituation zu schärfen und die Verständigung über eine ideale Schulsituation zu ermöglichen.[459] Sie generiert als Ergebnis die Bedürfnisse der schulischen Akteure im Hinblick auf die reale und ideale Schule, die die Grundlage für die Formulierung von individuellen Zielen der einzelnen Schule bilden. Für Wild kann auch Schulseelsorge in das Zentrum der Wahrnehmung gerückt werden und ihr Beitrag innerhalb der Schulentwicklung analysiert werden. Als Wahrnehmungsraster für Schulseelsorge schlägt er Aussagen vor, die als Orientierung für Beobachtungsfragen von Schülerinnen und Schüler dienen können, um einerseits den schulseelsorgerlichen Beitrag zur Gestaltung einer Schule zu erfassen, zum anderen zur Qualitätsentwicklung von Schulseelsorge beizutragen.[460] Aus diesen forschungspraktischen Erwägungen resultiert im Rahmen der Schulseelsorge-Studie die Frage nach realer und idealer Situation von Schule. Aus der Perspektive der praktizierenden Schulseelsorgerinnen und Schulseelsorger wird die subjektive Wahrnehmung und Einschätzung des Verhältnisses von Schulseelsorge und Schulentwicklung erfragt.[461]

Interessant sind hier auch die Parallelen bzw. Analogien zur Wirksamkeitsforschung der Schulsozialarbeit. Es liegen einige, wenn auch relativ begrenzte empirische Erkenntnisse über die Effekte der Kooperation von Jugendhilfe und Schule vor. Olk/Speck analysieren am Beispiel der Schulsozialarbeit, als engster Form der Kooperation von Jugendhilfe und Schule[462], diese Befunde über die Wirkung und Wirkungszusammenhänge dieser Zu-

---

459 Nach Wild (Schulseelsorge, 65) kann Schulseelsorge „zur Verbesserung von Schulleben und Schulkultur beitragen".
460 Die Aussagen sind in Zusammenarbeit mit Schulseelsorgerinnen und Schulseelsorgern entstanden. Nach Wild (Schulseelsorge, 65) seien hier folgende Beispiele genannt: „Schulseelsorge sollte in der Schule präsent sein und zeigen, dass sie für mich als Schüler Zeit und ein Ohr hat. Schulseelsorge sollte in der Schule dafür stehen, dass ich hier gefragt bin und nicht nur gefragt werde."
461 Aus forschungspraktischen und -ethischen Gründen wird die Schulseelsorge-Studie nicht auf den Kreis der Schülerinnen und Schüler erweitert, wie von Wild vorgeschlagen. Eine Folgeforschung mit dem Expertenkreis der Schülerschaft ist aber durchaus denkbar.
462 Vgl. Olk/Speck, Was bewirkt Schulsozialarbeit?, 914.

sammenarbeit.[463] Als generalisierbares Ergebnis formulieren sie, dass die Schulsozialarbeit beispielsweise auf der Organisations-Ebene Schule die Verbesserung des Schulklimas und die Schulentwicklung unterstützt. In der Mehrheit handelt es sich hierbei um qualitativ-empirische Forschung. Da dieses Forschungsdesign besonders gut geeignet scheint, um Effekte und Wirkungen abzubilden, findet es auch im Rahmen der Schulseelsorge-Studie an allgemeinbildenden Gymnasien Verwendung.[464]

---

463 Olk/Speck (Was bewirkt Schulsozialarbeit?, 914) werten nur Studien aus, die sich durch „ein komplexes Forschungsdesign und eine hohe sozial- und bildungspolitische Bedeutung auszeichnen". Sie belegen durch eine Systematisierung der Befunde, dass Schulsozialarbeit auf vier Ebenen eine Wirkung auf die Schule und ihre Gruppen zeitigt und formulieren generalisierbare Befunde über Nutzungsquote und -zufriedenheit bzw. stellen einzelne relevante Ergebnisse dar.
464 Vgl. Olk/Speck, Was bewirkt Schulsozialarbeit?, 922f. Sicherlich würde ein Perspektivwechsel weg von der Wirkungs-, hin zur Nutzungsforschung aus einer bottom-up-Perspektive, die Klienten als aktive Subjekte verstehen, weitere Erkenntnisse bezüglich der Schulseelsorge an allgemeinbildenden Gymnasien zeitigen. Auch hier ist eine Anschlussstudie durchaus denkbar.

6 Zusammenfassung des Forschungsstandes und Präzisierung der Fragestellung

6.1 Zusammenfassung

Die Erhebung des Forschungsstandes zeigte, dass eine Vielzahl von Publikationen zum Thema Schulseelsorge bzw. Schulpastoral vorliegt, die aufgrund ihres Charakters in kirchliche Verlautbarungen, Artikel in Fachlexika, Erfahrungsberichte aus der Praxis, konzeptionelle Arbeiten und empirische Studien kategorisiert werden können.

Auffällig ist, dass Schulseelsorge/Schulpastoral keine schultheoretische Begründung oder Wahrnehmung von erziehungswissenschaftlicher Seite findet. Schulseelsorge scheint (noch) kein Thema für die Schulpädagogik zu sein. Auf die Grundlagenarbeit, die von Kristina Roth zur schultheoretischen Fundierung von Schulpastoral zu erwarten ist, wurde bereits verwiesen.

Relevant sind als kirchliche Verlautbarungen auf katholischer Seite der Beschluss der Würzburger Synode, der bereits 1976 der Schulseelsorge einen eigenen Abschnitt widmet, die Verabschiedung der Vereinigung der deutschen Ordensoberen von 1989 sowie die Erklärung der deutschen Bischofskonferenz von 1996. Sowohl die VDO als auch die deutschen Bischöfe entfalten das pastorale Verständnis des Zweiten Vatikanischen Konzils im Hinblick auf die Schulpastoral. Auf evangelischer Seite finden sich Verlautbarungen auf EKD-Ebene zur kirchlichen Bildungsverantwortung. Dezidiert auf die Schulseelsorge nehmen Publikationen einzelner Landeskirchen bzw. ihrer religionspädagogischen Institute sowie des Comenius-Instituts Bezug. Im Bereich der württembergischen Landeskirche sind mit dem *Mutmachbuch* und der Broschüre aus dem Jahr 2007 zwei Publikationen unterschiedlichen Charakters zur Schulseelsorge erschienen.

6.1 Zusammenfassung

Der Blick in die Fachlexika zeigte zum einen ein zunehmendes Interesse an Schulseelsorge bzw. Schulpastoral in den letzten 30 Jahren, zum anderen eine Wahrnehmung des Phänomens vor allem aus religionspädagogischer Perspektive. In grundlegenden Werken zur Theologie oder Seelsorge fehlt Schulseelsorge weitgehend. Neben meist deskriptiven, Einzelaspekte behandelnden Erfahrungsberichten finden sich Arbeiten, die Schulseelsorge bzw. Schulpastoral zu konzeptionalisieren suchen. Aus der Fülle konzeptioneller Monografien wurden die Arbeiten von Demmelhuber, Lames, Burkhard sowie die Studienbriefe vorgestellt. Auf evangelischer Seite sind für den gegenwärtigen Diskurs von Schulseelsorge Koerrenz/Wermke und Petermann, hinsichtlich einzelner Aspekte Schröder, und Büttner relevant. Im Anschluss an Büttner muss sicherlich gefragt werden, wie sich Religionsunterricht und Schulseelsorge zueinander verhalten. Während Petermanns Arbeit die Frage nach den Kompetenzen für Schulseelsorge aufwirft.

Im Bereich der empirischen Arbeiten ist zum einen auffallend, dass keine empirische Arbeit zur evangelischer Schulseelsorge vorliegt, zum anderen, dass die vorliegenden Studien überwiegend an berufsbildenden Schulen und Hauptschulen entstanden sind.

Die Erhebung des Forschungsstandes machte die einseitige Wahrnehmung der Schulseelsorge von kirchlicher, vor allem religionspädagogischer Seite deutlich, was sich auch im Fehlen der schulpädagogischen Wahrnehmung widerspiegelt. Weiter belegte der Gang durch die Literatur, dass empirische Arbeiten auf evangelischer Seite ebenso fehlen wie empirische Studien an anderen Schularten als der Berufs- oder Hauptschule. Auch konnte gezeigt werden, dass auf evangelischer Seite wenig konzeptionelle Literatur existent ist, was im Gegensatz zur Fülle an Erfahrungsberichten steht.[1] Dieser Befund betont die Notwendigkeit einer Forschung aus evangelischer Perspektive mit dem Ziel, empirisch fundiert zur Konzeptentwicklung von Schulseelsorge beizutragen.

---

1 Vgl. Thalheimer, Schulpastoral, 576.

6 Zusammenfassung des Forschungsstandes und Präzisierung der Fragestellung

Die hier exemplarisch sowie überblicksartig besprochene Literatur sowie die Vielzahl an (nicht besprochenen) Publikationen (vor allem Aufsätze) wurden im Anschluss an den Überblick über den Forschungsstand inhaltlich und systematisierend ausgewertet, um die Forschungskategorien und -fragen zu definieren und generieren.

Die systematisierende Auswertung der Literatur ergänzte die Kategorien jenes Kategorisierungsmodells, das zu Beginn des offenen Kodierprozesses zugrunde gelegt wurde. Gegenüber den Kategorien der Arbeitsdefinition der Württembergischen Landeskirche ist eindeutig eine Erweiterung zu konstatieren, die eine differenzierte Untersuchung von Schulseelsorge ermöglicht. Die Leitkategorien *Konzeption – Schulseelsorgeperson – Schulentwicklung* wurden aufrecht erhalten.

Der Gang durch die Literatur hat ergeben, dass sich die Leitkategorie der *Konzeption* durch die Unterkategorien *Grundlagen, Angebot* und *kontextuelle Verortung* näher bestimmen lässt.

Innerhalb der Unterkategorie *Grundlagen* sind schulseelsorgerliche Zielsetzung, Begründung, Adressaten, Grundprinzipien der Arbeitsweise sowie die Beschreibung von Schulseelsorge als spezifischem Seelsorgefeld von Bedeutung. Die Auswertung der Literatur zeigte, dass sich die *Ziele* von Schulseelsorge in einer persönlichen (Identitätsfindung, individuelle Lebenshilfe), religiösen (Religion bzw. Kirche erfahrbar machen, religiöse Identität/Glaube) und schulischen Perspektive (Gestaltung des Schullebens, ergänzendes Freizeitangebot) nachzeichnen lassen. Übereinstimmend wird Schulseelsorge als christlich motiviert und an christlichen Werten orientiert beschrieben, in großer Zahl ihr diakonisches und kritisches Moment betont.

Begründet wird Schulseelsorge vor allem in theologischer Hinsicht. Hier lassen sich vier Hauptlinien (Reaktion auf Gottes Handeln, Jesu Vorbild, Rechtfertigungsbotschaft, Erfahrungsreligion) erkennen. Überraschender Weise finden sich nur wenige Autoren, die schulseelsorgerliches Engagement schultheoretisch oder -pädagogisch begründen. Dies weist darauf hin,

6.1 Zusammenfassung

dass Schulseelsorge (noch) keine Rolle in der Erziehungswissenschaft spielt. Auf die Arbeit, die diesem Desiderat grundlegend begegnet, wurde schon an anderer Stelle verwiesen.

In der Literatur steht hinsichtlich der *Adressaten* ein enger Begriff (SchülerInnen, LehrerInnen und Eltern) einem weiten gegenüber (erweitert um technisches und administratives Schulpersonal). Daneben findet sich singulär ein sehr weites Verständnis von Adressaten, der den weiten Begriff um außerschulische Kooperationspartner ergänzt. Die *Grundprinzipien* schulseelsorgerlicher Arbeitsweise sind vielfältig und werden hauptsächlich als Freiwilligkeit, Offenheit, Personalität, Situationsabhängigkeit, Kooperation und Ökumene beschrieben. Die Betonung des Prinzips der Personalität bestärkt mich in der Entscheidung, die Person der Schulseelsorgerin bzw. des Schulseelsorgers im Rahmen der vorliegenden Arbeit eingehend und gesondert zu untersuchen. Interessant ist die Tendenz, dass es zwischen literarischem Befund und empirischen Studien eine Diskrepanz bzw. Verschiebung von Grundprinzipien gibt, die vielleicht auf eine veränderte Praxis hinweisen könnten. Vereinzelt finden sich in der Literatur Beschreibungen, die die Schulseelsorge im Verhältnis oder in *Abgrenzung* zu anderen Seelsorgefeldern charakterisieren. Allerdings kann hier noch nicht von Abgrenzungsmerkmalen im Sinne von Abgrenzungskriterien die Rede sein.

Die Auswertung der Literatur zeigte, dass die *Angebote von Schulseelsorge* das schulseelsorgerliche Gespräch als wesentlichen Bestandteil sowie weitere Angebote umfassen. Dabei wird dem *schulseelsorgerliche Gespräch* in der Literatur mit breiter Aufmerksamkeit begegnet. Dies heißt nicht, dass das Schulseelsorgegespräch hinreichend erforscht und Impulse für eine Theoriebildung redundant wären. Vielmehr handelt es sich um postulierende bzw. erfahrungsbasierte (Einzel-) Beschreibungen einzelner Parameter des Gesprächs. Als forschungsrelevant sind aufgrund des literarischen Befundes die Parameter Ziel, Ort, Struktur, Initiation, Adressaten und Inhalt zu bezeichnen. In der Literatur wird darüber hinaus *weiteren schulseelsorgerlichen Angeboten* Beachtung geschenkt. Dabei sind zum einen ein bemerkens-

6 Zusammenfassung des Forschungsstandes und Präzisierung der Fragestellung

wertes Angebotsspektrum und unterschiedliche Möglichkeiten seiner Kategorisierung zu erkennen. Zum anderen steht einem engen Verständnis des schulseelsorgerlichen Angebots (Beschränkung auf religiös-spirituelle Angebote) ein sehr weites Verständnis (von Hausaufgabenbetreuung bis Gottesdienst) gegenüber.

Innerhalb der *kontextuellen Verortung* von Schulseelsorge sind die strukturellen Rahmenbedingungen, die Verortung von Schulseelsorge im schulischen Kontext, Schulseelsorge im Verhältnis von Schule und Kirche, das Verhältnis von Schulseelsorge und Religionsunterricht sowie Kooperation und Abgrenzung von Interesse. Im Rahmen der *strukturellen Rahmenbedingungen* werden vor allem die finanziellen Ressourcen in der Literatur thematisiert, die mit personellen, materiellen und räumlichen Rahmenbedingungen korrelieren. Die konkretisierten Forderungen hinsichtlich der Ausstattung von Schulseelsorge mit Zeit (Verfügungs-/Deputatsstunden) und Raum werden durch die Ergebnisse der empirischen Studien belegt. In der Literatur findet die *Verortung von Schulseelsorge* im schulischen Kontext vereinzelt Beachtung. Innerhalb der thematisch relevanten Literatur ist eine Tendenz wahrzunehmen, dass sie sich als Reflexion der Verortung der Schulseelsorge in einem personalisierten Sinne konkretisiert.

Die systematisierende Auswertung der Literatur zeigte, dass die Schulseelsorge im *Verhältnis von Kirche und Schule* beleuchtet wird, ohne dass sich eine befriedigende schultheoretische Begründung finden ließe. Vielmehr wird problematisiert, wer und in welchem Maße (Kirche, Schule und Gemeinde) die Schulseelsorge als Aufgabe verantworte. Vielfach beachtetet wird das *Verhältnis von Schulseelsorge und Religionsunterricht*. Abgesehen von der grundsätzlichen Unterscheidung aufgrund der juristischen Verortung des Religionsunterrichts als ordentliches Lehrfach, finden sich zwei konträre Positionen. Während die erste Position eine klare Trennung von Schulseelsorge und Religionsunterricht entfaltet, postulieren die Vertreter der zweiten Position einen (unterschiedlich ausgeprägten) Zusammenhang von Schulseelsorge und Religionsunterricht. Dieser Befund sensibilisiert

6.1 Zusammenfassung

aufgrund seiner quantitativen und qualitativen Vielfalt für die Erforschung jener Verhältnisbestimmung, die die praktizierenden Schulseelsorgerinnen und Schulseelsorger entfalten

Da sich die Schulseelsorge in einem Netz von (schulischen) Akteuren bewegt, kann die kontextuelle Verortung von Schulseelsorge hinsichtlich der Unterkategorien *Kooperation und Abgrenzung* auch im Sinne einer Begrenzung von Schulseelsorge differenziert werden. In der Literatur werden verschiedene innerschulische und/oder außerschulisch Kooperationspartner genannt, beispielsweise (Fach-) Kolleginnen und Kollegen, Sozialarbeiter, Kriseninterventionsteam sowie Kirchengemeinden, Bezirksjugendwerke, Beratungsstellen, Stadtjugendämter und Vereine. In Abgrenzung der Schulseelsorge gegenüber anderen schulischen Akteuren findet Beachtung gegenüber den Beratungs- oder Verbindungslehrkräften, besonders aber gegenüber der Sozialarbeit.

Die systematisierende Auswertung der Literatur zeigte weiter, dass Schulseelsorge häufig als personales Angebot beschrieben wird. In einem solchen, vom Grundprinzip der Personalität geprägten Verständnis kann die Leitkategorie der *Schulseelsorgeperson* aufgrund der Unterkategorien Selbstverständnis, Beauftragung, Kompetenzen, Qualifizierung und Motivation differenziert analysiert werden.

Die Unterkategorie *Selbstverständnis* der Schulseelsorgeperson umfasst Aussagen über den *beruflichen Hintergrund*, die Lehrtätigkeit und das Unterrichtsfach der Schulseelsorgeperson. Um das Selbstverständnis zu erfassen, bedarf es dieser differenzierten Kategorien, da das Amt der/s Schulseelsorgers/in gegenwärtig noch kein eigenständiges Amt ist, sondern ein (z. T. ehrenamtliches) Engagement von (Schul-)Pfarrerinnen und Pfarrern, kirchlichen Religionslehrerinnen und -lehrern oder staatlichen Lehrerinnen und Lehrern. Alle drei Berufe werden in der Literatur als Hintergrund für Schulseelsorge reflektiert – teilweise ambivalent bzw. in sehr unterschiedlicher Intensität. Ambivalent, aber überwiegend positiv wird die *Lehrtätigkeit* als Hintergrund des schulseelsorgerlichen Engagements bewertet, wo-

6 Zusammenfassung des Forschungsstandes und Präzisierung der Fragestellung

hingegen das Unterrichtsfach Religion ausschließlich positive Bewertung findet. Der berufliche *Hintergrund als Religionslehrende* eignet sich nach Aussagen der Literatur demnach besonders für Schulseelsorge, zum einen aufgrund der fachlichen und theologischen Kompetenz von Religionslehrenden, zum anderen aufgrund des Unterrichtsfaches, das Räume für schulseelsorgerliche Themen eröffnet. Umgekehrt wird auch die positive Auswirkung der schulseelsorgerlichen Tätigkeit auf die Tätigkeit als Religionslehrende betont und empirisch belegt. Gleichwohl wird in der Literatur darauf hingewiesen, dass ein system-immanenter Ansatz von Schulseelsorge eine ambivalent zu bewertende Doppelrolle evoziert: Schulseelsorgepersonen, die zugleich Lehrende und Schulseelsorgende sind, sehen sich einem intrapersonalen Rollendiffusion oder -konflikt gegenüber. Vereinzelt führt dies zur Forderung eines system-kooperativen oder -distanzierten Ansatzes von Schulseelsorge.

In der Literatur wird die Problematik der *Beauftragung* angerissen, allerdings eher im Sinne einer Darstellung des Ist-Zustandes. So bindet die Württembergische Landeskirche das offizielle schulseelsorgerliche Engagement an eine Beauftragung, der eine qualifizierende Vorbereitungsmaßnahme vorweg geht. Auch auf katholischer Seite ist die kirchenamtliche Beauftragung für Schulseelsorge Voraussetzung schulseelsorgerlichen Engagements. Ob die Beauftragung durch eine *vocatio* bzw. *missio canonica* ausreicht oder ob es dazu eines offiziellen Aktes bedarf, scheint unterschiedlich beurteilt zu werden. Allerdings berücksichtigen die thematisch relevanten Publikationen nicht das Selbstverständnis hinsichtlich der Beauftragung: Daher wird im Rahmen der empirischen Studie zu bedenken sein, wie sich praktizierende Schulseelsorgerinnen und Schulseelsorger in ihrer Beauftragung wahrnehmen – ungeachtet einer offiziellen kirchlichen Beauftragung

In der Literatur findet sich eine Vielzahl von Aussagen über *Kompetenzen* der Schulseelsorgeperson. Die systematisierende Auswertung des literarischen und (vereinzelt) empirischen Befundes zeigt, dass sowohl die Seelsorge als Tätigkeitsfeld als auch der spezifische schulische Kontext die-

6.1 Zusammenfassung

ses Tätigkeitsfeldes spezielle Kompetenzen im Sinne einer Sachkompetenz erfordern. Grundlegend scheinen außerdem selbstreflexive und soziale Kompetenzen zu sein, die den Umgang mit sich und anderen ermöglichen.

In der Literatur wird die Frage nach der Notwendigkeit einer *Qualifizierung* im Sinne einer Aus- bzw. Fortbildung für Schulseelsorge sowohl von konzeptioneller als auch empirischer Seite als positiv beantwortet. Ein homogenes Bild ist hinsichtlich der *Motivation* von Schulseelsorgepersonen zu verzeichnen: Als Motiv für schulseelsorgerliches Engagement wird in der Literatur der persönliche, christliche Glaube der Schulseelsorgeperson gewertet.

In großer Zahl wird in der Literatur vertreten, dass Schulseelsorge einen Beitrag zur Schulentwicklung, Schulkultur bzw. zum Schulklima leiste. Vor allem konzeptionelle Arbeiten postulieren dies, aber auch einige empirische Studien formulieren und illustrieren einen schulseelsorgerlichen Beitrag zur Schulentwicklung, wenn auch nur für einzelne Schularten.

Um dieser Diskussion adäquat zu begegnen, wurde eine terminologische Klärung der Begrifflichkeiten *Schulentwicklung* und *Schulkultur* skizziert. Diese Klärung zeigt das jeweilige terminologische Verständnis auf, das der vorliegenden Arbeit zugrunde liegt (nicht aber mit dem der zitierten Autoren identisch sein muss) und soll eine erste Orientierung bieten. Unter *Schulentwicklung* ist zum einen ein alltäglicher, ungesteuerter Prozess zu verstehen, andererseits, und darauf kommt es im Folgenden an, die systematische, bewusst gesteuerte Schulentwicklung einer Einzelschule mit dem Ziel einer „qualitätsorientierten Profilbildung innerhalb staatlicher Vorgaben".[2] Hinsichtlich der Schulkultur hat der Gang durch die Literatur gezeigt, dass gegenwärtig kein einheitliches Verständnis von Schulkultur zu erkennen ist. Entweder stellt die Schulkultur einen Oberbegriff der Schulentwicklung dar, d. h. die systematische Schulentwicklung ist Teil der Schulkultur, oder aber die Schulkultur ist Teil der systematischen Schulentwicklung. Im Rahmen der vorliegenden Arbeit wird Schulkultur als Oberbegriff verstan-

---

2   Rahm, Kooperative Schulentwicklung, 83.

6 Zusammenfassung des Forschungsstandes und Präzisierung der Fragestellung

den und umfasst in seiner Gesamtheit alle schulischen Prozesse. Dagegen wird nach Schulentwicklung im Sinne eines systematischen, bewussten Prozesses an der Schule gefragt.

In der Literatur findet sich an einer Stelle die Forderung, dass es einer Verankerung von Schulseelsorge im Schulprogramm bedarf, um Schulseelsorge zu ermöglichen, was als Implementierung der Schulseelsorge in eine bewusste, systematische Schulentwicklung gedeutet werden könnte. Diese Aussage deutet auch darauf hin, dass *Strukturen* vorhanden sein müssen, um den schulseelsorgerlichen Beitrag zur Schulentwicklung zu ermöglichen.

Die in der Literatur vorfindlichen *Beispiele* illustrieren den schulseelsorgerlichen Beitrag zur Schulentwicklung. Ihre quantitative und qualitative Vielfalt lässt sich in zwei Verständnisse des schulseelsorgerlichen Beitrags kategorisieren. Einem umfassenden Verständnis steht ein eher enges Verständnis gegenüber: Das enge Verständnis betont und illustriert den schulseelsorgerlichen Beitrag zur Schulentwicklung in seiner religiös-spirituelle Dimension. Damit korrelieren auch die empirischen Studien, die als Beispiele für den schulseelsorgerlichen Beitrag zur Schulentwicklung religiös-spirituelle Ausdrucksformen anführen. Allerdings verweisen sie darüber hinaus auf das weite Verständnis des schulseelsorgerlichen Beitrags, wenn sie belegen, dass schulseelsorgerliche Angebote die Entwicklung von sozialen und personalen Kompetenzen fördern, die Auswirkung auf die Verbesserung des Schulklimas hat. Dieses weite Verständnis wird in konzeptionellen Arbeiten erweitert: Demnach umfasst der schulseelsorgerliche Beitrag zur Schulentwicklung nicht nur Angebote zur Fest- und Feierkultur, sondern reicht als Förderung einer Schulkultur, „die sich den christlichen Wertvorstellungen verpflichtet weiß"[3] von der „Suche nach [...] kinderfreundliche[r] Einschulung [...], ein[em] solidarisches Miteinander [bis hin zur] Eröffnung von religiösen Erlebnis- und Erfahrungsfeldern".[4]

---

3 Linsen, Beitrag, 96.
4 Linsen, Beitrag, 96.

6.1 Zusammenfassung

Schulseelsorge stellt im komplexen schulischen System einen potentiellen Beitrag zur Schulentwicklung unter anderen dar. Wie und wodurch sich der schulseelsorgerliche Beitrag zu anderen schulischen Beiträgen zur Schulentwicklung *abgrenzt*, wird angesichts des Desiderats in der Literatur zu fragen sein.

6.2 Präzisierung der Fragestellung

Aus dem Prozess der systematisierenden Auswertung der Literatur ergaben sich Kategorien. Sie dienen als heuristisches Raster für die empirische Befragung.

I Konzeption von Schulseelsorge
- Grundlagen
  - Zielsetzung/Ausrichtung von Schulseelsorge
  - Theologische Begründung von Schulseelsorge
  - Adressaten von Schulseelsorge
  - Grundprinzipien schulseelsorgerlicher Arbeitsweise
  - Schulseelsorge als spezifisches Seelsorgefeld
- Angebote von Schulseelsorge
  - Das schulseelsorgerliche Gespräch
    - Ort und Form des schulseelsorgerlichen Gesprächs
    - Beginn des schulseelsorgerlichen Gesprächs
    - Ablauf und Ziel des schulseelsorgerlichen Gesprächs
    - Inhalt des schulseelsorgerlichen Gesprächs
  - Weitere Angebote von Schulseelsorge
- Kontextuelle Verortung von Schulseelsorge
  - Strukturelle Rahmenbedingungen von Schulseelsorge
  - Verortung der Schulseelsorge im Kontext Schule
  - Schulseelsorge im Verhältnis von Schule und Kirche
  - Schulseelsorge und Religionsunterricht

6 Zusammenfassung des Forschungsstandes und Präzisierung der Fragestellung

- Kooperation und Abgrenzung

II Die Schulseelsorgeperson – Schulseelsorge als personales Angebot
- Selbstverständnis und beruflicher Hintergrund
  - Beruflicher Hintergrund
  - Die Schulseelsorgeperson als Lehrende und Religionslehrende
  - Personalunion und Rollenbewusstsein
- Beauftragung der Schulseelsorgeperson
- Kompetenzen der Schulseelsorgeperson
- Qualifizierung der Schulseelsorgeperson
- Motivation der Schulseelsorgeperson

III Schulseelsorge als Beitrag zur Schulentwicklung
- Verständnis von Schulentwicklung
- Beispiele für den Beitrag der Schulseelsorge zur Schulentwicklung
- Strukturen, die den Beitrag der Schulseelsorge zur Schulentwicklung ermöglichen
- Abgrenzung der Schulseelsorge zu anderen Beiträgen zur Schulentwicklung

Aus den Kategorien werden im Folgenden Forschungsfragen zu empirischen Bearbeitung präzisiert. Sie bilden die Grundlage des Interviewleitfadens.[5]

I Konzeption von Schulseelsorge
Grundlagen
- Welche Ziele verfolgt Schulseelsorge?
- In welchem Verhältnis stehen die Zielsetzungen zueinander?
- Wie wird Schulseelsorge theologisch begründet?

---

5 Siehe Kapitel 6.1.4.2.

6.2 Präzisierung der Fragestellung

- Wer sind die Adressaten von Schulseelsorge?
- Inwiefern sind Anspruch und Wirklichkeit deckungsgleich? (tatsächlich und potentielle Adressaten)
- Welche Grundprinzipien sind charakteristisch für schulseelsorgerliches Handeln?
- Wie wird das Spezifische einer Theorie von Schulseelsorge zu anderen Seelsorgefeldern beschrieben?

Angebote von Schulseelsorge

- An welchen Orten und mit welchen Adressaten finden schulseelsorgerliche Gespräche statt?
- Inwiefern sind Ort und Form (verabredet/spontan, Einzelgespräch/Gruppengespräch) des schulseelsorgerlichen Gesprächs abhängig von den Adressaten?
- Wie werden seelsorgerliche Gespräche im Kontext Schule initiiert?
- Von welchen Faktoren ist die Initiation schulseelsorgerlicher Gespräche abhängig (Adressaten, Situation, Schulseelsorgeperson, Genderaspekte, Form)?
- Welche Gesprächsstruktur weisen schulseelsorgerliche Gespräche im Kontext des Gymnasiums auf? (Fragetechniken, Formulierungen, Verhaltensweisen, verbalisiere Grundhaltungen, Gesprächsenden)
- Inwiefern beinhalten Gesprächselemente eine geistliche Dimension?
- Welche Kriterien muss ein Gespräch erfüllen, um als schulseelsorgerliches Gespräch verstanden zu werden?
- Inwiefern treffen Gesprächselemente Aussagen über implizite Gesprächs- oder Seelsorgetheorien? Spielen Gesprächs- oder Seelsorgetheorien eine Rolle in der Gesprächsführungspraxis?
- Wie werden die Ziele schulseelsorgerlicher Gespräche beschrieben?
- Welche Inhalte hat das schulseelsorgerliche Gespräch an Gymnasien?
- Welche Angebote werden an Gymnasien gemacht?
- Ist eine Schwerpunktsetzung an Gymnasien zu beobachten?

6 Zusammenfassung des Forschungsstandes und Präzisierung der Fragestellung

- Welches Verständnis von Schulseelsorge liegt aufgrund des Angebotsspektrums an Gymnasien vor?

Kontextuelle Verortung von Schulseelsorge
- Welche strukturellen Rahmenbedingungen sind in der Praxis bedeutsam?
- Welche Rahmenbedingungen sind (mit welchem Ziel) aus Sicht der Beteiligten wünschenswert?
- Wo verortet ist die Schulseelsorge im System Schule verortet?
- Wo wird Schulseelsorge im Verhältnis von Schule und Kirche verortet?
- Wie wird das Verhältnis von Schulseelsorge und Religionsunterricht beschrieben?
- Welche Rolle muss der Kooperation an allgemeinbildenden Gymnasien beigemessen werden?
- Welche Kooperationspartner sind in der Praxis relevant?
- Wie wird die Abgrenzung der Schulseelsorge zu anderen (schulischen) Beratungsinstanzen beschrieben und begründet?

II Die Schulseelsorgeperson – Schulseelsorge als personales Angebot?
- Wie wird das berufliche Hintergrund der Schulseelsorgeperson bewertet?
- Wie wird das Lehrersein als Hintergrund des schulseelsorgerlichen Engagements bewertet?
- Wie wird die Personalunion bewertet?
- Existiert ein Rollenbewusstsein, das das Selbstverständnis der Schulseelsorgeperson prägt?
- Wie und von wem fühlen sich Schulseelsorgepersonen beauftragt?
- Welchen Kompetenzen sind für das schulseelsorgerliche Handeln relevant?

6.2 Präzisierung der Fragestellung

- Wie wird die Aus- oder Fortbildung für Schulseelsorge bewertet und inhaltlich gefüllt?
- Welche Motivation liegt dem Engagement zugrunde?

III Schulseelsorge als Beitrag zur Schulentwicklung?
- Ist die Schulseelsorge Teil des Schulentwicklungsprozesses oder des schulischen Leitbildes?
- Kann Schulseelsorge einen Beitrag zur Schulentwicklung leisten?
- Welchen Beitrag kann die Schulseelsorge zur Schulentwicklung leisten? Beispiele
- Welche Strukturen fördern den schulseelsorgerlichen Beitrag zur Schulentwicklung?
- Was ist das Besondere des Beitrages der Schulseelsorge zur Schulentwicklung in Abgrenzung zu anderen Beiträgen?

Teil III: Qualitativ-Empirische Studie

7 Methodik

Die systematisierende Auswertung der Literatur führte zu einer Präzisierung der Forschungsfragen. Die Forschungsfragen sind in drei Komplexe zu untergliedern, die den Kernkategorien der Arbeitsdefinition entsprechen. Allerdings wurde, wie in den Kapiteln 5-6 dargestellt und begründet, gegen die Begrifflichkeit der Schulkultur und für den Begriff der Schulentwicklung votiert. Die Kernkategorien der Forschungsfragen lauten demnach: *Konzeption – Schulseelsorgeperson – Schulentwicklung.* Diese Kategorien konkretisieren sich in ausformulierten Fragen, die die Grundlage für den Interview-Leitfaden und damit den Ausgangspunkt für die empirische Studie bilden.

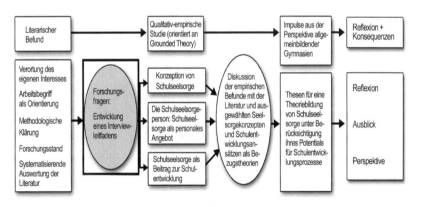

Bevor der Interview-Leitfaden aus den Forschungsfragen, die in Kapitel 6 in der Auseinandersetzung mit der Literatur systematisch ausgearbeitet wurden, Gestalt annimmt, wird im Folgenden geklärt, welche methodischen Grundentscheidungen und Vorgehensweise der empirischen Bearbeitung zugrunde liegen.

7.1 Methodische Entscheidungen

7.1.1 Qualitativ-empirische Forschung

Im Hinblick auf das Forschungsdesign wurden zwei grundsätzliche Entscheidungen getroffen bzw. präzisiert: Die erste Entscheidung fiel zugunsten einer *empirischen Studie*. Sie ist zum einen in der Tatsache begründet, dass kaum wissenschaftlich-reflektierte Literatur zum Thema existiert, die eine Feldforschung redundant erscheinen ließe. Zum anderen scheint die empirische Forschung im Hinblick auf die vorliegende Fragestellung gewinnbringend zu sein, da sie es ermöglicht, das aktuelle Phänomen der Schulseelsorge zeitnah zu erforschen und somit die Grundlage für die theoretische Reflexion praktischer Schulseelsorgeerfahrungen bildet.[1]

Die zweite grundsätzliche Entscheidung fiel zugunsten des *qualitativen Ansatzes*. Diese liegt zum einen darin begründet, dass das Forschungsinteresse auf die Rekonstruktion von subjektiven Eigentheorien der Schulseelsorgerinnen und Schulseelsorger fokussiert.[2] Gerade die qualitativen, verstehenden Methoden der Sozialforschung können einerseits diese „Vielfalt des menschlichen Lebens"[3] und der subjektiven Deutungen, andererseits „die je eigene Subjekthaftigkeit des Menschen"[4] aufzeigen. Zum anderen stellt „das Subjekt der forschenden Person und seiner Prämissen einen konstitutiven Bestandteil der erkenntnistheoretischen Voraussetzungen, der [qualitativen] Methode und der Theoriebildung dar".[5] Die Betonung des Subjekts des forschenden Individuums in der qualitativen Forschung

---

1 Vgl. Kapitel 4. Vgl. auch: Kießling, Praktische Theologie, 124ff. Klein, Erkenntnis und Methode, 291f.
2 Vgl. Helfferich, Die Qualität qualitativer Daten, 19. Prengel/Friebertshäuser/Langer, Perspektiven, 34. Klein, Zum Verhältnis von Glaube und Empirie, 242.
3 Klein, Zum Verhältnis von Glaube und Empirie, 241. Nach Klein (Zum Verhältnis von Glaube und Empirie, 241.) sind qualitative Methoden „den quantitativen Methoden überlegen, die die „menschliche Wirklichkeit nur auf wenige messbare Punkte reduzieren".
4 Klein, Zum Verhältnis von Glaube und Empirie, 241.
5 Klein, Zum Verhältnis von Glaube und Empirie, 241.

findet sich in besonderer Weise im Ansatz des Persönlichen Gesprächs von Inghard Langer wieder, dessen Ansatz deshalb für diese Arbeit Orientierung bietet (vgl. 6.2).

7.1.2 Gütekriterien qualitativ-empirischer Forschung

Die Grundsatzentscheidungen zugunsten eines qualitativ-empirischen Forschungsdesigns ziehen Anfragen an die „Forschungsqualität" nach sich: Qualitativ-empirische Forschung muss sich an *Gütekriterien* messen lassen, die für die Sozialforschung Geltung besitzen. Da jene Gütekriterien, die für die quantitative Sozialforschung entwickelt wurden, aufgrund der Methodik und Reichweite nur bedingt auf die qualitative Forschung angewandt werden können[6], gilt es, einen Kriterienkatalog aufzustellen, an dem sich gerade eine qualitativ-empirische Forschung messen lassen kann (und muss).

In Anlehnung an Steinke wähle ich als Anhaltspunkte für die Überlieferung der erreichten Qualität des Forschungsprozesses und als Maßnahme der Qualitätssicherung[7] die Kriterien der intersubjektiven Nachvollziehbarkeit, der Indikation des Forschungsprozesses, der empirischen Verankerung, der Limitation, der Kohärenz, der Relevanz und der reflektierten Subjektivität[8] und erweitere sie durch das (aus der quantitativen Forschung stammende) Kriterium der Repräsentativität. Im Folgenden werden sie im Hinblick auf die vorliegende Arbeit ausgeführt.

---

6 Glaser und Strauss benennen, unter anderen „Vorzeichen" (Strübing, Grounded Theory, 76), Reliabilität, Repräsentativität und Validität als Maßstäbe, an denen sich der Prozess der Theoriegenerierung und die Ergebnisse meiner Studie auszurichten haben. Dies sehe ich allerdings kritisch: Diese klassische Trias, erweitert durch das Kriterium der Objektivität, wurde für die standardisierte, quantitative Forschung entwickelt und ist nur bedingt auf qualitative Forschung übertragbar. (Vgl. auch: Steinke, Gütekriterien, 323) Zudem muss bedacht werden, dass die Gütekriterien anders definiert sind, je nachdem ob sie auf quantitative oder qualitative Forschung angewandt werden. So ist die Wiederholbarkeit der Studie anders als in der quantitativen Sozialforschung beim Konzept der Grounded Theory mit identischen Ergebnissen nicht möglich, da das Konzept der Prozesshaftigkeit der sozialen Wirklichkeit unterliegt. (Vgl. Strübing, Grounded Theory, 77)
7 Vgl. Strübing, Grounded Theory, 76.
8 Vgl. Steinke, Gütekriterien, 324-331.

7.1 Methodische Entscheidungen

Die vorliegende qualitative Forschung basiert auf Einzelfällen, deren Ergebnisse nicht den Anspruch erheben, im quantitativen Sinne statistisch repräsentativ zu sein. Ihr Ziel ist es vielmehr, eine Repräsentanz abzubilden, indem „das Allgemeine im Besonderen"[9] gefunden und daraus Impulse für eine Theorie generiert werden, die das Phänomen Schulseelsorge spezifiziert, intern widerspruchsfrei ist, extern eine adäquate Repräsentation der sozialen Wirklichkeit garantiert und damit „konzeptuell repräsentativ"[10] ist. Gleichwohl führt der „Nachvollzug des subjektiv gemeinten Sinns"[11] zur „Rekonstruktion von Strukturen"[12], die den objektiven Sinn generieren. Hierbei ist im Sinne der intersubjektiven Transparenz die Explikation des Forschungsprozesses zum Zwecke der Nachvollziehbarkeit notwendig.[13]

Da qualitative Forschung anders als quantitative nicht intersubjektiv überprüft werden kann, ist eine intersubjektive Nachvollziehbarkeit vonnöten: D. h. die Ergebnisse können bewertet werden, wenn der Prozess der Forschung nachvollziehbar ist. Dies wird erreicht durch die Dokumentation des Forschungsinteresses (Vorverständnis der Forschenden, methodologische und wissenschaftstheoretische Entscheidungen) und Maßnahmen im Forschungsprozess wie beispielsweise das *Peer Debriefing*[14], die Überprüfung der Angemessenheit der Interpretation im Nachvollzug des ganzen Forschungsprozesses (*Auditing*) oder die argumentative Interpretationsabsicherung (Einzelfallanalysen als transparente Basis).[15]

Ob der gesamte Forschungsprozess angemessen ist, kann beurteilt werden, wenn die Indikation des qualitativen Vorgehens, der Methodenwahl, der Transkriptionsregeln, der Samplingstrategie, der methodischen

---

9 Lamnek, Qualitative Sozialforschung, 186.
10 Strübing, Grounded Theory, 31. Vgl. Ebd., 79.
11 Lamnek, Qualitative Sozialforschung, 28.
12 Lamnek, Qualitative Sozialforschung, 31.
13 Vgl. Lamnek, Qualitative Sozialforschung, 180.
14 Besprechung mit nicht an der Forschung Beteiligten. Vgl. Lamnek, Qualitative Sozialforschung, 161.
15 Vgl. Lamnek, Qualitative Sozialforschung, 161. Mayring, Einführung, 119. Glaser/Strauss, Grounded Theory, 228. Strübing, Grounded Theory, 81.

7 Methodik

Einzelentscheidungen und der Bewertungskriterien transparent ist. Ausführlich und sorgfältig wird dies in den Kapiteln 4 und 7 dargelegt und begründet.

Die Theoriegenerierung muss in empirischen Daten begründet sein, was im Rahmen der Kapitel 8-9 vollzogen und transparent dargestellt wird.

Die Impulse für eine Theorie von Schulseelsorge, wie sie die vorliegende Arbeit anstrebt, basieren auf den Erfahrungen, Deutungen und Strukturen des speziellen schulischen Kontextes des allgemeinbildenden Gymnasiums. Daher müssen in Auseinandersetzung mit dem literarischen Befund die Grenzen der Verallgemeinerbarkeit ausgelotet werden (Vgl. Kapitel 10).

Die Theorie wird hinsichtlich ihrer Konsistenz, Kohärenz und Abwesenheit innerer Widersprüche geprüft. Um diesem Gütekriterium gerecht zu werden, wurde bewusst die Entscheidung zugunsten der Aufnahme und ausführlichen Darstellung der Einzelfallanalysen in diese Arbeit getroffen. Nur so ist es dem Leser möglich, die inneren Widersprüche intersubjektiv nachzuvollziehen.

Die Impulse für eine Theorie von Schulseelsorge wollen einen Beitrag für die Forschung im Bereich der Religionspädagogik mit Ausblick auf die Poimenik und die schulpädagogische Erforschung der Schulentwicklung leisten. An diesem Anspruch muss sich die Arbeit hinsichtlich ihres Nutzens für die Forschung messen lassen.

Dieses Kriterium prüft, inwiefern die Rolle des Forschers als Subjekt reflektiert wurde. Dazu finden sich eine Reflexion des Vorverständnisses der Forscherin und ihrer subjektiven Vorerfahrungen in Kapitel 1 sowie eine ausführliche Reflexion am Ende der Arbeit.

7.1 Methodische Entscheidungen

7.1.3 Grounded Theory als Basis

Zur Gewinnung der empirischen Befunde orientiere ich mich am *Grounded-Theory-Konzept*.[16] Die Grounded Theory stellt für mein Forschungsinteresse eine adäquate Konzept der gegenstandsbezogenen Theoriebildung dar, da sie dem forschenden Subjekt einen konstitutiven Ort in der Methode beimisst, die Subjektivität der Interviewpartnerinnen und -partner betont und damit auch die Gültigkeit der Theorie in einen konkreten Bezugsrahmen stellt.[17] Auch weiß sich die Grounded Theory einem Arsenal von Vorgängen verpflichtet, die zur Erzielung qualitativ hochwertiger Ergebnisse - im Sinne der unter 7.1.2 beschriebenen Gütekriterien - beiträgt.[18] Die Theoriegenerierung auf der Grundlage von empirischen Befunden hat außerdem den elementaren Vorteil, dass die „Konzepte nicht nur aus den Daten stammen, sondern im Laufe der Forschung systematisch mit Bezug auf die Daten ausgearbeitet werden"[19] und damit auch die Vorerfahrungen relativieren. Die erhobenen Befunde sind also zugleich Basis und Korrektiv der Theorie. Ferner räumt die Grounded Theory eine große Freiheit in ihrer Anwendung ein, da sie je nach Situation, Gegenstand, Forschungsfrage und eigenen Kompetenzen angepasst und modifiziert werden kann.[20]

Im folgenden, induktiv angelegten Forschungsprozess orientiere ich mich an den methodischen Grundschritten der Grounded Theory und modifiziere sie gegebenenfalls. Sie werden hier nur überblicksartig, in den fol-

---

16 Im Folgenden wird anstatt des Terminus *Konzept der Grounded Theory* nur *Grounded Theory* verwendet, obgleich mir bewusst ist, dass es sich bei der Grounded Theory nicht um eine geschlossene Theorie handelt, sondern um ein Konzept. Ferner bin ich mir der Divergenz von Glasers und Strauss' Auffassungen der Grounded Theory bewusst. Während Strauss ein eher pragmatisch-interaktionistisches Methodenverständnis vertritt, ist Glasers Ansatz ein induktivistischer. Aus Gründen der Lesbarkeit werde ich allerdings die Differenzen nicht aufführen, da dies den Rahmen der Arbeit sprengen würde. Vgl. Glaser/Strauss, Grounded Theory, 15. Strübing, Grounded Theory, 91.
17 Vgl. Klein, Erkenntnis und Methode, 288.
18 Vgl. Strübing, Grounded Theory, 76.
19 Strübing, Grounded Theory, 87.
20 Vgl. Strübing, Grounded Theory, 87; 16f.

genden Unterkapiteln aber ausführlich dargestellt. Unter Rückgriff auf die wissenschaftstheoretischen Überlegungen in Kapitel 4.2 ergänze ich sie um die entsprechenden Schritte von Vens Zyklus:

Ausgehend von meinen subjektiven Erfahrungen mit Schulseelsorge und dem daraus resultierenden Forschungsinteresse wurde durch die systematisierende Auswertung der Literatur die Präzisierung der Forschungsfrage(n) erreicht. Im Sinne Vens kann dieser Vorgang als die theologischen *Phasen der Problem- und Zielentwicklung, theologischen Deduktion und der theologischen Induktion* verstanden werden.

Nach einem den Forschungsfragen angemessenen *Sampling*[21] werden Interviewpartnerinnen und -partner ausgewählt, deren Aussagen transkribiert und dadurch als Grundlage für einen interpretativen Zugang zu den gewonnenen Daten gelten. Diese Befunde werden mithilfe eines dreistufigen Kodierprozesses, der sich aus offenem, axialen und selektiven Kodieren zusammensetzt[22], systematisiert und damit Kategorien, d.h. konzeptuelle Theorieelemente und Eigenschaften entwickelt. Der Vergleich von Vorkommnissen und die Integration einzelner Niveaus einer Theorie[23] zur Generierung von theoretischen Eigenschaften der Kategorie wird begleitet durch das Verfassen *analytischer Memos*, die eine fortlaufende Ergebnissicherung ermöglichen und Widersprüche offenlegen.[24] Dieser Schritt des

---

21 Vgl. Strübing, Grounded Theory, 32. Merkens, Auswahlverfahren, 297.
22 Das *offene Kodieren* dient dem „Aufbrechen" der Daten durch ein analytisches Herauspräparieren einzelner Phänomene und ihrer Eigenschaften. Das *axiale Kodieren* zielt auf das Erarbeiten eines phänomenbezogenen Zusammenhangmodells, d. h. es werden qualifizierte Beziehungen zwischen Konzepten am Material erarbeitet und im Wege kontinuierlichen Vergleichens geprüft. Beim offenen und axialen Kodieren erweisen sich oft einzelne theoretische Konzepte als zentral. Das *selektive Kodieren* zielt auf die Integration der bisher erarbeiteten Konzepte in Bezug auf einige wenigen *Kernkategorien*, d. h. es wird ein großer Teil des Materials re-kodiert, um die Beziehungen der verschiedenen gegenstandsbezogenen Konzepte zu den Kernkategorien zu klären und eine theoretische Schließung herbeizuführen. Vgl. Strübing, Grounded Theory, 19ff. Vgl. auch: Böhm, Theoretisches Codieren, 475-485.
23 Glaser/Strauss, Grounded Theory, 50.
24 Das Schreiben von Memos hat den Vorteil, die anfängliche Frische der Gedanken festzuhalten und fruchtbar zu machen und den Konflikt im Kopf zu entschärfen. Ausführlich siehe oben und: Vgl. Glaser/Strauss, Grounded Theory, 113.

7.1 Methodische Entscheidungen

Forschungsprozesses kann in Anlehnung an Vens Phase der Empirisch-Theologischen Überprüfung[25] als *Empirisch-Theologische Theoriegenerierung* verstanden werden. Ihr folgt mittels des selektiven Kodierens die Entwicklung von Impulsen für eine Theorie von Schulseelsorge, die Vens Phase der *Theologischen Evaluation* entspricht.

In den folgenden Unterkapiteln wird detailliert ausgeführt, welcher methodische Grundschritt der Grounded Theory welcher Phase bzw. welchen Phasen des Forschungsprozesses zuzuordnen ist. So spiegelt sich beispielsweise der dreistufige Kodierprozess in gleich drei Kapiteln der vorliegenden Arbeit wieder: Das offene und axiale Kodieren in den Kapitel 8 und 9, das selektive Kodieren in Kapitel 10.

Da die Grounded Theory zwar die methodologische Basis der vorliegenden Arbeit darstellt, aber durch weitere, mit ihr kompatible Ansätze ergänzt wird, werden diese Ansätze – Grundsätze des Persönlichen Gesprächs nach Langer sowie die Qualitative Inhaltsanalyse nach Mayring bzw. Langer - ebenfalls in den folgenden Unterkapiteln dargestellt.

7.1.4 Methodische Präzisierung: Teilstandardisiertes Experteninterview

7.1.4.1 Fokussiertes Experteninterview

Der Fokus meines Forschungsinteresses ist auf die „subjektiven Definitionen, Wahrnehmungen"[26] und Deutungen einer Gruppe von Personen gerichtet, die in ihrer schulseelsorgerlichen Tätigkeit „eine im Interesse stehende Gemeinsamkeit haben".[27] Da nicht die Biografie der Schulseelsorgerin oder des Schulseelsorgers interessiert, wurde die Entscheidung zugunsten der Form des fokussierten Interviews und damit gegen die Form des narrativen oder erzählgenerierenden Interviews getroffen. Zwar lassen sich im

---

25 Vgl. Ven, Entwurf, 161-175.
26 Friebertshäuser/Langer, Interviewformen, 441.
27 Friebertshäuser/Langer, Interviewformen, 441.

Bereich der Seelsorge Biografie und Wissen bzw. Erfahrungen nie trennscharf voneinander abgrenzen und es muss ihnen sensibilisiert begegnet werden, doch im Vordergrund steht die Konzentration auf thematische Aspekte, die mittels des fokussierten Interviews erreicht wird.[28]

Da meine Forschung auf die Erfassung von speziellen Erfahrungen, Deutungen und Sichtweisen von Schulseelsorgerinnen und Schulseelsorgern zielt, lässt sich die die Interviewform als Experteninterview spezifizieren.[29] Schulseelsorgerinnen und Schulseelsorger sind als Experten im Handlungsfeld Schulseelsorge anzusehen, da sie zum einen als „Spezialisten für die Konstellation"[30] Schulseelsorge gelten, zum anderen „über ein Wissen verfüg[en], das sie zwar nicht notwendigerweise alleine besitz[en], das aber doch nicht jedermann [...] zugänglich ist".[31] Ferner sind Schulseelsorgerinnen und Schulseelsorger Experten, da ihr Wissen die drei Dimensionen des Expertenwissens aufweist: Neben dem technischen Wissen (z. B. Angebote der Schulseelsorge, örtliche Gegebenheiten, personelle Ausstattung) verfügen sie über Prozesswissen (Handlungsabläufe, Interaktionsroutinen, organisationale Konstellationen usw.) sowie Deutungswissen (Idee der Zielsetzung von Schulseelsorge, Erklärung des Potentials von Schulseelsorge usw.).[32] Schließlich wird die Abgrenzung zum Informanten durch die Definition des Schulseelsorgers als Experte akzentuiert: Nur der Experte erfüllt das Kriterium der aktiven Partizipation, hier an der Schulseelsorge.[33]

---

28 Vgl. Helfferich, Die Qualität qualitativer Daten, 159. Gläser/Laudel, Experteninterviews, 12.
29 Vgl. Gläser/Laudel, Experteninterviews, 12.
30 Gläser/Laudel, Experteninterviews, 12.
31 Meuser/Nagel, Experteninterview, 37.
32 Vgl. Bogner/Menz, Das theoriegenerierende Experteninterview, 71.
33 Damit lehne ich einen zu weiten und damit m. E. wenig plausiblen voluntaristischen Expertenbegriff ab, nach dem alle Menschen Experten ihres eigenen Lebens sind. Auch entscheide ich mich gegen die von Gläser/Laudel vorgeschlagene Definition, die als Experten auch diejenigen Interviewpartner ansieht, die keine Expertenrolle in einem sozialen Feld einnehmen. Damit wären auch die Schüler, Kollegen, Schulleitungen und Eltern Experten. Diese Definition scheint mir defizitär: Ihr fehlt das spezifische dreidimensionale Wissen des Experten. Vgl. Meuser/Nagel, Experteninterview, 44. Bogner/Menz, Das theoriegenerierende Experteninterview, 67. Gläser/Laudel, Wenn zwei das Gleiche sagen, 138f.

7.1 Methodische Entscheidungen

Außerdem wird das Sonderwissen der Schulseelsorgerinnen und Schulseelsorger durch Tätigkeit und Partizipation, aber nicht zwingend durch Ausbildung erworben.[34]

Das Experteninterview hat aus forschungspraktischer Perspektive den Vorzug, eine „konkurrenzlos dichte Datengewinnung"[35] zu gewährleisten. Allerdings bedarf die Komplexität des Expertenwissens eines sehr aufwändigen theoriegenerierenden Prozesses der Dateninterpretation. Auch ist das Expertenwissen nicht absolut und der Experte kein Lieferant objektiver Informationen, was die sorgfältige Beachtung und Anwendung methodischer Grundregeln der Theoriegenerierung erfordert.[36]

7.1.4.2 Der Leitfaden

Um die thematische Zuspitzung der Datengenerierung zu ermöglichen, ist die Durchführung der Interviews mittels eines Leitfadens geeignet. Der Leitfaden erlaubt außerdem die Vergleichbarkeit der Daten, indem er „die inhaltliche Struktur der Erzählungen [standardisiert] und dadurch die Auswertung"[37] effektiv ermöglicht. Bereits die Vorbereitung des Leitfadens ist wesentlich für eine ertragreiche Gesprächsführung: Sie vermittelt der

---

34 Vgl. Meuser/Nagel, Experteninterview, 43f.
35 Bogner/Menz, Experteninterviews, 8.
36 Aus prozessanalytischer Perspektive sind die soziokulturellen, milieuhaften Aspekte des Expertenwissens relevant. Darüber hinaus muss aber auch der kommunikativen Praxis von Expertennetzwerken Beachtung geschenkt werden. Weiterhin ist ein sensibler Umgang mit der „privaten, öffentlichen, beruflichen Verquickung der Erfahrungen und des Expertenwissens" vonnöten. Außerdem bedingt die Geschlechtszugehörigkeit des Experten und des Interviewenden die Durchführung und Auswertung des Experteninterviews. Schließlich ist darauf zu achten, dass zwei Schulseelsorger das gleiche Phänomen unterschiedlich beschreiben werden. Im speziellen Fall können die Qualitätsunterschiede durch eine gezielte Auswahl der Experten nur bedingt vermieden werden, wie dies Gläser/Laudel, 137; 146f; 156) vorschlagen, da die Zahl der Schulseelsorger sehr gering und der von dieser kleinen Zahl zu einem Interview bereiten Schulseelsorger sehr begrenzt ist. Vgl. Bogner/Menz, Experteninterviews, 10;13. Meuser/Nagel, Experteninterview, 45. Froschauer/Lueger, ExpertInnengespräche, 239ff. Littig, Interviews mit Experten und Expertinnen, 181ff.
37 Hellferich, Die Qualität qualitativer Daten, 159.

Forscherin ein thematisches Vorverständnis, wodurch sie zur kompetenten Gesprächspartnerin wird.[38] Die Beherrschung der gebräuchlichen Fachterminologie und Kenntnisse über den institutionellen Rahmen von Schule und Schulseelsorge ermöglichen meines Erachtens eine symmetrische Interaktion auf hohem fachlichen Niveau und mit vertiefender Explikation. Zudem ist das Wissen des Interviewten ein „vortheoretisches Erfahrungswissen"[39], weshalb es ihn überfordern könnte, müsste er sein Wissen ohne leitende Fragen formulieren.[40] Die halbstandardisierten Fragen des Leitfadens ermöglichen die Gestaltung einer Kommunikationssituation, in der die Befragten „ihren Sinn [...] entfalten können".[41] Schließlich erlaubt der Leitfaden es, „in den offenen Erzählraum strukturierend"[42] einzugreifen, da die Interviewerin eine Palette an zielgerichteten und fokussierenden Fragen präsent hat.[43]

Zweifelsohne ist hierbei eine flexible Handhabung des Leitfadens von entscheidender Bedeutung, um mit dem Interviewten adäquat zu interagieren und im Bedarfsfall Leitfragen in ihrer Reihenfolge zu variieren, zu modifizieren oder zu vertiefen.[44] Wird der Leitfaden „als thematisches Tableau"[45] benutzt, so führt er dazu, dass die Datenanalyse sicherlich anspruchsvoller

---

38 Vgl. Friebertshäuser/Langer, Interviewformen, 439. Bogner und Menz (Experteninterview, S. 61-98, v. a. 88f) führen sechs, unterscheidet man zwischen dem Interviewer als „Co-Experten" und als „Experten einer anderen Wissenskultur" sogar sieben, Typen des Interviewenden auf. Sie sollen an dieser Stelle diskutiert werden, um meine Entscheidung zu pointieren: Um bestimmte Ergebnisse provozieren zu können, bedarf es sicherlich auch bestimmter Typen des Interviewenden. In meinem Fall sind allerdings die Typen indiskutabel, die den Interviewenden in Front gegen den Interviewpartner bringen. Weiter nehme ich nicht die Rolle der Autorität im Interview ein, da es sich um symmetrische Interviewpartner handelt. Auch leuchtet mir der Vorteil der Interviewer-Rolle des „Laien" nicht ein. Die zur Schau gestellte Inkompetenz mag zwar einige Menschen dazu verleiten, dem Laien alles ganz genau erklären zu wollen, aber im Vordergrund wird doch stehen, dass sich die Interviewpartner vom Interviewenden nicht ernst genommen fühlen.
39 Meuser/Nagel, Experteninterview, 51.
40 Vgl. Gläser/Laudel, Experteninterviews, 91.
41 Helfferich, Die Qualität qualitativer Daten, 22.
42 Helfferich, Die Qualität qualitativer Daten, 159.
43 Vgl. Friebertshäuser/Langer, Interviewformen, 439.
44 Vgl. Lamnek, Qualitative Sozialforschung, 371.
45 Vgl. Meuser/Nagel, Experteninterview, 54.

7.1 Methodische Entscheidungen

und aufwändiger wird, da sie die überindividuellen, handlungs- und funktionsspezifischen Muster des Expertenwissens auf der Basis der Daten rekonstruieren muss.[46] Die genannten Vorteile rechtfertigen meines Erachtens aber den hohen Arbeitsaufwand der Datenauswertung.

Die Fragen des Leitfadens wurden formuliert, nachdem das Forschungsinteresse durch die systematisierende Auswertung der thematisch relevanten Literatur akzentuiert und präzisiert wurde (Vgl. Kapitel 5).[47] Die im Leitfaden vorfindlichen, aus der Literatur gewonnenen Kategorien dienen als Vorannahmen. Sie müssen sich im Rahmen des Forschungsprozesses bewähren oder durch die erhobenen Daten korrigieren lassen.

Der Leitfaden wurde sowohl in einem empirisch-forschenden Kolloquium an der Theologischen Fakultät Tübingen als auch mit dem Mannheimer Institut GESIS diskutiert. Um sicher zu stellen, dass die Kategorien für die Daten relevant, die Kategorien von den Daten indiziert und ihre Erklärungen und Interpretationen von Bedeutung sind[48], wurden drei *Pre-Tests*[49] mit einer Schulseelsorgerin und zwei Schulseelsorgern durchgeführt, woraufhin der Leitfaden einem kritischen Prüfungs- und anschließendem Optimierungsprozess unterzogen wurde.

Charakteristisch für das Interview sind sogenannte teilstandardisierte oder teilstrukturierte Fragen, die der/m Interviewpartner/in ermöglichen, Aspekte seiner schulseelsorgerlichen „Erfahrung möglichst umfassend, thematisch konzentriert und detailliert"[50] zu artikulieren. Das Interview wird durch eine einladend-offene Frage eröffnet, die der/m Interviewpartner/in die Gelegenheit gibt, aus seinen Erfahrungen in der Schulseelsorge zu erzählen und damit den weiteren Verlauf des Interviews zu beeinflussen. Um einen harmonischen Gesprächsverlauf und eine stimmige Gesprächsatmos-

---

46 Vgl. Meuser/Nagel, Experteninterview, 51.
47 Vgl. Lamnek, Qualitative Sozialforschung, 371.
48 Vgl. Glaser/Strauss, Grounded Theory, 96.
49 Vgl. Gläser/Laudel, Experteninterviews, 107. Friebertshäuser/Langer, Interviewformen, 439.
50 Friebertshäuser/Langer, Interviewformen, 441.

phäre zu gestalten, handhabt die Interviewerin, wie oben bereits ausführlich begründet und ausgeführt, den Interview-Leitfaden flexibel und weicht situativ und inhaltlich bedingt von der Reihenfolge der Fragen ab.

Der Interview-Leitfaden gibt thematische Komplexe vor. Die jeweiligen Detailfragen dienen der Orientierung im Interview.

7.1 Methodische Entscheidungen

Annäherung
- Könnten Sie mir aus Ihrer Tätigkeit als Schulseelsorgerin erzählen?

Konzept
- Welche Angebote machen Sie? Wen können Sie mit Ihren Angeboten erreichen?
- Wo stößt Schulseelsorge an ihre Grenzen?
- Inwiefern und wodurch grenzen sich Ihre Angebote von denen anderer schulischen Instanzen ab? Beratungslehrer? Schulpsychologe,..?
- Welche Kooperationen sind sinnvoll?
- Wo verorten Sie sich als Schulseelsorger im System Schule? (Verhältnis von Schule-Schulseelsorger, Kirche-Schule)
- Wie beschreiben Sie das Verhältnis von Schulseelsorge und Religionsunterricht?
- Sie sind Lehrer und zugleich Schulseelsorger: Wie vereinbaren Sie diese Rollen? Gibt es Konflikte?
- Wie wird die Schulseelsorge von Kollegen, Schulleitung, Eltern, Schulpersonal und Schülern wahrgenommen?
- Beschreiben Sie den idealen Schulseelsorger: Was kann er? Über welche Kompetenzen sollte er verfügen?
- Vor dem Hintergrund Ihrer Erfahrungen: Was halten Sie vom Thema Ausbildung eines Schulseelsorgers? Wie müsste sie aussehen?

Begründung/Motivation
- Worin begründet sich im Allgemeinen schulseelsorgerliches Engagement?
- Worin ist Ihres Erachtens die Schulseelsorge theologisch begründet?
- Was ist für Sie die Motivation in der Schulseelsorge tätig zu sein?
- Worin drückt sich ihre christliche Motivation aus?

Spezifikum der Schulseelsorge
- Wie würden Sie Ihre schulseelsorgerliche Arbeitsweise charakterisieren? Was ist das Besondere daran?
- In welchen Situationen sind Sie als Schulseelsorger besonders gefragt?
- Mit welchen Problemen kommen Schüler, Eltern, Kollegen, der Schulleiter oder das Schulpersonal zu Ihnen?
- Wie sehen typische Seelsorge-Gespräche im Kontext Schule aus? Beginn, Ablauf, Ort
- Können Sie zwei typische Seelsorgegespräche beschreiben?
- Tun Sie etwas speziell Religiöses im Seelsorge-Gespräch? Haben Sie Rituale?
- Gibt es biblische Leitbilder oder eine spirituelle Grundhaltung für ihr Verhalten im Seelsorge-Gespräch?
- Was würden Sie sagen ist das Spezifische am schulseelsorgerlichen Handeln im Gegensatz zu anderen Spezialfeldern der Seelsorge (z.B. Krankenhausseelsorge,..)?
- Welche seelsorgerlichen Erkenntnisse sind für ihre Arbeit als Schulseelsorger wichtig?

Beitrag zur Schulentwicklung
- Was verstehen Sie unter Schulentwicklung?
- Ist die Schulseelsorge Teil des Schulentwicklungsprozesses? Teil des schulischen Leitbildes?
- Was kann Schulseelsorge überhaupt leisten? Welchen Beitrag zur Schulentwicklung?
- Haben Sie Beispiele?
- Was müsste an Strukturen vorhanden sein, damit Schulseelsorge einen optimalen Beitrag zur Schulentwicklung leisten kann?
- Braucht es überhaupt einen Schulseelsorger? Reicht nicht auch ein Schulpsychologe oder Schulsozialarbeiter?
- Was ist das besondere des Beitrages der Schulseelsorge zur Schulentwicklung in Abgrenzung zu anderen Beiträgen? Was kann nur Schulseelsorge?

Definition Schulseelsorge
- Schulseelsorge ist für mich......

Text: Leitfaden

7.2 Datenerhebung

7.2.1 Sample - Auswahl der Interviewpartnerinnen und -partner

Zu Beginn der Arbeit sah sich die Forscherin der Schwierigkeit gegenüber, dass es in Württemberg nur wenige Schulseelsorgerinnen und Schulseelsorger gibt, deren Engagement offiziell bekannt ist: Lehrerinnen und Lehrer sind meist ehrenamtlich, in sehr unterschiedlichem Maße oder mit unterschiedlichen Angeboten seelsorglich in der Schule aktiv oder engagieren sich, ohne sich explizit als Schulseelsorgerin oder Schulseelsorger zu bezeichnen. Auch die Generierung von Ansprechpartnerinnen und -partnern mittels Teilnehmerlisten von Fortbildungsangeboten erwies sich als schwierig, da zum einen keine Verpflichtung zum Besuch eines solchen besteht, zum anderen die Informationen aus (berechtigten) datenschutzrechtlichen Gründen nur schwer zugänglich sind. Dass die institutionalisierte Schulseelsorge in Württemberg noch in den Anfängen begriffen ist, erschwert ein *Sampling*[51] nach den Regeln der qualitativen Forschung sehr. Trotz dieser problematischen Ausgangssituation gelang es, die maximale Varianz durch zwei aufeinanderfolgende Samplings abzubilden.

Das erste Auswahlverfahren ist als „willkürliche Auswahl"[52] zu spezifizieren und kann damit nicht als *theoretical Sampling*[53] bezeichnet werden, da keine Daten vorlagen, deren Signifikanzen schon ersichtlich gewesen wären. Als *gatekeeper*[54] fungierte eine Dozentin der württembergischen Landeskirche, die meine schriftlich formulierte Anfrage an Pfarrerinnen und Pfarrer, Religionspädagoginnen und Religionspädagogen sowie Lehrerinnen und Lehrer weiterleitete, die als Schulseelsorgerinnen und Schulseelsorger an württembergischen Gymnasien tätig sind. Von den Angefragten erklärten sich fünf, rund ein Drittel, zum Gespräch bereit, weshalb ein zweite Anfrage erforderlich war.

---

51 Vgl. Strübing, Grounded Theory, 32. Merkens, Auswahlverfahren, 297.
52 Kromrey, Empirische Sozialforschung, 272.
53 Vgl. Strübing, Grounded Theory, 32.
54 Merkens, Auswahlverfahren, 288.

7.2 Datenerhebung

Das zweite Sampling geschah als „bewusste Auswahl"[55] und in diesem Sinn als *theoretical Sampling* im Hinblick auf die Abbildung maximaler Kontraste, um eine konzeptuelle Repräsentativität herzustellen. Zum Teil fungierte die landeskirchliche Mitarbeiterin auch hier als *gatekeeper*, zum Teil konnten Schulseelsorgerinnen und Schulseelsorger für ein Interview gewonnen werden, die von Kolleginnen und Kollegen oder Schuldekanen empfohlen wurden und deren Signifikanzen der Forscherin zum großen Teil bekannt waren.

Da sich die Anzahl der Interviewpartnerinnen und -partner am Kriterium der *theoretischen Sättigung* bemisst[56], wurden insgesamt 14 Schulseelsorgerinnen und Schulseelsorger an allgemeinbildenden Gymnasien interviewt.

Anfangs wurde der Gedanke verfolgt, die Aussagen der interviewten Schulseelsorgerinnen und Schulseelsorger an allgemeinbildenden Gymnasien mit Aussagen von Schulseelsorgepersonen in Beziehung zu setzen die an anderen Schularten tätig sind. Sehr schnell zeigte sich allerdings, dass dies aus forschungspragmatischen Gründen, aus Gründen der Vergleichbarkeit des Erhebungskontextes und aufgrund der sich in den Kapiteln 4-5 abzeichnenden Tendenzen des Forschungsstandes nicht sinnvoll ist. Bewusst wurden diese Interviews deshalb nicht in die Auswertung aufgenommen, denn im Fokus des Forschungsinteresses steht eindeutig die Erhebung der subjektiven Erfahrungs- und Deutungshorizonte gymnasialer Schulseelsorgerinnen und -seelsorger. Aus diesem Grund fanden auch Interviews mit Angehörigen etwaiger „Vergleichsgruppen" keine Aufnahme in die Studie. Zwar scheint die Rückkopplung, Relativierung oder Kontrastierung der empirischen Daten der Schulseelsorgerinnen und -seelsorger mit den Daten von Adressaten der Schulseelsorge, wie Eltern, Lehrerkolleginnen und -kollegen, Schülerinnen und Schüler oder Angehörigen der Schulleitung oder des Schulpersonals reizvoll. Doch sie widerspricht den Grundsätzen einer

---

55 Kromrey, Empirische Sozialforschung, 272.
56 Vgl. Strübing, Grounded Theory, 33.

qualitativen Forschung, die eben gerade an der subjektiven Perspektive der Interviewten interessiert ist. Im Sinne des Venschen zirkulären Forschungsspirale folgt aus diesen Entscheidungen zugunsten einer Fokussierung auf gymnasiale Schulseelsorgerinnen und -seelsorger die Notwendigkeit weiterer Studien zu dieser Fragestellung, die sich anderer Perspektiven verpflichtet sehen. Ausführlich wird dies in Kapitel 14 reflektiert.

Die Interviews einer Schulseelsorgerin und zweier Schulseelsorger, die an allgemeinbildenden Gymnasien tätig sind, wurden im Rahmen der Pre-Tests vor der Interviewreihe geführt, um den Leitfaden zu optimieren.

Von den elf Schulseelsorgerinnen und Schulseelsorgern, deren Interviews in die Analyse einflossen, waren sechs männlichen und fünf weiblichen Geschlechts, um geschlechtsspezifische Unterschiede abzubilden. Auch bei der Berufsausbildung wurde auf maximale Varianz wert gelegt, so sind vier der Schulseelsorgerinnen und Schulseelsorger Pfarrerinnen und Pfarrer, zwei staatliche Religionslehrkräfte sowie fünf kirchliche Religionspädagoginnen und -pädagogen. Die Arbeitsplätze der Befragten sind Gymnasien in Württemberg, die von 500 bis 1200 Schülerinnen und Schülern besucht werden. Sechs der Gymnasien befinden sich im städtischen Raum, fünf im ländlichen.

Alle Schulseelsorgerinnen und Schulseelsorger verfügen über Qualifikationen für die Schulseelsorge, die sie sich teilweise im Rahmen des landeskirchlichen Angebots erworben haben. Um auch hier eine maximale Varianz abzubilden, wurden auch Schulseelsorgerinnen und Schulseelsorger befragt, die sich in Eigenregie qualifizierten, z. B. mittels einer Ausbildung in Transaktionsanalyse oder Gesprächstherapie. Vier der Interviewten verfügen nach eigenen Angaben über mehrere Qualifikationen. Alle in der Schulseelsorge Tätigen engagieren sich seit mehr als zwei Jahren in der Schulseelsorge, zwei davon bereits seit mehr als zehn Jahren. Nur zwei Pfarrerinnen sowie zwei Religionspädagoginnen und zwei Religionspädagogen er-

7.2 Datenerhebung

halten für ihr schulseelsorgerliches Engagement einen Deputats-Stundenausgleich, während sich die sieben anderen (zum Zeitpunkt der Erhebung) ehrenamtlich betätigten.

Um eine Varianz in Bezug auf den Beitrag der Schulseelsorge zur Schulentwicklung abzubilden, wurden acht Schulseelsorgerinnen und Schulseelsorger befragt, an deren Schule die Schulseelsorge Teil des Schulentwicklungsprozesses ist, drei, an deren Schule dies nicht der Fall ist.

7.2.2 Durchführung der Interviews

Die Interviews wurden zwischen Juni 2009 und März 2011[57] entweder in den Privaträumen oder in der Schule[58] der Interviewpartnerinnen und -partner geführt. Die Gespräche dauerten im Durchschnitt 1 h 8 min.[59] Vor Beginn des Gesprächs wurden die Befragten gemäß den Bestimmungen des Bundesdatenschutzgesetzes schriftlich um ihr Einverständnis gebeten[60]: Sie wurden sowohl über die Freiwilligkeit ihrer Teilnahme und über ihr Widerrufsrecht als auch über die Verpflichtung der Forscherin gegenüber dem Datengeheimnis informiert. Die Forscherin sichert den Interviewten ein Auswertungsverfahren zu, welches ihnen garantiert, dass die tontechnisch aufgezeichneten und transkribierten Äußerungen nicht mit der Person des Interviewten in Verbindung gebracht werden können. Die Transkripte werden anonymisiert und den Gutachtern zugänglich gemacht bzw. können bei der Forscherin eingesehen werden. Die Interviewpartnerinnen

---

[57] Die große Zeitspanne ist bedingt durch die Berufstätigkeit der Forscherin sowie die Geburt ihres Sohnes.
[58] Der Besuch der Interviewpartner geschah bewusst, da nach Helfferich (Die Qualität qualitativer Daten, 101) „das Aufsuchen der Befragten, in deren natürlicher Lebenswelt" [...] die Gefahr [minimiert]", dass „das wissenschaftliche Relevanzsystem" dem Interviewten unausgesprochen als nach „Anpassung verlangender Erwartungshintergrund" erscheint.
[59] Das längste Interview hatte eine Dauer von 1h 38min. Eine Ausnahme bildet das kürzeste Interview, das aufgrund einer nicht voraussehbaren und nicht angemeldeten schulischen Veranstaltung (Abschluss-Scherz der Abiturienten) nach nur 21min endete.
[60] Siehe Anhang.

und -partner gaben mit ihrer Unterschrift ihr Einverständnis, dass einzelne, anonymisierte Zitate Eingang in die Arbeit finden. Daten über die Person und Schule wurden im Vorfeld der Aufzeichnung erfragt und schriftlich fixiert. Die Gesprächsatmosphäre war in allen Interviews von großer Offenheit gegenüber dem Forschungsinteresse geprägt. Die Forscherin nahm vonseiten der Interviewpartnerinnen und -partner Freude über das wertschätzende Interesse an ihrem, oft ehrenamtlichen Engagement und den daraus resultierenden Erfahrungen wahr. Das Tonbandgerät störte die Gesprächsatmosphäre kaum, was vermutlich darin begründet ist, dass Lehrerinnen und Lehrer daran gewöhnt sind, sich vor Publikum zu artikulieren. Die Gesprächsführung der Forscherin war geprägt von den Grundsätzen des Persönlichen Gesprächs nach Inghard Langer und profitierte von den Anregungen Cornelia Helfferichs.[61] Der Interviewstil Langers hat den großen Vorteil, dass er im Interview eine persönliche Begegnung sieht, die die (Interview-)Beziehung von Interviewerin und Interviewten als symmetrisch beschreibt und Raum für persönliche Resonanz bietet.[62] Damit eruiert die Interviewerin nicht als neutrale, nur registrierende Person Daten und baut durch diese Asymmetrie eine zwischenmenschliche Distanz auf, sondern gestaltet das Gespräch aktiv mit, beispielsweise durch wertschätzende Äußerungen[63], wodurch eine vertrauensvolle Atmosphäre entstehen kann.[64] Sowohl dem Forschungsgegenstand, aber vor allem auch der Berufsgruppe der Lehrerinnen und Lehrern, zu deren Berufsethos es gehört, rückzufragen oder zu hinterfragen, ist dieser Interviewstil sehr angemessen. Gleichwohl weiß sich die Forscherin der Offenheit als Grundprinzip qualitativer Forschung auch im Rahmen dieses Interviewstils verpflichtet, was eine „be-

---

61 Vgl. Langer, Das persönliche Gespräch, 19-37. Helfferich, Die Qualität qualitativer Daten, 71-104.
62 Vgl. Langer, Das persönliche Gespräch, 32f.
63 Hier nennt Helfferich (Die Qualität qualitativer Daten, 86) auch nonverbale Gesprächssignale.
64 Vgl. Langer, Das persönliche Gespräch, 33. Lamnek, Qualitative Sozialforschung, 353.

7.2 Datenerhebung

wusste Wahrnehmung, die kritische Kontrolle und Reflexion des eigenen Vorwissens, der eigenen selektiven Aufmerksamkeit und der eigenen Interview-Interventionen"[65] bedeutet.

7.3 Datenauswertung

7.3.1 Datenaufbereitung

Alle Interviews wurden tontechnisch aufgezeichnet und zeitnah durch die Forscherin selbst transkribiert. Es wurde die standardorthografische Verschriftung des Interviews gewählt, weil weder die phonetische Umschrift oder der *eye dialect* noch die literarische Umschrift einen Erkenntnisgewinn für meine Forschung versprechen würden. Der Empfehlung von Kowal/O'Connell folgend werden nur solche Merkmale transkribiert, die auch tatsächlich analysiert werden. Das bedeutet, dass zwar Gesprächspausen in Sekundenangabe und Verzögerungswörter verschriftlicht wurden, aber Wörter, die im Dialekt artikuliert wurden, zugunsten der besseren Lesbarkeit in Schriftsprache transformiert wurden. Allerdings war diese Transformation nur sehr selten notwendig, da Lehrerinnen und Lehrer in den meisten Fällen des Hochdeutschen mächtig sind. Um die Anonymisierung zu gewährleisten, wurden die Interviewpartnerinnen und -partner zum einen von N1-N11 nummeriert. Zum anderen wurden die von ihnen genannten Namen und Ortsangaben anonymisiert.

---

[65] Helfferich, Die Qualität qualitativer Daten, 106.

AD	Interviewerin
N1	Interviewpartnerin/Interviewpartner
(...)	Kurze Pause
(14)	Längere Pause (mind. 3 sec)
[...]	Erläuterung der Forscherin (anonymisierte Daten, unsichere Transkription, vermutete Äußerung, Anmerkung bei besonderen Gegebenheiten, z. B. Störung oder punktuelle Ironie des Interviewten)
/	Satz bzw. Wort wird unvollständig abgebrochen oder grammatikalisch inkorrekt fortgeführt
Dann sage ich: "Das ist etwas anderes."	Zitat innerhalb der Rede

Tabelle: Transkriptionszeichen

7.3.2 Datenanalyse

7.3.2.1 Fallspezifisches Analyseverfahren

Der durch *Korrekturhören*[66] von Fehlern bereinigten Transkription folgt die Schaffung eines interpretativen Zugangs zu den gewonnenen Befunden durch die inhaltsanalytische Auswertung.[67] Fundamental für die Auswertung ist die Annahme, dass Auswertungskategorien nicht ausschließlich vor der Kodierung festgelegt werden können, weshalb die Korrelation von theoretischen, in Auseinandersetzung mit der Literatur gewonnenen Vorkenntnissen einerseits und den Erkenntnissen aus den Interviews andererseits leitend ist, die dazu führt, dass die theoretischen Vorannahmen differenziert oder modifiziert werden. Da diese Auswertungsstrategie einen offenen Charakter des theoretischen Vorverständnisses postuliert, ohne jedoch auf explizite Vorannahmen zu verzichten[68], ist es möglich, den Prozess der Kategoriebildung theorieorientiert bzw. -geleitet zu lenken, um

---

66 Vgl. Schmidt, Analyse, 449.
67 Vgl. Schmidt, Auswertungstechniken, 473. Glaser/Strauss, Grounded Theory, 13.
68 Vgl. Schmidt, Analyse, 447.

7.3 Datenauswertung

die in Bezug auf die Forschungsfragen relevanten Daten zu kodieren und „Unwesentliches, Ausschmückendes, vom Thema Abweichendes"[69] auszuschließen.

Als erster Schritt der Analyse ist die Kategoriebildung zu betrachten durch offenes und axiales Kodieren.[70] In Auseinandersetzung mit dem Interviewmaterial[71] werden durch externes Vergleichen[72] Themen und Einzelaspekte identifiziert, auf deren Grundlage Auswertungskategorien formuliert werden. Dieser Prozess der Kategoriegenerierung beginnt bereits beim Transkribieren[73], welches schon hier durch das Verfassen analytischer Memos begleitet wird.[74] Das intensive, wiederholte Lesen der Transkripte und der bewusste, offene Umgang mit den eigenen Vorannahmen ermöglichen es, nicht nur Textpassagen wahrzunehmen, die die Vorannahmen illustrieren, sondern auch davon differieren.[75] Besonders sensibel ist den Formulierungen und Begrifflichkeiten der Interviewpartnerinnen und -partner zu begegnen, die damit schon Themen, also Kategorien und deren Einzelaspekte,

---

69 Mayring, Qualitative Inhaltsanalyse, 76. Durch diese thematische Zuspitzung wurde Langers Vorgehen bei der Erstellung eines Verdichtungsprotokolls modifiziert. Vgl. Langer, Das Persönliche Gespräch, 58.
70 Vgl. Schmidt, Analyse, 448f.
71 Dazu wurden die ersten vier Interviews ausgewählt.
72 Vgl. Klein, Erkenntnis und Methode, 252ff.
73 Weshalb eine Transkription durch die Forscherin selbst vorteilhaft ist, obwohl dies mit einem hohen zeitlichen Arbeitsaufwand verbunden ist.
74 Gedanken über Zusammenhänge zwischen einzelnen Codes oder Auffälligkeiten einzelner Kategorien bzw. Eigenschaften von Kategorien werden schriftlich festgehalten, mit dem Ziel, den Verlust analytisch wertvoller Ideen zu verhindern, durch die schriftliche Formulierung zu einer größeren gedanklichen Präzision und Konsistenz zu zwingen und Widersprüchen gewahr zu werden. Diese sorgfältige Prozessdokumentation ermöglicht eine retrospektive Beurteilung. Vgl. Glaser/Strauss, Grounded Theory, 113. Strübing, Grounded Theory, 83; 87. Bogner/Menz, Das theoriegenerierende Experteninterview, 65f.
75 Vgl. Schmidt, Analyse, 450.

vorgeben.[76] Die induktive[77] Generierung der Kategorien geschieht im vorliegenden Fall durch das *offene* und das *axiale Kodieren* der Grounded Theory[78] und wird durch die Software MaxQDA unterstützt.[79]

Der Kategoriebildung folgt in einem zweiten Schritt die Zusammenstellung der Kategorien in einem Kodierleitfaden, mit Hilfe dessen in einem dritten Schritt die Kodierung aller Leitfadeninterviews folgt, d. h. die Verschlüsselung unter den Auswertungskategorien.[80] Dabei wird das Kodieren als offenes und z. T. axiales Kodieren für jede Kategorie einzeln vorgenommen, um von anderen Aussagen unabhängige, eng auf das Material rekurrierende Kategorien zu identifizieren.[81] Dieses Analyseverfahren führt zum Abfassen einer materialen Theorie, die ihre fallspezifische Präsentation in den vertiefenden Einzelfallanalysen in Kapitel 8 findet.

Die Einzelfallanalysen bestehen aus zwei Teilen: Im ersten Teil findet sich eine kurze Vorstellung der Interviewpartnerin bzw. des Interviewpartners sowie die Skizzierung der jeweiligen Situation der Schulseelsorge vor Ort. Der zweite Teil beinhaltet eine theroriesprachlich abstrahierte, nach Kategorien geordnete Zusammenfassung der Interviewaussagen, das sogenannte Verdichtungsprotokoll. Das Verdichtungsprotokoll wurde nach Langers Konzept und unter Beachtung des Hamburger Verständlichkeitsmo-

---

76 Vgl. Schmidt, Auswertungstechniken, 474.
77 Vgl. Mayring, Qualitative Inhaltsanalyse, 74.
78 Während das offene Kodieren dem „Aufbrechen" der Daten durch analytisches Herauspräparieren einzelner Themen und ihrer Aspekte dient, einen eher breiten und noch wenig geordneten Zugang zum Datenmaterial schafft und eine Vielzahl untereinander unverbundener Konzepte und Kategorien erarbeitet, zielt das axiale Kodieren auf das Erarbeiten eines phänomenbezogenen Zusammenhangmodells, wobei qualifizierte Beziehungen zwischen Kategorien am Material erarbeitet und durch die komparative Analyse geprüft werden. Besonders fruchtbare Themen ergeben Kernkategorien, denen theoretische Eigenschaften zugeordnet werden. Beim axialen Kodieren werden Relevanzentscheidungen getroffen, da nicht alle Phänomene auf ihre Ursachen, Umstände, etc. befragt werden, sondern nur jene, die für die Klärung der Forschungsfrage relevant sind oder sein könnten. Vgl. Strübing, Grounded Theory, 19ff. Böhm, Theoretisches Codieren, 475-485. Strauss/Corbin, 1996, 43. Glaser/Strauss, Grounded Theory, 50.
79 Vgl. Flick/Kardorff/Steinke, Qualitative Forschung, 669.
80 Vgl. Schmidt, Analyse, 451f.
81 Vgl. Schmidt, Auswertungstechniken, 479.

dells erstellt sowie um Impulse aus der systematischen, qualitativen Inhaltsanalyse Mayrings erweitert.[82] Das Verdichtungsprotokoll stellt eine zusammengefasste, aber nicht interpretierende oder analysierende Dokumentation des Gesprächs dar, in dessen Zentrum die Aussagen der/des Interviewten stehen. Bewusst werden in Kapitel 8 personenbezogene Aussageformen gewählt, während verallgemeinernde Formulierungen im Rahmen der fallübergreifenden Ergebnisdarstellung in Kapitel 9 ihrem Raum haben.

Zugunsten der intersubjektiven Transparenz wurde entschieden, die Einzelfallanalysen aller Interviewpartnerinnen und -partner in das Kapitel 8 aufzunehmen. Damit wird zudem ermöglicht, die Diversität und Varianz der Aussagen der Befragten wahrzunehmen und eine Beeinflussung durch eine Vorauswahl der Forscherin zu vermeiden. Um das Gütekriterium der Validierung zu erfüllen, wurden die Einzelfallanalysen mittels des *Peer Debriefings* im Forschungskolloquium ausführlich und mehrmals diskutiert.

7.3.2.2 Fallübergreifendes Analyseverfahren

In Kapitel 9 folgt die fallübergreifende Ergebnispräsentation[83]: Nach thematischen, aus den Forschungsfragen resultierenden Kernkategorien werden die Aussagen der Einzelfallanalysen (unter Beachtung der methodischen Grundsätze Langers, ergänzt durch die qualitative Inhaltsanalyse Mayrings) mittels des *axialen Kodierens* zusammengeführt und ausgewertet. Von besonderem Interesse ist die Ausarbeitung von Gemeinsamkeiten und Differenzen der Aussagen sowie deren prägnanter Konturen. Angemerkt sei hier, dass nicht alle Befragten zu allen Kategorien Aussagen getroffen haben - ein Umstand, der in der qualitativen Forschungsmethode begründet ist. Allerdings sagt die Quantität der Aussagen nur wenig über den Qualität der

---

82 Vgl. Langer, Das persönliche Gespräch, 56-68. Mayring, Qualitative Inhaltsanalyse, 42-99.
83 Hierzu wird Schmidts Vorschlag einer Darstellung aufgegriffen und durch Langers Ansatz modifiziert. Vgl. Schmidt, Auswertungstechniken, 482f. Langer, Das persönliche Gespräch, 80ff.

Aussage, gleichwohl muss sie bewertet werden.[84] Formulierungen wie *die Mehrheit der Befragten* sind nicht im quantitativen Sinne als wertend zu verstehen: Sie sollen lediglich einen Eindruck vermitteln und haben tendenziellen Charakter.

7.3.2.3 Diskussion und Thesenbildung

Die fallübergreifenden Ergebnisse werden im Rahmen der Diskussion (Kapitel 10-12) mit der relevanten Fachliteratur im Sinne des *selektiven Kodierens* in Beziehung gesetzt. Der Diskussion geht eine pointierte Zusammenfassung der empirischen Ergebnisse voraus, mit dem Ziel, die Ergebnisse in ihrer Komplexität und Pluralität in Erinnerung zu rufen. Diese Diskussion von Literatur und Empirie führt zu einer Gesamtschau aller für die Forschungsfragen relevanten Befunde, wobei die Verallgemeinerung im Sinne der konzeptuellen Repräsentativität auf das vorliegende Material begrenzt bleibt.[85] Der Vergleich der empirischen Befunde der Schulseelsorge-Studie und Literatur zur Schulseelsorge soll dazu dienen, die Schulseelsorge an allgemeinbildenden Gymnasien zu beschreiben, zu profilieren und zu spezifizieren. Dabei sollen zum einen allgemeingültige, schulartübergreifende Charakteristika von Schulseelsorge herausgearbeitet werden, zum anderen möglicherweise auf Propria von Schulseelsorge im speziellen Kontext des allgemeinbildenden Gymnasiums hingewiesen werden.

Der Zusammenfassung und Diskussion der empirischen Befunde schließt sich die Thesenformulierung an. Die Thesen werden mittels des selektiven, teilweise auch axialen Codierens gebildet. Diesen Impulsen folgen in Kapitel 14 eine kritische Reflexion sowie Handlungsperspektiven für die schulseelsorgliche Theorie und Praxis.

---

84 Vgl. Langer, Das persönliche Gespräch, 80.
85 Vgl. Meuser/Nagel, Experteninterview, 57.

7.4 Zusammenfassung: Grafische Darstellung des Forschungsdesigns

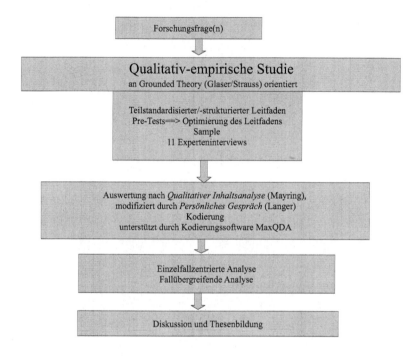

8 Ergebnisse I: Einzelfallanalysen

Zugunsten der intersubjektiven Transparenz wurde entschieden, die Einzelfallanalysen aller Interviewpartnerinnen und -partner in die Arbeit aufzunehmen. Um den Umfang der Publikation zu beschränken, sind sie und damit das komplette Kapitel 8 auf beiliegender CD-ROM einzusehen. Dort werden die empirischen Befunde einzelfallzentriert präsentiert. Damit wird ermöglicht, die Diversität und Varianz der Aussagen der Befragten wahrzunehmen und eine Beeinflussung durch eine Vorauswahl der Forscherin zu vermeiden.

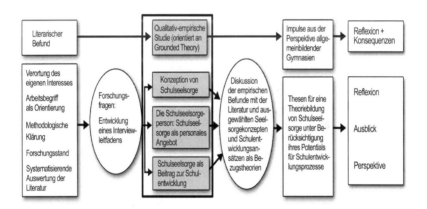

Die Einzelfallanalysen bestehen aus zwei Teilen: Im ersten Teil findet sich eine kurze Vorstellung der Interviewpartnerin bzw. des Interviewpartners sowie die Skizzierung der jeweiligen Situation der Schulseelsorge vor Ort. Der zweite Teil beinhaltet eine nach Kategorien geordnete Zusammenfassung der Interviewaussagen, das sogenannte Verdichtungsprotokoll.

Das Verdichtungsprotokoll wurde nach Langers Konzept und unter Beachtung des Hamburger Verständlichkeitsmodells erstellt sowie um Impulse aus der systematischen, qualitativen Inhaltsanalyse Mayrings erweitert.[1] Das Verdichtungsprotokoll stellt eine zusammengefasste, aber nicht interpretierende Dokumentation des Gesprächs dar, in dessen Zentrum die Aussagen der/des Interviewten stehen. Dabei wurden die Kategorien durch das *offene und axiale Kodieren* des empirischen Materials gebildet bzw. bestätigt. Letzteres trifft für die meisten Kategorien zu, die im Prozess des offenen Kodierens im Rahmen der systematisierenden Auswertung der Literatur gewonnen wurden.

Bewusst werden in Kapitel 8 personenbezogene Aussageformen gewählt, während verallgemeinernde Formulierungen im Rahmen der fallübergreifenden Ergebnisdarstellung in Kapitel 9 ihrem Raum haben.

---

[1] Vgl. Langer, Das persönliche Gespräch, 56-68. Mayring, Qualitative Inhaltsanalyse, 42-99.

9 Ergebnisse II: Fallübergreifende Analyse

Nach der Darstellung in Einzelfallanalysen werden die empirischen Befunde im Folgenden fallübergreifend dargestellt.

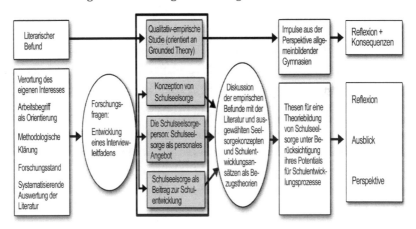

Die empirischen Befunde der Einzelfallanalysen werden mittels des axialen Kodierens zu fallübergreifenden Kategorien zusammengestellt. Dabei wurden die Kategorien der Einzelfallanalysen als Auswertungskategorien für die fallübergreifende Analyse beibehalten. Lediglich bei der Auswertungskategorie *Kompetenzen* wurden übergeordnete Kategorien formuliert.[1]

---

[1] Die Aussagen der Interviewpartnerinnen und -partner werden der Fachkompetenz, Methodische Kompetenz, Hermeneutische Kompetenz, Geistlich-spirituelle Kompetenz, Personal-soziale Kompetenz oder Kommunikationskompetenz zugeordnet. Dieses Vorgehen intendiert zum einen die Analyse des Materials auf einem theoretischen Abstraktionsniveau, zum anderen eine verständliche Präsentation der Ergebnisse. An dieser Stelle sei darauf verwiesen, dass Fallzahlen nicht im quantitativen Sinne als wertend zu verstehen sind, sondern lediglich einen tendenziellen, illustrativen Eindruck vermitteln sollen.

9 Ergebnisse II: Fallübergreifende Analyse

Sprachlich wurde bei der fallübergreifenden Darstellung eine Abstraktionsniveau zu erreichen versucht, ohne dass dabei interpretativ in das Material eingegriffen worden wäre. Exemplarisch sei dieses Vorgehen am Beispiel der *Grundprinzipien* von Schulseelsorge illustriert. Hier wurde versucht, den empirischen Befund durch den Sprachstil des literarischen Befunds zu erhellen: In der Literatur wird mit abstrakten Begriffen, wie Situationsabhängigkeit oder Personalität operiert, die sich im Wortlaut nicht in den Interviewtranskripten finden. Dass die befragten Schulseelsorgerinnen und Schulseelsorger nicht den Wortlaut wählen, heißt meines Erachtens nicht, dass diese Grundprinzipien nicht existent sind. Es kann vielmehr vermutet werden, dass die verbalisierte und spontane Beschäftigung der Befragten mit dem Thema Ursache für diesen gravierenden Unterschied sind.[2]

Die fallübergreifende Zusammenschau der empirischen Befunde dient dem Aufzeigen von Bedeutsamkeiten, Gemeinsamkeiten und Widersprüchen innerhalb des empirischen Materials. Dabei werden erste Tendenzen für eine Theoriebildung von Schulseelsorge sichtbar. Eine pointierte Zusammenfassung der empirischen Befunde findet sich im Rahmen von Kapitel 9.

---

2 Diese Vermutung wird auch durch die Erfahrungsberichte bestätigt (z. B. Kloß, Kirche, 366), die ebenfalls nicht den Wortlaut der theoretischen Reflexionen wählen, sondern die Grundprinzipien beschreiben oder umschreiben.

9.1 Konzeption von Schulseelsorge

9.1.1 Grundlagen

9.1.1.1 Zielsetzung/Ausrichtung von Schulseelsorge

Während der christliche Glaube als Basis schulseelsorgerlicher Zielsetzung für alle befragten Schulseelsorgerinnen und Schulseelsorger von grundlegender Bedeutung ist[3], lässt sich hinsichtlich der Zielsetzung von Schulseelsorge ein differenziertes Bild feststellen, das auf sechs dominante Tendenzen reduziert werden kann.

Schulseelsorge zielt auf Lebensbegleitung und Identitätsentwicklung: Die bedeutsamste Zielsetzung von Schulseelsorge kann in der Lebensbegleitung und im Beitrag zur Identitätsfindung von Menschen gesehen werden.[4] Dabei dominiert das Verständnis, dass schulseelsorgerliche Angebote darauf ausgerichtet sind, den Menschen mit seinen Nöten und Sorgen wahrzunehmen.[5] Im schulischen Kontext wird dabei besonders betont, dass der Mensch unabhängig von seiner Leistung wahrgenommen werden muss: Die befragten Schulseelsorgerinnen und Schulseelsorger möchten vor dem Hintergrund des christlichen Menschenbildes vermitteln, dass der Mensch von Gott angenommen und geliebt ist.[6] Weiter hat Schulseelsorge nach Meinung der Befragten zum Ziel, Schülerinnen und Schüler in ihrer Entwicklung hin zu einem selbstständigen Leben zu unterstützen.[7] Diese Intention besitzt Gültigkeit auch in Bezug auf die religiöse Entwicklung von Schülerinnen und Schülern: Schulseelsorge zielt darauf ab, es Menschen zu ermöglichen, in Kontakt mit Gott zu kommen, ein eigenes Gottesbild oder einen religiösen

---

3 Vgl. N1, N2, N3, N4, N5, N6, N7, N8, N9, N10, N11. Dies kann sich konkretisieren, indem Schulseelsorge als gelebtes Christsein an der Schule und somit als Umsetzung des christlichen Menschenbilds verstanden wird. N2, N6, N7, N8, N9, N11.
4 Vgl. N1, N5, N8, N11.
5 Vgl. N1, N2, N3, N4, N7, N9, N11.
6 Vgl. N2, N8, N9, N11.
7 Vgl. N1, N6, N7. Vgl. auch: N5.

9.1 Konzeption von Schulseelsorge

Standpunkt zu finden.[8] Damit korrespondiert das von N5 formulierte Ziel von Schulseelsorge, die Kirche durch die Person des Schulseelsorgers für Schülerinnen und Schülern erlebbar zu machen.[9]

Schulseelsorge zielt auf die aktive und kritische Mitgestaltung des schulischen Lebensraumes: Nach Meinung der Befragten wird als bedeutsame Aufgabe von Schulseelsorge verstanden, bewusst zu machen, dass die Entwicklung und der Wert des einzelnen Menschen auch im Schulalltag im Vordergrund stehen. Schulseelsorge möchte den Lebensraum Schule gestalten, indem sie zu einer guten Atmosphäre beiträgt sowie Impulsgeber für ein solidarisches, humanes Miteinander ist.[10] Dabei soll Schulseelsorge ein Gegenpol zum leistungsorientierten Schulalltag sein.[11]

Schulseelsorge zielt nach Meinung der Befragten darauf ab, ein Angebot für alle am Schulleben Beteiligten zu sein: Damit kann Schulseelsorge als diakonisch verstanden werden, indem es allen Interessierten, gleich welchen Glaubens oder welcher Konfession, offen steht.[12] In diesem Sinne wird Schulseelsorge als gelebte Nächstenliebe im Bereich der Schule gedeutet.[13]

Schulseelsorge ist nach Meinung der Befragten missionarisch ausgerichtet: Schulseelsorge wird insofern als missionarisch verstanden, wenn „Mission [...] als ein Gesprächsangebot [verstanden wird] über das, was uns im Glauben wichtig ist oder was uns letztlich berührt".[14] Schulseelsorge wird jedoch nicht missionarisch im Sinne einer Evangelisierung[15] oder „Rekrutierung von Kirchgängern"[16] aufgefasst. Einem Teil der Befragten fällt es jedoch schwer, die Ausrichtung von Schulseelsorge als missionarisch zu be-

---

8 Vgl. N1, N9.
9 Vgl. N5.
10 Vgl. N2, N6, N7, N8, N10.
11 Vgl. N3, N6, N7, N8.
12 Vgl. N1, N3, N11.
13 Vgl. N1, N11.
14 N3, 00:18:49. Vgl. N5, N7, N8.
15 Vgl. N7.
16 N5, 00:13:09. Vgl. N3, 00:18:49: „Mitgliederrekrutierung".

zeichnen.[17] Schulseelsorge ist nach Meinung der Befragten kooperativ ausgerichtet:[18] Aus diesem Aspekt ergibt sich die Zielsetzung von Schulseelsorge, „gemeinsam etwas zu entwickeln".[19]

9.1.1.2 Theologische Begründung von Schulseelsorge

Die Aussagen der Befragten lassen fünf verschiedene theologische Begründungen von schulseelsorgerlichem Engagement erkennen. Dabei sind christologische, rechtfertigungstheologische, ethische oder missionarische Aspekte entscheidend. So kann Schulseelsorge einerseits im vorbildhaften Verhalten Jesu[20], andererseits im christlichen Menschenbild[21] begründet sein. Drittens resultiert die theologische Begründung von Schulseelsorge nach Meinung der Befragten aus dem Gebot der Nächstenliebe[22], sofern die Schulseelsorge als Teil der Diakonie verstanden wird. Weiter besteht die theologische Begründung von Schulseelsorge in der paulinischen Rechtfertigungslehre.[23] Wenn Schulseelsorge die Gottesdienste impliziert, kann sie schließlich durch den Verkündigungsauftrag (Mt 28,19)[24] begründet werden.[25]

---

17 Vgl. N2, N3, N5, N7, N8.
18 Vgl. N1, N2, N6, N7.
19 N2, I 00:00:00. Vgl. N1, 00:34:58. N1, 00:35:28: Gemeinsam mit dem Gesprächspartner eruiert N1: „Wo sind Ressourcen da? [...] Wo sind Menschen, die ihm da auch helfen können?".. Zwar äußert er auch seine Einschätzung der Situation, doch hält er es für wesentlich, keine Ratschläge zu erteilen: Vielmehr soll der Gesprächspartner „für sich ein Stück weit Klarheit bekommen". N6, I 00:29:06. Vgl. N6, I 00:28:22.
20 Vgl. N1, N4, N11.
21 Vgl. N5.
22 Vgl. N1, N11.
23 Die Rechtfertigungslehre betont, dass wir „allein aus Gnade [...] angenommen [sind], ohne dass wir [...] besondere Aufgaben erfüllen müssen". N9, 00.27:58.
24 Vgl. N1, N11.
25 Vgl. N11. Schulseelsorge geschieht nach Meinung von N11 unter dem Segen Gottes.

9.1 Konzeption von Schulseelsorge

9.1.1.3 Adressaten von Schulseelsorge

Innerhalb der Einzelfallanalysen lässt sich eine Unterscheidung zwischen *potentiellen* und *tatsächlichen* Adressaten des schulseelsorgerlichen Angebots beobachten.[26] So kann aufgrund der empirischen Befunde formuliert werden, dass sich die Schulseelsorge *potentiell* an alle richtet[27], die „in der Schule [...] arbeiten und leben".[28] Damit gehören aus Sicht der Befragten Schülerinnen und Schüler, Lehrerinnen und Lehrer, Eltern, Angehörige der Schulleitung, Sekretärinnen und der Hausmeister zur potentiellen Zielgruppe der Schulseelsorge. Allerdings kann nur bei N11 belegt werden, dass sich das schulseelsorgerliche Angebot auch an die Raumpflegerinnen der Schule richten soll, da er es dezidiert formuliert.[29] Dieser umfassenden Adressierung der schulseelsorgerlichen Angebote an alle am Schulleben Beteiligten stehen jene Aussage[30] entgegen, die das schulseelsorgerliche Angebot potentiell nur auf Schülerinnen und Schüler sowie Lehrerinnen und Lehrer fokussiert sehen.

Diese als potentiell genannten Adressaten können aufgrund des empirischen Materials von den tatsächlichen Adressaten unterschieden werden. *Tatsächlich* werden aus Sicht der Befragten durch das schulseelsorgerliche Angebot primär Schülerinnen und Schüler, Lehrerinnen und Lehrer sowie Angehörige der Schulleitung erreicht.[31] Seltener[32] können Eltern zu den tatsächlichen Adressaten der schulseelsorgerlichen Arbeit gezählt werden.[33] Wesentlich seltener wird nach Wahrnehmung der Befragten das schulseel-

---

26 Vgl. N1, N2, N3, N4, N5, N6, N8, N9, N10, N11.
27 Vgl. N1, N2, N3, N4, N8, N10, N11.
28 N1, 00:06:20.
29 In den anderen Fällen lassen dies Äußerungen der Befragten lediglich vermuten.
30 Vgl. N5, N9. Ungeklärt bleibt aufgrund der vagen Äußerungen, ob die Berufsbezeichnung Lehrer an dieser Stelle auch die Schulleitung impliziert.
31 Vgl. N1, N2, N3, N4, N5, N6, N7, N8, N9, N10, N11.
32 Vgl. N3, N11.
33 Vgl. N1, N2, N3, N6, N7, N10, N11.

sorgerliche Angebot von den Schulsekretärinnen[34] und dem Hausmeister[35] in Anspruch genommen. Ein Schulseelsorger gibt an, eine Raumpflegerin mit dem schulseelsorgerlichen Gesprächsangebot tatsächlich zu erreichen.[36]

9.1.1.4 Grundprinzipien schulseelsorgerlicher Arbeitsweise

Als bedeutsame Grundprinzipien schulseelsorgerliche Arbeitsweise sind die zeitlich-personelle Präsenz, die Bereitschaft zur Begleitung und eine aufsuchende Haltung der Schulseelsorgeperson zu werten.

Als charakteristisches Prinzip schulseelsorgerlicher Arbeitsweise zeigt sich erstens, dass Schulseelsorgerinnen und Schulseelsorger bestrebt sind, in unterrichtlichen[37] und außerunterrichtlichen[38] Zusammenhängen Zeit mit Schülerinnen und Schülern zu verbringen, um Vertrauen und Beziehung aufzubauen, die als elementare Voraussetzungen der schulseelsorgerlichen Arbeit benannt werden.[39] Dazu kann auch die kontinuierliche Begleitung Einzelner über einen längeren Zeitraum gezählt werden.[40]

Als weiterer bedeutender Aspekt schulseelsorgerlichen Handelns kann die aufsuchende Haltung der Schulseelsorgeperson betrachtet werden[41], die sich in aktivem Ansprechen von Adressaten der Schulseelsorge und durch die offensive Signalisierung der Ansprech- und Erreichbarkeit der Schulseelsorgeperson selbst ausdrückt.[42]

---

34 Vgl. N2, N3, N4.
35 Vgl. N2.
36 Vgl. N11.
37 Vgl. N2, N7, N8.
38 Vgl. N4, N6, N9, N11. Die außerunterrichtliche Begegnung wird dabei individuell durch unterschiedliche Angebote gestaltet. (Frühstücksangebot, Tage der Orientierung, gemeinsame Vorbereitungen von Gottesdiensten oder Andachten.)
39 Vgl. N2, N6, N8, N10, N11.
40 Vgl. N2, N4, N10, N11.
41 Vgl. N3, N4, N6, N7, N8, N11.
42 Die Signalisierung der Ansprech- und Erreichbarkeit geschieht entweder verbal (auch bei Elternabenden) (N1, N8) oder über Medien (Internet, Visitenkarten, Traktate) (N5, N6).

9.1 Konzeption von Schulseelsorge

Neben dieser relativ homogenen Beschreibung der Charakteristika schulseelsorgerlicher Arbeitsweise sind weitere Grundprinzipien zu nennen. Sie werden nur von einzelnen Befragten genannt, was die individuelle Arbeitsweise von Schulseelsorgerinnen und Schulseelsorgern belegt. Drei Befragte zählen vereinbarte Gespräche zu den Charakteristika ihrer schulseelsorgerlichen Arbeitsweise.[43] Für die Arbeitsweise zweier Befragter ist eine feste Sprechstunde[44], für zwei weitere die Bereitschaft zur Kommunikation via E-Mail bzw. E-Mail und Telefon charakteristisch.[45] Ein Befragter bewertet als Prinzip schulseelsorgerlichen Handelns die Unterscheidung von gendersensiblen Arbeitsweisen, die den Bedürfnissen von Mädchen und Jungen gerecht werden.[46] Schließlich zählt ein Befragter zur spezifischen schulseelsorgerlichen Arbeitsweise die Möglichkeit einer offenen Fragestunde innerhalb des Unterrichts.[47]

9.1.1.5 Schulseelsorge als spezifisches Seelsorgefeld

Als Kriterien der Abgrenzung der Schulseelsorge zu anderen Seelsorgefeldern[48] werden Kontext, Adressaten und Inhalt von Schulseelsorge sowie die Grundprinzipien schulseelsorgerlicher Arbeitsweise genannt.

Das maßgebliche Hauptkriterium sehen die Befragten übereinstimmend im Kontext Schule[49], der sich durch seine Beschaffenheit maßgeblich von anderen Kontexten der Seelsorge unterscheidet. Der Kontext Schule wird erstens empfunden als von Leistungsanforderungen, Unterricht, Zeit-

---

43 Vgl. N1, N2, N5. Die vereinbarten Gespräche resultieren meist aus einem spontanen Erstkontakt.
44 Vgl. N1, N5. Allerdings räumt N1 ein, dass die Sprechstunde wenig frequentiert und deshalb von ihr als Zeitpunkt für vereinbarte Gespräche genutzt wird.
45 Vgl. N1, N6. Die Medien E-Mail und Telefon werden als vorteilhafte Medien für Schulseelsorge bewertet.
46 Vgl. N6.
47 Vgl. N10.
48 Vergleichspunkte waren Krankenhaus-, Militär- und Gefängnisseelsorge.
49 Vgl. N1, N2, N3, N4, N6, N7, N8, N9, N10, N11.

druck[50] und ihrem Auftrag, Menschen zu bilden[51], geprägt. Zweitens wird Schule als Lebensraum wahrgenommen, in dem „die Probleme des normalen Umfeldes"[52] virulent sind: Anders als die durch Krankheit bedingte Extremsituation des Krankenhauses wird der Kontext von Schulseelsorge als Alltagssituation begriffen.[53] Drittens wird im Unterschied zu anderen Seelsorgefeldern Seelsorge am Ort Schule nicht als Normalität gesehen[54]: So führt nach Meinung der Befragten die noch ausstehende Etablierung der Schulseelsorge zu unangemessenen Erwartungen an den Seelsorgenden[55], die auch im Fehlen einer Professionsdefinition der Schulseelsorgeperson als eigenständigem Amt [56] begründet sein kann. Schließlich wird der Kontext Schule als so komplex begriffen, dass eine einzige Seelsorgetheorie ihm nicht gerecht werden kann.[57]

Als zweites bedeutsames Kriterium der Abgrenzung werden die Adressaten der Schulseelsorge benannt: Nach Meinung der Befragten werden hauptsächlich Kinder und Jugendliche durch schulseelsorgerliche Angebote erreicht[58], deren entwicklungspsychologische und kontextuell-systemische Situation den Inhalt der in der Schulseelsorge relevanten Problemfelder und Themen bestimmt.[59]

Als drittes Kriterium sind die Grundprinzipien schulseelsorgerlicher Arbeitsweise bedeutsam: Die spezifische Arbeitsweise der Schulseelsorgeperson wird von den Befragten, anders als beispielsweise im Krankenhaus, als nicht von punktuellen Begegnungen, sondern geprägt durch Beziehungsarbeit in unterschiedlichen Situationen beschrieben.[60] Sie zielt nach Mei-

---

50 Vgl. N2, N3, N7, N9.
51 Vgl. N1.
52 N2, II 00:05:32.
53 Vgl. N2, N7,
54 Vgl. N11.
55 Vgl. N10.
56 Vgl. N5, N7.
57 Vgl. N10.
58 Vgl. N3, N6, N7, N10, N11.
59 Vgl. N4, N10, N11.
60 Vgl. N7.

9.1 Konzeption von Schulseelsorge

nung der Interviewten außerdem auf die Schaffung von Strukturen, die innerhalb des Schulalltags ein, die Anonymität des Schülers wahrendes Gespräch ermöglichen.[61] Essentiell ist eine von Aufmerksamkeit geprägte Arbeitsweise der Schulseelsorgeperson, um im komplexen und reizüberfluteten Schulalltag Gesprächsbedarf wahrzunehmen.[62] Schließlich wird als Abgrenzungsmerkmal das Grundprinzip der Freiwilligkeit genannt: Differenziert wird zwischen dem Patienten, der das Gespräch mit dem ihn aufsuchenden Krankenhausseelsorger schwerlich ablehnen kann und der Schülerin bzw. dem Schüler, der die Schulseelsorgeperson freiwillig aufsuchen kann.[63]

Trotz der genannten Unterschiede wird als Gemeinsamkeit mit anderen Seelsorgefeldern der Fokus der Schulseelsorge bewertet, den Einzelnen in seiner jeweiligen Lebenssituation zu begleiten.[64] Am Rande wird außerdem die Vermutung geäußert, dass die seelsorgerlichen Kompetenzen unabhängig vom Seelsorgekontext identisch sein könnten, da Seelsorge eine Grundhaltung sei.[65]

9.1.2 Angebote von Schulseelsorge

9.1.2.1 Das schulseelsorgerliche Gespräch

Ort und Form schulseelsorgerlicher Gespräche: Besonders bedeutsam ist die Wahrnehmung seelsorgerlicher *Gespräche mit Schülerinnen und Schülern* als Tür- und Angel-Gespräche.[66] Unter dieser Chiffre sind aufgrund der Aussagen der Befragten kurze Begegnungen zu verstehen, die innerhalb des Schulgeländes[67] stattfinden: So werden als typische Orte dieser Gesprä-

---

61 Vgl. N4.
62 Vgl. N3.
63 Vgl. N5, N7.
64 Vgl. N1, N9.
65 Vgl. N6.
66 Vgl. N1, N3, N4, N5, N6, N7, N8, N11.
67 Vgl. N1, N3, N4, N7, N8, N9, N11. Hierunter zählt auch der Schulhof, vgl. N3.

che Pausen[68], Hohlstunden[69], gemeinsame Gottesdienstvorbereitungen[70] sowie die Zeit innerhalb des Religionsunterrichts[71] oder im Anschluss an den Unterricht[72] genannt. In besonders schwerwiegenden Situationen wie bei Trauerfällen wird ein Gesprächszeitpunkt nach Beendigung des Schultages als sinnvoll erachtet, um die oder den Betroffenen vor einer Konfrontation mit dem Thema im Unterrichtsalltag zu schützen.[73] An außerschulischen Orten entwickeln sich Gespräche auf den Tagen der Orientierung[74] oder der Taizé-Fahrt.[75] Vereinbarte Gespräche finden im schulischen Beratungszimmer[76] oder im Büro der Schulseelsorgepersom statt, das sich außerhalb der Schule befindet.[77] Schließlich werden Gespräche auch über das Medium E-Mail geführt.[78]

Die Form der Gespräche differiert stark, so dass nicht konstatiert werden kann, ob schulseelsorgerliche Gespräche mit Schülerinnen und Schülern häufiger als Einzelgespräche oder als Gruppengespräche stattfinden: Während bei den einen Einzelgespräche oder Gespräche mit zwei Schülerinnen und Schülern[79] dominieren und nur in Trauerfällen oder auf den Tagen der Orientierung[80] Gruppengespräche geführt werden[81], überwiegen bei anderen die Anzahl der Gruppengespräche[82], so gibt N4 sie im Verhältnis zu den Einzelgesprächen mit 60% an.

---

68 Vgl. N1, N7, N8, N11.
69 Vgl. N11.
70 Vgl. N9.
71 Vgl. N11.
72 Vgl. N2, N7, N8, N9.
73 Vgl. N7.
74 Vgl. N6.
75 Vgl. N3.
76 Vgl. N1.
77 Vgl. N5.
78 Vgl. N1, N6. Gespräche via E-Mail haben den Vorteil, dass die Gesprächssituation „nicht ganz so nah [ist] und man [...] doch etwas fragen" kann. Vgl. N6, I 00:02:57.
79 Vgl. N1, N2, N6, N11. N11 führt auch Gespräche mit bis zu drei Schülerinnen und Schülern, die er nicht als Gruppengespräche bezeichnet.
80 Vgl. N6.
81 Vgl. N1, N2, N6. Gruppen umfassen eine Mindestzahl von vier Schülerinnen und Schülern.
82 Vgl. N3, N4.

9.1 Konzeption von Schulseelsorge

Ebenfalls heterogen gestaltet sich das Bild, das sich in Bezug auf spontane oder verabredete Gespräche ergibt: Innerhalb des empirischen Befunds dominiert das Verständnis, dass die Inanspruchnahme von vereinbarten Gesprächsterminen oder festgelegten Sprechstunden von Schülerinnen und Schülern selten bzw. untypisch für Kinder und Jugendliche ist.[83] Demgegenüber wird von anderen Befragten betont, dass aus einem spontanen Erstkontakt meist vereinbarte Gespräche resultieren.[84] Letzteres beobachten jene Schulseelsorgerinnen und Schulseelsorger, die für seelsorgerliche Gespräche entweder eine feste Sprechstunde oder ein Büro außerhalb der Schule nutzen können.

Nach Meinung der Befragten können sich aus Erstkontakten auch dann vereinbarte Gespräche ergeben, wenn das Problem der Schülerin bzw. des Schülers einer (kontinuierlichen) Begleitung oder eines geschützten Rahmens bedarf.[85] Allerdings ist dies eher selten der Fall, was die Beobachtung von N8 illustriert, dass die Einladung zu einem zweiten, vereinbarten Gespräch nur gelegentlich angenommen wird.[86] Dies wird auch unterstützt durch die Beobachtung mehrerer Befragter, wonach seelsorgerliche Gespräche im Rahmen der Schule häufig kurze Gespräche sind, die eine schnelle Lösung finden.[87]

Gespräche mit Lehrerinnen und Lehrern können überwiegend als kurze[88] Gespräche zwischen Tür und Angel[89] charakterisiert werden, die sich in der Pause[90], am Kopierer[91], im Lehrerzimmer[92], in Freistunden[93] oder bei ge-

---

83 Vgl. N3, N4, N6, N9.
84 Vgl. N1, N5.
85 Vgl. N1, N2, N4, N7, N11. Um die Schülerin/den Schüler vor einer möglichen Stigmatisierung zu schützen, nimmt N2 stets ein Schulbuch in den entsprechenden Raum mit, damit ungewiss bleibt, ob sie als Seelsorgerin oder Lehrerin aufgesucht wird.
86 Vgl. N8.
87 Vgl. N3, N8, N9, N11.
88 Vgl. N8.
89 Vgl. N2.
90 Vgl. N8.
91 Vgl. N2, N8.
92 Vgl. N3, N6.
93 Vgl. N8.

meinsamen Unternehmungen[94] ergeben. Die Aussage, dass seelsorgerliche Gespräche im Rahmen der Schule häufig kurze Gespräche sind, die eine schnelle Lösung finden[95] unterstützt diese These. Gespräche mit Kolleginnen und Kollegen werden vorwiegend als spontan beschrieben, das Angebot zu einem vereinbarten Gespräch besteht aber vonseiten der Befragten auch hier.[96]

Gespräche mit Eltern haben ihren Ort auf Elternsprechtagen[97], Elternabenden[98] oder bei Schülergeburtstagen.[99] Auch über die Medien E-Mail und Telefon wird die Schulseelsorgeperson von diesen in Anspruch genommen.[100] Für Gespräche, die nach einem Erstkontakt als vereinbarte Gespräche stattfinden, wird in einem Fall als Ort ein schulischer Besprechungsraum genannt.[101]

Initiation schulseelsorgerlicher Gespräche: Als Initiation des *Gesprächs mit Schülerinnen und Schülern* werden zwei Formen genannt, die als komplementär[102] zu betrachten sind: Bedeutsam ist erstens die initiative Haltung der Schülerin bzw. des Schülers, indem sie bzw. er die Schulseelsorgeperson explizit um ein Gespräch bittet.[103] Dabei wird betont, dass nicht nur diejenigen Schülerinnen und Schüler den Kontakt zur Schulseelsorgeperson suchen, die von ihr unterrichtet werden.[104] Bedeutsam ist zum anderen der Gesprächsbeginn durch die Initiative der Schulseelsorgeperson: Sie wird entweder induziert, nachdem die Schulseelsorgeperson selbst - etwa durch

---

94 Vgl. N1.
95 Vgl. N3, N8, N9, N11.
96 Vgl. N2 (II 00:03:18), N8.
97 Vgl. N1, N6, N11.
98 Vgl. N6, N8.
99 Vgl. N11.
100 Vgl. N1.
101 Vgl. N8.
102 N3 betont allerdings, dass es seltener vorkommt, dass Schülerinnen und Schüler ihn um ein Gespräch bitten, während er häufiger das Gespräch sucht.
103 Vgl. N1, N3, N5, N6, N7, N9, N11.
104 Vgl. N3.

9.1 Konzeption von Schulseelsorge

Verhaltensweisen im Unterricht - den Gesprächsbedarf erkannt hat oder nachdem sie von Mitschülerinnen und Mitschülern oder Kolleginnen und Kollegen auf einen konkreten Gesprächsbedarf hingewiesen wurde.[105]

Als typischer Gesprächsbeginn mit Schülerinnen und Schülern ist die nachunterrichtliche Situation zu werten: So wird als kennzeichnend beschrieben, wie die anderen Schülerinnen und Schüler nach Unterrichtsende das Klassenzimmer verlassen, während eine Schülerin bzw. ein Schüler bewusst langsam einpackt, was vonseiten der Befragten als Signalisierung des Gesprächsbedarfs interpretiert wird. Die Schulseelsorgeperson eröffnet das Gespräch mit einer einladend offenen Frage, die in ihrer Direktheit bzw. Beiläufigkeit variiert.[106] Eine Befragte fordert die Schülerin bzw. den Schüler zur Hilfe beim Tragen von Unterrichtsmaterialien auf, um dem Gespräch einen unverfänglichen Rahmen zu geben.[107] Auch dienen der Unterricht oder die unterrichtlichen Themen als Anknüpfungspunkt vonseiten der Schülerin/ des Schülers oder der Schulseelsorgeperson.[108] Dies wird durch die Beobachtung unterstrichen, dass sich aus alltäglichen, außerunterrichtlichen Unterhaltungen Seelsorgesituationen ergeben, wenn Schülerinnen und Schüler erst am Ende des Gesprächs ihr Anliegen artikulieren.[109] Wenn die Schulseelsorgeperson Kenntnis über die Lebensumstände besitzt oder ein auffälliges Schülerverhalten wahrnimmt, lädt sie durch konkrete Nachfrage zum Gespräch ein.[110]

---

105 Vgl. N1, N3, N5, N6, N7, N9, N10, N11.
106 Vgl. N2, N3, N4, N7, N8. Folgende eröffnende Fragen werden beispielsweise gestellt: Was hast du auf dem Herzen? Keine Lust auf Pause? Was magst du mir sagen? Wie geht es dir?
107 N2 fragt den Schüler, ob er ihr beim Aufräumen der Bibeln behilflich sein kann.
108 N9 nimmt wahr, dass Schülerinnen und Schüler in der Pause über unterrichtliche Themen diskutieren, aus denen sich eine seelsorgliche Anfrage ergibt. N7 hinan sie gegen fragt aufgrund unterrichtlicher Themen nach: „Sollen wir in der Pause noch mal darüber reden?". N7, 00:01:29.
109 N4 erklärt diese Zurückhaltung mit der Persönlichkeitsstruktur von Gymnasiastinnen und Gymnasiasten, die Probleme zuerst alleine lösen möchten.
110 Vgl. N5, N9, N11.

9 Ergebnisse II: Fallübergreifende Analyse

Gespräche mit Kolleginnen und Kollegen werden unterschiedlich initiiert: Bedeutsam ist die Initiative der Lehrerinnen und Lehrer, die das Gespräch mit der Schulseelsorgeperson aktiv suchen.[111] Ebenso bedeutsam ist allerdings auch die initiative Haltung der Schulseelsorgerinnen und Schulseelsorger mittels gezielter Nachfrage, besonders dann, wenn sie einen Gesprächsbedarf vonseiten der Kolleginnen und Kollegen wahrnehmen und von schwierigen Lebenssituationen wissen.[112] Charakteristisch für den Gesprächsbeginn, der von Kolleginnen und Kollegen initiiert wird, ist entweder ihre konkrete Bitte um ein Gespräch[113] oder eine beiläufige Aussage, die ihren Gesprächsbedarf signalisiert.[114]

Über den *Gesprächsbeginn mit Eltern und den Schulsekretärinnen* liegen nur wenige Aussagen vor. Es kann festgehalten werden, dass die Schulseelsorgeperson sowohl das Gespräch mit Eltern als auch mit Angehörigen des Schulpersonals initiiert.[115]

Ablauf und Ziel schulseelsorgerlicher Gespräche: Aufgrund der empirischen Befunde kann festgehalten werden, dass schulseelsorgerliche Gespräche, besonders die zwischen Tür und Angel, aufgrund unterschiedlicher Situationen und Partner über keine festgelegte Gesprächsstruktur verfügen.[116] Sie können nach Meinung der Befragten angesichts bestimmter Probleme wie eines Todesfalles sogar gänzlich auf dialogische Elemente verzichten und sind dann von Stille und Zuhören gekennzeichnet.[117] Allerdings ist es aufgrund der empirischen Befunde durchaus möglich, folgende Gesprächselemente zu generalisieren.

---

111 Vgl. N1, N2, N3, N5.
112 Vgl. N1, N4, N8, N9.
113 Vgl. N2, N3, N4. So z. B. im Trauerfall die Frage: „Könntest du da noch mal kommen?". N4, II 00:09:17.
114 Vgl. N2, N3, N6, N9. N6, I 00:31:38: „So sieht es gerade aus in der Klasse." Vgl. N2, II 00:04:12: „Gerade ist alles Käse!".
115 Vgl. N1, N4, N10.
116 Vgl. N3, N6, N8.
117 Vgl. N3, N6.

9.1 Konzeption von Schulseelsorge

Im Mittelpunkt des Gesprächs steht die Problemschilderung der Gesprächspartnerin/des Gesprächspartners.[118] Häufig unterstützen die befragten Schulseelsorgerinnen und Schulseelsorger den Gesprächsfluss durch einladend-offene, erzählgenerierende und/oder gezielte Fragen.[119] Ihre Haltung ist dabei unterschiedlich zu beschreiben: Das Spektrum reicht von einer sehr aktiven Gesprächsgestaltung durch Ratschläge[120] bis hin zu einem defensiven Verhalten, dem das Erteilen von Empfehlungen fremd ist[121] und das etwa durch die Setzung von Impulsen charakterisiert ist.[122] Allerdings sind offensive und defensive Verhaltensweisen nicht als exkludierend zu verstehen.

Bei N1 lassen sich besondere Strukturelemente nachweisen, die angesichts spezifischer Problemfälle angewendet werden, so etwa Konzepte der Transaktionsanalyse, um Situationen besser verstehen zu können, oder konkrete Techniken, die sie im Mobbing-Fall mit der Schülerin/dem Schüler einübt. Auch ist der Gesprächsbeginn bei ihr stets durch die Eingrenzung des Gesprächsgegenstandes gekennzeichnet.[123]

Aufgrund des empirischen Befundes lassen sich die Ziele des schulseelsorgerlichen Gespräches darin definieren, den Gesprächspartner zu ermutigen und ihm zu ermöglichen, für sich eine Lösung zu finden.[124] Letzteres kann auch darin bestehen, gemeinsam, nach weiterführender (professioneller) Hilfe zu suchen.[125]

In der Gestaltung des Gesprächsabschlusses lässt sich aufgrund des empirischen Befundes eine Varianz in zwei Richtungen festhalten. Zum einen kann das Gespräch offen, d. h. ohne abschließende Problemlösung enden.[126] Dies wird damit begründet, dass sich die Befragten der Begrenztheit

---

118 Vgl. N1, N6, N9.
119 Vgl. N1, N6, N7, N9, N11.
120 Vgl. N11.
121 Vgl. N6.
122 Vgl. N7.
123 Vgl. N1.
124 Vgl. N6, N7, N9, N11.
125 Vgl. N1, N7.
126 Vgl. N9.

ihrer Hilfsmöglichkeiten im Schulseelsorgegespräch bewusst sind.[127] Zum anderen kann das Gespräch einen verbalisierten Schlusspunkt finden: So besteht die Möglichkeit zum Gebet, sofern die Schulseelsorgeperson dies angesichts von Gesprächspartner und -gegenstand für angebracht hält.[128] Allerdings wird diese Möglichkeit sehr zurückhaltend angeboten - motiviert vom Wunsch, niemanden mit dem eigenen christlichen Glauben zu bedrängen. Dies wird unterstrichen durch die Entscheidung von N9, Fürbitte für die Person zu halten, nicht aber mit ihr zu beten, wenn sie sich nicht während des Gesprächs in einen religiösen Kontext eingeordnet hat.[129] Dem Selbstverständnis von N7 wiederum ist es gänzlich fremd, mit Schülerinnen und Schülern zu beten. Als weitere Möglichkeiten der Gesprächsbeendigung werden das Lesen eines Gedichts oder Textes[130] genannt oder das Angebot, sich eine Süßigkeit oder einen (biblischen) Kurztext aus einem Köfferchen zu nehmen.[131]

Inhalt schulseelsorgerlicher Gespräche[132]: Die empirischen Befunde zeigen, dass schulseelsorgerliche Gespräche besonders die Themenbereiche um Tod und Trauer beinhalten.[133] Dies wird damit begründet, dass der Kirche im Umgang mit diesem Komplex eine genuine Kompetenz zugestanden wird.[134] Darüber hinaus lassen sich Inhalte des schulseelsorgerlichen Gesprächs beobachten, die als *adressatenspezifisch* charakterisiert werden können.

---

127 Vgl. N6, N9.
128 Vgl. N1, N3, N9.
129 Vgl. N9
130 Vgl. N3.
131 Vgl. N1.
132 An dieser Stelle sei nochmals darauf verwiesen, dass die Nicht-Nennung bestimmter Inhalte vonseiten der befragten Schulseelsorgerinnen und Schulseelsorger nicht bedeuten muss, dass ihnen bestimmte Gesprächsinhalte fremd wären. Dieser Umstand ist der qualitativen Forschungsmethodik geschuldet, die nicht (wie die quantitative Forschung) Inhalte mittels eines Fragebogens vorgibt und abfragt. Vielmehr besteht die Stärke der qualitativen Methode darin, dass die genannten Inhalte in ihrer subjektiven Gewichtung von den interviewten Schulseelsorgerinnen und Schulseelsorgern genannt werden.
133 Vgl. N2, N3, N6.
134 Vgl. N6.

9.1 Konzeption von Schulseelsorge

Die *Inhalte des schulseelsorgerlichen Gesprächs mit Schülerinnen und Schülern* lassen sich in die vier Bereiche, die in der Reihenfolge ihrer Bedeutsamkeit aufgeführt sind, differenzieren - familiär, schulisch, persönlich und religiös: Am bedeutsamsten scheinen Gesprächsinhalte zu sein, die ihren Ursprung im familiären Bereich der Schülerinnen und Schüler haben: So werden die Suchtproblematik[135], Krankheit[136] und der Tod[137] eines Angehörigen thematisiert. Diese können ebenso wie die Trennung der Eltern[138] zu problematischen Familienkonstellationen führen, aus denen Konflikte resultieren. So empfinden nach Wahrnehmung der Befragten vor allem Schülerinnen die Verantwortung bzw. neue Rolle als belastend, die sie aufgrund von Krankheit oder Trennung der Eltern übernehmen müssen.[139] Weiter werden Probleme von Schülerinnen und Schülern mit ihren Eltern im Allgemeinen genannt, die sich beispielsweise im Konflikt um differierende Lebensentwürfe, den elterlichen Erwartungen oder der Gewalttätigkeit gegenüber dem Kind konkretisieren.[140] Demgegenüber nehmen andere der befragten Schulseelsorgerinnen und Schulseelsorger wahr, dass gerade die Probleme untereinander oder mit den Eltern nicht im Rahmen des schulseelsorgerlichen Gesprächs, sondern in der peer-group oder Klasse besprochen werden.[141]

Bedeutung kann im schulischen Bereich der Leistungsproblematik beigemessen werden: Sowohl Lernschwierigkeiten, fachliche Probleme im Unterricht, Prüfungsangst und das Wiederholen einer Klasse werden im Rahmen des schulseelsorgerlichen Gesprächs thematisiert[142] als auch der Leistungsdruck, den sich Schülerinnen und Schüler selbst aufbauen oder dem sie sich durch Eltern ausgesetzt fühlen.[143] Als zweiter großer Bereich

---
135 Vgl. N6, N11.
136 Vgl. N2, N9, N10.
137 Vgl. N1, N7, N9, N10, N11.
138 Vgl. N4, N5, N9, N11.
139 Vgl. N9.
140 Vgl. N1, N2, N3, N4, N5, N7, N10.
141 Vgl. N1, N7, N8.
142 Vgl. N4, N5, N6, N7, N9, N10, N11.
143 Vgl. N4, N7, N8, N9.

lassen sich Konflikte mit den Akteuren des schulischen Kontextes beschreiben: Einerseits beinhalten schulseelsorgerliche Gespräche die Probleme mit Lehrerinnen und Lehrern.[144] Andererseits werden Konflikte mit Mitschülerinnen und Mitschülern im Klassenverband thematisiert, wie das „Sich-Ausgeschlossen-Fühlen", die Angst vor Mitschülern, Mobbing oder Cyber-Mobbing.[145] Weiter sind die Krankheit[146] und der Tod[147] von Mitschülerinnen und Mitschülern Bestandteil des Gesprächs. Der Fachwechsel aus Glaubensgründen als Thema des schulseelsorgerlichen Gesprächs stellt schließlich einen Gegenstand dar, der die schulischen und religiösen Komplexe gleichermaßen berührt.[148]

Ebenso große Bedeutung kommt den Gesprächsinhalten zu, die die Schülerinnen und Schüler in persönlicher Hinsicht betreffen. Hier sind vor allem zwei Themenfelder dominant: Erstens sind dies Probleme in Beziehungen, besonders Freundschaften im Allgemeinen[149], Liebesbeziehungen im Speziellen[150] sowie Krankheit[151], Suchtproblematik[152] oder Tod[153] eines Freundes. Zweitens werden Probleme thematisiert, die auf die Person der Schülerin bzw. des Schülers selbst fokussieren, wie die eigene Krankheit[154], eine Suchtproblematik[155], die berufliche Zukunft[156] Suizidalität oder Schüchternheit.[157]

---

144 Vgl. N2, N6, N8, N11.
145 Vgl. N1, N2, N4, N8, N11.
146 Vgl. N3, N4.
147 Vgl. N3, N4, N8.
148 Vgl. N8.
149 Vgl. N1, N2, N4, N5, N6, N7, N10.
150 Vgl. N1, N5.
151 Vgl. N3, N4.
152 Vgl. N3, N6.
153 Vgl. N3, N4, N7.
154 Vgl. N6, N9.
155 Z. B.: Essstörungen, Ritzen, Alkohol. Vgl. N1, N5.
156 Vgl. N3, N4, N11.
157 Vgl. N1, N4, N5, N7, N9.

9.1 Konzeption von Schulseelsorge

Auch religiöse Fragen können Inhalt des schulseelsorgerlichen Gesprächs sein. Allerdings beobachten einige der Befragten, dass religiöse Fragen ihren Platz im biblischen Pausengespräch oder dem Unterricht haben[158], während andere sie als Inhalt des schulseelsorgerlichen Gesprächs nennen.[159] So sind Fragen bezüglich des Gottesbildes[160], die Theodizee-Frage[161], die Frage nach Gott, dem Ewigen Leben bzw. dem Leben nach dem Tod Inhalt des schulseelsorgerlichen Gesprächs.[162] Außerdem wird die Schulseelsorgeperson als Expertin für die kirchliche Praxis empfunden, wenn sie wegen Taufe, Firmung[163] oder Trauung angefragt oder um Handlungsmöglichkeiten angesichts von Tod und Trauer gebeten wird.[164] Darüber hinaus werden kritische Lebenssituationen thematisiert, die von existentieller Bedeutung für die Schülerinnen und Schüler sind[165] sowie aktuelle politische Themen behandelt, wie der Amoklauf von Winnenden 2009. Als charakteristisches Phänomen der Gesprächsinhalte qualifiziert N1 die Angst.

Lehrerinnen und Lehrer thematisieren im Rahmen des schulseelsorgerlichen Gesprächs Probleme, die in die vier Bereiche familiär, schulisch-beruflich, persönlich und religiös unterteilt werden können. Besonders virulent scheinen Themen zu sein, die aus dem familiären Kontext der Lehrenden resultieren. Lehrerinnen und Lehrer sprechen innerhalb des schulseelsorgerlichen Gesprächs die Überbelastung an, die aus ihrer Verantwor-

---

158 Vgl. N7, N8.
159 Vgl. N1, N4, N5, N9, N11.
160 Vgl. N9.
161 Vgl. N4.
162 Vgl. N11.
163 Hier ist bemerkenswert, dass die evangelische Schulseelsorgeperson um Rat bezüglich eines katholischen Ritus gebeten wird.
164 Vgl. N5, N8, N11.
165 Vgl. N9, N10.

9 Ergebnisse II: Fallübergreifende Analyse

tung für ihre Eltern und/oder Kinder resultiert.[166] Als weitere Inhalte sind allgemeine familiäre Konflikte[167], der Tod[168] oder die Krankheit[169] von Angehörigen sowie die Sorge um das eigene Kind[170] zu nennen.

Eng damit zusammen hängen Probleme im persönlichen Bereich, die sich nicht trennscharf von familiären Problemfeldern abgrenzen lassen. So werden Beziehungsprobleme[171], Scheidung[172], die Sorge um andere [173], ein Tod im Freundeskreis[174], zwischenmenschliche Konflikte[175] oder „Lebensfragen"[176] thematisiert.

In schulisch-beruflicher Hinsicht sind die Schwierigkeiten mit einer Klasse[177] oder Konflikte mit Kolleginnen und Kollegen bedeutsam.[178] Auch die als zu hoch empfundene Arbeitsbelastung[179] und die fehlende Anerkennung beruflicher Leistung[180] sind Inhalte des Gesprächs.

Auch in religiösen Fragen[181] wenden sich Lehrerinnen und Lehrer an die Schulseelsorgeperson, da sie nach Meinung der Befragten die Schulseelsorgerinnen und Schulseelsorger als Experten für die kirchliche Praxis und religiöse Fragen verstehen: So werden Fragen bzgl. des kirchlichen Rechts, aber auch hinsichtlich aktueller kirchenpolitischer Fragen thematisiert.[182] Weiter beinhalten die Gespräche Fragen angesichts des eigenen Glaubens.[183]

---

166 Vgl. N3, N4.
167 Vgl. N1.
168 Vgl. N8, N11.
169 Vgl. N4, N8.
170 Vgl. N6.
171 Vgl. N2.
172 Vgl. N1.
173 Z. B. bei einer Suchtproblematik: Vgl. N6.
174 Vgl. N6.
175 Vgl. N2, N6.
176 N10, 00:08:26.
177 Vgl. N6, N8.
178 Z. B. aufgrund einer Beförderung: Vgl. N2.
179 Vgl. N1, N3.
180 Vgl. N3.
181 Vgl. N8. Bisweilen sogar überwiegend in religiösen Fragen: Vgl. N11.
182 Taufe, Patenamt, Hochzeit bzw. Rücktritt Käßmanns: Vgl. N3, N11.
183 Vgl. N11.

9.1 Konzeption von Schulseelsorge

Gesprächsinhalte mit Eltern lassen sich aufgrund der Aussagen der Befragten auf zwei Themenkomplexe reduzieren: Erstens werden Probleme im Hinblick auf das eigene Kind genannt, die gleich häufig als Schwierigkeiten in der Beziehung zum Kind[184] und als Sorge um das eigene Kind aus schulischen oder privaten Gründen[185] beschrieben werden. Deutlich weniger Raum nehmen Erziehungsfragen ein.[186] Zweitens werden religiöse Fragen thematisiert, die allerdings unterschiedlich bewertet werden: Während einer der Befragten[187] wahrnimmt, dass sie ihren Platz eher bei den (religiös-ausgerichteten) Elternabenden haben, sind sie Gegenstand der Gespräche mit einem anderen, der Fragen zum Glauben als Inhalte christlichen Lehre und der Kirche benennt.[188]

Über die Inhalte schulseelsorgerlicher Gespräche mit *Angehörigen des Schulpersonals* können aufgrund der empirischen Befunde nur Vermutungen angestellt werden: So können private Fragestellungen Gesprächsgegenstand mit Sekretärinnen sein[189], während das Seelsorgegespräch mit Raumpflegerinnen auch religiös-spirituelle Inhalte umfasst.[190]

9.1.2.2 Weitere Angebote von Schulseelsorge

Aufgrund der empirischen Befunde lassen sich zum einen *tatsächlich* stattfindende Angebote beschreiben, zum anderen Angebote, die *potentiell* darunter verstanden werden.

Als Schwerpunkte der Angebote, die *tatsächlich* gegenwärtig Bestandteil der schulseelsorgerlichen Tätigkeit der Befragten sind, lassen sich einerseits Gespräche, andererseits spirituelle Elemente ausmachen: Erstens füh-

---

[184] Vgl. N1, N3, N7.
[185] Vgl. N1, N2, N8. Schulangst, Mobbing, Leistungsdruck, Umgang mit Suizid in der Klasse.
[186] Vgl. N6.
[187] Vgl. N8.
[188] Vgl. N11.
[189] Die Sekretärinnen können „dann noch etwas Eigenes loswerden". N4, II 00:11:28.
[190] Regelmäßig führt N11 Gespräche mit einer Reinigungskraft, mit der er „einmal sogar [...] gebetet" hat. N11, 00:15:30.

ren ausnahmslos alle befragten Schulseelsorgerinnen und Schulseelsorger Gespräche mit Einzelpersonen oder Gruppen, meist persönlich, seltener per E-Mail.[191] Auch das Angebot der Trauerbegleitung kann in Form von Gesprächen stattfinden.[192] Nicht immer ist es dabei einfach, das Gesprächsangebot eindeutig der Schulseelsorge zuzuordnen: So führt N7 zwar Gespräche, zählt diese aber nur sehr zögerlich zum schulseelsorgerlichen Angebot, da sie sie auch im Rahmen ihrer Lehrtätigkeit anbietet.

Zweitens sind spirituelle Elemente bei der Mehrheit der Interviewpartnerinnen und -partner von Bedeutung für die Schulseelsorge: Dominant sind dabei eindeutig Schulgottesdienste.[193] Daneben werden auch die Vorbereitungen der Schulgottesdienste[194] und die Andachten (wöchentlich oder in der Passions- und Adventszeit)[195] genannt.

Während diese Angebote von mehreren der Befragten gemacht werden, spiegeln die weiteren *tatsächlich* stattfindenden Angebote die Individualität des schulseelsorgerlichen Angebots wider: So werden als außerschulische Angebote jährlich stattfindende Tage im Kloster[196], jährliche Fahrten nach Taizé[197] sowie Tage der Orientierung[198] genannt. Innerschulisch sind dies im Einzelfall Angebote zu religiösen Themen, wie Elternabende zur religiösen Erziehung[199] oder eine Hilfestellung zum Thema Tod und Trauer[200], spirituelle bzw. religiös-soziale Angebote wie ein wöchentliches

---

191 N1 und N2 geben sogar an, dass der Schwerpunkt der schulseelsorgerlichen Arbeit eindeutig auf den Gesprächen liegt.
192 Vgl. N4. Das Angebot der Trauerbegleitung kann auch in Form von Gottesdiensten und Andachten stattfinden.
193 Vgl. N3, N4, N5, N6, N7, N8, N9, N10, N11. Bei Schulgottesdiensten und Andachten kommt außerdem Formen die Spiritualität der Schulseelsorgeperson zum Ausdruck. So ist es für N3 wichtig, seinen christlichen Glauben als Motivation des schulseelsorgerlichen Engagements transparent zu gestalten, der bei den genannten spirituellen Angeboten erkennbar und erlebbar wird. Vgl. N3, 00:20:54. N3, 00:21:41.
194 Vgl. N7, N9.
195 Vgl. N3, N7, N9, N10.
196 Vgl. N7.
197 Vgl. N3.
198 Vgl. N6.
199 Vgl. N8.
200 Vgl. N8.

9.1 Konzeption von Schulseelsorge

Frühstück[201] die Begleitung der Gottesdienstband[202], des Schülerbibelkreises[203] oder des Lehrergebetskreises[204] oder die Mitarbeit an der Schulentwicklung.[205]

Als *potentiell* denkbares Angebot der Schulseelsorge wird die Gestaltung des Schullebens mit spirituellen Elementen wie Schulgottesdienste genannt[206], was im Widerspruch zu den vorangegangenen Aussagen stehen mag: Dass Schulgottesdienste nicht als tatsächliche Angebote der Schulseelsorge betrachtet werden, ist bei drei der vier Befragten damit zu begründen, dass die drei Schulseelsorgerinnen[207] diese bereits als Religionslehrerinnen verantwortet haben, bevor sie sich als Schulseelsorgerinnen bezeichneten. Allerdings sehen alle drei Schulgottesdienste als Bestandteil der Schulseelsorge an. Dieses Dilemma spiegelt die definitorische Problematik des Selbstverständnisses von Religionslehrerperson und Schulseelsorgeperson wider. Der vierte Befragte zählt Schulgottesdienste zu den potentiellen Angeboten von Schulseelsorge, da Kolleginnen und Kollegen der Religionsfachschaft diese gegenwärtig verantworten und nicht N5 als Schulseelsorger.

Weiter werden solche schulseelsorgerlichen Angebote als potentiell charakterisiert, die den Befragten als Angebote anderer Schulseelsorgerinnen und Schulseelsorger bekannt sind, wie etwa die Klostertage und die Tage der Orientierung[208], Andachten[209], Stille Minute oder Raum der Stille[210], Start in die Woche[211] oder eine Saftbar.[212]

---

201 Vgl. N4.
202 Vgl. N6.
203 Vgl. N8.
204 Vgl. N11.
205 Vgl. N4.
206 Vgl. N1, N2, N5, N7.
207 Vgl. N1, N2, N7.
208 Vgl. N1.
209 Vgl. N2, N5.
210 Vgl. N2.
211 Vgl. N5.
212 Vgl. N2, vgl. das Frühstücksangebot von N4.

Das von den Interviewpartnerinnen und -partnern genannte Angebotsspektrum bringt ein überwiegend enges Verständnis von Schulseelsorge zum Ausdruck. Es umschreibt das schulseelsorgerliche Angebot als religiöses Angebot. Als Ausnahme können das Angebot der Saftbar und die Mitarbeit an der Schulentwicklung gesehen werden: Ihr religiöser Charakter wird von den Befragten nicht dezidiert formuliert.

9.1.3 Kontextuelle Verortung von Schulseelsorge

9.1.3.1 Strukturelle Rahmenbedingungen von Schulseelsorge

Eine transparente Kommunikation und Klärung der strukturellen Rahmenbedingungen der Schulseelsorge ist bedeutsam. Sie wird von den Befragten im Hinblick auf ihre Außenwahrnehmung als notwendig erachtet. Dies wird von den Befragten dadurch begründet, dass erst durch die offizielle Ausstattung der Schulseelsorge mit Ressourcen für die am Schulleben Beteiligten deutlich wird, dass Schulseelsorge eben keine ehrenamtliche, „idealistische Spinnerei"[213] ist, sondern ein Angebot, zu dessen Inanspruchnahme die am Schulleben Beteiligten berechtigt sind.[214] Die Rahmenbedingungen von Schulseelsorge in zeitlicher, räumlicher und finanzieller Hinsicht werden im Folgenden gesondert betrachtet.

Die Ausstattung mit zeitlichen Ressourcen wird von allen Befragten und unabhängig ihrer Begründung als besonders relevant für schulseelsorgerliche Arbeitsweise bewertet.[215] Diese Ausstattung wird allerdings unterschiedlich begründet: Im Vordergrund der Argumentationslinien steht der (nach Meinung der Befragten) reale Bedarf an Deputatsstunden: Sowohl für die schulseelsorgerlichen Angebote und die Präsenz und Ansprechbarkeit der Schulseelsorgeperson als auch für die Qualifizierungs- und Fortbil-

---

213 N11, 01:32:33. Vgl. N11, 01:11:42.
214 Vgl. N1.
215 Vgl. N1, N2, N3, N4, N5, N6, N7, N8, N9, N10, N11.

9.1 Konzeption von Schulseelsorge

dungsmaßnahmen wird Zeit benötigt.[216] Weiter wird die Ausstattung mit Deputatsstunden als (kirchliche) Wertschätzung der schulseelsorgerlichen Arbeit gewertet.[217] Schließlich wird nach Meinung der Befragten erst durch die Institutionalisierung (durch die Vergütung des Arbeitsaufwandes) der Charakter der Schulseelsorge als ernsthafter Beitrag zur Bildung deutlich.[218] Konkret wird der Bedarf an Zeit mehrheitlich mit einer Deputatsstunde/Woche[219], aber auch mit zwei bis vier Stunden[220] angegeben. Als optimal wird die Beauftragung einer Person mit einem vollen Deputat betrachtet, die 50% ihres Auftrags unterrichtet, 50% als Schulseelsorgerin aktiv und präsent ist.[221]

Ein homogenes Bild zeichnet sich hinsichtlich der räumlichen Ausstattung ab: Keiner der Befragten verfügt über einen eigenen Raum für Schulseelsorge. Allerdings lassen sich Aussagen über zwei Typen bezüglich des Raumangebots skizzieren: Während dem ersten Typ anders genutzte schulische Räume unproblematisch zur Verfügung stehen, kann der zweite Typ auf keinen Raum ohne große Probleme zugreifen. Ist die Nutzung eines geeigneten Raumes innerhalb der Schule unproblematisch möglich, wird ein eigener Raum für Schulseelsorge nicht als dringlich erachtet.[222] Allerdings scheint dies bei der überwiegenden Mehrheit der Befragten nicht der Fall zu sein: Für Andachten, Gespräche, Möglichkeiten der Regeneration oder die atmosphärische Gestaltung ist ihres Erachtens ein eigener Schulseelsorgeraum wünschenswert.[223] Auch wird die potentiell stigmatisierende

---

216 Vgl. N4, N5, N6, N7, N8, N10. N2 betont, dass ihr Arbeitsaufwand proportional zur Dauer ihrer Beschäftigung an der Schule steigt: Je bekannter sie mit ihrem Angebot ist, je mehr wird sie in Anspruch genommen.
217 Vgl. N9.
218 Vgl. N11.
219 Vgl. N1, N6, N7, N9, N11.
220 Vgl. N1, N3, N8.
221 Vgl. N4, N5, N7.
222 Vgl. N3, N7, N9.
223 Vgl. N1, N2, N5, N6, N8, N10, N11.

Wirkung eines Schulseelsorgeraumes problematisiert, die verhindert werden kann, indem dieser Raum auch für Besprechungen, z. B. von Referaten genutzt wird.[224]

Eine Ausstattung mit finanziellen Ressourcen ist wünschenswert, um finanziell schwachen Schülerinnen und Schülern die Teilnahme an (kostenpflichtigen) Angeboten der Schulseelsorge zu ermöglichen.[225] Als positive Rahmenbedingung von Schulseelsorge wird die Unterstützung durch die Schulleitung genannt[226], was sich beispielsweise auch in der Ausstattung mit räumlichen Ressourcen ausdrücken kann.[227]

9.1.3.2 Verortung des Schulseelsorge im Kontext Schule

Bezüglich der *Verortung des Schulseelsorge im Kontext Schule* lassen sich folgende Aussagen treffen: Als elementare Voraussetzung der schulseelsorgerlichen Arbeit ist die Integration der Schulseelsorgeperson in den schulischen Kontext bedeutsam.[228] Diese Verankerung in das schulische System lässt sich differenzieren: Einige der befragten Schulseelsorgerinnen und Schulseelsorger nehmen sich zwar als Teil des Kollegiums wahr, nicht aber als Teil des schulischen Systems in seiner Ganzheit.[229] Dies wird damit begründet, dass sie als kirchliche Lehrkräfte bezüglich ihres (kirchlichen) Arbeitsverhältnisses und ihres (außerhalb der Schule ansässigen) Dienstherrn eine Sonderstellung im schulischen System einnehmen.[230] Diese nur partielle Verankerung der Schulseelsorgeperson im schulischen Kontext

---

224 Vgl. N2. Dies impliziert, dass die Schulseelsorgeperson gleichzeitig Lehrende sein muss.
225 Vgl. N6, z. B.: Tage der Orientierung.
226 Vgl. N1, N3.
227 Vgl. N3.
228 Vgl. N3, N4, N5, N6, N7.
229 Vgl. N1, N2, N5, N8, N10. Während sich N1 von ihrer Identität her nach wie vor als Pfarrerin wahrnimmt, beschreibt sich N8 im Verhältnis zu Kirche und Staat als Wanderer zwischen zwei Welten. Vgl. Rollenbewusstsein.
230 Vgl. N1, N2, N4, N5, N8.

wird als Basis für eine kritische Distanz innerhalb des Systems empfunden, die als wichtige Voraussetzung für die schulseelsorgerliche Arbeit gewertet wird.[231]

Weiter kann hinsichtlich der Verankerung im Kontext Schule festgehalten werden, dass eine Verortung in der Rolle als Schulseelsorgeperson im schulischen System nicht immer leicht fällt, wie es N7 entfaltet. Begründet ist diese Problematik nach ihren Aussagen im spezifischen Kontext ihrer (kirchlichen) Schule, an der sie nur eine unter vielen Kolleginnen ist, die seelsorgerlich aktiv sind.[232]

9.1.3.3 Schulseelsorge im Verhältnis von Schule und Kirche

Schulseelsorge wird im Verhältnis von Schule und Kirche als kirchliches Engagement in der Schule[233] mit der Beziehung Heranwachsender zur Kirche begründet. In der Wahrnehmung der Interviewpartnerinnen und -partner besuchen Kinder und Jugendliche aufgrund der schulischen Anforderungen keine kirchlichen Gruppen und sind der Kirche entfremdet.[234] Daher wird es als Aufgabe von Kirche in der Schul-Gemeinde verstanden, nicht nur mit dem Angebot des Religionsunterrichts präsent zu sein, sondern durch das schulseelsorgerliche Angebot das Evangelium zu kommunizieren.[235] Gleichwohl wird betont, dass in einer weltanschaulich neutralen Schule und einem säkularen Staat die Akzeptanz für Schulseelsorge erarbeitet werden muss.[236] Schule wird von einem Befragten gegenüber dem kirchlichen Angebot als nicht abgeneigt wahrgenommen.[237]

---

231 Vgl. N2, N4, N5, N8.
232 Vgl. N7.
233 Vgl. N8.
234 Vgl. N1, N9, N11.
235 Vgl. N9.
236 Vgl. N11.
237 Vgl. N9.

9.1.3.4 Schulseelsorge und Religionsunterricht

Aus den empirischen Befunden können zwei Positionen bezüglich der Einschätzung des Verhältnisses von Schulseelsorge und Religionsunterricht formuliert werden. Während erstens ein Zusammenhang von Schulseelsorge und Religionsunterricht artikuliert wird, wird dieser zweitens aufgrund von systemischen Implikationen negiert und eine strikte Trennung von Schulseelsorge und Religionsunterricht betont.

Sehr bedeutsam ist die Einschätzung eines engen Verhältnisses von Schulseelsorge und Religionsunterricht, das als förderlich für schulseelsorgerliches Handeln charakterisiert wird.[238] Der Zusammenhang von Schulseelsorge und Religionsunterricht wird für schulseelsorgerliches Handeln als förderlich erachtet, weil sich nach Meinung der Befragten im Religionsunterricht die Lehrperson als Ansprechpartnerin für Lebens- und Sinnfragen erweist, die außerhalb des Unterrichts aufgesucht wird[239], zum anderen, weil die Themen des Religionsunterrichts außerunterrichtliche Seelsorgegespräche evozieren.[240] Aus der thematischen Verfasstheit des Religionsunterrichts resultiert für die Befragten, dass die Trennung von Schulseelsorge und Religionsunterricht als undenkbar bewertet wird.[241]

Das enge Verhältnis von Schulseelsorge und Religionsunterricht wird von den befragten Schulseelsorgerinnen und Schulseelsorgern mit der Kongruenz religionsunterrichtlicher und schulseelsorgerlicher Zielsetzung und Inhalte begründet, die in der Lebensbegleitung, in der Botschaft, von Gott angenommen zu sein sowie im Beitrag zur Ermöglichung einer Gottesbegegnung und zum Finden von Antworten auf persönliche Fragen gesehen werden.[242] Betont wird hier allerdings auch, dass die Zielsetzung des Religionsunterrichts in erster Linie in der Wissensvermittlung besteht.

---

238 Vgl. N1, N3, N5, N6, N7, N8, N9, N10, N11.
239 Vgl. N2.
240 Vgl. N3, N5, N6, N9,
241 Vgl. N1, N6.
242 Vgl. N11, N1, N6, N7.

9.1 Konzeption von Schulseelsorge

Das Verhältnis von Schulseelsorge und Religionsunterricht lässt sich aufgrund der empirischen Befunde näher beschreiben: Erstens kann aus den Aussagen einiger Befragten geschlossen werden, dass der Religionsunterricht selbst als Schulseelsorge bzw. Seelsorge bewertet wird. Dies wird zum einen durch die Gestaltung des Religionsunterrichts begründet, der mit einem Impuls, Lied und/oder Gebet beginnt.[243] Weiter wird dies begründet, indem im Unterricht, beispielsweise durch bestimmte Themen initiiert, die einen seelsorgerlichen Zugang nahe legen, Persönliches angesprochen wird, was zu seelsorgerlichen Situationen im Unterricht führt, was Schülerinnen und Schüler erstaunlich offen und gern tun.[244] Drittens ist Religionsunterricht Seelsorge, wenn im Religionsunterricht die Möglichkeit einer offenen Fragestunde eröffnet wird, was ein Befragter als schulseelsorgerliches Angebot benennt.[245]

Zweitens legen kann aus den Aussagen anderer Befragten geschlossen werden, dass Religionsunterricht seelsorgerliche Dimensionen aufweist, nicht aber per se Seelsorge ist.[246] Diese Unterscheidung wird einerseits mit dem Verständnis von Seelsorge begründet: So finden Seelsorgegespräche, die mehrheitlich gleichbedeutend sind mit individuellen Seelsorgegesprächen nicht innerhalb, sondern außerhalb des Religionsunterrichts statt.[247]

Daneben findet sich die kontextuell-konzeptionelle Begründung einer klaren Trennung von Schulseelsorge und Religionsunterricht. So verwehrt die Konzeption von Religionsunterricht eine seelsorgerliche Ausrichtung desselben, da er nach Meinung der Befragten der Wissensvermittlung verpflichtet ist und der Notengebung unterliegt.[248] Außerdem wird angemerkt, dass an ihm eine Vielzahl von Schülerinnen und Schüler teilnimmt, deren individuellen Problemen die Lehrperson innerhalb des Unterrichts nicht ge-

---

243 Vgl. N6.
244 Vgl. N1, N7, N9, N10, N11. Sowohl im Religionsunterricht als auch in der Seelsorge entscheidet der Schüler freiwillig darüber, was er von sich sagt. Vgl. N6.
245 Vgl. N10.
246 Vgl. N7.
247 Vgl. N1, N8, N9.
248 Vgl. N2, N9.

recht werden kann.[249] Eine klare Unterscheidung der Settings von Schulseelsorge und Religionsunterricht wird schließlich zum Schutz der Schülerinnen und Schüler als wichtig erachtet, damit sie sich innerhalb des unterrichtlichen Rahmens nicht gezwungen sehen, sich outen zu müssen.[250]

9.1.3.5 Kooperation, Abgrenzung und Grenzen

Kooperation: Wesentlicher Bestandteil schulseelsorgerlichen Handelns ist die Kooperation im inner- und außerschulischen Bereich. Besonders bedeutsam sind als Kooperationspartner im innerschulischen Bereich die katholischen[251] und evangelischen[252] Religionslehrerinnen und Religionslehrer. Dabei nennen Schulseelsorgerinnen und Schulseelsorger, die evangelische Religionslehrerinnen und Religionslehrer als Kooperationspartner benennen, auch katholische als Kooperationspartner. Ebenso bedeutsam ist die Kooperation der Schulseelsorgeperson mit der Beratungslehrerin bzw. dem Beratungslehrer.[253] Weiter können als Kooperationspartner der Schulseelsorge Kolleginnen und Kollegen angeführt werden, die zwar nicht das Fach Religion unterrichten, aber bei einzelnen Angeboten unterstützend mitwirken.[254] Daneben werden als Kooperationspartner die Verbindungslehrerin bzw. der Verbindungslehrer[255] sowie die Schulsozialarbeit[256] genannt. Einzelne Befragte nennen außerdem Kooperationen mit der Schulpsychologin[257] bzw. dem Suchtpräventionsbeauftragten.[258]

---

249 Vgl. N2, N3, N9.
250 Vgl. N2, N3, N9.
251 Vgl. N4, N6, N8, N10, N11.
252 Vgl. N4, N6, N8, N10, N11.
253 Vgl. N1, N2, N3, N5, N11.
254 Vgl. N2, N3, N8, N11.
255 Vgl. N1, N2, N5.
256 Vgl. N3, N4, N11.
257 Vgl. N10.
258 Vgl. N2.

9.1 Konzeption von Schulseelsorge

Im außerschulischen Bereich ist ein breites Spektrum an Kooperationspartnern erkennbar: Von großer Bedeutung ist die Kooperation der Schulseelsorgeperson zu allgemeinen, im entsprechenden Bedarfsfall als hilfreich erscheinenden Beratungsstellen.[259] Konkret sind dies psychologische Einrichtungen, kirchliche Institutionen und kommunale Träger als Kooperationspartner von Schulseelsorge.[260] Der Kontakt zur Jugendarbeit und Pfarrerschaft besteht bei denjenigen Schulseelsorgerinnen, die beruflich Berührungspunkte zur kirchlichen Jugendarbeit vor Ort aufweisen. Außerdem legen die empirischen Befunde nahe, dass Schulseelsorgerinnen und Schulseelsorger diejenigen außerschulischen Beratungsinstanzen kontaktieren, die ihnen persönlich bekannt sind und in ihrer Erreichbarkeit liegen.

Abgrenzung: Die befragten Schulseelsorgerinnen und Schulseelsorger sehen in den genannten Beratungsinstanzen nicht nur Kooperationspartner, sondern auch Instanzen, gegenüber denen sie sich abgrenzen. Sie entfalten Abgrenzungsmerkmale gegenüber der Schulsozialarbeit, einer Beratungslehrerin, einer Verbindungslehrerin und der Schulpsychologin. Diese Kriterien der Abgrenzung gegenüber schulischen Beratungsinstanzen werden mit dem ideologischen Hintergrund, der Ausrichtung sowie den Rahmenbedingungen von Schulseelsorge begründet:

Besonders bedeutsam ist die ideologisch begründete Abgrenzung aufgrund des christlichen Hintergrunds[261] und der religiösen Dimension der schulseelsorgerlichen Beratung.[262] Zweitens zielt die Ausrichtung von Schulseelsorge nach Meinung der Befragten nicht, wie bei anderen schulischen Beratungsinstanzen, darauf, „die Leute auch fitter"[263] oder „für das System

---

259 Vgl. N1, N3, N5, N10.
260 So werden die Psychologische Beratungsstelle, die Pfarrerschaft im Einzugsgebiet der Schule und die kirchliche Jugendarbeit je zweimal genannt, während eine Kooperation mit der Onlineberatung für Jugendliche, dem Jugendamt, dem Diakonischen Werk und dem kommunalen Schulträger jeweils nur einmal besteht. Vgl. N1, N5; N2, N6; N4, N9; N1; N1; N5.
261 N5 nennt hier die kirchliche Beauftragung als Unterscheidungsmerkmal.
262 Vgl. N4, N5, N6, N9, N10, N11.
263 N3, 00:08:14.

Schule passender"[264] zu machen, sondern seelischen Problemen[265] einen weiten Horizont[266] zu eröffnen und ihnen mit einem breiten Angebotsspektrum zu begegnen.[267] Außerdem ist der Fokus von Schulseelsorge darauf gerichtet, Schülerinnen und Schüler präventiv in ihrer Persönlichkeit zu bestärken.[268] Drittens werden als Kriterium der Abgrenzung die Rahmenbedingungen von Schulseelsorge genannt: Dies ist einerseits die Schweigepflicht, der die Schulseelsorgeperson untersteht[269], andererseits die Präsenz im Schulalltag, die die Schulseelsorgeperson gegenüber der Schulsozialarbeiterin oder der Schulpsychologin herausstellt.[270]

Ein heterogenes Bild ist zu beobachten, wenn die befragten Schulseelsorgerinnen und Schulseelsorger die im schulischen Kontext auftretende Probleme dem Kompetenzbereich unterschiedlicher Beratungsinstanzen zuordnen. So wird Mobbing einerseits dem Kompetenzbereich der Beratungslehrerin[271] zugeordnet, andererseits finden sich auch Äußerungen, die die Mobbing-Problematik im Bereich von Schulsozialarbeit[272] oder einer Lehrerkollegin[273] verorten.

Dagegen ergibt sich ein relativ homogenes Bild hinsichtlich der Zuordnung der Schullaufbahnberatung von Schülerinnen, Schülern und Eltern in den Kompetenzbereich der Beratungslehrerin.[274] Weiter umfasst nach Meinung der Befragten die Zuständigkeit der Beratungslehrerin sowohl Probleme innerhalb der Klasse[275] als auch die Beratung einzelner Schüler hinsichtlich von Rechenschwäche[276], Schwierigkeiten mit Lehrern[277], Mob-

---
264 N3, 00:08:08. Vgl. N8, I 00:51:34.
265 Vgl. N1.
266 Vgl. N3, N10, N11.
267 Vgl. N9.
268 Vgl. N9.
269 Vgl. N2, N8.
270 Vgl. N9.
271 Vgl. N3, N9.
272 Vgl. N3.
273 Vgl. N4.
274 Vgl. N1, N4, N9, N11.
275 Vgl. N11.
276 Vgl. N1.
277 Vgl. N4.

9.1 Konzeption von Schulseelsorge

bing[278], Lernberatung[279], Intelligenztests[280] sowie defizitärem Leistungs- oder Sozialverhalten.[281] Außerdem wird betont, dass es zu den Aufgaben der Beratungslehrerin bzw. des Beratungslehrers gehört, therapeutische Maßnahmen einzuleiten oder eine langfristige Begleitung anzubieten.[282] Eine Überschneidung mit der Schulseelsorge wird im Bereich Leistung und Leistungsmessung gesehen.[283] Auch wird angemerkt, dass sich die Aufgabenbereiche von Schulseelsorge und Beratungslehrer nicht eindeutig trennen lassen, da seelische Probleme, für die sich die Schulseelsorgeperson verantwortlich sieht, oft mit schulischen Schwierigkeiten einhergehen, die im Kompetenzbereich der Beratungslehrerin liegen.[284]

Nur einige der Befragten beschreiben den Kompetenzbereich der Verbindungslehrerin bzw. des Verbindungslehrers in Abgrenzung zur Schulseelsorgeperson: Der Verbindungslehrerin bzw. dem Verbindungslehrer werden Leistungsprobleme oder Probleme mit Lehrern[285] zugeordnet. Allerdings werden nach Meinung eines Befragten Schülerinnen und Schüler mit schulischen Schwierigkeiten auch an eine dafür zuständige Kollegin[286] oder die Verbindungslehrerin bzw. den Verbindungslehrer verwiesen.

Zwei Befragte beschreiben den Kompetenzbereich der Schulsozialarbeit, zu dem nach Meinung der Befragten Elternbesuche, Hausaufgabenbetreuung, Kontaktpflege zur Schulpsychologischen Beratungsstelle, Überleitung in die Jugendpsychiatrie[287] oder die allgemeine Einleitung von therapeutischen Maßnahmen, die Begleitung über einen längeren Zeitraum, Mob-

---

278 Vgl. N3, N9.
279 Vgl. N4.
280 Für N11 sind dies Intelligenztests, die die Selbsteinschätzung von Schülerinnen und Schülern fördern.
281 Vgl. N3, N9.
282 Vgl. N3.
283 Vgl. N5.
284 Vgl. N1.
285 Vgl. N8.
286 Vgl. N4.
287 Vgl. N11.

bing, Defizite im Leistungs- und Sozialverhalten gehören.[288] Als Unterscheidungskriterium von schulseelsorgerlicher Zuständigkeit wird die Schwere der Fälle angesehen.[289]

In den Kompetenzbereich der Schulpsychologin bzw. des Schulpsychologen fallen Einzelfälle[290]: Der Vorteil von Schulpsychologin besteht nach Meinung der Befragten in deren bzw. dessen Fachwissen.[291] Allerdings schreckt ihre bzw. seine Berufsbezeichnung und Institutionalisierung Schülerinnen und Schüler davon ab, sie aufzusuchen denn „die Schüler wollen keine Macke haben"[292].

Nach Meinung der Befragten ist die Schulseelsorge nicht für Erziehungsfragen[293], Gewalt- oder Konfliktprobleme[294] und auch die Gewaltprävention[295] zuständig. Probleme im Eltern-Schüler-Lehrer-Verhältnis und bezüglich der Klassendisziplin werden nach Aussage eines Befragten von einer Kollegin bearbeitet, die speziell dafür zuständig ist.[296]

Grenzen schulseelsorgerlichen Arbeitens: Generell wird betont, dass dem schulseelsorgerlichen Arbeiten Grenzen gesetzt sind. Diese Grenzen zu erkennen wird von den Befragten als Teil der eigenen Professionalität als immens wichtig angesehen.[297]

Besonders bedeutsam ist die Begründung der Grenzen von Schulseelsorge mit der Beschaffenheit der Probleme, mit denen die Schulseelsorgeperson konfrontiert wird. Dabei ist die Einschätzung der Mehrheit der Befragten, die in psychischen, psychologischen oder psychiatrischen Problemen die Grenze der schulseelsorgerlichen Arbeit klar erreicht sieht, von großer Relevanz[298]: Probleme, die einer langfristigen Betreuung oder Thera-

---

288 Vgl. N3.
289 Vgl. N11.
290 Vgl. N9.
291 Vgl. N7.
292 N4, I 00:19:13. Vgl. N7
293 Vgl. N6.
294 Vgl. N10.
295 Vgl. N4.
296 Vgl. N11.
297 Vgl. N2, N5, N10.
298 Vgl. N1, N2, N4, N5, N8, N9, N10, N11.

9.1 Konzeption von Schulseelsorge

pie bedürfen, gehören demnach nicht in den Bereich der Schulseelsorge. Als Beispiele werden Suizidalität, Essstörungen, Depression, Suchtproblematik oder autoagressives Verhalten genannt. Allerdings wird diese Grenzziehung auch als schwierig erachtet und es im Falle eines Missbrauchs abgelehnt, Personen schnell an andere Beratungsinstanzen zu verweisen.[299] Von Bedeutung ist zweitens die Begründung der Grenzen der schulseelsorgerlichen Arbeit mit den systemischen Gegebenheiten. So wird die Arbeit der Schulseelsorgeperson als durch die schulischen Rahmenbedingungen limitiert empfunden. Die Unterrichtsverpflichtung schränkt die zeitlichen Ressourcen ein, die nötig sind, um Gespräche zu führen oder Angebote zu machen.[300] Weiter wird vonseiten der Befragten postuliert, dass die eigene Position innerhalb des schulischen Systems die Arbeit der Schulseelsorgeperson begrenzt, da sie zu Betroffenheit und Befangenheit aufseiten der Schulseelsorgeperson führen kann.[301] Beschränkt wird die Schulseelsorge schließlich, wenn innerhalb des schulischen Systems das Aufsuchen der Schulseelsorgeperson von Anderen als Schwäche ausgelegt wird oder eine Lehrperson einen Schüler unfreiwillig zur Schulseelsorge drängt.[302] Drittens liegen nach Aussagen der Befragten die Grenzen im persönlichen Bereich der Schulseelsorgeperson, da die emotionale Belastbarkeit der Schulseelsorgerinnen und Schulseelsorger die Arbeit beschränkt.[303]

Darüber hinaus finden sich singuläre Benennungen von Grenzen: Zum einen kann sie im Wunsch der Schulseelsorgeperson begründet sein, nicht gegen Autoritäten, hier die Eltern von Schülern, zu agieren.[304] Zum anderen wird die Verantwortung gegenüber der Verschwiegenheitspflicht als begrenzend gewertet: Da das Zeugnisverweigerungsrecht vor Gericht keinen

---

299 N5 begründet dies damit, dass es sein [kann], dass [...] jemand über eine bestimmte Zeit hinweg ein Coaching [...] von mir will, ohne [...] über den Fall [...] konkret zu reden". N5, 00:40:54. N5, 00:53:42.
300 Vgl. N3, N4, N6, N10, N11.
301 Vgl. N5, N8.
302 Vgl. N1.
303 Vgl. N3, N6.
304 Vgl. N11.

Bestand hätte, ist aus Sicht eines Befragten zu prüfen, welche Probleme die Schulseelsorgeperson als Gegenstand des schulseelsorgerlichen Gesprächs zulässt.[305] Weiter können die Grenzen der schulseelsorgerlichen Arbeit in der Begrenztheit des Handelns der Schulseelsorgeperson liegen, die zwar den christlichen Glauben als Anspruch begreift, Menschen in ihren Nöten zu helfen, doch ihm nicht gerecht werden kann.[306]

9.2 Schulseelsorge als personales Angebot: Die Schulseelsorgeperson

9.2.1 Selbstverständnis und beruflicher Hintergrund der Schulseelsorgeperson

9.2.1.1 Beruflicher Hintergrund

Ohne Ausnahme bewerten die Befragten ihren jeweiligen individuellen beruflichen Hintergrund als positiv für ihre schulseelsorgerliche Arbeit. Während es dabei keine Rolle für die Bewertung spielt, ob sie als Pfarrerin oder Pfarrer, Religionspädagogin oder Religionspädagoge, staatliche Lehrerin oder staatlicher Lehrer schulseelsorgerlich aktiv sind, sind die Gründe für die positive Bewertung ihres beruflichen Hintergrunds unterschiedlich.

Pfarrerinnen und Pfarrer beurteilen ihre Profession als vorteilhaft aufgrund der (aus ihrer Sicht) für die Schulseelsorge förderlichen, durch die Gemeindearbeit erworbenen Kompetenzen, dem von ihnen günstig eingeschätzten Image des Pfarrberufs[307] und der Außenwahrnehmung als Repräsentant des Religiös-Transzendenten.[308] Weiter beurteilen die befragten Schulseelsorgerinnen und Schulseelsorger das *Ausgangsamt Pfarrerin/Pfarrer* aufgrund von dessen rechtlichen und systemischen Rahmenbedingungen positiv: So zeitigt nach Meinung der Befragten das Beichtgeheimnis in

---

305 Vgl. N8.
306 Vgl. N9.
307 Vgl. N1.
308 Vgl. N1. Vgl. N11, 01:02:27.

9.2 Schulseelsorge als personales Angebot: Die Schulseelsorgeperson

der Außenwirkung sowohl einen Schutz als auch einen Vertrauensvorschuss.[309] Betont wird in systemischer Perspektive, dass die Pfarrperson als kirchliche Angestellte nicht der fachlichen Aufsicht der Schulleitung untersteht.[310] Diese Unabhängigkeit wird besonders auch als Seelsorgende im Verhältnis zu Kollegium und Schulleitung als Vorteil empfunden. Außerdem ist es aus Sicht der befragten Pfarrerinnen und Pfarrer von Vorteil, nicht vollständig Teil des Systems zu sein, sondern im Rahmen des pfarramtlichen Dienstauftrages nur punktuell an der Schule zu arbeiten.[311]

Die Vorteile des Berufsbildes der Religionspädagogin bzw. des Religionspädagogen werden mit seiner systemischen Verortung in Schule und Kirche begründet: Auch die Religionspädagogin bzw. der Religionspädagoge kommt als kirchlicher Mitarbeiter an den Ort Schule und wird als „Sonderfall im System Schule"[312] als den schulischen Hierarchien in gewisser Weise enthoben wahrgenommen.[313]

Als vorteilhaft für schulseelsorgerliches Handeln bewerten die staatlichen Lehrerinnen und Lehrer ihren beruflichen Hintergrund, da er es ihnen ermöglicht, in verschiedenen Fächern Schülerinnen und Schüler über einen längeren Zeitraum intensiv kennenzulernen und zu ihnen Beziehungen aufzubauen.[314] Außerdem erhöht es nach Einschätzung eines Befragten aus Schülersicht die Attraktivität, die Schulseelsorgeperson in Anspruch zu nehmen, wenn sie neben Religion weitere Fächer unterrichtet und damit nicht von vorneherein klar ist, dass sie das Religiöse wie ein Pfarrer repräsen-

---

309 Vgl. N1, N2, N4.
310 Sie ist deshalb „total aus diesen Eifersüchteleien [...] um bestimmte Stellen [...] raus". N2, I 00:12:35.
311 Vgl. N4. Gleichwohl wird dies auch als Nachteil des Pfarrerseins bewertet, da die/der PfarrerIn, sofern sie/er nicht als SchulpfarrerIn der Schule zugeordnet, nicht permanent präsent ist. Diese Aussage wurde von einem staatlichen Lehrer getroffen. Vgl. N11.
312 N8, I 00:34:34.
313 Vgl. N8.
314 Vgl. N7, N11.

tiert.³¹⁵ Weiter wird die kontinuierliche Präsenz der Lehrperson gegenüber dem Pfarrer, der nur einmal pro Woche in der Schule anwesend ist, als positiv bewertet.³¹⁶

9.2.1.2 Die Schulseelsorgeperson als Lehrende

Unabhängig vom jeweiligen beruflichen Hintergrund wird die Lehrtätigkeit von der Mehrheit der Befragten[317] als positiv für die schulseelsorgerliche Arbeit gewertet. Dies lässt sich auch daran ablesen, dass sich einige Schulseelsorgerinnen und Schulseelsorger in ihrer Identität in erster Linie als Lehrende wahrnehmen, während sie sich erst in zweiter Linie als Schulseelsorgende verstehen.[318] Illustriert wird dies durch die Aussage einer Schulseelsorgerin, für die die seelsorgerliche Kompetenz „zunächst mal nicht so zu meinem Berufsbild"[319] als Lehrerin dazugehört.

Die Pluralität der positiven Effekte des Lehrerseins wird zum einen mit der Verankerung der Lehrperson in das schulische System begründet[320]: Sofern die Schulseelsorgeperson als Lehrende an der Schule bekannt ist, können nach Meinung der Befragten Vertrauen und persönliche Beziehungen entstehen.[321] Auch ist die Schulseelsorgeperson in einem Kontext präsent, der den Schülerinnen und Schülern vertraut ist und daher die Kontaktaufnahme mit der Schulseelsorgeperson erleichtert.[322] Außerdem ist es aus Sicht der Befragten vorteilhaft, in andere schulische Zusammenhänge integriert zu sein.[323] Besonders beim Aufbau der schulseelsorgerlichen Arbeit

---

315 „[...] von dem sie sowieso wissen: Ja, klar der redet von Gott!". N11, 01:02:27.
316 Vgl. N11.
317 Vgl. N2, N4, N7, N8, N9, N10, N11.
318 Vgl. N3, N7, N11.
319 N7, 00:37:47.
320 Vgl. N3, N4, N5, N6, N7, N9, N10.
321 Vgl. N1, N2, N6, N8, N9, N10.
322 Vgl. N1.
323 Vgl. N3, N9.

9.2 Schulseelsorge als personales Angebot: Die Schulseelsorgeperson

wird es als sinnvoll bewertet, dass die Schulseelsorgeperson an der Schule, vor allem im Kollegium bekannt ist, da dies die Installation der Schulseelsorge erleichtert.[324]

Zum anderen werden die positiven Auswirkungen auf die schulseelsorgerliche Tätigkeit mit den genuinen Aufgaben der Lehrperson begründet: So ermöglicht es der unterrichtliche Rahmen, die Schulseelsorgeperson kennenzulernen und einzuschätzen.[325] Weiter kann eine Stigmatisierung des die Schulseelsorgeperson aufsuchenden Schülers vermieden werden, da es unbestimmt bleibt, ob er ein Gespräch mit der Schulseelsorgeperson oder der Lehrperson führt.[326] Außerdem begünstigt aus Sicht der Befragten die (aufgrund ihrer Lehrtätigkeit erforderliche) Präsenz der Lehrperson im Schulalltag Gespräche, da sie stetig ansprech- und erreichbar ist.[327]

Gleichwohl werden die positiven Effekte des Lehrerseins an die Bedingung geknüpft, sich im Unterricht als Person zu erweisen, „die auch über den Unterricht hinaus gern ansprechbar ist".[328] Die Lehrtätigkeit als solche hat nach Meinung der Befragten also noch keine förderliche Auswirkung auf die schulseelsorgerliche Tätigkeit.

Die negativen Aspekte des Lehrerseins lassen sich auf zwei Punkte reduzieren[329]: Zum einen kann das Lehrersein Schülerinnen und Schüler daran hindern, sich der Schulseelsorgeperson seelsorgerlich anzuvertrauen, weil es ihnen nicht möglich ist, vom Lehrer-Schüler-Verhältnis zu abstrahieren und zwischen Lehrperson und Schulseelsorgeperson zu trennen.[330] Zum

---

324 N3, 00:14:14: „[...] weil sie mich eben kannten. Und weil ich regelmäßig Umgang mit ihnen habe."
325 Vgl. N1, N3, N4, N6, N7, N8. Als Argument gegen die Lehrtätigkeit kann angeführt werden, dass auch im Rahmen von Schulgottesdiensten die Möglichkeit besteht, die Schulseelsorgerin bzw. den Schulseelsorger kennenzulernen. Vgl. N3, N4. An anderer Stelle wird dies noch ausführlich diskutiert.
326 Vgl. N1, N2.
327 Vgl. N6, N8, N11. Vgl. N1, die es demgegenüber als erschwerend bewertet, wenn sich Schülerinnen und Schüler außerhalb der Schule Beratung suchen müssen. Vgl. auch: Lames, Kooperative Schulseelsorge, 39 4f.
328 N10, 00:01:55.
329 Vgl. N1, N3, N6.
330 Vgl. N3, N6.

anderen wird der Konflikt, den die Lehrperson im Mobbing-Fall zwischen ihren Rollen als Schulseelsorgerin (als Vertraute des Mobbing-Opfers) und als Lehrerin (als Unterrichtende von Mobbing-Opfer und -Täter) verspürt als problematisch empfunden.[331]

Auch in Abgrenzung zum Schulseelsorge-Angebot einer nicht als Lehrenden tätigen Schulseelsorgeperson, die zeitlich begrenzt und punktuell schulseelsorgerlich aktiv ist, wird die Lehrtätigkeit als Hintergrund der schulseelsorgerlichen Arbeit positiv bewertet: Zwar wird Schulseelsorge eines Externen als denkbare Möglichkeit begriffen[332], sofern die Bedingung der Vernetzung mit Beratungsinstanzen erfüllt ist.[333] Allerdings wird eingewandt, dass die Integration in das schulische System die schulseelsorgerliche Tätigkeit erleichtert.[334]

Weiter wird eine *Schulseelsorge von außen* als problematisch betrachtet, da das Verhältnis des Externen zum Kollegium ungeklärt bleibt[335], sowie der Externe schwerlich Vertrauensbeziehungen aufbauen oder permanent präsent sein kann.[336] Die empirischen Daten generieren eine kritische Anfrage an das Wesen eines schulseelsorgerliches Angebots eines Externen.[337] Damit bewerten die Schulseelsorgerinnen und Schulseelsorger die Option einer *Schulseelsorge von außen* äußerst ambivalent, allerdings überwiegend negativ.

Die positive Bewertung der Lehrtätigkeit als Hintergrund der schulseelsorgerlichen Tätigkeit konkretisiert sich, indem die positiven Effekte des Unterrichtsfaches Religion betont werden: Obwohl ein Schulseelsorger konstatiert, dass Schulseelsorge an die Person gebunden und somit das Unterrichtsfach des Lehrerenden zweitrangig ist, ist er doch der Meinung, dass

---

331 Vgl. N1.
332 Vgl. N2, N5, N8. Man beachte, dass dies Schulseelsorgerinnen und Schulseelsorger sind, die als Lehrende Schulseelsorge betreiben.
333 Vgl. N5.
334 Vgl. N2.
335 Vgl. N3.
336 Vgl. N6, N8, N9.
337 Vgl. N8, I 00:22:16.

das Fach Religion als Hintergrund die Schulseelsorge erleichtert.[338] Dies wird auch unterstrichen durch die Feststellung, dass die Religionslehrerin bzw. der Religionslehrer per se das Religiös-Transzendente verkörpert.[339] Aufgrund der empirischen Befunde kann festgehalten werden, dass das Unterrichten des Faches Religion als Hintergrund des schulseelsorgerlichen Engagements positiv bewertet wird. Dies wird zum einen dadurch begründet, dass die Religionslehrerin bzw. der Religionslehrer nicht alle Schülerinnen und Schüler permanent durch den Unterricht erreicht, weshalb es möglich ist, während der schulseelsorgerlichen Begleitung nicht in einem Lehrer-Schüler-Verhältnis zu stehen.[340] Zum anderen wird es dadurch begründet, dass es gerade als Teil der Aufgabe des Religionslehrenden verstanden wird, offen für seelsorgerliche Gespräche zu sein.[341] Vonseiten eines Befragten wird allerdings kritisch angefragt, ob der Religionsunterricht, in dem Noten gegeben werden müssen, „nicht auch ein Stück weit die Möglichkeiten, die man seelsorgerlich hat"[342] verdirbt.

9.2.1.3 Personalunion und Rollenbewusstsein

Zwischen den in Personalunion ausgeübten Rollen als Lehr- und Schulseelsorgeperson lässt sich ein spannungsvolles Verhältnis belegen. Das Spektrum der empfundenen Spannungen reicht dabei von einem qualitativ bedeutsamen Konflikt bis hin zur Wahrnehmung einer bloßen Schwierigkeit. Dabei kommt der Wahrnehmung eines Rollenkonflikts zwischen den Rollen als Lehrerende und Schulseelsorgende große Bedeutung zu.[343] Allerdings nehmen die Befragten diesen Rollenkonflikt in unterschiedlicher In-

---

338 Vgl. N5.
339 Vgl. N1.
340 Vgl. N1.
341 Vgl. N6, N8.
342 N5, 00:04:09.
343 Vgl. N1, N2, N4, N6, N8, N9, N11.

tensität wahr.[344] Demgegenüber sprechen andere Befragte[345] nicht von einem Rollenkonflikt, sondern lediglich von einer gewissen Schwierigkeit, die in der Vereinbarkeit beider Rollen begründet ist.

Beschreiben lassen sich aufgrund des empirischen Befundes außerdem Situationen, in denen die Doppelrolle Lehr-/Schulseelsorgeperson als problematisch wahrgenommen wird: Dies sind Situationen, in denen Schulseelsorgerinnen und Schulseelsorger trotz ihres seelsorgerlichen Wissens die selektierende Lehrerfunktion ausüben müssen, also Schülerinnen und Schüler, die ein Seelsorgegespräch mit ihnen führten, zu benoten haben[346], oder in denen die Routine des Schulalltags den (der Schulseelsorgeperson bekannten) individuellen Problemen keinen Raum gewährt.[347] Nicht unproblematisch wird außerdem die Personalunion bewertet, wenn Lehrerinnen und Lehrer die Kollegin bzw. den Kollegen in ihrer bzw. seiner Rolle als Schulseelsorgerin bzw. Schulseelsorger aufsuchen, da die Schulseelsorgeperson „auch ein ganz normaler Lehrer"[348] ist.

Die empirischen Befunde zeigen weiter, dass von der überwiegenden Mehrzahl der Schulseelsorgerinnen und Schulseelsorger ein Rollenbewusstsein für notwendig erachtet wird, das einen adäquaten Umgang mit den in Personalunion wahrgenommenen Rollen als Lehrperson und Schulseelsorgeperson ermöglicht.[349] Dieser reflektierte Umgang mit den Rollen wird durch den „ständige[n] Wechsel zwischen Lehrerperson in einer größeren Gruppe [...] und [seelsorgerlicher Funktion] in einem Zweiergespräch"[350] gefordert und ist durch die unterschiedliche Funktion des jeweiligen Amtes bedingt. Die Beachtung der genuinen Funktions- und Aufgabenbereiche der beiden Rollen werden als grundlegend für diesen reflektierten Umgang erachtet: So wird die Funktion der Lehrerrolle als leistungsorientierte Wis-

---

344 Vgl. N1, N2, N8.
345 Vgl. N3, N5, N7, N10.
346 Vgl. N5, N7.
347 Vgl. N3.
348 Vgl. N5, 00:26:02.
349 Vgl. N1, N2, N3, N6, N7, N8, N10, N11.
350 Vgl. N10, 00:03:28.

9.2 Schulseelsorge als personales Angebot: Die Schulseelsorgeperson

sensvermittlung beschrieben.[351] Außerdem erfordert die Lehrerrolle im Verhältnis zum Kollegium Loyalität, die sich darin ausdrückt, dass Stellungnahmen von Kollegen nicht verurteilt werden.[352] Weiter schließt die rollenkonforme Ausübung der Schulseelsorgerrolle die Aktivität als Therapeut im schulischen Rahmen aus[353] und verlangt nach der Wahrung der Verschwiegenheit[354] bzw. Beachtung der Schweigepflicht.[355]

Die postulierte Notwendigkeit eines reflektierten Umgangs mit den in Personalunion wahrgenommenen Rollen als Lehrperson und Schulseelsorgeperson[356] gestaltet sich allerdings unterschiedlich: Zum einen wird sowohl eine Klärung der Rollen für sich[357] und die transparente Kommunikation der Rolle, in der der Lehrende und Seelsorgende momentan agiert[358] als wichtig erachtet, als auch die Notwendigkeit eines professionellen Lehrer-Schüler-Verhältnisses[359]. Zum anderen wird die Bedeutung einer Trennung von Inhalten des Seelsorgegesprächs und des Unterrichts betont.[360] Außerdem wird die Notwendigkeit einer klaren Grenzziehung zwischen den verschiedenen Settings von Seelsorgegespräch und Unterricht postuliert, um Schülerinnen und Schüler zu schützen.[361]

In den Interviews dominiert die Überzeugung, dass es Schülerinnen und Schülern potentiell möglich ist, zwischen der in Personalunion ausgeübten Lehrer- und Schulseelsorgerrolle zu unterscheiden.[362] Demgegenüber wird jedoch betont, dass längst nicht alle Schülerinnen und Schüler zwischen beiden Rollen trennen können. So impliziert die Aussage von N1, dass es Schülerinnen und Schüler geben muss, die zwischen beiden Rollen nicht

---

351 Vgl. N11.
352 Vgl. N11.
353 Vgl. N11.
354 Vgl. N3.
355 Vgl. N2.
356 Vgl. N1, N2, N5, N6, N7, N10, N11.
357 Vgl. N2, N5, N6, N7.
358 Vgl. N2, N6, N8.
359 Vgl. N11.
360 Vgl. N1, N2, N5, N6, N9, N10, N11.
361 Vgl. N1.
362 Vgl. N2, N3, N4, N5, N7, N8, N1.

trennen können. Dies wird auch durch die Vermutung gestützt, dass nur die Schülerinnen und Schüler Kontakt zu einem Schulseelsorger aufnehmen, die zwischen beiden Rollen trennen können[363], was bedeutet, dass diejenigen Schülerinnen und Schüler, die nicht trennen können, keine Schulseelsorgeperson aufsuchen.

Die Fähigkeit, zwischen beiden Rollen trennen zu können, wird von den Befragten an Voraussetzungen geknüpft[364]: Während sie für N2 darin besteht, dass die Rollen explizit geklärt sind, sieht sie N8 darin, dass sich Schülerinnen und Schüler von der Schulseelsorgeperson gerecht behandelt fühlen. Dabei kann es nach Meinung einer Befragten für manche Schülerinnen und Schülern hilfreich sein, wenn die Lehrperson über die Probleme von Schülerinnen und Schülern informiert ist.[365]

Damit dominiert die Meinung, dass es Schülerinnen und Schüler gibt, die zwischen beiden Rollen trennen können, wenn gewisse Vorbedingungen erfüllt sind. Allerdings sind extreme Ausprägungen innerhalb des empirischen Materials wahrzunehmen: Es wird sowohl die Meinung vertreten, dass Schülerinnen und Schüler zwischen den beiden in Personalunion ausgeübten Rollen nicht trennen können[366] als auch, dass sie generell unterscheiden können.

9.2.2 Beauftragung der Schulseelsorgeperson

Ausnahmslos alle befragten Pfarrerinnen und Pfarrer sowie kirchlichen Religionslehrerinnen und Religionslehrer nehmen sich in ihrem Dienst als Religionslehrerin bzw. -lehrer als von der Kirche beauftragt wahr.[367] Dabei betont die Mehrzahl dieser Gruppe und N11 als staatlicher Lehrer, dass sie sich (auch) in ihrem schulseelsorglichen Engagement als von der Kirche Beauftragte sehen. Dies illustrieren sich ähnelnde Formulierungen, die

---
363 Vgl. N2, N3, N7.
364 Vgl. N2, N8.
365 Vgl. N1.
366 Vgl. N6, N11.
367 Vgl. N1, N2, N3, N4, N5, N6, N8, N9, N10.

9.2 Schulseelsorge als personales Angebot: Die Schulseelsorgeperson

das schulseelsorgliche Engagement als „Kirche innerhalb der Schule"[368], kirchliche Präsenz[369], kirchliche Aufgabe innerhalb der Schule[370] oder als mit der Kirche vernetzte Aufgabe[371] beschreiben. In ihrem Engagement begreifen sich Schulseelsorgerinnen und Schulseelsorger als Repräsentanten der Kirche innerhalb der Schule[372], die sich in der Verantwortung für die Kirche sehen.[373] Mit besonderer Intensität wird dieser Repräsentation Ausdruck verliehen: Zum einen, wenn N3 sich mit der Institution Kirche personifiziert, indem er schulseelsorgliches Engagement als „Möglichkeit [betrachtet], uns da auch einzubringen in der Schule"[374] und es wichtig findet, „dass wir da auch dabei sind, wenn wir gefragt werden".[375] Zum anderen, wenn N5 durch seine Person der gängigen Meinung Jugendlicher, die Kirche als „back-dated"[376] verstehen, entgegenwirken möchte, damit sie Kirche „als was erfahren, zumindest durch die Person [...] vermittelt, [...] was mit ihrem Leben zu tun hat".[377]

9.2.3 Kompetenzen der Schulseelsorgeperson

Um die Fülle des Genannten systematisiert darstellen und vergleichen zu können, werden im Folgenden die von den Befragten genannten Fähigkeiten und Kompetenzen den Kompetenzbereichen Sachkompetenz, personale Kompetenz, spirituelle Kompetenz und soziale Kompetenz zugeordnet.[378]

---

368 Vgl. N1, 00:15:45.
369 Vgl. N3, N4.
370 Vgl. N9.
371 Vgl. N8.
372 Vgl. N1, N4, N9.
373 Vgl. N6.
374 N3, 00:17:59.
375 N3, 00:18:17.
376 N5, 00:12:27.
377 N5, 00:12:27.
378 Diese übergeordneten Kompetenzbereiche wurden in Kapitel 5 nach der Besprechung gängiger Kategorisierungsmodelle und teilweise deren Rezeption entwickelt Dieser Entwurf eines Kompetenzmodells findet für die Operationalisierung und Systematisierung der Ergebnisse innerhalb dieses Kapitels Anwendung und muss ggf. auf-

9.2.3.1 Personale Kompetenz[379]

Selbstreflexion: Besonders bedeutsam ist als Kompetenz der Schulseelsorgeperson die Fähigkeit zur Selbstreflexion.[380] Nach Aussagen der Befragten ist dieses reflexive Verhalten zum einen auf die Person selbst, zum anderen auf die Person, indem sie in einem bestimmten System bzw. Kontext agiert, bezogen. Die Kompetenz zum reflexiven Verhalten gegenüber der eigenen Person drückt sich in der Fähigkeit, die eigene Motivation und Zielsetzung zu klären[381] und das eigene Tun wertzuschätzen[382] aus. Weiter werden als grundlegend Selbsterfahrung[383] und Selbstkenntnis[384] genannt. Außerdem wird die Fähigkeit zur Reflexion des eigenen Verhaltens, besonders im Gespräch von den Befragten betont.[385] Weiter sollte die Schulseelsorgeperson über eine eigene reflektierte Religiosität verfügen, die den anderen in seiner Eigenständigkeit respektiert.[386]

Die Kompetenz zum reflexiven Verhalten in Bezug auf die eigene Person, die in einen Kontext eingebunden ist, drückt sich nach Meinung der befragten Schulseelsorgepersonen in der Fähigkeit aus, sich im System Schule

---

grund der empirischen Befunde modifiziert werden. Falls sich die von den befragten Schulseelsorgerinnen und Schulseelsorgern genannten Kompetenzen punktuell überschneiden, werden sie dem Kompetenzbereich zugeordnet, in den sie hauptsächlich zu verorten sind.
379 Unter personaler Kompetenz werden die Fähigkeiten im (reflexiven) Umgang mit sich verstanden.
380 Vgl. N1, N2, N3, N4, N5, N6, N8, N11.
381 Vgl. N6, N11.
382 Vgl. N6.
383 Vgl. N1, N11.
384 Vgl. N3, N5, N6.
385 Vgl. N9, N11.
386 Vgl. N8.

9.2 Schulseelsorge als personales Angebot: Die Schulseelsorgeperson

zu definieren[387], positionieren und reflektieren und mit dem spezifischen Angebot von Schulseelsorge abzugrenzen.[388] In diesen Zusammenhang kann auch die Fähigkeit zur Klärung der eigenen Rollen und damit eine Rollensicherheit eingeordnet werden.[389] Außerdem ist nach Meinung eines Befragten die Fähigkeit wichtig, sich die Akzeptanz für Schulseelsorge im Kontext Schule zu erarbeiten.[390] Bedeutsam ist weiter die Fähigkeit, die eigene Begrenztheit reflektieren und damit adäquat umgehen zu können.[391] Dazu gehört nach Meinung der Befragten auch die Fähigkeit, Fälle an andere Beratungsinstanzen zu verweisen, die die eigene Kompetenz übersteigen und sich selbst Hilfe zu holen und somit eine Netzwerkfunktion wahrzunehmen.[392]

9.2.3.2 Soziale Kompetenz

Kommunikationskompetenz: Besonders bedeutsam ist als Kompetenz der Schulseelsorgeperson die Kommunikationskompetenz, die dazu befähigt, konstruktiv, offensiv und bewusst zu kommunizieren und die Kenntnisse wichtiger kommunikativer Konzepte, Modelle oder Techniken impliziert. Fast ausnahmslos wird von den Befragten die Gesprächsführungskompetenz als elementare Fähigkeit der Schulseelsorgeperson genannt.[393] Sie wird differenziert im Hinblick auf Gruppen-, Kleingruppen und Einzelgespräche.[394] Außerdem werden Theorien als theoretisches Fundament der Kommunikation als hilfreich bewertet, wie die Themenzentrierte Interaktion, die Klientenzentrierte Gesprächsführung nach Rogers oder die Transak-

---

387 Vgl. N7.
388 Vgl. N3, N5, N7, N11. Fraglich ist, ob sich Schulseelsorgerinnen und Schulseelsorger aus „Grüppchen und Abhängigkeiten" völlig raus halten können, wie N5 betont.
389 Vgl. N2, N8.
390 Vgl. N11.
391 Vgl. N2, N3, N4, N6, N11.
392 Vgl. N4, N8.
393 Vgl. N1, N2, N3, N4, N5, N6, N8, N9, N10, N11.
394 Vgl. N10.

tionsanalyse.[395] Das Gesprächswissen ermöglicht die Fähigkeit, adäquate Gesprächsformen zu wählen.[396] Auch das Wissen um kommunikative Prozesse[397], Gesprächstechniken und Gesprächsgestaltung[398] wird als wichtig bewertet. Außerdem ist im Gespräch die Fähigkeit bedeutsam, zuzuhören[399] und sich selbst nicht so wichtig zu nehmen.[400]

Beratungskompetenz: Eine der Befragten beschreibt die Kommunikationskompetenz als Beratungskompetenz, die für sie als behutsame Lebensbegleitung Hilfe zur Selbsthilfe ist.[401]

Beziehungskompetenz: Bedeutung wird von den Befragten der Fähigkeit zugeschrieben, auf Menschen zuzugehen und Beziehungen aufzubauen.[402] Damit konvergiert eng die Fähigkeit, Schüler zu motivieren, die Schulseelsorgeperson aufzusuchen[403], beispielsweise durch die Kenntnis von Methoden des Zugangs zu Menschen.[404] Bedeutsam ist nach Meinung der Befragten außerdem die Fähigkeit zur Freude im Umgang mit Menschen[405] sowie die Bereitschaft zur Begleitung des Einzelnen.[406]

Wahrnehmungskompetenz: Grundlegend für eine Wahrnehmungskompetenz der Schulseelsorgeperson ist zum einen die Fähigkeit zur Empathie[407], zum anderen eine positive Grundhaltung, die die Ansprechbarkeit der Schulseelsorgeperson signalisiert und von einer wahrnehmenden, non--verbalen Wertschätzung geprägt ist, die hinter dem Schüler den Menschen sieht und die dazu befähigt, den Mensch unabhängig von seiner Leistung in

---

395 Während die Wahl der angewandten Kommunikationstheorie zweitrangig ist, steht nach N8 im Vordergrund, dass sie zur Schulseelsorgeperson passen muss.
396 Vgl. N9.
397 Vgl. N3, N7.
398 Vgl. N4.
399 Vgl. N7, N8.
400 Vgl. N8.
401 Vgl. N1.
402 Vgl. N2, N4, N6, N7.
403 Vgl. N7.
404 Vgl. N6.
405 Vgl. N5, N8.
406 Vgl. N1.
407 Vgl. N1, N3, N10.

seiner Würde wahrzunehmen.[408] Außerdem ist nach Aussage einiger Befragten die Fähigkeit wichtig, Gesprächsbedarf besonders bei Jugendlichen sensibel zu erkennen, die nicht initiativ das Gespräch suchen.[409]

9.2.3.3 Sachkompetenz[410]

Lebensweltliche Kompetenz: Aufgrund der Aussagen der Befragten kann dem Bereich der lebensweltlichen Kompetenz besondere Bedeutsamkeit beigemessen werden. Er basiert auf psychologischen, entwicklungspsychologischen, systemischen und soziologischen Kenntnissen und Fähigkeiten:

Von den Befragten werden Kenntnisse in systemischer Perspektive, also die Kenntnis des schulischen Kontextes vorausgesetzt und als elementar bewertet: Als hilfreich wird bewertet, dass Schulseelsorgende - möglichst aus eigener Erfahrung[411] - die Lebenswelt der Schüler und Lehrer kennen, um für die lebensweltspezifischen Problemen im Kontext Schule sensibilisiert zu sein.[412] Als grundlegend werden hierbei die Kenntnis der Funktion des schulischen Systems und des schulischen Auftrags betrachtet, der im Beitrag zur Bildung eines mündigen Menschen und in der gesellschaftlichen Funktion der Selektion besteht.[413] Hinsichtlich der Funktionsweise ist es nach Meinung der Befragten wichtig, die Organisationsstrukturen und Binnenstruktur einer Schule mit ihren Hierarchien zu kennen.[414] Aus systemischer Perspektive gehört nach Meinung der Befragten zur Sachkompetenz

---

408 Vgl. N2, N6, N10.
409 Vgl. N3, N4, N6, N9.
410 Unter Sachkompetenz, alternativ auch Fachkompetenz, wird im Rahmen dieser Arbeit die Fähigkeit verstanden, berufstypische Aufgaben und Sachverhalte selbstständig erfassen und bewältigen zu können. Obgleich es sich nicht um ein Berufsbild „Schulseelsorger" handelt, werden doch für die schulseelsorgliche Arbeit „tätigkeitstypische" Fähigkeiten benötigt, um die schulseelsorglichen Aufgaben im Kontext Schule angemessen bewältigen zu können.
411 Vgl. N4.
412 Vgl. N4, N5, N6, N8, N9, N10, N11.
413 Vgl. N5, N8.
414 Vgl. N5, N6.

einer Schulseelsorgeperson neben der Kenntnis des schulischen Systems auch die Wahrnehmung des Systems Familie, um zu erkennen, dass Kinder und Jugendliche in Abhängigkeiten von Autoritäten leben.[415] Außerdem wird eine Sensibilität für Genderaspekte als hilfreich erachtet.[416] Nach Aussagen der Befragten sind psychologische Kenntnisse wichtig, um einerseits Übertragungsmuster einordnen[417], andererseits ein psychiatrisches Problem erkennen zu können.[418] Die Befragten erachten außerdem die Kenntnis von Trauerprozessen[419], Mobbing und Schulängsten[420] als wichtig, um adäquat auf solche Phänomene reagieren zu können. Nach Meinung der Befragten sind entwicklungspsychologische Kenntnisse bedeutsam, wie die Kenntnis der kognitiven und religiösen Entwicklungsstufen von Kindern und Jugendlichen, um auf die Besonderheiten und spezifischen Probleme der Heranwachsenden adäquat reagieren zu können.[421] Um wahrzunehmen, wie Menschen leben und welche Auswirkung das jeweilige Lebensfeld der Schülerinnen und Schüler auf sie hat, sind soziologische Kenntnisse wichtig.[422] Außerdem sind Kenntnisse über die Sozialisation von Kindern und Jugendlichen[423] ebenso erforderlich wie über die Bildung von *peer-groups*.[424] Religionspsychologische Kenntnisse erachtet eine Befragte als wichtig, um Glaubenskrisen erkennen zu können.[425]

---

415 Vgl. N11.
416 Da wendet sich [...] eine Frau, an mich, der ich ein Mann bin - das muss ich immer [...] sehen." N5, 00:40:54. N6.
417 Vgl. N1, N5, N11.
418 Vgl. N2.
419 Vgl. N3.
420 Vgl. N1.
421 Vgl. N1, N3, N4, N5, N6, N7, N8, N9, N10, N11. Als Beispiele werden genannt: Beziehungsfragen, Fragen der eigenen Identitätssuche in Auseinandersetzung mit Eltern und Freunden. Vgl. N4.
422 Vgl. N8.
423 Vgl. N6.
424 Vgl. N5.
425 Vgl. N4. z. B. Glaubenskrisen.

9.2 Schulseelsorge als personales Angebot: Die Schulseelsorgeperson

Seelsorgekompetenz: Zur Sachkompetenz einer Schulseelsorgeperson zählen die Befragten die seelsorgliche Kompetenz.[426] Sie zeigt sich in der Kenntnis von relevanten Themen des Seelsorgegesprächs und wird nach Meinung eines Befragten durch den Besuch eines Seelsorgekurses erworben.[427] Als nützlich werden außerdem die Kenntnis von Seelsorgekonzepten wie Alltagsseelsorge oder Kurzgespräch oder der systemischen Seelsorge erachtet.[428] Letztere wird für die Einordnung der Seelsorge in den speziellen schulischen Kontext als besonders hilfreich empfunden.[429]

Liturgische Kompetenz: Eine liturgische Kompetenz, die sich sowohl in der Gestaltung von Feiern[430] als auch in der Fähigkeit im Umgang mit Ritualen im Zusammenhang von Tod und Trauer[431] zeigt, ist für einzelne Befragte von Bedeutung.

Theologische Kompetenz: Als wichtig für schulseelsorgerliches Handeln werden sowohl die Auseinandersetzung mit dem christlichen Menschenbild[432] als auch theologisches Wissen über christliche Inhalte[433] und biblische Grundkenntnisse erachtet. Dieses theologische Wissen zielt darauf ab, theologisch sprachfähig zu sein, vor allem angesichts von Tod und Trauer[434] bzw. „tröstliche, seelsorgerliche Worte"[435] zu kennen und zu wissen, was „ich jemandem mitgeben [kann], ohne dass es zu einer Überforderung [...] wird".[436]

Hermeneutische Kompetenz: Eng mit der theologischen Kompetenz korreliert die hermeneutische Kompetenz. Sie lässt sich nicht trennscharf von ihr abgrenzen, bzw. basiert sogar auf theologischen Grundlagen. Als

---

426 Vgl. N1, N4.
427 Vgl. N4.
428 Vgl. N3, N6, N8
429 Vgl. N8, N1.
430 Vgl. N4.
431 Vgl. N3.
432 Vgl. N6.
433 Vgl. N11.
434 Vgl. N5.
435 N9, 00:32:51.
436 N9, 00:32:51.

entscheidend für schulseelsorgerliches Handeln wird die Fähigkeit bewertet, Texte auf die Gegenwart hin auszulegen und deuten zu können. Diese Fähigkeit beruht auf der Kenntnis biblischer Grundlagen.[437] Die Deutungskompetenz[438] setzt im Hinblick auf die Wahrnehmung von tieferliegenden Glaubensproblemen sowohl eine theologische Kompetenz im Sinne der Kenntnis theologischer loci als auch religionspsychologische Kenntnisse voraus.

9.2.3.4 Spirituelle Kompetenz

Nach Meinung der Befragten sollte die Schulseelsorgeperson über eine eigene reflektierte Religiosität verfügen[439], die auch in Texten oder Bibeltexten artikuliert werden kann.[440] Als entscheidende Kompetenz wird die Fähigkeit zu einer Spiritualität betrachtet, die von der christlichen Hoffnung geprägt ist.[441]

9.2.4 Ausbildung, Qualifizierung und Begleitung der Schulseelsorgeperson

Die Äußerungen der Befragten zum Thema Qualifizierung können nicht losgelöst vom Hintergrund der Grundausbildungen der Befragten bewertet werden. Während die Mehrheit an einer landeskirchlichen Qualifizierungsmaßnahme für Schulseelsorge teilgenommen hat[442], wurden auch Ausbildungen in Psychotherapie[443], Gesprächsführung[444] oder Klinischer Seelsorge[445] absolviert.[446]

---

437 Vgl. N9.
438 Vgl. N4.
439 Vgl. N8.
440 Vgl. N3.
441 Vgl. N3.
442 Vgl. N2, N3, N4, N6, N7, N8, N9, N11.
443 Vgl. N11.
444 Vgl. N1, N5, N7.
445 Vgl. N4.
446 Pfarrerinnen und Pfarrer bringen nach eigener Aussage zudem Seelsorgeerfahrungen aus der Gemeinde in die Schulseelsorge mit: Vgl. N1.

9.2 Schulseelsorge als personales Angebot: Die Schulseelsorgeperson

Bedeutsam ist die Sinnhaftigkeit einer Ausbildung zur Schulseelsorgerin bzw. zum Schulseelsorger, die von den Befragten übereinstimmend geäußert wird.[447] Erstens wird sie aus Sicht der Befragten als sinnvoll bewertet, da sie eine Professionalisierung des intuitiven schulseelsorglichen Handelns ermöglicht.[448] Zweitens, da sie zu einer *besseren* Reaktion in bestimmten Situationen befähigt.[449] Drittens wird eine Ausbildung als sinnvoll erachtet, um Schulseelsorge mittels ihrer Außenwirkung bekannt zu machen.[450] Dabei sollte nach Meinung der Befragten ein Ausbildungskonzept zum einen „ressourcenorientiert"[451] sein, d. h. auf den Erfahrungen und Begabungen der Auszubildenden aufbauen, zum anderen den Erwerb von Kompetenzen in verschiedener Perspektive ermöglichen.[452]

Als nicht sinnvoll wird ein Ausbildungskonzept bewertet, das eine festgelegte Seelsorgetheorie verfolgt und deshalb der in der schulseelsorgerlichen Praxis erforderlichen Flexibilität und Anpassungsleistung nicht entspricht und keinen Freiraum für die individuelle Gestaltung der schulseelsorgerlichen Praxis gewährt.[453] Als zeitlich sinnvoll wird die Verortung der Qualifizierung zum Schulseelsorger in der Ausbildung zur Religionslehrerin bzw. zum Religionslehrer genannt.[454]

In der Bewertung der Qualifizierung für schulseelsorgerliches Handeln zeichnet sich aufgrund der individuellen Erfahrungen ein heterogenes Bild ab: Es werden sowohl Ausbildungen in Gesprächsführung[455] (Personenzentrierte Gesprächsführung oder Transaktionsanalyse) mit starkem Selbsterfahrungsanteil[456] als auch gestalttherapeutische Ausbildungsformen als hilfreich für Schulseelsorge bewertet. Gleich welcher Ausbildungsform sich

---
447 Vgl. N2, N3, N4, N5, N6, N7, N8, N9, N11.
448 Vgl. N5, N7.
449 Vgl. N7.
450 Vgl. N11.
451 N3, 00:50:32.
452 Vgl. N6.
453 Vgl. N3, N4, N5, N8.
454 Vgl. N8.
455 Vgl. N5.
456 Vgl. N8.

das Konzept verpflichtet weiß[457], sollte es neben der Vermittlung von theoretischem Wissen nach Meinung der Befragten Raum für die „Arbeit an der eigenen Person"[458] gewähren. Genannt wird in der Diskussion um Ausbildungsmöglichkeiten die Einsicht, dass Schulseelsorge „nicht nur Studium oder Ausbildung, [sondern] sicherlich auch ganz viel Erfahrung ist".[459]

Die befragten Schulseelsorgerinnen und Schulseelsorger halten neben einer elementaren Qualifizierung auch punktuelle Fortbildungen oder geistliche Begleitung für wichtig, um die Fragen zu reflektieren, die der spezifische schulische Kontext aufwirft und um in bestimmten Situationen Rat zu bekommen.[460] Für eine permanente Begleitung durch Supervision und/oder Fallbesprechungen spricht sich die Hälfte der Befragten dezidiert aus, um die Begrenztheit des eigenen Handelns auszuhalten, sich selbst zu reflektieren, neue Impulse zu bekommen und an sich zu lernen.[461]

9.2.5 Motivation der Schulseelsorgeperson

Ein homogenes Bild ergibt sich hinsichtlich der Motivation der Schulseelsorgepersonen für ihr schulseelsorgerliches Engagement. Ausnahmslos alle der befragten Schulseelsorgerinnen und Schulseelsorger[462] begründen ihre schulseelsorgerliche Motivation mit ihrem christlichen Glauben. Dabei werden als motivationale Elemente des christlichen Glaubens die Nächstenliebe[463], der Verkündigungsauftrag[464] und das christliche Menschenbild[465],

---

457 Vgl. N2.
458 N6, II 00:16:55.
459 N6, II 00:17:38. Vgl. auch: N11, 01:08:48. N11, 01:04:49. N1, 00:30:17.
460 Vgl. N1, N5, N6, N11.
461 Vgl. N1, N3, N5, N6, N8.
462 Vgl. N1, N2, N3, N4, N5, N6, N7, N8, N9, N11. Von N10 liegen keine Aussagen zur Motivation vor.
463 Vgl. N1, N2, N11.
464 Vgl. N11.
465 Vgl. N2, N5, N6, N7, N8, N9.

9.2 Schulseelsorge als personales Angebot: Die Schulseelsorgeperson

das die Botschaft vom voraussetzungslosen Angenommensein des Menschen durch Gott[466] und seiner Liebe zum einzelnen Menschen[467] beinhaltet, benannt.

Weiterhin verstehen sich einige der Befragten in ihrem schulseelsorgerlichen Engagement in der Nachfolge Jesu[468], die als Orientierung an Jesu Vorbild verstanden wird.[469] Außerdem kann sich die Motivation für schulseelsorgerliches Handeln darin begründen, die eigene Gotteserfahrung weiterzugeben[470] sowie anderen eine Gotteserfahrung zu ermöglichen.[471] Der christliche Glaube als Motivation des schulseelsorgerlichen Engagements wird unterstrichen in Abgrenzung zu nicht-christlich motivierten Beratungsinstanzen: Obwohl deren Wirksamkeit nicht bestritten wird, konstatiert ein Schulseelsorger, dass der christliche Glaube an Gott das entscheidende „Referenzsystem"[472] seiner Tätigkeit darstellt, wobei der christliche Glaube als Möglichkeit begriffen wird, die Problemfelder in einen umfassenden Kontext einzuordnen und (christlich-begründete) Hoffnung zu vermitteln.[473] Das Hoffnungsmoment des christlichen Glaubens wird angesichts entmutigender Umstände als tröstlich und ermutigend verstanden, was durch das „Ausstreuen von Samen"[474] illustriert wird, das auch eine Wirkung zeitigt.

Neben der Dominanz des christlichen Glaubens als Motivation schulseelsorgerlichen Handelns finden sich weitere Motive: Zum einen kann der Wunsch, Menschen unabhängig von ihrer Leistung wahrzunehmen, ihnen zuzuhören, sie in schwierigen Situationen zu begleiten und ihnen gut zu tun als Motivation verstanden werden.[475] Zum anderen wird schulseelsorgerlic-

---

466 Vgl. N6, N7, N9.
467 Vgl. N2, N8, N9.
468 Vgl. N1, N4, N11.
469 Vgl. N1, N4.
470 Vgl. N1, N6, N9.
471 Vgl. N1, N9.
472 N3, 01:07:38.
473 Vgl. N3, N11.
474 Vgl. N3, N6.
475 Vgl. N3, N7, N8, N9, N10.

hes Engagement in der Profession als Pfarrerin[476] bzw. als kirchlicher Lehrer begründet: So wird Schulseelsorge aus dem Wunsch heraus betrieben, für Menschen im Lebensraum Schule als „Kirche präsent zu sein"[477] und ihnen zu zeigen, dass Kirche sie wahrnimmt und stärkt.[478] Schließlich liegt die Motivation von Schulseelsorgepersonen darin begründet, dass es „einem ja auch gut [tut], auch das Ego"[479] stärkt, „Nähe zu Menschen"[480] und berufliche Zufriedenheit und Gelassenheit bringt.[481]

Außerdem kann der motivationale Ausgangspunkt für schulseelsorgerliches Engagement in strukturellen Rahmenbedingungen liegen. Dies zeigt die Initiation von schulseelsorgerlichem Handeln durch das schulische Angebotsdefizit bei Trauerfällen, aus dem die Motivation für Schulseelsorge resultieren kann.[482]

9.3 Schulseelsorge als Beitrag zur Schulentwicklung

Von den elf befragten Schulseelsorgerinnen und Schulseelsorgern geben acht Interviewpartnerinnen und -partner an, dass die Schulseelsorge Teil des systematischen Schulentwicklungsprozesses ist. Damit wird deutlich, dass die befragten Schulseelsorgerinnen und Schulseelsorger über ein Verständnis von Schulentwicklung verfügen, das zwischen einer alltäglichen und einer bewusst gesteuerten Schulentwicklung zu unterscheiden weiß.[483] Auch ich unterscheide zwischen einer alltäglichen und einer systematischen Schulentwicklung. Geschieht Schulseelsorge ohne offizielle Implementierung im Schulentwicklungsprozess vor Ort, so muss von einem Beitrag der Schulseelsorge zur Schulkultur und nicht zur Schulentwicklung gesprochen

---

476 Vgl. N2.
477 N4, I 00:01:11.
478 Vgl. N8.
479 N5, 00:23:34.
480 N3, 00:56:21.
481 Vgl. N3, 00:57:22.
482 Vgl. N3.
483 Vgl. N1, N4, N6, N10, N11.

9.3 Schulseelsorge als Beitrag zur Schulentwicklung

werden. In diesem Sinne wird Schulkultur als umfassender Begriff der Gesamtheit der Prozesse an einer Schule verstanden. Daher müssen die folgenden empirischen Aussagen über den Beitrag der Schulseelsorge zur Schulentwicklung als Beitrag der Schulseelsorge zur Schulkultur gesehen werden, eben weil nicht alle Befragten Gegenstand des offiziellen Schulentwicklungsprozess sind.

Allerdings verwenden die Befragten größtenteils die Terminologie der Schulentwicklung. Sie unterscheiden im Sprachgebrauch nicht zwischen einer systematisch-bewussten Schulentwicklung und einer Schulkultur. Weil hier der Raum für die empirischen Ergebnisse ist und die subjektiven Deutungen und Wahrnehmungen der Befragten von Interesse, wird auf eine künstliche Unterscheidung von Schulentwicklung und Schulkultur verzichtet. Daher sind die Aussagen über den schulseelsorgerlichen Beitrag zur Schulentwicklung im Sinne eines potentiellen Beitrages der Schulseelsorge zur Schulentwicklung aus der subjektiven Perspektive der Befragten zu lesen. Betont sei an dieser Stelle nochmals, dass es im Rahmen dieser qualitativ-empirischen Studie nicht darum gehen kann, den schulseelsorgerlichen Beitrag zur Schulentwicklung mit objektiven Instrumenten zu messen.

9.3.1 Verständnis von Schulentwicklung[484]

Aufgrund der empirischen Befunde lässt sich ein differenziertes Verständnis von Schulentwicklung beschreiben: Die befragten Schulseelsorgerinnen und Schulseelsorger unterscheiden zwischen einer bewusst gesteu-

---

484 Nur wenige der befragten Schulseelsorgerinnen und Schulseelsorger skizzieren ihr Verständnis von Schulentwicklung. Dies mag unterschiedliche Ursachen haben: Am plausibelsten scheint mir, neben der Möglichkeit, dass sich im qualitativen Interview einzelne Personen zu einzelnen Themen nicht äußern, dass die Interviewten entweder den Begriff verinnerlicht haben und er als Allgemeingut vorausgesetzt und in ihren Erläuterungen impliziert wird oder dass der Begriff keine Klärung erfahren hat und ebenfalls, allerdings ungeklärt, als allgemeines Hintergrundwissen mitschwingt. Allerdings wurde vonseiten der Interviewerin auch nicht dezidiert nach dem Verständnis von Schulentwicklung gefragt.

erten Schulentwicklung[485] und einer alltäglichen Schulentwicklung.[486] Demnach passiert alltägliche Schulentwicklung „einfach unbewusst"[487], da die Schule sich „nicht nicht entwickeln"[488] kann, denn „irgendeine Entwicklung gibt es immer".[489] Diese unbewusste Schulentwicklung ist zu unterscheiden von der systematischen Schulentwicklung, die nach Meinung der Befragten auf der schulinternen Auseinandersetzung mit Konzepten basiert, aus der eine bewusste Entscheidung für die pädagogischen Ziele resultiert, die die Schule für sich selbst definiert.[490] In diesem Prozess wird die Schule von den Befragten als relativ selbstständig wahrgenommen.[491] Gesteuert wird der oftmals langwierige Schulentwicklungsprozess nach Meinung der Befragten von einem Schulentwicklungsteam.[492]

9.3.2 Schulseelsorge als Teil des schulischen Leitbildes

An den Schulen der befragten Schulseelsorgerinnen und Schulseelsorgern ist die Schulseelsorge nicht explizit im schulischen Leitbild formuliert.[493] Dies wird einerseits damit begründet, dass das örtliche Leitbild älter ist als die Einführung des schulseelsorgerlichen Angebots, andererseits dass das Leitbild keine konkreten Angebote oder Projekte benennt, sondern allgemeine Leitsätze formuliert.[494] Allerdings finden sich die Befragten mit ihrem schulseelsorgerlichen Angebot im schulischen Leitbild wieder, da ihres Erachtens die Werte und Ziele der Schulseelsorge den Werten und Zielen des schulischen Leitbildes entsprechen[495]: So setzt sich die Schulseelsorge

---

485 Vgl. N1, N10, N11.
486 Vgl. N10.
487 Vgl. N10, 00:12:27.
488 N10, 00:13:31.
489 N10, 00:13:31.
490 Vgl. N1, N10.
491 Vgl. N11.
492 Vgl. N6, N11. Vgl. N4, I 00:05:46.
493 Vgl. N1, N7, N8, N9, N11.
494 Vgl. N1, 01:27:43. N1, 01:27:52. N1, 01:28:27. N1, 01:13:51.
495 Vgl. N1, N7, N9, N11.

9.3 Schulseelsorge als Beitrag zur Schulentwicklung

nach Meinung der Befragten für die Ausbildung von sozialer Kompetenz[496], für Engagement[497], Mitverantwortung[498], Team- und Konfliktfähigkeit[499], Respekt[500], Weltoffenheit[501], Höflichkeit und Fairness[502] ein. Diese Werte sind nach Meinung der Befragten mit dem schulischen Leitbild identisch. Weiter kann die Schulseelsorge als Teil des schulischen Leitbildes verstanden werden, da sie den Menschen in den Mittelpunkt stellt.[503] Einen Spezialfall stellt das Leitbild des Gymnasiums in kirchlicher Trägerschaft dar, das als Ziel *Christsein erleben* bzw. *erfahren* formuliert, was N7 als identisch mit dem Ziel der Schulseelsorge wertet. Für zwei der Befragten ist die Schulseelsorge in den Curricula [Anm.. gemeint ist das schulische Leitbild] verankert, zum einen durch die Schulgottesdienste, zum anderen durch die Tage der Orientierung.[504]

Einer der Befragten betont, dass die Schulseelsorge innerhalb des Schulentwicklungsprozesses im Profil/Leitbild der Schule verankert werden könnte und sollte.[505]

9.3.3 Beispiele für den Beitrag der Schulseelsorge zur Schulentwicklung

Fast alle befragten Schulseelsorgerinnen und Schulseelsorger sind davon überzeugt, dass Schulseelsorge zur Schulentwicklung beiträgt.[506] Demgegenüber steht die Meinung eines Schulseelsorgers, der diesen Beitrag als fraglich erachtet.[507]

---

496 Vgl. N1, N11.
497 Vgl. N1, N9.
498 Vgl. N1.
499 Vgl. N1.
500 Vgl. N1, N9.
501 Vgl. N11.
502 Vgl. N9.
503 Vgl. N8.
504 Vgl. N6, N8. Für N6 bedeutet die Aufnahme in das Schulcurriculum auch die Verankerung im schulischen Leitbild.
505 Vgl. N11.
506 Vgl. N1, N2, N3, N4, N6, N7, N8, N9, N10, N11.
507 N5 begründet dies damit, dass es schulseelsorgerliches Engagement bereits gab, bevor es unter dem Begriff Schulseelsorge firmierte.

9 Ergebnisse II: Fallübergreifende Analyse

Die Aussagen, die einen Beitrag der Schulseelsorge zur Schulentwicklung nennen, erlauben ein differenziertes Bild. Nach Meinung der Befragten trägt Schulseelsorge auf zweierlei Ebenen zur Schulentwicklung bei: Einerseits, indem sie Auswirkungen auf das Kollektiv, d. h. die Schulkultur oder das Schulleben hat, andererseits indem sie Auswirkungen auf das Individuum hat, d. h. den am Schulleben Beteiligten.

Erstens leistet Schulseelsorge nach Meinung der Befragten einen *Beitrag zur Schulentwicklung auf einer über-individuellen Ebene*, der als Förderung von Schulkultur und Schulleben besonders bedeutsam ist. Er wird von annähernd allen Befragten formuliert.[508] Der Beitrag der schulseelsorgerlichen Angebote (Schulgottesdienst, Andacht, Tage der Orientierung, Klostertage, Lehrergebetskreis und Seelsorgegespräch) zur Schulentwicklung auf überindividueller Ebene lässt sich in vier Begründungen zusammenfassen: Schulseelsorgerliche Angebote tragen zur Schulentwicklung bei, weil sie Themen und Werte thematisieren, die für die Schulgemeinschaft wichtig sind, zum Nachdenken über existentielle Fragen anregen und neue Perspektiven und Horizonte eröffnen.[509] Darüber hinaus können sie einen Raum zur Aufarbeitung von Trauer und zum gemeinsamen Abschiednehmen eröffnen.[510] Schulseelsorgerliche Angebote tragen weiter zur Schulentwicklung bei, weil sie Gemeinschaft, Kooperation und Engagement initiieren: Speziell Schulgottesdienste und Andachten ermöglichen nach Meinung der Befragten die Begegnung der am Schulleben Beteiligten jenseits des Unterrichts[511] und die Entstehung einer Gemeinschaft in der Vorbereitungs- oder Durchführungsphase von Schulgottesdiensten oder Andachten.[512] Auch das Engagement von Schülerinnen und Schülern für Schülerinnen und Schüler wird ebenso ermöglicht[513] wie die Kooperation von Kolleginnen und Kollegen.[514]

---

508 Schulatmosphäre, Stärkung der Schulgemeinschaft, Beitrag zum Schulganzen, Schulkultur, Klima des Miteinanders, Schulleben.
509 Vgl. N1, N6, N8, N9, N11.
510 Vgl. N7.
511 Vgl. N1, N3, N11.
512 Vgl. N6.
513 Vgl. N6, N9.
514 Vgl. N11.

9.3 Schulseelsorge als Beitrag zur Schulentwicklung

Schulseelsorge trägt außerdem zur Schulentwicklung bei, weil sie eine Gesprächskultur fördert: Nach Meinung eines Befragten hat das spirituelle Angebot des Lehrergebetskreises aufgrund der individuellen Auseinandersetzung mit existentiellen Fragen Auswirkungen auf die Gesprächskultur im Gesamtkollegium.[515] Schulseelsorge trägt schließlich zur Schulentwicklung bei, weil sie Impulse für eine Gestaltung des Schulalltags artikuliert: Nach Meinung einer Befragten arbeitet Schulseelsorge an der Entstehung einer vertrauensvollen schulischen Atmosphäre mit, indem sie eine sinnvolle Rhythmisierung des Schulalltags mit entwickelt und überlegt, wie Leistungsdruck und Mobbing begegnet werden kann.[516] Nach Meinung einer anderen Befragten trägt Schulseelsorge zur Schulentwicklung bei, indem sie darauf hinweist, dass es im lauten Schulalltag Stille geben muss.[517]

Zweitens leistet Schulseelsorge nach Meinung der Befragten einen *Beitrag zur Schulentwicklung auf einer individuellen Ebene.* Der Beitrag der schulseelsorgerlichen Angebote lässt sich doppelt begründen zusammenfassen: Besonders bedeutsam ist der Beitrag zur Schulentwicklung als Beitrag zur Persönlichkeitsentwicklung der einzelnen Schülerin, des einzelnen Schülers. Der schulseelsorgerliche Beitrag zur Persönlichkeitsentwicklung des Einzelnen hin zu einem selbst verantworteten Menschen, unabhängig von Leistungsansprüchen und umfassend gebildet[518], wird ausführlich und facettenreich von den Befragten beschrieben. Der Beitrag zur Persönlichkeitsentwicklung geschieht, indem schulseelsorgerliche Angebote die Ausbildung von personaler, sozialer und religiöser Kompetenz fördern: So können sie zu sozialer Kompetenz befähigen, indem sie sich für einen respektvollen Umgang einsetzen und diesen auch selbst vorleben, das Engagement für andere ermöglichen[519] und die Empathiefähigkeit stärken, die von den Befragten als Voraussetzung für soziale Kompetenz betrachtet wird.[520] Wei-

---
515 Vgl. N11.
516 Vgl. N4.
517 Vgl. N2.
518 Vgl. N6, N8. Vgl. auch: N7.
519 Vgl. N11. Vgl. auch: N6, N9.
520 Vgl. N1.

9 Ergebnisse II: Fallübergreifende Analyse

ter fördern schulseelsorgerliche Angebote die Ausbildung von personaler Kompetenz, die für die Befragten im Umgang mit den eigenen Gefühlen, Wünschen, Bedürfnissen und dem eigenen Glauben besteht.[521] Klostertage, Orientierungstage oder Schulgottesdienste können so zur positiven Entwicklung der Persönlichkeit beitragen.[522] Schließlich können Schulgottesdienste oder Seelsorgegespräche die Ausbildung von religiöser Kompetenz unterstützen.[523] Dies geschieht nach Meinung der Befragten, indem diese Angebote existentielle Fragen thematisiert und religiöse Orientierung anbieten.[524]

Schulseelsorge leistet weiter einen Beitrag zur Schulentwicklung auf individueller Ebene, weil sie zum Wohlbefinden des Einzelnen beiträgt: Schulseelsorgerliche Angebote, vor allem individuelle Seelsorgegespräche, aber auch spirituelle Angebote wie Schulgottesdienste und Andachten können nach Meinung der Befragten das Wohlbefinden des Einzelnen fördern und so das zwischenmenschliche Miteinander erleichtern.[525] Dies geschieht einmal, indem Schulseelsorge den Einzelnen ernst- und wahrnimmt: Nach Meinung der Befragten können, nicht nur, aber vor allem Seelsorgegespräche dem Einzelnen die Wichtigkeit seiner Bedürfnisse und jeweiligen Situation verdeutlichen[526] und ihm einen Raum für persönliche und schulische Nöte eröffnen.[527] Zum anderen geschieht dies durch die emotional-stärkende Dimension von spirituellen Angeboten.[528] Auch der wertschätzende Umgang, den die Schulseelsorge vorlebt, fördert nach Meinung der Befragten das Wohl der am Schulleben Beteiligten[529], indem er dazu beiträgt, dass sich der Einzelne geborgen fühlt und so „besser zu seinen Möglichkeiten

---

521 Vgl. N1.
522 Vgl. N1.
523 Vgl. N1, N11.
524 Vgl. N9, N11.
525 Vgl. N1, N2, N6, N8, N10.
526 Vgl. N3, N8.
527 Vgl. N7.
528 Vgl. N7, N11.
529 Vgl. N10.

9.3 Schulseelsorge als Beitrag zur Schulentwicklung

findet".[530] Eng einher geht damit der schulseelsorgerliche Beitrag zur Gewaltprävention und -minimierung, der nach Meinung der Befragten durch die schulseelsorgerliche Intention, in Beziehungen zu investieren, erreicht werden kann.[531] Für einige Befragten resultiert aus dem individuellen Wohlbefinden, dass die Schule humaner wird.[532]

Die Unterscheidung des schulseelsorgerlichen Beitrags in individuelle und gemeinschaftsstiftende Wirkweisen greift nicht hinsichtlich der Problematik um Tod und Trauer: In Situationen von Trauer kann Schulseelsorge nach Meinung der Befragten einen wichtigen Beitrag zur Schulentwicklung leisten - im Sinne von Schulklima und Individuum, indem sie sinnstiftende Worte und Impulse zur Trauerbewältigung anbietet[533] sowie liturgische Formen, Rituale und Materialien bereit hält, die zur Trauerverarbeitung oder Aufarbeitung von Ereignissen im schulischen Kontext beitragen.[534]

Angemerkt wird von einem Befragten, dass der schulseelsorgerliche Beitrag zur Schulentwicklung nicht messbar nachzuweisen sei.[535] Auch wird der Beitrag der Schulseelsorge zur Schulentwicklung nicht als flächendeckend, sondern als punktuell verstanden, da sie nicht alle Schülerinnen und Schüler erreichen kann: Indem Schulseelsorge durch die Schulseelsorgeperson oder mit Angeboten den Einzelnen in seiner schulischen oder persönlichen (Not-)Situation wahrnimmt, kann sie nach Meinung einiger Befragten entscheidend zur Schulentwicklung beitragen.[536]

---

530 Vgl. N7.
531 Vgl. N2, N4, N7.
532 Vgl. N1, N3, N6. Vgl. N11.
533 Vgl. N3, N4, N5, N11.
534 Vgl. N3, N4, N11.
535 Vgl. N8.
536 Vgl. N3, N7. Vgl. auch N11.

9.3.4 Strukturen, die den Beitrag der Schulseelsorge zur Schulentwicklung ermöglichen

Übereinstimmend wird von den Befragten die Meinung geäußert, dass Schulseelsorge einen Beitrag zur Schulentwicklung leisten kann, wenn bestimmte, im folgenden aufgeführte Ressourcen zur Verfügung gestellt werden.[537] In den Interviews dominiert die Auffassung, dass es besonders der Verbesserung der zeitlichen und damit personellen Rahmenbedingungen bedarf[538], was in der Forderung nach Deputatsstunden[539] oder nach der Schaffung von „umfangreichere[n] Stellen"[540] konkretisiert wird. Diese Forderung wird mit dem Wesen von Schulseelsorge begründet, das vor allem durch Beziehungsarbeit charakterisiert ist, um ein Vertrauensverhältnis aufzubauen. Deshalb benötigen Personen Zeit, um zuzuhören und Beziehungen aufzubauen.[541] Die Forderung nach Deputatsstunden impliziert deren Finanzierung: Offen bleibt hier jedoch, ob und in welchem Umfang diesen Forderungen vonseiten des Staates[542] oder der Kirche nachgekommen werden soll. Vonseiten der Kirche wird dezidiert erwartet, dass sie finanzielle Ressourcen für die Aus- und Weiterbildung von Schulseelsorgerinnen und Schulseelsorgern zur Verfügung stellt.[543] Um einen Beitrag zur Schulentwicklung leisten zu können, scheint die Forderung nach räumlichen Ressourcen[544], beispielsweise einem Schulseelsorgeraum, nebensächlich zu sein.

---

537 Vgl. N1, N2, N4, N5, N6, N7, N8, N10, N11.
538 Vgl. N1, N2, N4, N6, N7, N8, N10.
539 Vgl. N1.
540 N4, II 00:17:04.
541 Vgl. N6, N7.
542 Vgl. N2, N11.
543 Vgl. N11.
544 Vgl. N1, N10.

9.3 Schulseelsorge als Beitrag zur Schulentwicklung

9.3.5 Beitrag der Schulseelsorge zur Schulentwicklung in Abgrenzung zu anderen Beiträgen

Der Beitrag der Schulseelsorge zur Schulentwicklung wird besonders in Abgrenzung zum Beitrag von anderen schulischen Beratungsinstanzen und Angeboten gesehen[545], aber auch in Abgrenzung zu Weltanschauungen und Philosophien gesehen, deren schulischer Ort allerdings nicht näher beschrieben wird.[546] In einem Fall hebt sich der Beitrag der Schulseelsorge zur Schulentwicklung von einer neu eingeführten Schulversammlung ab, die zum Schulleben beitragen soll und von dem Befragten als mühsam und problematisch interpretiert wird[547], da es ihr „an gewachsenen Ritualen"[548] fehlt.

In Abgrenzung zu anderen Beiträgen zur Schulentwicklung betonen die Befragten mehrheitlich die spirituell-christlichen Angebote, die einen transzendenten Zugang ermöglichen oder religiöse Kompetenz vermitteln.[549] Aus der eher unpräzisen Umschreibung des schulseelsorgerlichen Beitrags, der dazu führt, dass, „eine Schule etwas bekommt, was vielleicht eine andere Schule so nicht hat"[550], lässt sich die Überzeugung erkennen, dass Schulseelsorge einen eigenen Beitrag zur Schulentwicklung leisten kann.

---

545 Vgl. N1, N3, N5, N11.
546 Vgl. N6.
547 „So ein Schulganzes da irgendwie zu inszenieren". N3, 01:01:28.
548 N3, 01:01:28.
549 Vgl. N1, N3, N6, N7, N8, N11.
550 N5, 01:20:36.

Teil IV: Impulse für Theorie und Praxis

10 Zusammenfassung der empirischen Befunde und Diskussion mit der Literatur

Nach der ausführlichen fallübergreifenden Analyse der empirischen Befunde (Kapitel 9) werden im vierten Hauptteil dieser Arbeit Thesen für eine Theoriebildung von Schulseelsorge formuliert (Kapitel 13).

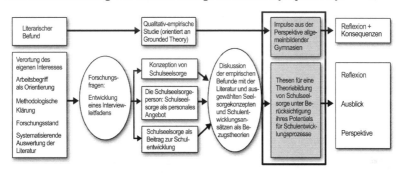

Dabei geht der Thesenformulierung eine pointierte Zusammenfassung der empirischen Ergebnisse und ihre Diskussion mit der thematisch relevanten Literatur voraus (Kapitel 10). Außerdem werden die empirischen Befunde vor dem Horizont ausgewählter Seelsorgekonzepte (Kapitel 11) und Schulentwicklungsansätze (Kapitel 12), die als Bezugstheorien fungieren, diskutiert mit dem Ziel, Erkenntnisse für eine Theoriebildung von Schulseelsorge bzw. des Potentials von Schulseelsorge als Beitrag zur Schulentwicklung zu gewinnen.

10 Zusammenfassung der empirischen Befunde und Diskussion mit der Literatur

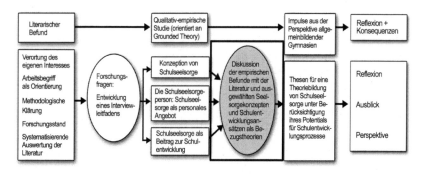

Die Auseinandersetzung der empirischen Ergebnisse mit den literarischen Befunden aus Kapitel 5 verdeutlicht die Zirkularität des Forschungsprozesses. So führte die systematisierende Auswertung der Literatur in Kapitel 5 im Anschluss an die Phasen der *Theologischen Problem- und Zielentwicklung* und der *Theologischen Induktion* als Phase der *Theologischen Deduktion* zur Schärfung der Begriffe und Fragestellungen innerhalb der Untersuchungsfrage.[1] Sie mündete in der Phase der *Empirisch-Theologischen Theoriegenerierung* in die Entwicklung eines Leitfadens, anhand dessen qualitative Experteninterviews durchgeführt wurden. Die fallspezifische Darstellung dieser Erhebung fand in Kapitel 8 ihre Darstellung. In der Phase der *Theologischen Evaluation* wurden schließlich die empirischen Befunde fallübergreifend dargestellt (Kapitel 9). Im Sinne eines zirkulären Forschungsprozesses werden diese Gesamtergebnisse nun mit dem literarischen Befund (aus Kapitel 5) mit dem Ziel in Beziehung gesetzt, entweder Widersprüche oder Kongruenzen zwischen literarischem und empirischem Befund oder möglicher Weise das Novum der Ergebnisse der vorliegenden Studie herauszuarbeiten.[2] Vielleicht zeigt die Diskussion auch schulartübergreifende Spezifika von Schulseelsorge auf?

---

1 Vgl. Ven, Der Modus der Kooperation, 274.
2 Die Ergebnisse anderer empirischer Studien werden hier auch als literarischer Befund verhandelt.

10 Zusammenfassung der empirischen Befunde und Diskussion mit der Literatur

Die empirischen Befunde werden mittels des selektiven, teilweise auch axialen Codierens nach thematischen Gesichtspunkten zusammengeführt. Dabei werden die Kategorien der fallspezifischen und fallübergreifenden Analyse beibehalten und folgende drei thematische Komplexe von Schulseelsorge in den Kapiteln 10.1, 10.2 und 10.3 abgebildet:

Im Folgenden werden die empirischen Ergebnisse der fallübergreifenden Analyse zusammengefasst und mit der thematisch relevanten Literatur in Beziehung gesetzt.

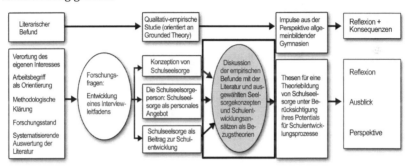

10.1 Konzeption

10.1.1 Grundlagen

Der christliche Glaube ist als Basis von schulseelsorgerlichem Engagement grundlegend für alle befragten Schulseelsorgerinnen und Schulseelsorger. Als Basis von Schulseelsorge ist die biblisch-christliche Anthropologie zu verstehen. Ausgehend von der Gottebenbildlichkeit des Menschen und Gottes bedingungsloser Zuwendung zum Menschen, wie sie in der paulinischen Rechtfertigungslehre formuliert wird, impliziert das christliche Menschenbild den Anspruch, als personale Zuwendung eine Wertschätzung erfahrbar zu machen, die den Wert eines Menschen im speziellen schulischen, von Leistung geprägten Kontext nicht an seiner schuli-

10.1 Konzeption

schen Leistung bemisst. Dieses christliche Menschen- und Wirklichkeitsverständnis findet im schulischen Kontext in personaler Form seine Repräsentation. Es ist die Ursache für die authentische, die christliche Botschaft lebende Haltung der Schulseelsorgeperson und spiegelt sich zugleich in ihr wider.

Als Zielsetzungen von Schulseelsorge konnten der Beitrag zur Lebensbegleitung und Identitätsentwicklung sowie zur Gestaltung des schulischen Lebensraumes herausgearbeitet werden. Dabei konnte gezeigt werden, dass Schulseelsorge Zielsetzungen in sich vereint, die einen individuellen und über-individuellen Fokus haben. So fokussiert Schulseelsorge einerseits auf die Begleitung von Individuen in ihren Lebens- und Sinnfragen mit dem Ziel, zur Identitätsfindung und religiösen Standpunktbildung beizutragen. Schulseelsorgerliche Zielsetzung impliziert andererseits eine überindividuelle und damit gemeinschaftliche bzw. -förderliche Dimension, indem sie beansprucht, zu einer lebendigen, von Solidarität geprägten Schulkultur als ein (mitunter kritisches) Element beizutragen. Die empirisch belegten Zielsetzungen von Schulseelsorge sind als komplementär zu verstehen: Eine schulseelsorgerliche Konzeption kann mehrere Zielsetzungen als Akzente in sich vereinen.[3] Da die Zielsetzungen *Lebensbegleitung* und *erlebbarer Glaube* häufig von denselben Befragten genannt und miteinander kombiniert wurden, ist die individuelle Dimension schulseelsorgerlicher Zielsetzung zu unterstreichen.

Es konnte auch gezeigt werden, dass Schulseelsorge als Angebot für alle am Schulleben Beteiligten als diakonisch-offen zu verstehen ist und nur unter bestimmten Vorzeichen als missionarisch. Mit den empirischen Befunden kann die schulseelsorgerliche Zielsetzung allerdings nicht in einem glaubenseinführenden oder -vermittelnden Sinne als Beitrag zum *Glaubenlernen* verstanden werden wie dies der literarische Befund teilweise nahe

---

[3] Damit wird Schmitz' These (Schulpastoral, 75) unterstützt, dass sich die unterschiedlichen Zielsetzungen nicht ausschließen, sondern als „Akzente der Schulseelsorge" zu verstehen sind.

legt.[4] Dieses Ergebnis weist entweder auf eine Diskrepanz zwischen Theorie und Praxis hin und/oder es stützt Bitters Beobachtung eines programmatischen Wechsels der schulpastoralen Zielvorstellungen „von der Glaubensvermittlung gestern hin zum Glaubenszeugnis heute, von der Glaubenslehre hin zur Glaubensleben".[5] Auch muss aufgrund des empirischen Befunds davon Abstand genommen werden, dass Schulseelsorge darauf abzielt, eine „Form gelebter Kirche"[6] im Kontext Schule zu sein wie dies ein breiter literarischer Befund vermuten lässt. Aufgrund des empirischen Befunds kann nicht gesagt werden, dass Schulseelsorge an allgemeinbildenden Gymnasien zum Ziel hat, ergänzendes Freizeitangebot zu sein[7] oder interreligiöses und -kulturelles sowie sozialethisch-politisches Verständnis zu wecken.[8] Dieser Befund verdeutlicht entweder den Unterschied zwischen Praxis und normativer Theorie schulseelsorgerlichen Handelns, das Spezifikum von Schulseelsorge an allgemeinbildenden Gymnasien oder die Divergenz von evangelischer und katholischer Schulseelsorge.

Die fallübergreifende Analyse zeigte außerdem, dass schulseelsorgerliches Engagement theologisch und mit ekklesiologischen Handlungsvollzügen begründet wird. Schulseelsorge an allgemeinbildenden Gymnasien findet ihre theologische Fundierung in der Nachfolge Jesu, der Rechtfertigungslehre und als Reaktion auf Gottes Selbstoffenbarung und Zuwendung zu den Menschen. Die Nachfolge Jesu orientiert sich zum einen an Jesu vorbildhaftem Handeln, zum anderen an Jesu Verkündigung (Gebot der Nächstenliebe). Wenn Schulgottesdienste als implizite Bestandteile des schulseelsorgerlichen Angebotsspektrums interpretiert werden, ist schulseelsorger-

---

4 Vgl. Die Deutschen Bischöfe, Schulpastoral, 16. Krawczack, Schulpastoral, 307f. Weißenberger, Schulseelsorge, 242. Leibnitz, Lebensraum, 151.
5 Bitter, Schulseelsorge, 71.
6 Schneider/Fuchs, Atmende Zwischenräume, 139. Vgl. Winzenhörlein, Schulseelsorge konkret, 323. Die deutschen Bischöfe, Schulpastoral, 7. Demmelhuber, Der diakonische Ansatz, 61. Möhring-Plath, Leben, 94. Dam/Daube, Spiritualität, 57. Lames, Kirche, 306.
7 Vgl. Weißenberger, Schulseelsorge, 246. Schneider, Lehrer, 320. Dirmeier, Schulseelsorge, 689. Winzenhörlein, Schulseelsorge konkret, 322f. Kollig, Schulseelsorge, 202. Kramer, Schulseelsorge, 195. Bitter, Schulseelsorge, 74.
8 Vgl. Katholisches Schulkommissariat, Leitlinien, 13.

10.1 Konzeption

liches Handeln durch den jesuanischen Missionsbefehl zu begründen. Die Rechtfertigungslehre betont im speziellen schulischen, von Leistung geprägten Kontext die Annahme des Menschen *sola gratia*.

Theologisch-ekklesiologisch wird schulseelsorgerliches Handeln durch die Situation der Heranwachsenden begründet, die (aufgrund schulischer Anforderungen) der Kirche entfremdet sind und neben dem Religionsunterricht kirchlicher Angebote in der Schule bedürfen. Damit unterstützen die empirischen Ergebnisse Schröders Postulat, dass sich Schulseelsorge dadurch legitimiert, „dass sie den Bedürfnissen und Interessen der Schulangehörigen"[9] genügt. Insofern Schulseelsorge den Kontakt zur Kirche ermöglicht, kann ihr die in der Literatur formulierte Funktion des Brückenbauers bzw. Bindeglieds[10] zwischen Kirche und Schule zugesprochen werden. Allerdings kann aufgrund der empirischen Befunde explizit weder eine Verhältnisbestimmung von Schulseelsorge und Gemeinde noch eine Gleichsetzung von Kirche und Gemeinde vorgenommen werden. Daraus kann zum einen geschlossen werden, dass die Beziehung von Schulseelsorge und Gemeinde keine Relevanz in den Deutungskonzepten der Praxis besitzt[11], zum anderen, dass Schulseelsorge aus der Perspektive praktizierender Schulseelsorgerinnen und Schulseelsorger als unabhängig von gemeindlichen Strukturen bewertet wird.

Weiter konnte gezeigt werden, dass zwischen potentiellen und tatsächlichen Adressaten des schulseelsorgerlichen Angebots unterschieden wird. So richtet sich Schulseelsorge potentiell an alle am Schulleben Beteiligten, während sie tatsächlich primär Schülerinnen und Schüler, Lehrerinnen und Lehrer sowie Angehörige der Schulleitung (also auch Lehrerinnen und Lehrer) erreicht. Werden praktizierende Schulseelsorgerinnen und Schulseelsorger gefragt, wen sie mit den schulseelsorgerlichen Angeboten tatsächlich erreichen können, dann verengen sie mehrheitlich den weiten

---

9 Schröder, Warum, 21.
10 Vgl. Schneider/Fuchs, Atmende Zwischenräume, 138. Evangelische Landeskirche in Württemberg, Schulseelsorge, 9.
11 Vgl. Wermke, Schulseelsorge, 32.

10 Zusammenfassung der empirischen Befunde und Diskussion mit der Literatur

Adressaten-Begriff, den sie für potentielle Adressaten entwickelt haben auf einen tatsächlichen *Nutzerkreis*. Damit steht dem Anspruch einer *Schulseelsorge für alle* die Wirklichkeit in der schulseelsorgerlichen Praxis entgegen. Als ursächlich für diese Diskrepanz von Anspruch und Wirklichkeit sind strukturelle Rahmenbedingungen und/oder das Angebotsspektrum und/oder die Wahrnehmung, Verankerung oder das Selbstverständnis der Schulseelsorgeperson denkbar.

Als bedeutsame Grundprinzipien der schulseelsorgerlichen Arbeitsweise sind die zeitlich-personelle Präsenz[12], die Bereitschaft zur Begleitung und eine aufsuchende Haltung[13] der Schulseelsorgeperson zu werten. Daneben finden sich als Grundprinzipien schulseelsorgerlichen Handelns Kooperation, Ökumene, Offenheit und Freiwilligkeit des Angebots. Schulseelsorgerliche Angebote werden als unabhängig von sozialen und religiösen (gleich welchen Glaubens oder welcher Konfession) Parametern verstanden. Außerdem konnten Prinzipien individueller Arbeitsweise herausgearbeitet werden, wie beispielsweise die Sprechstundentätigkeit oder die Gendersensibilität. Im Gegensatz zum literarischen Befund ist im Rahmen der empirischen Untersuchung ausdrücklich nur einmal die Rede von der Vorbildfunktion der Schulseelsorgeperson.[14] Zwar kann das Prinzip der Vorbildcharakters der Schulseelsorgeperson implizit beim Rollenbewusstsein und Selbstverständnis von Schulseelsorgepersonen vermutet werden, scheint aber für die schulseelsorgerliche Arbeitsweise an allgemeinbildenden Gymnasien keine dominante Rolle zu spielen.

---

12 Vgl. Dam/Daube, Spiritualität, 58: „Ich habe keine Angebot, ich bin das Angebot."
13 Kloß (Kirche, 366) beschreibt dieses Prinzip als „aufsuchende und nachgehenden Seelsorge", während Kollig (Schulseelsorge, 201) es als „Einladungs- [...] und als Geh-hin-Seelsorge" formuliert.
14 Vgl. N11, 01:02:27. Vgl. Fröhling (Weite Räume, 154) postuliert aufgrund seiner Erfahrungen eine schulseelsorgerliche Arbeitsweise, die geprägt ist vom Vorleben (des Glaubens), denn die „Schüler beobachten wohl nichts an uns mit solcher Aufmerksamkeit wie unsere Art zu leben. Nichts ist interessanter, was auch immer an Lippenbekenntnissen von uns kommt". Vgl. Kollig, Schulseelsorge, 201. Dam/Daube, Spiritualität, 58.

10.1 Konzeption

10.1.2 Angebote

Es ist zwischen tatsächlich stattfindenden Angeboten von Schulseelsorge und solchen Angeboten zu unterscheiden, die bei entsprechender Ausstattung stattfinden könnten. Kenntnis von diesen möglichen Angeboten besitzen die Befragten durch die Erzählung anderer Schulseelsorgerinnen und Schulseelsorger, was die Bedeutsamkeit eines kollegialen Austausches für die schulseelsorgerliche Praxis betont. Sowohl innerhalb der tatsächlich stattfindenden als auch der potentiell möglichen Angebote ist eine Dominanz von religiösen bzw. spirituellen Angeboten wie Andachten oder Gottesdienste zu beobachten. Damit unterstützt die Studie das in der Literatur mehrheitlich vorfindliche, auf religiös-spirituelle Angebote eingeführte Verständnis von Schulseelsorge[15] gegen das von der Württembergischen Landeskirche postulierte weite Verständnis.[16] Außerdem kann mit diesen Ergebnissen dem von Collmar postulierten Forschungsdefizit begegnet werden, dass „noch nicht auszumachen [ist], welche Tätigkeiten zum Kernbereich der Schulseelsorge gehören".[17] Aufgrund der empirischen Befunde können Andachten, Gottesdienste und Gespräche zum Kernbereich von Schulseelsorge gezählt werden. Auch konnte gezeigt werden, dass die Schwerpunktsetzung des schulseelsorgerlichen Angebotsspektrums an Gymnasien auf den Gesprächsangeboten liegt, sich darin aber nicht erschöpft.

Als Hauptadressaten von schulseelsorgerlichen Gesprächen sind Schülerinnen und Schüler sowie Lehrerinnen und Lehrer, als weitere Adressaten Eltern und Angehörige des Schulpersonals festzuhalten. Der Ort des schulseelsorgerlichen Gesprächs an allgemeinbildenden Gymnasien ist hauptsächlich ein innerschulischer.[18] Außerschulische Orte werden dann als

---

15 Vgl. Bischöfliches Ordinariat, Den Alltag durchbrechen, 3ff. Winzenhörlein, Schulseelsorge konkret, 322. Pastusiak, Elterngespräche, 253ff. Leibnitz, Lebensraum, 151.
16 Vgl. PTZ; Mutmachbuch, 12. Der sehr weite Begriff nach Kollig (Schulseelsorge, 200) kann aufgrund der empirischen Befunde nicht belegt werden.
17 Collmar, Schulseelsorgerliche Kompetenzen, 123.
18 Die Orte des seelsorgerlichen Gesprächs mit Schülerinnen und Schülern stimmen nach den empirischen Befunden (N1, N3, N4, N5, N6, N7, N8, N9, N11) mit der Litera-

10 Zusammenfassung der empirischen Befunde und Diskussion mit der Literatur

Orte des schulseelsorgerlichen Gesprächs relevant, wenn Schulseelsorgeperson und Adressat(en) wie beispielsweise bei den *Tagen der Orientierung*, aber auch bei Klostertagen, Taizéfahrten, Schullandheimaufenthalten oder Wandertagen gemeinsame Zeit verbringen. Die Gesamtauswertung zeigte weiter, dass kurze und spontane Begegnungen innerhalb des Schulgeländes typisch für die Adressatengruppen der Schüler- und Lehrerschaft sowie des Schulpersonals sind. Das schließt allerdings nicht aus, dass Gespräche als Erstgespräche mit Schülerinnen und Schülern sowie Eltern auch vereinbart stattfinden können. Auch können aus den Gesprächen zwischen Tür und Angel verabredete (Zweit-oder Folge-)Gespräche entstehen. Die Form des vereinbarten Gesprächs nehmen diejenigen Schulseelsorgerinnen und Schulseelsorger hauptsächlich wahr, die für seelsorgerliche Gespräche entweder eine feste Sprechstunde oder ein Büro nutzen können. Das deutet darauf hin, dass es einen Zusammenhang zwischen den strukturellen Rahmenbedingungen und der Praxis des schulseelsorgerlichen Gesprächs gibt. Schulseelsorgerliche Gespräche an allgemeinbildenden Gymnasien finden meist als Einzelgespräche statt. Eine Ausnahme bildet die Form des Gruppengesprächs mit der Adressatengruppe der Schüler- bzw. Elternschaft. Es ist zu vermuten, dass Gesprächsgegenstand und -ort maßgeblich die Form als Einzel- oder Gruppengespräch bestimmen: So provoziert sowohl der Gesprächsort *Tage der Orientierung* als auch der Gesprächsgegenstand *Trauer* das Gruppengespräch. Letzteres könnte auch durch Meyer-Blancks Annahme belegt werden, dass Gruppengespräche bei „anspruchsvolleren Anlässen"[19] geführt werden, was den Anlass der Trauer implizieren könnte. Außerdem ist die Abhängigkeit der Gesprächsform von der Schulseelsorgeperson selbst zu vermuten. Es konnte außerdem gezeigt

---

tur insofern überein, als sie Pausen und die Situation zwischen Tür und Angel benennen, die als zufälliges Gespräch innerhalb des Schulgeländes zu charakterisieren ist. Vgl. Schneider/Fuchs, Atmende Zwischenräume, 138. Evangelische Landeskirche in Württemberg, Schulseelsorge, 11. Schweitzer, Seelsorge, 105. Remy, Praxismodelle, 266. PTZ, Mutmachbuch, 46. Kloß, Kirche, 364.
19 Meyer-Blanck, Theorie und Praxis, 82.

10.1 Konzeption

werden, dass das Ziel des schulseelsorgerlichen Gespräches an allgemeinbildenden Gymnasien in der Ermutigung des Adressaten besteht, eine individuell-adäquate Lösung zu finden.

Schulseelsorgerliche Gespräche an allgemeinbildenden Gymnasien kennen unabhängig von der Adressatengruppe beide Initiationsformen: Die Initiative der Schulseelsorgeperson und die Initiative des Adressaten. Die empirischen Befunde belegen, dass die Initiation des schulseelsorgerlichen Gesprächs typischer Weise innerhalb einer Handlung im Schulalltag (Unterrichtsende, Kopieren im Lehrerzimmer) stattfindet. Dieses Ergebnis unterstützt einen system-immanenten Ansatz von Schulseelsorge.

Der Ablauf des schulseelsorgerlichen Gesprächs variiert aufgrund unterschiedlicher Situationen und Adressaten. Trotzdem lassen sich als charakteristische Elemente des Schulseelsorgegesprächs die Beschaffenheit des Gesprächsbeginns, -zentrums und -endes sowie die Haltung des Seelsorgenden generieren: Während zu Gesprächsbeginn der Gesprächsgegenstand festgelegt und begrenzt wird, kann das Ende des Schulseelsorgegespräches offen, also ohne *Lösung,* durch einen verbalisierten Schlusspunkt (z. B. Gebet, Gedicht oder Text) oder durch eine Geste (Süßigkeit oder Kurztext aus einem Köfferchen) gestaltet werden. Im Zentrum des Gesprächs steht die Problemschilderung der Gesprächspartnerin/des Gesprächspartners, die durch einladend-offene, erzählgenerierende und gezielte Fragen der Schulseelsorgeperson gefördert wird. Die empirischen Befunde haben gezeigt, dass die Grundhaltung der Schulseelsorgepersonen von einer beratend-aktiven Gesprächsgestaltung bis hin zu einem defensiven, zuhörenden Verhalten variieren. Diese Verhaltensweisen differieren vermutlich sowohl interpersonal als auch intrapersonal aufgrund von Situation und Adressat, Qualifikation und Art der Gesprächsführung(sausbildung).

Schulseelsorgerliche Gespräche können (in Abhängigkeit von der Schulseelsorgeperson, der Gesprächssituation und dem Adressaten) eine geistliche Dimension beinhalten. So wird das Gebet als Bestandteil des Schulseelsorgegesprächs dann in Erwägung gezogen, wenn die Schulseel-

10 Zusammenfassung der empirischen Befunde und Diskussion mit der Literatur

sorgeperson es angesichts des Gesprächsgegenstands oder der Gesprächspartnerin für angebracht hält. So wird es dann in Erwägung gezogen, wenn die Gesprächspartnerin ihren christlich-religiösen Hintergrund und ihre Offenheit für religiöse Performanzen thematisiert.

Die empirischen Befunde lassen vermuten, dass implizite Seelsorgetheorien das Seelsorgeverständnis von Schulseelsorge der befragten Schulseelsorgepersonen prägen. Mit Sicherheit lässt sich die Frage nach impliziten Gesprächs- oder Seelsorgetheorien aufgrund der Gesprächselemente nur in einem Fall beantworten: Dezidiert formuliert eine Befragte die Anwendung von Gesprächsregeln der Transaktionsanalyse innerhalb des Schulseelsorgegesprächs. Damit wird die Bedeutung der Transaktionsanalyse unterstrichen, die von Meyer-Blanck als fruchtbar für Schulseelsorge erachtet wird.[20]

Die Gesamtauswertung zeigte weiter, dass als Kriterien der Abgrenzung der Schulseelsorge zu anderen Seelsorgefeldern Kontext, Adressaten und Inhalt von Schulseelsorge sowie die Grundprinzipien schulseelsorgerlicher Arbeitsweise genannt werden. Trotz der genannten Unterschiede wird als Gemeinsamkeit mit anderen Seelsorgefeldern der Fokus der Schulseelsorge bewertet, den Einzelnen in seiner jeweiligen Lebenssituation zu begleiten.

Schulseelsorgerliche Gespräche weisen eine Adressatenspezifik ihrer Inhalte auf. Unabhängig von den Adressaten ist der thematische Komplex um Tod und Trauer als Gegenstand der Gespräche bedeutsam. Inhalte des Schulseelsorgegesprächs mit Schülerinnen und Schülern sowie Lehrerinnen und Lehrer sind in der Reihenfolge ihrer Bedeutsamkeit Probleme aus dem familiären, schulischen bzw. beruflichen, persönlichen und religiösen Bereich. Die fallübergreifende Analyse zeigte, dass am bedeutsamsten jene Gesprächsinhalte mit Schülerinnen und Schülern sind, die ihren Ursprung im familiären Bereich der Schülerinnen und Schüler haben, wie die Probleme eines Angehörigen oder die Trennung der Eltern. Im schulischen Bereich

---

20 Vgl. Meyer-Blanck, Theorie und Praxis, 85.

10.1 Konzeption

werden Probleme hinsichtlich der Leistung (Lernschwierigkeiten, Prüfungsangst, Leistungsdruck) sowie Konflikte mit oder Sorgen um schulische Akteure im Rahmen des Schulseelsorgegesprächs thematisiert. Außerdem konnte gezeigt werden, dass ebenso großer Bedeutung jenen Gesprächsinhalten zukommt, die die Schülerinnen und Schüler in persönlicher Hinsicht betreffen wie soziale Beziehungen oder personale Probleme, wie die eigene Krankheit oder berufliche Zukunft. Daneben können auch religiöse Fragen Inhalt des schulseelsorgerlichen Gesprächs sein, wie Fragen bezüglich des Gottesbildes, die Theodizee-Frage oder hinsichtlich der kirchlichen Praxis.

Im Unterschied zum literarischen Befund lässt sich mit den empirischen Befunden nicht belegen, dass Sexualität, Schuld und Schuldvorwürfe, drohende Arbeitslosigkeit, fehlende Lehrstellen, problematische Bindungen an Gruppen („Jugendreligionen") sowie Sekten und Vereinigungen[21] oder Themen wie Pendeln, Gläserrücken und übersinnliche Erlebnisse[22] Bestandteil des schulseelsorgerlichen Gesprächs mit Schülerinnen und Schülern[23] sind. Da es sich bei Kloß und Schweitzer um schulartübergreifende Inhalte handelt, kann vermutet werden, dass diese Themen nicht an Gymnasien virulent sind. Diese Vermutung könnte zutreffen, nimmt man die von Schweitzer genannten Felder der Arbeitslosigkeit und fehlenden Lehrstellen. Allerdings ist es kaum vorstellbar, dass Gymnasiastinnen und Gymnasiasten als Heranwachsende nicht dieselben altersspezifischen Probleme haben wie Jugendliche anderer Schularten. Daher kann vermutet werden, dass im gymnasialen Kontext entweder Schulseelsorgerinnen und Schulseelsorger nicht die geeigneten Gesprächspartner für diese Fragen sind, die Probleme kei-

---

21 Vgl. Schweitzer, Seelsorge, 104.
22 Vgl. Kloß, Kirche, 368.
23 Der empirische und der literarische Befund stimmen insofern überein, als sie als Inhalte des schulseelsorgerlichen Gesprächs mit Schülerinnen und Schülern Konflikte mit den Akteuren des schulischen Kontextes, Beziehungsprobleme, Probleme mit sich, familiäre Probleme, religiöse und kirchliche Fragen sowie aktuelle politische Themen nennen. Deckungsgleich sind sie auch in der ambivalenten Einschätzung: So werden einerseits Probleme mit den Eltern nicht als Inhalte des Schulseelsorgegesprächs betrachtet, sondern haben ihren Ort im Gespräch mit Gleichaltrigen (N1, N7, N8. Remy, Praxismodelle, 266), während sie andererseits auch als Bestandteil angesehen werden (N1, N2, N3, N4, N5, N7, N10. PTZ, Mutmachbuch, 46).

10 Zusammenfassung der empirischen Befunde und Diskussion mit der Literatur

nen Platz im Schulalltag haben oder die Gespräche von ihrer Form, Struktur und Intention her nicht auf diese Problemfelder abzielen. Da die schulartspezifische Darstellungen von Schwarz und Remy deckungsgleich mit den empirischen Befunden sind, kann davon ausgegangen werden, dass ein Zusammenhang zwischen der Schulart des Gymnasiums und den Inhalten des schulseelsorgerlichen Gesprächs besteht, wenngleich über die Gründe nur spekuliert werden kann.[24] Weiter muss der literarische Befund aufgrund der empirischen Befunde ergänzt werden: Erstens wird die Sorge um einen Freund bzw. Probleme eines Freundes durch die Empirie so facettenreich belegt, so dass es nicht möglich ist, sie auf die Beziehungsproblematik zu reduzieren. Zweitens kann die Angst als charakteristisches Phänomen der Gesprächsinhalte bezeichnet werden. Zu denken sind hier an Ängste verschiedener Ursachen: Existenzangst angesichts von lebensbedrohlichen Krankheiten anderer oder der eigenen Person, Schulangst, Versagensangst oder Angst vor Mitschülern. Schließlich lässt sich eine Ambivalenz hinsichtlich folgender Gesprächsinhalte belegen: Probleme untereinander und religiöse Fragen werden nicht von allen Befragten als Inhalt genannt, vielmehr verorten einige sie im Rahmen des Gesprächs mit der peer-group, des Bibelkreises oder des Religionsunterrichts.

Die fallübergreifende Analyse zeigte weiter, dass Lehrerinnen und Lehrer im Rahmen des schulseelsorgerlichen Gesprächs besonders familiäre Probleme thematisieren, wie die Überbelastung, die aus ihrer Verantwortung für ihre Eltern und/oder Kinder resultiert, allgemeine familiäre Konflikte sowie die Sorge um Angehörige. Auch persönlich-private Probleme wie Beziehungsprobleme, ein Tod im Freundeskreis und zwischenmenschliche Konflikte werden thematisiert. In schulisch-beruflicher Hinsicht sind Konflikte mit Klassen oder Kollegen sowie die hohe Arbeitsbelastung und fehlende Anerkennung beruflicher Leistung Inhalt des Gesprächs, während in religiöser Hinsicht vor allem Fragen angesichts der kirchlichen Praxis bzw. des kirchlichen Rechts, aber auch Glaubensfragen thematisiert

---

24 Vgl. PTZ, Mutmachbuch, 46. Remy, Praxismodelle, 266.

werden. Damit lassen sich Gesprächsinhalte mit Lehrerinnen und Lehrern nicht auf die beiden Komplexe privat und beruflich reduzieren, wie dies der literarische Befund beschreibt.

Weiter konnte gezeigt werden, dass die Inhalte des Schulseelsorgegesprächs mit Eltern in der Reihenfolge ihrer Bedeutsamkeit Probleme mit dem bzw. des eigenen Kindes und Fragen aus dem religiösen Bereich sind. Die Inhalte des Schulseelsorgegesprächs mit Angehörigen des Schulpersonals sind vermutlich privater, vereinzelt auch religiös-spiritueller Natur. Die empirischen Befunde stellen hinsichtlich der Gesprächsinhalte mit Eltern und dem Schulpersonal ein Novum gegenüber der Literatur dar. Während in der Literatur lediglich der Ausgangspunkt für Kontakte mit Eltern benannt wird[25], konnten aufgrund der erhobenen Befunde die Inhalte des schulseelsorgerlichen Gesprächs mit Eltern differenziert werden. Im Hinblick auf die Inhalte des schulseelsorgerlichen Gesprächs mit Angehörigen des Schulpersonals finden sich in der Literatur keine Aussagen. Diesem Defizit begegnet die vorliegende Studie, die als Gesprächsgegenstand mit Sekretärinnen private Fragestellungen, mit Raumpflegerinnen religiös-spirituelle Inhalte deutlich werden lässt.

10.1.3 Kontextuelle Verortung

Die Gesamtauswertung zeigte, dass die Integration der Schulseelsorgeperson in den schulischen Kontext elementare Voraussetzung der schulseelsorgerlichen Arbeit ist. Schulseelsorge wird im Verhältnis von Schule und Kirche als kirchliches Engagement in der Schule mit der nicht (mehr) vorhandenen Beziehung Heranwachsender zur Kirche begründet. Aus diesem Grund wird es als Aufgabe von Kirche in der Schul-Gemeinde verstanden, präsent zu sein und dies nicht nur mit dem Angebot des Religionsunterrichts. Gleichwohl wird betont, dass in einer weltanschaulich neutralen Schule und einem säkularen Staat die Akzeptanz für Schulseelsorge erar-

---

25 Vgl. Domsgen, Seelsorge an Eltern, 121.

beitet werden muss. Auch erfordert das schulseelsorgerliche Engagement in der Schule eine Positionierung innerhalb des Netzes an schulischen Akteuren, die sich in Abgrenzung und Kooperation widerspiegelt. So hat die fallübergreifende Analyse gezeigt, dass Schulseelsorgepersonen das schulseelsorgerliche Handeln von anderen schulischen Akteuren abgrenzen.

Die Kriterien der Abgrenzung gegenüber schulischen Beratungsinstanzen werden mit dem ideologischen Hintergrund[26], der Ausrichtung sowie den Rahmenbedingungen von Schulseelsorge begründet. Allerdings ist in einigen Fällen eine trennscharfe Grenzziehung zwischen Schulseelsorge und anderen schulischen Beratungsinstanzen nicht möglich.[27] Auch die Zuordnung der Zuständigkeiten einzelner Beratungsakteure scheint in der Praxis nicht immer konform mit den gesetzlichen Richtlinien zu sein. Das lässt auf eine veränderte Wahrnehmung bzw. Ausübung in der Praxis oder eine Diskrepanz von wirklicher Kenntnis und schulisch-tradiertem Wissen über gesetzliche Richtlinien schließen. Weiter differiert die Zuordnung der Zuständigkeiten interpersonal von Schule zu Schule. Das lässt auf eine Abhängigkeit der Zuständigkeitsbereiche von individuellen schulischen Kontexten und/oder ihrer personellen Ausstattung schließen. Diese Vermutung wird auch durch die Tatsache gestützt, dass einige Schulseelsorgepersonen keine Aussagen zur Abgrenzung von Schulseelsorge zur Schulpsychologin treffen, aus dem Grund, weil es keine Schulpsychologin an ihrer Schule gibt.[28] Drittens differiert die Zuordnung von Kompetenzbereichen teilweise intrapersonal. Das lässt darauf schließen, dass zwischen den Zuständigkeitsbereichen, die anderen Beratungsinstanzen von den Befragten zugeschrieben werden, in der Wahrnehmung der Befragten intrapersonal etwa aufgrund der schulischen Praxis nur schwer zu trennen ist.

---

26 Vgl. N4, N5, N6, N9, N10, N11. Dam/Daube, Spiritualität, 55. Weißenberger, Schulseelsorge, 243. Thalheimer, Als Religionslehrerin, 698f. Wermke, Schulseelsorge, 31. Schneider, Ich werde da sein, 156.

27 Vgl. N1, N5. Schmid, Schulsozialarbeit, 49. Langer, Schulpastoral, 10. Argumentativ wird dies beispielsweise von N1 mit dem Zusammenhang von seelischen Problemen und schulischen Schwierigkeiten belegt.

28 Gleiches gilt für die Schulsozialarbeit und die Kollegin mit speziellem Beratungsprofil im Fall von N4.

10.1 Konzeption

Im Hinblick auf die Kooperation mit anderen schulischen Akteuren kann aufgrund der empirischen Befunde gesagt werden, dass an allgemeinbildenden Gymnasien sowohl innerschulische als auch außerschulische Kooperationspartnerinnen und -partner relevant sind. Damit finden die Postulate der konzeptionellen Arbeiten[29] in weiten Teilen ihre empirische Stütze. Allerdings können als Kooperationspartner weitere Schulseelsorgepersonen an der Schule, Eltern- und Familienarbeit, Erwachsenenbildung oder Vereine im sozialen Umfeld der Schule nicht empirisch belegt werden. Auch die Kooperationsbereitschaft der Eltern scheint für die spezielle schulseelsorgerliche Situation an allgemeinbildenden Gymnasien keine Bedeutung zu haben - im Gegensatz zu den empirischen Befunden der Studie an Hauptschulen und beruflichen Schulen.[30] Im Vergleich mit den literarischen Postulaten[31] scheint die Zusammenarbeit mit der Schulsozialarbeit sowie der Schulpsychologin an allgemeinbildenden Gymnasien kaum relevant zu sein. Es ist zu vermuten, dass dieses Ergebnis strukturell-kontextuell durch die nicht-flächendeckende Ausstattung mit Schulsozialarbeit und Schulpsychologie bedingt ist.Bemerkenswert ist im Bereich der allgemeinbildenden Gymnasien, dass die Schulpsychologische Beratungsstelle als Kooperationspartnerin keine Erwähnung findet.

Die Gesamtauswertung zeigte weiter, dass dem schulseelsorgerlichen Arbeiten Grenzen gesetzt sind. Besonders bedeutsam ist die Begründung der Grenzen von Schulseelsorge mit der Beschaffenheit der Probleme, mit denen die Schulseelsorgeperson konfrontiert wird. Von Bedeutung ist zweitens die Begründung der Grenzen der schulseelsorgerlichen Arbeit mit den systemischen Gegebenheiten. So wird die Arbeit der Schulseelsorgeperson als durch die schulischen Rahmenbedingungen limitiert empfunden. Drittens liegen nach Aussagen der Befragten die Grenzen im persönlichen Be-

---

29 Vgl. Evangelische Landeskirche in Württemberg, Schulseelsorge, 8. Kramer, Schulseelsorge, 196.
30 Vgl. Demmelhuber, Ein Blick über den Nachbarzaun, 48.
31 Vgl. Gandlau/Rüttiger, Schulpastoral, 6. Evangelische Landeskirche in Württemberg, Schulseelsorge, 8.

10 Zusammenfassung der empirischen Befunde und Diskussion mit der Literatur

reich der Schulseelsorgeperson, da die emotionale Belastbarkeit der Schulseelsorgerinnen und Schulseelsorger die Arbeit beschränkt.[32] Darüber hinaus finden sich als singuläre Benennungen von Grenzen Autoritätskonflikte mit den Eltern, Zeugnisverweigerungs*recht* für Nicht-Ordinierte und die Diskrepanz zwischen Anspruch des Helfen-Wollens und Wirklichkeit des Helfen-Könnens.

Im Rahmen der fallübergreifenden Analyse konnte gezeigt werden, dass die Ausstattung mit Zeit in Form von Vergütungs-/Deputatsstunden und deren transparente Kommunikation in der Schulöffentlichkeit bedeutsam sind. Im Rahmen der empirischen Studie an allgemeinbildenden Gymnasien wird der Zeitaufwand auf 1h/Woche für schulseelsorgerliches Engagement geschätzt, wenngleich auch 2-4h/Woche veranschlagt werden. Als optimal wird die Beauftragung einer Person mit 50% Schulseelsorge und 50% Lehrauftrag gesehen.[33] Es konnte gezeigt werden, dass eine Ausstattung mit Zeit in Form von Vergütungs-/Deputatsstunden für ein schulseelsorgerliche Konzeptionalisierung erforderlich ist, um erstens die kontinuierliche Präsenz sowie Qualifizierungs- und Fortbildungsmaßnahmen der Schulseelsorgeperson zu gewährleisten, zweitens die Institutionalisierung von Schulseelsorge zu ermöglichen und drittens der (kirchlichen) Wertschätzung gegenüber schulseelsorgerlichem Engagement Ausdruck zu verleihen. Wichtig ist die offizielle Ausstattung der Schulseelsorge mit Ressourcen außerdem, um den am Schulleben Beteiligten transparent zu kommunizieren, dass sie zur Inanspruchnahme der schulseelsorgerlichen Angebots berechtigt sind. Mit den Befunden ist die personell-zeitliche Ausstattung als wesentlich bestimmender Faktor von schulseelsorgerlichem Handeln zu werten.

---

32 Vgl. N3, N6.
33 Demgegenüber stehen freilich die reellen zeitlichen Ressourcen der Befragten, die eine andere Realität abbilden als es das Postulat der Württembergischen Landeskirche vermuten lässt. Siehe 6.2.1. Vgl. Die Evangelische Landeskirche in Württemberg (Schulseelsorge, 12) gibt an, dass sie derzeit „Deputatsvertretungsstunden von jeweils einer Unterrichtsstunde finanzieren und projektbezogene Maßnahmen durch Zuschüsse unterstützen" kann.

10.1 Konzeption

Hinsichtlich der Ressource *Raum* lassen die empirischen Befunde nicht den Schluss zu[34], dass ein Raum eine notwendige strukturelle Rahmenbedingung von Schulseelsorge darstellt. Im Vergleich zu den strukturellen Rahmenbedingungen in personell-zeitlicher und räumlicher Hinsicht wird die (zusätzliche) Ausstattung mit finanziellen Mitteln (für Medien, Materialien, etc.) tendenziell eher nachrangig behandelt, aber als ebenso wünschenswert wie die Unterstützung der Schulleitung erachtet.

Wird Schulseelsorge personal von der Religionslehrkraft verantwortet, so ist es besonders angezeigt, nach dem Verhältnis von Schulseelsorge und Religionsunterricht zu fragen. Im Rahmen der fallübergreifenden Analyse konnte gezeigt werden, dass Schulseelsorge und Religionsunterricht an allgemeinbildenden Gymnasien in einem engen Verhältnis zueinander wahrgenommen werden. Begründet wird dies zum einen personal, da es der Schulseelsorgeperson durch den Religionsunterricht möglich ist, sich als Ansprechpartnerin für Lebens- und Sinnfragen außerhalb des Unterrichts zu qualifizieren. Begründet wird dies zweitens thematisch, da die Themen des Religionsunterrichts außerunterrichtliche Seelsorgegespräche evozieren. Schließlich wird das enge Verhältnis mit der Kongruenz religionsunterrichtlicher und schulseelsorgerlicher Zielsetzung und Inhalte begründet.

Allerdings hat diese Verhältnisbestimmung von Schulseelsorge und Religionsunterricht unterschiedliche Konsequenzen. Für die einen resultiert aus ihr, dass der Religionsunterricht schon Seelsorge ist, für die anderen, dass zwischen Schulseelsorge und Religionsunterricht klar zu trennen ist. Dass der Religionsunterricht schon Seelsorge ist, wird mit der Gestaltung des Religionsunterrichts begründet. Obwohl in diesem Verständnis der Religionsunterricht als Seelsorge verstanden wird, benennt interessanter Weise keiner der Befragten den Religionsunterricht als schulseelsorgerliches Angebot. Da diese Tatsache in einem gewissen Widerspruch zu der hier wahr-

---

34 Vgl. Evangelische Landeskirche in Württemberg, Schulseelsorge, 6. Seibt, Schulpastoral, 227.

genommen Tendenz steht, ist zu überlegen, ob der Religionsunterricht nicht ein Angebot von Schulseelsorge im strengen Sinne darstellt, sondern eher ein Verständnis vorliegt, das den Religionsunterricht als Form von Schulseelsorge im Sinne eines seelsorgerlichen Aspektes versteht. Dieser Gedanke wird durch den Befund unterstützt, dass sich Schulseelsorge nicht im religionsunterrichtlichen Geschehen erschöpft[35], was die empirischen Aussagen zu den Angeboten und Arbeitsformen von Schulseelsorge belegen. Dass der Religionsunterricht von der Schulseelsorge klar zu trennen ist, wird hingegen damit begründet, dass im Religionsunterricht keine auf das Individuum ausgerichtete Seelsorge, sondern nur Seelsorge mit Gruppen stattfinden kann. Weiter wird diese Grenzziehung zwischen Schulseelsorge und Religionsunterricht aufgrund der funktionalen, von Schulseelsorge divergierenden Zielsetzung und des davon zu unterscheidenden *settings* von Religionsunterricht begründet.

10.2 Schulseelsorge als personales Angebot: Schulseelsorgeperson

10.2.1 Beruflicher Hintergrund und Lehrtätigkeit

Die Schulseelsorgeperson wertet ihren jeweiligen beruflichen Hintergrund individuell als positiv für ihre schulseelsorgerliche Arbeit. D. h., dass in der subjektiven Wahrnehmung der Befragten der jeweilige berufliche Hintergrund als Pfarrerin/Pfarrer, staatliche Lehrerin/staatlicher Lehrer oder kirchliche Lehrerin/kirchlicher Lehrer positiv für schulseelsorgerliches Handeln ist. Pfarrerinnen und Pfarrer sehen ihre Profession aufgrund ihrer Kompetenzen, ihres Images, der Repräsentation des Religiös-Transzendenten und dessen rechtlichen und systemischen Rahmenbedingungen als vorteilhaft für Schulseelsorge. Die Vorteile des Berufsbildes der Religionspädagogin bzw. des Religionspädagogen werden mit seiner systemischen Verortung in Schule und Kirche begründet. Als vorteilhaft für

---

35 Vgl. Schweitzer, Seelsorge, 105f. Leuenberger, Kirchlicher Dienst, 386.

10.2 Schulseelsorge als personales Angebot: Schulseelsorgeperson

schulseelsorgerliches Handeln bewerten die staatlichen Lehrerinnen und Lehrer ihren beruflichen Hintergrund aufgrund des Fächerspektrums und der zeitlichen Präsenz, der ihnen eine kontinuierliche Beziehung zu Schülerinnen und Schüler ermöglicht.

Auf eine besondere Eignung des Pfarrberufs als Hintergrund für Schulseelsorge weisen tendenziell die berufsbedingt erworbenen Kompetenzen und die rechtliche Rahmung (in der subjektiven Wahrnehmung der Befragten) hin. Allerdings ist nicht von der Hand zu weisen, dass sich der berufliche Hintergrund der staatlichen Lehrkraft aufgrund der Präsenz und des Fächerspektrums in besonderer Weise für Schulseelsorge eignet. Daher ist besonders (im Ergänzung zum literarischen Befund[36]) der berufliche Hintergrund von Schulseelsorgepersonen, die als staatliche Lehrerinnen und Lehrer tätig sind, als positiv zu werten.

Weiter konnte gezeigt werden, dass die Lehrtätigkeit als positiv für die schulseelsorgerliche Arbeit gewertet wird. Die positive Bewertung der Lehrtätigkeit als Hintergrund der schulseelsorgerlichen Tätigkeit wird vor allem auch dann positiv wahrgenommen, wenn das Fach Religion unterrichtet wird. Die Pluralität der positiven Effekte des Lehrerseins wird zum einen mit der Verankerung der Lehrperson in das schulische System begründet, zum anderen mit ihrer Unterrichtstätigkeit. Die Verankerung der Schulseelsorgeperson als Lehrende in das System Schule ist aufgrund ihrer positiven Effekte *Präsenz, Bekanntheit und Vertrautheit* als förderlich für die schulseelsorgerliche Arbeit zu werten.[37] Da dieses Ergebnis nicht nur von konzeptionellen Arbeiten geteilt wird, sondern auch andere empirische Studien ähnliche Ergebnisse generieren, weist es darauf hin, dass sich die Lehrtätigkeit der Schulseelsorgeperson schulartunabhängig auf die Tätigkeit als Schulseelsorgeperson positiv auswirkt.[38] Gleichwohl werden die positiven

---

36 Vgl. Dam, Evangelische Schulseelsorge, 128. Englert, Vier Dimensionen, 40.
37 Vgl. N1, N2, N3, N4, N5, N6, N7, N8, N9, N10, N11. Mit den Aussagen über die Wahrnehmung aus Fremd- und Eigenperspektive (N1, N5, N6, N8) decken sich die Ergebnisse der Studien von Kießling (Stimme, 160), Grethlein (Religionsunterricht, 118) und Sautermeister (Religionsunterricht, 251).
38 Vgl. Dam, Evangelische Schulseelsorge, 125. Ders., Kompetenzen, 45. Demmelhuber,

10 Zusammenfassung der empirischen Befunde und Diskussion mit der Literatur

Effekte des Lehrerseins an die Bedingung geknüpft, sich im Unterricht als Person zu erweisen, „die auch über den Unterricht hinaus gern ansprechbar ist".[39] Allerdings weist die Lehrtätigkeit auch negative Aspekte auf, so das Lehrer-Schüler-Verhältnis und die Schwierigkeit zwischen Lehrperson und Schulseelsorgeperson zu trennen. Auch wird der Konflikt, den die Lehrperson im Mobbing-Fall zwischen ihren Rollen als Schulseelsorgerin (als Vertraute des Mobbing-Opfers) und als Lehrerin (als Unterrichtende von Mobbing-Opfer und -Täter) verspürt, als problematisch empfunden.

In der problematischen Wahrnehmung des system-immanenten Ansatzes und damit der Doppelrolle stimmt dieser empirische Befund sowohl mit der von Thalheimer wahrgenommenen Spannung zwischen beiden Rollen[40] als auch mit der von Meyer-Blanck beschriebenen Gebundenheit der Schulseelsorgeperson an die „spezifischen Grenzen und Möglichkeiten der Lehrerrolle"[41] überein. Es konnte allerdings gezeigt werden, dass die Lehrtätigkeit als Hintergrund der schulseelsorgerlichen Arbeit positiv auch in Abgrenzung zu einem system-distanzierten oder kooperativen Ansatz positiv zu bewerten ist. Während die nicht als Lehrenden tätige Schulseelsorgeperson zeitlich begrenzt und punktuell schulseelsorgerlich aktiv ist, ist die system-immanente Schulseelsorgeperson zeitlich präsent und im System integriert. Schülerinnen und Schüler können aus Sicht der befragten Schulseelsorgepersonen in der Mehrzahl zwischen beiden Rollen trennen, sofern die Rollen explizit geklärt sind und die Schulseelsorgeperson als *gerechte* Lehrperson wahrgenommen wird. Die Reflexion der genuinen Funktions- und Aufgabenbereiche der beiden Rollen werden als grundlegend für einen adäquaten Umgang erachtet.

Sozialarbeit, 102f. Ders. Ein Blick über den Nachbarzaun, 48. Ders., Projekt Schulpastoral, 16. Evangelische Landeskirche in Württemberg, Schulseelsorge, 6. Gröger, Aus dem Alltag, 141. Meyer-Blanck, Theorie und Praxis, 82. Kollig, Schulseelsorge, 201. Kießling, Stimme, 160. Grethlein, Religionsunterricht, 118. Langer, Schulpastoral, 3. Leuenberger, Kirchlicher Dienst, 386. Remy, Praxismodelle, 263. Sautermeister, Religionsunterricht, 25.
39 N10, 00:01:55.
40 Vgl. Thalheimer, Als Religionslehrerin, 698.
41 Meyer-Blanck, Theorie und Praxis, 82.

10.2 Schulseelsorge als personales Angebot: Schulseelsorgeperson

10.2.2 Kompetenzen

Der empirische Befund bestätigte den literarischen Befund dahingehend, dass sowohl die Seelsorge als Tätigkeitsfeld als auch der spezifische schulische Kontext dieses Tätigkeitsfeldes spezielle Kompetenzen erfordern.[42] Da es sich um spezielle, tätigkeitsspezifische Kompetenzen handelt, können sie als Sachkompetenz(en) benannt werden. Grundlegend für die Schulseelsorgeperson sind außerdem Kompetenzen, die einen reflexiven Umgang der Schulseelsorgeperson mit sich selbst (personale Kompetenz) und anderen (soziale Kompetenz) ermöglichen. Die Ergebnisse der empirischen Studie wurden dahingehend interpretiert, dass sie neben den Bereichen der Sachkompetenz, personalen Kompetenz und sozialen Kompetenz den Bereich der spirituellen Kompetenz betonen. Damit wurde also ein Modell favorisiert, das vier Kompetenzbereiche für Schulseelsorgepersonen entfaltet. Die gesonderte Betrachtung der spirituellen Kompetenz hebt ihre besonderer Bedeutung für schulseelsorgerliches Handeln hervor. Anders gesagt: Obgleich die spirituelle Kompetenz auch der personalen Kompetenz zugeordnet werden könnte, da sie ja auch die reflexive Auseinandersetzung mit der eigenen Religiosität impliziert, soll hier dem empirischen Befund Ausdruck verliehen werden, dass die spirituelle Kompetenz von besonderer Bedeutung für schulseelsorgerliches Handeln ist.

Die spirituelle Kompetenz markiert den grundlegenden Unterschied zwischen der Kompetenz für Schulseelsorge einerseits und der Kompetenz für (Religions-) Unerricht andererseits, wie vor allem auch die Diskussion mit älteren Kompetenzmodllen für Lehrende (ausführlich: Kapitel 14) zeigt. Dagegen hat jüngst Pirner die Notwendigkeit eines reflektierten Umgangs mit

---

42 Vgl. Wermke, Schulseelsorge, 30.

10 Zusammenfassung der empirischen Befunde und Diskussion mit der Literatur

Religion als spirituell-religionspädagoische Kompetenz für Religionslehrerinnen und -lehrer formuliert.[43] Allerdings wird diese Divergenz von Kompetenzanforderungen für Religionsunterricht und Schulseelsorge auch durch das jüngst erschienene Arbeitsbuch „Professionell Religion unterrichten"[44] unterstrichen, das trotz der Beiträge von Mendl und Pirner[45] die Wahrnehmung bestärkt, dass eine seelsorgerliche Kompetenz für Religionslehrerinnen und -lehrer noch nicht im Blick der Religionsdidaktik ist.

Die fallübergreifende Analyse zeigte, dass Schulseelsorgepersonen personaler Kompetenz bedürfen, worunter hier die Fähigkeit der reflexiven Auseinandersetzung mit sich selbst verstanden wird. Als personaler Kompetenz bedürfen Schulseelsorgepersonen der Fähigkeit zur Selbstreflexion. Sie äußert sich in der Fähigkeit zur Reflexion des eigenen Verhaltens, der eigenen Begrenztheit, Intention, Erfahrung und (ambiguitätstoleranten) Religiosität sowie der persönlichen Motive für schulseelsorgerliches Handeln. Zum anderen zeigt sie sich darin, sich als soziales Subjekt im spezifischem Kontext Schule zu reflektieren und in diesem Kontext eine eigenständige Identität zu entwickeln.

Die Gesamtauswertung machte zudem deutlich, dass Schulseelsorgepersonen sozialer Kompetenz bedürfen. Unter sozialer Kompetenz wird hier die Fähigkeit zur Reflexion des Umgangs mit anderen verstanden. Sie konkretisiert sich als Fähigkeit zur Kommunikation, Beratung, Beziehung und Wahrnehmung. Von besonderer Bedeutung für Schulseelsorge ist dabei die Kommunikationskompetenz zu sein, die von der theoretischen Kenntnis von Gesprächsmodellen bis zur praktischen, situationsadäquaten Gestaltung des Kommunikationsprozesses reicht. Die für Schulseelsorge relevante

---

[43] Vgl. Pirner, Wie religiös müssen Lehrkräfte sein?, 119. Im Anschluss daran kann auch Mendl verstanden werden, der eine spirituell-religionspädagogische Kompetenz für schulkulturelles Handeln fordert. Vgl. Mendl, Schulleben mitgestalten, 199.
[44] Vgl. Burrichter/Grümme/Mendl/Pirner/Rothgangel/Schlag, Professionell Religion unterrichten, 2012.
[45] Vgl. Mendl, Schulleben mitgestalten, 199. Pirner, Wie religiös müssen Lehrkräfte sein?, 119.

10.2 Schulseelsorge als personales Angebot: Schulseelsorgeperson

Beziehungskompetenz zeigt sich im zugewandt-aktiven Umgang mit Menschen und der Fähigkeit zum Aufbau und zur Pflege von Beziehungen und zur Begleitung.

Weiter konnte gezeigt werden, dass Schulseelsorgepersonen einer Vielzahl von Fähigkeiten bedürfen, die aus dem speziellen schulischen Kontext von Schulseelsorge einerseits und der Anforderung, Seelsorge „treiben" zu wollen andererseits erwachsen. Da sie spezielle, tätigkeitsspezifische Kompetenzen darstellen, werden sie unter dem Begriff der Sachkompetenz zusammengefasst. Die Sachkompetenz zeigt sich zum einen in einer *lebensweltlichen Kompetenz*: Sie umfasst psychologische, entwicklungspsychologische, systemische und soziologische Kenntnisse und Fähigkeiten, die für das Agieren im schulischen Kontext von besonderer Bedeutung sind. Als grundlegend werden hierbei beispielsweise die Kenntnis der Funktion und Organisation des schulischen Systems oder entwicklungspsychologische Kenntnisse erachtet, die für das Verständnis von Problemen oder Verhaltensweisen der an der Lebenswelt Schule Beteiligten bedeutsam sind. Zur Sachkompetenz ist weiter eine *Seelsorgekompetenz* zu zählen, die sich in der Kenntnis von relevanten Themen des Seelsorgegesprächs und von Seelsorgekonzepten zeigt. Um beispielsweise Gottesdienste gestalten oder Rituale einsetzen zu können, bedürfen Schulseelsorgepersonen außerdem einer *liturgischen Kompetenz*.[46] Sie kann ebenso wenig ohne theologische Kenntnisse auskommen wie die Seelsorgekompetenz oder die hermeneutische Kompetenz. Daher bedürfen Schulseelsorgepersonen einer *theologischen Kompetenz*, die auf einer fundierten theologischen Ausbildung basiert: Theologisches Wissen gehört nach Aussagen der Befragten zum Grundwerkzeug von Schulseelsorgepersonen. Eng mit der theologischen Kompetenz hängt die *hermeneutische Kompetenz* zusammen. Sie lässt sich nicht trennscharf von ihr abgrenzen, bzw. basiert sogar auf theologischen Grundlagen, indem sie beispielsweise die Fähigkeit impliziert, (biblische) Texte auf die Gegenwart hin auszulegen und deuten zu können.

---

46 Jüngst hat dies auch Mendl betont: Vgl. Mendl, Schulleben mitgestalten, 199.

10 Zusammenfassung der empirischen Befunde und Diskussion mit der Literatur

Als Kern der Kompetenz für Schulseelsorge kann die spirituelle Kompetenz beschrieben werden. Sie drückt sich in der Fähigkeit aus, der eigenen, reflektieren Spiritualität Ausdruck zu verleihen. Der hier verwendete Begriff der Spiritualität kann in der Tradition der EKD-Denkschrift als Einheit von „Glaube, Frömmigkeitsübung und Lebensgestaltung"[47] verstanden werden. In diesem Sinne impliziert die spirituelle Kompetenz mit Pirner „die Kenntnis von Prinzipien, Elementen und Methoden des geistlichen Lebens sowie den verantwortlichen Umgang mit ihnen im Hinblick auf die eigene Spiritualität".[48] Darüber umfasst sie aber besonders die Trias von eigener Frömmigkeitsübung und eben auch Lebensgestaltung (also eine rational-ethische Konsequenz des Glaubens) und ein (auch durch das Theologiestudium) reflektierter Glaube. Die Fähigkeit, „in religionspädagogischen Settings spirituelle Elemente [...] situations- und adressatengemäß einzusetzen sowie entsprechend anleiten zu können"[49], die Pirner und Mendl[50] als spirituell-religionspädagogische Kompetenz bezeichnen, ist mit den empirischen Aussagen schon in Form der Sachkompetenz, hier besonders der lebensweltlichen liturgischen Kompetenz gegeben.

Die vorliegenden Ergebnisse konvergieren mit den empirischen Befunden an berufsbildenden Schulen, sind aber um einiges differenzierter und umfangreicher. Gegenüber Seibts Studie[51] betonen sie die Relevanz einer umfassenden lebensweltlichen Kompetenz für schulseelsorgerliches Handeln und ergänzen sie um entwicklungspsychologische, religionspsychologische, systemische und soziologische Kenntnisse und Fähigkeiten. Ein Novum stellen die empirischen Befunde an allgemeinbildenden Gymnasien dar, die gegenüber Seibt die Seelsorgekompetenz und hermeneutische Kompetenz (im Bereich der Sachkompetenz), die Wahrnehmungskompetenz (im Bereich der sozialen Kompetenz) und die Fähigkeit zur Selbstreflexion (im

---

47 EKD, Evangelische Spiritualität, 10.
48 Pirner, Wie religiös müssen Religionslehrkräfte sein?, 119.
49 Pirner, Wie religiös müssen Religionslehrkräfte sein?, 119.
50 Vgl. Mendl, Schulleben mitgestalten, 199. Pirner, Wie religiös müssen Lehrkräfte sein?, 119.
51 Vgl. Seibt, Schulpastoral, 216.

10.2 Schulseelsorge als personales Angebot: Schulseelsorgeperson

Bereich der personalen Kompetenz) aufführen. Es ist zu vermuten, dass diese Befunde die Spezifika schulseelsorgerlicher Kompetenzen an allgemeinbildenden Gymnasien darstellen. In Auseinandersetzung mit dem literarischen Befund lassen die empirischen Ergebnisse in ihrer Gesamtheit folgende Beobachtung zu: Fähigkeiten im Bereich der Sachkompetenz (lebensweltliche, hermeneutische, theologische etc.) werden vielfältig entfaltet, was auf ihre besondere Bedeutsamkeit an allgemeinbildenden Gymnasien hinweisen könnte. Ungenannt lassen die befragten Schulseelsorgepersonen der vorliegenden Studie eine Projektentwicklungs-[52] bzw. Methodenkompetenz.[53] Da Schulseelsorgepersonen auch an allgemeinbildenden Gymnasien Projekte entwickeln, ist zu vermuten, dass sie diese Fähigkeit implizit zu ihren Kompetenzen, wahrscheinlich bereits als Lehrende, zählen. Auch kann aufgrund der empirischen Befunde darauf geschlossen werden, dass eine Methodenkompetenz keine eigenständige Rolle spielt, wie dies das Modell des PTZ der Württembergischen Landeskirche favorisiert. Vielmehr implizieren Sachkompetenz und soziale Kompetenz Aspekte einer methodischen Kompetenz.

Die empirisch fundierten Kompetenzen und damit auch die vier von mir definierten Kompetenzbereiche der vorliegenden Studie an allgemeinbildenden Gymnasien sind nicht voneinander zu trennen. Vielmehr bedingen sie sich gegenseitig oder wechselseitig. Als Rahmenkompetenz müssen meines Erachtens die Kompetenzen im personalen und sozialen Bereich bewertet werden. Sie sind die Voraussetzung für eine schulseelsorgerliche Tätigkeit. Die Sachkompetenz ermöglicht innerhalb dieser beiden Kompetenzbereiche erst das spezielle schulseelsorgerliche Handeln. Als Kern allen schulseelsorgerlichen Handelns muss jedoch die spirituelle Kompetenz angesehen werden: Erst durch die reflektierte eigene Religiosität und eine

---

52 Vgl. Spenn, Evangelische Schulseelsorge, 54.
53 Vgl. Nestor, Qualifizierungsangebot, 26.

10 Zusammenfassung der empirischen Befunde und Diskussion mit der Literatur

kongruente Trias von Fömmigkeitsübung, Glaube und Lebensgestaltung können Personen als authentische Gesprächspartner in christlicher Seelsorge erkannt (und akzeptiert) werden.

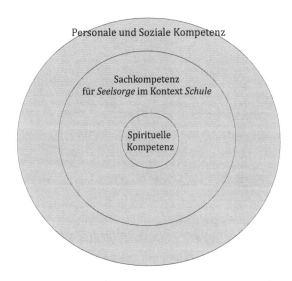

Abbildung: Verhältnis der Kompetenzen für Schulseelsorge

10.2.3 Qualifizierung, Ausbildung und Begleitung

Schließlich zeigte die Gesamtauswertung, dass es einer Qualifizierung und unterstützender Begleitangebote bedarf, um Lehrpersonen eine Professionalisierung und einen Kompetenzerwerb für Schulseelsorge zu ermöglichen. Damit stimmen die empirischen Ergebnisse dieser Studie mit anderen literarischen und empirischen Befunden überein: Eine Qualifizierung für Schulseelsorge wird als notwendig erachtet.[54] Dies unterstreicht, dass

---

[54] Vgl. Evangelische Landeskirche in Württemberg, Schulseelsorge, 13. Büttner, Seelsorge an Unterrichtenden, 108. Günther, Ermutigung, 105. Dieses Ergebnis steht im Gegensatz zur Auffassung der Badischen Landeskirche, die dem Aufgabenbereich von

10.2 Schulseelsorge als personales Angebot: Schulseelsorgeperson

Schulseelsorge nicht zu den genuinen Aufgaben und damit zum Selbstverständnis der Lehrperson (als Religionslehrerin), also „zunächst mal nicht so [zum] Berufsbild"[55] als Lehrerin dazugehört, sondern eine Professionalisierung und einen Kompetenzerwerb für Schulseelsorge erfordert. Allerdings kann aufgrund der empirischen Befunde nicht mit Sicherheit gesagt werden, ob alle Befragten dezidiert eine Ausbildung favorisieren oder eine (Zusatz-) Qualifizierung in Betracht ziehen.

10.2.4 Beauftragung und Motivation

Die fallübergreifende Analyse machte deutlich, dass sich alle befragten Pfarrerinnen und Pfarrer sowie kirchlichen Religionslehrerinnen und Religionslehrer sowie ein staatlicher Lehrer in ihrem Dienst als Schulseelsorgerin bzw. Schulseelsorger als von der Kirche beauftragt wahrnehmen. Auffällig ist, dass diese Wahrnehmung in einigen Fällen ungeachtet einen formalen Beauftragung in realiter existiert. Weiter konnte gezeigt werden, dass in signifikanter Übereinstimmung von empirischem und literarischem Befund als Motiv für schulseelsorgerliches Engagement der persönliche, christliche Glaube genannt wird. Motive für schulseelsorgerliches Engagement können auch altruistischer oder egoistischer Natur bzw. kontextuell-strukturell bedingt sein.

Religionslehrenden die Schulseelsorge zuordnet. Für Schulseelsorge sind nach Angaben der Badischen Landeskirche (in: Dam, Entwicklung, 107) keine Stellen bzw. Deputatsanteile für Lehrkräfte vorgesehen, da „alle Religionslehrer/-innen [...] Seelsorge als Teilaufgabe[haben]".
55 N7, 00:37:47.

10.3 Der schulseelsorgerliche Beitrag zur Schulentwicklung

10.3.1 Das Potential von Schulseelsorge als Beitrag zur Schulentwicklung

Schulseelsorge an allgemeinbildenden Gymnasien kann in der Wahrnehmung der befragten Schulseelsorgerinnen und Schulseelsorger einen Beitrag zur Schulentwicklung leisten. Damit konvergiert das empirische Ergebnis mit dem literarischen Befund.[56] Die empirischen Befunde der vorliegenden Studie erlauben außerdem die Untermauerung jenes Postulats, das in der Literatur seither weitgehend eines empirischen Beleges entbehrte[57]: Schulseelsorgerliche Angebote leisten einen Beitrag zur Humanisierung der Schule. Meines Erachtens bedeutet die Humanisierung der Schule eine Gestaltung des Schullebens im Sinne des humanistisch-christlichen Menschenbildes. Dabei gehen die empirischen Befunde über eine bloße Bestätigung des Postulats hinaus und begründen diesen Beitrag. Als ursächlich für die Humanisierung der Schule wird der Beitrag schulseelsorgerlicher Angebote, wie Seelsorgegespräche oder spirituelle Angebote zum individuellen Wohlbefinden bewertet.

---

56 Vgl. Evangelische Landeskirche in Württemberg, Schulseelsorge, 4. Schneider, Schule, 737. Rüttiger, Das „Einmaleins", 8. Bauer, Projekt Schulseelsorge, 4. Petermann, Schulseelsorge, 142. Burkhard, Mitgestaltung der Schulkultur, 10ff. Geißler, Aufgaben, 104f. Nestor, Schulseelsorge, 18. Tzscheetzsch, „Schule ist mehr...", 8. Kramer, Schulseelsorge, 195. Nestor, Schulseelsorge, 20. Da auch die empirischen Studien an Haupt- und Berufsschulen (Demmelhuber, Ein Blick über den Nachbarzaun, 49. Ders., Projekt Schulpastoral, 15. RPZ, Schulpastoral, 18) einen Beitrag der Schulseelsorge zur Schulentwicklung in der Wahrnehmung der Befragten belegen, ist zu vermuten, dass Schulseelsorge schulartunabhängig potentiell zur Schulentwicklung beitragen kann.

57 Schneider, Schulseelsorge, 1960. Vgl. Ders., Schule, 739. Ähnlich formulieren auch: Die deutschen Bischöfe, Schulpastoral, 7;15. Hallermann, Schulpastoral, 333. Schneider/Fuchs, Atmende Zwischenräume, 137. Petermann, Schulseelsorge, 142. Burkhard, Mitgestaltung der Schulkultur, 10. Wild, Schulseelsorge, 65ff. Nestor, Schulseelsorge, 18. Wittenbruch (Was erwartet, 84) kommt in einer Blitzumfrage zu dem Ergebnis, dass von Schulseelsorge die Beteiligung am „Aufbau einer humanen Schule (Schulkultur)" erwartet wird.

10.3 Der schulseelsorgerliche Beitrag zur Schulentwicklung

10.3.2 Beispiele für den schulseelsorgerlichen Beitrag zur Schulentwicklung

Die fallübergreifende Analyse zeigte außerdem, dass sich der Beitrag der Schulseelsorge zur Schulentwicklung auf individueller und über-individueller, d.h. gemeinschaftsstiftender Ebene differenziert entfaltet.

Der schulseelsorgerliche Beitrag zur Schulentwicklung auf der gemeinschaftstiftenden Ebene besteht in der Förderung der Auseinandersetzung mit existentiellen Fragen und der Gesprächskultur sowie in Impulsen zur Gestaltung des Schulalltags. Schulseelsorgerliche Angebote thematisieren Themen und Werte, denen Relevanz für die Schulgemeinschaft zugesprochen wird. Außerdem eröffnen sie Räume für die Er- und Verarbeitung existentieller Probleme und Fragen sowie neue Perspektiven. Damit korrelieren die empirischen Befunde sowohl mit den konzeptionellen Aussagen Burkhards, wonach Schulpastoral Erfahrungsräume eröffnet, „in denen Sinn ganzheitlich erlebt und gelebt werden kann"[58], als auch mit den empirischen Befunden an Hauptschulen und beruflichen Schulen.[59] Weiter wird vor allem spirituellen Angeboten das Potential beigemessen, die Begegnung und das Engagement der am Schulleben Beteiligten jenseits des Unterrichts und die Entstehung einer Gemeinschaft zu ermöglichen. Eine gemeinschaftsstiftende Wirkung wird der Schulseelsorge außerdem beigemessen, wenn sie zum Wohlbefinden des Einzelnen beiträgt, indem der Einzelne mit seinen individuellen Nöten ernst- und wahrgenommen und ihm vonseiten der Schulseelsorge(person) mit Wertschätzung begegnet wird. Dies hat wiederum Auswirkungen auf die Gemeinschaft. Da die vorliegenden empirischen

---

58 Burkhard, Mitgestaltung der Schulkultur, 14.
59 Demmelhuber, Schulpastoral an Beruflichen Schulen, 142. Demmelhuber (Projekt Schulpastoral, 17) stellt fest, dass schulseelsorgerliche Angebote „eine integrative Wirkung an der Schule bei Schülerinnen und Schülern, aber auch im Kollegenkreis" haben, zur Verbesserung des Schüler-Kollegen-Verhältnis und zur Vernetzung von innerschulischen Beratungsangeboten beitragen.

10 Zusammenfassung der empirischen Befunde und Diskussion mit der Literatur

Befunde hierin mit jenen an Haupt- und Berufsschulen übereinstimmen, kann eine schulartübergreifende Gültigkeit im Sinne einer Profilierung und Erweiterung des schulischen Angebotsspektrums postuliert werden.[60]

Die Gesamtauswertung zeigte ebenfalls, dass an allgemeinbildenden Gymnasien der schulseelsorgerliche Beitrag zur Schulentwicklung auf der individuellen Ebene im Beitrag zur Persönlichkeitsentwicklung und zum Wohlbefinden des Individuums besteht. So wird der schulseelsorgerliche Beitrag zur Persönlichkeitsentwicklung in der Förderung oder Ermöglichung von personaler, sozialer und religiöser Kompetenz gesehen. Aufgrund ihrer emotional-stärkenden Dimension können speziell spirituelle Angebote einen Beitrag zum individuellen Wohlbefinden leisten. Die empirischen Befunde der vorliegenden Studie korrelieren mit dem literarischen und empirischen Befund hinsichtlich dessen, wie sie den schulseelsorgerlichen Beitrag zur Schulentwicklung auf individueller Ebene illustrieren. So kann der schulseelsorgerliche Beitrag an allgemeinbildenden Gymnasien durchaus im Sinne Burkhards als *Konflikt- und Versöhnungskultur* und *Kultur der Aufmerksamkeit*[61] sowie als Ermöglichung bzw. Förderung der Sinnfindung als „zentrale[r] Funktion von Persönlichkeitsentwicklung"[62] interpretiert werden.

10.3.3 Spezifika des schulseelsorgerlichen Beitrags zur Schulentwicklung

Die Gesamtauswertung zeigte weiter, dass die Behandlung des Komplexes um Tod und Trauer ebenso wie die spirituell-christliche Ausrichtung die Spezifika des schulseelsorgerlichen Beitrags zur Schulentwicklung darstellen. Vor allem in Abgrenzung zu anderen Beiträgen kann als spezifisches Charakteristikum des schulseelsorgerlichen Beitrags dessen spirituell-

---

60 Vgl. RPZ, Schulpastoral, 18. Demmelhuber, Projekt Schulpastoral, 15ff.
61 Vgl. Burkhard, Mitgestaltung der Schulkultur, 15; 19.
62 Burkhard, Mitgestaltung der Schulkultur, 14. Ähnlich auch Tzscheetzsch („Schule ist mehr...", 8): Religionsunterricht und Schulpastoral eröffnen einen Raum, „in dem Erlebnisse in den Sinnhorizont gestellt und von diesem her gedeutet werden".

10.3 Der schulseelsorgerliche Beitrag zur Schulentwicklung

christlicher Inhalt bewertet werden. Das Spezifikum des schulseelsorgerlichen Beitrags zur Schulentwicklung konkretisiert sich in der Ermöglichung eines religiösen Kompetenzerwerbs und eines transzendenten Zugangs zu Themenfeldern sowie im Vorhandensein eines Fundus an (gewachsenen) Ritualen. Auch konnte gezeigt werden, dass der schulseelsorgerliche Beitrag zur Schulentwicklung an allgemeinbildenden Gymnasien von anderen Beiträgen zur Schulentwicklung aufgrund des spezifischen Inhalts klar zu unterscheiden ist. Daher muss Linsens Behauptung eines breitgefächerten schulseelsorgerlichen Beitrags zur Schulkultur[63] relativiert und eingeschränkt werden.[64]

10.3.4 Notwendige Ressourcen und Strukturen

Schließlich hat die Gesamtauswertung gezeigt, dass der schulseelsorgerliche Beitrag zur Schulentwicklung an allgemeinbildenden Gymnasien an eine Verbesserung der bestehenden Strukturen, speziell der zeitlichen und personellen Ressourcen gebunden ist, da Schulseelsorge als personales Angebot in den zeitintensiven Aufbau und die Pflege von Beziehungen investiert. Das Vorhandensein räumlicher Strukturen ist für den schulseelsorgerlichen Beitrag zur Schulentwicklung überraschender Weise als nachrangig zu betrachten. Das Vorhandensein eines eigenen Schulseelsorgeraumes ist aber nur insofern nachrangig, sofern ein anderer Raum für schulseelsorgerliche Angebote problemlos zur Verfügung steht.

Die Aufnahme der Schulseelsorge in das schulische Leitbild bzw. Profil ist keine zwingende, wohl aber eine wichtige Voraussetzung für den schulseelsorgerlichen Beitrag zur Schulentwicklung. Dieser Befund stellt

---

63 Vgl. Linsen, Beitrag, 96.
64 Dies wurde sowohl im Rahmen der empirischen Ergebnisse zum Angebotsspektrum in Kapitel 8.1 deutlich, wird aber hier nochmals betont: Der schulseelsorgerliche Beitrag zur Schulentwicklung umfasst eben mit Linsen (Beitrag, 96) nicht das Bemühen um eine „kinderfreundliche Einschulung" oder die Gestaltung „interessante[r] Schulhöfe und freundliche[r] Schulgebäude".

10 Zusammenfassung der empirischen Befunde und Diskussion mit der Literatur

gegenüber dem Desiderat in der Literatur ein Novum dar. Er lässt den Schluss zu, dass die Integration der Schulseelsorge in das schulische Profil für einen Beitrag zur Schulentwicklung wichtig ist.

Von den elf befragten Schulseelsorgerinnen und Schulseelsorgern geben acht Interviewpartnerinnen und -partner an, dass die Schulseelsorge Teil des systematischen Schulentwicklungsprozesses der jeweiligen Einzelschule ist. Im Umkehrschluss bedeutet dies, dass die Schulseelsorge an drei Schulen nicht Teil einer geplanten und bewussten Schulentwicklung ist. Daher können alle empirischen Aussagen über den Beitrag der Schulseelsorge zur Schulentwicklung meines Erachtens als Beitrag der Schulseelsorge zur Schulkultur gelesen werden. In diesem Sinne wird Schulkultur als umfassender Begriff der Gesamtheit der Prozesse an einer Schule verstanden, die eben auch den Beitrag von Schulseelsorge umfasst, die nicht als Teil einer systematisch-bewussten Schulentwicklung implementiert ist. Als Beitrag zur Schulentwicklung können die Aussagen der Befragten aber nur dann gesehen werden, wenn von einer Schulseelsorge die Rede ist, die an der jeweiligen Schule Aufnahme in einen gesteuerten und bewussten Schulentwicklungsprozess fand. Dies ist bei acht der Befragten der Fall.

11 Diskussion mit ausgewählten Seelsorgekonzepten

Im Folgenden werden die empirischen Befunde mit ausgewählten Seelsorgekonzepten diskutiert. Dabei fungieren die Seelsorgekonzepte als Bezugstheorien der empirischen Befunde, um poimenische Impulse für eine Theorie von Schulseelsorge zu entwickeln. Hierzu sollen die aus der Perspektive der befragten Schulseelsorgerinnen und Schulseelsorger beschriebenen oder angedeuteten Aussagen in der Diskussion mit ausgewählten Seelsorgekonzepten sichtbar herausgearbeitet werden, um zu ermöglichen, „Inhalte, Ziele, Alltagspraxis und methodische Vorgehensweisen auf sinnvolle und nachvollziehbare Art und Weise aufeinander abzustimmen und die eigene Tätigkeit [...] transparent [zu] machen".[1]

Die Diskussion von empirischen Befunden mit Seelsorgekonzepten erfordert an diesem Punkt des Forschungsprozesses die Darstellung verschiedener Seelsorgekonzepte (Kapitel 11.1), mit denen die empirischen Ergebnisse in Beziehung gesetzt werden können.

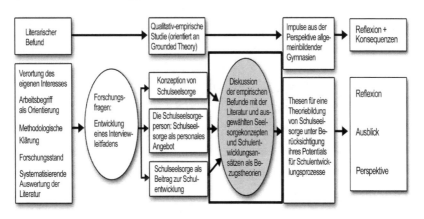

---

1 Nauer, Seelsorgekonzepte, 13.

11.1 Ausgewählte Seelsorgekonzepte als Bezugstheorien

Im Folgenden werden ausgewählte Seelsorgekonzepte dargestellt, mit denen die empirischen Befunde diskutiert werden können. Ich orientiere mich bei der Auswahl der Seelsorgekonzepte zum einen am Kriterium ihrer Relevanz für den wissenschaftlichen Diskurs, zum anderen an ihrer Systematisierung in Perspektivendominanzen.[2] Die Orientierung an der von Nauer entwickelten Makrogliederung der Seelsorgekonzepte in „Konzept-Typen, die unterschiedliche Perspektivendominanzen"[3] widerspiegeln, hat den Vorteil, dass die Schwerpunkte eines Seelsorgekonzeptes weitgehend unabhängig von ihrer historischen Entstehung heraustreten. Diese Perspektivität kann als Auswahlkriterium für den Vergleich mit den empirischen Befunden dienen.

Nauer entwickelt drei Perspektivendominanzen: Die theologisch-biblische, die theologisch-soziologische und die theologisch-psychologische Perspektivendominanz, denen sie Seelsorgekonzepte zuordnet. Für sie weisen die Seelsorgekonzepte „unterschiedliche Affinitäten zur biblischen [...], zur psychologischen [...] oder zur soziologischen [...] Perspektive"[4] auf. Dabei sind alle Konzepte als theologisch zu qualifizieren, da sie „primär aus theologischer Perspektive verfasst und somit immer auch biblisch ausgerichtet [sind], weil Seelsorge niemals ohne das Referenzsystem Heilige Schrift und christliche Tradition gedacht werden kann".[5]

Allerdings existieren Seelsorgekonzepte, die deutlich von einer biblischen Perspektive dominiert werden.[6] Eine *theologisch-biblische* Perspektivendominanz weisen jene Seelsorgekonzepte auf, die „Seelsorge aus einer

---

2 Eine Orientierung an der Makrogliederung von Nauer hat sich bereits bei Roth bewährt. Vgl. Roth, Denn dieser mein Sohn, 161ff.
3 Nauer, Seelsorgekonzepte, 17.
4 Nauer, Seelsorgekonzepte, 17.
5 Nauer, Seelsorgekonzepte, 17.
6 Vgl. Nauer, Seelsorgekonzepte, 17.

11 Diskussion mit ausgewählten Seelsorgekonzepten

explizit biblischen Perspektive heraus begründen und erneuern wollen".[7] Nach Nauer sind dazu die Ansätze von Helmut Tacke, Christian Möller oder Peter Bukowski zu zählen.

Als Seelsorgekonzepte, die eine *theologisch-psychologische* Perspektivendominanz aufweisen, nennt Nauer beispielsweise die *Therapeutische Seelsorge* Stollbergs oder die *Systemische Seelsorge* Morgenthalers. Die Konzept-Typen der theologisch-psychologischen Perspektivendominanz messen dem Beziehungsgeschehen zwischen Seelsorgeperson und Klient große Bedeutung bei. So geschieht für Stollberg „Seelsorge im Medium von Beziehungen [...] als zwischenmenschliche Hilfe in Krisensituationen", weshalb „Gott nicht explizit benannt oder verbal verkündet werden"[8] muss.

Seelsorgekonzepte, die eine *theologisch-soziologische* Perspektivendominanz aufweisen, erweitern das auf das Individuum ausgerichtete Seelsorgeverständnis um soziologische Erkenntnisse. Die Konzepte von Ziemer (Seelsorgelehre), Hauschildt (Alltagsseelsorge), Henke (Seelsorge und Lebenswelt), Luther (Religion und Alltag, Alltagsseelsorge und Seelsorge) oder Karle (Seelsorge in der Moderne) berücksichtigen den sozialen, gesellschaftlichen oder politischen Kontext des Individuums.

Die von mir ausgewählten Seelsorgekonzepte weisen eine theologisch-soziologische und/oder theologisch-psychologische Perspektivendominanz auf. Die Auswahl dieser Seelsorgekonzepte ist mit der Aussagerichtung der empirischen Befunde zu begründen. Die befragten Schulseelsorgerinnen und Schulseelsorger reflektieren zum einen das Beziehungsgeschehen von Schulseelsorgeperson und Adressat des schulseelsorgerlichen Angebots. Diese Beobachtung legt eine Reflexion der Aussagen durch Seelsorgekonzepte aus einer theologisch-psychologischen Perspektive nahe. Zum anderen reflektieren die Schulseelsorgepersonen in ihren Ausführungen zum Inhalt, Aufbau und Ziel von Schulseelsorgegesprächen aber auch zur Kompetenzanforderung für Schulseelsorge über die Relevanz der Einbeziehung

---

7 Nauer, Seelsorgekonzepte, 41.
8 Nauer, Seelsorgekonzepte, 141.

11.1 Ausgewählte Seelsorgekonzepte als Bezugstheorien

kontextueller (in schulischer und familiärer Hinsicht), struktureller, (entwicklungs-) psychologischer Kenntnisse und Gegebenheiten. Diese Beobachtung legt die Reflexion der Aussagen durch Seelsorgekonzepte aus einer theologisch-soziologischen Perspektivendominanz nahe.

Aus den genannten Gründen wähle ich aus der Fülle der Ansätze die Seelsorgekonzepte der Theologen Jürgen Ziemer, Eberhard Hauschildt, Henning Luther und Thomas Henke aus.[9] Alle weisen eine theologisch-soziologische Perspektivendominanz auf. Darüber hinaus wird auch die theologisch-psychologische Perspektivendominanz berücksichtigt: So fiel die Entscheidung zugunsten Ziemers Seelsorgekonzept, weil in seinem Entwurf der Übergang von einer theologisch-psychologischer Perspektivendominanz zu einer theologisch-soziologischen markiert ist. Auch bei Henke und Luther wird meines Erachtens beiden Perspektiven Raum gegeben. Von dieser Perspektivenpluralität ist ein Mehr an Reflexionspotential der empirischen Aussagen zu erhoffen.

11.1.1   Alltagsseelsorge: Eberhard Hauschildt

Hauschildt nimmt Wolfgang Stecks Ansatz auf, Ursprung und Ziel von Seelsorge in der sozialen Alltagswelt zu lokalisieren. So ist nach Steck der Alltag „nicht nur der Ort, an dem Fragen aufbrechen, sondern auch der Kontext, in dem nach tragfähigen Antworten gesucht wird".[10] Von Stecks Alltagsdogmatik inspiriert entwirft Hauschildt ein empirisch fundiertes Konzept von Seelsorge. Dies versteht er nicht als Gegensatz, sondern als Horizonterweiterung anderer Seelsorgegekonzepte, die sich konzeptionell und praktisch von der Seelsorgewirklichkeit entfernt haben.[11] Hauschildts sozio-lin-

---
9 Sicherlich wäre die Darstellung weiterer Konzepte, besonders von Isolde Karle, Christoph Morgenthaler, Uta Pohl-Patalong oder Michael Klessmann interessant. Dies kann im Rahmen der vorliegenden Arbeit allerdings nicht geleistet werden, unterstreicht aber die Relevanz weiterer Forschung auf diesem Gebiet. Allerdings beansprucht die Auswahl der Konzepte, divergierende Seelsorgekonzepte vorzustellen, deren Verschiedenartigkeit ein breites Spektrum an Beobachtung bietet.
10 Merle/Weyel, Seelsorge, 31.
11 Vgl. Nauer, Seelsorgekonzepte, 281.

11 Diskussion mit ausgewählten Seelsorgekonzepten

guistische Analyse des pastoralen Geburtstagsbesuchs ermöglicht, das Alltagsgespräch als eigenständige Form der Seelsorge zu erfassen. Für Merle/Weyel ist in Hauschildts Seelsorgekonzept „der Alltag immer schon der zentrale Ort [...], an dem Seelsorge geschieht".[12] Daraus resultiert für sie, „dass damit nicht nur eine aufwändige Seelsorgeausbildung zum seelsorgerlichen Gespräch befähigt, sondern dass so gesehen jeder Christ, ja, jeder Mensch dem anderen seelsorgerlich zur Seite stehen kann".[13]

Der Alltag als Ort des Gesprächs wirft die Frage auf, wie das Alltagsgespräch von einem Seelsorgegespräch zu unterscheiden ist. Für Hauschildt stellt schon das Alltagsgespräch eine vollgültige Form von Seelsorge dar. In diesem Sinne meint Alltagsseelsorge, „die gewöhnlichen Gesprächsgelegenheiten und das normale Gesprächsverhalten [...] theologisch und therapeutisch zu achten als eine eigene, zwar in ihren Leistungen begrenzte, aber doch voll gültige Erscheinung menschenzugewandten Christentums".[14] Denn gerade durch diese kurzen, ungeschützten Gesprächsbegegnungen zwischen Tür und Angel können „Gemeinsamkeiten hergestellt, Themen gefunden und Bedingungen für ein Solidaritätsmanagement ausgelotet werden".[15]

Die Themen des Seelsorgegesprächs im Alltag sind dabei immer auch die Themen des Alltags. Der Fokus liegt aber auf der individuellen Wahrnehmung, Bearbeitung und Beurteilung des alltäglichen Problems/Inhalts. Zwar nimmt die Seelsorgeperson nicht vordringlich eine Rat gebende Funktion im Gespräch ein, muss aber auch ihre eigene Weisheitstradition und ihren Glauben reflektieren und artikulieren und als deutendes Gegenüber erkennbar sein können. Ob auch Religiöses zum Thema des Seelsorgegesprächs werden kann, hängt von der Gesprächssituation und den -partnern ab. Die Bearbeitung individueller Alltagserfahrungen und Beurteilung individueller Alltagssituationen kann, aber muss nicht (wie etwa in Henning Lu-

---

12 Merle/Weyel, Seelsorge, 31.
13 Merle/Weyel, Seelsorge, 31.
14 Hauschildt, Alltagsseelsorge. Der Alltag der Seelsorge, 16.
15 Nauer, Seelsorgekonzepte, 288.

11.1 Ausgewählte Seelsorgekonzepte als Bezugstheorien

thers Seelsorgeverständnis) bedeuten, zu reflektieren, „inwieweit eine Aktivierung zu (politischem) Handeln angezeigt ist, um die eigene Situation zu ändern".[16] Für Hauschildt zielt die Alltagsseelsorge in zwei scheinbar verschiedene Richtungen: Auf die „Solidarität in der Konvention wie im Abstandnehmen vom Alltag kommt es an".[17]

Im Anschluss daran können Nohls Überlegungen als praktische Konkretisierung der Alltagsseelsorge nach Hauschildt verstanden werden: Er plädiert methodisch dafür, „Menschen für ihre Lebenserfahrungen bzw. Lebensfragen [...] religiöse Bilder"[18] zur Deutung anzubieten. Methodisch ist für Hauschildt das Gebet als „besonders realitätsnahe, besonders situationsflexible Entspannung"[19] in der Praxis der Seelsorge bedeutsam.

11.1.2 Diakonische Seelsorge: Henning Luther und Jürgen Ziemer

Grundlegend hat Henning Luther in seinen Veröffentlichungen zur Praktischen Theologie die Entwicklung einer Diakonischen Seelsorge geprägt. Luther greift den von Finger bereits 1982 verwendeten Terminus *Diakonische Seelsorge*[20] auf und skizziert eine Diakonische Seelsorge als „solidarisch-helfende Zuwendung zum je einzelnen [...] unter konstitutiver Berücksichtigung seines sozialen und gesellschaftlichen Kontextes".[21] Diakonische Seelsorge impliziert eine solidarische Parteinahme mit dem Einzelnen. Im Gegensatz zur Alltagsseelsorge, in der „sich die Kritik am Vorfindlichen nur partiell"[22] findet, impliziert Luthers Seelsorgeverständnis, dass „sich die seelsorgerliche Beziehung prinzipiell nur in der Einstellung der Solidarität

---

16 Nauer, Seelsorgekonzepte, 285.
17 Hauschildt, Alltagsseelsorge, 386. Jüngst diskutiert Hauschildt (Schulseelsorge, 185ff) die Schulseelsorge als „Spezialfall der Alltagsseelsorge" im Kontext evangelischer Schulen.
18 Nohl, Lebensdeutung, 19.
19 Hauschildt, Die eigenen Trümpfe ausspielen, 183.
20 Vgl. Finger, Seelsorge, 110.
21 Luther, Diakonische Seelsorge, 476.
22 Hauschildt, Alltagsseelsorge, 386.

vollziehen lässt".²³ Nach Luther erlaubt eine „Seelsorge, die sich kritisch von Alltagssorge absetzt, [...] nicht länger, sich über eine Normalität unserer Alltagswelt zu beruhigen und der Illusion einer *heilen Welt* anzuhängen".²⁴ Dabei ist das „Leiden der Anderen"²⁵ nicht als „deren persönliches Problem [...] anzusehen"²⁶, sondern muss vor einer vorschnellen, falschen „Versöhnung bewahrt werden, die die Erlösungsbedürftigkeit dieser Welt überspielt".²⁷

Als aktuellster Vertreter einer Diakonischen Seelsorge beleuchtet Jürgen Ziemer sowohl das Beziehungsgeschehen im Seelsorgegespräch als auch die kontextuellen Rahmenbedingungen des Seelsorgegesprächs bzw. -gegenstands. In Ziemers Seelsorgekonzept ist der Übergang von theologisch-psychologischer zur theologisch-soziologischen Perspektivendominanz markiert. Im Sinne eines diakonischen Seelsorgekonzepts, in dem „der soziale und gesellschaftspolitische Kontext von Individuen ausdrücklich thematisiert und als vorgegebene Rahmenbedingung von Seelsorge konzeptionell berücksichtigt wird"²⁸, betont Ziemer, dass seelsorgerliches Handeln „immer in einer konkreten gesellschaftlichen und kulturellen Situation"²⁹ geschieht. Für ihn bedeutet die Wahrnehmung der Rahmenbedingungen auch, „die Bedingungen zu erkennen suchen, die für die spezifischen Lebens- und Leidenserfahrungen des Einzelnen verantwortlich sind".³⁰

Für Ziemer ist seelsorgerliches Handeln prinzipiell unabhängig von speziellen *settings*, kann sich also sowohl am Krankenbett als auch bei einer zufälligen Begegnung ereignen. „Trotz der Unabhängigkeit von settings [ist Seelsorge] auf eine personale Kommunikationsform einzuschränken"³¹ - im

---

23 Luther, Alltagssorge und Seelsorge, 234.
24 Luther, Alltagssorge und Seelsorge, 238.
25 Luther, Alltagssorge und Seelsorge, 238.
26 Luther, Alltagssorge und Seelsorge, 238.
27 Luther, Alltagssorge und Seelsorge, 238.
28 Nauer, Seelsorgekonzepte, 262.
29 Ziemer, Seelsorgelehre, 17. Ebd.: In diesem Sinne ist Seelsorge nicht festgelegt auf ein bestimmtes „setting".
30 Ziemer, Seelsorgelehre, 17. Nach Ziemer (Seelsorgelehre, 125) ist „nicht nur die persönliche Situation eines Ratsuchenden, sondern auch der politische und soziale Kontext sichtbar zu machen, durch die ein individuelles Schicksal (mit)verursacht ist".
31 Ziemer, Seelsorgelehre, 16.

11.1 Ausgewählte Seelsorgekonzepte als Bezugstheorien

Sinne eines evangelischen Verständnisses von Seelsorge als *cura animarum specialis*.[32] Auch betont Ziemer, dass der *Wurzelboden* von Seelsorge nicht beliebig ist: „Je mehr die Seelsorge in der Gemeinde als Ort gelebten Glaubens verankert ist"[33], umso aussichtsreicher ist es seines Erachtens, „Seelsorge dort praktizieren zu können, wo Menschen sie brauchen, [...], obwohl sie sich innerlich und äußerlich von der Kirche weit entfernt haben".[34] Seelsorge ist also eine Funktion der Gemeinde als „Seelsorge für die Welt".[35]

Ziemer hält eine Unterscheidung von funktionaler und intentionaler Seelsorge für hilfreich, „also einer Seelsorge, die sich *bei Gelegenheit* ergibt, und einer Seelsorge, die bewusst als seelsorgerliche Begegnung geplant und vereinbart wird".[36] Wichtig ist ihm dabei, „alle diese Begegnungsformen als mögliche Gelegenheiten zur Seelsorge wahrzunehmen und für die Chancen der jeweiligen Situation offen zu sein".[37]

Aus psychologischer Perspektive beleuchtet Ziemer das Beziehungsgeschehen im Seelsorgegespräch. Für ihn ist die ideale Struktur eines seelsorgerlichen Gesprächs „dann gegeben, wenn die Kommunikation so herrschaftsfrei, dialogisch und personenbezogen wie möglich verlaufen kann."[38] Als *herrschaftsfrei* bezeichnet er eine geschwisterliche Kommunikation.[39] Diese ist zu unterscheiden von einer der Defizitperspektive verhafteten, asymmetrischen Struktur der seelsorgerlichen Beziehung, die eine (einseitige) Abhängigkeit evoziert wie dies beispielsweise bei der asymmetrischen Gesprächsführung der therapeutischen Seelsorge oder der asymmetrischen Deutestruktur der verkündigenden Seelsorge der Fall ist.[40] Als *dialogisch* ist die „Begegnung in der gemeinsamen Suche nach Wahrheit"[41] zu bezeichnen.

---

32 Zu *cura animarum generalis* und *specialis* vgl. Kapitel 2.3.
33 Ziemer, Seelsorgelehre, 123.
34 Ziemer, Seelsorgelehre, 123.
35 Ziemer, Seelsorgelehre, 123.
36 Ziemer, Seelsorgelehre, 16.
37 Ziemer, Seelsorgelehre, 16f.
38 Ziemer, Seelsorgelehre, 153.
39 Vgl. Ziemer, Seelsorgelehre, 153f.
40 Vgl. Hauschildt, Alltagsseelsorge, 386.
41 Ziemer, Seelsorgelehre, 154.

In einem *personenzentrierten* Fokus (und damit Carl Rogers Grundsatz der Personenzentriertheit rezipierend) ist im Gespräch „ganz vom Rat suchenden Gesprächspartner auszugehen, seinen Impulsen zu folgen".[42]

11.1.3 Kommunikative Seelsorge: Henning Luther und Thomas Henke

Als Hauptvertreter einer Kommunikativen Seelsorge gelten auf evangelischer Seite Henning Luther, auf katholischer Seite Thomas Henke. Kommunikative Seelsorge weist teilweise große inhaltliche und personelle Überschneidungen mit der Diakonischen Seelsorge und der Alltagsseelsorge auf.

Wie oben bereits ausgeführt, impliziert das Konzept einer Diakonischen Seelsorge eine solidarische Grundhaltung gegenüber und eine Parteinahme für den Einzelnen – etwa im Gegensatz zur Alltagsseelsorge, in der „sich die Kritik am Vorfindlichen nur partiell"[43] findet. Eine solche Diakonische Seelsorge „ist insofern inhaltlich eine kommunikative, weil sie prinzipiell alle angeht, nicht nur die akut leidenden Betroffenen – und zwar uns alle aufgrund der herrschenden Strukturen unserer Lebenswelt".[44]

Henke entwickelt Luthers Fragmente durch eine Auseinandersetzung mit soziologischen und sozialphilosophischen Erkenntnissen etwa der Theorie des kommunikativen Handelns von Habermas entscheidend weiter. Er entfaltet eine Seelsorgetheorie, die es ermöglichen soll, den Zusammenhang von individueller Lebenswelt und Gesellschaft zu erfassen. Dieser Zusammenhang ist für Henke angezeigt, da „Seelsorge als kommunikatives Handeln sich immer schon (ob intendiert oder nicht) auf dem Hintergrund alltäglicher Lebenswelt ereignet [...] und in gesellschaftliche Verhältnisse eingebunden ist".[45] Dabei ist der Alltag als Ort zu sehen, der zum einen (mit Steck) die Themen der Seelsorge vorgibt. In diesem Sinne hat die Seelsorge zur Aufgabe, „die Inhalte des Glaubens mit der Lebenswelt und Lebenser-

---

42 Ziemer, Seelsorgelehre, 154.
43 Hauschildt, Alltagsseelsorge, 386. Vgl. Luther, Alltagssorge und Seelsorge, 234.
44 Luther, Alltagssorge und Seelsorge, 238.
45 Henke, Seelsorge und Lebenswelt, 15.

11.1 Ausgewählte Seelsorgekonzepte als Bezugstheorien

fahrung der Menschen zu vermitteln, den Bezug zwischen Glauben und Alltagserfahrungen herzustellen".[46] Zum anderen stellt der Alltag aber auch einen „Ort der Bewährung von Lebensrelevanz von Glaubensinhalten"[47] dar.

Eine kommunikative Seelsorge geht also von der konkreten Lebenswelt des Gegenübers aus, weiß sich in dieser konkreten Situation aber der Aufgabe verpflichtet, „die zukünftige Realisierung der Freiheit von Gott her antizipatorisch zu verwirklichen".[48] In einem Vorgang des Sich-Einlassens als Verstehen-Wollen des Anderen stellt sie die Erzählung des anderen in den Mittelpunkt. Die Aufgabe von Seelsorgepersonen in diesen Erzählprozessen ist es, „die Dimension des Glaubens im kommunikativen, kritischen und politischen Handeln transparent zu machen, die Wirklichkeit Gottes in der Anerkennung des anderen für ihn zu erschließen, den Lebens- und Glaubenserfahrungen zur Sprache zu verhelfen, d. h. sie explizit zu machen, die theologische – d. h. Glauben reflektierende Kompetenz der Menschen zu fördern".[49]

Kommunikative Seelsorge kann nach Henke „einen Beitrag leisten zur Konstituierung und Vergewisserung der Identität, indem sie Begleitung für die Erinnerungsarbeit anbietet. [...] Seelsorgerliche Begleitung bedeutet also auf diesem Hintergrund, Sprachhilfe für die erzählende Rekonstruktion der Geschichte zu leisten".[50] Das Ziel der Kommunikativen Seelsorge kann als *Subjektwerdung des Individuums* beschrieben werden: Sie ist Hilfe zur Überwindung der Sprachlosigkeit, damit der Mensch selbstständig für seine Interessen eintreten kann.[51] In einem solchen Sinne ist Seelsorge also immer auch gesellschaftspolitisch relevant, da aus ihre Folgewirkungen sowohl für das Individuum als auch die Gesellschaft resultieren.

---

46 Henke, Seelsorge und Lebenswelt, 447f.
47 Henke, Seelsorge und Lebenswelt, 448.
48 Henke, Seelsorge und Lebenswelt, 428.
49 Henke, Seelsorge und Lebenswelt, 545.
50 Henke, Seelsorge und Lebenswelt, 447.
51 Henke, Seelsorge und Lebenswelt, 430ff.

11.2 Diskussion

Im Folgenden werden die empirischen Befunde mit den vorgestellten Seelsorgekonzepten und ihren jeweiligen τοποί in Beziehung gesetzt.

11.2.1 Schule als Alltagssituation

Die fallübergreifende Analyse zeigte, dass schulseelsorgerliche Angebote hauptsächlich innerhalb des Schulalltags stattfinden. Eine Ausnahme bilden die Tage der Orientierung und die dort stattfindenden Schulseelsorgegespräche. Überwiegend sind aber die Kernangebote von Schulseelsorge – Gottesdienste, Andachten und Gespräche – innerhalb des schulischen Alltags zu verorten. Die Gesamtauswertung zeigte weiter, dass sowohl die für die Adressatengruppen der Schüler- und Lehrerschaft sowie des Schulpersonals typischen kurzen und spontanen Begegnungen zwischen Tür und Angel hauptsächlich innerhalb des Schulgeländes stattfinden als auch auch verabredete Gespräche. Auch die Initiation des Schulseelsorgegesprächs ist durch den innerschulischen Ort von Schulseelsorge bedingt: So belegen die empirischen Befunde, dass die Initiation des schulseelsorgerlichen Gesprächs typischer Weise innerhalb einer Handlung im Schulalltag (Unterrichtsende, Kopieren im Lehrerzimmer) stattfindet. Außerdem betonen die empirischen Befunde die Bedeutsamkeit des schulischen Alltags für Schulseelsorge, indem sie die Inhalte des Schulseelsorgegesprächs beschreiben. So konnte gezeigt werden, dass Schülerinnen und Schüler neben familiären und privat-persönlichen Problemen vor allem schulische Probleme im Schulseelsorgegespräch thematisieren. Hier sind sowohl Schwierigkeiten im Bereich der Leistungsproblematik (Lernschwierigkeiten, Leistungsdruck) als auch Konflikte mit den Akteuren des schulischen Kontextes (Lehrer, Mitschüler) zu nennen. Auch konnte gezeigt werden, dass Lehrerinnen und Lehrer im Rahmen des schulseelsorgerlichen Gesprächs Probleme thematisieren, die der schulische Kontext evoziert, wie Konflikte mit einer Klasse oder Kollegen, die Arbeitsbelastung oder fehlende Anerkennung beruflicher Leistung.

11.2 Diskussion

Damit benennen die empirischen Befunde den Schulalltag als Hauptort von Schulseelsorge. Werden diese empirischen Befunde mit dem Konzept der Alltagsseelsorge in Bezug gesetzt, so kann der Ort Schule als der *Alltag* von Schulseelsorge beschrieben werden: Schule stellt die Alltagssituation der Hauptadressaten von Schulseelsorge wesentlich dar, da sie dort (vor allem im Zuge von G8/ Ganztagesschulen) einen Großteil ihrer Zeit verbringen. In dieser Alltagssituation der Schule ist Schulseelsorge zu verorten. So belegen die empirischen Befunde einerseits, dass schulseelsorgerliche Gespräche (unabhängig von der Adressatengruppe) vor allem an innerschulischen Orten entstehen, andererseits, dass der *Alltag* Schule außerdem als Themengeber der Seelsorge fungiert und kann insofern auch als Lebenswelt der schulischen Akteure verstanden werden (siehe unten). Allerdings muss aufgrund der empirischen Befunde betont werden, dass die Inhalte des Schulseelsorgegesprächs nicht ausschließlich im schulischen Kontext begründet sind. Vielmehr kommen im schulischen Kontext Themen zur Sprache, die ihre Ursache in anderen Bereichen (familiär, persönlich, religiös) haben. Sie brechen im schulischen Kontext auf, weil dort viel Zeit verbracht wird – Schule eben Alltag ist. Dass der schulische Kontext mit den empirischen Befunden als Alltagssituation gewertet werden kann, wird vor allem auch im Unterschied zu anderen Seelsorgefeldern deutlich – vor allem in Abgrenzung zu der durch Krankheit bedingten Extremsituation des Krankenhauses.

11.2.2 Schule als Lebenswelt/-raum

Die fallübergreifende Analyse zeigte, dass der schulische Kontext als eigenständiger, begrenzter Lebensraum begriffen wird. Dies wird zum einen daran deutlich, dass spezifische Kenntnisse und Fähigkeiten für den Lebensraum Schule als erforderlich formuliert werden wie die Kenntnis des schulischen Lebensraumens möglichst aus eigener Erfahrung, um für die lebensweltspezifischen Problemen im Kontext Schule sensibilisiert zu sein.

Als grundlegend werden hierbei die Kenntnis der Funktion des schulischen Systems, des schulischen Auftrags, der Organisationsstrukturen und Binnenstruktur einer Schule benannt, aber auch soziologische Kenntnisse im Hinblick auf die Sozialisation von Kindern und Jugendlichen oder die Bildung von *peer-groups* sowie die von den Befragten eingeforderte Seelsorgekompetenz für Schulseelsorge, die sich u. a. in der Kenntnis relevanter Themen des Schulseelsorgegesprächs zeigt. Wie oben bereits ausführlich dargestellt, resultiert aus dem schulischen Kontext eine Reihe an spezifischen Problemen, die im Schulseelsorgegespräch ihre Bearbeitung finden. Dies sind bei Schülerinnen und Schülern beispielsweise Lernschwierigkeiten, Leistungsdruck oder Mobbing, bei Lehrerinnen und Lehrer Konflikte mit Klassen oder Kollegen sowie die hohe Arbeitsbelastung, bei Eltern schließlich die Sorge um die schulische Situation des eigenen Kindes.

Dieser empirische Befund legt in der Auseinandersetzung mit den poimenischen Bezugstheorien nahe, Schule als *Lebenswelt* im Sinne „einer konkreten gesellschaftlichen und kulturellen Situation"[52] zu verstehen. Im Sinne eines kommunikativen Seelsorgekonzepts ereignet sich Schulseelsorge „immer schon (ob intendiert oder nicht) auf dem Hintergrund alltäglicher Lebenswelt[...] und [ist] in gesellschaftliche Verhältnisse eingebunden".[53] Von beiden Seelsorgekonzepten geht der Impuls aus, den Lebensraum Schule als lebensweltliche, gesellschaftliche Situation der am Schulleben Beteiligten zu erfassen. Schule stellt die alltägliche Lebenswelt der schulischen Akteure dar und evoziert als eigenständiger Raum spezifische Probleme bzw. erfordert spezifische Kompetenzen im Umgang mit ihr.

11.2.3 Schüler- und Lehrerschaft als Hauptadressaten

Wie die fallübergreifende Analyse zeigte, stellen Schülerschaft und Lehrerschaft die Haupt-Adressatengruppen von Schulseelsorge dar. Im Hinblick auf die Adressatengruppe der Schülerschaft zeigte der empirische Be-

---
52 Vgl. Ziemer, Seelsorgelehre, 17.
53 Henke, Seelsorge und Lebenswelt, 15.

11.2 Diskussion

fund, dass die Lebensalter von Kindern und Jugendlichen spezifische Problemkreise hervorbringen – sowohl allgemein als auch spezifisch im schulischen Kontext. Daher kann gesagt werden, dass aus der entwicklungspsychologischen und kontextuell-systemischen Situation von Kindern und Jugendlichen die für die Schulseelsorge relevanten Problemfelder und Themen resultieren. Dies sind Probleme in familiärer, schulischer, persönlicher und religiöser Hinsicht. Allen gemein ist die Frage nach ethischer oder religiöser Orientierung (auch zwischenmenschliche Beziehungen), die Suche nach Sinn und einem Lebensentwurf, die Frage nach Bewältigung von existentiellen Problemen (Todesfällen), der Umgang mit eigenem (schulischen) Scheitern und (Zukunfts-) Ängsten. Dieser Befund wird unterstützt durch die Kompetenzanforderungen an Schulseelsorgepersonen, die von den Befragten formuliert werden. So ist eine lebensweltliche Kompetenz für Schulseelsorge erforderlich, die sich beispielsweise in der Kenntnis systemischer, struktureller, aber auch (entwicklungs- bzw- religions-) psychologischer Gegebenheiten entfaltet.

Gerade in der Auseinandersetzung der empirischen Befunde mit den ausgewählten Seelsorgekonzepten wird deutlich, dass im Hinblick auf die Lebensalter der Schülerschaft und die daraus resultierenden Probleme bzw. dadurch evozierten Kompetenzen ein Novum angezeigt ist. Alle drei Seelsorgekonzepte machen als Bezugstheorien deutlich, dass Schülerinnen und Schüler als Adressaten von Seelsorge in den Blick genommen werden können, eben weil Seelsorge sich in unterschiedlichen Kontexten und Situationen des Lebens bzw. des Alltags ereignen kann und verorten lässt. Konkrete Impulse für eine die Herausforderungen des spezifischen Lebensalters der Schülerschaft[54] berücksichtigende Seelsorgetheorie ergeben sich aus der Diskussion mit den ausgewählten Seelsorgekonzepten jedoch nicht und müssen noch formuliert werden.

---

54 Für die Lehrerschaft hat dies nur eingeschränkt Geltung: Die Lehrerschaft besteht aus Erwachsenen, die mit ihren speziellen Herausforderungen (wenn auch nicht mit den spezifisch schulischen) in einer Vielzahl von Seelsorgekonzepten berücksichtigt ist.

11 Diskussion mit ausgewählten Seelsorgekonzepten

11.2.4 Seelsorge im schulischen Beziehungsgeflecht

Wie die fallübergreifende Analyse zeigte, ist ein system-immanenter Ansatz von Schulseelsorge aufgrund der zeitlichen *Präsenz, Vertrautheit und Bekanntheit* der Schulseelsorgeperson besonders fruchtbar für schulseelsorgerliches Handeln und deshalb anzustreben. Der system-immanente Ansatz impliziert im Falle dieser Studie[55] eine Personalunion von Lehr- und Schulseelsorgeperson. Aufgrund der empirischen Befunde konnte gezeigt werden, dass diese Personalunion Rollenkonflikte impliziert und eine sowohl intrapersonale als auch interpersonale Rollenklarheit von Schulseelsorge- und Lehrperson erfordert. Dies ist vor allem deshalb angezeigt, da Schule als System hierarchisch geprägt ist: Lehrperson und Schüler finden sich im Unterrichtsgeschehen aber auch in außerunterrichtlichen Situationen in einem asymmetrischen Beziehungsgeschehen wieder. So kann aufgrund des empirischen Befunds gesagt werden, dass die unterschiedlichen Rollen von Schulseelsorgeperson und Lehrperson aufgrund unterschiedlicher, teilweise divergierender Funktions- und Aufgabenbereiche als spannungsvoll zu bewerten sind. Die Aussage einer Befragten macht deutlich, dass Schulseelsorgegespräche ein anderes Verhältnis als Basis erfordern: Sie kommuniziert im Schulseelsorgegespräch deutlich, dass sie dieses asymmetrische Lehrer-Schüler-Verhältnis verlässt, um gemeinsam, auf Augenhöhe, also in einem symmetrischen Verhältnis nach einer Lösung zu suchen. Als asymmetrisch kann auch häufig das Lehrer-Eltern-Verhältnis beschrieben werden – und damit eben nicht als partnerschaftlich und herrschaftsfrei.

In Auseinandersetzung mit den Seelsorgekonzepten als Bezugstheorien der empirischen Befunde wird hier deutlich sichtbar: Seelsorge im Sinne eines diakonischen oder kommunikativen Konzepts, aber auch im Sinne des

---

55 Sicherlich ist ein system-immanenter Ansatz auch denkbar ohne die Personalunion von lehr- und Schulseelsorgeperson. Wie bereits diskutiert müsste dann die Schulseelsorgeperson fest im Schulalltag installiert sein, ohne zu unterrichten. Dies wäre sicherlich denkbar, ist aber bei den Befragten dieser Studie nicht der Fall, weshalb hier von einem system-immanenten Ansatz ausgegangen wird, der auf der Personalunion von Lehr- und Schulseelsorgeperson basiert.

11.2 Diskussion

Konzepts von Alltagsseelsorge favorisiert ein bzw. basiert auf einem symmetrischen und dialogischen Beziehungsgeschehen. Eine solche herrschaftsfreie Kommunikation ist von einer der Defizitperspektive verhafteten, asymmetrischen Struktur zu unterscheiden[56], wie sie die hierarchisch geprägte Schule mit ihren Rollenzuschreibungen und Funktionsbereichen hervorbringt. Schulseelsorge ist dann als „Begegnung in der gemeinsamen Suche nach Wahrheit"[57] zu bezeichnen, wenn sie darauf abzielt, „gemeinsam einen Weg zu gehen, gemeinsam etwas zu entwickeln, um dann für das, was erfragt wurde eine Lösung oder ein Ziel zu finden".[58]

11.2.5 Seelsorge und ihr Verhältnis zur Schule

Aufgrund der empirischen Befunde konnte gezeigt werden, dass die Intention von Schulseelsorge nicht darin besteht, „die Leute [...] fitter"[59] oder „für das System Schule passender"[60] zu machen. Diese kritische Ausrichtung von Schulseelsorge unterstützen weitere empirische Aussagen: So zielt Schulseelsorge zum einen darauf ab, aktiv und kritisch ein Gegenpol zum leistungsorientierten Schulalltag zu sein. Zum anderen empfinden beispielsweise die als kirchlichen Lehrkräfte tätigen Schulseelsorgepersonen ihre nur partielle Verankerung im schulischen Kontext als wichtige Voraussetzung für eine kritische Distanz zum schulischen System. Zudem kann das Eintreten für den Wert eines Menschen unabhängig von seiner Leistung als kritisches Moment von Schulseelsorge begriffen werden.

Das Gespräch mit den ausgewählten Seelsorgetheorien wirft die Frage auf, wie das kritische Potential von Schulseelsorge zu beschreiben ist. Die empirischen Befunde legen in Analogie zur Alltagsseelsorge nahe, dass sich in der Schulseelsorge „die Kritik am Vorfindlichen nur partiell"[61] findet. Dies

---

56 Vgl. Ziemer, Seelsorgelehre, 153f. Hauschildt, Alltagsseelsorge, 386.
57 Ziemer, Seelsorgelehre, 154.
58 N2, I 00:00:00.
59 N3, 00:08:14.
60 N3, 00:08:08. Vgl. N8, I 00:51:34.
61 Hauschildt, Alltagsseelsorge, 386.

ist deshalb zu vermuten, weil der Schwerpunkt des schulseelsorgerlichen Angebots die Gespräche darstellen, die aufgrund der empirischen Befunde durch die individuelle Beratung und Begleitung, nicht aber durch strukturveränderndes Handeln zu charakterisieren sind. Dagegen könnte mit Luthers Seelsorgeverständnis, dass „sich die seelsorgerliche Beziehung prinzipiell nur in der Einstellung der Solidarität vollziehen lässt"[62], gesagt werden, dass Schulseelsorge dann in diesem, in Ansätzen struktuverändernden Sinne handelt, wenn sie Angebote zur Gestaltung des Schullebens schafft, die andere Werte oder Sinne betonen oder Erfahrungen ermöglichen als dies der leistungsorientierte Schulalltag tut. Aufgrund der empirischen Befunde kann nicht gesagt werden, dass Schulseelsorge „die Bedingungen zu erkennen [sucht], die für die spezifischen Lebens- und Leidenserfahrungen des Einzelnen verantwortlich sind"[63] oder „die Dimension des Glaubens im kommunikativen, kritischen und politischen Handeln transparent"[64] macht.

11.2.6 Formale oder informelle Seelsorgegespräche

Wie die fallübergreifende Analyse zeigte, sind schulseelsorgerliche Gespräche an allgemeinbildenden Gymnasien meist spontane Gespräche zwischen Tür und Angel. Eine Ausnahme können die verabredeten Gespräche mit Schülerinnen und Schülern sowie Eltern bilden. Diese Form von Seelsorge nehmen diejenigen Schulseelsorgerinnen und Schulseelsorger wahr, die für seelsorgerliche Gespräche entweder eine feste Sprechstunde oder ein Büro nutzen können. Dies deutet auf einen Zusammenhang zwischen den strukturellen Rahmenbedingungen und der Praxis des schulseelsorgerlichen Gesprächs hin. Wie gezeigt werden konnte, finden verabredete Gespräche auch dann statt, wenn der Gesprächsinhalt einer (kontinuierlichen) Begleitung oder eines geschützten Rahmens bedarf.

---

62 Luther, Alltagssorge und Seelsorge, 234.
63 Ziemer, Seelsorgelehre, 17. Nach Ziemer (Seelsorgelehre, 125) ist „nicht nur die persönliche Situation eines Rat suchenden, sondern auch der politische und soziale Kontext sichtbar zu machen, durch die ein individuelles Schicksal (mit)verursacht ist".
64 Henke, Seelsorge und Lebenswelt, 545.

11.2 Diskussion

Im Rahmen der fallübergreifenden Analyse konnte außerdem gezeigt werden, dass schulseelsorgerliche Gespräche in Abhängigkeit von Schulseelsorgeperson, Gesprächssituation und Adressaten eine geistliche Dimension beinhalten können. Sofern die Schulseelsorgeperson die Gesprächssituation und den Gesprächspartner dahingehend interpretiert, können religiöse Performanzen wie beispielsweise das Gebet Eingang in das Schulseelsorgegespräch finden, um „die alltäglichen Problemfelder von Scheitern und Leiderfahrung in den Rahmen einer anderen Semantik zu stellen".[65] Allerdings konnte gezeigt werden, dass das Schulseelsorgegespräch nicht zwingend religiös konnotiert sein muss, um als Seelsorgegespräch identifiziert zu werden. In Analogie zur Alltagsseelsorge hängt es auch im Rahmen der Schulseelsorge von der Gesprächssituation und den Gesprächspartnern ab, ob Religiöses zum Thema des Seelsorgegesprächs wird. Ziemer weist darauf hin, dass zwischen „einer Seelsorge, die sich *bei Gelegenheit* ergibt, und einer Seelsorge, die bewusst als seelsorgerliche Begegnung geplant und vereinbart wird"[66] unterschieden werden kann. In diesem Sinne finden sich in der Schulseelsorge beide Formen von Seelsorge: Als formal können jene Begegnungen bezeichnet werden, die im Rahmen einer Schulseelsorge-Sprechstunde[67] oder als verabredete (Erst- oder Folge-) Gespräche stattfinden. Als informell sind dagegen eher jene Begegnungen zu bezeichnen, die sich zwischen Tür und Angel ergeben und ihren Anfang bei scheinbar Oberflächlichem nehmen. Im Sinne der Alltagsseelsorge ist auch eine solche informelle Begegnung immer schon eine vollgültige Form von Seelsorge. Indem die empirischen Befunde betonen, dass die personell-zeitliche Präsenz, die Bekanntheit, Vertrautheit und Ansprechbarkeit der Schulseelsorgeperson förderlich für schulseelsorgerliches Handeln sind, korrelieren sie mit der Aussage, dass gerade intentionale Begegnungen, die

---

65 Büttner, Seelsorge an Unterrichtenden, 109.
66 Ziemer, Seelsorgelehre, 16.
67 Funktional sind diese Gespräche, da das aktive Aufsuchen der Schulseelsorge-Sprechstunde eine bewusste Entscheidung für ein Gespräch mit der Schulseelsorgeperson impliziert und wahrscheinlich auch durch ein konkretes Anliegen indiziert ist.

11 Diskussion mit ausgewählten Seelsorgekonzepten

ja nur durch die Präsenz der Schulseelsorgeperson stattfinden können, Möglichkeiten sind, Vertrauen aufzubauen, Gemeinsamkeiten herzustellen, Themen zu finden und Bedingungen für ein Solidaritätsmanagement auszuloten.[68]

11.2.7 Mittelpunkt des Schulseelsorgegesprächs

Trotz der Varianz des schulseelsorgerlichen Gesprächsstruktur aufgrund unterschiedlicher Situationen und Adressaten ist das Zentrum des Schulseelsorgegesprächs eindeutig die Erzählung des Adressaten. Im Rahmen der fallübergreifenden Analyse konnte gezeigt werden, dass die Problemschilderung des Gesprächspartners von der Schulseelsorgeperson durch einladend-offene, erzählgenerierende bzw. gezielte (Nach-)Fragen unterstützt und durch Zuhören gefördert wird.

Die empirischen Aussagen zur schulseelsorgerlichen Gesprächsführung korrelieren mit Ziemers und Henkes Konzepten darin, dass im Schulseelsorgegespräch in einem personenzentrierten Fokus „ganz vom Rat suchenden Gesprächspartner auszugehen, seinen Impulsen zu folgen"[69] ist. Dabei kann mit den empirischen Befunden belegt werden, dass schulseelsorgerliche Begleitung bedeutet, „Sprachhilfe für die erzählende Rekonstruktion der Geschichte zu leisten".[70] Sofern die Befragten biblische Texte lesen oder auslegen, kann die schulseelsorgerliche Begleitung als Sprachhilfe mit biblischem bzw. religiösen Vokabular oder Bildern verstanden werden.[71]

---

68 Vgl. Nauer, Seelsorgekonzepte, 288.
69 Ziemer, Seelsorgelehre, 154. Vgl. Henke, Seelsorge und Lebenswelt, 545.
70 Henke, Seelsorge und Lebenswelt, 447.
71 Vgl. Nohl, Lebensdeutung, 19.

12 Diskussion mit ausgewählten Schulentwicklungstheorien

Im Folgenden werden die empirischen Befunde mit ausgewählten Schulentwicklungsansätzen diskutiert. Dabei fungieren die Schulentwicklungskonzepte als Bezugstheorien der empirischen Ergebnisse, um Erkenntnisse für das Potential von Schulseelsorge als Beitrag zur (systematischen) Schulentwicklung zu gewinnen. In die Diskussion fließen die empirisch fundierten Kriterien für eine *gute Schule*, der die jeweiligen Schulentwicklungsansätze verhaftet sind mit ein.

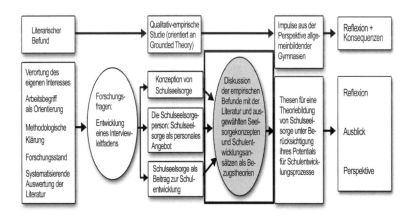

Angesichts des Desiderats in der (empirischen) Forschung scheint die Auseinandersetzung von Schulentwicklungsansätzen und empirischem Befund der Schulseelsorge-Studie gewinnbringend, um erste Impulse zu gewinnen, die den Beitrag der Schulseelsorge zur Schulentwicklung beschreiben. Es soll gezeigt werden, wie der schulseelsorgliche Beitrag innerhalb eines bewusst gesteuerten Schulentwicklungsprozesses zu erfassen und zu beschreiben und wo er zu verorten ist. Dabei soll aufgezeigt werden, wo Anknüpfungspunkte bzw. Strukturanalogien von schulseelsorglichem Han-

12 Diskussion mit ausgewählten Schulentwicklungstheorien

deln und schulentwicklerischen Konzepten, Arbeitsweisen, Zielen und vor allem Qualitätskriterien vorliegen. Um dieses Ziel zu erreichen, werden die empirischen Befunde ausgewählten Konzepten von Schulentwicklung gegenüber gestellt. Allerdings ist eine Diskussion der empirischen Befunde mit ausgewählten Schulentwicklungsansätzen aus zwei Gründen problematisch.

1. Im Hinblick auf das methodische Vorgehen ist eine nicht alternativlose Entscheidung zu treffen: Entweder werden Aussagen selektiv zu dieser Gegenüberstellung von Empirie und Schulentwicklungsansätzen herangezogen, d. h. es werden zur Auswertung nur die Befunde derjenigen Befragten ausgewählt, die tatsächlich über eine Schulseelsorge sprechen, die Teil des systematischen Schulentwicklungsprozesses sind. Oder aber: Es werden alle empirischen Befunde ausgewertet. Für diese zweite Möglichkeit spricht meines Erachtens wesentlich, dass alle befragten Schulseelsorgerinnen und Schulseelsorger davon überzeugt sind, dass Schulseelsorge einen Beitrag zur Schulentwicklung leisten kann – unabhängig vom Status der Schulseelsorge im Schulentwicklungsprozess. Damit wäre eine solche selektierende Trennung künstlich. Das Ziel besteht außerdem darin, das Potential von Schulseelsorge aufzuzeigen: Was vermag Schulseelsorge zur Schulentwicklung zu leisten? Wie ist ihr Beitrag zur Schulentwicklung zu erfassen, wenn sie Teil des Schulentwicklungsprozesses und damit in den Leitideen, Zielen und Projekten der einzelnen Schule als Element in die Planung aufgenommen, implementiert, institutionalisiert und verbreitet und außerdem einem ständigem Kommunikations- und Reflexionsprozesse unterzogen wäre?[1] Daher entscheide ich mich für die zweite Möglichkeit und diskutiere alle empirischen Befunde mit den Konzepten von Schulentwicklung.

2. Zwischen empirisch abgebildeter Praxis von Schulseelsorge und normativer Theorie der Schulentwicklungsansätze besteht eine Diskrepanz. Da diese Tatsache bereits wissenschaftstheoretisch begründet und disku-

---
1 Vgl. Hameyer, Methoden der Schulentwicklung, 474ff.

12 Diskussion mit ausgewählten Schulentwicklungstheorien

tiert wurde (Kapitel 3), kann dies hier konkretisiert werden: Ich bin mir der Schwierigkeit bewusst, dass die gewählten Schulentwicklungsansätze nicht in Reinkultur an den ausgewählten Schulen bestehen. Auch bin ich mir bewusst, dass die befragten Schulseelsorgerinnen und Schulseelsorger nicht vor dem Hintergrund jener Theorien von Schulentwicklung ihre Erfahrungen und Deutungen formulierten, mit denen ich ihre Aussagen vergleiche.

Daher begreife ich mein Vorhaben als heuristischen Versuch im Sinne eines Suchprozesses nach neuen Erkenntnissen: Ich setze die vorhandenen empirischen Befunde mit Schulentwicklungsansätzen in Beziehung mit dem Ziel, Impulse für eine Diskussion über das Potential von Schulseelsorge als Beitrag zur Schulentwicklung zu entwickeln.

Die Diskussion von empirischen Befunden mit Theorien von Schulentwicklung erfordert an diesem Punkt des Forschungsprozesses die Darstellung verschiedener Schulentwicklungsansätze, auf die rekurriert werden kann.

12.1 Ausgewählte Schulentwicklungsansätze als Bezugstheorien

Die Auswahl der Schulentwicklungsansätze beansprucht, relevante Ansätze darzustellen, die den Diskurs von Schulentwicklung gegenwärtig prägen und die aufgrund divergierender humanwissenschaftlicher oder pädagogischer Grundlagen ein breites Spektrum der Theorie von Schulentwicklung abbilden. Die Darstellung der Schulentwicklungsansätze ist als Kondensat derselben zu verstehen.

Die Auswahl der folgenden Schulentwicklungsansätze erhebt allerdings keinen Anspruch auf Vollständigkeit. Interessant könnte an dieser Stelle beispielsweise auch der Vergleich mit der Theorie Fends.[2] Da allerdings Roths Arbeit Fends funktionalistische Schultheorie unter schultheoretischen Gesichtspunkten grundlegend beleuchtet[3], wird im Rahmen dieser Arbeit auf eine Diskussion mit Fends Ansatz verzichtet. Außerdem entschei-

---
2 Vgl. Fend, Theorie der Schule, 1981².
3 Vgl. Roth, Sinnhorizonte, 183ff.

12.1 Ausgewählte Schulentwicklungsansätze als Bezugstheorien

de ich mich bewusst dafür jüngere Ansätze von Schulentwicklung als Bezugstheorien zu wählen, was auch eine Entscheidung gegen Fends Ansatz bedeutet. Auch hier muss aus dem breiten Spektrum an (jüngeren) Schulentwicklungsansätzen aus forschungspragmatischen Gründen ausgewählt werden.

12.1.1 Kooperative Schulentwicklung

Unter Schulentwicklung ist der selbst organisierte „Prozess einer Einzelschule hin zur qualitätsorientierten Profilbildung innerhalb staatlicher Vorgaben"[4] zu verstehen. Im Verständnis der Kooperativen Schulentwicklung setzt die Entwicklung der Einzelschule auf die Zusammenarbeit aller am Bildungsprozess Beteiligten mit dem Ziel, das Bildungsangebot zu optimieren. Diese Zusammenarbeit der verschiedenen schulischen Akteure evoziert Systemveränderungen und setzt Lernprozesse in Gang, die Gegenstand der theoretischen und empirischen Schulentwicklungsforschung sind.[5]

Die Kooperative Schulentwicklung begreift Schule als lernende Organisation und damit als kreatives System, das sich ständig neu erzeugt.[6] Dieser Ansatz von Schulentwicklung basiert auf der systemtheoretischen Prämisse, dass Organisationen lernfähig sind damit als dynamisch zu charakterisieren sind.[7]

Im Verständnis der Kooperativen Schulentwicklung gestalten alle am Bildungsprozess Beteiligten gemeinschaftlich das Schulprogramm, Maßnahmen der Unterrichtsentwicklung und der Evaluation von Schule und Unterricht. Alle Phasen des Schulentwicklungsprozesses (Initiierung, Diagnose, Zielklärung, Projektplanung und Evaluation) werden „idealtypisch von der

---

4 Rahm/Schröck, Schulentwicklung, 149.
5 Vgl. Rahm, Kooperative Schulentwicklung, 83.
6 Vgl. Rahm, Kooperative Schulentwicklung, 83.
7 Vgl. hier zu den Beitrag von Rahm/Schröck (Schulentwicklung, 148-167), der die Entwicklung im Verständnis von Schule als „verwalteter Schule" hin zur „lernenden Organisation" nachzeichnet und betont. Hier sei auch auf die Programmatik der *Lernenden Schule* verwiesen. Vgl. Schratz/Steiner-Löffler, Die Lernende Schule, 1999.

12 Diskussion mit ausgewählten Schulentwicklungstheorien

ganzen Schulgemeinschaft getragen"[8], wobei Schulleiterinnen und Schulleiter die Rolle von *Change Agents* erfüllen, von Ermöglichern der Zusammenarbeit. In diesem Sinne ist die kooperative Schulentwicklung „ein Lernprozess, in dem organisationseigene Ressourcen über das Zusammenwirken aller schulischen Statusgruppen mit dem Ziel einer Qualitätsverbesserung des Bildungsangebotes mobilisiert werden".[9]

Besonderer Augenmerk liegt aus der Perspektive der kooperativen Schulentwicklung auf der Teamentwicklung der Lehrerinnen und Lehrer auf Klassen- und Jahrgangsebene. Sie trägt zur „Überwindung der Klassenzimmerperspektive"[10] bei, die sich, im Gegensatz zum Einzelkämpfertum von Lehrenden, dem gegenwärtigen Standard pädagogischer Professionalität verpflichtet weiß. Dass bei dieser Zusammenarbeit Spannungen und Konflikte entstehen, die einer permanenten Bearbeitung bedürfen, wird im Konzept der kooperativen Schulentwicklung bedacht und empirisch erforscht.[11]

In der internationalen empirischen Forschung finden die *Wirkungen kooperativer Schulentwicklungsarbeit* ebenso Beachtung wie die *Merkmale wirksamer Schulen*.[12] Die Studien geben wieder, welche Vorstellungen von *guter Schule* dem kooperativen Schulentwicklungsansatz vorschwebt. Als entscheidende Qualitätskriterien sind die „klare Konzeption von pädagogischen Leitideen, effiziente Führung, hohe Erwartungen, eine gestaltete Schulumwelt, bestmögliche Zeitnutzung, Beobachtung von Lernfortschritten sowie förderliche Beziehungen zwischen Schule, Familie und Umwelt"[13] zu verstehen. In diesem Sinne fokussiert die Schulentwicklungsforschung in kooperativer Perspektive u. a. auf Zusammenarbeit der am Bildungsprozess Beteiligten, Beziehungsförderung zwischen Schule, Familie und Umwelt sowie auf die Gestaltung der Schulumwelt.

---

8 Rahm, Kooperative Schulentwicklung, 84.
9 Rahm, Kooperative Schulentwicklung, 83.
10 Rahm, Kooperative Schulentwicklung, 84.
11 Vgl. Rahm, Kooperative Schulentwicklung, 85.
12 Vgl. Rahm, Kooperative Schulentwicklung, 85.
13 Rahm, Kooperative Schulentwicklung, 85. Vgl. ausführlich dazu: Fend, Qualität, 55ff.

12.1 Ausgewählte Schulentwicklungsansätze als Bezugstheorien

12.1.2 Pädagogische Schulentwicklung

Im Zentrum der Pädagogischen Schulentwicklung steht die Entwicklung des Unterrichts und die daraus resultierenden institutionellen und individuellen Veränderungen.[14] Damit fokussiert die Pädagogische Schulentwicklung im Unterschied zur beispielsweise von Rolff entfalteten Organisationsentwicklung, die einen Entstehungskontext der Pädagogischen Schulentwicklung darstellt, auf die Unterrichtsentwicklung. Während sich Rolffs Ansatz einer Schulentwicklung im „Zyklus einer Trias bzw. eines Drei-Wege-Modells"[15] von Organisationsentwicklung, Unterrichtsentwicklung und Personalentwicklung bewegt, zielt die Pädagogische Schulentwicklung dezidiert auf die Unterrichtsentwicklung. In Abgrenzung zur Organisationsentwicklung betont die Pädagogische Schulentwicklung, dass als Zentrum der Schulentwicklung „systematisch unterstützte Prozesse der Unterrichtsentwicklung [zu bestimmen seien], an der sich Fortbildung und Veränderungen der Institution orientieren sollten".[16]

Nach Bastian bezeichnet die Pädagogische Schulentwicklung den „Selbstbildungsprozess der Institutionsmitglieder, in dem der Zusammenhang von gutem Unterricht, einer an Mündigkeit orientierten Subjektentwicklung und den dafür angemessenen institutionellen Bedingungen bearbeitet wird".[17] Gemeinsam mit Combe entwickelt Bastian damit jenen Ansatz weiter, der auf Klipperts Werken zur Lehrer(fort)bildung basiert[18] und auf die Erneuerung des Unterrichts und damit „das eigenverantwortliche Arbeiten und Lernen der Schüler"[19] zielt. Bastian und Combe differenzieren kon-

---

14 Vgl. Bastian, Schulentwicklung, 8. Vgl auch. Bastian/Combe, Pädagogische Schulentwicklung, 7f.
15 Vgl. Rolff, Schulentwicklung als Trias, 30.
16 Bastian, Pädagogische Schulentwicklung, 94.
17 Bastian, Schulentwicklung, 8.
18 Vgl. Heinz Klippert, Schule entwickeln – Unterricht neu gestalten, in: Pädagogik, 49 (2), 1997, 6-11. Ders., Methodentraining, Beltz Weinheim/Basel 2007[17]. Ders., Kommunikations-Training, Beltz Weinheim/Basel 2009[11]. Ders., Teamentwicklung, Beltz Weinheim/Basel 2008[8.] Ders., Pädagogische Schulentwicklung, Beltz Weinheim/Basel 2008[3].
19 Bastian, Pädagogische Schulentwicklung, 93.

12 Diskussion mit ausgewählten Schulentwicklungstheorien

zeptionell zwischen Pädagogischer Schulentwicklung und Organisationsentwicklung. Diese konzeptionelle Differenzierung basiert auf Begleitforschungen zu Entwicklungsprojekten in der Tradition der Inneren Schulreform.[20]

Die Pädagogische Schulentwicklungsforschung interessiert sich im Hinblick auf die Organisationsentwicklung für die zeitliche und räumliche Verankerung von Akteuren des schulischen Kontextes, im Hinblick auf die Unterrichtsentwicklung für deren Verhältnis zum Unterricht oder ihren Beitrag zu institutionellen und individuellen Veränderungen, um Lernkultur zu fördern. Damit ist als Ausgangspunkt der Pädagogischen Schulentwicklung „das Interesse an einer Erneuerung des Unterrichts und den daraus folgenden institutionellen und individuellen Veränderungen"[21] zu festzuhalten. Zu betonen ist aber ihr Fokus: Sie zielt auf die Veränderung der institutionellen Bedingungen, um eine „an Mündigkeit orientierte Subjektentwicklung"[22] zu ermöglichen.

Als „zentrale Gelingensbedingungen für unterrichtszentrierte Schulentwicklungsprozesse"[23] konnten folgende Kriterien empirisch fundiert werden: Zum einen ist es für unterrichtszentrierte Schulentwicklungsprozesse „hilfreich, wenn Unterricht und eigenverantwortliches Lernen von Schülerinnen und Schülern der ultimative Bezugspunkt von Schulentwicklung sind".[24] Weiter sind der „Aufbau eines Schulentwicklungsmanagements und einer innerschulischen Kooperationsstruktur unabdingbare Voraussetzungen für eine systematische Unterrichtsentwicklung".[25] Schließlich konnte gezeigt werden, dass eine Kompetenz zur Unterrichtsentwicklung und zu einem qualifizierten Entwicklungsmanagement"[26] bewusst und auf die jeweilige Einzelschule bezogen ausgebildet werden müssen.

---

20 Vgl. Bastian, Pädagogische Schulentwicklung, 93.
21 Bastian, Pädagogische Schulentwicklung, 94.
22 Bastian, Pädagogische Schulentwicklung, 93.
23 Bastian, Pädagogische Schulentwicklung, 94.
24 Bastian, Pädagogische Schulentwicklung, 94f.
25 Bastian, Pädagogische Schulentwicklung, 95.
26 Bastian, Pädagogische Schulentwicklung, 95.

12.1 Ausgewählte Schulentwicklungsansätze als Bezugstheorien

12.1.3 Schulentwicklung aus subjektwissenschaftlicher Perspektive

Ausgangspunkt und Basis eines Schulentwicklungsansatzes aus subjektwissenschaftlicher Perspektive ist die Perspektive des lernenden Subjekts. Das Anliegen eines solchen Schulentwicklungskonzeptes ist es, den Standpunkt des lernenden Individuums ein- und ernstzunehmen. Zentral ist dabei die Annahme, dass sich das handelnde Subjekt zwar bisweilen passiv, aber und gerade auch aktiv zum Weltgeschehen in Beziehung setzen kann. Schulisches Lernen wird als „Spezialfall aktiv hergestellter Weltbeziehungen"[27] verstanden. Dieses Verständnis wird von der Erkenntnis geleitet, dass Lernen erst durch eine „aktive Übernahme der Lernproblematik durch die Lernenden selbst"[28] ermöglicht wird. Die subjektive Entscheidung für die Übernahme ist geprägt von den eigenen Lebensinteressen und lässt in einem prozesshaften Geschehen „wissensuchende Fragen"[29] entstehen. Sie stellen den Anfangspunkt des Lernprozesses dar. Ein solcher Lernprozess ist als kooperativ zu charakterisieren: Im kooperativen Weltaneignungsgeschehen mit Mitlernenden und Lehrenden werden Gegenhorizonte eröffnet, wird kritisch und irritierend hinterfragt und so sinnstiftend Lernen ermöglicht.

Die Schulentwicklung aus subjektwissenschaftlicher Perspektive betont in diesem Sinne ein neues Lehr-Lern-Format: Lernprozesse werden als Möglichkeit begriffen, sich mit Wissensbeständen selbstbestimmt und selbstgesteuert in Beziehung zu setzen. In seiner Konsequenz würde ein solches Lehr-Lern-Format im schulischen System bedeuten, die Diskursivität strukturell zu verankern.[30]

Die Schulentwicklung aus subjektwissenschaftlicher Sicht versteht Schule als „Ort kooperativer Selbstverständigung [...], an dem es Lernenden möglich ist, gesellschaftlich bedeutende Wissensinventare mit den je eigenen Lebensinteressen zu vermitteln, um daraus nachhaltig individuelle und

---

27 Rihm, Schulentwicklung, 87.
28 Rihm, Schulentwicklung, 87.
29 Rihm, Schulentwicklung, 87.
30 Vgl. Reh, Abschied, 368.

12 Diskussion mit ausgewählten Schulentwicklungstheorien

solidarische Handlungsperspektiven für die Berufswelt und Lebensführung ableiten zu können".[31] Ziel der Lehr-Lern-Prozesse ist in ihrer Gesamtheit eine „Standpunkt- bzw. Perspektiven-Bildung".[32] Sie vollzieht sich in *Teilhaberäumen*, die als *zensurfrei* und *verfügensoffen* zu charakterisieren sind. Sie kann aufgrund der „Ungewissheit von Sinnstiftungsprozessen"[33] nicht im 45min-Takt ablaufen. Im Gegensatz dazu findet ein Lernen, das nicht aus subjektwissenschaftlicher Perspektive gedacht wird, in *Teilnahmeräumen* statt, die eher auf eine Aus-Bildung abzielen. Radikal würde dieser Gedanke zur Konsequenz haben, das Lernen aus subjektwissenschaftlicher Perspektive vom System Schule, wie es momentan gedacht ist, zu entkoppeln oder aber institutionelle Alternativen zum Umgang mit Lernzeit zu entfalten.

12.1.4   Systemisch-konstruktivistische Schulentwicklung

Die systemisch-konstruktivistische Perspektive der Schulentwicklung nimmt Schule als soziale Einheit in den Blick und rekurriert auf „das Denken, Fühlen und Handeln der Akteure [dieser sozialen Einheit], die mit ihren Bildern, Deutungen und Routinen Schule täglich neu konstituieren und Schulentwicklung unterstützen oder behindern".[34] Das konstruktivistische Moment dieser Perspektive betont, dass Schulentwicklung „nur insoweit offen [ist], als es uns gelingt, unsere Entwürfe von den [...] Gewissheitsunterstellungen unseres eigenen Denkens zu befreien".[35] Zu diesen Gewissheitsunterstellungen zählt Arnold die „Vorstellung, dass die beste aller Vorkehrungen, die sich für das Lernen von Subjekten treffen ließe, darin bestehe, dass professionell Lehrende zur Verfügung stehen".[36] Als weitere Mythen der Pädagogik nennt er zum einen die Annahme, dass Lernende motiviert wer-

---

31 Rihm, Schulentwicklung, 89.
32 Rihm, Schulentwicklung, 88.
33 Rihm, Schulentwicklung, 89.
34 Arnold, Systemtheorie, 80.
35 Arnold, Systemtheorie, 80.
36 Arnold, Systemtheorie, 80.

12.1 Ausgewählte Schulentwicklungsansätze als Bezugstheorien

den müssten, nicht aber von sich aus über Lernmotivation verfügen würden, zum anderen die Vorstellung, dass sich Lehr-Lern-Pozesse durch externe Standards überprüfen lassen könnten.[37]

In systemisch-konstruktivistischer Perspektive ist Schulentwicklung ein mehrstufiger Prozess, „zu dessen erfolgreicher Gestaltung Erziehungs- und Didaktikwissen einerseits, aber auch Kooperations- und Steuerungswissen andererseits miteinander verschränkt werden müssen".[38] Als Stufen dieses Prozesses kann die Schulentwicklung als *Change Management* verstanden werden.[39] Im Zentrum der Schulentwicklung müssen nach wie vor der Unterricht und seine Qualität stehen. Allerdings ergibt sich aus der systemisch-konstruktivistischen Perspektive ein umfassender Blick auf die „subjektiven und einzelschulischen Gegebenheiten, aus welchen sich der Unterrichtserfolg konstituiert".[40]

Die Qualität einer guten Schule bemisst sich aus systemisch-konstruktivistischer Perspektive in erster Linie nicht an den (durch PISA etc. abbildbaren) Erfolgen von Schülerinnen und Schülern, „sondern zunächst einmal nach den ihnen gebotenen Möglichkeiten und den Zugängen inhaltlicher und didaktischer Art".[41] Aus dieser Perspektive ist Schulentwicklung ein „strategischer Prozess des Umgangs mit Wissen"[42], der gelingt, wenn die Verantwortlichen über die Fähigkeit verfügen, „Wertschätzung auszudrücken und Prozesse der Teamentwicklung im Sinne einer synergetischen

---

37 Vgl. Arnold, Systemtheorie, 80.
38 Arnold, Systemtheorie, 82.
39 Schulentwicklung als *Change Management* zielt darauf ab, Lern-, Bildungs- und Erziehungsprozesse professionell zu gestalten, um den Lernenden Lernmöglichkeiten zu bieten. Schulentwicklung als strategischer Prozess des Umgangs mit Wissen geht davon aus, dass die Agenten über Wertschätzung schulentwicklerische Prozesse initiieren können. Schulentwicklung, die auf Teamentwicklung abzielt geht davon aus, dass ein sozialer Raum der Interaktion und Kommunikation geschaffen werden, in dem es gelingt, aus Einzelkämpfer-Lehrern ein Team zu entwickeln.
40 Arnold, Systemtheorie, 82.
41 Arnold, Systemtheorie, 82.
42 Arnold, Systemtheorie, 82.

12 Diskussion mit ausgewählten Schulentwicklungstheorien

Bewegung zu initiieren".[43] Das Ziel der Teamentwicklung ist dann erreicht, wenn Schule als sozialer Raum der Kommunikation, Interaktion und Kooperation von Lehrenden begriffen wird.

12.2 Diskussion

Im Folgenden werden die empirischen Befunde in Bezug zu den Theorien von Schulentwicklung gesetzt. Genauer bedeutet dies, dass die empirischen Befunde mit jenen Kriterien von guter Schule diskutiert werden, auf denen die Schulentwicklungstheorien jeweils basieren.

12.2.1 Kooperation und Teamentwicklung

Wie die fallübergreifende Analyse zeigte, ist als Grundprinzip schulseelsorglichen Handelns die Kooperation zu nennen. Sowohl die Ausrichtung von Schulseelsorge auf die Kooperation mit inner- und außerschulischen Akteuren konnte empirisch belegt werden als auch die Absicht von schulseelsorglichem Handeln, Kooperation zwischen schulischen Akteuren durch Angebote (gemeinsame Gottesdienstvorbereitung, Tage der Orientierung) zu ermöglichen. Letzteres gilt auch für Zusammenarbeit mit Kolleginnen und Kollegen. Außerdem stützen zwei weitere Prinzipien schulseelsorglichen Handelns, die Offenheit des Angebots und die ökumenische Ausrichtung, das Kooperationspotential von Schulseelsorge bzw. ergänzen und konkretisieren dies. Auch spiegelt die Zielsetzung von Schulseelsorge die kooperative Ausrichtung wieder, die darin besteht, „gemeinsam etwas zu entwickeln".[44] Weiter konnte gezeigt werden, dass die Grundhaltung der Schulseelsorgeperson vom christlichen Menschenbild geprägt ist und vermitteln möchte, dass der Mensch von Gott angenommen und geliebt ist.

---

43 Arnold, Systemtheorie, 82.
44 N2, I 00:00:00. Vgl. N1, 00:34:58. N1, 00:35:28. N6, I 00:29:06. N6, I 00:28:22.

12.2 Diskussion

In der Diskussion mit dem Konzept der Kooperativen Schulentwicklung als Bezugstheorie wird deutlich, dass sich ein Anknüpfungspunkt zwischen schulentwicklerischen und schulseelsorgerlichen Prinzipien ergibt: Das Kooperationspotential schulseelsorgerlichen Handelns korreliert mit dem der kooperativen Schulentwicklung zugrunde liegenden Verständnis von Schulentwicklung: Das gemeinschaftliche Initiieren, Entwickeln und Verwirklichen von außerunterrichtlichen Angeboten ist Teil des schulseelsorgerlichen Handelns, sogar als dessen Grundprinzip. Solche Angebote können Teil des Schulprogramms sein. Dieser Befund weist darauf hin, dass Schulseelsorge aufgrund ihres Kooperationspotentials zur Entwicklung einer guten Schule im Sinne der kooperativen Schulentwicklung beitragen kann. Auch in Auseinandersetzung mit dem Konzept der Pädagogischen Schulentwicklung wird das Kooperationspotential von Schulseelsorge gewürdigt: So ist die innerschulische Kooperationsstruktur „unabdingbare Voraussetzung für eine systematische Unterrichtsentwicklung"[45] und damit als Gelingensbedingung zu werten.

Als Bezugstheorie der empirischen Befunde weist das Konzept der systemisch-konstruktivistischen Schulentwicklung darauf hin, dass Schulseelsorge aufgrund ihres Prinzips der Kooperation mit dem dessen Ziel der Teamentwicklung konvergiert. Das Kriterium der Teamentwicklung ist dann erreicht ist, wenn Schule als sozialer Raum der Kommunikation, Interaktion und Kooperation von Lehrenden begriffen wird. Indem Lehrerinnen und Lehrer gemeinsam schulseelsorgerliche Angebote vorbereiten und durchführen, interagieren, kooperieren und kommunizieren sie. Insofern kann Schulseelsorge zur Teamentwicklung und damit zum Schulentwicklungsprozess beitragen. Dem Ziel der Teamentwicklung kommt auch aus der Perspektive der Kooperativen Schulentwicklung besondere Bedeutung zu: Sie trägt zur Überwindung der Klassenzimmerperspektive bei. Zwar ist aus der Perspektive der Kooperativen Schulentwicklung zuerst an eine Teamentwicklung zu unterrichtlichen Vorbereitung bzw. Zusammenarbeit zu den-

---

45 Bastian, Pädagogische Schulentwicklung, 95.

12 Diskussion mit ausgewählten Schulentwicklungstheorien

ken, doch ist es möglich, die empirischen Befunde dahingehend zu deuten, dass Schulseelsorge zuerst außerunterrichtliche Kooperation und Teamarbeit ermöglicht, die dann eine unterrichtliche erleichtert.

Schließlich korreliert der empirische Befund mit jenem Kriterium *guter Schule*, das die Schulentwicklung aus systemisch-konstruktivistischer Perspektive betont – die Wertschätzung, besonders des Lehrerhandelns: Schulseelsorgerliches Engagement basiert auf und ist zugleich motiviert vom christlichen Glauben: Er impliziert eine Anthropologie, die die Wertschätzung jedes Menschen unabhängig von Leistungsansprüchen aufgrund Gottes Liebe evoziert.

12.2.2 Gestaltung des Schullebens

Im Rahmen der empirischen Studie konnte gezeigt werden, dass Schulseelsorge ein breites Angebotsspektrum abdeckt. Zwar konnten als Kernangebote Schulseelsorgegespräche, Gottesdienste und Andachten ausgemacht werden, doch die schulseelsorgerliche Angebotsvielfalt erschöpft sich darin nicht. Sie reicht je nach individuellen Kompetenzen, Interessen, Ressourcen und schulischer Situation der Schulseelsorgeperson von der Begleitung der Gottesdienstband, des Schülerbibelkreises oder des Lehrergebetskreises, dem wöchentlichen Frühstücksangebot, den Vorbereitungen der Schulgottesdienste, Tagen im Kloster, jährlichen Fahrten nach Taizé und Tagen der Orientierung bis hin zu Elternabenden zu religiösen Fragen oder der Mitarbeit an der Schulentwicklung. Alle Angebote können als Gestaltungselemente des Schullebens verstanden werden. Auch die Zielsetzungen von Schulseelsorge unterstützen diesen Befund: Wie empirisch belegt werden kann, zielt schulseelsorgerliches Handeln darauf, ein lebendiges, von Solidarität geprägtes Schulleben mitzugestalten.

12.2 Diskussion

In der Diskussion mit der Kooperativen Schulentwicklungstheorie wird sichtbar, dass Schulseelsorge mit einem Kriterium guter Schule korreliert, dem die Kooperative Schulentwicklung verhaftet ist: Aufgrund des empirischen Befunds kann gesagt werden, dass Schulseelsorge in diesem Sinne zur Gestaltung des Schullebens beiträgt.

12.2.3 Gestaltung förderlicher Beziehungen

Wie die fallübergreifende Analyse zeigte, ist die Kooperation mit Eltern als Adressaten von Schulseelsorge Bestandteil schulseelsorgerlichen Handelns. Dies konkretisiert sich zum einen in Schulseelsorgegesprächen, die Eltern nutzen, zum anderen in Elternabenden zu religiösen Fragen, die von der Schulseelsorgeperson verantwortet werden. Weiter konnte die Kooperation der Schulseelsorgeperson mit außerschulischen Akteuren wie Beratungsstellen oder der Jugendarbeit konnte empirisch belegt werden.

In Auseinandersetzung mit der Kooperativen Schulentwicklung als Bezugstheorie wird deutlich, dass Schulseelsorge aufgrund ihres Kooperationspotentials, ihrer Kooperationspartner und ihres Adressatenkreises zur Schaffung förderlicher Beziehungen zwischen Schule, Familie und Umwelt beiträgt.

12.2.4 Standpunkt- bzw. Perspektiven-Bildung

Die empirischen Befunde belegen, dass als bedeutsamste Zielsetzung von Schulseelsorge die Lebensbegleitung und die Hilfe zur Identitätsfindung von Menschen gesehen werden kann. Schulseelsorgepersonen wollen mittels verschiedener Angebote den Menschen mit seinen Nöten und Sorgen wahrnehmen und ihm vor dem Hintergrund des christlichen Menschenbildes vermitteln, dass der Mensch von Gott angenommen und geliebt ist. Auch konnte gezeigt werden, dass Schulseelsorge zum Ziel hat, Schülerinnen und Schüler in ihrer Entwicklung hin zu einem selbstständigen Leben

12 Diskussion mit ausgewählten Schulentwicklungstheorien

zu unterstützen, was auch für die religiöse Entwicklung Geltung besitzt: Schulseelsorge zielt darauf ab, es Menschen zu ermöglichen, in Kontakt mit Gott zu kommen, ein eigenes Gottesbild oder einen religiösen Standpunkt zu finden. Dazu tragen vor allem auch die Gespräche bei, die als „Gesprächsangebot über das [verstanden werden können], was uns im Glauben wichtig ist oder was uns letztlich berührt".[46] Unterstützt wird die religiöse Identitätsentwicklung durch weitere schulseelsorgerliche Angebote, wie Gottesdienste, Andachten oder Tage der Orientierung, die der Auseinandersetzung mit existentiellen Fragen und religiöser Orientierung Raum geben.[47]

Die fallübergreifende Analyse stützt die Zielsetzung der Hilfe zur Identitätsfindung, wenn sie Menschen mittels ihres Angebotsspektrums ermöglicht, Kompetenzen auszubilden, die Teil einer Identität sind. So sind beispielsweise die gemeinsamen Gottesdienstvorbereitungen empirisch belegt, die soziale und personale Kompetenz ermöglichen.

Im Rahmen der fallübergreifenden Analyse konnte weiter gezeigt werden, dass schulseelsorgerliche Angebote ergebnisoffen (gemeinsam eine Lösung entwickeln), freiwillig und diakonisch-offen für Angehörige jeder Konfession oder Religion sind. Dieser empirische Befund betont, dass die schulseelsorgerliche Zielsetzung der Hilfe zur Identitätsfindung von Menschen nicht zwingend eine Identität vor Augen hat, die auf christlichen Werten basiert. Wohl aber legen die Befunde nahe, dass eine religiöse Standpunktfindung in Auseinandersetzung mit christlichen Werten, Bildern und Traditionen angestrebt wird, die auch in der Ablehnung des christlichen Glaubens bestehen kann.

Im Horizont der subjektwissenschaftlichen Schulentwicklung als Bezugstheorien werden Anknüpfungspunkte von empirischen Schulseelsorge-Ergebnissen und Kriterien *guter Schule* aus subjektwissenschaftlicher Perspektive sichtbar. Schulseelsorgerliche Angebote, Ziele und Prinzipien zie-

---
46 N3, 00:18:49. Vgl. N5, N7, N8.
47 Darin stimmen auch die Ergebnisse der Studie an bayerischen Hauptschulen überein. Vgl. RPZ, Schulpastoral, 18.

12.2 Diskussion

len auf die Identitätsfindung von (jungen) Menschen, indem sie einen Kompetenzerwerb ermöglichen, (religiöse) Werte und Horizonte eröffnen und zur Auseinandersetzung anbieten und so zur Perspektivbildung beitragen. Wenn Schulseelsorge zur Perspektivbildung beiträgt, so tut sie dies, indem sie einen Teilhaberaum für Lernprozesse zur Verfügung stellt, der verfügungsoffen, zensurfrei und von den Lebensinteressen der Teilnehmenden geleitet oder verantwortet ist. Damit ermöglicht Schulseelsorge, „nachhaltig individuelle und solidarische Handlungsperspektiven für die Berufswelt und [vor allem die] Lebensführung ableiten zu können".[48] Jedoch betonen die empirischen Befunde, dass die schulseelsorgerlichen Angebote als vom christlichen Glauben der Schulseelsorgeperson motiviert zu charakterisieren sind. Daher kann nur in diesem Sinne von einem verfügungsoffenen Teilhaberaum gesprochen werden. Als Teilhaberäume werden hier beispielsweise die spirituell-liturgische Angebote, Tage der Orientierung, Taizé-Fahrten, Begleitung von Gruppen und Hilfestellungen zum Thema Tod und Trauer interpretiert. Auch die Gespräche sind hierzu zu zählen, die als Möglichkeit zum Lernen im Dialog, also in der Auseinandersetzung mit dem Gegenüber und/oder mit einem Inhalt einen Teilhaberaum für interessengeleitetes, selbst initiiertes Lernen eröffnen. Allerdings sind diese Teilhaberäume als außerunterrichtliche zu charakterisieren. Hierin divergiert die schulseelsorgerliche Arbeitsweise von der Idealvorstellung einer der subjektwissenschaftlichen Perspektive verhafteten Schulentwicklung, die unterrichtliche Lernprozesse durch Teilhaberäume initiieren und fördern möchte.

Fungiert die Pädagogische Schulentwicklung als Bezugstheorie des empirischen Befunds, so wird deutlich, dass die Zielsetzung, das Angebotsspektrum und die Prinzipien von Schulseelsorge mit dem Fokus dieses Ansatzes von Schulentwicklung korrelieren: Sie zielen ebenfalls auf eine „an Mündigkeit orientierte Subjektentwicklung".[49]

---

48 Rihm, Schulentwicklung, 89.
49 Bastian, Pädagogische Schulentwicklung, 93.

12 Diskussion mit ausgewählten Schulentwicklungstheorien

12.2.5 Gegenentwurf/Gegenraum

Im Rahmen der fallübergreifenden Analyse konnte gezeigt werden, dass Schulseelsorge darauf abzielt, Angebote bereitzuhalten, die zur Entstehung einer vertrauensvollen schulischen Atmosphäre beitragen sollen. Weiter konnte gezeigt werden, dass Schulseelsorge darauf ausgerichtet ist, den schulischen Lebensraum aktiv und kritisch mitzugestalten und damit Impulsgeber für ein solidarisches, humanes Miteinander sein möchte. Als bedeutsame Aufgabe von Schulseelsorge kann der Hinweis verstanden werden, einerseits darauf, dass es im lauten Schulalltag Stille geben muss, andererseits dass die Entwicklung und der Wert des einzelnen Menschen auch im Schulalltag im Vordergrund stehen. Insofern soll Schulseelsorge ein Gegenpol zum leistungsorientierten Schulalltag sein. Weiter konnte im Rahmen der fallübergreifenden Analyse gezeigt werden, dass Schulseelsorge durch individuelle Seelsorgegespräche, aber auch (spirituelle) Angebote zum Wohlbefinden des Einzelnen beiträgt. Vor allem in ihrer emotional-stärkenden Dimension wird in der Wahrnehmung der Befragten dieses Wohlbefinden erreicht, indem der Einzelne mit seinen individuellen Nöten ernst- und wahrgenommen und ihm vonseiten der Schulseelsorge(person) mit Wertschätzung begegnet wird. In diesem Zusammenhang ist auch der schulseelsorgerliche Beitrag zur Gewaltprävention und -minimierung zu verorten, der als schulseelsorgerliche Investition in wertschätzende Beziehungen gedeutet wird.

Die Schulentwicklung aus subjektwissenschaftlicher Perspektive deutet als Bezugstheorie dieser empirischen Befunde darauf hin, dass Schulseelsorge mit einem Kriterium guter Schule korreliert: So kann der Befund dahingehend interpretiert werden, dass Schulseelsorge in ihrer Zielsetzung, Arbeitsweise und ihrem Angebotsspektrum dazu beiträgt, einen Gegenraum zum schulischen, leistungsorientierten Raum zu schaffen. Mit den Termini der Schulentwicklung aus subjektwissenschaftlicher Perspektive sind hier

12.2 Diskussion

Teilhaberäume gemeint. Schulseelsorge schafft Räume, die ergänzend oder im Gegensatz zum leistungsorientierten Schulalltag Menschen zur Verfügung stehen.

13 Thesen für eine Theoriebildung von Schulseelsorge

Der Zusammenfassung und Diskussion der empirischen Befunde schließt sich die Thesenformulierung an. Die Thesen verstehen sich als Impulse für eine Theoriebildung von Schulseelsorge unter Berücksichtigung des Potentials von Schulseelsorge als Beitrag zur Schulentwicklung.

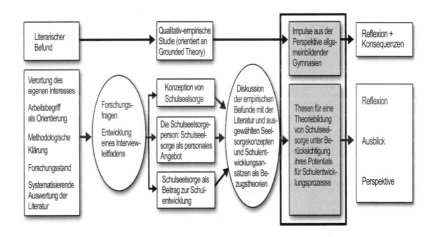

Die Thesen 1-19 sind als meta-theoretische Überlegungen zu einer Theorie von Schulseelsorge zu verstehen. Sie treffen Aussagen über jene Inhalte, die eine Theorie von Schulseelsorge reflektieren muss. Sie sind als Resultat der Diskussion der empirischen Befunde mit der Literatur sowie ausgewählten Seelsorgekonzepten und Schulentwicklungsansätzen zu lesen.

Dabei wurde bewusst folgende Formulierung gewählt: „Eine Theorie von Schulseelsorge *muss...*". Alternativ zum Modalverb „muss" hätte auch „sollte" gewählt werden können. Nach der sorgfältigen Analyse und Diskussion des Befunds mit der (schulartübergreifenden) Literatur kam ich aber zu der Überzeugung, dass eine Theorie von Schulseelsorge all diese Punkte beinhalten und bedenken *muss*: Sie korrelieren oder konvergieren miteinander, sie bedingen und ergänzen sich, daher darf kein Parameter fehlen. Das „muss" ist damit mehr als ein „sollte", das nach meinem Empfinden eher im Sinne einer Empfehlung zu verstehen ist. Das gewählte Modalverb muss aber noch durch weitere, auch schulartübergreifende Forschung verifiziert werden. Die Thesen 20-25 dagegen sind als theoretische Überlegungen zum schulentwicklerischen Potential von Schulseelsorge zu verstehen. In der Auseinandersetzung mit ausgewählten Schulentwicklungsansätzen und teilweise auch Seelsorgekonzepten konnten die empirischen Befunde dahingehend untersucht werden, welches Potential Schulseelsorge als Beitrag zur Schulentwicklung aufweist. Dabei wurde bewusst folgende Formulierung gewählt: „Schulseelsorge *leistet* einen Beitrag zur Schulentwicklung, indem...". Denn die Diskussion des empirischen Befunds mit den Bezugstheorien wies deutlich darauf hin, dass Schulseelsorge einen Beitrag zur Schulentwicklung leistet, im Sinne eines Könnens, Vermögens und Potentials. Eine Validierung dieser Thesen steht aber noch aus und bedarf weiterer Forschung.

Alle Thesen haben normativen Charakter. Sie postulieren (auf unterschiedlichen Ebenen) zum einen die Inhaltspunkte einer Theorie von Schulseelsorge, zum anderen das Potential von Schulseelsorge als Beitrag zur Schulentwicklung.

13.1   Thesen 1-25

1. Eine Theorie von Schulseelsorge muss sowohl theologisch als auch schultheoretisch begründet werden.

Meines Erachtens sind theologische Begründungslinien für die Entwicklung einer Theorie von Schulseelsorge wichtig und notwendig. Wie bereits gezeigt werden konnte, begründen die empirischen Befunde schulseelsorgerliches Engagement theologisch sowie theologisch-ekklesiologisch, während die empirischen Ergebnisse eine umfangreiche pädagogischschultheoretische Begründung von schulseelsorgerlichem Engagement vermissen lassen. Diesem Desiderat muss eine Theorie von Schulseelsorge notwendiger Weise begegnen: Denn gerade im säkularen Kontext der Schule bedarf Schulseelsorge einer grundlegenden schultheoretischen Begründung, um ihr Engagement transparent und plausibel darlegen zu können. Gleiches gilt, wenn auch unter anderen Vorzeichen, für Schulseelsorge an konfessionellen Schulen. Eine Theorie von Schulseelsorge muss den Kontext Schule als säkulares Feld in den Blick nehmen, an dem sie sich als kirchliches Angebot verortet bzw. verorten möchte. Dazu ist es zwingend notwendig, die rechtlichen Gegebenheiten zu reflektieren, auf die das kirchliche Angebot an einem staatlichen Ort trifft. Das betrifft zum einen die Reflexion einer Konzeptionalisierung bzw. Institutionalisierung von Schulseelsorge unter schulrechtlichen Bedingungen und in schulischen Hierarchien (Schulleitung, GLK). Zum anderen ist dies besonders virulent im Hinblick auf das Zeugnisverweigerungsrecht nicht ordinierter Schulseelsorgepersonen.

Eine schultheoretische Begründung des schulseelsorgerlichen Engagements kann sich auch bildungstheoretisch entfalten. So könnte argumentiert werden, dass Schulseelsorge einen Beitrag zu einer ganzheitlichen Bildung leistet oder zur Verwirklichung eines positiven Grundrechts auf Religion beiträgt. Mit Roth könnte das schulseelsorgerliche Engagement aus schulpädagogischer Perspektive begründet werden[1] - eben weil die Förderung der Persönlichkeitsentwicklung, also das genuine Ziel von Schulpastoral[2], die Voraussetzung darstellt für das Ziel allen schulischen Handelns nach Fend, nämlich die Vermittlung von Qualifikationen für zukünftige gesellschaftliche und politische Aufgaben.[3]

---

1 Ergänzend zu Fends Funktionen der Schule benennt Roth die auf das Individuum ausgerichteten „Funktionen" von Schulpastoral.
2 Mit Roth kann der schulpastorale Dienst in fünf unterschiedlichen Dimensionen ausdifferenziert werden: Erstens als Dienst zur Persönlichkeits- und Identitätsbildung, zweitens zur Integration junger Menschen, drittens zur Bewältigung von Selektion, viertens zur überberuflichen Qualifizierung und schließlich als Dienst bei der Auseinandersetzung und Bewältigung von Lebens-, Sinn- und Glaubensfragen. Vgl. Roth, Sinnhorizonte, 285ff.
3 Vgl. Fend, Neue Theorie, 49.

13.1 Thesen 1-25

Denkbar ist weiter eine schultheoretische Begründung von Schulseelsorge, die mit dem schulseelsorgerlichen Beitrag zur Schulentwicklung argumentiert, wie es in Kapitel 13 und bei Roth[4] anklingt. Eine solche Argumentation wird meines Erachtens entscheidend zur Ausbildung und Anerkennung einer Theorie von Schulseelsorge als christlich-kirchlichem Angebot im säkularen Kontext beitragen.

2. Eine Theorie von Schulseelsorge muss den (schul)system-immanenten Ansatz als Basis von Schulseelsorge reflektieren.

Eine Theorie von Schulseelsorge integriert vor dem Hintergrund der empirischen Aussagen und des literarischen Befunds idealer Weise einen system-immanenten Ansatz von Schulseelsorge. Ein solcher Ansatz von Schulseelsorge ist meines Erachtens aus systemisch-konstruktivistischer Perspektive nicht als System im System Schule zu verstehen, sondern als bereits personal (Lehr- und Schulseelsorgeperson in Personalunion) in das System Schule integrierter Bestandteil von Schule. Gegenüber einem system-kooperativen oder system-distanzierten Ansatz birgt er den Vorteil in sich, dass die Schulseelsorgeperson als Lehrperson im schulischen Alltag präsent und bekannt ist. Dies bedeutet, dass sich eine vertrauensvolle Beziehung zur Schulseelsorgeperson entwickeln kann, was meines Erachtens die grundlegende Voraussetzung für schulseelsorgerliches Handeln ist. Die Integration in den schulischen Kontext impliziert außerdem die Kenntnis der schulischen Gesprächspraxis und des Lebensraumes Schule als soziales Umfeld von Schülerinnen und Schülern, was wiederum die Voraussetzung für eine lebensweltliche Kompetenz der Schulseelsorgperson darstellt. Für einen system-immanenten Ansatz spricht außerdem, dass sich die Präsenz und Unterrichtstätigkeit der Schulseelsorgeperson förderlich auf schulseelsorgerliches Handeln, besonders die Initiation von Schulseelsorgegesprächen auswirken: Kenntnis über Lebensumstände, auffälliges Verhalten und beiläufige Aussagen kann eine Schulseelsorgeperson nur dann besitzen

---

4 Vgl. Roth, Sinnhorizonte, 309ff.

bzw. als Gesprächsbedarf interpretieren und wahrnehmen, wenn sie selbst im schulischen Alltag präsent ist. Außerdem ermöglicht die Lehrtätigkeit die Anknüpfung an unterrichtliche Themen und bildet den Ausgangspunkt für das Schulseelsorgegespräch mit Eltern. Zugleich ist der schulische Alltag Ort der Schulseelsorge, da schulseelsorgerliche Gespräche, wie gezeigt werden konnte, unabhängig von der Adressatengruppe vor allem an innerschulischen Orten entstehen.

Damit integriert eine Theorie von Schulseelsorge einen system-immanenten Ansatz von Schulseelsorge als günstige Basis von Schulseelsorge. Dieser Ansatz ist eng verwoben mit und wird bedingt durch den personalen Ansatz von Schulseelsorge (These 3). Allerdings integriert eine Theorie von Schulseelsorge den system-immanenten Ansatz nicht ohne ihn, kritisch zu reflektieren. So müssen Konsequenzen oder Implikationen dieses Ansatzes wie beispielsweise die kontextuelle Verortung im Sinne einer Abgrenzung gegenüber anderen schulischen Akteuren bedacht werden. Hierzu treffen die Thesen 10-12 normative Aussagen.

Meines Erachtens ist in der Diskussion um einen system-immanenten Ansatz von Schulseelsorge zu bedenken, ob dessen wesentliche Qualitätskriterien, nämlich die Präsenz und Bekanntheit im schulischen Alltag, nicht auch von einer externen Schulseelsorgeperson erfüllt werden könnten, wäre sie mit einer ausreichenden Stundenzahl an der Schule kontinuierlich präsent. Dann müssten für eine Schulseelsorge in einem system-kooperativen oder -distanzierten Ansatz aber die Voraussetzungen und strukturellen Ressourcen geschaffen werden, um dieses Qualitätskriterium zu erfüllen. Ob es der externen Schulseelsorgeperson allerdings gelingen kann, das Vertrauen der Lehrerkolleginnen und -kollegen zu gewinnen und sich auch für sie als Ansprechpartnerin für lehrerspezifische Probleme und Fragen zu qualifizieren, ist fraglich.

3. Eine Theorie von Schulseelsorge muss den personalen Ansatz als Basis von Schulseelsorge reflektieren.

In Ergänzung und Konkretisierung des system-immanenten Ansatzes von Schulseeelsorge ist die personale Verfasstheit von Schulseelsorge grundlegend für eine Theorie von Schulseelsorge. Meines Erachtens wird Schulseelsorge im schulischen Kontext von einer Person repräsentiert und verantwortet. Dies schließt weder aus, dass Schulseelsorge von einem Team aus verantwortlichen Schulseelsorgepersonen repräsentiert wird noch, dass Schulseelsorge von einem Team um eine hauptverantwortliche Schulseelsorgeperson verantwortet wird. Nach meiner Meinung sind beide Varianten zu begrüßen – in der schulseelsorgerlichen Praxis müssen dafür aber strukturelle und personelle Ressourcen geschaffen werden. Meines Erachtens wirkt die verantwortliche Person für Schulseelsorge darauf hin, Seelsorge im schulischen Kontext zu fördern. Das Ziel ist, Seelsorge in einem reformatorisch-evangelischen Sinne als *consolatio fratorum et sotorum*, also als Tröstung durch Brüder und Schwestern[5] in der Schule zu ermöglichen. Dass dies auch die Seelsorge „von" Schülerinnen und Schülern „mit" Schülerinnen und Schülern bedeuten kann, ist wünschenswert.

Charakteristische Parameter für den personalen Ansatz von Schulseelsorge, die sich günstig auf schulseelsorgerliches Handeln auswirken, sind die kontinuierliche und verlässliche Präsenz der Schulseelsorgeperson im Schulalltag, die daraus resultierende Ansprechbar- und Erreichbarkeit sowie ihre Vertraut- und Bekanntheit im und mit dem schulischen Kontext. Aus der Systemimmanenz der Schulseelsorgeperson resultiert allerdings ein Konfliktpotential, das weiter bedacht werden muss (These 7).

Die personale Verfasstheit von Schulseelsorge stellt zugleich eine Herausforderung an schulseelsorgerliche Theoriebildung dar, eben weil Personalität auch Individualität impliziert: Eine Theorie von Schulseelsorge muss daher die individuelle personale Verfasstheit der schulseelsorgerlichen Arbeitsweise, Prinzipien, Ziele, Angebotsvielfalt und Schwerpunktsetzung re-

---

5 Vgl. Hauschildt, Schulseelsorge, 189.

13 Thesen für eine Theoriebildung von Schulseelsorge

flektieren und ihre individuelle Varianz mit den Kriterien und Prinzipien von Schulseelsorge kritisch in Beziehung setzen. Trotz aller Individualität muss schulseelsorgerliches Handeln klar identifizierbar und an Grundprinzipien erkennbar sein. Insofern artikuliert und reflektiert eine Theorie von Schulseelsorge Spezifika einer schulseelsorgerlichen *Corporate Identity*, die personen-unabhängig Markenzeichen dieses kirchlichen Angebots im säkularen Raum der Schule sind (These 4).

4. Eine Theorie von Schulseelsorge muss Kriterien entfalten, damit Schulseelsorge als spezifisches Angebot im Spektrum schulischer Akteure eindeutig zu identifizieren ist.

Das schulseelsorgerliche Angebot ist ein punktuelles Angebot unter vielen Angeboten im schulischen, außerunterrichtlichen Angebotsspektrum. Daher muss eine Theorie von Schulseelsorge reflektieren, welche Kriterien die *Corporate Identity* von Schulseelsorge – unabhängig von der schulischen Situation und der Schulart sowie der Disposition und Kompetenz der Schulseelsorgeperson - als Identifikationsmerkmale von Schulseelsorge gerade auch im Schulentwicklungsprozess ausmachen. Meines Erachtens gehören zu den Kriterien von Schulseelsorge die schulseelsorgerlichen Zielsetzungen *Lebensbegleitung, (religiöse) Identitätsfindung* und *Gestaltung des Schullebens.* Eine Theorie von Schulseelsorge reflektiert dabei den christlichen Glauben als Basis dieser Zielsetzungen und damit als elementare Grundlage einer *Corporate Identity* von Schulseelsorge.

Eine Theorie von Schulseelsorge bedenkt außerdem die Inhalte, Themenfelder und Kompetenzen von Schulseelsorge als Identifikationskriterien von Schulseelsorge: So ist es das Spezifkum schulseelsorgerlichen Handelns, das sie von anderen schulischen Akteuren abhebt, dass Schulseelsorge der Transzendenz Raum eröffnet, religiös-spirituelle Fragen stellt und ihnen (mit Handlungsmöglichkeiten) begegnet.

13.1 Thesen 1-25

Eine Theorie von Schulseelsorge bedenkt, dass das Identifikationskriterien, der christliche Glaube und damit auch das christliche Menschen- und Wirklichkeitsverständnis im schulischen Kontext ihre Repräsentation in personaler Form finden. Sie sollten die Ursache für die authentische, die christliche Botschaft lebende Haltung der Schulseelsorgeperson sein und sich zugleich in ihr widerspiegeln. Damit kommt der christliche Glaube im Prinzip des personalen Ansatzes zum Ausdruck. Diese Repräsentation bzw. Personifizierung korreliert mit und basiert zugleich auf dem Hauptmotiv für schulseelsorgerliches Engagement wie es die empirischen Befunde belegen: Schulseelsorgepersonen sind motiviert von ihrem persönlichen, christlichen Glauben. Dabei meine ich in Ergänzung zum empirischen und literarischen Befund, dass eine Theorie von Schulseelsorge die personale Repräsentation des christlichen Glaubens unter dem reformatorischen Vorzeichen des *simul iustus et peccator* reflektieren und formulieren muss: Glaube kann eben nur in der fragmentarischen Identität der Schulseelsorgepersonen als Schuldig-Werdende gelebt werden. Diese Einsicht bewahrt ebenso vor Überforderung wie die Einsicht, dass Schulseelsorge nicht machbar ist, sondern letztendlich pneumatologisch bedingt ist. Beides bewahrt auch vor dem Gedanken, „man kann alles machen".[6] Deshalb muss auch bedacht werden, dass schulseelsorgerlichem Handeln Grenzen gesetzt sind (These 12). Eine Theorie von Schulseelsorge bedenkt auch, dass den postulierten Identifikationskriterien von Schulseelsorge die Realität diametral entgegenstehen kann, was die empirischen Ergebnisse differenziert belegen. Daher ist es gerade angesichts diffuser, chargierender Kompetenzbereiche der unterschiedlichen schulischen Akteure für die Theoriebildung von Schulseelsorge wichtig, die Kriterien als Qualitätsmerkmale im Akteurspektrum auch und gerade innerhalb des Schulentwicklungprozesses zu formulieren, um das spezifische Profil des schulseelsorgerlichen Angebots artikulieren zu können.

---

6 N2, II 00:06:06.

5. Eine Theorie von Schulseelsorge muss Schülerinnen und Schüler sowie Lehrerinnen und Lehrer als Hauptadressaten reflektieren.

Die Adressaten von Schulseelsorge an allgemeinbildenden Gymnasien sind in der Praxis hauptsächlich Schülerinnen und Schüler sowie Lehrerinnen und Lehrer (wozu auch die Angehörigen des Schulleitung zu zählen sind). Daher muss eine Theorie von Schulseelsorge Schülerinnen und Schüler sowie Lehrerinnen und Lehrer als Hauptadressaten reflektieren. Sie muss eruieren, welche Angebote den Bedürfnissen sowie entwicklungs- bzw. religionspsychologischen, soziologischen und anderen personalen Voraussetzungen der Hauptadressaten entsprechen oder entgegenkommen. Auch muss sie bedenken, welche Inhalte, Themen und Interessen Relevanz für die soziale und personale Situation der Hauptadressaten besitzen. Für beide Fragerichtungen muss sie τοποί formulieren, die Eingang in eine (grundlegende oder ergänzende) Qualifizierung für Schulseelsorge finden (These 9).

Speziell im Hinblick auf die Adressatengruppe der Schülerschaft muss eine Theorie von Schulseelsorge deren spezifische entwicklungspsychologische Situation reflektieren – gerade und besonders, weil Kinder und Jugendliche, wie Schweitzer zu Recht bemerkte[7], lange nicht im Blick von Seelsorge waren.

Aufgrund der empirischen Befunde konnte gezeigt werden, dass das Lebensalter der Adoleszenz spezifische Problemkreise hervorbringt – sowohl allgemein als auch spezifisch im schulischen Kontext. So kann gesagt werden, dass aus der entwicklungspsychologischen und kontextuell-systemischen Situation von Schülerinnen und Schülern die für die Schulseelsorge relevanten Problemfelder und Themen resultieren. Dies sind Probleme in familiärer, schulischer, persönlicher und religiöser Hinsicht. Allen gemein ist die Frage nach ethischer oder religiöser Orientierung (auch zwischenmenschliche Beziehungen), die Suche nach Sinn und einem Lebensentwurf, die Frage nach Bewältigung von existentiellen Problemen (Todesfällen), der

---

7 Vgl. Schweitzer, Seelsorge, 99.

13.1 Thesen 1-25

Umgang mit eigenem (schulischen) Scheitern und (Zukunfts-)Ängsten. Diese Probleme betreffen meines Erachtens alle Lebensalter. Dominant und besonders virulent sind die Fragen nach Sinn und Orientierung aber im Jugendalter als Ausdruck der Suche nach Identität.

Wenn ich den Begriff der Identität an dieser Stelle stark mache, habe ich keine Identitätskonzeption vor Augen, die die Ausbildung der Identität mit dem Ende der Adoleszenz als abgeschlossenen Bildungsprozess betrachtet.[8] Identität wird also nicht verstanden als Zustand des „Sich-Selbst-Gleichseins"[9], sondern mit Henning Luther als „eine Bewegung [...] des Herausgehens"[10], für den die „Momente des Nicht-Ganz-Seins, des Unvollständig-Bleibens"[11] konstitutiv sind. In einem solchen Verständnis ist Identität als Suchbewegung zu verstehen, die notwendiger Weise fragmentarisch bleibt. Dass diese Suchbewegung nicht nur, aber eben besonders im Jugendalter virulent ist, meine ich im Anschluss an Erik H. Eriksons entwicklungspsychologischen Erkenntnisse[12] (und unter Berücksichtigung der Kritik an seinem Modell)[13] sagen zu können. Sie zielt auf die Neubewertung und Umformung der in der Kindheit vollzogenen Identifikationen[14] und auf die Suche nach einem Weltbild, „das den kollektiven und individuellen Sinn der Persönlichkeit überzeugend verteidigt".[15]

Eine Theorie von Schulseelsorge muss die spezifische entwicklungspsychologische Situation von Schülerinnen und Schülern in einem solchen Sinne als Suche nach Identität reflektieren. In einem kommunikativen Verständnis von Seelsorge kann Schulseelsorge „einen Beitrag leisten zur Konstituierung und Vergewisserung der Identität"[16], die freilich fragmentarisch bleiben wird. Eine Theorie von Schulseelsorge muss außerdem die für

---

8 Vgl. Luther, Umstrittene Identität, 155. Ders., Identität und Fragment, 163ff.
9 Erikson, Identität und Lebenszyklus, 124.
10 Luther, Umstrittene Identität, 151.
11 Vgl. Luther, Umstrittene Identität, 159.
12 Vgl. Erikson, Der junge Mann Luther, 1958. Ders., Identität und Lebenszyklus, 1970.
13 Vgl. Schweitzer, Lebensgeschichte, 98ff. Luther, Identität und Fragment, 163ff.
14 Vgl. Schweitzer, Lebensgeschichte, 78f.
15 Vgl. Erikson, Der junge Mann Luther, 23.
16 Henke, Seelsorge und Lebenswelt, 447.

13 Thesen für eine Theoriebildung von Schulseelsorge

Schulseelsorge notwendigen Kompetenzen bedenken, um auf die Besonderheiten und die spezifischen Probleme der Heranwachsenden adäquat reagieren zu können.

Die Schülerinnen und Schüler der untersuchten Gymnasien sind größtenteils evangelischen oder katholischen Bekenntnisses, nur wenige konfessionslos oder muslimischen Glaubens. Nach Aussagen der Interviewpartnerinnen und -partner nehmen auch die beiden zuletzter genannten Schülergruppen die Schulseelsorgerinnen und Schulseelsorger mit dem Angebot der Schulseelsorge in Anspruch, wenn sie ihnen (durch den Unterricht) bekannt sind. Daher muss eine Theorie von Schulseelsorge auch interreligiöse und interkulturelle Erkenntnisse reflektieren und integrieren. Dies gilt umso mehr für eine Schulseelsorge an Schulen, die eine weitaus größere Milieudifferenz aufweisen als dies an baden-württembergischen Gymnasien der Fall ist. Besonders angesichts einer religiös pluralen Schulgemeinschaft muss eine Theorie von Schulseelsorge interreligiöse und interkulturelle Seelsorgekonzepte reflektieren und integrieren, um Schulseelsorgerinnen und Schulseelsorger eine dahin gehende Kompetenz zu ermöglichen. Hilfreich und brauchbar könnten Schneider-Harpprechts Ansatz oder Hauschildts Konkretionen sein.[17]

Weil sich Schulseelsorge aber als diakonisch-offenes Angebot für alle am Schulleben Beteiligten versteht, darf eine Theorie von Schulseelsorge nicht bei den Adressatengruppen der Schüler- und Lehrerschaft stehen bleiben. Sie muss reflektieren, ob sie andere (potentielle) Adressaten als tatsächliche Adressaten integrieren möchte und dies innerhalb der strukturellen und personellen Ressourcen zu leisten vermag. Hilfreich ist für eine solche Theoriebildung sicherlich die Synopse und Auseinandersetzung mit existenten schulseelsorgerlichen Angeboten in der Praxis, mit denen (noch mehr bzw. vermehrt) Eltern und das Schulpersonal erreicht werden können (These 6).

---

17 Vgl. Schneider-Harpprecht, Interkulturelle Seelsorge, 2001. Hauschildt, Interkulturelle Seelsorge, 263ff.

13.1 Thesen 1-25

6. Eine Theorie von Schulseelsorge muss Gespräche, Gottesdienste und Andachten als Kernangebote von Schulseelsorge bedenken.

Eine Theorie von Schulseelsorge reflektiert *Gespräche, Gottesdienste und Andachten* als Kernangebote schulseelsorgerlichen Handelns und akzentuiert sie damit als Markenzeichen schulseelsorgerlicher Arbeitsweise. Gleichzeitig formuliert sie die dafür erforderlichen Kompetenzen, um eine an den Kernangeboten orientierte Qualifizierung für Schulseelsorge zu ermöglichen. Dabei bedenkt eine Theorie von Schulseelsorge, dass den Gesprächen eine besondere Bedeutung innerhalb des schulseelsorgerlichen Angebotsspektrums zukommt (zu den Ursachen siehe unten). Die Gespräche können im Anschluss an Schleiermacher als Form einer *cura animarum specialis*[18] verstanden werden können.

Wie der empirische Befund zeigt, bestimmen Gesprächsgegenstand und -ort maßgeblich die Form des Gesprächs als Einzel- oder Gruppengespräch. Als Konsequenz dieses Befunds muss eine Theorie von Schulseelsorge Gespräche sowohl als Begleitung von Individuen als auch von Gruppen, sowohl in alltäglichen als auch in konfliktbeladenen Situationen, sowohl spontan beim Vorbeigehen als auch geplant und verabredet verstehen und reflektieren. Zudem muss sie über Inhalt, also relevante Themen und entwicklungs- und religionspsychologisch sowie in der konkreten schulischen Situation angemessene Gesprächsführung und -strukturierung nachdenken. Diese Reflexion dient in ihrer Gesamtheit dem Ziel, Handlungsperspektiven und Prinzipien für eine Qualifizierung bzw. einen Kompetenzerwerb für Schulseelsorge zu formulieren (These 9).

Eine Theorie von Schulseelsorge problematisiert außerdem den Zuständigkeit für Schulgottesdienste: Wurden Schulgottesdienste immer schon von Religionslehrkräften verantwortet, so werden sie nun von der Schulseelsorge für sich reklamiert. Wie im Rahmen der empirischen Studie gezeigt werden konnte, spiegelt sich in den divergierenden Zuordnungen von Schulgottesdiensten in den Zuständigkeitsbereich die definitorische

---

18 Vgl. Schleiermacher, Die praktische Theologie, 428.

Problematik des Selbstverständnisses von Religionslehrerperson und Schulseelsorgeperson wider und macht eine, auch intrapersonale Diskrepanz deutlich. Meines Erachtens muss eine Theorie von Schulseelsorge Gottesdienste als Kernangebote von Schulseelsorge reflektieren. Damit verwirklicht Schulseelsorge im Schleiermacherschen Sinne eine Form der *cura animarum generalis*. Dringend erforderlich ist dann aber eine Qualifizierung für die Gestaltung und Verantwortung von Schulgottesdiensten. Eine Theorie von Schulseelsorge muss die dafür erforderlichen Kompetenzen formulieren (These 9). Meines Erachtens ergibt sich aus der Zuständigkeit der Schulseelsorgeperson für Schulgottesdienste ein Kooperationspotential mit Religionslehrerinnen und -lehrern, aber auch mit anderen schulischen Akteuren. Eine solche klare Zuordnung von Schulgottesdiensten zum schulseelsorgerlichen Auftrag (und damit verbunden eine zeitliche Vergütung) kann auch eine Entlastung der oftmals als Pflicht empfundenen Aufgabe von Religionslehrenden bringen, Schulgottesdienste zusätzlich zum Religionsunterricht verantworten zu müssen.

Die Diskussion mit dem literarischen Befund weist darauf hin, dass die Kernangebote *Gespräche, Gottesdienste* und *Andachten* im und durch den speziellen Kontext des allgemeinbildenden Gymnasiums bedingt sind. Meines Erachtens kann besonders im Hinblick auf die Gesprächsangebote gesagt werden, dass sie den an der Schulart des Gymnasiums besonders geförderten kommunikativen und personalen Kompetenzen, der Ausrichtung auf den Intellekt und/oder aber den biografisch oder beruflich erworbenen Kompetenzen von Schulseelsorgepersonen entsprechen sowie als Ausdrucksform etabliert sind. Für andere Schularten, aber auch als Gegenpol zur intellektualisierten, auf kognitive Fähigkeiten fixierten Schulgemeinschaft des Gymnasiums mögen daher gerade andere Angebotsformen von Schulseelsorge wichtig sein. Diese Perspektive auf die Ergänzung der schulseelsorgerlichen Kernangebote wird außerdem durch die Zielsetzung und personale Bedingtheit von Schulseelsorge unterstützt: Weil sich Schulseelsorge als diakonisch-offenes Angebot für alle am Schulleben Beteiligten versteht und weil sie als personales Angebot auch von individuellen Kompetenzen und Schwerpunktsetzungen profitieren kann, darf sie sich nicht auf die Kernangebote *Gespräche, Gottesdienste und Andachten* reduzieren (lassen), sondern muss reflektieren, wen sie mit diesen Angeboten nicht erreichen kann, aber erreichen möchte. Diese Frage ist eng verknüpft mit der Frage nach den Adressaten. Wie im Rahmen von These 5 entfaltet, muss auch im Fokus des Angebotsspektrums eruiert werden, welche Adressatengruppen bzw. welche Teile von Adressatengruppen (oft stellen die Adressatengruppen keine homogene Größe dar), mit welchen Angeboten erreicht werden können. Empfehlenswert ist die Erhebung des schulseelsorgerlichen Angebotsspektrums, die eine Vernetzung und Koordinierung von schulseelsorgerlichem Engagement erfordert. Besonders auch schulartübergreifend wird sie sich als fruchtbar für schulseelsorgerliches Handeln und die Bildung einer schulseelsorgerlichen *Identity* erweisen.[19]

Alle schulseelsorgerlichen Angebote müssen jedoch den Identifikationskriterien von Schulseelsorge entsprechen (These 4), um klar und eindeutig als Angebote von Schulseelsorge auch im Rahmen der Schulentwicklung identifizierbar und erkennbar zu sein. Meines Erachtens darf Schulseelsorge nicht all jene Angebote verantworten (müssen und wollen), die in irgendeinem Sinne für die am Schulleben Beteiligten als außerunterrichtliche Angebote sinnvoll wären. So leuchtet es meines Erachtens nicht ein, wenn Schulseelsorge beispielsweise die Hausaufgabenbetreuung verant-

---

[19] Vgl. Leibnitz, Lebensraum, 151. Pastusiak, Elterngespräche, 253 ff. Gandlau, Projekt, 90. Schneider/Fuchs, Atmende Zwischenräume, 138. Leuenberger, Kirchlicher Dienst, 387. Winden, Wie hältst du's, 170. Bischöfliches Ordinariat, Den Alltag durchbrechen, 13 ff. Evangelische Landeskirche in Württemberg, Schulseelsorge, 7 f. Evangelische Landeskirche in Württemberg, Mutmachbuch, 15 ff. Linsen, Schulseelsorge, 671. Petermann, Schulseelsorge, 77 ff. Demmelhuber, Schulseelsorge, 58. Englert, Vier Dimensionen, 39 f. Schneider, Lehrer, 319. Einen ersten Hinweis auf die Angebotsvielfalt geben die (gymnasialspezifischen) Ergebnisse der vorliegenden Studie: Als außerschulische Angebote sind jährlich stattfindende Tage im Kloster, Fahrten nach Taizé sowie Tage der Orientierung zum schulseelsorgerlichen Angebotsspektrum zu zählen, während innerschulisch Elternabende zur religiösen Erziehung, ein wöchentliches Frühstück die Begleitung der Gottesdienstband, des Schülerbibelkreises oder des Lehrergebetskreises denkbar sind. Siehe Kapitel 10.1.

wortet. Das Angebot der Hausaufgabenbetreuung könnte von anderen schulischen Akteuren übernommen werden, ohne dass hier das besondere Profil von Schulseelsorge erforderlich wäre.

Ohne Weiteres können auch solche Angebote von der Schulseelsorge verantwortet werden, und hierin liegt ja auch der individuelle Ausdruck der personalen Angebots, die den Kompetenzen der Schulseelsorgeperson und der schulischen Situation vor Ort entsprechen und zuerst Vertrauen aufbauen und gemeinsame Zeit schaffen. In einem solchen Sinne tragen sie zur Lebensbegleitung bei und können in einem zweiten Schritt zur Identitätsfindung beitragen. Aber vor dem Hintergrund knapper oder fehlender finanzieller, zeitlicher und personeller Ressourcen sollte der Augenmerk auf Angebote gerichtet werden, bei denen das schulseelsorgerliche Profil klar erkennbar ist. Auch und gerade weil schulseelsorgerliches Handeln in ein Netz von schulischen Akteuren eingebettet ist, muss sie sich durch ihre spezifischen Angebote ausweisen können. Diese tragen zur Schaffung einer *Corporate Identity* bei - zumindest bis zur Etablierung und Institutionalisierung von Schulseelsorge im schulischen Kontext. Eine Theorie von Schulseelsorge muss, und dies meine ich mit Wermke und den empirischen Befunden sagen zu können, bedenken, dass schulseelsorgerliche Angebote sich am Anspruch messen lassen (können), „lebendige Erfahrung christlicher Präsenz in der Schule"[20] zu sein.

7. Eine Theorie von Schulseelsorge muss die Personalunion von Lehr- und Schulseelsorgeperson reflektieren, um zu einer Rollenklarheit und schulseelsorgerlichen Identität beizutragen.

Wie die Diskussion der empirischen und literarischen Befunde zeigte, ist die Schulseelsorgeperson idealer Weise als Lehrende in das System Schule integriert. Dabei ist es zweitrangig, welches berufliche Ausgangsamt (Pfarramt, kirchlicher oder staatlicher Lehrer) die Lehrenden vorweisen, da es ihnen offensichtlich gelingt, den individuellen beruflichen Hintergrund in

---

20 Wermke, Schulseelsorge, 32.

ihr schulseelsorgerliches Engagement zu integrieren und seine Vorzüge für die Schulseelsorge fruchtbar zu machen. Gerade dies muss eine Theorie von Schulseelsorge bedenken: Sie muss bei den individuellen Ressourcen der schulseelsorgerliche Engagierten ansetzen und diese Vielfalt positiv aufnehmen, um Schulseelsorge in einem personalen Ansatz zu konzeptionalisieren.

Sind Schulseelsorgepersonen als Lehrende in das System Schule integriert, resultieren aus dieser Doppelrolle Rollenkonflikte und Identitätsprobleme, die sowohl intrapersonal als auch interpersonal wahrgenommen werden. Die Personalunion wird dann als problematisch empfunden, wenn das seelsorgerliche Wissen der Schulseelsorgeperson mit der (Selektions- und Allokations-) Funktion oder den institutionell-strukturellen Rahmenbedingungen (Zeitdruck, Verhältnis zum Kollegium) der Lehrprofession konkurrieren. Die Reflexion der genuinen Funktions- und Aufgabenbereiche der beiden Rollen ist grundlegend für einen rollenbewussten und -adäquaten Umgang sowohl der Schulseelsorgeperson mit ihren Rollen selbst als auch der Schülerinnen und Schüler mit der Schulseelsorgeperson. Daher muss eine Theorie von Schulseelsorge diese Problematik des personalen Ansatzes reflektieren: Sowohl intrapersonal als auch interpersonal bedarf es einer transparenten Klärung der Rollenfunktionen sowie der kontextuellen Verortung der Schulseelsorgeperson im schulischen Kontext und im Unterrichtsgeschehen. Dies hat besonders dann Geltung, wenn die Schulseelsorgeperson als Lehrende das Fach Religion unterrichtet (These 8).

Vor allem die kontextuelle Verortung der Schulseelsorgeperson im Spektrum schulischer Akteure und Angebote bedarf einer grundlegenden Reflexion: Daher muss eine Theorie von Schulseelsorge die Abgrenzungsmerkmale und spezifischen Erkennungskriterien von schulseelsorgerlichem Handeln bedenken und reflektieren, um zur Ausbildung einer schulseelsorgerlichen Identität im Spektrum schulischer Akteure beizutragen. Die empirischen Befunde weisen darauf hin, dass eine Rollenklarheit und -identität dann erreicht werden kann, wenn als Quellen für eine Identität der Schulseelsorgeperson der berufliche Hintergrund, die Motivation, Lehrtätigkeit und kirchliche Beauftragung sowie die Abgrenzungs- und Erkennungskriterien im Spektrum schulischer Akteure reflektiert werden.

8. Eine Theorie von Schulseelsorge muss das Verhältnis von Schulseelsorge und Religionsunterricht reflektieren: Schulseelsorge und Religionsunterricht begünstigen einander, müssen aber voneinander unterschieden werden, da sie zu unterschiedlichen Systemen gehören.

Nach der Diskussion der empirischen Befunde kann gesagt werden, dass das Unterrichten des Faches Religion positive Auswirkungen auf die schulseelsorgerliche Tätigkeit hat, was meines Erachtens sicherlich auch umgekehrt Geltung besitzt. Wer das Fach Religion unterrichtet und damit existentiell-religiöse Themen unterrichtet, der wird als Ansprechpartner/in für diese Themen besonders in Betracht gezogen. Dies bedeutet, dass Schulseelsorge und Religionsunterricht zum einen in einem engen, begünstigenden Verhältnis zueinander aufgrund des personalen, systemimmanenten Ansatzes von Schulseelsorge stehen. Zum anderen ist das enge, begünstigende Verhältnis von Schulseelsorge und Religionsunterricht thematisch zu begründen, da die Themen des Religionsunterrichts außerunterrichtliche Seelsorgegespräche evozieren.

Meines Erachtens ist es angesichts dieser Verhältnisbestimmung entscheidend wichtig, eine klare Trennung von Religionsunterricht und Schulseelsorge zu betonen, um zur Vermeidung von Konflikten beizutragen, die aus der Vermischung beider Systeme resultieren. Dass das System des Religionsunterricht vom System Schulseelsorge klar zu trennen ist, ist vor allem mit der von Schulseelsorge divergierenden funktionalen Zielsetzung des Religionsunterrichts (Wissensvermittlung, Notengebung) zu begründen. Schulseelsorge ist als freiwilliges Angebot verfügungsoffen und frei von einer unterrichtlichen Allokations- oder Selektionsfunktion.

13.1 Thesen 1-25

Zwar kann der Religionsunterricht meines Erachtens seelsorgerliche Dimensionen aufweisen, eben aufgrund seiner inhaltlichen Verfasstheit oder dem Selbstverständnis der Religionslehrperson. Aber eine Theorie von Schulseelsorge muss eine systemische Grenzziehung mit Lames stark machen, dessen sorgfältige systemtheoretisch-konzeptionelle Argumentation zugunsten einer Trennung von Schulseelsorge und Religionsunterricht meines Erachtens Bestandteil jeglicher schulseelsorgerlicher Konzeption sein muss.[21] Dass daraus Kompetenzanforderungen für Schulseelsorgepersonen resultieren, speziell die Fähigkeit, beide Systeme zu unterscheiden und dies zu kommunizieren, muss eine Theorie von Schulseelsorge bedenken (These 9).

9. Eine Theorie von Schulseelsorge muss Kompetenzanforderungen für Schulseelsorge reflektieren, um eine Professionalisierung von Schulseelsorge zu ermöglichen.

Eine Theorie von Schulseelsorge muss bedenken, dass schulseelsorgerliches Handeln ein breites Spektrum an Kompetenzen erfordert, über die Schulseelsorgepersonen nicht automatisch verfügen. Daher ist zu überlegen, wie Schulseelsorgepersonen der Erwerb jener Kompetenzen ermöglicht werden kann, das sie für ihr schulseelsorgerliches Handeln benötigen.

Dass die Kompetenzanforderungen vielfältig sind, wurde bereits ausführlich dargelegt und sei hier nur skizziert: Im Bereich der personalen Kompetenz ist die Fähigkeit zur Selbstreflexion erforderlich. Im Bereich der sozialen Kompetenz sind die Fähigkeit zur Beratung, Beziehung, Wahrnehmung und vor allem Kommunikation notwendig. Schulseelsorgepersonen bedürfen im Bereich der Sachkompetenz einer Seelsorgekompetenz, liturgischen, theologischen, hermeneutischen und vor allem einer lebensweltlichen Kompetenz. Dies impliziert auch die Fähigkeit, die Grenzen des schulseelsorgerlichen Handelns im Spektrum der schulischen Akteure zu erkennen und kommunizieren. Schließlich ist eine spirituelle Kompetenz für

---

21 Vgl. Lames, Schulpastoral, 137. Ders., Kirche im Kontext, 304.

Schulseelsorgepersonen erforderlich, die die Einheit von Glaube, Frömmigkeitsübung und Lebensgestaltung reflektiert und wahrnehmbar werden lässt.

Meines Erachtens müssen die empirisch belegten Kompetenzanforderungen um die Kompetenz zur Gestaltung des Schullebens bzw. der Schulkultur/-entwicklung ergänzt werden. Zwar können schon liturgische und lebensweltliche Kompetenz als Bestandteile bzw. Voraussetzung einer Schulentwicklungskompetenz interpretiert werden. Doch macht dies meines Erachtens keine eigenständige Schulentwicklungskompetenz obsolet, die dezidiert auch Grundlagen einer systematischen Schulentwicklung und die Kenntnis ihrer Prozesse vermittelt, um Schulseelsorgepersonen zur Schulentwicklung zu befähigen.

Eine Theorie von Schulseelsorge muss die vier Kompetenzbereiche *soziale* und *personale Kompetenz, Sachkompetenz* (ergänzt durch eine schulkulturelle Kompetenz) und *spirituelle Kompetenz* in ihrem korrelierenden, teilweise auch bedingenden Verhältnis zueinander reflektieren. Dabei muss eine Theorie von Schulseelsorge die Kompetenzen im personalen und sozialen Bereich als Rahmenkompetenzen reflektieren: Sie sind die Voraussetzung für eine schulseelsorgerliche Tätigkeit. Die Sachkompetenz ermöglicht innerhalb dieser beiden Kompetenzbereiche erst das spezielle schulseelsorgerliche Handeln. Als Kern allen schulseelsorgerlichen Handelns muss jedoch die spirituelle Kompetenz angesehen werden: Erst durch die reflektierte eigene Religiosität und eine kongruente Trias von Fömmigkeitsübung, Glaube und Lebensgestaltung können Personen als authentische Gesprächspartner in christlicher Seelsorge erkannt (und akzeptiert) werden.

Meines Erachtens trägt ein Kompetenzerwerb im Sinne einer Qualifizierung für Schulseelsorge zur Professionalisierung des intuitiven schulseelsorgerlichen Handelns und zur adäquaten Reaktion in bestimmten Situationen ebenso bei wie sie auch Signalwirkung hat, Schulseelsorge bekannt zu machen. Die Form und Inhalte der Qualifizierung müssen der Kontextualität und Situativität der schulseelsorgerlichen Praxis entsprechen

13.1 Thesen 1-25

und dabei der individuellen Gestaltung der schulseelsorgerlichen Praxis sowie dem individuellen Kompetenzerwerb und der Reflexion der eigenen Erfahrung Freiraum gewähren. Fortbildungen, geistliche Begleitung, die Möglichkeit zu Fallbesprechungen oder Supervision sind außerdem hilfreich für schulseelsorgerliches Handeln und müssen in eine Konzeption von Schulseelsorge integriert werden.

Meines Erachtens ist ein Kompetenzerwerb für Schulseelsorge und eine kontinuierliche Weiterbildung/-begleitung von Schulseelsorgepersonen notwendig, um die Qualität des schulseelsorgerlichen Handelns zu gewährleisten: Schulseelsorgerliches Engagement muss an den Erwerb von Kompetenzen und in diesem Sinne an eine Qualifizierung gebunden sein. In der Konsequenz bedeutet das die Schaffung von strukturellen (finanziellen, personellen) Ressourcen, um dies zu ermöglichen (These 10).

Darüber hinaus wirft es die Frage auf, auf welcher Basis ein Kompetenzerwerb für Schulseelsorge ansetzen muss: Wenn Schulseelsorge von Religionslehrenden praktiziert wird, kann sie dann auf Kompetenzen für den Religionsunterricht aufbauen? In welchem Verhältnis stehen die Kompetenzen für Schulseelsorge und Religionsunterricht zueinander? Können sie als ergänzend gesehen werden? Oder bedarf es einer gesonderten Ausbildung zur Schulseelsorgerin/zum Schulseelsorger, was dann auch möglicherweise Konsequenzen für eine Ausbildung einer eigenständigen Identität als Schulseelsorgeperson haben könnte. Diesen Fragen wird ausführlich im Rahmen der Perspektiven (Kapitel 14) begegnet.

10. Eine Theorie von Schulseelsorge muss strukturelle Rahmenbedingungen als Bedingungsfaktoren von Schulseelsorge reflektieren und daraus Forderungen nach zeitlichen, personellen und räumlichen Ressourcen ableiten.

Wie die Diskussion der empirischen Aussagen deutlich zeigte, ist schulseelsorgerliches Handeln an zeitliche, personelle und räumliche Faktoren gebunden. Besonders dringlich sind die personellen Ressourcen, wenn Schulseelsorge einer personal bedingten Konzeption unterliegt. Daher ist meines Erachtens die Ausstattung mit Zeit in Form von Vergütungs-/Deputatsstunden für ein schulseelsorgerliches Handeln dringend erforderlich. Sie kann mit den empirischen Befunden sogar als wesentlich bestimmender Faktor von schulseelsorgerlichem Handeln gewertet werden. Erst wenn Schulseelsorgepersonen ausreichend Zeit zur Verfügung haben, können sie ein Angebot von Schulseelsorge konzeptionalisieren und selbst personales Angebot von Schulseelsorge sein, das die Identifikationskriterien von Schulseelsorge verwirklicht. Dafür ist es nötig, dass Schulseelsorge mit finanziellen Mitteln versehen wird, die jenen Lehrpersonen, die schulseelsorgerlich aktiv sein wollen, Zeiten ermöglichen, schulseelsorgerlich aktiv sein zu können. Meines Erachtens kann die Qualität von Schulseelsorge dann gewährleistet werden, wenn Lehraufträge durch Deputatsstunden für schulseelsorgerliches Engagement entlastet und ergänzt werden: Erst dann können Fortbildungen, Qualifikationsmaßnahmen und Kompetenzerwerb für Schulseelsorge vorausgesetzt werden. Erst dann kann zweitens die kontinuierliche Präsenz der Schulseelsorgeperson im Schulalltag ermöglicht werden, die, wie gezeigt werden konnte, Voraussetzung jeglichen schulseelsorgerlichen Handelns ist. Drittens, und hier münden die beiden erst genannten Argumenten mit ein, wird Schulseelsorge erst dann als qualitativ hochwertiges und eindeutig identifizierbares Angebot in der Schule von der Öffentlichkeit wahrgenommen. Nicht vergessen werden darf, dass die finanziell-zeitliche Ausstattung auch ein Wertschätzung gegenüber dem schulseelsorgerlichen Engagement ausdrückt. Für mich steht eine finanzielle Ausstattung der Schulseelsorge durch die Kirche außer Frage, weil ich meine, dass Schulseelsorge als christlich-kirchliches Angebot begriffen werden muss und als einmalige Chance, für Menschen in ihrem Lebensraum präsent sein zu können, auch werden darf. Sinnvoll ist sicherlich, über eine Beteiligung des Staates, nicht nur, aber auch aufgrund des schulentwicklerischen Potentials von Schulseelsorge nachzudenken.[22]

---

22 Diskussionsgrundlage könnte hier der Gestellungsvertrag der EKHN sein.

13.1 Thesen 1-25

Eine Theorie von Schulseelsorge reflektiert außerdem die räumlichen Ressourcen von Schulseelsorge. Überraschender Weise stellen sie, wie die empirischen Befunde belegen, keine notwendige strukturelle Rahmenbedingung von Schulseelsorge dar.[23] Dies allerdings nur dann, wenn anders genutzte schulische Räume unproblematisch für Schulseelsorge zur Verfügung stehen. Daher ist die Forderung eines Raumes für Schulseelsorge konsequent, es muss sich dabei aber nicht (eben auch aufgrund seiner „stigmatisierenden Wirkung") um einen exklusiven Raum handeln. Dringlich und wesentlich ist für die Konzeption von Schulseelsorge aber die Finanzierung des *Zeit-Habens* der Schulseelsorgeperson.

11. Eine Theorie von Schulseelsorge muss die Kooperation im inner- und außerschulischen Bereich als wesentlichen Bestandteil schulseelsorgerlichen Handelns reflektieren.

Kooperationspartnerinnen und -partner sind sowohl im inner- als auch außerschulischen Bereich wichtig für schulseelsorgerliches Handeln. Großer Bedeutung kann innerschulisch der ökumenischen Kooperation beigemessen werden, da diejenigen Schulseelsorgerinnen und Schulseelsorger, die mit evangelischen Religionslehrerinnen und Religionslehrern kooperieren, auch katholische als Kooperationspartner anführen. Dieser Zusammenhang unterstreicht die Ökumene als Grundprinzip schulseelsorgerlicher Arbeitsweise an Gymnasien. Daneben sind Kooperationen mit anderen Lehrerinnen und Lehrern, der Beratungslehrerin, dem Verbindungslehrer, der Schulsozialarbeit, der Schulpsychologin und der Suchtpräventionsbeauftragten bedeutsam, während im außerschulischen Bereich Kooperationen mit Beratungsstellen wie psychologischen Einrichtungen und kirchlich bzw. kommunal verantworteten Institutionen sowie (kirchlicher) Jugendarbeit und Pfarrerschaft relevant sind.

---

23 Entgegen dem literarischen Befund: Evangelische Landeskirche in Württemberg, Schulseelsorge, 6. Seibt, Schulpastoral, 227.

13 Thesen für eine Theoriebildung von Schulseelsorge

Die Kooperation mit innerschulischen Akteuren setzt zum einen strukturell-kontextuelle Bedingungen voraus, zum anderen zeitlich-personelle. Auch die personelle Disposition bedingt die Schulseelsorgekonzeption hinsichtlich der Kooperation. Prägend ist zum einen die Bereitschaft und Fähigkeit der Schulseelsorgeperson zur Kooperation, zum anderen aber auch ihre Kenntnis von Kooperationsmöglichkeiten. So sind Kooperationen mit außerschulischen Partnern vor allem (berufs)biografisch bedingt. Besonders die Kooperation mit (kirchlicher) Jugendarbeit und Pfarrerschaft lässt erstens darauf schließen, dass Ausgangsamt und Kooperationsbereitschaft miteinander korrelieren, zweitens, dass diejenigen außerschulischen Beratungsinstanzen kontaktiert werden, zu denen ein persönlicher Bezug besteht. Meines Erachtens weist dies darauf hin, dass eine Theorie von Schulseelsorge Kooperations- bzw. Vernetzungsmöglichkeiten eruieren, aufzeihen und sie integrieren muss. Außerdem muss eine Theorie von Schulseelsorge flexibel genug sein, um verschiedene Kooperationspartnerinnen und -partner integrieren zu können – je nach personellen, strukturellen oder örtlichen Gegebenheiten.

12. Eine Theorie von Schulseelsorge muss die Grenzen des schulseelsorgerlichen Handelns reflektieren.

Schulseelsorgerlichem Handeln sind Grenzen gesetzt: Sie können durch die Beschaffenheit der Probleme, mit denen die Schulseelsorgeperson konfrontiert wird ebenso bedingt sein wie durch die emotionale Belastbarkeit oder die zeitlichen Ressourcen der Schulseelsorgeperson (These 10). Sie können ihre Ursache auch in den strukturellen Rahmenbedingungen haben, die den Schulalltag determinieren: Beispielsweise dem Zeitdruck, der oft nur Minutengespräche ermöglicht und keine adäquate Zeit für lange Gespräche lässt.

Eine Theorie von Schulseelsorge muss die Grenzen schulseelsorgerlichen Handelns analysieren und reflektieren, um so zum einen zu einer Ausbildung einer schulseelsorgerlichen Professionalität der Schulseelsorgeperson beizutragen: Schulseelsorgepersonen müssen im Netz der schulischen Akteure wissen, wofür sie innerhalb und angesichts ihrer Ressourcen verantwortlich sein können. Sie müssen sich im Klaren darüber sein, welche Kompetenzbereiche zu den schulseelsorgerlichen Aufgaben gehören können. Dass dies aufgrund der personalen, system-immanenten Verfasstheit von Schulseelsorge individuell und situativ variiert oder unterschiedlich ausgefüllt werden kann, ist offensichtlich. Durch eine solche Grenzziehung werden Schulseelsorgepersonen meines Erachtens aber entlastet, alles machen zu müssen. Zum anderen muss eine Theorie von Schulseelsorge die Grenzen schulseelsorgerlichen Handelns analysieren und reflektieren, um zu einer Profilierung des schulseelsorgerlichen Angebots beizutragen. Sie muss die Identifikationskriterien betonen, an denen Schulseelsorge erkennbar ist. Um sie müssen die Kompetenz- und Zuständigkeitsbereiche von Schulseelsorge gebildet werden. Dies gerade auch in Abgrenzung zu anderen schulischen (Beratungs-) Akteuren, zu denen eine trennscharfe Grenzziehung in der Praxis oft nicht möglich ist.

13. Eine Theorie von Schulseelsorge muss den Kontext Schule als Alltagssituation von Seelsorge reflektieren.

Ein Seelsorgekonzept von Schulseelsorge muss den schulischen Kontext als *Alltagssituation* verstehen, die „nicht nur der Ort [ist], an dem Fragen aufbrechen, sondern auch der Kontext, in dem nach tragfähigen Antworten gesucht wird".[24] Insofern hat eine Theorie von Schulseelsorge Impulse aus der Alltagsseelsorge aufzunehmen, da Strukturanalogien zu ihr vorliegen. So gehört Schule als Unternehmen und Institution wesentlich zur alltäglichen Situation der Hauptadressaten von Schulseelsorge. Im Hinblick auf die Schülerschaft kann sogar gesagt werden, dass der schulische Lebensraum *den* Alltag darstellt. Schülerinnen und Schüler verbringen an fünf Tagen in der Woche zunehmend Zeit in der Schule – dies umso mehr, je

---

24 Merle/Weyel, Seelsorge, 31.

mehr baden-württembergische Gymnasien aufgrund gestiegener Stundenzahlen durch die Einführung des G8-Modells ein Ganztageskonzept favorisieren.

Auch ist die schulische Alltagssituation zugleich der Ort der Seelsorge, sowohl in einem lokalen als auch in einem kausalen Sinne: So belegen die empirischen Befunde einerseits, dass schulseelsorgerliche Gespräche (unabhängig von der Adressatengruppe) vor allem an innerschulischen Orten entstehen. Besonders relevant sind zufällige Begegnungen im Schulhaus sowie gemeinsam verbrachte Zeit (Gottesdienstvorbereitungen, Religionsunterricht, Pausenaufsicht, Kopieren im Lehrerzimmer), die Schulseelsorgegespräche evozieren. Andererseits fungiert die schulische Alltagssituation als Themengeber der Seelsorge: So resultieren die Inhalte des Schulseelsorgegesprächs nicht nur, aber sehr häufig aus den strukturellen, kontextuellen, system-immanenten oder schultheoretischen Bedingungen von Schule (Leistungsdruck, Arbeitsbelastung, Konflikte, Krankheits- und Todesfälle).

Damit stellt die schulische Situation meines Erachtens keine Extremsituation des Lebens für die Seelsorge in der Schule dar – im Gegensatz zur Notfallsituation für die Notfallseelsorge oder eine existentiell-gefährdende Krankheit für die Krankenhausseelsorge. Schule und der Schulalltag können meines Erachtens als Alltagssituation verstanden werden. Eine Theorie von Schulseelsorge muss deshalb Schule als alltägliche Situation von Seelsorge begreifen. Sie muss vor allem dafür sensibilisieren, wann und wo sich in diesem Alltag Gespräche ereignen können. In diesem Sinne muss sie die Wahrnehmungskompetenz stärken (These 9). Eine Theorie von Schulseelsorge muss außerdem reflektieren, welche Themen im schulischen Alltag virulent sind und wie ihnen adäquat zu begegnen ist (Thesen 2, 4 und 14).

13.1 Thesen 1-25

14. Eine Theorie von Schulseelsorge muss die systemischen Implikationen des schulischen Kontextes und ihre Auswirkungen auf diejenigen Menschen reflektieren, die sie erreichen möchte.

Schulseelsorgliches Handeln vollzieht sich im Sinne eines diakonischen Seelsorgekonzepts „immer in einer konkreten gesellschaftlichen und kulturellen Situation".[25] Im Sinne eines kommunikativen Seelsorgekonzepts ereignet sich Schulseelsorge „immer schon (ob intendiert oder nicht) auf dem Hintergrund alltäglicher Lebenswelt[...] und [ist] in gesellschaftliche Verhältnisse eingebunden".[26] Im Anschluss an die Impulse des kommunikativen bzw. diakonischen Seelsorgekonzepts muss eine Theorie von Schulseelsorge meines Erachtens den Lebensraum Schule als begrenzte im Sinne einer eigenständigen Lebenswelt der am Schulleben Beteiligten reflektieren. Dabei ist unter Lebenswelt jenes System zu verstehen, das mit seinen Implikationen die Gegenwart der am Schulleben Beteiligten maßgeblich prägt. In diesem Sinne muss eine Theorie von Schulseelsorge die Rahmenbedingungen, Interaktionsmuster, Hierarchien, Funktions- und Kompetenzbereiche sowie Konfliktpotentiale des schulischen Systems kritisch reflektieren, um die Bedingungen, unter denen die Adressaten von Schulseelsorge leben und arbeiten (müssen) wahrzunehmen und aufzunehmen.

Dass die Lebenswelt Schule dabei mehrdimensional wahrgenommen werden muss, ist aufgrund der empirischen Befunde festzuhalten und aufgrund der Bedeutsamkeit der lebensweltlichen Kompetenz zu betonen. Um die Lebenswelt Schule multiperspektivisch wahrzunehmen, bedarf es psychologischer, systemischer und soziologischer Kenntnisse und Fähigkeiten. Kenntnisse in systemischer Perspektive implizieren die Kenntnis der Funktion und Organisation des schulischen Kontextes, um für die lebensweltspezifischen Problemen im Kontext Schule sensibilisiert zu sein. Ergänzend sind systemische Kenntnisse im Hinblick auf familiäre Strukturen und Abhängigkeiten zu erwerben. Darüber hinaus ist es meines Erachtens wichtig,

---

25 Vgl. Ziemer, Seelsorgelehre, 17.
26 Henke, Seelsorge und Lebenswelt, 15.

die systemische Implikationen individueller Lebenssituationen zu reflektieren.[27] Weiter sind psychologische Kenntnisse wichtig, um Übertragungsmuster einordnen, psychiatrische Probleme erkennen oder mit Mobbing und Schulängsten adäquat umgehen zu können. Diese Kenntnisse ermöglichen in ihrer Gesamtheit die Wahrnehmung von Schule als Lebenswelt der am Schulleben Beteiligten (These 9). Neben den Impulsen eines diakonischen bzw. kommunikativen Seelsorgekonzepts, die die Relevanz der Rezeption der Lebenswelt betonen, müssen aber meines Erachtens auch Impulse eines systemischen Seelsorgekonzepts (etwa im Sinne Morgenthalers[28]) in eine Theorie von Schulseelsorge integriert werden, um systemische Strukturen erfassen und reflektieren zu können.

15. Eine Theorie von Schulseelsorge muss die asymmetrisch geprägte Ausgangssituation der Seelsorge im Kontext Schule reflektieren und als Orientierungspunkt der schulseelsorgerlichen Beziehungsstruktur ein symmetrisches, dialogisches Verhältnis zwischen Schulseelsorgeperson und Schüler formulieren.

Wenn schulseelsorgerliches Handeln system-immanent und personal konzeptionalisiert ist, tritt eine Problematik deutlich hervor: Lehrperson und Schüler finden sich im Unterrichtsgeschehen in einem asymmetrischen Beziehungsgeschehen wieder. Gleiches gilt, wenn auch in abgeschwächter Form, für das Verhältnis von Schulseelsorgeperson und Eltern. Hier soll nun aber vor allem das Verhältnis von Schulseelsorgeperson und Schüler beleuchtet werden. Im Gegensatz zu dieser der Defizitperspektive verhafteten, asymmetrischen Struktur zwischen Lehrperson und Schüler favorisiert

---

27 Für Heimbrock (Schulseelsorge, 461ff) steht eine Theorie der Schulseelsorge noch aus, die stärker die systemische und intersystemische Eingebundenheit individueller Lebenssituationen und biographischer Konfliktlagen berücksichtigt.
28 Vgl. Morgenthaler, Systemische Seelsorge, 1999.

13.1 Thesen 1-25

Seelsorge im Sinne eines diakonischen oder kommunikativen Konzepts, aber auch im Sinne des Konzepts von Alltagsseelsorge ein , herrschaftsfreies, symmetrisches und dialogisches Beziehungsgeschehen.[29]

Meines Erachtens muss eine Theorie von Schulseelsorge daher diese divergierenden Beziehungsgeschehen reflektieren. Grundlegend ist es, die Ausgangssituation von Schulseelsorge bewusst zu benennen: Aus dem system-immanenten Ansatz von Schulseelsorge resultiert eine asymmetrisch geprägte Beziehung als Grundlage des schulseelsorgerlichen Beziehungsgeschehens. Dies ist nicht zu ändern, auch aus reformpädagogischer Perspektive letztlich nicht. Zwar kann dieses asymmetrisches Verhältnis je nach Lehrperson und Schüler unterschiedlich stark ausgeprägt sein und wird auch je nach Situation variieren und divergieren. Aber doch füllen Lehrende und Schüler letztlich immer aufgrund der Funktionsweise von Schule ihre „Rollen" und Funktionen aus.

Eine Theorie von Schulseelsorge muss diese Ausgangssituation reflektieren, um zur Rollenklarheit beizutragen: Schulseelsorgepersonen müssen sich ihres Auftrages und ihrer Funktion bewusst werden, müssen die Verhaftung in asymmetrischen Beziehungen im Gegenüber zum Schüler reflektieren. Erst dann haben sie die Möglichkeit, sich von dieser der Defizitperspektive verhafteten, asymmetrischen Struktur zu distanzieren.

Meines Erachtens bedeutet diese Distanzierung ein bewusstes Verlassen der asymmetrisch geprägten Beziehungsstruktur und damit eine bewusste Orientierung an einem dialogischen, symmetrischen Verhältnis von Schulseelsorgeperson und Schüler. Dass dies auch der Intentionalität von Schulseelsorge entspricht, belegen jene empirischen Befunden, die Schulseelsorge als Prozess beschreiben, „gemeinsam einen Weg zu gehen, gemeinsam etwas zu entwickeln, um dann für das, was erfragt wurde eine Lösung oder ein Ziel zu finden"[30] oder als „Begegnung in der gemeinsamen Su-

---

29 Vgl. Ziemer, Seelsorgelehre, 153f. Hauschildt, Alltagsseelsorge, 386.
30 N2, I 00:00:00.

che nach Wahrheit".³¹ Einem Seelsorgekonzept von Schulseelsorge entspricht also geradezu ein symmetrisches Beziehungsgeschehen in einem diakonischen bzw. kommunikativen Verständnis von Seelsorge.

Wird eine symmetrische, dialogische Beziehungsstruktur in der Schulseelsorge im Sinne einer diakonischen bzw. kommunikativen Seelsorge angestrebt so bedeutet das meines Erachtens gerade nicht, dass die Realität aus den Augen verloren wird. Das seelsorgerliche Geschehen in der Schule kann, wenn es zwischen Schulseelsorgeperson und Schüler geführt wird (und nicht wie in einem evangelischen Verständnis auch möglich wäre, zwischen Schüler und Schüler, worauf aber schon verwiesen wurde, dass dies hier nicht der Fokus ist), nie völlig symmetrisch ablaufen. Die Asymmetrie ist schon allein aufgrund des Alters der Lehrperson gegeben. Und in der „noch vorhandenen" Asymmetrie liegt ja auch eine Chance. Gerade deshalb wendet sich der Schüler vielleicht auch an die Schulseelsorgeperson. Dies zu bedenken und zu akzeptieren, ist meines Erachtens ebenso wichtig wie zu reflektieren, wie viel Symmetrie wann verlangt wird: Dazu ist eine Kompetenz dringend nötig. Der Impuls der diakonischen und kommunikativen Seelsorge ist meines Erachtens gerade angesichts der berufstypischen, sicherlich auch berufsimmanenten Tendenz der Lehrerrolle wichtig, Ratschläge erteilen zu wollen. Eine Theorie von Schulseelsorge reflektiert daher die asymmetrisch geprägte Ausgangssituation von Schulseelsorge und formuliert als Orientierungspunkt der schulseelsorgerlichen Beziehungsstruktur ein symmetrisches, dialogisches Verhältnis zwischen Schulseelsorgeperson und Schüler.

---

31 Ziemer, Seelsorgelehre, 154.

16. Eine Theorie von Schulseelsorge muss das kritische, struktur-irritierende Potential schulseelsorgerlicher Kriterien und Prinzipien im schulischen Kontext reflektieren.

Die Diskussion des empirischen Befunds belegte, dass schulseelsorgerliches Handeln keineswegs intendiert, „die Leute [...] fitter"[32] oder „für das System Schule passender"[33] zu machen. Meines Erachtens kann diese, auch an anderer Stelle belegte, durchaus kritische Haltung in Analogie zur Alltagsseelsorge allerdings nur dahingehend interpretiert werden, dass sich in der Schulseelsorge „die Kritik am Vorfindlichen nur partiell"[34] findet. Damit kann Schulseelsorge die Reflexion, „inwieweit eine Aktivierung zu (politischem) Handeln angezeigt ist, um die eigene Situation zu ändern"[35] beinhalten. Sie muss es aber mit dem empirischen Befunden nicht. Dies meine ich deshalb sagen zu können, weil der Schwerpunkt des schulseelsorgerlichen Angebots die Gespräche darstellen, die durch die individuelle Beratung und Begleitung, nicht aber durch strukturveränderndes Handeln zu charakterisieren sind. Wird mit Henning Luther eingewandt, dass „sich die seelsorgerliche Beziehung prinzipiell nur in der Einstellung der Solidarität vollziehen lässt"[36], dann können schulseelsorgerliche Angebote zur Gestaltung des Schullebens als Gegenpol zum (leistungsorientierten) Schulalltag interpretiert werden, wenn und indem sie andere Werte oder Sinne betonen oder Erfahrungen ermöglichen. In diesem Sinne entfaltet Schulseelsorge dann ein struktur-irritierendes, kritisches Potential. Dieses struktur-irritierende, kritische Potential muss eine Theorie von Schulseelsorge reflektieren. Schulseelsorge muss sich aber meines Erachtens noch viel stärker von einer diakonischen und kommunikativen Seelsorge inspirieren lassen.[37] Schulseelsorge muss „die Bedingungen zu erkennen suchen, die für die spezifischen Lebens- und Leidenserfahrungen des Einzelnen verantwortlich

---

32 N3, 00:08:14.
33 N3, 00:08:08. Vgl. N8, I 00:51:34.
34 Hauschildt, Alltagsseelsorge, 386.
35 Nauer, Seelsorgekonzepte, 285.
36 Luther, Alltagssorge und Seelsorge, 234.
37 Fruchtbar sind hier sicherlich auch befreiungstheologische Impulse.

sind".[38] Sie darf meines Erachtens nicht beim Zuhören stehen bleiben und individuelle Probleme als individuell begrenzt *erledigen*. Sie darf als Kommunikation des Evangeliums auch nicht bei der verbal kommunizierten Botschaft von der Gottebenbildlichkeit oder Gottes Liebe stehen bleiben. Sondern sie muss menschen- oder lebensfeindliche Strukturen im Kontext Schule anmahnen und tatkräftig zu verändern suchen. Mit Henke ist es die Aufgabe von Seelsorge, „die Dimension des Glaubens im kommunikativen, kritischen und politischen Handeln transparent zu machen".[39] In diesem Sinne kann die Aufgabe von Schulseelsorge im Sinne Martin Luthers darin gesehen werden, *schon jetzt*, wenn auch *noch nicht* „die zukünftige Realisierung der Freiheit von Gott her antizipatorisch zu verwirklichen".[40]

Meines Erachtens bietet schulseelsorgerliches Handeln verschiedene Anknüpfungspunkte, ihr struktur-irritierendes Potential zum Ausdruck zu bringen. Dies wird natürlich situativ und personell bedingt variieren, wie auch die empirischen Belege verdeutlichen. So kann Schulseelsorge zum einen Gegenräume zum lauten, leistungsorientierten Schulalltag fordern (These 24): Räume der Stille, Gottesdienste, Andachten oder Taizéfahrten sind Beispiele für Gelegenheiten, zur Ruhe zu kommen, Werte zu bedenken und nichts „leisten zu müssen". Hierin zeigt sich u. a. ein Identifikationskriterium von Schulseelsorge: Schulseelsorge zielt darauf ab, zur Gestaltung des Schullebens beizutragen. Dieses Ziel kann zum einen, wie eben gezeigt, mit Angeboten wie Gottesdiensten verwirklicht werden, zum anderen aber auch mit dem personalen Angebot der Schulseelsorgeperson: Schulseelsorgepersonen können sich in Schulentwicklungsprozessen einbringen und auf diesem Weg das kritische Potential von Schulseelsorge betonen, umsetzen und so strukturelle Veränderungen anstoßen.

---

38 Ziemer, Seelsorgelehre, 17. Nach Ziemer (Seelsorgelehre, 125) ist „nicht nur die persönliche Situation eines Rat suchenden, sondern auch der politische und soziale Kontext sichtbar zu machen, durch die ein individuelles Schicksal (mit)verursacht ist".
39 Henke, Seelsorge und Lebenswelt, 545.
40 Henke, Seelsorge und Lebenswelt, 428.

13.1 Thesen 1-25

Auch ein zweites Identifikationskriterium schulseelsorgerlichen Handeln enthält ein struktur-irritierendes, kritisches Potential – die schulseelsorgerliche Zielsetzung der Lebensbegleitung: Schulseelsorgepersonen können Menschen begleiten, ermutigen und bestärken, selbstverantwortlich an der Verbesserung jener Strukturen mitzuarbeiten, die als „Bedingungen [...] für die spezifischen Lebens- und Leidenserfahrungen des Einzelnen"[41] empfunden und erkannt werden.

Sicherlich führen solche kritischen, struktur-irritierenden Impulse eines Seelsorgekonzepts von Schulseelsorge zu Konflikten mit und im System Schule. Daher ist für das schulseelsorgerliche Engagement an Schulen eine transparente Klärung und Kommunikation von Funktion und Aufgabe der Schulseelsorgeperson zwischen Schulseelsorgeperson, Schulleitung und anderen schulischen Akteuren notwendig.

17. Eine Theorie von Schulseelsorge muss zwischen informeller und formaler Seelsorge unterscheiden, beide Formen aber integrieren und fruchtbar für schulseelsorgerliches Handeln machen. Besonders muss sie das informelle, meist kurze Gespräch als typische Form von Schulseelsorge reflektieren.

Schulseelsorgerliche Gespräche an allgemeinbildenden Gymnasien sind meist spontane Gespräche zwischen Tür und Angel. Eine Ausnahme können die verabredeten Gespräche mit Schülerinnen und Schülern sowie Eltern darstellen. Vor dem Hintergrund dieser Situation muss eine Theorie von Schulseelsorge zwischen, „einer Seelsorge, die sich *bei Gelegenheit* ergibt, hier als informell bezeichnet, und einer Seelsorge, die bewusst als seelsorgerliche Begegnung geplant und vereinbart wird"[42], hier als formal bezeichnet, unterscheiden. Dieser Impuls Ziemers ist wichtig, da es eine bewusste Unterscheidung der Schulseelsorgeperson ermöglicht, für alle Begegnungsformen sensibilisiert zu sein und sie „als mögliche Gelegenheiten zur Seelsorge"[43] wahrzunehmen. Die Unterscheidung von informeller und

---
41 Ziemer, Seelsorgelehre, 17.
42 Ziemer, Seelsorgelehre, 16.
43 Ziemer, Seelsorgelehre, 16f.

formaler Seelsorge im Kontext der Schulseelsorge befähigt die Schulseelsorgeperson also dazu, beide Formen für ihr schulseelsorgerliches Handeln fruchtbar machen zu können.

Meines Erachtens bedeutet dies in seiner Konsequenz, dass Schulseelsorgepersonen dem Impliziten, dem *Zwischen-den-Zeilen-Gesagten* und dem *Signale-Aussenden* sensibilisiert begegnen und es interpretieren können müssen. Schulseelsorgepersonen sollten Gesprächsbedarf erkennen und Signale wahrnehmen, auffälliges Verhalten, beiläufige Aussagen oder Hinweise anderer deuten und daraufhin die Initiative ergreifen können. Eine Achtsamkeit und Sensibilität der Schulseelsorgeperson im informellen, beiläufigen und (scheinbar) zufälligen Gespräch ist gerade auch dann vonnöten, wenn das Gesagte auf den ersten Blick nichts Existentielles oder Tiefgründiges hat. Denn im Sinne der Alltagsseelsorge ist auch diese Form der Begegnung immer schon eine vollgültige Form von Seelsorge – unabhängig davon, ob sie Religiöses oder Existentielles zum Thema macht. Daher muss eine Theorie von Schulseelsorge die spontanen und kurzen Begegnungen zwischen Tür und Angel ebenso als Situationen von Schulseelsorge reflektieren wie verabredete Gespräche. Aus beiden muss eine Theorie von Schulseelsorge Kompetenzanforderungen ableiten und formulieren, wie beispielsweise die Fähigkeit zur Gesprächsführung (These 9).

Besonders im Hinblick auf die für Schulseelsorge typische Form der kurzen, spontanen Gespräche muss eine Theorie von Schulseelsorge reflektieren, wie diese speziellen Gespräche geführt werden können. Eine erste plausible Möglichkeit scheint mir die Methode des Kurzgesprächs nach Timm Lohse zu sein.[44] Auch Impulse aus der Transaktionsanalyse, die eine Fragestellung durch ihre klare Eingrenzung bearbeitbar werden lassen, können eine Gesprächsführungskonzeption von Schulseelsorge inspirieren.

Meines Erachtens müssen sich methodische Impulse für schulseelsorgerliche Gespräche auf einem schmalen Grat zwischen zwei Anforderungen bewegen: Sie müssen einerseits der für Schulseelsorge typischen Form des

---

44 Vgl. Lohse, Kurzgespräch, 55ff.

13.1 Thesen 1-25

kurzen, spontanen Gesprächs Rechnung tragen, das schnell eine Lösung findet. Sie müssen aber andererseits für Fragestellungen in Schulseelsorgegesprächen sensibilisieren, denen die Form des Kurzgesprächs nicht gerecht werden kann. Solche Gespräche bedürfen einer anderen, längeren und vermutlich auch verabredeten Form des Gesprächs. Dies zu erkennen, bedarf einer Sensibilisierung und Kompetenz. Auch muss eine Theorie von Schulseelsorge Kompetenzanforderungen reflektieren, um Schulseelsorgepersonen sowohl für Gespräche mit Gruppen als auch mit Individuen zu befähigen.

18. Eine Theorie von Schulseelsorge muss das Schulseelsorgegespräch als Gespräch reflektieren, das in einem personenzentrierten Fokus vom jeweiligen Adressaten selbst-bestimmt gestaltet wird. Sie kann biblische Deutungsbilder für die Gesprächsgestaltung bereitstellen.

Eine Theorie von Schulseelsorge definiert als Ausgangspunkt jeglichen schulseelsorgerlichen Gesprächs die Person des Gegenübers. Wie die empirischen Befunde deutlich zeigen, kann zwar die Form der Initiation des Schulseelsorgegesprächs variieren, manche Adressaten möchten von der Schulseelsorgeperson angesprochen werden, manche sprechen die Schulseelsorgeperson aktiv an, das Grundprinzip der Freiwilligkeit ist dagegen unumstößlich. Das heißt: Schulseelsorgegespräche finden nie unter Zwang statt, sondern folgen dem freiwilligen, selbst-bestimmten Impuls des Adressaten. Dazu ist, wie bereits dargelegt wurde, eine Wahrnehmungskompetenz vonnöten. Im Anschluss an Ziemer und Henke ist im Schulseelsorgegespräch „ganz vom Rat suchenden Gesprächspartner auszugehen, seinen Impulsen zu folgen".[45] Meines Erachtens bedeutet dies, dass Schulseelsorgepersonen in der Lage sein müssen, flexibel und adäquat das Gespräch zu führen. D. h., dass der Erzählung oder Problemschilderung des Adressaten Raum gewährt und sie durch einladend-offene, erzählgenerierende, unter Umständen auch gezielte (Nach-)Fragen unterstützt werden muss. Daher muss eine Theorie von Schulseelsorge die Erzählung als Mittelpunkt des

---

45 Ziemer, Seelsorgelehre, 154. Vgl. Henke, Seelsorge und Lebenswelt, 545.

seelsorgerlichen Gesprächs reflektieren und die nötigen Kompetenzanforderungen formulieren. Eine solche schulseelsorgerliche Begleitung im Gespräch bedeutet mit Henke meines Erachtens, „Sprachhilfe für die erzählende Rekonstruktion der Geschichte zu leisten"[46] und dies auch, sofern angebracht, mit biblischem bzw. religiösen Vokabular oder Bildern.[47] Gerade dann kann Schulseelsorge als spezifisches Angebot mit spezifischen Fragen und Antworten im Spektrum schulischer Beratungs- und Gesprächsangebote identifiziert werden.

19. Eine Theorie von Schulseelsorge muss als entscheidendes Qualifikationsmerkmal des Schulseelsorgegesprächs zum Seelsorgegespräch seine potentielle religiös-transzendente Dimension reflektieren.

Schulseelsorgerliche Gespräche können (in Abhängigkeit von der Schulseelsorgeperson, der Gesprächssituation und dem Adressaten) eine geistliche Dimension beinhalten. Insofern gehören religiöse Performanzen wie beispielsweise das Gebet zum Charakteristikum seelsorgerlicher Kommunikation, um „die alltäglichen Problemfelder von Scheitern und Leiderfahrung in den Rahmen einer anderen Semantik zu stellen".[48] Wie die Praxiserfahrungen allerdings zeigten, muss das Schulseelsorgegespräch nicht zwingend religiös konnotiert sein, um als Seelsorgegespräch identifiziert zu werden. Vor diesem Hintergrund ist meines Erachtens ein Schulseelsorgegespräch auch dann als Seelsorgegespräch zu qualifizieren, weil es in sich – personalisiert und repräsentiert durch die Schulseelsorgepersonen – generell die Möglichkeit birgt, das Gespräch in einen christlichen Deutungshorizont zu stellen. Damit ist das Gespräch auch dann als Seelsorgegespräch zu qualifizieren, wenn es keine geistliche Dimension enthält, aber mit der Schulseelsorgeperson als Garant für eine religiös-transzendente Dimension *potentialis* geführt wird. Diese Potentialität muss eine Theorie von Schulseelsorge reflektieren.

---
46 Henke, Seelsorge und Lebenswelt, 447.
47 Vgl. Nohl, Lebensdeutung, 19.
48 Büttner, Seelsorge an Unterrichtenden, 109.

20. Schulseelsorge leistet aufgrund ihres Kooperationspotentials einen Beitrag zur Schulentwicklung.

Wesentliches Prinzip schulseelsorgerlichen Handelns ist, wie bereits dargelegt, die Kooperation: So ist Schulseelsorge einerseits kooperativ ausgerichtet und ermöglicht bzw. fördert andererseits Kooperationen. Wie die Diskussion mit dem Konzept der Kooperativen Schulentwicklung als Bezugstheorie zeigte, enthält schulseelsorgerliches Handeln aufgrund ihres Grundprinzips der Kooperation das Potential, zur Entwicklung einer guten Schule (im Sinne der Kooperativen Schulentwicklung) beizutragen. So ist meines Erachtens das gemeinschaftliche Initiieren und Verwirklichen von außerunterrichtlichen Angeboten wie Schulgottesdiensten, Tagen der Orientierung oder Andachten als schulentwicklerischer Beitrag von Schulseelsorge zu werten. Auch in Auseinandersetzung mit dem Konzept der Pädagogischen Schulentwicklung wird das Kooperationspotential von Schulseelsorge deutlich: So ist die innerschulische Kooperationsstruktur „unabdingbare Voraussetzung für eine systematische Unterrichtsentwicklung"[49] und damit als Gelingensbedingung für Schulentwicklung zu werten. Mit den empirischen Befunden kann meines Erachtens gesagt werden, dass Schulseelsorge in diesem Sinne zur Entwicklung einer guten Schule beitragen kann: Schulseelsorge ermöglicht und verwirklicht zugleich Kooperation und schafft dadurch Kooperationsstrukturen.

Daher muss eine Theorie von Schulseelsorge das Kooperationspotential von Schulseelsorge als ein Beitrag zur Entwicklung einer guten Schule reflektieren und betonen. Sie muss aber auch die Rahmenbedingungen von Kooperation bedenken, vor allem ihre Grenzen bzw. Begrenztheit durch zeitliche, personelle oder strukturelle Ressourcen. Auch muss sie das Grundprinzip der Kooperation ins Verhältnis zu den spezifischen Kriterien von Schulseelsorge setzen: Schulseelsorgerliches Handeln muss sich meines

---

49 Bastian, Pädagogische Schulentwicklung, 95.

13 Thesen für eine Theoriebildung von Schulseelsorge

Erachtens zuerst an jenen Kriterien messen lassen, die in These 4 entfaltet wurden. Sie darf sich nicht einer Kooperation um der Kooperation willen verschreiben, will sie an ihrem spezifischen Profil erkennbar sein.

21. Schulseelsorge leistet einen Beitrag zur Schulentwicklung, indem sie die Teamentwicklung von Lehrerinnen und Lehrern fördert.

Schulseelsorgerliches Grundprinzip ist die Kooperation. Es fördert und ermöglicht in Ergänzung zur schulseelsorgerlichen Arbeitsweise und Zielsetzung die kollegiale Zusammenarbeit. In Auseinandersetzung mit ausgewählten Schulentwicklungsansätzen kann meines Erachtens gesagt werden, dass Schulseelsorge damit zur kollegialen Teamentwicklung beiträgt. Aus der Perspektive der systemisch-konstruktivistischen Schulentwicklung ist ein Kriterium *guter Schule*, nämlich die Teamentwicklung dann erreicht ist, wenn Schule als sozialer Raum der Kommunikation, Interaktion und Kooperation von Lehrenden begriffen wird. Indem Lehrerinnen und Lehrer gemeinsam schulseelsorgerliche Angebote vorbereiten und durchführen, interagieren, kooperieren und kommunizieren sie. Meines Erachtens trägt Schulseelsorge außerdem zu einem Kriterium *guter Schule* aus der Perspektive der Kooperativen Schulentwicklung bei, der Überwindung der Klassenzimmer- perspektive. Zwar ist aus der Perspektive der Kooperativen Schulentwicklung zuerst an eine Teamentwicklung zur unterrichtlichen Vorbereitung bzw. Zusammenarbeit zu denken, doch können die empirischen Befunde dahingehend gedeutet werden, dass Schulseelsorge zuerst außerunterrichtliche Kooperation und Teamarbeit ermöglicht, die dann eine unterrichtliche erleichtern können. Auch trägt die Schulseelsorge zu einem Kriterium *guter Schule* bei, das die Schulentwicklung aus systemisch-konstruktivistischer Perspektive betont – die Wertschätzung, besonders des Lehrerhandelns: Schulseelsorgerliches Engagement basiert auf dem christlichen Glauben, der die Wertschätzung jedes Menschen, also auch des Lehrerhandelns impliziert. In diesem Sinne meine ich sagen zu können, dass eine Theorie von Schulseelsorge den schulseelsorgerlichen Beitrag zur Teamentwicklung als Beitrag zur Schulentwicklung reflektieren kann und muss.

22. Schulseelsorge leistet aufgrund ihres Angebotsspektrums einen Beitrag zur Schulentwicklung, indem sie das Schulleben (mit)gestaltet.

Im Rahmen der empirischen Studie konnte gezeigt werden, dass Schulseelsorge ein breites Angebotsspektrum abdeckt, das von individuellen Kompetenzen, Interessen, Ressourcen der Schulseelsorgeperson und der schulischen Situation bedingt ist. Im Anschluss an die Diskussion mit dem Ansatz der Kooperativen Schulentwicklung kann gesagt werden, dass Schulseelsorge zu einem Kriterium guter Schule beiträgt, dem die Kooperative Schulentwicklung verhaftet ist, der Gestaltung des Schullebens: Schulseelsorge kann aufgrund ihres Angebotsspektrums zur Gestaltung des Schullebens und damit zur Schulentwicklung beitragen.

23. Schulseelsorge leistet einen Beitrag zur Schulentwicklung, indem sie zum Aufbau guter Beziehungen zur Schulumwelt beiträgt.

Schulseelsorgerliches Handeln adressiert nicht vornehmlich, aber auch auf die Elternschaft, die mit Gesprächsangeboten oder Elternabenden erreicht werden können. Die empirischen Befunde belegen außerdem die Kooperation der Schulseelsorgeperson mit außerschulischen Akteuren wie Beratungsstellen oder der Jugendarbeit.

In Auseinandersetzung mit der Kooperativen Schulentwicklung als Bezugstheorie wird deutlich, dass Schulseelsorge aufgrund ihres Kooperationspotentials, ihrer Kooperationspartner und ihres Adressatenkreises zur Schaffung förderlicher Beziehungen zwischen Schule, Familie und Umwelt beiträgt. In diesem Sinne kann sie zur Schulentwicklung beitragen.

13 Thesen für eine Theoriebildung von Schulseelsorge

24. Schulseelsorge leistet einen Beitrag zur Schulentwicklung, indem sie zur Persönlichkeits- und Identitätsentwicklung beiträgt.

Wie gezeigt werden konnte, zielt sowohl das Schulseelsorge die Lebensbegleitung und Hilfe zur (religiösen) Identitätsfindung von Menschen zum Ziel hat. Schulseelsorgerliche Angebote sind als ergebnisoffen, freiwillig und diakonisch-offen für Angehörige jeder Konfession oder Religion zu charakterisieren. Dieser empirische Befund betont, dass die schulseelsorgerliche Zielsetzung der Hilfe zur Identitätsfindung von Menschen nicht zwingend eine Identität vor Augen hat, die auf christlichen Werten basiert. Wohl aber legen die Befunde nahe, dass eine religiöse Standpunktfindung in Auseinandersetzung mit christlichen Werten, Bildern und Traditionen angestrebt wird, die auch in der Ablehnung des christlichen Glaubens bestehen kann.

In Auseinandersetzung mit den Kriterien *guter Schule* aus subjektwissenschaftlicher Perspektive können die schulseelsorgerlichen Angebote, Ziele und Prinzipien zur Perspektivbildung beitragen, indem sie einen Kompetenzerwerb ermöglichen, (religiöse) Werte und Horizonte eröffnen und zur Disposition stellen. Meines Erachtens stellt Schulseelsorge mit den Gottesdiensten, Tagen der Orientierung, Gesprächen usw. einen Teilhaberaum für Lernprozesse an der eigenen Person zur Verfügung, der verfügungsoffen, zensurfrei und von den Lebensinteressen der Teilnehmenden geleitet oder verantwortet ist. Allerdings divergiert die schulseelsorgerliche Arbeitsweise von der Idealvorstellung einer der subjektwissenschaftlichen Perspektive verhafteten Schulentwicklung, die unterrichtliche Lernprozesse durch verfügungsoffene Teilhaberäume initiieren und fördern möchte. Schulseelsorgerliche Teilhaberäume sind zum einen als außerunterrichtliche zu charakterisieren, zum anderen sind sie nur insofern verfügungsoffen als sie vom christlichen Glauben der Schulseelsorgeperson motiviert sind.

Auch aus der Perspektive der Pädagogischen Schulentwicklung kann

13.1 Thesen 1-25

der schulseelsorgerliche Beitrag zur Schulentwicklung in diesem Potential gesehen werden, zu einer „an Mündigkeit orientierte[n] Subjektentwicklung"[50] beizutragen.

25. *Schulseelsorge leistet einen Beitrag zur Schulentwicklung, indem sie kritisches Ferment des leistungsorientierten Schulalltags ist.*

Schulseelsorgerliche Zielsetzung besteht unter anderem darin, den schulischen Lebensraum aktiv und kritisch mitzugestalten und damit Impulsgeber für ein solidarisches, humanes Miteinander zu sein Indem Schulseelsorge einerseits darauf hinweist, dass es im lauten Schulalltag Stille geben muss, andererseits, darauf dass die Entwicklung und der Wert des einzelnen Menschen auch im Schulalltag im Vordergrund stehen, entwirft sie ein Gegenbild zum leistungsorientierten Schulalltag.

In Auseinandersetzung mit den Kriterien guter Schule aus subjektwissenschaftlicher Perspektive meine ich sagen zu können, dass Schulseelsorge in ihrer Zielsetzung, Arbeitsweise und ihrem Angebotsspektrum dazu beiträgt, einen Gegenraum zum schulischen, leistungsorientierten Raum zu schaffen. Schulseelsorge schafft Räume, die ergänzend oder im Gegensatz zum leistungsorientierten Schulalltag Menschen zur Verfügung stehen. Das struktur-irritierende und kritische Potential von schulseelsorgerlichen Angeboten wird dann deutlich, wenn und indem sie Werte oder Sinne betonen oder Erfahrungen ermöglichen, die einen Gegenpol oder einer Ergänzung zum (leistungsorientierten) Schulalltag darstellen. Es muss aber noch deutlicher reflektiert und betont werden: Schulseelsorge muss meines Erachtens „die Bedingungen zu erkennen suchen, die für die spezifischen Lebens- und Leidenserfahrungen des Einzelnen verantwortlich sind".[51] D. h. sie muss menschen- oder lebensfeindliche Strukturen im Kontext Schule anmahnen und tatkräftig zu verändern suchen.

---

50 Bastian, Pädagogische Schulentwicklung, 93.
51 Ziemer, Seelsorgelehre, 17. Nach Ziemer (Seelsorgelehre, 125) ist „nicht nur die persönliche Situation eines Rat suchenden, sondern auch der politische und soziale Kontext sichtbar zu machen, durch die ein individuelles Schicksal (mit)verursacht ist".

13.2 Die Thesen im Überblick

1. Eine Theorie von Schulseelsorge muss sowohl theologisch als auch schultheoretisch begründet werden.
2. Eine Theorie von Schulseelsorge muss den (schul) system-immanenten Ansatz als Basis von Schulseelsorge reflektieren.
3. Eine Theorie von Schulseelsorge muss den personalen Ansatz als Basis von Schulseelsorge reflektieren.
4. Eine Theorie von Schulseelsorge muss Kriterien entfalten, damit Schulseelsorge als spezifisches Angebot im Spektrum schulischer Akteure eindeutig zu identifizieren ist.
5. Eine Theorie von Schulseelsorge muss Schülerinnen und Schüler sowie Lehrerinnen und Lehrer als Hauptadressaten reflektieren.
6. Eine Theorie von Schulseelsorge muss Gespräche, Gottesdienste und Andachten als Kernangebote von Schulseelsorge bedenken.
7. Eine Theorie von Schulseelsorge muss die Personalunion von Lehr- und Schulseelsorgeperson reflektieren, um zu einer Rollenklarheit und schulseelsorgerlichen Identität beizutragen.
8. Eine Theorie von Schulseelsorge muss das Verhältnis von Schulseelsorge und Religionsunterricht reflektieren: Schulseelsorge und Religionsunterricht begünstigen einander, müssen aber voneinander unterschieden werden, da sie zu unterschiedlichen Systemen gehören.
9. Eine Theorie von Schulseelsorge muss Kompetenzanforderungen für Schulseelsorge reflektieren, um eine Professionalisierung von Schulseelsorge zu ermöglichen.
10. Eine Theorie von Schulseelsorge muss strukturelle Rahmenbedingungen als Bedingungsfaktoren von Schulseelsorge reflektieren und daraus Forderungen nach zeitlichen, personellen und räumlichen Ressourcen ableiten.
11. Eine Theorie von Schulseelsorge muss die Kooperation im inner- und außerschulischen Bereich als wesentlichen Bestandteil schulseelsorgerlichen Handelns reflektieren.

13.2 Die Thesen im Überblick

12. Eine Theorie von Schulseelsorge muss die Grenzen schulseelsorgerlichen Handelns reflektieren.
13. Eine Theorie von Schulseelsorge muss den Kontext Schule als Alltagssituation von Seelsorge reflektieren.
14. Eine Theorie von Schulseelsorge muss die systemischen Implikationen des schulischen Kontextes und ihre Auswirkungen auf diejenigen Menschen reflektieren, die sie erreichen möchte.
15. Eine Theorie von Schulseelsorge muss die asymmetrisch geprägte Ausgangssituation der Seelsorge im Kontext Schule reflektieren und als Orientierungspunkt der schulseelsorgerlichen Beziehungsstruktur ein symmetrisches, dialogisches Verhältnis zwischen Schulseelsorgeperson und Schüler formulieren.
16. Eine Theorie von Schulseelsorge muss das kritische, struktur-irritierende Potential schulseelsorgerlicher Kriterien und Prinzipien im schulischen Kontext reflektieren.
17. Eine Theorie von Schulseelsorge muss zwischen informeller und formaler Seelsorge unterscheiden, beide Formen aber integrieren und fruchtbar für schulseelsorgerliches Handeln machen. Besonders muss sie das informelle, meist kurze Gespräch als typische Form von Schulseelsorge reflektieren.
18. Eine Theorie von Schulseelsorge muss das Schulseelsorgegespräch als Gespräch reflektieren, das in einem personenzentrierten Fokus vom jeweiligen Adressaten selbst-bestimmt gestaltet wird. Sie kann biblische Deutungsbilder für die Gesprächsgestaltung bereitstellen.
19. Eine Theorie von Schulseelsorge muss als entscheidendes Qualifikationsmerkmal des Schulseelsorgegesprächs zum Seelsorgegespräch seine potentielle religiös-transzendente Dimension reflektieren.

13 Thesen für eine Theoriebildung von Schulseelsorge

20. Schulseelsorge leistet aufgrund ihres Kooperationspotentials einen Beitrag zur Schulentwicklung.
21. Schulseelsorge leistet einen Beitrag zur Schulentwicklung, indem sie die Teamentwicklung von Lehrerinnen und Lehrern fördert.
22. Schulseelsorge leistet aufgrund ihres Angebotsspektrums einen Beitrag zur Schulentwicklung, indem sie das Schulleben (mit)gestaltet.
23. Schulseelsorge leistet einen Beitrag zur Schulentwicklung, indem sie zum Aufbau guter Beziehungen zur Schulumwelt beiträgt.
24. Schulseelsorge leistet einen Beitrag zur Schulentwicklung, indem sie zur Persönlichkeits- und Identitätsentwicklung beiträgt.
25. Schulseelsorge leistet einen Beitrag zur Schulentwicklung, indem sie kritisches Ferment des leistungsorientierten Schulalltags ist.

14   Reflexion und Perspektiven

Im Folgenden werden die Ergebnisse der vorliegenden Studie zusammengefasst (Kapitel 14.1). Nach der kritischen Reflexion des Forschungsprozesses werden sodann Desiderate angezeigt sowie erste Konsequenzen für die künftige schulseelsorgerliche Praxis formuliert (Kapitel 14.2). Schließlich werden die Thesen zum Kompetenzerwerb und zur Qualifizierung für Schulseelsorge exemplarisch herausgegriffen, um aus ihnen Handlungsperspektiven für die religionspädagogische Praxis zu entwickeln (Kapitel 14.3).

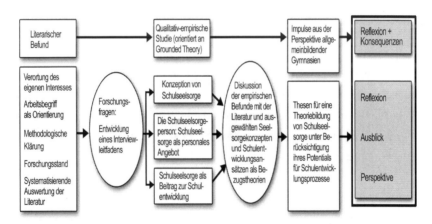

14.1   Zusammenfassung der Arbeit

Evangelische Schulseelsorge entbehrte bisher einer empirisch fundierten Konzeptionalisierung. Wie die Erhebung des Forschungsstandes zeigte, liegen weder empirische Arbeiten zur evangelischen Schulseelsorge noch Studien zur Schulseelsorge speziell an allgemeinbildenden Gymnasien vor. Auch dem postulierten Potential von Schulseelsorge als Beitrag zur

14.1 Zusammenfassung der Arbeit

Schulentwicklung stehen keine empirischen Belege im evangelischen Bereich gegenüber. Die vorliegende Arbeit begegnet diesem Desiderat mit einer qualitativ-empirischen Studie im Kontext allgemeinbildender Gymnasien.

14.1.1 Forschungsziel und -konzeption

Diese Arbeit möchte Impulse für eine Theoriebildung von Schulseelsorge unter Berücksichtigung des Potentials von Schulseelsorge als Beitrag zur Schulentwicklung formulieren. Als Grundlage wurde das Verständnis von Schulseelsorge im speziellen Kontext allgemeinbildender Gymnasien im subjektiven Deutungs- und Erfahrungshorizont von evangelischen Schulseelsorgerinnen und Schulseelsorgern erhoben. Dabei bilden die empirischen Befunde bilden die Basis für die Formulierung von Thesen, indem strukturelle Typologien herausgearbeitet werden. Diese werden mit der Literatur sowie ausgewählten Bezugstheorien diskutiert, um über den speziellen Kontext des allgemeinbildenden Gymnasiums hinaus Thesen für eine Theoriebildung von Schulseelsorge formulieren zu können. Als Bezugstheorien fungieren sowohl poimenische Konzepte als auch Schulentwicklungsansätze.

Forschungsmethodisch wurden drei grundsätzliche Entscheidungen getroffen und in den Kapiteln 1, 3 und 7 ausführlich begründet: Mein Interesse an subjektiven Deutungen und Erfahrungen aus der Praxis sowie der Forschungsstand legen einen *empirischen Zugang* zum Thema nahe. Überdies verspricht die qualitativ-empirische Erhebung der subjektiven Alltagstheorien von praktizierenden Schulseelsorgerinnen und Schulseelsorgern einen Zuwachs an Erkenntnis für das Phänomen der Schulseelsorge – gerade weil Schulseelsorgerinnen und Schulseelsorger von ihrer *Profession* (als Lehrerin/Lehrer bzw. Pfarrerin/Pfarrer) über ein hohes Maß an Reflexivität und Theoriegeleitetheit verfügen, welches bereits in den subjektiven Deutungen einen Zusammenhang von schulseelsorglicher Praxis und Theorie

14 Reflexion und Perspektiven

herzustellen vermag, der für eine Theoriebildung von Schulseelsorge besonders fruchtbar ist. Zweitens beschränke ich mich aufgrund meiner Ausbildung und Erfahrung als Gymnasiallehrerin sowie der Forschungslage auf den schulischen Bereich des *allgemeinbildenden Gymnasiums*. Drittens wählte ich als Forschungsfeld den *Bereich der Württembergischen Landeskirche*. Diese Entscheidung resultiert aus meiner persönlichen Verbundenheit mit der Württembergischen Landeskirche sowie aus der Situation von Schulseelsorge in Württemberg, die hier erst seit 2005 als eigenständiges Projekt gefördert wird. Dieses relativ junge Feld kirchlichen Handelns zu erforschen, schien mir besonders deshalb reizvoll, da weder eine verbindliche Konzeption vorliegt noch eine Institutionalisierung von Schulseelsorge oder ein Amt der Schulseelsorgerin bzw. des Schulseelsorgers existieren.

Aus diesen Vorentscheidungen resultiert die *Forschungskonzeption* der vorliegenden Studie: Ausgehend von meinem Forschungsinteresse und bestärkt durch einen ersten Blick in die Forschungsliteratur wurde in den Kapiteln 4-6 der Forschungsstand erhoben. Ihm folgte die inhaltliche, systematisierende Auswertung der Literatur, die zur Präzisierung der Forschungsfragen führte und die Grundlage für die Entwicklung des Interviewleitfadens bildete. Mittels dieses Interviewleitfadens wurden praktizierende Schulseelsorgerinnen und Schulseelsorger nach ihren „Alltagstheorien", Deutungsmustern und Erfahrungen in Sachen Schulseelsorge befragt. Nach drei Pre-Tests, die der Optimierung des Interviewleitfadens dienten, wurden die im Rahmen von elf teilstandardisierten Experteninterviews erhobenen empirischen Befunde transkribiert und nach den Grundsätzen der Grounded Theory und in Anlehnung an das Persönliche Gespräch nach Langer fallzentriert und fallübergreifend mittels des offenen bzw. axialen Kodierens und unterstützt durch die Software MaxQDA aufbereitet und analysiert. Um die Gütekriterien qualitativ-empirischer Forschung zu gewährleisten, wurde der Forschungsprozess sehr kleinschrittig abgebildet und durch ein qualitativ-empirisch forschendes Kolloquium kontinuierlich und kritisch begleitet (peer-debriefing).

14.1 Zusammenfassung der Arbeit

Die Ergebnisse der fallübergreifenden Analyse wurden mit relevanter Forschungsliteratur in Beziehung gesetzt, was die Zirkularität des Forschungsprozesses im Venschen Sinne verdeutlicht. Diese Diskussion von empirischem Befund und normativer Theorie, eben auch in Form von ausgewählten Bezugstheorien aus dem Bereich der Poimenik und Schulentwicklung diente gleich drei Zielen:

Zum einen bedürfen die empirischen Befunde aufgrund ihrer impliziten Wirklichkeitsverständnisse der kritischen Auseinandersetzung mit theologisch-normativer Literatur. Umgekehrt ist die Auseinandersetzung von empirischem Befund und normativ-theologischen Überlegungen wichtig, weil sie verhindert, dass die Theorie von Schulseelsorge allein aus theoretischen Konstrukten entwickelt wird. Insofern werden die subjektiven Theorien und Deutungen als Schatz verstanden, der die normativ-theologischen Überlegungen „erdet", herausfordert und ergänzt, nicht aber ersetzt. Das Verhältnis von Empirie und normativer Literatur wurde in Kapitel 3.2 mit Hilfe des Modells der Intradisziplinarität nach Ven beschrieben. Seinem Entwurf eines empirischen Zyklus folgt diese Arbeit methodisch in leicht modifizierter Form.

Zweitens dient die Diskussion von empirischem Befund und normativer Theorie dem Ziel, den innovativen Charakter der Forschungsergebnisse sowie Widersprüche, Unterschiede oder Kongruenzen im Verhältnis zur Darstellung von Schulseelsorge in der konzeptionellen Literatur herauszuarbeiten und so zu einer profilierten Theoriebildung von Schulseelsorge aus evangelischer Perspektive beizutragen.

Schließlich können erst in einer solchen Auseinandersetzung Aussagen über eine Theorie von Schulseelsorge und ihres potentiellen Beitrags zur Schulentwicklung getroffen werden, die über den Geltungsbereich der empirischen Ergebnisse im spezifischen Kontext allgemeinbildender Gymnasien hinausweisen und neue Impulse entwickeln.

Als Ergebnis konnten 25 Thesen formuliert werden. Dabei sind die Thesen 1-19 als meta-theoretische Überlegungen zu einer Theorie von Schulseelsorge zu verstehen. Sie treffen Aussagen über jene Inhalte, die eine Theorie von Schulseelsorge reflektieren muss. Die Thesen 20-25 sind als theoretische Überlegungen zum Potential von Schulseelsorge als Beitrag zur Schulentwicklung zu verstehen. In der Auseinandersetzung mit ausgewählten Schulentwicklungsansätzen und Seelsorgekonzepten konnten die empirischen Befunde dahingehend untersucht werden, welches Potential Schulseelsorge als Beitrag zur Schulentwicklung aufweist. Alle 25 Thesen erheben den Anspruch normierend zu sein, sie bedürfen aber in ihrem thetisch-programatischen Charakter im Sinne des Venschen Zyklus der Validierung, Modifizierung und Ergänzung durch weitere Forschung.

Dass die Thesen eine weitere Forschung provozieren, wurde exemplarisch an den Aussagen zum Kompetenzerwerb und der Qualifizierung für Schulseelsorge gezeigt: Die Diskussion von ausgewählten Professionstheorien der Religionslehrkraft mit den empirischen Befunden dieser Studie eröffnet Perspektiven für die religionspädagogische Ausbildungspraxis für Schulseelsorge.

14.1.2 Forschungsergebnisse

Die Diskussion von empirischem Befund und relevanter Literatur sowie ausgewählten Bezugstheorien machte deutlich, dass eine Theorie von Schulseelsorge sowohl theologisch als auch schultheoretisch bzw. -pädagogisch begründet werden muss. Diese doppelte Begründung ist einerseits angezeigt durch den Anspruch von Schulseelsorge, christlich-kirchliches Angebot zu sein, andererseits durch den Kontext der Schulseelsorge: Will Schulseelsorge als christliches Handlungsfeld im säkularen Raum agieren, so bedarf sie einer schultheoretischen bzw. -pädagogischen Begründung, die dieses Engagement plausibilisiert, transparent macht und dessen rechtliche Rahmenbedingungen bedenkt.

14.1 Zusammenfassung der Arbeit

Da Schulseelsorge optimaler Weise personal, also von einer Person (oder mehreren) verantwortet und repräsentiert wird, die im schulischen Kontext integriert ist, muss eine Theorie von Schulseelsorge zum einen den (schul)system-immanenten Ansatz, zum anderen den personalen Ansatz als Basis von Schulseelsorge reflektieren – auch und gerade mit ihren problematischen (systemischen) Implikationen, um daraus Konsequenzen für eine konfliktfreie Gestaltung abzuleiten. Trotz der individuellen personalen Ausgestaltung des schulseelsorgerlichen Angebots muss schulseelsorgerliches Handeln klar identifizierbar und an Grundprinzipien erkennbar sein. Dies ist besonders auch im Hinblick auf die Identifizierbarkeit von Schulseelsorge als *einem* punktuellen Angebot unter vielen Angeboten im schulischen, außerunterrichtlichen Angebotsspektrum von Bedeutung. Daher muss eine Theorie von Schulseelsorge Spezifika einer schulseelsorgerlichen *Corporate Identity* formulieren, die unabhängig von der Disposition und Kompetenz der Schulseelsorgeperson sowie der schulischen Situation Markenzeichen dieses kirchlichen Angebots im schulisch-säkularen Raum sind. Eine Theorie von Schulseelsorge reflektiert dabei den christlichen Glauben als Basis dieser *Identity*. Er begründet das Spezifkum schulseelsorgerlichen Handelns, das Schulseelsorge von anderen schulischen Akteuren abhebt: Schulseelsorge eröffnet der Transzendenz Raum, stellt religiös-spirituelle Fragen und begegnet ihnen (gegebenenfalls mit Handlungsmöglichkeiten).

Da das schulseelsorgerliche Angebot hauptsächlich von Schülerinnen und Schülern sowie Lehrerinnen und Lehrern in Anspruch genommen wird, muss eine Theorie von Schulseelsorge diese Gruppen als Hauptadressaten reflektieren. Sie muss eruieren, welche Angebote und Inhalte den Bedürfnissen sowie Voraussetzungen der Hauptadressaten entsprechen oder entgegenkommen. Besonders im Hinblick auf Schulseelsorge an Schulen, die eine große religiöse Pluralität aufweisen, muss eine Theorie von Schulseelsorge auch interreligiöse und -kulturelle Erkenntnisse reflektieren und integrieren. Weil sich Schulseelsorge aber als diakonisch-offenes Angebot für alle am Schulleben Beteiligten versteht, darf eine Theorie von Schulseelsorge nicht bei den Adressatengruppen der Schüler- und Lehrerschaft stehen bleiben. Sie muss reflektieren, ob sie weitere Adressatengruppen integrieren möchte und (wie sie) dies innerhalb der strukturellen und personellen Ressourcen zu leisten vermag.

Dabei muss eine Theorie von Schulseelsorge Gespräche, Gottesdienste und Andachten als Kernangebote von Schulseelsorge bedenken und sie damit als Markenzeichen schulseelsorgerlicher Arbeitsweise akzentuieren. Dabei kommt den Gesprächen (an Form, Inhalt und Ort unterschiedlich) eine besondere Bedeutung innerhalb des schulseelsorgerlichen Angebotsspektrums zukommt. Allerdings müssen diese Kernangebote um weitere schulseelsorgerliche Angebote ergänzt werden, die einen Gegenpol zur intellektualisierten, auf kognitive Fähigkeiten fixierten (gymnasialen) Schulgemeinschaft darstellen. Auch diese schulseelsorgerlichen Angebote müssen aber den Identifikationskriterien von Schulseelsorge entsprechen, um klar und eindeutig als Angebote von Schulseelsorge auch im Rahmen der Schulentwicklung erkennbar zu sein.

Aus der system-immanenten und personalen Verfasstheit resultieren Konfliktpotentiale, die eine Theorie von Schulseelsorge reflektieren muss. So muss sie zum einen die Personalunion von Lehr- und Schulseelsorgeperson reflektieren, um zu einer Rollenklarheit und schulseelsorgerlichen Identität beizutragen. Zum anderen muss sie das (in der Personalunion von Religionslehrperson und Schulseelsorgeperson bereits enge) Verhältnis von Schulseelsorge und Religionsunterricht reflektieren. Schulseelsorge und Religionsunterricht begünstigen einander, müssen aber voneinander unterschieden werden, da sie zu unterschiedlichen Systemen und damit divergierenden (funktionalen) Zielsetzungen gehören. Zwar kann der Religionsunterricht seelsorgerliche Dimensionen aufweisen. Aber eine Theorie von Schulseelsorge muss eine systemische Grenzziehung stark machen, um zum einen zur Vermeidung von Konflikten beizutragen, zum anderen aber vor allem zur plausibilisierenden Transparenz im säkularen Raum beizutragen.

14.1 Zusammenfassung der Arbeit

Dass aus der Systemimmanenz und der personalen Verfasstheit von Schulseelsorge Kompetenzanforderungen für Schulseelsorgepersonen resultieren, muss eine Theorie von Schulseelsorge bedenken und reflektieren, um eine Professionalisierung von Schulseelsorge zu ermöglichen: Schulseelsorgerliches Handeln erfordert ein breites Spektrum an personaler und sozialer Kompetenz sowie Sachkompetenz und spiritueller Kompetenz. Eine Theorie von Schulseelsorge muss diese vier Kompetenzbereiche in ihrem korrelierenden, teilweise auch bedingenden Verhältnis zueinander reflektieren. Dabei muss eine Theorie von Schulseelsorge die Kompetenzen im personalen und sozialen Bereich als Rahmenkompetenzen reflektieren: Sie sind die Voraussetzung für eine schulseelsorgerliche Tätigkeit. Die Sachkompetenz ermöglicht innerhalb dieser beiden Kompetenzbereiche erst das spezielle schulseelsorgerliche Handeln. Als Kern allen schulseelsorgerlichen Handelns muss jedoch die spirituelle Kompetenz angesehen werden: Erst durch die reflektierte eigene Religiosität und eine kongruente Trias von Fömmigkeitsübung, Glaube und Lebensgestaltung können Personen als authentische Gesprächspartner in christlicher Seelsorge erkannt (und akzeptiert) werden.

Aus der Systemimmanenz von Schulseelsorge im schulischen Kontext resultiert die Notwendigkeit, die strukturellen Rahmenbedingungen als Bedingungsfaktoren von Schulseelsorge zu reflektieren und daraus Forderungen nach zeitlichen, personellen und räumlichen Ressourcen abzuleiten. Besonders bedeutsam sind die personellen Ressourcen, wenn Schulseelsorge einer personal bedingten Konzeption unterliegt. Erst wenn qualifizierte und kompetente Schulseelsorgepersonen ausreichend Zeit zur Verfügung haben, können sie eine Schulseelsorge konzipieren, die von der Öffentlichkeit als qualitativ hochwertiges und eindeutig identifizierbares Angebot in der Schule wahrgenommen wird.

Aus der Systemimmanenz des schulseelsorgerlichen Angebots resultiert außerdem die Frage nach der kontextuellen Verortung. Daher muss eine Theorie von Schulseelsorge die (strukturelle, personelle) Begrenzung und Abgrenzung des schulseelsorgerlichen Handelns reflektieren. Die Reflexion der Grenzen schulseelsorgerlichen Handelns im Sinne einer Abgrenzung von Schulseelsorge im Spektrum der schulischen Akteure führt zur Definition derjenigen Kompetenzbereiche, für die Schulseelsorgepersonen angesichts ihrer Ressourcen und in Übereinstimmung mit den Identifikationskriterien von Schulseelsorge verantwortlich sein können. Dies trägt zur Entlastung der Schulseelsorgeperson und Transparenz des schulseelsorgerlichen Angebots bei, aber vor allem auch zur Profilierung von Schulseelsorge. Sie erleichtert auch die Kooperation mit anderen inner- und außerschulischen Akteuren, die wesentlicher Bestandteil schulseelsorgerlichen Handelns ist.

Eine Theorie von Schulseelsorge muss außerdem die systemischen Implikationen des schulischen Kontextes und ihre Auswirkungen auf diejenigen Menschen reflektieren, die sie erreichen möchte. Im Anschluss an die Impulse des kommunikativen bzw. diakonischen Seelsorgekonzepts muss eine Theorie von Schulseelsorge den Lebensraum Schule als begrenzte, eigenständige Lebenswelt der am Schulleben Beteiligten reflektieren, die mit ihren Fragestellungen die Gegenwart der am Schulleben Beteiligten maßgeblich prägt. Dazu muss eine Theorie von Schulseelsorge neben den Impulsen eines diakonischen bzw. kommunikativen Seelsorgekonzepts auch Impulse eines systemischen Seelsorgekonzepts integrieren, um systemische Strukturen erfassen und reflektieren zu können.

Weiter muss eine Theorie von Schulseelsorge den Kontext Schule als Alltagssituation von Seelsorge reflektieren. Schule gehört als Unternehmen und Institution wesentlich zur alltäglichen Situation der Hauptadressaten von Schulseelsorge und stellt somit keine Extremsituation des Lebens dar. Eine Theorie von Schulseelsorge muss vor allem dafür sensibilisieren, wann und wo sich in diesem Alltag Gespräche ereignen können und welche Inhalte im Alltag virulent sind. Deshalb muss sie Formen von formaler und eher informeller Seelsorge in der schulischen Alltagssituation reflektieren, beide

14.1 Zusammenfassung der Arbeit

Formen aber integrieren und fruchtbar für schulseelsorgerliches Handeln machen, um alle Begegnungsformen im schulischen Alltag „als mögliche Gelegenheiten zur Seelsorge"[1] wahrzunehmen.

Besonders muss sie das informelle, beiläufige, meist kurze Gespräch als typische Form von Schulseelsorge reflektieren, um einen Kompetenzerwerb zu ermöglichen. Allerdings muss sie auch für Fragestellungen in Schulseelsorgegesprächen sensibilisieren, denen die Form des Kurzgesprächs nicht gerecht werden kann. Dabei muss eine Theorie von Schulseelsorge das Schulseelsorgegespräch als Gespräch reflektieren, das in einem personenzentrierten Fokus vom jeweiligen Adressaten selbst-bestimmt gestaltet wird. Sie kann biblische Deutungsbilder für die Gesprächsgestaltung bereitstellen. Als entscheidendes Qualifikationsmerkmal des Schulseelsorgegesprächs zum Seelsorgegespräch muss eine Theorie von Schulseelsorge seine potentielle religiös-transzendente Dimension reflektieren. Das heißt: Schulseelsorgerliche Gespräche können (in Abhängigkeit von der Schulseelsorgeperson, der Gesprächssituation und dem Adressaten) eine geistliche Dimension und damit religiöse Performanzen beinhalten, sie müssen es aber in Analogie zur Alltagsseelsorge nicht zwingend. Dennoch ist das Gespräch auch dann als Seelsorgegespräch zu qualifizieren, wenn es keine geistliche Dimension enthält, aber mit der Schulseelsorgeperson als Garant für eine religiös-transzendente Dimension *potentialis* geführt wird.

Da sich viele Schulseelsorgegespräche zwischen Schulseelsorgeperson und einem bzw. mehreren Schülerinnen und Schülern ereignen, muss eine Theorie von Schulseelsorge die asymmetrisch geprägte Ausgangssituation der Seelsorge im Kontext Schule reflektieren. Sie muss aber als Ziel- und Orientierungspunkt der schulseelsorgerlichen Beziehungsstruktur ein symmetrisches, dialogisches Verhältnis zwischen Schulseelsorgeperson und Schüler formulieren.

---

1 Ziemer, Seelsorgelehre, 16f.

14 Reflexion und Perspektiven

Da die Systemimmanenz des schulseelsorgerlichen Angebots zwar die kritische Reflexion des schulischen Alltags und Systems aus christlicher Perspektive erschwert, aber eben doch zutiefst und originär provoziert, muss eine Theorie von Schulseelsorge das kritische, struktur-irritierende Potential schulseelsorgerlicher Kriterien und Prinzipien im schulischen Kontext bedenken und artikulieren. Schulseelsorge muss meines Erachtens „die Bedingungen zu erkennen suchen, die für die spezifischen Lebens- und Leidenserfahrungen des Einzelnen verantwortlich sind".[2] Sie darf als Kommunikation des Evangeliums nicht bei der verbal kommunizierten Botschaft von der Gottebenbildlichkeit oder Gottes Liebe stehen bleiben, sondern sie muss – situativ und personal variierend – menschen- oder lebensfeindliche Strukturen im Kontext Schule anmahnen und tatkräftig zu verändern suchen.

In der Auseinandersetzung von empirischem Befund einerseits und ausgewählten Seelsorgekonzepten und Schulentwicklungsansätzen andererseits ergaben sich in der letzten These bereits erste Hinweise auf das Potential von Schulseelsorge als Beitrag zur Schulentwicklung. Indem Schulseelsorge ein kritisches Ferment des leistungsorientierten Schulalltags ist, leistet sie einen Beitrag zur Schulentwicklung. Darüber hinaus konnte das Potential von Schulseelsorge als Beitrag zur Schulentwicklung weiter ausgeführt werden: Schulseelsorge leistet aufgrund ihres Kooperationspotentials einen Beitrag zur Schulentwicklung. Daher muss eine Theorie von Schulseelsorge das Kooperationspotential von Schulseelsorge als einen Beitrag zur Entwicklung einer guten Schule reflektieren und betonen. Sie muss aber auch die (begrenzenden) Rahmenbedingungen von Kooperation bedenken.

Insofern Schulseelsorge zur innerschulischen Kooperation von Lehrerinnen und Lehrern beiträgt, fördert sie die Teamentwicklung. In diesem Sinne kann und muss eine Theorie von Schulseelsorge den schulseelsorgerlichen Beitrag zur Teamentwicklung als Beitrag zur Schulentwicklung reflektieren.

---

[2] Ziemer, Seelsorgelehre, 17.

14.1 Zusammenfassung der Arbeit

Im Anschluss an die Diskussion mit dem Ansatz der Kooperativen Schulentwicklung kann gesagt werden, dass Schulseelsorge zu einem Kriterium guter Schule beiträgt, dem die Kooperative Schulentwicklung verhaftet ist: der Gestaltung des Schullebens: Schulseelsorge kann aufgrund ihres Angebotsspektrums zur Gestaltung des Schullebens und damit zur Schulentwicklung beitragen.

Da schulseelsorgerliches Handeln nicht vornehmlich, aber eben auch die Elternschaft adressiert, die mit Gesprächsangeboten oder Elternabenden erreicht werden können, konnte gezeigt werden, dass Schulseelsorge einen Beitrag zur Schulentwicklung leistet, indem sie zum Aufbau guter Beziehungen zur Schulumwelt beiträgt. Schließlich leistet Schulseelsorge einen Beitrag zur Schulentwicklung, indem sie zur Persönlichkeits- und Identitätsentwicklung beiträgt. Indem Schulseelsorge die Lebensbegleitung und Hilfe zur (religiösen) Identitätsfindung von Menschen zum Ziel hat und dabei als freiwillig und diakonisch-offen für Angehörige jeder Konfession oder Religion zu charakterisieren ist, trägt sie mit unterschiedlichen Angeboten zur Perspektiv- und Standpunktbildung bei. Dies konnte in der Auseinandersetzung von empirischem Befund und Schulentwicklungsansätzen aus subjektwissenschaftlicher und pädagogischer Perspektive begründet werden.

Die Diskussion der empirischen Befunde mit ausgewählten Bezugstheorien zeigte deutlich die Analogien und Anknüpfungspunkte von Schulseelsorge und Schulentwicklung(sansätzen): Daher hat Schulseelsorge durchaus das Potential, einen Beitrag zur Schulentwicklung zu leisten. Dass auch das Potential von Schulseelsorge als Beitrag zur Schulentwicklung an Ressourcen gebunden ist, zeigte die empirische Erhebung deutlich. Damit ist zu hoffen, dass Ressourcen geschaffen werden, die eine Konzeptionalisierung von Schulseelsorge vor Ort ermöglichen und das Potential von Schulseelsorge als qualitativ hochwertigen, eindeutig identifzierbaren Beitrag zur Schulentwicklung entfalten.

14 Reflexion und Perspektiven

Die Forschungsergebnisse evozieren eine weitere Erforschung des vielschichtigen Phänomens der Schulseelsorge, eröffnen aber bereits Perspektiven für die schulseelsorgerliche Praxis. So werden die Thesen zur Kompetenz und Qualifizierung für Schulseelsorge mit einigen Theorien zur Profession der Religionslehrkraft im Hinblick auf die religionspädagogische Ausbildungspraxis für Schulseelsorge exemplarisch diskutiert. Diese Auseinandersetzung führt in Kapitel 14.3 zu dem Ergebnis, dass Religionslehrerinnen und -lehrer aufgrund ihrer Ausbildung und ihrer beruflichen Praxis hinsichtlich der Kompetenzen, die von ihrer Profession gefordert werden, in besonderem Maße für Schulseelsorge qualifiziert sind. Daher ist keine völlig gesonderte, separate Ausbildung zur Schulseelsorgeperson notwendig, sondern es ist ein ergänzender Kompetenzerwerb für Schulseelsorge in der Ausbildung zur Religionslehrkraft denkbar und sinnvoll.

14.2   Reflexion des Forschungsprozesses

Den Ausgangspunkt der vorliegenden Arbeit stellte meine subjektive Erfahrung und Motivation dar, Schulseelsorge theoretisch zu reflektieren und zu einer Konzeptionalisierung dieses kirchlichen Handlungsfeldes beizutragen. Die persönliche Betroffenheit stellt einerseits eine gute Voraussetzung für die Feldforschung dar: Ich konnte meine (Vor-)Erfahrungen und Kenntnisse[3] sowohl hinsichtlich des schulischen Kontextes sowie der Lebens- und Sprachwelt der Befragten als auch hinsichtlich der Schulseelsorge positiv für die Erforschung von evangelischer Schulseelsorge nutzen. Eine persönliche Betroffenheit birgt aber auch die Gefahr in sich, den objektiven Standpunkt der Wissenschaft (sofern dies unter konstruktivistischen Erkenntnissen überhaupt möglich ist) zu verlassen und zur unkritischen Fürsprecherin zu werden. Um diese Gefahr zu vermeiden, war mir an der transparenten Dokumentation des Forschungsprozesses gelegen, was sich beispielsweise an der sehr kleinschrittigen Vorgehensweise in den Kapiteln 8

---
3   Aus diesem Grund wählte ich beispielsweise auch den Interviewstil des persönlichen Gesprächs nach Inghard Langer.

14.2 Reflexion des Forschungsprozesses

und 9 widerspiegelt. Die transparente Dokumentation des Forschungsprozesses dient dem Ziel, eine intersubjektive Nachvollziehbarkeit meiner Entscheidungen und Ergebnislinien zu gewährleisten. Auch nahm ich immer wieder bewusst den Standpunkt einer distanzierten Beobachterin ein und wurde selbst durch einige Ergebnisse überrascht. Die unkritische, persönlich betroffene Forscherin hätte in jedem Fall einen Raum für Schulseelsorge als Ressource für dringend notwendig erachtet, musste aber anerkennen, dass ein solcher Raum durchaus problematisiert werden muss und zudem keine notwendige Voraussetzung für Schulseelsorge darstellt.

Ich habe mich für eine sorgfältige, ausführlich-systematisierende Auswertung der Literatur entschieden, die zur Entwicklung und Präzisierung der Forschungsfragen führte. Diese Vorgehensweise hat den Vorteil, dass eine empirische Erhebung jene Kategorien erfragt, die von der Literatur als im Feld relevant bewertet werden. Der Nachteil dieses Verfahrens besteht darin, dass sich die Forscherin nach einer eingehenden Auseinandersetzung mit Einzelaspekten nicht mehr unvoreingenommen dem Phänomen Schulseelsorge nähert, sondern von Vorannahmen „geleitet" damit auseinandersetzt. Dieser Nachteil wurde, wie bereits im Rahmen der Begründung der Experteninterviews dargelegt, in Kauf genommen. Denn dieses Expertentum birgt eben auch den Vorteil in sich, für die Weite des Forschungsgegenstands sensibilisiert zu sein und dem Experten als Gegenüber auf Augenhöhe begegnen zu können.

Auch mussten (Vor-)Entscheidungen getroffen werden, um das Forschungsfeld bearbeitbar zu machen. So wurden zum einen Kernkategorien definiert, deren Trennung in *Konzeption* und *Schulseelsorgeperson* künstlich war, aber dazu geführt hat, die beiden Bereiche detaillierter zu betrachten. Zum anderen wurden einige (Unter-)Kategorien nicht in den Fragehorizont der Arbeit aufgenommen. So wurde die Frage nach der schultheoretischen Begründung von Schulseelsorge dezidiert nicht gestellt, da eine eigene Arbeit zu diesem Thema zeitgleich zu meiner Arbeit am Entstehen war. Auch wurde die Entscheidung getroffen, Schulseelsorge in einem umfassenden

Sinn zu untersuchen. Alternativ wäre es denkbar gewesen, Thesen für eine Theoriebildung zu entwickeln, die ein poimenisches Seelsorgekonzept von Schulseelsorge entfalten. Diese Alternative hätte den Vorteil gehabt, dass die Thesenbildung differenzierter und auf einem breiteren, zielgerichteten empirischen Material vollzogen hätte werden können. Ich habe mich bewusst gegen diese Alternative entschieden, weil mir an einer ersten grundlegenden, empirisch fundierten Konzeptionalisierung von Schulseelsorge im Kontext allgemeinbildender Gymnasien gelegen war, die Aussagen zur Konzeption, zum Seelsorgekonzept und zum schulseelsorgerlichen Beitrag zur Schulentwicklung trifft.

Die Beschränkung auf die Schulart des allgemeinbildenden Gymnasiums hätte ebenso wie die Beschränkung auf den geografischen Raum der Württembergischen Landeskirche Alternativen gehabt. Allerdings hat sich die geografische Beschränkung in jedem Fall im Sinne der Leistbarkeit der Studie als richtig erwiesen, evoziert natürlich weitere Feldforschung. Die Beschränkung auf die Schulart des allgemeinbildenden Gymnasiums wurde, wie bereits dargelegt, nicht von Anfang an favorisiert. Anfangs wurde der Gedanke verfolgt, die Aussagen der befragten Schulseelsorgerinnen und Schulseelsorger an allgemeinbildenden Gymnasien mit Aussagen von Schulseelsorgepersonen in Beziehung zu setzen. die an anderen Schularten tätig sind. Sie wurden auch erhoben. Sehr schnell zeigte sich allerdings, dass dies aus forschungspragmatischen Gründen, aus Gründen der Vergleichbarkeit des Erhebungskontexte und aufgrund der sich abzeichnenden Tendenzen des Forschungsstandes nicht sinnvoll ist. Bewusst wurden diese Interviews deshalb nicht in die Auswertung aufgenommen, denn im Fokus des Forschungsinteresses steht eindeutig die Erhebung der subjektiven Erfahrungs- und Deutungshorizonte gymnasialer Schulseelsorgerinnen und -seelsorger. Aus diesem Grund fanden auch Interviews mit Angehörigen etwaiger *Vergleichsgruppen* keine Aufnahme in die Studie. Auch sie wurden erhoben. Zwar scheint die Rückkopplung oder Kontrastierung der empirischen Daten der Schulseelsorgerinnen und -seelsorger mit den Daten von

14.2 Reflexion des Forschungsprozesses

Adressaten der Schulseelsorge wie Eltern, Lehrerkolleginnen und -kollegen, Schülerinnen und Schülern oder Angehörigen der Schulleitung oder des Schulpersonals reizvoll, doch sie widerspricht den Grundsätzen einer qualitativen Forschung, die eben gerade an der subjektiven Perspektive der Interviewten interessiert ist. Im Sinne der zirkulären Forschungsspirale Vens folgt aus diesen Entscheidungen zugunsten einer Fokussierung auf gymnasiale Schulseelsorgerinnen und -seelsorger die Notwendigkeit weiterer Studien zu dieser Fragestellung, die sich anderen Perspektiven verpflichtet sehen.

Die qualitativ-empirische Vorgehensweise ist zwar auf einem Feld höchst reizvoll, das konzeptioneller Literatur entbehrt wie es das Phänomen der evangelischen Schulseelsorge an allgemeinbildenden Gymnasien darstellt. Eine qualitativ-empirische Arbeit bedarf allerdings einer gründlichen Einarbeitung in sozialwissenschaftliche Methodologie, Standards und Einsichten. Meines Erachtens ist dieser Aufwand angesichts der Ergebnisse lohnend und trägt zur interdisziplinären Ausrichtung und Horizonterweiterung nicht nur der Forscherin, sondern auch der Theologie als Wissenschaft bei. Eine qualitativ-empirische Forschung muss sich aber der Zirkularität des Forschungsprozesses bewusst sein. Sie kann am Ende ihrer Arbeit deshalb eben nicht von einem abgeschlossenen Ergebnis sprechen. Vielmehr muss sie sich dem eigenen Anspruch stellen, dass ihre Ergebnisse eben nur Bausteine auf dem Weg zur Theoriebildung von evangelischer Schulseelsorge im speziellen Kontext allgemeinbildender Gymnasien darstellen. Meine Arbeit generiert zwar eine materiale Theorie zur Schulseelsorge, die ich mit einem dokumentarischen Stil realistisch darstelle.[4] Um sie zu generalisieren, bedarf es aber eines weiteren Prozesses von Sampling, komparativer Analyse und Memoring mit weiteren Daten. Daher bedürfen die Thesen im Sinne eines zirkulären Forschungsprozesses der Validierung, Ergänzung und Spezifizierung.

---

4 Ich halte weder die selbst-bekennende noch die impressionistische Darstellung als dem Forschungsergebnis angemessen. Vgl. Matt, Darstellung, 583f.

14 Reflexion und Perspektiven

An dieser Stelle sollen einige Forschungsergebnisse exemplarisch diskutiert werden, die eine Ergänzung im Sinne einer weiteren Forschung evozieren. Sicherlich lassen auch andere Ergebnisse Fragen offen, worauf auch schon in den Kapiteln 9 und 10 hingewiesen wurde. Im Hinblick auf die poimenische Theoriebildung von Schulseelsorge[5] bleibt meines Erachtens die Frage offen, ob und wann Schülerinnen und Schüler, Lehrerinnen und Lehrer, das Schulpersonal und die Eltern die Gespräche mit Schulseelsorgepersonen als Seelsorgegespräche begreifen. Für Schulseelsorgepersonen qualifiziert sich das Gespräch durch ihre Person als Seelsorgegespräch, ohne dass es eine geistliche Dimension beinhalten müsste. Teilen auch die *Adressaten* diese Wahrnehmung?

Im Kontext der untersuchten Gymnasien scheint die Integration von interreligiösen und -kulturellen Erkenntnissen in ein Seelsorgekonzept von Schulseelsorge noch nicht dringend erforderlich. Angesichts zunehmender religiöser Pluralität und (erfreulich) steigender (und dringend anzustrebender) Milieudifferenz an Schulen müssen diese vorliegenden Ergebnisse aber durch weitere Forschung differenziert und in der Diskussion beispielsweise mit den Konkretionen von Schneider-Harpprecht und Hauschildt[6] weiter entwickelt werden.

Weiter sollte die Frage bearbeitet werden, in welchem Verhältnis Gemeinde und Schulseelsorge zueinander wahrgenommen werden. Besitzt die Beziehung von Schulseelsorge und Gemeinde keine Relevanz für die schulseelsorgerliche Praxis, wie es die empirischen Befunde nahelegen?[7]

Interessant ist im Anschluss an die vorliegenden Forschungsergebnisse sicherlich die Erforschung eines system-distanzierten oder system-ko-

---

5 Sicherlich werden sich aus der Diskussion der empirischen Befunde bzw. der Ergebnisthesen mit weiteren Seelsorgekonzepte weitere Impulse für die poimenische Theoriebildung von Schulseelsorge ergeben.
6 Vgl. Hauschildt, Interkulturelle Seelsorge, 263ff. Schneider-Harpprecht, Interkulturelle Seelsorge 2001.
7 Weiterführend könnte die Diskussion mit dem jüngst erschienenen Beitrag von Meyer-Blanck (Schulgemeinde und Parochie, 176ff) zum Verhältnis von Schulgemeinde und Parochie aus der Perspektive evangelischer Schulen sein.

operativen Ansatzes von Schulseelsorge. Aus der Diskussion der Wahrnehmung von Schulseelsorgepersonen in einem system-immanenten Ansatz mit Schulseelsorgepersonen anderer Ansätze lassen sich sicherlich Konsequenzen für die schulseelsorgerliche Praxis ziehen. Allerdings werden in der Praxis nur schwerlich Vertreter anderer Ansätze zu finden sein, da der system-immanente Ansatz meines Erachtens den typischen Ansatz von Schulseelsorge im evangelischen Bereich darstellt.

Im Hinblick auf den schulseelsorgerlichen Beitrag zur Schulentwicklung ist eine weitere Forschung angezeigt. Außerdem bleibt die Frage nach der Wahrnehmung des schulseelsorgerlichen Beitrags aus anderer Perspektive als der subjektiven Schulseelsorgeperspektive offen. Hier könnte die Forschung mithilfe des Ansatzes der wahrnehmungsorientierten Schulentwicklung von Klaus Wild[8] gewinnbringend sein.

Neben dieser Auswahl an Fragen bleiben auch Fragen offen, die einer Klärung bedürfen. Sie führen zu Konsequenzen für die schulseelsorgerliche Praxis und Theorie. So müssen meines Erachtens die Rahmenbedingungen für schulseelsorgerliches Handeln dringend geklärt werden: Schulseelsorgepersonen bedürfen einer Qualifizierung, einer Begleitung (beispielsweise durch Supervision) sowie einer Ausstattung mit Ressourcen. Vordringlich ist dabei die Finanzierung von Verfügungsstunden für Schulseelsorge. Schulseelsorgepersonen benötigen außerdem die Klärung rechtlicher Rahmenbedingungen (z. B. Zeugnisverweigerungs*recht* für Nicht-Ordinierte) und der Zusammenarbeit mit/in der Schule als säkularem Raum, in dem das kirchliche Angebot wirken möchte. Nur wenn Ressourcen zur Verfügung gestellt und Rahmenbedingungen geklärt sind, kann Schulseelsorge zu einem qualifizierten Angebot in der Schule werden, das qualitativ hochwertige Arbeit leistet und transparent kommuniziert wird.

Meines Erachtens hängt die Qualität des schulseelsorgerlichen Angebots und mit ihm auch die Außenwirkung von Kirche als beauftragender Institution entscheidend von dieser Klärung ab. Schulseelsorge wird momen-

---
8   Vgl. Wild, Schulentwicklung, 2006.

tan im Wesentlichen mit einem beachtlichen ehrenamtlichen Engagement von Lehrerinnen und Lehrern betrieben. Dieses ehrenamtliche Engagement kann und darf aber nicht die Basis für das kirchliche Angebot für und mit der Schule sein. Denn erst wenn schulseelsorgerliches Engagement mit Verfügungsstunden ausgestattet ist, können Qualitätsstandards vorausgesetzt und festgelegt werden.

Meines Erachtens trägt eine Qualifizierung, Begleitung und ein Kompetenzerwerb wesentlich zur Gewährleistung einer Qualität von Schulseelsorge bei. Ich sehe momentan die Gefahr, dass Schulseelsorge ein weithin ungeschützter Begriff ist, dessen Qualität nicht gesichert ist. Weiterhin macht eine solche Klärung und Ausstattung auch zwei Dinge deutlich: Kirche erkennt an, dass sie (in Analogie zur jesuanischen Botschaft) in den Lebensraum von jenen Menschen gehen muss, die nicht zur Kirchengemeinde kommen. Sie macht mit ihrem Engagement offensichtlich, dass ihr an diesen Menschen gelegen ist. Zum anderen wird dadurch auch deutlich, was die Eckpunkte dieses kirchlichen Engagements in der Schule sind: Was ist zu leisten vonseiten der Schulseelsorge(person)? Was kann ich von der Schulseelsorge erwarten? Wofür ist sie zuständig? Eine Klärung der Rahmenbedingungen, der Kompetenzen und eine Ausstattung führt also zu einer qualitätssichernden Etablierung von Schulseelsorge. Dass die Schule dem kirchlichen Angebot nicht abgeneigt gegenüber steht, belegen die empirischen Befunde. Nur: Das kirchliche Engagement muss transparent geklärt und kommuniziert sein.

Der Frage nach dem Kompetenzerwerb als einem Faktor der Qualitätssicherung soll nun vertieft werden. Fest steht: Schulseelsorgepersonen bedürfen eines Kompetenzerwerbs. Daraus ergeben sich Handlungsperspektiven für die religionspädagogische Praxis. Im Folgenden schließt sich exemplarisch eine Diskussion an, wie der Kompetenzerwerb zu ermöglichen ist. Die Frage ist vor allem deshalb brisant, weil alle Befragten als Religionslehrende arbeiten: Wie verhalten sich die Kompetenzen für Schulseelsorge zu den Kompetenzen für Religionsunterricht? Bedarf es einer gesonderten Qualifizierung für Schulseelsorge? Oder könnte die Religionslehrerausbildung einen Kompetenzerwerb für Schulseelsorge integrieren und damit ermöglichen?

Diese Diskussion soll exemplarisch zeigen, dass die Ergebnisthesen viele Konsequenzen nach sich ziehen. Sie kann allerdings nur Tendenzen aufweisen, die weiterer Forschung bedürfen.

14.3 Handlungsperspektiven für die religionspädagogische (Ausbildungs-)Praxis

Die folgenden Überlegungen resultieren aus zwei Ergebnissen der vorliegenden Studie: Erstens sind ausnahmslos alle der im Rahmen der Schulseelsorge-Studie befragten Schulseelsorgerinnen und Schulseelsorger als Religionslehrerinnen und -lehrer tätig. Und zweitens: Schulseelsorgerliches Handeln erfordert Kompetenzen. Es bedarf einer Qualifizierung, um einen Kompetenzerwerb für und eine Professionalisierung von Schulseelsorge zu ermöglichen.

Vor dem Hintergrund dieser beiden Ergebnisse wird im Folgenden das Verhältnis zwischen den *Kompetenzen für Schulseelsorge* und den *Kompetenzen für Religionsunterricht* analysiert: Bedarf es einer gesonderten Qualifizierung für Schulseelsorge? Oder könnte die Religionslehrerausbildung einen Kompetenzerwerb für Schulseelsorge ermöglichen?

Bewusst wird hier nur die Kompetenzdiskussion im Hinblick auf (staatliche) Religionslehrerinnen und -lehrer geführt. Bedenkenswert und diskussionswürdig wäre sicherlich auch, inwiefern Schulpfarrerinnen und -pfarrer ebenso wie vielleicht auch kirchliche Religionspädagoginnen und -pädagogen bereits über seelsorgerliche Kompetenzen für Schulseelsorge verfügen. Diese Diskussion muss an anderer Stelle geführt werden. Hier soll es nun um das Verhältnis von Kompetenzen für Schulseelsorge und Kompetenzen für Religionsunterricht gehen.

Diesem Verhältnis wird in der Literatur momentan weitgehend mit Schweigen begegnet. Nur bei Petermann[9], Möller[10] sowie Mendl[11] finden sich Überlegungen in diese Richtung. So ist bei Petermann ein Entwurf zu finden, das das Verhältnis von Kompetenz für Schulseelsorge einerseits und Kompetenz für Religionsunterricht andererseits beschreibt, während Möller von der Durchführung und Auswertung der Möglichkeit des Kompetenzerwerbs für Schulseelsorge im Rahmen des Studiums für Religionspädagogik an der Universität Kassel berichtet.[12] Mendl postuliert im jüngst erschienenen Arbeitsbuch *Professionell Religion unterrichten*[13], dass Religionslehrerinnen und -lehrer nicht nur über eine spirituell-religionspädagogische Kompetenz für Religionsunterricht verfügen (sollen), sondern diese speziell für schulseelsorgerliches Handeln benötigen. Alle Ansätze erheben allerdings nicht den Anspruch, empirisch validiert zu sein.

Daher soll die folgende Analyse der Ergebnisse zur Formulierung von Handlungsperspektiven für die religionspädagogische Praxis beitragen. Sie beruht auf der Reflexion der Ergebnisse der vorliegenden empirischen Studie durch ausgewählte Professionstheorien der Religionslehrerin/des Religionslehrers. Dabei dienen die Professionstheorien als Reflexionsinstrumentarium der Studien-Ergebnisse. Die professionstheoretischen Erkenntnisse werden vor allem im Hinblick auf jene Rolle referiert, die die Seelsorge(kompetenz) in einer Professionstheorie der Religionslehrkraft spielt.[14]

---

9 Petermann, Schulseelsorge, 2011.
10 Vgl. Möller, Was Hans nicht lernt, 287ff.
11 Vgl. Mendl, Schulleben mitgestalten, 199. Pirner (Wie religiös müssen Lehrkräfte sein?, 119) spricht von einer spirituell-religionspädagogischen Kompetenz von Religionslehrerinnnen und -lehrern).
12 Vgl. Möller, Was Hans nicht lernt, 287ff.
13 Vgl. Burrichter/Grümme/Mendl/Pirner/Rothgangel/Schlag, Professionell Religion unterrichten, 2012.
14 Gleichwohl hätten auch weiter professionstheoretische Erkenntnisse (Heil, Strukturprinzipien, 2006) oder Studien zur religiösen Kompetenz (Hofmann, Religionspädagogische Kompetenz, 2008. Dies., Lernende LehrerInnenbildung, 2005) als weiteres Beobachtungsinstrumentarium herangezogen werden können. Dagegen wurde aus forschungspragmatischen gründen votiert. Diese Entscheidung macht aber die Begrenztheit der Tendenzen und die Dringlichkeit weiterer Forschung deutlich.

14.3 Handlungsperspektiven für die religionspädagogische (Ausbildungs-)Praxis

Im Folgenden werden die Ergebnisse der vorliegenden Studie durch drei für den wissenschaftlichen Diskurs gegenwärtig relevante Professionstheorien beobachtet. Dazu wird jeweils eine Professionstheorie im Hinblick auf jene Fähigkeiten skizziert, die sie Religionslehrerinnen und -lehrern zuschreibt. Die Darstellung fokussiert auf die (schul-)seelsorgerlichen Dimensionen der jeweiligen Theorie. In einem zweiten Schritt werden diese Fähigkeiten den Kompetenzbereichen zugeordnet, die im Rahmen der vorliegenden Studie entwickelt wurde. Dieses Vorgehen soll den Vergleich mit den Kompetenzen für Schulseelsorge ermöglichen. Innerhalb dieses Schrittes wird sich zeigen, ob Kompetenzanforderungen für Religionsunterricht und Schulseelsorge kongruent sind, miteinander korrelieren oder aber sich nicht entsprechen. Als Ergebnis des Vergleichs mit der jeweiligen Professionstheorie wird gezeigt, inwiefern sie Kompetenzen für Religionslehrende voraussetzt, die auch für Schulseelsorge erforderlich sind oder inwiefern Religionslehrerinnen und -lehrer eben nicht über Kompetenzen verfügen, die für Schulseelsorge notwendig sind.

Dieses Vorhaben ist aus zwei Gründen problematisch: Zum einen haben die Professionstheorien und die Schulseelsorge-Studie unterschiedliche Ausgangspunkte: So fokussieren die Professionsstudien hauptsächlich[15] auf jene Religionslehrende, die nicht Pfarrerinnen oder Pfarrer sind, sondern das Fach Religion bzw. Evangelische Theologie als Fach studiert haben, mit dem Ziel, Lehrer zu werden. Im Rahmen der vorliegenden Schulseelsorge-Studie wurden allerdings auch jene Religionslehrkräfte befragt, die eine Ausbildung als Pfarrerin bzw. Pfarrer genossen haben.

Zum anderen erfordert der Rahmen dieser Arbeit eine knappe Darstellung des Interpretations- und Ergebnisprozesses. So müssen einerseits die Thesen in größtmöglicher Transparenz gebildet werden, um intersubjektiv nachvollziehbar zu sein. Auf der anderen Seite müssen die Professionstheorien aus forschungspragmatischen Gründen verkürzt dargestellt werden. Dem soll mit dem kleinschrittigen Vorgehen Rechnung getragen

---

15 Eine Ausnahme bildet hier die Studie von Feige et al.

werden. Die ausgewählten Professionstheorien werden hier insoweit dargestellt, wie es für die Bearbeitung der Fragestellung erforderlich ist. Der Fokus der Darstellung liegt auf der spezifischen Fragestellung, welche Rolle die Seelsorge in der jeweiligen Professionstheorie der Religionslehrkraft spielt bzw. wo Kompetenzformulierungen auf die für Schulseelsorge relevanten[16] Kompetenzen hinweisen könnten, sich mit ihnen überschneiden oder deckungsgleich sind. In diesem Sinne handelt es sich daher um einen heuristischen Versuch als Suchprozess nach ersten Handlungsperspektiven für einen Kompetenzerwerb für Schulseelsorge.

14.3.1 Ausgewählte Professionstheorien als Bezugstheorien

14.3.1.1 (Schul-) Seelsorgerliche Dimensionen im Kompetenzmodell der EKD

Den Entwurf einer aktuellen und gegenwärtig vielfach rezipierten Professionstheorie stellt die Veröffentlichung der EKD dar. Die Empfehlungen zur Theologisch-Religionspädagogischen Kompetenz schreiben das Modell von 1997 weiter[17], nehmen erstmalig alle Ausbildungsphasen in den

---

16 Als relevant aufgrund der empirischen Befunde qualifiziert.
17 Vgl. Kirchenamt der EKD, Im Dialog über Leben und Glauben, 1997.

14.3 Handlungsperspektiven für die religionspädagogische (Ausbildungs-)Praxis

Blick und formulieren schulartunabhängig zentrale Kompetenzbereiche für die Ausbildung von Religionslehrenden.[18] Als Leitkompetenz wird dabei die theologisch-religionspädagogische Kompetenz formuliert.

„Theologisch-religionspädagogische Kompetenz meint dabei die Gesamtheit der beruflich notwendigen Fähigkeiten und Fertigkeiten, der Bereitschaft und berufsethischen Einstellungen, über die ein Religionslehrer bzw. eine -lehrerin verfügen muss und die es ihnen ermöglicht, mit der Komplexität von beruflichen Handlungssituationen konstruktiv umzugehen, d. h. religionspädagogisch handlungsfähig zu sein. Handlungsfähigkeit umfasst die Entwicklung einer reflexiven Distanzierungsfähigkeit zur eigenen Praxis ebenso wie ein reiches Handlungsrepertoire, das auf der operativen Ebene gelingende Lehr- und Lernprozesse ermöglicht."[19]

Der theologisch-religionspädagogischen Kompetenz sind fünf grundlegende Kompetenzen zugeordnet, die wiederum als Teilkompetenzen entfaltet werden.[20]

I. Religionspädagogische Reflexionskompetenz
- TK 1: Fähigkeit zur Reflexion der eigenen Religiosität und der Berufsrolle
- TK 2: Fähigkeit, zum eigenen Handeln in eine reflexive Distanz zu treten

II. Religionspädagogische Gestaltungskompetenz

---

18 Da alle Religionslehrkräfte „damit beauftragt [sind], Religionsunterricht zu gestalten [...], können die zentralen Kompetenzen in der Lehrerbildung für Lehrerinnen und Lehrer aller Schulformen einheitlich formuliert werden". Kirchenamt der EKD, Theologisch-religionspädagogische Kompetenz, 8. Interessant ist in diesem Zusammenhang die Studie „Lernende ReligionslehrerInnenbildung", die die (im Rahmen der EKD-Veröffentlichung formulierten) religionspädagogische Kompetenz von ReligionslehrerInnen evaluiert. Sie untersucht in einer Methoden-Trias aus narrativen Leitfadeninterviews, Testverfahren und Videoanalysen ReligionslehrerInnen, die ihr Studium an Universität Göttingen absolviert und ihr Referendariat 2004 abgeschlossen haben. Die Studie kommt nach Hofmann (Religionslehrer/ innen, 120) zu dem Schluss, dass „kompetenzorientierte Religionslehrer/innen/bildung [...] religionspädagogische Kompetenz als Leitziel ihrer Ausbildung bestimmen und das Zusammenwirken der drei Phasen stärken [müsste], um alle Teilkompetenzen religionspädagogischer Kompetenz optimal ausbilden, vertiefen und fördern zu können". Vgl. Dies., Religionspädagogische Kompetenz, 2008. Hofmann, Lernende LehrerInnenbildung, 68ff.
19 Kirchenamt der EKD, Theologisch-religionspädagogische Kompetenz, 16.
20 Vgl. Kirchenamt der EKD, Theologisch-religionspädagogische Kompetenz, 20ff.

14 Reflexion und Perspektiven

- TK 3: Fähigkeit zur theologischen und religionsdidaktisch sachgemäßen Erschließung zentraler Themen des Religionsunterrichts und zur Gestaltung von Lehr- und Lernprozessen
- TK 4: Erzieherische Gestaltungskompetenz
- TK 5: Fähigkeit zur religionsdidaktischen Auseinandersetzung mit anderen konfessionellen, religiösen und weltanschaulichen Lebens- und Denkformen
- TK 6: Fähigkeit zur Interpretation und didaktischen Entschlüsselung religiöser Aspekte der Gegenwartsliteratur
- TK 7: Wissenschaftsmethodische und medienanalytische Kompetenz
- TK 8: Religionspädagogische Methoden- und Medienkompetenz

III. Religionspädagogische Förderkompetenz

- TK 9: Religionspädagogische Wahrnehmungs- und Diagnosekompetenz
- TK 10: Religionspädagogische Beratungs- und Beurteilungskompetenz

IV. Religionspädagogische Entwicklungskompetenz

V. Religionspädagogische Dialog- und Diskurskompetenz

- TK 11: Interkonfessionelle und interreligiöse Dialog- und Kooperationskompetenz
- TK 12: Religionspädagogische Diskurskompetenz

Als Schlüsselkompetenz des EKD-Modells wird die religionspädagogische Reflexionsfähigkeit gewertet.[21] Sie soll[22] den reflexiven Umgang mit der eigenen Religiosität und Berufsrolle sowie die reflexive Distanz zum beruflichen Handeln ermöglichen.[23] Religionslehrende sollen demnach über die Fähigkeit zur Reflexion der eigenen Religiosität[24] und der Grenzen der eigenen Kompetenz verfügen.[25]

Die berufsbezogene theologische Kompetenz „durchzieht alle Kompetenzen als Grundlage, Bezugspunkt und Korrektiv".[26] Als theologische und religionsdidaktische Kompetenz stellt sie die Grundlage für die religions-

---

21 Vgl. Kirchenamt der EKD, Theologisch-religionspädagogische Kompetenz, 24.
22 Da hier von Kompetenz*anforderungen* die Rede ist, wird die Formulierung mit dem Modalverb *sollen* gewählt.
23 Vgl. Kirchenamt der EKD, Theologisch-religionspädagogische Kompetenz, 28f.
24 Sie ist der Religionspädagogischen Reflexionskompetenz zuzuordnen. Vgl. Kirchenamt der EKD, Theologisch-religionspädagogische Kompetenz, 28.
25 Vgl. Kirchenamt der EKD, Theologisch-religionspädagogische Kompetenz, 35.
26 Kirchenamt der EKD, Theologisch-religionspädagogische Kompetenz, 21.

14.3 Handlungsperspektiven für die religionspädagogische (Ausbildungs-)Praxis

pädagogische Gestaltungskompetenz dar[27], die in ihrer Gesamtheit Religionslehrerinnen und -lehrer befähigen soll, „Lehr- und Lernprozesse im Bereich religiöser Bildung"[28] zu gestalten.[29] Sie beinhaltet die Kenntnis grundlegender Texte und Sachverhalte biblisch-theologischer Wissenschaft, die Veranschaulichung von christlicher Spiritualität und Praxis, die Förderung der „Entwicklung elementarer theologischer Denkstrukturen bei Schülerinnen und Schüler"[30] und die Vermittlung ethischer Orientierungen aus christlicher Perspektive.[31] Außerdem soll sie Religionslehrenden ermöglichen, „existentiell relevante Dimensionen der Unterrichtsthemen aufspüren, sie mit der Lebenswirklichkeit der Schülerinnen und Schüler vermitteln"[32] zu können.

Die religionspädagogische Förderkompetenz soll Religionslehrerinnen und -lehrer dazu befähigen, Schülerinnen und Schüler „zu einer größtmöglichen Entfaltung ihrer Möglichkeiten zu verhelfen, damit sie [...] verantwortlich und selbstbestimmt leben können".[33] Sie soll ebenfalls dazu beitragen, dass Religionslehrerinnen und -lehrer „Schülerinnen und Schüler auch bei Niederlagen und Misserfolgen begleiten und unterstützen und bei Glaubens- und Lebensfragen seelsorgerlich gesprächsfähig und -bereit sind".[34] Konkretisiert als Wahrnehmungs- und Diagnosekompetenz soll sie Religionslehrende befähigen, „die Lebenswelten der Schülerinnen und

---

27 Vgl. Kirchenamt der EKD, Theologisch-religionspädagogische Kompetenz, 24.
28 Kirchenamt der EKD, Theologisch-religionspädagogische Kompetenz, 18.
29 Und zwar im Sinne eines guten Religionsunterrichts zu gestalten: „Guter Religionsunterricht zeichnet sich dadurch aus, dass es gelingt, die Lebensgeschichte und die eigenen Erfahrungen, die Interessen und die Neugier, das Vorwissen und die Wirklichkeitskonstruktionen der Schülerinnen und Schüler mit der Praxis des christlichen Glaubens zu verbinden und in vielfältig gestalteten Lehr- und Lernprozessen lebensbedeutsame Einsichten über Glauben und Leben von Christinnen und Christen zu erschließen. Lebensbedeutsamkeit erweist sich daran, dass das zu erwerbende Wissen den Schülerinnen und Schülern hilft, die eigenen elementaren religiösen Fragen zu bearbeiten, [...] und die eigene Religiosität und das eigene Handeln zu reflektieren." Kirchenamt der EKD, Theologisch-religionspädagogische Kompetenz, 18f.
30 Kirchenamt der EKD, Theologisch-religionspädagogische Kompetenz, 30.
31 Vgl. Kirchenamt der EKD, Theologisch-religionspädagogische Kompetenz, 30.
32 Kirchenamt der EKD, Theologisch-religionspädagogische Kompetenz, 30.
33 Kirchenamt der EKD, Theologisch-religionspädagogische Kompetenz, 19.
34 Kirchenamt der EKD, Theologisch-religionspädagogische Kompetenz, 19.

Schüler im Blick auf religiös relevante Momente und unter Rückgriff auf empirische Daten wahrnehmen, interpretieren und als Voraussetzungen in das eigene religionspädagogische Handeln einbeziehen"[35] zu können und über religions- und entwicklungspsychologischen Kenntnisse im Hinblick auf die Schülerinnen und Schüler zu verfügen.[36] Als religionspädagogische Beratungs- und Beurteilungskompetenz soll sie Religionslehrenden ermöglichen, „auf der Grundlage eines religionspädagogisch abgesicherten Konzepts Beratungen unterschiedlicher Art durchführen"[37] zu können. Religionslehrerinnen und -lehrer sollen in der Lage sein, grundlegend zwischen der „Annahme der Person und ihrem Werk, zwischen Würde des Menschen und seiner Leistung"[38] zu unterscheiden. Sie sollen das Verfahren des aktiven Zuhörens beherrschen und auf „Beratungserwartungen von Schülerinnen und Schülern sensibel eingehen und ihnen qualifizierte Beratung auf der Grundlage von Sachkenntnissen, Lebens- und Glaubenserfahrung ermöglichen"[39] können. Außerdem sollen Religionslehrerinnen und -lehrer „bei Beratungen in Glaubens- und Lebensfragen die Grenzen der eigenen Kompetenz erkennen und wahren können, der seelsorglichen Verantwortung aber nicht ausweichen".[40]

Als vierte zentrale Kompetenz benennt die EKD die religionspädagogische Entwicklungskompetenz. Sie soll Religionslehrerinnen und -lehrer dazu befähigen, sich „an der Schulentwicklung, an der Gestaltung der Schulkultur und des Schulklimas [zu beteiligen], indem sie die religiöse Dimension im Schulleben zur Geltung bringen".[41] Schließlich sollen Religionslehrerinnen und -lehrer über religionspädagogische Dialog- und Diskurskompe-

---

35 Kirchenamt der EKD, Theologisch-religionspädagogische Kompetenz, 34.
36 Vgl. Kirchenamt der EKD, Theologisch-religionspädagogische Kompetenz, 34.
37 Kirchenamt der EKD, Theologisch-religionspädagogische Kompetenz, 35.
38 Kirchenamt der EKD, Theologisch-religionspädagogische Kompetenz, 35.
39 Kirchenamt der EKD, Theologisch-religionspädagogische Kompetenz, 35.
40 Kirchenamt der EKD, Theologisch-religionspädagogische Kompetenz, 35.
41 Kirchenamt der EKD, Theologisch-religionspädagogische Kompetenz, 19. Vgl. Ebd., 36.

14.3 Handlungsperspektiven für die religionspädagogische (Ausbildungs-)Praxis

tenz verfügen und sich am interdisziplinären bzw. -religiösen Gespräch sowie an fächerverbindenden Kooperationen beteiligen.[42] Auch sollen sich Religionslehrende „innerhalb eines Kollegiums [...] verorten"[43] können.

Kompetenzen für Religionsunterricht und Schulseelsorge?
In der Professionstheorie der EKD spielt die seelsorgerliche Dimension eine Rolle. Im Rahmen der religionspädagogischen Förderkompetenz ist sogar von „seelsorgerliche[r] Verantwortung"[44] der/des Religionslehrenden die Rede. Desweiteren überschneiden sich einige Kompetenzanforderungen der EKD oder sind sogar deckungsgleich mit jenen Kompetenzen, die die befragten Schulseelsorgepersonen an allgemeinbildenden Gymnasien nennen. Der Übersichtlichkeit halber werden sie im Folgenden den Kompetenzbereichen (personale Kompetenz, soziale Kompetenz, Sachkompetenz, spirituelle Kompetenz) und den Teilkompetenzen (Reflexionsfähigkeit, Kommunikationskompetenz, usw.) zugeordnet, die im Rahmen der empirischen Studie entwickelt wurden.[45]

Im Bereich der personalen Kompetenz überschneidet sich die Anforderung der Reflexionsfähigkeit: Religionslehrende sollen über die Fähigkeit zur Reflexion der eigenen Religiosität[46] und der Grenzen der eigenen Kompetenz[47] verfügen. Diese Kompetenzanforderung ist kongruent mit der reflexiven Kompetenz, die für Schulseelsorge erforderlich ist.

Im Bereich der sozialen Kompetenz stimmen die Kompetenzanforderung an Religionslehrkräfte und Schulseelsorgepersonen in der Fähigkeit zur Gesprächsführung im Sinne der *Kommunikationskompetenz* überein. Religionslehrerinnen und -lehrer sollen über die Fähigkeit zur Gesprächsführ-

---
42 Vgl. Kirchenamt der EKD, Theologisch-religionspädagogische Kompetenz, 20.
43 Kirchenamt der EKD, Theologisch-religionspädagogische Kompetenz, 36.
44 Kirchenamt der EKD, Theologisch-religionspädagogische Kompetenz, 35.
45 Mir ist die Problematik bewusst, dass dies willkürlich sein kann. Deshalb habe ich eine größtmögliche Transparenz angestrebt, indem ich nicht einfach auf die Kompetenzanforderungen der EKD verwiesen, sondern sie dargestellt und ausgeführt habe.
46 Sie ist der Religionspädagogischen Reflexionskompetenz zuzuordnen. Vgl. Kirchenamt der EKD, Theologisch-religionspädagogische Kompetenz, 28.
47 Vgl. Kirchenamt der EKD, Theologisch-religionspädagogische Kompetenz, 35.

ung verfügen, insofern sie „das Verfahren des aktiven Zuhörens in praktischen Beratungssituationen kennen und praktizieren".[48] Auch kann der Anspruch, dass die Religionslehrerinnen und -lehrer „qualifizierte Beratung [...] ermöglichen"[49] sollen, als kommunikative Kompetenz im Sinne einer Qualifikation zu situations- und adressatenadäquaten Gesprächsführung interpretiert werden. Weiter sollen Religionslehrende über eine *Beratungskompetenz* verfügen, das zeigt die Formulierung der Kompetenz „des aktiven Zuhörens in praktischen Beratungssituationen".[50] Auch sollen sie „auf Beratungserwartungen [...] eingehen und [...] Beratung [...] ermöglichen".[51] Damit überschneidet sich die als Beratungskompetenz konkretisierte Kommunikationskompetenz der Schulseelsorgeperson mit der Anforderung an Religionslehrende. Eine große Übereinstimmung zwischen den Kompetenzanforderungen an Schulseelsorgepersonen und Religionslehrkräfte ist bei jenen Fähigkeiten festzustellen, die als *Wahrnehmungskompetenz* bezeichnet werden können. So sollen Religionslehrerinnen und -lehrer (ebenso wie Schulseelsorgepersonen) über die Fähigkeit verfügen, Gesprächsbedarf zu erkennen[52] und ihre Ansprechbarkeit zu signalisieren. Letzteres wird bei Religionslehrerinnen und -lehrern allerdings als interkonfessionelle und interreligiöse Dialog- und Kooperationsbereitschaft im Hinblick auf „Schülerinnen und Schüler und Eltern anderer Religionszugehörigkeit

---

48 Kirchenamt der EKD, Theologisch-religionspädagogische Kompetenz, 35.
49 Kirchenamt der EKD, Theologisch-religionspädagogische Kompetenz, 35.
50 Kirchenamt der EKD, Theologisch-religionspädagogische Kompetenz, 35.
51 Vgl. Kirchenamt der EKD, Theologisch-religionspädagogische Kompetenz, 30. Diese Beratung verfolgt nach Meinung der EKD das Ziel, „ethische Orientierungen aus christlicher Perspektive [zu] vermitteln". Kirchenamt der EKD, Theologisch-religionspädagogische Kompetenz, 35.
52 Kirchenamt der EKD, Theologisch-religionspädagogische Kompetenz, 35: „Auf Beratungserwartungen von Schülerinnen und Schülern sensibel eingehen".

14.3 Handlungsperspektiven für die religionspädagogische (Ausbildungs-)Praxis

und Weltanschauungen"[53] formuliert. Identisch ist bei beiden die erforderliche Fähigkeit zur „Unterscheidung von Annahme der Person und ihrem Werk, zwischen Würde des Menschen und seiner Leistung".[54]

Im Bereich der Sachkompetenz formuliert die EKD Kompetenzanforderungen, die mit der schulseelsorgerlichen Anforderung an *lebensweltliche Kompetenz* korrelieren. Religionslehrkräfte sollen über psychologische Kenntnisse verfügen, die sie dazu befähigen, „bei Beratungen [...] die Grenzen der eigenen Kompetenz [zu] erkennen".[55] Diese Anforderung korreliert mit der Kompetenz von Schulseelsorgepersonen, Probleme, die die eigene Kompetenz überschreiten, etwa psychopathologische, zu erkennen (und weiter zu vermitteln). Laut EKD sollen Religionslehrende (ebenso wie Schulseelsorgepersonen) über systemische Kenntnisse verfügen. Diese befähigen Religionslehrerinnen und -lehrer als religionspädagogische Diskurskompetenz dazu, sich „in den vielfältigen widersprüchlichen und interessegeleiteten Positionen und Meinungen innerhalb eines Kollegiums [...] [zu] verorten".[56] Weiter werden religions- und entwicklungspsychologische sowie soziologische Kenntnisse als erforderlich für Religionslehrende bewertet: Religionslehrkräfte sollen „auf Grundlage empirisch gesicherter Erkenntnisse und eigener Beobachtungen die religiösen Herkünfte und Lebenswelten, Erfahrungen und Einstellungen der Schülerinnen und Schüler"[57] erkennen und können „den religiösen Entwicklungsstand [...] von Schülerinnen und Schülern ermitteln und vor dem Hintergrund empirischer Erkenntnisse interpretieren".[58] Auch sollen Religionslehrkräfte über religionspädagogische Gestaltungskompetenz verfügen, die sie dazu befähigt, „grundlegende Texte und Sachverhalte biblisch-theologischer Wissenschaft

---

53 Sie ist als Teilkompetenz der religionspädagogischen Dialog- und Diskurskompetenz zugeordnet. Vgl. Kirchenamt der EKD, Theologisch-religionspädagogische Kompetenz, 37.
54 Kirchenamt der EKD, Theologisch-religionspädagogische Kompetenz, 35.
55 Kirchenamt der EKD, Theologisch-religionspädagogische Kompetenz, 35.
56 Kirchenamt der EKD, Theologisch-religionspädagogische Kompetenz, 38.
57 Kirchenamt der EKD, Theologisch-religionspädagogische Kompetenz, 34.
58 Kirchenamt der EKD, Theologisch-religionspädagogische Kompetenz, 34.

[...] [zu] erläutern"⁵⁹, „christliche Spiritualität und Praxis [zu] veranschaulichen und Sensibilität dafür [zu] wecken"⁶⁰ sowie „ethische Orientierungen aus christlicher Perspektive [zu] vermitteln".⁶¹ Die *theologische Kompetenz* impliziert außerdem die Fähigkeit zur „grundlegende[n] theologische[n] Unterscheidung von Annahme der Person und ihrem Werk, zwischen Würde des Menschen und seiner Leistung"⁶² und ihrer Anwendung „auf die schulische Leistungsproblematik".⁶³

Die EKD fordert von Religionslehrkräften nur recht dürftig Fähigkeiten, die als *spirituelle Kompetenz* umschrieben werden könnten: Insofern Religionslehrerinnen und -lehrer die „christliche Spiritualität und Praxis veranschaulichen"⁶⁴ können und die Fähigkeit zur Reflexion der eigenen Religiosität besitzen, kann davon gesprochen werden, dass Religionslehrerinnen und -lehrer über eine spirituelle Kompetenz, wie sie die empirischen Befunde für Schulseelsorge generiert.

Bewertung des Vergleichs

Die von der EKD formulierten Kompetenzen für Religionsunterricht weisen Übereinstimmungen mit jenen Kompetenzen auf, die im Rahmen der Schulseelsorge-Studie empirisch fundiert entwickelt wurden. Die Übereinstimmungen sind vor allem im Hinblick auf die soziale Kompetenz und Sachkompetenz festzustellen. Darüber hinaus lassen sich drei Beobachtungen festhalten:

---

59 Kirchenamt der EKD, Theologisch-religionspädagogische Kompetenz, 30. Die Kenntnis theologischer loci befähigt insofern auch zu einer „Beratung auf der Grundlage von Sachkenntnissen". Vgl. Kirchenamt der EKD, Theologisch-religionspädagogische Kompetenz, 35.
60 Kirchenamt der EKD, Theologisch-religionspädagogische Kompetenz, 30.
61 Kirchenamt der EKD, Theologisch-religionspädagogische Kompetenz, 30.
62 Kirchenamt der EKD, Theologisch-religionspädagogische Kompetenz, 35.
63 Kirchenamt der EKD, Theologisch-religionspädagogische Kompetenz, 35.
64 Kirchenamt der EKD, Theologisch-religionspädagogische Kompetenz, 30.

14.3 Handlungsperspektiven für die religionspädagogische (Ausbildungs-)Praxis

- In den Ausbildungsphasen von Religionslehrenden wird der für Schulseelsorge relevante Kompetenzerwerb von Seelsorgekompetenz, liturgischer Kompetenz[65] und Beziehungskompetenz nicht gefördert.

- In den Ausbildungsphasen von Religionslehrenden wird die Grundlage für Kompetenzen gelegt, die für schulseelsorgerliches Handeln erforderlich bzw. hilfreich sind. Um kompetent für Schulseelsorge zu sein, bedürfen diese Kompetenzen aber einer Erweiterung bzw. Vertiefung: Dies gilt zum einen für die spirituelle Kompetenz, die als schulseelsorgerliche Kompetenz nicht nur die Reflexion der eigenen Religiosität und die Befähigung zu (abstrakter) Veranschaulichung christlicher Spiritualität beinhalten darf, sondern eine Fähigkeit zum Leben einer persönlichen Spiritualität sein muss. Zweitens muss die Kommunikationskompetenz wesentlich erweitert werden: Kompetenz für Schulseelsorge erfordert kommunikative Fähigkeiten, die weit über die Fähigkeit zur Gesprächsführung hinausgehen. Schließlich muss im Rahmen der Sachkompetenz dem Erwerb von systemischen Kenntnissen mehr Aufmerksamkeit geschenkt werden: Schulseelsorgepersonen müssen nach Aussagen der Befragten auch über Kenntnisse der schulischen Organisationsstrukturen verfügen. Schließlich ist die religionspädagogische Reflexionskompetenz sowohl als Fähigkeit zur Reflexion der eigenen Berufsrolle als auch als Fähigkeit, zum eigenen Handeln in eine reflexive Distanz zu treten, grundlegend für schulseelsorgerliches Handeln. Sie muss auf die spezielle Rolle als Schulseelsorgeperson erweitert werden.

- In den Ausbildungsphasen von Religionslehrenden erwerben Religionslehrkräfte Kompetenzen, die die Schulseelsorgepersonen aufgrund ihrer schulseelsorgerlichen Arbeitsweise, Grundprinzipien, Zielsetzung und des Angebotsspektrums besitzen müssen, aber nicht dezidiert nennen. Dies ist

---

65 Es sei denn, dass die Religionspädagogische Entwicklungskompetenz als Liturgische Kompetenz interpretiert werden kann. Insofern sie die liturgische Handlungskompetenz ausbildet, die dazu befähigt, „spezifische religionspädagogisch verantwortete Beiträge" zur Schulentwicklung und zum Schulprogramm zu liefern und die „religiöse Dimension des Schullebens zur Geltung [zu] bringen und mit[zu]gestalten". Kirchenamt der EKD, Theologisch-religionspädagogische Kompetenz, 36.

zum einen die religionspädagogische Entwicklungskompetenz, die dazu befähigt, „spezifische religionspädagogisch verantwortete Beiträge" zur Schulentwicklung und zum Schulprogramm zu liefern[66] und die „religiöse Dimension des Schullebens zur Geltung [zu] bringen und mit[zu]gestalten".[67] Zum anderen besteht sie in der religionspädagogischen Dialog- und Diskurskompetenz, die die Kooperation mit Lehrerkolleginnen und -kollegen ermöglicht.[68]

Fazit

Damit lässt sich in Auseinandersetzung von empirischen Befunden und der Professionstheorie der EKD folgende Tendenz beobachten: Religionslehrerinnen und -lehrer sind nicht automatisch, also aufgrund ihrer Ausbildung zur Religionslehrerin/zum Religionslehrer, kompetent für Schulseelsorge. Sie brauchen erweiterte, vertiefte oder zusätzliche Kompetenzen in den Bereichen der personalen Kompetenz (Reflexion der Schulseelsorgerrolle), der Sachkompetenz (Seelsorgekompetenz, systemische Kenntnisse innerhalb der lebensweltlichen Kompetenz), der sozialen Kompetenz (Beziehungskompetenz, Kommunikationskompetenz) und der spirituellen Kompetenz. Allerdings sind Religionslehrerinnen und -lehrer aufgrund ihrer Ausbildung in besonderem Maße (aufgrund der Höhe der Übereinstimmungen) für Schulseelsorge qualifiziert. Daher ist keine völlig gesonderte, separate Ausbildung zur Schulseelsorgeperson notwendig, sondern es ist ein ergänzender Kompetenzerwerb für Schulseelsorge in der Ausbildung zur Religionslehrenden denkbar.

---

66 Kirchenamt der EKD, Theologisch-religionspädagogische Kompetenz, 36.
67 Kirchenamt der EKD, Theologisch-religionspädagogische Kompetenz, 36.
68 „Mit Lehrerinnen und Lehrern affiner Fächer ggf. in einer Fächergruppe zusammenarbeiten". Kirchenamt der EKD, Theologisch-religionspädagogische Kompetenz, 38.

14.3 Handlungsperspektiven für die religionspädagogische (Ausbildungs-)Praxis

14.3.1.2 (Schul-) Seelsorgerliche Dimensionen in den Religionslehrer-Innen-Studien in Niedersachsen[69] und Baden-Württemberg[70]

Die Forschungsgruppe um Andreas Feige publizierte in den letzten Jahren empirisch fundierte Befunde zu Profession und Selbstverständnis von Religionslehrerinnen und -lehrern. Bereits im Vorfeld der Studie in Niedersachsen wurde eine Matrix entwickelt, die es ermöglicht, unterschiedliche Stile von Religionslehrenden aus unterrichtshabitueller Perspektive[71] zu erfassen – statt Religionslehrerinnen und -lehrer in ihrem Selbstkonzept auf Typologien festzulegen, die aus religionsdidaktischen Konzepten resultieren.[72] Die Studie *Religion bei ReligionslehrerInnen* in Niedersachsen setzt sich ebenso wie die Studie in Baden-Württemberg[73] aus einem qualitativen und einem quantitativen Forschungsteil zusammen.[74] Besonders die Ergebnisse der quantitativen Studien sind interessant für den Vergleich mit der Schulseelsorge-Studie.[75] In repräsentativen Fragebogenerhebungen be-

---

69 Vgl. Feige/Dressler/Lukatis/Schöll, Religion bei ReligionslehrerInnen, 2000.
70 Vgl. Feige/Tzscheetzsch, Christlicher Religionsunterricht, 2005. Feige/Dressler/Tzscheetzsch, Religionslehrerin, 2006.
71 Die „aus den Interviews erschlossene Haltung, mit der ein Typus von gelehrter Religion personal-ganzheitlich repräsentiert wird", wird als unterrichtlicher Habitus bezeichnet. Feige/Dressler/Lukatis/Schöll, Religion bei ReligionslehrerInnen, 145.
72 Diese Matrix unterliegt der Prämisse, dass der individuelle Stil und Habitus des Religionslehrenden eingebettet ist in einen Raum didaktischer Handlungsoptionen und -stile. Um dies darzustellen, setzt sich die Matrix aus vier Feldern zusammen, die die Möglichkeiten der Gestaltwerdung von Religion im Unterricht umfassen (Lehre, Sprache, Raum und Ethos). Sie bezeichnen die „theoretisch formulier- bzw. begründbare[n] Aspekte von Religion als Unterrichtsgegenstand, als gelehrte Religion im Gegensatz zur gelebten Religion". In diesen vier Feldern kennzeichnet ein Punkt den Ort „des religiösen Unterrichtsstils der ReligionslehrerInnen." Dressler, Religionslehrerin, 118. Vgl. Feige/Dressler/Lukatis/Schöll, Religion bei ReligionslehrerInnen, 145. Dressler, Religionslehrerinnen und Religionslehrer, 107.
73 Feige/Tzscheetzsch, Christlicher Religionsunterricht.
74 Die Auswertung von 17 berufsbiografisch fokussierenden narrativen Interviews generieren Aussagen über das Verhältnis von gelebter und gelehrter Religion und das Selbstverständnis der Religionslehrerinnen und Religionslehrer, aus denen der Unterrichtshabitus geschlossen werden kann. In der quantitativ repräsentativen Befragung geben rund 2100 evangelische Religionslehrerinnen und -lehrer Auskunft über ihr berufliches Selbstverständnis und ihre unterrichtlichen Zielvorstellungen.
75 Zu den Möglichkeiten und Erkenntnisgrenzen quantitativ-empirischer Forschung : Vgl. Feige/Dressler/Lukatis/Schöll, Religion bei ReligionslehrerInnen, 220ff.

schreiben über 2100 evangelische Religionslehrerinnen und -lehrer aus Niedersachsen, über 4100 evangelische und katholische Religionslehrerinnen und -lehrer aus Baden-Württemberg[76] ihre Zielvorstellungen als Religionslehrende und die Gestaltungskonzepte ihres Religionsunterrichts.

Im Rahmen der Niedersachsen-Studie finden speziell an der Schulart des Gymnasiums folgende Zielvorstellungen des Religionsunterrichts besonders Zustimmung[77]: Religionslehrerinnen und -lehrer an Gymnasien sehen die Ziele ihres Religionsunterrichts (aufgeführt in der Wertigkeit der Aussagen) in der Vermittlung von Fachwissen[78] und Werten[79] sowie im Angebot der (christlichen) Lebensbegleitung.[80] Wenig Zustimmung fanden an Gymnasien die Ziele, die „Frohe Botschaft verkündigen", „Bezüge zu gelebter Religion zeigen oder herstellen" und „zu kreativem und zugleich sensiblen Umgang mit religiösen Zeichen und Symbolen anzuleiten".[81]

---

76 Die 2002 durchgeführte und von den Landeskirchen Württemberg und Baden, der Erzdiözese Freiburg und der Diözese Rottenburg-Stuttgart und dem Kultusministerium Baden-Württemberg in Auftrag gegebenene Studie in Baden-Württemberg wurde 2005 bzw. 2006 veröffentlicht. Der quantitative Teil wurde durch zwölf qualitative Interviews ergänzt.

77 Auf eine erschöpfende Aufzählung wird verzichtet. Hier sollen lediglich die eindrücklichsten und für die vorliegende Arbeit relevanten Ergebnisse Aufnahme finden. Die speziellen Fragen zum Religionsunterricht (Engagement der Kirche für den schulischen Religionsunterricht, Behinderungsfaktoren des Religionsunterrichts, Ökumenische Kooperation, Belastungen aus dem Thema Religion und die Ausdrucksformen evangelischen Glaubens) werden ausgelassen, da unerheblich für meine Arbeit.

78 Feige/Dressler/Lukatis/Schöll, Religion bei ReligionslehrerInnen, 232: „Zu Nachdenklichkeit in theologischen Fragen anleiten", „im Ansatz theologisches Fachwissen zu vermitteln", Zugänge zur Bibel zu schaffen", Lehrtraditionen zu vermitteln", „christliche Grundbildung zu vermitteln".

79 Feige/Dressler/Lukatis/Schöll, Religion bei ReligionslehrerInnen, 232: „Eine persönliche Orientierung für ihre Identitätsbildung zu ermöglichen" , „christliche Ethik herauszuarbeiten".

80 Feige/Dressler/Lukatis/Schöll, Religion bei ReligionslehrerInnen, 232: („meinen SchülerInnen zu helfen, ihre Lebensfragen möglicherweise als Glaubensfragen zu erkennen und zu erschließen" (3,42, G: ca. 3,4), „meinen SchülerInnen Verstehens- und Formulierungshilfen zu geben, ihre persönlichen Probleme einzubringen und zu bearbeiten"(4,05, G: ca. 3,5) und „christliche Lebensbegleitung anzubieten" (3,36, G: ca. 2,7).

81 Feige/Dressler/Lukatis/Schöll, Religion bei ReligionslehrerInnen, 232.

14.3 Handlungsperspektiven für die religionspädagogische (Ausbildungs-)Praxis

Niedersächsische Religionslehrerinnen und -lehrer an Gymnasien nennen als Gestaltungselement des Religionsunterrichts häufig die Gesprächsbereitschaft der Religionslehrkraft und ihre persönliche Zuwendung zur Schülerin bzw. zum Schüler.[82] Wenig Zustimmung finden an Gymnasien als Gestaltungselemente des Religionsunterrichts das Lied, Unterrichtsprojekt, Gebet oder die Feier einer Schulandacht.[83] An Fortbildungsthemen sehen Religionslehrerinnen und -lehrer an Gymnasien vor allem Bedarf an methodischen Hilfen für den Unterricht[84], Fortbildungen zur „Klärung theologischer Grundfragen"[85], zur Entwicklungspsychologie oder (Religions-)Soziologie[86] und zur sozialen und seelsorgerlichen Begleitung von Kindern und Jugendlichen.[87] Seltener wird der Wunsch nach Fortbildungen zur Gestaltung von Schulleben und -kultur und zur Einübung spiritueller Praxis laut.[88] Im Rahmen der Befragung zur Religion im Schulleben (religionspraktische Möglichkeiten an der Schule durch Andachten und Gottesdienste) geben schulartübergreifend 89 % der befragten Religionslehrerinnen und -lehrer an, sich an Gottesdienst- und Andachtsvorbereitungen[89] zu beteili-

---

[82] Feige/Dressler/Lukatis/Schöll, Religion bei ReligionslehrerInnen, 242: „Im Religionsunterricht sollte sich der Lehrer/die Lehrerin intensiver als sonst den SchülerInnen (durch Gesprächsbereitschaft, persönliche Offenheit) zuwenden". Diese Aussage erreicht auf einer Skala von 1-5 einen Mittelwert von ca. 4,2 an Gymnasien.

[83] Feige/Dressler/Lukatis/Schöll, Religion bei ReligionslehrerInnen, 242. MW an G ca. 1,8. Schulartübergreifend gaben (Feige/Dressler/Lukatis/Schöll, Religion bei ReligionslehrerInnen, 238) „zwischen 8-17% der befragten LehrerInnen [an], dass sie religionspädagogische Gestaltungselemente aus dem kirchlich-liturgischen Raum [z. B. Schulandacht, Gebete] als angemessene unterrichtliche Gestaltungsmomente am Religionslernort Schule verstehen und einsetzen können".

[84] Vgl. Feige/Dressler/ Lukatis/Schöll, Religion bei ReligionslehrerInnen, 257.

[85] Fortbildungen zur Arbeit mit biblischen Texten, zu religiösen Fragen, Probleme der Umwelt- und Medizinethik. Vgl. Feige/Dressler/ Lukatis/Schöll, Religion bei ReligionslehrerInnen, 253.

[86] Feige/Dressler/Lukatis/Schöll, Religion bei ReligionslehrerInnen, 252: Fortbildungen zu „Jugendproblemen, Jugendkultur, Idolen" und der „Alltagsbedeutung von Religion".

[87] Vgl. Feige/Dressler/Lukatis/Schöll, Religion bei ReligionslehrerInnen, 252.

[88] Vgl. Feige/Dressler/Lukatis/Schöll, Religion bei ReligionslehrerInnen, 252.

[89] Vgl. Feige/Dressler/Lukatis/Schöll, Religion bei ReligionslehrerInnen, 308. Hingegen beteiligen sich aus Sicht der Befragten nur 19% der Schulpfarrerinnen und -pfarrer an Gottesdienst- oder Andachtsvorbereitungen im schulischen Kontext.

gen, während in 71 % der Fällen sogar die Initiative für die Durchführung von Gottesdiensten und Andachten von Religionslehrerinnen und -lehrern ausgeht.[90]

In der Studie in Baden-Württemberg wurden die Fragehorizonte zur Erforschung der Profession der Religionslehrerin bzw. des Religionslehrers, wie sie sich bereits in der Niedersachsen-Studie bewährt hatten, beibehalten. Wieder geht es um die Erfassung von Unterrichtszielen, Gestaltungselementen, Fortbildungsinteressen, Unterrichtsbehinderungen und -belastungen. Auch hier wird auf die beiden letzten nicht eingegangen. Gegenüber der Niedersachsen-Studie repräsentiert die Studie in Baden-Württemberg auch katholische Religionslehrerinnen und -lehrer. Auffallend ist eine „außerordentlich hohe Meinungshomogenität"[91] über die Konfessionsgrenzen hinweg. Hier werden ausgewählte Ergebnisse, sofern möglich aus der Perspektive der am Gymnasium unterrichtenden Religionslehrerinnen und -lehrer dargestellt.

Religionslehrerinnen und -lehrer an baden-württembergischen Gymnasien bevorzugen „Zielvorstellungen, die die kognitiv-diskursive Seite des Unterrichtens betonen"[92], also Fachwissen vermitteln. Daneben sehen Religionslehrende an Gymnasien das Ziel des Religionsunterrichts in der Vermittlung von Werten[93] sowie im Angebot der (christlichen) Lebensbeglei-

---

[90] Vgl. Feige/Dressler/Lukatis/Schöll, Religion bei ReligionslehrerInnen, 308. Aus Sicht der Befragten geht die Initiative in nur 15% der Fällen von Schulpfarrerinnen und -pfarrern aus.
[91] Feige/Tzscheetzsch, Christlicher Religionsunterricht, 11.
[92] Feige/Tzscheetzsch, Christlicher Religionsunterricht, 30, Ebd., 31: „Zu Nachdenklichkeit in theologischen Fragen anleiten", „im Ansatz theologisches Fachwissen zu vermitteln", Zugänge zur Bibel zu schaffen", Kirchliche Lehrmeinung zu vermitteln", „christliche Grundbildung zu vermitteln".
[93] Feige/Tzscheetzsch, Christlicher Religionsunterricht, 31: „persönliche Orientierung anzubieten", „christliche Ethik herauszuarbeiten".

14.3 Handlungsperspektiven für die religionspädagogische (Ausbildungs-)Praxis

tung.[94] Eher zurückhaltend nennen sie als Ziele die „Gelegenheit zum Feiern und Gestalten", „Bezüge gelebter Religion herzustellen" und die „Frohe Botschaft [zu] verkündigen".[95]

Das Haupt-Gestaltungselement des Religionsunterrichts sehen die befragten Religionslehrenden in ihrer Gesprächsbereitschaft und persönlichen Offenheit.[96] Wenig Zustimmung finden an Gymnasien als Gestaltungselemente des Religionsunterrichts Lieder, Rituale und Gebete.[97]

An Fortbildungsthemen[98] sehen Religionslehrerinnen und -lehrer an baden-württembergischen Gymnasien vor allem Bedarf an methodischen Hilfen für den Unterricht, Fortbildungen zur Alltagsbedeutung von Religion, zur Entwicklungspsychologie oder (Religions-) Soziologie und zur sozialen und seelsorgerlichen Begleitung von Kindern und Jugendlichen.[99] Seltener, aber immerhin noch von 26 % aller Befragten wird der Wunsch nach Fortbildung zur Einübung spiritueller Praxis geäußert.[100]

Bei 90 % aller Befragten „gehört eine religiös-rituelle Feiergestalt [...] zur lebensweltlichen Ausstattung des Schullebens".[101] 94 % der befragten evangelischen Religionslehrenden bereiten Andachten und Gottesdienste vor, 83 % initiieren sie sogar.[102]

---

94 Feige/Tzscheetzsch, Christlicher Religionsunterricht, 31: „Lebens- und Glaubensfragen zu erschließen, „Verstehens- und Formulierungshilfen zu geben", „christliche Lebensbegleitung anzubieten".
95 Feige/Tzscheetzsch, Christlicher Religionsunterricht, 31.
96 Vgl. Feige/Tzscheetzsch, Christlicher Religionsunterricht, 35.
97 Vgl. Feige/Tzscheetzsch, Christlicher Religionsunterricht, 37.
98 Die Liste der Fortbildungsinteressen wurde gegenüber der Niedersachsen-Studie um vier Antwortvorgaben erweitert. Vgl. Vgl. Feige/Tzscheetzsch, Christlicher Religionsunterricht, 38ff.
99 Vgl. Feige/Tzscheetzsch, Christlicher Religionsunterricht, 39.
100 Vgl. Feige/Tzscheetzsch, Christlicher Religionsunterricht, 40.
101 Feige/Tzscheetzsch, Christlicher Religionsunterricht, 72.
102 Vgl. Feige/Tzscheetzsch, Christlicher Religionsunterricht, 74f.

14 Reflexion und Perspektiven

Kompetenzen für Religionsunterricht und Schulseelsorge? Sowohl in der Niedersachsen-Studie als auch in der Studie in Baden-Württemberg spielen offensichtlich Dimensionen von Seelsorge bzw. Schulseelsorge im Selbstverständnis der Religionslehrenden eine nicht unbedeutende Rolle. Sie sind erkennbar im Wunsch nach Fortbildungen, in den Zielen und Gestaltungsformen des Religionsunterrichts sowie in der Haltung zur Gestaltung des Schullebens durch religiöse Elemente. Im Folgenden wird der Versuch unternommen, die Selbstaussagen der Religionslehrerinnen und -lehrer beider ReligionslehrerInnen-Studien den Kompetenzen für Schulseelsorge zuzuordnen – nicht ohne die methodischen Schwierigkeiten aus dem Blick zu verlieren, die sich aus der Interpretation quantitativer Daten ergeben.[103]

Im Bereich der sozialen Kompetenz räumen die befragten Religionslehrerinnen und -lehrer der personalen Zuwendung und damit der Gesprächsbereitschaft der Lehrperson als Gestaltungselement des Religionsunterrichts einen Spitzenplatz ein.[104] Sofern die Bereitschaft zum Gespräch auch eine Fähigkeit zur Gesprächsführung impliziert, korrelieren die Kompetenzanforderungen für Religionsunterricht und Schulseelsorge als *Kommunikationskompetenz* hierin. Ist die Bereitschaft und Offenheit der Lehrperson zum Gespräch[105] auch mit der Fähigkeit zur Wahrnehmung von Gesprächsbedarf verbunden, so ist davon auszugehen, dass die Religionslehrkraft ebenso wie die Schulseelsorgeperson über eine *Wahrnehmungskompetenz* verfügt. In gewisser Weise kann sowohl aus den Zielen des Religionsunterrichts als auch aus dem Fortbildungsinteresse zur sozialen und seelsor-

---

103 Der Verfasserin ist bewusst, dass die quantitative Erhebung andere Fragestellungen verfolgte als die Beantwortung meiner Forschungsfrage. Daher muss mit besonderer Sensibilität und größtmöglicher Transparenz eine Interpretation der quantitativ-empirischen Daten im Rahmen eines Vergleichs mit den qualitativ-empirischen Daten der vorliegenden Schulseelsorge-Studie vorgenommen werden.
104 Vgl. Feige/Dressler/Lukatis/Schöll, Religion bei ReligionslehrerInnen, 237. Feige/Tzscheetzsch, Christlicher Religionsunterricht, 35.
105 Vgl. Feige/Dressler/Lukatis/Schöll, Religion bei ReligionslehrerInnen, 237. Feige/Tzscheetzsch, Christlicher Religionsunterricht, 35.

14.3 Handlungsperspektiven für die religionspädagogische (Ausbildungs-)Praxis

gerlichen Beratung von Kindern und Jugendlichen[106] auf eine für Religionslehrerinnen und -lehrer notwendige *Beratungskompetenz* geschlossen werden.[107] Die empirischen Ergebnisse beider ReligionslehrerInnen-Studien legen nahe, dass Religionslehrerinnen und -lehrer über eine *Beziehungskompetenz* verfügen können müssen, wenn sie als Ziel formulieren, Schülerinnen und Schülern (christliche) Lebensbegleitung zu bieten.[108] Dieser Vermutung liegt die Interpretation zugrunde, dass Begleitung ein sozial-durativer Prozess ist, der eine *Fähigkeit zur Gestaltung von Beziehung* erfordert. In diesem Sinne stimmen die Kompetenzanforderungen für Schulseelsorge und Religionsunterricht überein.

Im Bereich der Sachkompetenz betonen die Religionslehrerinnen und -lehrer die Notwendigkeit einer *lebensweltlichen Kompetenz*, wenn sie in ihrem Wunsch nach Fortbildungen zu „Jugendproblemen, Jugendkultur, Idolen"[109] und der Alltagsbedeutung von Religion[110] entwicklungspsychologische, religionspsychologische und soziologische Kenntnisse erwerben möchten. Die Aussagen der befragten Religionslehrerinnen und -lehrer vor allem in Niedersachsen lassen darauf schließen, dass eine *theologische Kompetenz* für Religionsunterricht bedeutsam ist, die dazu befähigen soll, „theologisches Fachwissen in Ansätzen zu vermitteln, Zugänge zur Bibel zu schaffen, die christliche Ethik in ihrem eigenen Profil herauszuarbeiten [und] eine christliche Grundbildung zu vermitteln".[111] Diese Notwendigkeit von theologischer Kompetenz für Religionsunterricht korreliert mit der Kompetenzanforderung für Schulseelsorge. Weiterhin nennen die befragten Religionslehrerinnen und -lehrer, allerdings mit großer Zurückhaltung als ein Ziel des Religionsunterrichts, „zu kreativem und zugleich sensiblen Umgang mit reli-

---

106 Vgl. Feige/Tzscheetzsch, Christlicher Religionsunterricht, 39. Feige/Dressler/Lukatis/Schöll, Religion bei ReligionslehrerInnen, 252.
107 Vgl. Feige/Dressler/Lukatis/ Schöll, Religion bei ReligionslehrerInnen, 224ff.
108 Vgl. Feige/Dressler/Lukatis/ Schöll, Religion bei ReligionslehrerInnen, 224. Feige/Tzscheetzsch, Christlicher Religionsunterricht, 31.
109 Feige/Dressler/Lukatis/Schöll, Religion bei ReligionslehrerInnen, 252.
110 Vgl. Feige/Tzscheetzsch, Christlicher Religionsunterricht, 39.
111 Feige/Dressler/Lukatis/Schöll, Religion bei ReligionslehrerInnen, 224. Vgl. Feige/Tzscheetzsch, Christlicher Religionsunterricht, 31.

giösen Zeichen und Symbolen anzuleiten".[112] Dies kann ebenso als *hermeneutische Kompetenz* verstanden werden wie die Fähigkeit, Probleme von Schülerinnen und Schülern zu deuten.[113] Die befragten Religionslehrerinnen und -lehrer erachten Fortbildungen zur „soziale[n], seelsorgerliche[n] Begleitung von Kinder und Jugendlichen"[114] als wichtig.[115] Dies lässt darauf schließen, dass Religionslehrerinnen und -lehrer es zum einen als Teil ihrer Aufgabe verstehen, seelsorgerlich zu wirken im Sinne einer seelsorgerlichen Begleitung von Schülerinnen und Schülern, zum anderen, dass Religionslehrerinnen und -lehrer als Ansprechpartner für seelsorgerliche Fragestellungen wahrgenommen werden. In diesem Anspruch korreliert die Anforderung an *Seelsorgekompetenz* für Schulseelsorge und Religionsunterricht. Die empirischen Ergebnisse beider ReligionslehrerInnen-Studien weisen darauf hin, dass Religionslehrerinnen und -lehrer über Fähigkeiten verfügen müssen, die als *liturgische Kompetenz* beschrieben werden können. Diese Interpretation lassen Aussagen hinsichtlich von Fortbildungswünschen, der Gestaltung des Schullebens und der Ziele des Religionsunterrichts zu. Zwar bewerten die befragten Religionslehrerinnen und -lehrer Fortbildungen zur „Gestaltung von Schulleben und Schulkultur"[116] sowie die Gestaltung und Feier gelebter Religion als Ziel des Religionsunterrichts sehr zurückhaltend als wichtig.[117] Aber 89 % der befragten Religionslehrerinnen

---

112 Feige/Dressler/Lukatis/Schöll, Religion bei ReligionslehrerInnen, 225.
113 Feige/Dressler/Lukatis/ Schöll, Religion bei ReligionslehrerInnen, 224: „Meinen SchülerInnen zu helfen, ihre Lebensfragen möglicherweise als Glaubensfragen zu erkennen und zu erschließen" . Diese Fähigkeit korreliert auch mit dem Wunsch nach Fortbildung zu „Jugendproblemen, Jugendkultur, Idolen", um Probleme von Jugendlichen überhaupt deuten zu können. Vgl. Feige/Tzscheetzsch, Christlicher Religionsunterricht, 31.
114 Feige/Dressler/Lukatis/Schöll, Religion bei ReligionslehrerInnen, 252.
115 Mittelwert 3,78 auf einer Skala von 1 (kann wegfallen) bis 5 (sehr wichtig). Interessant ist, dass die befragten Religionslehrenden an Gymnasien dieses Fortbildungsthema durchschnittlich mit 3,2 bewerteten, während es an Hauptschulen mit 4,6 als deutlich wichtiger eingestuft wurde. Vgl. Feige/ Dressler/Lukatis/Schöll, Religion bei ReligionslehrerInnen, 257.
116 Mittelwert 3,31. Hier differiert die Einschätzung von Gymnasiallehrern (2,8) und Religionslehrenden der Primarstufe (3,6) am weitesten.
117 Ziele des Religionsunterrichts: „Konkrete Gelegenheiten zum gemeinschaftlichen Feiern und Gestalten von Religion zu bieten"(2,79, G: ca. 2,0), „Bezüge zu Formen ge-

14.3 Handlungsperspektiven für die religionspädagogische (Ausbildungs-)Praxis

und -lehrer in Niedersachsen, bzw. 94 % der befragten Religionslehrerinnen und -lehrer in Baden-Württemberg beteiligen sich an Gottesdienst- und Andachstvorbereitungen, während in 71 % bzw. 83 % der Fällen die Initiative für die Durchführung von Gottesdiensten und Andachten von Religionslehrerinnen und -lehrern ausgeht.[118] In ihrer Gesamtheit zeigen diese Aussagen, dass Religionslehrerinnen und -lehrer, über Fähigkeiten in liturgischer Perspektive für die Gestaltung des Schullebens und des Religionsunterrichts mit religiösen Elementen (offensichtlich) verfügen. In der Fähigkeit zur liturgischen Gestaltung weisen sie Übereinstimmungen mit der für Schulseelsorge erforderlichen liturgischen Kompetenz auf. Allerdings bleibt unklar, in welchem Umfang Religionslehrerinnen und -lehrer über eine liturgische Kompetenz verfügen (können).

Der Wunsch nach einer Fortbildung zur „Einübung spiritueller Praxis"[119] wird zwar von den Religionslehrerinnen und -lehrern unterstützt, aber eine *spirituelle Kompetenz* scheint für die unterrichtliche Praxis eher von nachrangiger Bedeutung zu sein wie die geringen Mittelwerte belegen. Allerdings kann daraus nicht geschlossen werden, was der Grund für diese Bewertung ist: Erachten Religionslehrerinnen und -lehrer eine reflektierte Spiritualität als unbedeutend für ihre religionsunterrichtliche Praxis? Oder verfügen sie bereits über eine spirituelle Kompetenz, worauf das Ergebnis des qualitativen Teils der Studie hindeuten könnte, das die gelebte Religion als Ressource der gelehrten Religion generiert?

---

lebter Religion in der Kirche/Gemeinde praktisch herzustellen" (2,45, G: ca. 2,0). Feige/Dressler/Lukatis/ Schöll, Religion bei ReligionslehrerInnen, 225.
118 Vgl. Feige/Dressler/Lukatis/Schöll, Religion bei ReligionslehrerInnen, 308. Feige/Tzscheetzsch, Christlicher Religionsunterricht, 74f. Immerhin noch „zwischen 8-17% der befragten LehrerInnen [der Niedersachsen-Studie meinen], dass sie religionspädagogische Gestaltungselemente aus dem kirchlich-liturgischen Raum [z. B. Schulandacht, Gebete] als angemessene unterrichtliche Gestaltungsmomente am Religionslernort Schule verstehen und einsetzen können." Feige/Dressler/ Lukatis/Schöll, Religion bei ReligionslehrerInnen, 238.
119 Feige/Dressler/Lukatis/Schöll, Religion bei ReligionslehrerInnen, 253. Feige/Tzscheetzsch, Christlicher Religionsunterricht, 40.

Bewertung des Vergleichs

Trotz der bereits angesprochenen Schwierigkeit, die im (von der Schulseelsorge-Studie differierenden) Fokus und der Reichweite des quantitativ-empirischen Forschungsdesigns und damit der Vergleichbarkeit mit der qualitativen Schulseelsorge-Studie liegt, lassen sich folgende Beobachtungen festhalten. Sie unterliegen, wie bereits angesprochen, einem hohen Maß an Interpretation, da die Kompetenzanforderungen für Religionslehrende aus ihren Aussagen zu Selbstverständnis, Unterrichtszielen und -formen und Fortbildungswünsche interpretiert werden. Außerdem kann nicht hinreichend beantwortet werden, ob Religionslehrerinnen und -lehrer über Fähigkeiten aufgrund ihrer Ausbildung oder ihrer Berufserfahrung verfügen (können/müssen). Eine Empfehlung für den Kompetenzerwerb in der Ausbildungsphase zum Religionslehrenden kann daher nur unter dem Vorzeichen gegeben werden, dass bestimmte Kompetenzen für die Praxis in Religionsunterricht und Schulseelsorge wichtig sind und deshalb in der Ausbildung zur Religionslehrenden ihren Platz haben sollten.

Die aus den Aussagen interpretierten Kompetenzen bzw. Fähigkeiten weisen mit den Kompetenzanforderungen für Schulseelsorge, wie sie die empirische Studie an allgemeinbildenden Gymnasien generieren Übereinstimmungen auf. Vor allem hinsichtlich der Beziehungskompetenz, theologischen Kompetenz und hermeneutischen Kompetenz sind die Fähigkeiten der Religionslehrerinnen und -lehrer fast deckungsgleich mit den Kompetenzanforderungen an Schulseelsorgepersonen.

- Erstaunlich ist, dass alle für Schulseelsorge erforderlichen Kompetenzbereiche, mit Ausnahme der personalen Kompetenz, in den Daten der ReligionslehrerInnen-Studien identifiziert werden können.
- Aus der Gesamtheit der quantitativen Daten der ReligionslehrerInnen-Studien kann geschlossen werden, dass Religionslehrerinnen und -lehrer über Fähigkeiten verfügen, die für schulseelsorgerliches Handeln erforderlich bzw. hilfreich sind. Um Kompetenz für Schulseelsorge zu erlangen, bedürfen diese Kompetenzen aber einer Erweiterung bzw. Vertiefung: Dies

14.3 Handlungsperspektiven für die religionspädagogische (Ausbildungs-)Praxis

gilt zum einen für die Kommunikationskompetenz, die wesentlich erweitert werden muss: Kompetenz für Schulseelsorge erfordert kommunikative Fähigkeiten, die weit über die Fähigkeit zur Gesprächsführung hinausgehen. Zweitens muss die Wahrnehmungskompetenz um die Fähigkeit, Ansprechbarkeit zu signalisieren erweitert werden. Im Rahmen der Sachkompetenz bedarf drittens die lebensweltliche Kompetenz einer Vertiefung bzw. Ergänzung: Das zeigt bereits der Wunsch nach Fortbildung im Bereich von Jugendkultur etc. Entwicklungspsychologische, religionspsychologische und soziologische Kenntnisse scheinen auch für die Praxis des Religionslehrenden von Bedeutung zu sein. In jedem Fall müssen sie ergänzt werden durch systemische Kenntnisse, um Kompetenz für Schulseelsorge zu erlangen. Auch die Seelsorgekompetenz scheint für Religionslehrerinnen und -lehrer bedeutsam zu sein, muss aber durch Vermittlung und Einübung von Seelsorgetheorie und -praxis vertieft werden, um für Schulseelsorge kompetent zu sein. Unklar ist bei der liturgischen Kompetenz, ob Religionslehrerinnen und -lehrer, wenn sie das schulische Leben mit religiösen Elementen gestalten, über liturgische Kompetenzen überhaupt bzw. aufgrund ihrer Ausbildung oder ihrer Berufserfahrung verfügen. Klar ist, dass eine liturgische Kompetenz sowohl für Schulseelsorgende als auch für Religionslehrende wichtig ist. Schließlich sind Fähigkeiten, die sich als spirituelle Kompetenz umschreiben lassen, für die Praxis des Religionslehrenden eher nachrangig. Da keine abschließende Aussage über den Grund für diese Bewertung getroffen werden kann (nachrangig, weil unbedeutend oder weil bereits existent), bleibt festzuhalten, dass die Basis der Spiritualität in der Reflexion von gelebter und gelehrter Religion bei Religionslehrerinnen und -lehrern in jedem Fall gelegt ist. Daher bedarf die spirituelle Kompetenz einer Erweiterung bzw. Vertiefung in Richtung Schulseelsorge.

• Die befragten Religionslehrerinnen und -lehrer treffen im Rahmen der quantitativ-empirischen Erhebung keine Aussagen, die auf reflexive Fähigkeiten und damit personale Kompetenz schließen lassen könnten. Dies mag in der Forschungsmethodik begründet liegen[120], weshalb hier nicht die Aussage getroffen werden kann, dass Religionslehrende nicht über personale Kompetenz verfügen. Festgehalten werden kann nur, dass personale Kompetenz für Schulseelsorge erforderlich ist und deshalb auch einen Raum im Kompetenzerwerb für Schulseelsorge benötigt – ergänzend oder originär.

Fazit

Damit lässt sich in Auseinandersetzung von empirischen Befunden und der Professionstheorie der ReligionslehrerInnen-Studien folgende Tendenz beobachten: Eine Religionslehrkraft ist nicht automatisch, also aufgrund ihrer beruflichen Praxis kompetent für Schulseelsorge. Sie braucht erweiterte, vertiefte oder zusätzliche Kompetenzen in den Bereichen der personalen Kompetenz, der Sachkompetenz (Seelsorgekompetenz, liturgische Kompetenz, systemische Kenntnisse innerhalb der lebensweltlichen Kompetenz), der sozialen Kompetenz (Wahrnehmungskompetenz, Kommunikationskompetenz) und der spirituellen Kompetenz. Allerdings ist die Religionslehrende aufgrund ihrer beruflichen Praxis in besonderem Maße (aufgrund der Höhe der Übereinstimmungen) für Schulseelsorge qualifiziert. Daher ist keine völlig gesonderte, separate Ausbildung zur Schulseelsorgeperson notwendig, sondern es ist ein ergänzender Kompetenzerwerb für Schulseelsorge denkbar.

14.3.1.3 (Schul-) Seelsorgerliche Dimensionen in den professionstheoretischen Überlegungen Bernhard Dresslers

Bernhard Dressler formuliert Kompetenzanforderungen an Religionslehrerinnen und -lehrer auf der Grundlage jener empirischen Befunde, die er im Rahmen der ReligionslehrerInnen-Studie in Niedersachsen gemeinsam mit Andreas Feige, Wolfgang Lukatis und Albrecht Schöll bzw. in Ba-

---
120 Im Rahmen der Fragebogenerhebung wurden Aussagen, die auf diese Fähigkeiten schließen lassen, nicht abgefragt.

14.3 Handlungsperspektiven für die religionspädagogische (Ausbildungs-)Praxis

den-Württemberg gemeinsam mit Andreas Feige und Werner Tzscheetzsch erhob. Da die empirischen Befunde darauf hinweisen, dass „die gelebte Religion [...] durch die lehrhafte Gestalt von Religion an der Schule durchscheint"[121] und „die angestrebten Bildungsprozesse [...] umso produktiver und lebendiger [werden], je souveräner die RL [...] ein Spannungsverhältnis zwischen gelebter und gelehrter Religion"[122] gestaltet, ist es für Dressler „ein wichtiges Merkmal der Professionalität von RL, die eigene religiöse Biografie und die darin wirksamen Prägungen und Lebensführungsmuster [zu] reflektieren und zu den eigenen unterrichtlichen Ziel- und Gestaltungspräferenzen ins Verhältnis setzen zu können".[123] Für ihn zeigt sich Professionalität im Religionsunterricht in einer religiösen Kompetenz, die dazu befähigt, „Religion, gedeckt durch die eigene religiöse Lebensführung, als eine Praxis zu erschließen"[124] – im Sinne eines Hinweisens „vermittels Zeichen".[125] Daher müssen (angehenden) Religionslehrerinnen und -lehrern „Gelegenheiten zur (berufs-)biografischen Selbstreflexion"[126] eröffnet werden, um „im Spannungsverhältnis zwischen gelebter und gelehrter Religion [...] einen individuellen Stil ausbilden [zu] können, der die eigene religiöse Praxis nicht zum Maßstab des unterrichtlichen Handelns erhebt, sie aber als Resonanzraum der im Unterricht gelehrten Religion transparent hält"[127], eben um auf gelebte Religion („die eigene

---

121 Dressler, Religionslehrerin, 119. Dort (Religionslehrerin, 119) weiter: „Auch gelehrte Religion ist eine Gestalt gelebter Religion, zwar einer reflexiv gebrochenen, aber doch gerade so auch gelebten Religion. Im Sinne dieser Unterscheidung aber ist gelebte Religion – die eigene Frömmigkeitspraxis, die eigene Lebensdeutung, der eigene religiöse Bildungsfundus – eine „Ressource", aus der im RU geschöpft wird. [...] Auf die gelebte Religion wird im Unterricht nicht direkt, nicht unmittelbar zurückgegriffen. Sie wird mittels didaktischer Überlegungen in eine reflexive Distanz zur jeweiligen Unterrichtspraxis gerückt." Das bedeutet nach Dressler (Religionslehrerin, 120), dass die „Unterrichtsreligion [...] ohne die Lebensreligion nicht aus[kommt], aber [...] nicht mit ihr [identisch ist]. Vgl. Dressler, Religion zeigen können, 4.
122 Dressler, Religionslehrerin, 120.
123 Dressler, Religionslehrerin, 120.
124 Dressler, Religion zeigen können, 6. Vgl. Dressler, Religionslehrerin, 121.
125 Dressler, Religionslehrerin, 121.
126 Dressler, Religion zeigen können, 6.
127 Dressler, Religion zeigen können, 6.

Frömmigkeitspraxis, die eigene Lebensdeutung, der eigene religiöse Bildungsfundus"[128]) als Ressource für den Religionsunterricht zurückzugreifen.

Auf der Basis der empirischen Befunde formuliert er in „Gestalt eines Regelkataloges"[129] normative Erwartungen an Religionslehrerinnen und -lehrer, die im Folgenden in Auszügen dargestellt werden. Für Dressler sollen Religionslehrende über eine Fachkompetenz (einen „fachlichen Kompetenzvorsprung"[130]) verfügen und sich „hermeneutisch, aber nicht normativ am Erfahrungs- und Wahrnehmungshorizont"[131] der Schülerinnen und Schüler orientieren. Sie sollen „geschmackssicher im Umgang mit Religion [sein], weil sie sich in ihrem Unterricht auf eine eigene Religionspraxis beziehen [und diese] didaktisch reflektier[en]"[132] können. Auch sollen sie den „Zeichenkosmos der Religion"[133] für Schülerinnen und Schülern erschließen können. Für Dressler gehört die Fähigkeit, zwischen Person und Leistung zu trennen ebenso zur Kompetenz von Religionslehrenden wie eine Rollenklarheit als Lehrende.[134] Weiter sollen Religionslehrerinnen und -lehrer grundsätzlich offen sein für Glaubensgespräche „innerhalb und außerhalb des Religionsunterrichts [...], wenn es situativ angemessen erscheint"[135] und für seelsorgerliche Gespräche außerhalb des Unterrichts, wenn Schülerinnen und Schüler dies erwarten. Dabei sollen Religionslehrende allerdings über die Fähigkeit verfügen, die „Grenzen ihrer seelsorgerlichen Kom-

---

128 Dressler, Religionslehrerinnen und Religionslehrer, 108.
129 Dressler, Religionslehrerin, 124.
130 Dressler, Religionslehrerin, 125.
131 Dressler, Religionslehrerin, 125.
132 Dressler, Religionslehrerin, 125.
133 Dressler, Religionslehrerin, 125.
134 Dressler, Religionslehrerin, 125: Die Religionslehrende will ihrer Schüler nicht als *ganze* Person habhaft werden. Sie beurteilt sie hinsichtlich der im Unterricht vermittelten Kompetenzen". Sie kann „zwischen Personen und ihren Kompetenzen unterscheiden, ohne sich bei ihnen anzubiedern". Sie „ist in ihrer Selbstachtung nicht als Person von der Liebe der Schüler abhängig".
135 Dressler, Religionslehrerin, 125: Der Religionslehrende „weiß aber diese Gespräche, von dem, was im Unterricht planbar und didaktisierbar ist, zu unterscheiden".

14.3 Handlungsperspektiven für die religionspädagogische (Ausbildungs-)Praxis

petenz"[136] zu erkennen. Schließlich sollen Religionslehrende als „Christenmensch[en] unter Christenmenschen"[137] zur Gestaltung des Schullebens mit religiösen Elementen beitragen.

Kompetenzen für Religionsunterricht und Schulseelsorge?

Dressler zählt die seelsorgerliche Dimension ausdrücklich zu den Kompetenzen der Religionslehrenden, wenn er die Offenheit der Religionslehrenden für seelsorgerliche Gespräche und die Fähigkeit, die „Grenzen ihrer seelsorgerlichen Kompetenz"[138] zu erkennen, betont. Darüber hinaus formuliert er Anforderungen an Religionslehrende, die sich mit jenen Kompetenzen überschneiden oder decken, die nach Meinung der befragten Schulseelsorgepersonen erforderlich für Schulseelsorge sind.[139]

Im Bereich der personalen Kompetenz sollen Religionslehrerinnen und -lehrer nach Dressler über die *Fähigkeit zur Reflexion* der eigenen Religiosität verfügen, indem sie zwischen gelebter und gelehrter Religion unterscheiden[140] und didaktisch reflektiert einen Unterrichtsbezug zur eigenen Religionspraxis herstellen können.[141] Sowohl die Fähigkeit zur Reflexion der Religiosität verhält sich kongruent zu den Kompetenzanforderungen für Schulseelsorge als auch die Fähigkeit zur Reflexion der Grenzen der eigenen Kompetenz[142] und zur Rollenklarheit, obgleich sich die Rollenklarheit nach

---

136 Dressler, Religionslehrerin, 125.
137 Dressler, Religionslehrerin, 125: „Er setzt sich dafür ein, dass an seiner Schule Religion auch außerhalb des Unterrichts zu den Gestaltungsformen des sozialen und kulturellen Schullebens gehört. Er stellt seine besondere Kompetenz dafür zur Verfügung, agiert dabei aber nicht als Religionslehrer, sondern als Christenmensch unter Christenmenschen".
138 Dressler, Religionslehrerin, 125.
139 Der Lesbarkeit und systematisierten Darstellung halber, werden die normativen Erwartungen Dresslers gleich den Kompetenzbereichen der Schulseelsorge-Studie zugeordnet.
140 Vgl. Dressler, Religionslehrerin, 125.
141 Dressler, Religionslehrerin, 120: „Es ist deshalb ein wichtiges Merkmal der Professionalität von RL, die eigene religiöse Biografie und die darin wirksamen Prägungen und Lebensführungsmuster reflektieren und zu den eigenen unterrichtlichen Ziel- und Gestaltungspräferenzen ins Verhältnis setzen zu können."
142 Dressler, Religionslehrerin, 125: Der Religionslehrer weiß Glaubensgespräche „von dem, was im Unterricht planbar und didaktisierbar ist, zu unterscheiden." Weiter be-

Dressler auf die Rolle als Religionslehrperson beschränkt.[143] In gewisser Weise korreliert auch die Erwartung einer reflexiven Kompetenz zur Verortung im System an Religionslehrperson und Schulseelsorgeperson miteinander: Dressler formuliert als Teil der religionspädagogischen Professionalität, „den Allgemeinbildungsanspruch religiöser Bildung vertreten zu können"[144], speziell im Hinblick auf die bildungstheoretischen und verfassungspolitischen Begründungen des Religionsunterrichts. Währenddessen müssen nach Meinung der Befragten Schulseelsorgepersonen über die Fähigkeit verfügen, sich im System Schule zu definieren, positionieren, mit dem spezifischen Angebot von Schulseelsorge abzugrenzen und sich die Akzeptanz für Schulseelsorge im Kontext Schule zu erarbeiten.

Im Bereich der sozialen Kompetenz kann Dresslers Anforderung an Religionslehrende verortet werden, bereit zu sein, mit „Schülerinnen innerhalb und außerhalb des Religionsunterrichts Glaubensgespräche zu führen".[145] Insofern diese Bereitschaft zur Gesprächsführung auch die *Fähigkeit zur Gesprächsführung* impliziert, stimmt die Kompetenzanforderung an Religionslehrende und Schulseelsorgepersonen überein. Die *Fähigkeit zur Beratung* wird insofern von Religionslehrenden gefordert, insofern die Glaubensgespräche[146] und seelsorgerlichen Gespräche[147] (auch) als Beratungsanlässe interpretiert werden. Religionslehrende und Schulseelsorgepersonen sollen beide über die Fähigkeit verfügen, Gesprächsbedarf situativ wahrzunehmen.[148] Ebenso stehen die Kompetenzanforderungen für Religi-

---

tont Dressler (Religionslehrerin, 125): „Sie kennt aber die Grenzen ihrer seelsorgerlichen Kompetenz."
143 „Sie erwartet von ihren Schülern Anerkennung und Respekt in ihrer Rolle als Lehrperson. Sie ist in ihrer Selbstachtung nicht als Person von der Liebe ihrer Schüler abhängig". Dressler, Religionslehrerin, 125.
144 Dressler, Religionslehrerinnen und Religionslehrer, 117.
145 Dressler, Religionslehrerin, 125. Dort auch: „Sie ist offen dafür, mit ihren Schülern außerhalb des Unterrichts seelsorgliche Gespräche zu führen".
146 Dressler, Religionslehrerin, 125: „Er ist offen dafür, mit seinen Schülerinnen innerhalb und außerhalb des Religionsunterrichts Glaubensgespräche zu führen, wenn es situativ angemessen erscheint".
147 Dressler, Religionslehrerin, 125: „Sie ist offen dafür, mit ihren Schülern außerhalb des Unterrichts seelsorgliche Gespräche zu führen, wenn diese das erwarten".
148 Dressler, Religionslehrerin, 125: „Er ist offen dafür, mit seinen Schülerinnen inner-

14.3 Handlungsperspektiven für die religionspädagogische (Ausbildungs-)Praxis

onsunterricht und Schulseelsorge in einem kongruenten Verhältnis hinsichtlich der Fähigkeit zur Unterscheidung von Leistung und Person.[149] Beides wurde im Rahmen der Schulseelsorge-Studie als *Wahrnehmungskompetenz* umschrieben.

Im Bereich der Sachkompetenz sollen Religionslehrerinnen und -lehrer nach Dressler über entwicklungspsychologische (vermutlich auch religionspsychologische) Kenntnisse verfügen, um sich „hermeneutisch, aber nicht normativ am Erfahrungs- und Wahrnehmungshorizont"[150] der Schülerinnen und Schüler orientieren zu können. Dressler betont die Bedeutung dieser „kulturhermeneutischer Wahrnehmungsfähigkeit"[151], die es Religionslehrenden ermöglicht, „die nicht immer gleich als religiös, schon gar nicht als christlich-religiös identifizierbaren Formen und Dimensionen von Religiosität [...], vielfach auch nur religionsanaloge bzw. religionsäquivalente Muster"[152] bei Schülerinnen und Schülern wahrzunehmen. Hier kann eine Kongruenz zur *lebensweltlichen Kompetenz* für Schulseelsorge gesehen werden. Nach Dressler sollen Religionslehrende über „einen fachlichen Kompetenzvorsprung"[153] verfügen, der mit der für Schulseelsorgepersonen erforderlichen *theologischen Kompetenz* korreliert. Aus der theologischen Kompetenz der Religionslehrenden resultiert die Fähigkeit, „den Zeichenkosmos der Religion als eine Praxis, als eine Art bewohnbarer Welt [zu] erschließen".[154] Sie kann als kongruent mit der *hermeneutischen Kompetenz* der Schulseelsorgeperson betrachtet werden. Weiter sollen nach Dressler Religionslehrerinnen und -lehrer über eine *seelsorgerliche Kompetenz* verfügen,

---

halb und außerhalb des Religionsunterrichts Glaubensgespräche zu führen, wenn es situativ angemessen erscheint." „Sie ist offen dafür, mit ihren Schülern außerhalb des Unterrichts seelsorgerliche Gespräche zu führen, wenn diese das erwarten."
149 Dressler, Religionslehrerin, 125: Die Religionslehrerin kann „zwischen Personen und ihren Kompetenzen unterscheiden. [...] beurteilt sie hinsichtlich der im Unterricht vermittelten und erkennbaren Kompetenzen".
150 Dressler, Religionslehrerin, 125.
151 Dressler, Religion zeigen können, 6.
152 Dressler, Religion zeigen können, 6.
153 Dressler, Religionslehrerin, 125.
154 Dressler, Religionslehrerin, 125.

die in der Offenheit besteht, „außerhalb des Unterrichts seelsorgerliche Gespräche zu führen".[155] Sofern diese Bereitschaft auch die Fähigkeit zur seelsorgerlichen Gesprächsführung impliziert, überschneidet sie sich mit der Kompetenzanforderung für Schulseelsorge. Weiter sollen sich Religionslehrkräfte nach Dressler mit ihren „besonderen Kompetenzen"[156] dafür einsetzen, dass „Religion auch außerhalb des Unterrichts zu den Gestaltungsformen des sozialen und kulturellen Schullebens gehört".[157] Für Dressler gehört es zur Aufgabe der Religionslehrerperson, „Religion in der Schule als Teil des schulkulturellen Lebens nach Kräften und mit der den RL eigenen besonderen religiösen Kompetenz mitzugestalten".[158] Sofern diese besondere Kompetenz als Fähigkeit zur liturgischen Gestaltung religiöser Formen im Schulalltag interpretiert werden, korrelieren sie mit der *liturgischen Kompetenz*anforderung an Schulseelsorgepersonen. Interessant ist, dass Dressler hier eine symptomatische Unterscheidung trifft: Für die Mitgestaltung des Schullebens durch religiöse Elemente steht nicht der Religionslehrer „als Religionslehrer, sondern als Christenmensch unter Christenmenschen"[159] zur Verfügung. Das lässt vermuten, dass der Religionslehrende zwar über die Kompetenzen zur Mitgestaltung verfügt, sie aber nicht qua Amtes einsetzt, eben weil Dressler diese nicht der Aufgabe des Religionslehrers zuordnet. Vielmehr engagiert er sich im Schulalltag als Christ, der ehrenamtlich agiert. Evoziert bzw. impliziert die Rolle des Religionslehrers in Dresslers Verständnis schulseelsorgerliches Engagement?

Bewertung des Vergleichs

Die normativen Erwartungen an Religionslehrkräfte Dresslers weisen Übereinstimmungen mit jenen Kompetenzen auf, die im Rahmen der Schulseelsorge-Studie empirisch entwickelt wurden. Eine Kongruenz ist vor al-

---
155 Dressler, Religionslehrerin, 125.
156 Dressler, Religionslehrerin, 125.
157 Dressler, Religionslehrerin, 125.
158 Dressler, Religionslehrerinnen und Religionslehrer, 118.
159 Dressler, Religionslehrerin, 125.

14.3 Handlungsperspektiven für die religionspädagogische (Ausbildungs-)Praxis

lem in den Bereichen der personalen Kompetenz, sozialen Kompetenz und Sachkompetenz festzustellen. Darüber hinaus lassen sich folgende Beobachtungen beschreiben:

- Dressler fordert von Religionslehrerinnen und -lehrern explizit keine Fähigkeiten, die als Beziehungskompetenz oder spirituelle Kompetenz umschrieben werden könnten.

- Dressler erwartet von Religionslehrerinnen und -lehrern Fähigkeiten, die als Seelsorgekompetenz und liturgische Kompetenz umschrieben werden können. Da aufgrund der Aussagen Dresslers unklar bleibt, welche Begriffe und Reichweite von Seelsorge bzw. Seelsorgekompetenz und liturgischer Kompetenz zugrunde liegen, kann nicht mit Sicherheit gesagt werden, ob Dressler davon ausgeht, dass Religionslehrerinnen und -lehrer bereits kompetent für Schulseelsorge ist. Oder ob sein Seelsorge und Liturgik-Begriff von denen der Schulseelsorge-Studie differiert und deshalb die Kompetenzen für Schulseelsorge erweitert werden müssen.

- Dressler fordert von Religionslehrerinnen und -lehrern Fähigkeiten, die Grundlage jener Kompetenzen sein können, die für schulseelsorgerliches Handeln erforderlich bzw. hilfreich sind. Um kompetent für Schulseelsorge zu sein, bedürfen diese Fähigkeiten aber einer Erweiterung bzw. Vertiefung: Dies gilt zum einen für die spirituelle Kompetenz, die als schulseelsorgerliche Kompetenz nicht nur die Reflexion der eigenen Religiosität und die Unterscheidung von gelebter und gelehrter Religion beinhalten darf, sondern eine Fähigkeit zum Leben einer persönlichen Spiritualität sein muss. Zweitens ist die personale Kompetenz im Hinblick auf die reflexive Verortung im System Schule in Richtung der Schulseelsorge zu erweitern: Der „Allgemeinbildungsanspruch religiöser Bildung"[160], ist über den Religionsunterricht hinaus für schulseelsorgerliches Handeln zu vertreten. Drittens muss die Kommunikationskompetenz wesentlich erweitert werden: Kompetenz für Schulseelsorge erfordert kommunikative Fähigkeiten, die

---

160 Dressler, Religionslehrerinnen und Religionslehrer, 117.

weit über die Fähigkeit zur Gesprächsführung hinausgehen. Im Rahmen der sozialen Kompetenz muss auch die Wahrnehmungskompetenz gestärkt werden: Während Dressler von Religionslehrenden erwartet, dass sie Gesprächsbedarf wahrnehmen, müssen sie für Schulseelsorge darüber hinaus über die Fähigkeit verfügen, ihre Ansprechbarkeit für Gespräche zu signalisieren. Weiterhin muss im Rahmen der lebensweltlichen Kompetenz dem Erwerb von psychologischen, soziologischen und systemischen Kenntnissen mehr Aufmerksamkeit geschenkt werden, um Kompetenz für Schulseelsorge zu erwerben. Schließlich ist die Fähigkeit zur Rollenklarheit als Religionslehrperson zwar grundlegend für schulseelsorgerliches Handeln, sie muss aber auf die Fähigkeit zur Reflexion der Doppelrolle als Lehr- und Schulseelsorgeperson erweitert werden.

- Nach Dressler sollen Religionslehrkräfte über eine Kompetenz verfügen, die die Schulseelsorgepersonen aufgrund ihrer schulseelsorgerlichen Arbeitsweise, Grundprinzipien, Zielsetzung und des Angebotsspektrums besitzen müssen, aber nicht dezidiert nennen. Sie konkretisiert sich nach Dressler als Fähigkeit, mit religiösen Elementen einen Beitrag zum sozialen und kulturellen Schulleben zu leisten.

Fazit

Damit lässt sich in Auseinandersetzung von empirischen Befunden und den Erwartungen Dresslers folgende Tendenz beobachten: Eine Religionslehrkraft ist nicht automatisch, also aufgrund ihrer Ausbildung zur Religionslehrenden, kompetent für Schulseelsorge. Sie braucht erweiterte, vertiefte oder zusätzliche Kompetenzen in den Bereichen der personalen Kompetenz (Reflexion der Schulsseelsorgerrolle), der Sachkompetenz (lebensweltliche Kompetenz), der sozialen Kompetenz (Beziehungskompetenz, Kommunikationskompetenz) und der spirituellen Kompetenz. Allerdings ist die Religionslehrende aufgrund ihrer Ausbildung in besonderem Maße (aufgrund der Höhe der Übereinstimmungen) für Schulseelsorge qualifiziert.

14.3 Handlungsperspektiven für die religionspädagogische (Ausbildungs-)Praxis

Eine separate Ausbildung der Religionslehrenden für Schulseelsorge ist nicht notwendig, sondern es ist ein ergänzender Kompetenzerwerb für Schulseelsorge in der Ausbildung zur Religionslehrenden vorstellbar. Mehr noch: Dresslers Kompetenzanforderungen an Religionslehrkräfte sind in besonderem Maße anschlussfähig für einen Kompetenzerwerb für Schulseelsorge. Denn Dressler zählt schulseelsorgerliches Handeln im Sinne schulseelsorgerliche Angebote (seelsorgerliche Gespräche, Glaubensgespräche, Mitgestaltung des Schullebens) und die daraus resultierenden bzw. dafür erforderlichen Kompetenzen für Schulseelsorge bereits zu den Aufgaben und Kompetenzen des Religionslehrenden (seelsorgerliche Gespräche, Glaubensgespräche, Mitgestaltung des Schullebens) bzw. hält Religionslehrerinnen und -lehrer qua Amtes für fähig, außerhalb ihres Lehramtes (als Christenmensch) schulseelsorgerlich zu agieren (Mitgestaltung des Schullebens).[161]

14.3.2 Perspektiven für den Erwerb von Kompetenz für Schulseelsorge für Religionslehrerinnen und -lehrer

Die Reflexion der empirischen Befunde der Schulseelsorge-Studie durch die Professionstheorien hat ergeben, dass es sowohl Übereinstimmungen als auch Differenzen hinsichtlich der Kompetenzanforderungen für Religionsunterricht und Schulseelsorge gibt. Sowohl die von der EKD formulierten Kompetenzanforderungen für den Religionsunterricht als auch die aus den Aussagen der empirischen ReligionslehrerInnen-Studien interpretierten Kompetenzen bzw. Fähigkeiten weisen ebenso Übereinstimmungen mit den Kompetenzanforderungen für Schulseelsorge auf wie die professionstheoretisch postulierten Kompetenzen Dresslers. Dies besonders in den Bereichen der sozialen Kompetenz und Sachkompetenz. Dresslers normative Erwartungen weisen zudem eine Kongruenz in den Bereichen der personalen Kompetenz auf. Besonders die hohe Übereinstimmung der

---

161 Freilich bezeichnet er dieses Engagement nicht als Schulseelsorge.

empirischen Befunde der ReligionslehrerInnen-Studien und der Schulseelsorge-Studie überraschen: Die befragten Religionslehrerinnen und -lehrer verfügen in ihrer Selbstwahrnehmung über viele für Schulseelsorge erforderlichen Kompetenzen. Darüber hinaus können Religionslehrkräfte über Kompetenzen verfügen, die die Schulseelsorgepersonen aufgrund ihrer schulseelsorgerlichen Arbeitsweise, Grundprinzipien, Zielsetzung und des Angebotsspektrums besitzen müssen, aber nicht dezidiert nennen. Hier sind die Fähigkeit zu nennen, religiöse Dimensionen im Schulleben zu implementieren[162] und mit Lehrerkolleginnen und -kollegen zu kooperieren.[163]

Es ist anzunehmen, dass bestimmte Kompetenzen in der Professionalisierung zur Religionslehrerin bzw. zum Religionslehrer nicht vorgesehen sind: So forciert das Modell der EKD weder den Erwerb von Seelsorgekompetenz noch Beziehungskompetenz. Dressler erwartet währenddessen von Religionslehrerinnen und -lehrern explizit keine Fähigkeiten, die als Beziehungskompetenz oder spirituelle Kompetenz umschrieben werden könnten. Diese Kompetenzen müssen für kompetentes schulseelsorgerliches Handeln ergänzt werden.

Es kann davon ausgegangen werden, dass bestimmte Kompetenzen in der Professionalisierung zur Religionslehrerin bzw. zum Religionslehrer vorgesehen sind, aber einer Vertiefung bedürfen, um zu Kompetenzen für Schulseelsorge zu werden. Aufgrund der Professionstheorien kann gesagt werden, dass Religionslehrerinnen und -lehrer (theoretisch) über Fähigkeiten verfügen, die für schulseelsorgerliches Handeln erforderlich bzw. hilfreich sind. Um Kompetenz für Schulseelsorge zu erlangen, bedürfen diese Kompetenzen aber einer Erweiterung bzw. Vertiefung. Von Bedeutung ist eine Vertiefung im Bereich der Sachkompetenz. So bedarf die lebensweltli-

---

162 Die religionspädagogische Entwicklungskompetenz umfasst m. E. mehr als die liturgische Kompetenz: Sie befähigt dazu, „spezifische religionspädagogisch verantwortete Beiträge" zur Schulentwicklung und zum Schulprogramm zu liefern und die „religiöse Dimension des Schullebens zur Geltung [zu] bringen und mit[zu]gestalten". Kirchenamt der EKD, Theologisch-religionspädagogische Kompetenz, 36.
163 Religionspädagogischen Dialog- und Diskurskompetenz: „Mit Lehrerinnen und Lehrern affiner Fächer ggf. in einer Fächergruppe zusammenarbeiten". Kirchenamt der EKD, Theologisch-religionspädagogische Kompetenz, 38.

14.3 Handlungsperspektiven für die religionspädagogische (Ausbildungs-)Praxis

che Kompetenz von Religionslehrerinnen und -lehrern einer Vertiefung durch entwicklungspsychologische, religionspsychologische und -soziologische Kenntnisse sowie einer Ergänzung durch systemische Kenntnisse. Im Bereich der sozialen Kompetenz bedürfen die Kommunikationskompetenz und die Wahrnehmungskompetenz einer Vertiefung. So muss die Kommunikationskompetenz der Religionslehrerinnen und -lehrer ergänzt werden, um nicht nur die Fähigkeit zur Gesprächsführung, sondern Fähigkeiten einer Kommunikationskompetenz in umfassendem schulseelsorgerlichen Sinne zu beinhalten. Die Wahrnehmungskompetenz muss um die Fähigkeit, Ansprechbarkeit zu signalisieren erweitert werden.

Im Bereich der personalen Kompetenz ist eine Vertiefung der reflexiven Fähigkeit in Bezug auf die spezielle Rolle als Schulseelsorgende von Bedeutung. Hier geht es um die Erweiterung der Reflexion (und daraus resultierende Rollenklarheit) der spezielle Rolle als Schulseelsorgeperson und um die reflexive Verortung im System Schule als Schulseelsorgeperson. Eine Vertiefung gegenüber der Kompetenz für Schulseelsorge bedarf die spirituelle Kompetenz. Sie umfasst als Kompetenz für Schulseelsorge nicht nur die Reflexion der eigenen Religiosität und die Befähigung zu (abstrakter) Veranschaulichung christlicher Spiritualität, sondern eine Fähigkeit zum Leben einer persönlichen Spiritualität. Die ReligionslehrerInnen-Studien belegen, dass die Basis der Spiritualität in der Reflexion von gelebter und gelehrter Religion bei Religionslehrerinnen und -lehrern in jedem Fall gelegt ist.

Während die EKD von Religionslehrerinnen und -lehrern dezidiert keine Seelsorgekompetenz fordert, erwarten Dressler und auch die Selbstaussagen der Religionslehrerinnen und -lehrer im Rahmen der ReligionslehrerInnen-Studien, dass Religionslehrende über eine solche verfügen sollen. Unklar bleibt, in welchem Maße sie darüber verfügen. Unstrittig ist, dass Religionslehrende, eben weil sie Christen sind, seelsorgerliche Gespräche führen können wie jeder Christ auch. Aber die Frage ist: Sind sie darüber hinaus dafür in einem professionellen Verständnis ausgebildet? Die im

14 Reflexion und Perspektiven

Rahmen der ReligionslehrerInnen-Studien empirisch erfasste subjektive Wirklichkeit von Religionslehrerinnen und -lehrer zeigt, dass die Vermittlung und Einübung von Seelsorgetheorie und -praxis vertieft werden muss, um Kompetenz für Schulseelsorge zu erwerben. Alle Professionstheorien fordern außerdem von Religionslehrerinnen und -lehren eine liturgische Kompetenz. Dies korreliert mit dem empirischen Befund, dass Religionslehrerinnen und -lehrer eben als Religionslehrende Gottesdienste und andere religiöse Feiern verantworteten.[164] Offen bleibt allerdings, ob Religionslehrerinnen und -lehrer liturgisches Rüstzeug an die Hand bekommen, um liturgisch zu wirken oder ob sie einfach liturgisch wirken (sollen), eben weil es zum Amt des Religionslehrenden gehört. Sollten sie in Fragen der Liturgik nicht professionalisiert sein, sondern einfach als „Christenmensch und Christenmenschen"[165] liturgisch wirken, indem sie religiöse Elemente im Schulleben implementieren und Feiern gestalten, dann bedarf die liturgische Kompetenz einer entschiedenen Vertiefung.

14.3.3 Gesamtfazit

Damit ist als Gesamtfazit aus dem Vergleich von Professionstheorien und den empirischen Befunden der Schulseelsorge-Studie als Handlungsperspektive für die religionspädagogische (Ausbildungs-)Praxis folgende Tendenz ersichtlich:

Religionslehrerinnen und -lehrer sind nicht automatisch, also aufgrund ihrer Ausbildung zur oder ihrer beruflichen Praxis als Religionslehrerin/zum Religionslehrer kompetent für Schulseelsorge. Sie verfügen sehr

---

164 Feige/Tzscheetzsch, Christlicher Religionsunterricht, 74f: 94% der befragten evangelischen Religionslehrenden bereiten Andachten und Gottesdienste vor, 83% initiieren sie sogar. Feige/Dressler/ Lukatis/Schöll, Religion bei ReligionslehrerInnen, 308: Im Rahmen der Niedersachsen-Studie gaben schulartübergreifend 89% der befragten Religionslehrerinnen und -lehrer an, sich an Gottesdienst- und Andachtsvorbereitungen zu beteiligen, während in 71% der Fällen sogar die Initiative für die Durchführung von Gottesdiensten und Andachten von Religionslehrerinnen und -lehrern ausgeht.
165 Dressler, Religionslehrerin, 125.

14.3 Handlungsperspektiven für die religionspädagogische (Ausbildungs-)Praxis

wohl über eine Basis an Kompetenzen für Schulseelsorge, benötigen aber erweiterte, vertiefte oder zusätzliche Kompetenzen für Schulseelsorge. Als Zusatzqualifikation benötigen sie eine Beziehungskompetenz. Erweiterte oder vertiefte Kompetenzen benötigen sie im Bereich der personalen Kompetenz (Reflexion der Schulseelsorgerrolle), der Sachkompetenz (Seelsorgekompetenz, lebensweltliche Kompetenz), der sozialen Kompetenz (Kommunikationskompetenz, Wahrnehmungskompetenz) und der spirituellen Kompetenz. Sollen Religionslehrerinnen und -lehrer nicht bloß als Christen seelsorgerlich und liturgisch wirken, sondern auf eine Professionalisierung in diesen Bereichen zurückgreifen können, dann benötigen sie vor allem hier einen ergänzenden Kompetenzerwerb.

Allerdings sind Religionslehrerinnen und -lehrer aufgrund ihrer Ausbildung und ihrer beruflichen Praxis hinsichtlich der Kompetenzen, die von ihrer Profession gefordert werden in besonderem Maße für Schulseelsorge qualifiziert. Daher ist keine völlig gesonderte, separate Ausbildung zur Schulseelsorgeperson notwendig, sondern es ist ein ergänzender Kompetenzerwerb für Schulseelsorge denkbar. Weil die Ausbildungsphase von Religionslehrerinnen und -lehrern alle drei Ausbildungsabschnitte umfasst und so theoretische Reflexion und praktische Einübung vereint, ist der ergänzende Kompetenzerwerb für Schulseelsorge in der Ausbildung zur Religionslehrkraft sinnvoll.

Teil V: Literatur und Materialien

15 Literaturverzeichnis

Abesser, Bernd, **Schulandachten**, in: Koerrenz, Ralf/ Wermke, Michael (Hg.), Schulseelsorge – Ein Handbuch, Vandenhoeck & Ruprecht, Göttingen 2008, 143-147.

Adam, Gottfried/**Lachmann**, Rainer (Hg.), **Neues Gemeindepädagogisches Kompendium**, V&R unipress, Göttingen 2008.

Arnold, Rolf, **Systemtheorie** und Schule: Systemisch-konstruktivistische Schulentwicklung, in: Bohl, Thorsten/Helsper, Werner/Holtappels, Heinz Günter/Schelle, Carla (Hg.), Handbuch Schulentwicklung. Theorie – Forschungsbefunde – Entwicklungsprozesse – Methodenrepertoire, Verlag Julius Klinkhardt, Bad Heilbrunn 2010, 79-82.

Averbeck, Hans-Henning, **Schulseelsorge** und Religionsunterricht im Kontext von Krisenintervention an Schulen, in: Entwurf 1 (2007), 48-51.

Bastian, Johannes, **Pädagogische Schulentwicklung**, in: Bohl, Thorsten/Helsper, Werner/Holtappels, Heinz Günter/Schelle, Carla (Hg.), Handbuch Schulentwicklung. Theorie – Forschungsbefunde – Entwicklungsprozesse – Methodenrepertoire, Verlag Julius Klinkhardt, Bad Heilbrunn 2010, 93-96.

Bastian, Johannes, Pädagogische **Schulentwicklung**. Von der Unterrichtsreform zur Entwicklung der Einzelschule, in: Pädagogik 49, Heft 2 (1997), 6-11.

Bastian, Johannes/**Combe**, Arno, **Pädagogische Schulentwicklung**. Gemeinsam an der Entwicklung der Lernkultur arbeiten, in: Pädagogik 50, Heft 11 (1998), 6-9.

15 Literaturverzeichnis

Battke, Achim/**Fitzner**, Thilo/**Isak**, Rainer/**Lochmann**, Ullrich (Hg.), **Schulentwicklung** – Religion – Religionsunterricht. Profil und Chance von Religion in der Schule der Zukunft, Herder-Verlag, Freiburg 2002.

Bauer, Wolfgang, **Projekt Schulseelsorge** als Präsenz von Kirche im Lebensraum Schule. Weil das Leben sich nicht im 45 Minutentakt verhandeln lässt, in: Schöneberger Hefte 29 (1999) 3 (111), 2-5.

Baumann, Ulrike, **Seelsorge** im Religionsunterricht, in: Entwurf 1 (2007), 12-14.

Benner, Dietrich/**Oelkers** (Hg.), Jürgen, **Historisches Wörterbuch der Pädagogik**, Beltz Weinheim-Basel 2004.

Biesinger, Albert/**Schmidt**, Joachim (Hg.), **Schulpastoral** an beruflichen Schulen. Religionsunterricht an berufsbildenden Sculen, Reihe: gott-leben-beruf, Schriften des Instituts für berufsorientierte Religionspädagogik Bd. 4, Noderstedt 2006.

Bischöfliches Ordinariat der Diözese Rottenburg-Stuttgart, Referat Schulpastoral (Hg.), **Den Alltag durchbrechen**. Neue Impulse und Bausteine für die Schulpastoral, Rottenburg-Stuttgart 2009[1].

Bistum Osnabrück, **Konzept** einer Schulpastoral, Osnabrück 2011.

Bitter, Gottfried/**Englert**, Rudolf/ **Miller**, Gabriele/ **Nipkow**, Karl Ernst (Hg.), **Neues Handbuch** religionspädagogischer Grundbegriffe, Kösel-Verlag, München 2002.

Bitter, Gottfried, **Schulseelsorge**. Unterschiedliche Konzeptionen. Gabriele Miller zu Ehren, in: Lebendige Seelsorge 54 (2003), 70-77.

Bleicken, Jochen, **Die athenische Demokratie**, 4., völlig überarbeitete und wesentlich erweiterter Auflage, Schöningh, Paderborn-München-Wien-Zürich, 1995.

Bleistein, Roman SJ, **Schulseelsorge?**, in: Stimmen der Zeit, Heft 9, September 1983, 644-645.

Böhm, Andreas, 5.13 **Theoretisches Codieren**: Textanalyse in der Grounded Theory, in: Flick, Uwe/Kardorff, Ernst von/Steinke, Ines (Hg.), Qualitative Forschung. Ein Handbuch, Rowohlt Taschenbuchverlag, Reinbeck bei Hamburg 2005⁴, 475-485.

Böhm, Winfried, **Wörterbuch der Pädagogik**. Unter Mitarbeit von Frithjoff Grell, 16., vollständig überarbeitete Ausgabe, Kröner, Stuttgart 2005.

Bogner, Alexander/**Littig**, Beate/**Menz**, Wolfgang (Hg.), **Experteninterviews**. Theorien, Methoden, Anwendungsfelder. 3., grundlegend überarbeitete Auflage, VS Verlag für Sozialwissenschaften, Wiesbaden 2009.

Bogner, Alexander/**Menz**, Wolfgang, **Experteninterviews** in der qualitativen Sozialforschung. Zur Einführung in eine sich intensivierende Methodendebatte, in: Bogner, Alexander/Littig, Beate/Menz, Wolfgang (Hg.), Experteninterviews. Theorien, Methoden, Anwendungsfelder. 3., grundlegend überarbeitete Auflage, VS Verlag für Sozialwissenschaften, Wiesbaden 2009, S. 7-31.

Bogner, Alexander/**Menz**, Wolfgang, Das theoriegenerierende **Experteninterview**. Erkenntnisinteresse, Wissensformen, Interaktion, in: Bogner, Alexander/Littig, Beate/Menz, Wolfgang (Hg.), Experteninterviews. Theorien, Methoden, Anwendungsfelder. 3., grundlegend überarbeitete Auflage, VS Verlag für Sozialwissenschaften, Wiesbaden 2009, S. 61-98.

Bohl, Thorsten/**Helsper**, Werner/**Holtappels**, Heinz Günter/**Schelle**, Carla (Hg.), **Handbuch Schulentwicklung**. Theorie – Forschungsbefunde – Entwicklungsprozesse – Methodenrepertoire, Verlag Julius Klinkhardt, Bad Heilbrunn 2010.

Brenner, Gerd/ **Nörber**, Martin, **Thema: Jugendarbeit und Schule**: Ein Problemaufriss, in: Brenner, Gerd/ Nörber, Martin (Hg.), Jugendarbeit und Schule. Kooperation statt Rivalität um die Freizeit, Juventa Verlag, Weinheim und München 1992, 9-13.

15 Literaturverzeichnis

Brunner, Reinhard/**Zeltner**, Wolfgang, **Lexikon zur Pädagogischen Psychologie und Schulpädagogik**, Ernst Reinhardt Verlag, München 1980.

Bubmann, Peter/**Doyé**, Götz/Keßler, Hildrun/Desselmann, Dirk/Pirath, Nicole/Steinhäuser, Martin (Hg.), **Gemeindepädagogik**, de Gruyter, Berlin-Boston 2012.

Bucher, Anton A. **Seelsorge an Schülerinnen und Schülern im Kindesalter**, in: Koerrenz, Ralf/ Wermke, Michael (Hg.), Schulseelsorge – Ein Handbuch, Vandenhoeck& Ruprecht, Göttingen 2008, 88-98.

Büttner, Gerhard, Die seelsorgerliche **Dimension** des Religionsunterrichts, in: Engemann, Wilfried (Hg.), Handbuch der Seelsorge. Grundlagen und Profile, Evangelische Verlagsanstalt, Leipzig 2007, 508-521.

Büttner, Gerhard, **Seelsorge an Unterrichtenden**, in: Koerrenz, Ralf/ Wermke, Michael (Hg.), Schulseelsorge – Ein Handbuch, Vandenhoeck& Ruprecht, Göttingen 2008, 107-114.

Büttner, Gerhard, **Seelsorge im Religionsunterricht**, in: Schröder, Bernd (Hg.), Religion im Schulleben. Christliche Präsenz nicht allein im Religionsunterricht, Neukirchener Verlagshaus, Neukirchen-Vluyn 2006, 167-170.

Büttner, Gerhard, **Seelsorge** im Religionsunterricht. Pastoralpsychologische Untersuchungen zum Zusammenhang von Thema und Interaktion in der Schulklasse, Stuttgart 1991.

Büttner, Gerhard/**Dieterich**, Veit-Jakobus, **Religion** als Unterricht. Ein Kompendium, Vandenhoeck&Ruprecht, Göttingen 2004.

Büttner, Gerhard/**Sauer**, Gert (Hg.), **Seelsorge und Religionsunterricht**, Trapez-Verlag, Menden 1988.

Burkhard, Joachim, Die **Mitgestaltung der Schulkultur** als Aufgabe der Kirche, in: Ders./Wehrle, Paul (Hg.); Schulkultur mitgestalten. Pastorale Anregungen und Modelle, Herder-Verlag, Freiburg i. Br. 2005, 10-34.

15 Literaturverzeichnis

Burkhard, Joachim, **Schulpastoral** als Beitrag zur Schulkultur, in: Lebendige Seelsorge 2 (2003), 81-83.

Burkhard, Joachim, **Schulpastoral als Beitrag** zur Schulkultur, Eine theologisch-pneumatologische Handlungsorientierung, 2002. Quelle: www.freidok.uni-freiburg.de/volltexte/ 484/pdf/jbdiss.pdf (Stand: 18.05.2012).

Burkhard, Joachim/**Wehrle,** Paul (Hg.); **Schulkultur** mitgestalten. Pastorale Anregungen und Modelle, Herder-Verlag, Freiburg i. Br. 2005.

Burrichter, Rita/**Grümme,** Bernhard/**Mendl,** Hans/**Pirner,** Manfred L./**Rothgangel,** Martin/**Schlag,** Thomas, **Professionell Religion unterrichten.** Ein Arbeitsbuch. Mit einem Beitrag zum Referendariat von Hartmut Lenhard, Verlag W. Kohlhammer, Stuttgart 2012.

Collmar, Norbert, **Schulseelsorgerliche Kompetenzen** von Pfarrern und Lehrkräften, in: Koerrenz, Ralf/ Wermke, Michael (Hg.), Schulseelsorge – Ein Handbuch, Vandenhoeck&Ruprecht, Göttingen 2008, 123-130.

Dam, Harmjan, **Entwicklung** der Schulseelsorge in den Landeskirchen 2006-2008, in: Dam, Harmjan/Spenn, Matthias (Hg.), Qualifizierung Schulseelsorge, Comenius-Institut Münster 2009, 103-108.

Dam, Harmjan, **Evangelische Schulseelsorge** – für gelingendes Leben und Humanität in der Schule, in: Lebendige Seelsorge 2 (2003), 124-128.

Dam, Harmjan, Schulseelsorge (IV.3.3), **in:** Bitter, Gottfried/Englert, Rudolf/ Miller, Gabriele/ Nipkow, Karl Ernst (Hg.), Neues Handbuch religionspädagogischer Grundbegriffe, Kösel-Verlag, München 2002, 358-361.

Dam, Harmjan, **Schulseelsorge.** Ein Handlungsfeld aus drei Quellen: Religionsunterricht, Jugendarbeit und Seelsorge, in: Schule und Kirche 1 (2000), 13-19.

15 Literaturverzeichnis

Dam, Harmjan, **Schulseelsorge – tragendes Element** in der Schulkultur einer evangelischen Schule, in: Kumlehn, Martina/Klie, Thomas (Hrsg.), Protestantische Schulkulturen. Profilbildung an evangelischen Schulen, Verlag W. Kohlhammer, Stuttgart 2011, 191-200.

Dam, Harmjan, Welche **Kompetenzen** werden für Schulseelsorge gebraucht?, in: Schröder, Bernd (Hg.), Religion im Schulleben. Christliche Präsenz nicht allein im Religionsunterricht, Neukirchener Verlag, Neukirchen-Vluyn 2006, 37-50.

Dam, Harmjan, **Wenn der RU** den Rahmen sprengt. Die Arbeitsformen der Schulseelsorge, in: Dam, Harmjan/Zick.Kuchinke, Heike (Hg.), Evangelische schulnahe Jugendarbeit. ...weil das Leben sich nicht im 45-Minutentakt verhandeln lässt, Neukirchener Verlag Neukirchen-Vluyn 1996, 60-67.

Dam, Harmjan/**Daube**, Stefanie, In der Schulseelsorge **Spiritualität** gestalten, in: Dam, Harmjan/Spenn, Matthias (Hg.), Qualifizierung Schulseelsorge, Comenius-Institut Münster 2009, 55-61.

Dam, Harmjan/**Jung-Hankel**, Lothar, **Schulseelsorge und schulnahe Jugendarbeit**, in: Koerrenz, Ralf/Wermke, Michael (Hg.), Schulseelsorge – Ein Handbuch, Vandenhoeck&Ruprecht Göttingen 2008, 60-70.

Dam, Harmjan/**Mann**, Andreas, **In der Schulseelsorge** bei schulischen Notfall- und Krisensituationen handlungsfähig sein, in: Dam, Harmjan/Spenn, Matthias (Hg.), Qualifizierung Schulseelsorge, Comenius-Institut Münster 2009, 85-91.

Dam, Harmjan/**Spenn**, Matthias (Hg.), **Evangelische Schulseelsorge**. Hintergründe, Erfahrungen, Konzeptionen, Comenius-Institut Münster 2007.

Dam, Harmjan/**Spenn**, Matthias (Hg.), **Qualifizierung Schulseelsorge**, Comenius-Institut Münster 2009.

Dam, Harmjan/**Zick-Kuchinke**, Heike (Hg.), Evangelische schulnahe **Jugendarbeit**. ...weil das Leben sich nicht im 45-Minutentakt verhandeln lässt, Neukirchener Verlag Neukirchen-Vluyn 1996.

Dehm, Patrick, **Schülercafé**: Ort der Begegnung, in: Koerrenz, Ralf/ Wermke, Michael (Hg.), Schulseelsorge – Ein Handbuch, Vandenhoeck&Ruprecht, Göttingen 2008, 158-162.

Dehm, Patrick, **Schülercafés** – Orte der Begegnung, Regeneration und Entspannung. Ein Beispiel aus dem Bistum Limburg, in: Lebendige Seelsorge 2 (2003), 93.

Deitert, Joachim, **Fort- und Weiterbildung** Schulpastoral. Ein Fernstudienprogramm von „Theologie im Fernkurs", in: Lebendige Seelsorge 2 (2003), 108-113.

Demmelhuber, Helmut, **Der diakonische Ansatz** in der Schulpastoral. Schnittstelle von Sozialarbeit und Seelsorge?, in: Lebendige Katechese 19 (1997), 60-63.

Demmelhuber, Helmut, **Ein Blick über den Nachbarzaun,** in: Dam, Harmjan/Spenn, Matthias (Hg.), Evangelische Schulseelsorge. Hintergründe, Erfahrungen, Konzeptionen, Comenius-Institut Münster 2007, 48.

Demmelhuber, Helmut, **Projekt** Schulpastoral an Hauptschulen und Beruflichen Schulen 2000/2003, in: Referat Schulpastoral Diözese Rottenburg-Stuttgart (Hg.), Huch, was machen die denn da! Projekt Schulpastoral an Hauptschulen und Beruflichen Schulen 2000/2003, Dokumentation und Ergebnisse, Rottenburg-Stuttgart 2004, 6-10.

Demmelhuber, Helmut, **Schulpastoral an Beruflichen Schulen** in der Diözese Rottenburg-Stuttgart, in: Biesinger, Albert/Schmidt, Joachim (Hg.), Schulpastoral an beruflichen Schulen. Religionsunterricht an berufsbildenden Schulen, Reihe: gott-leben-beruf, Schriften des Instituts für berufsorientierte Religionspädagogik Bd. 4, Noderstedt 2006, 140-143.

Demmelhuber, Helmut, **Schulpastoral in der Diözese Rottenburg-Stuttgart**: Ein Dienst an und mit den Menschen im Lebensfeld Schule, in: Referat Schulpastoral Diözese Rottenburg-Stuttgart (Hg.), Huch, was machen die denn da! Projekt Schulpastoral an Hauptschulen und Beruflichen Schulen 2000/2003, Dokumentation und Ergebnisse, Rottenburg-Stuttgart 2004, 6-10.

Demmelhuber, Helmut, **Schulpastoral** – was ist das?, in: Bischöfliches Ordinariat der Diözese Rottenburg-Stuttgart, Referat Schulpastoral Diözese Rottenburg-Stuttgart (Hg.), Den Alltag durchbrechen. Neue Impulse und Bausteine für die Schulpastoral, Rottenburg-Stuttgart 2009[1], 9f.

Demmelhuber, Helmut, **Schulseelsorge** und Sozialarbeit, in: Koerrenz, Ralf/ Wermke, Michael (Hg.), Schulseelsorge – Ein Handbuch, Vandenhoeck&Ruprecht Göttingen 2008, 55-59.

Demmelhuber, Helmut, **Sozialarbeit** und Seelsorge in der Schule – Neue Wege der Kirche, PAIS-Verlag, Oberried 1996.

de Wall, Heinrich, **Religion** im Schulleben – rechtliche Aspekte, in: Schröder, Bernd (Hg.), Religion im Schulleben. Christliche Präsenz nicht allein im Religionsunterricht, Neukirchener Verlagshaus, Neukirchen-Vluyn 2006, 51-64.

Die deutschen Bischöfe – Kommission für Erziehung und Schule, **Schulpastoral** – der Dienst der Kirche an den Menschen im Handlungsfeld Schule, 22. Januar 1996, hrsg. vom Sekretariat der Deutschen Bischofskonferenz, Bonn 1996.

Dienst, Karl, **Schulbezogene Arbeit** der Kirchen. Zur Schul- und Schülerseelsorge heute, in: EvErz 40 Heft 4 (1988), 363-371.

Dieterich, Jörg (Hg.), **Streiflichter zur Seelsorge** bei Kindern und Jugendlichen, Institut für Psychologie und Seelsorge, Friedensau 2000.

Dinter, Astrid, **Rechtliche und strukturelle Rahmenbedingungen**, in: Koerrenz, Ralf/ Wermke, Michael (Hg.), Schulseelsorge – Ein Handbuch, Vandenhoeck&Ruprecht Göttingen 2008, 71-78.

Dinter, Astrid/**Heimbrock**, Hans-Günter/**Söderblom**, Kerstin (Hg.), **Einführung** in die empirische Theologie. Gelebte Religion erforschen, Vandenhoeck&Ruprecht Göttingen 2007.

Diözese Rottenburg-Stuttgart, Schulpastoral in der Diözese Rottenburg-Stuttgart. Kirchliches Amtsblatt, BO Nr. A1126 – 28.03.1996.

Dirmeier, Ursula, **Schulseelsorge**. Gemeinde in der Schule oder Schule als Gemeinde?, in: Katechetische Blätter 118 (1993), 687-690.

Domsgen, Michael, **Seelsorge an Eltern**, in: Koerrenz, Ralf/ Wermke, Michael (Hg.), Schulseelsorge – Ein Handbuch, Vandenhoeck&Ruprecht Göttingen 2008, 115-122.

Dressler, Bernhard, **Religionslehrerinnen und Religionslehrer**, in: Wermke, Michael/ Adam, Gottfried/Rothgangel, Martin (Hg.), Religion in der Sekundarstufe II. Ein Kompendium, Vandenhoeck & Ruprecht Göttingen 2006, 97-118.

Dressler, Bernhard, **Religionspädagogik** als Modus Praktischer Theologie. Mit einem kritischen Blick auf den Diskurs zur „Kindertheologie", in: Zeitschrift für Pädagogik und Theologie, 63. Jahrgang, Heft 2 (2011), 149-163.

Dressler, Bernhard, **Religion zeigen können!** Kompetenzen für einen nachhaltigen Religionsunterricht, in: Religionsunterricht heute, Mainz 2006, H. 2, 4-9.

15 Literaturverzeichnis

Dressler, Bernhard, Was soll eine gute **Religionslehrerin**, ein guter Religionslehrer können?, in: Theo-Web. Zeitschrift für Religionspädagogik 8 (2009), H. 2, 115-127.

Eich, Klaus-Gerd, Der **Einsatz** Pastoraler Mitarbeiter des Bistums Trier in der Schule. Ein religionspädagogischer Entwurf und ein empirischer Beitrag zur Rezeption und Evaluation von Qualitätsmanagementsystemen für Religionsunterricht und Schulseelsorge, 2003. Quelle: http://freidok.uni-freiburg.de/volltexte/715 (Stand 20.12.2011).

Engemann, Wilfried (Hg.), **Handbuch** der Seelsorge. Grundlagen und Profile, Evangelische Verlagsanstalt, Leipzig 2007.

Englert, Rudolf, **Vier Dimensionen** von Schulseelsorge, in: Damit wir einander nah sind, 1998, 37-46.

Englert, Rudolf, **Schulentwicklung** und religiöse Bildung. Ein KatBl-Expertengespräch im Comenius-Institut, Münster. Ursula Frost, Christian Lange, Norbert Mette, Christooph Scheilke, Wilhelm Wittenbruch im Gespräch mit Rudolf Englert, in: KatBl 124 (1999), 156-161.

Englert, Rudolf, **Wissenschaftstheorie** der Religionspädagogik, in: Ziebertz, Hans-Georg/Simon, Werner (Hrsg.), Bilanz der Religionspädagogik, Patmos Verlag ,Düsseldorf 1995.

Erikson, Erik H., **Der junge Mann Luther**. Eine psychoanalytische und historische Studie, Szczensny Verlag, Frankfurt a. M. 1958.

Erikson, Erik H., **Identität und Lebenszyklus**. Drei Aufsätze, Suhrkamp Verlag, Frankfurt a. M. 1970.

Erzbischöfliches Ordinariat Freiburg, Schulpastoral in der Erzdiözese Freiburg, Freiburg i. Br. 1998.

Erzbistum Köln, Schulpastoral im Erzbistum Köln 2006.

Erzdiözese Freiburg, Schulpastoral. Verbindlicher Rahmen für die Schulpastoral in der Erzdiözese Freiburg, Freiburg 2006.

15 Literaturverzeichnis

Evangelische Kirche in Deutschland **(EKD), Aufwachsen** in schwieriger Zeit. Kinder in Gemeinde und Gesellschaft. Synode der Evangelischen Kirche in Deutschland, im Auftrag des Rates der Evangelischen Kirche in Deutschland hrsg. vom Kirchenamt der EKD, Gütersloher Verlagshaus 1995.

Evangelische Kirche in Deutschland **(EKD),** Die evangelische Kirche und die **Bildungsplanung**. Eine Dokumentation, hrsg. von der Kirchenkanzlei der Evangelischen Kirche in Deutschland, Gütersloher Verlagshaus Gerd Mohn, Gütersloh 1972.

Evangelische Kirche in Deutschland **(EKD), Evangelisches Bildungsverständnis** in einer sich wandelnden Arbeitsgesellschaft. Ein Beitrag der Kammer der Evangelischen Kirche in Deutschland für Bildung und Erziehung, hrsg. vom Kirchenamt der Evangelischen Kirche Deutschland, Hannover 1991.

Evangelische Kirche in Deutschland (EKD), **Evangelische Spiritualität**. Überlegungen und Anstöße zur Neuorientierung. Vorgelegt von einer Arbeitsgruppe der Evangelischen Kirche in Deutschland, Gütersloher Verlagshaus Gerd Mohn, Gütersloh 1979.

Evangelische Kirche in Deutschland **(EKD), Im Dialog über Leben und Glauben.** Empfehlungen zur Reform des Lehramtsstudiums Evangelische Theologie / Religionspädagogik, Hannover 1997.

Evangelische Kirche in Deutschland **(EKD), Leben und Erziehen** – wozu? Eine Dokumentation über Entschließungen der Synode der Evangelischen Kirche in Deutschland vom 9. und 10. November 1978, hrsg. von der Kirchenkanzlei der Evangelischen Kirche in Deutschland, Gütersloher Verlagshaus Mohn 1979.

Evangelische Kirche in Deutschland **(EKD), Maße des Menschlichen.** Evangelische Perspektiven zur Bildung in der Wissens- und Lerngesellschaft. Eine Denkschrift, Hannover 2003.

15 Literaturverzeichnis

Evangelische Kirche von Kurhessen-Waldeck, Wenn Kirche in die Schule kommt..., Positionen. Schulbezogene Jugendarbeit und Schulseelsorge als neue Handlungsfelder der Kirche in der Schule. Ein Beitrag zur Bezeugung des Evangeliums aus der Evangelischen Kirche von Kurhessen-Waldeck, herausgegeben im Auftrag der Evangelischen Kirche von Kurhessen-Waldeck von der Projektgruppe „Schulseelsorge – Schulbezogene Jugendarbeit", Verlag Ahrend, Baunatal 2005.

Evangelische Landeskirche in Württemberg/Evangelischer Oberkirchenrat, **Bericht** in der Sitzung der 14. Landessynode am 25. November 2010 zu TOP 29: Evangelische Schulseelsorge, 1-9. Quelle: http://www.elk-wue.de/fileadmin/mediapool/elkwue/dokumente/landessynode/10_herbsttagung/berichte-reden/TOP_29_Bericht_OKR_Schulseelsorge.pdf (Stand: 10.07.2011).

Evangelische Landeskirche in Württemberg (ptz Stuttgart), Evangelische **Schulseelsorge**. Ein Projekt der Evangelischen Landeskirche in Württemberg 2007-2010, Stuttgart 2008.

Evangelische Landeskirche in Württemberg (Hg.), **Freiheit**, Gerechtigkeit und Verantwortung. Perspektiven der Evangelischen Landeskirchen für die aktuelle Bildungs- und Schulpolitik in Baden-Württemberg. Gemeinsame Erklärung des Evangelischen Oberkirchenrats in Stuttgart und des Evangelischen Oberkirchenrats in Karlsruhe, Evangelisches Medienhaus Stuttgart 2009.

Feige, Andreas/**Dressler**, Bernhard/**Lukatis**, Wolfgang/**Schöll**, Albrecht, **Religion bei ReligionslehrerInnen**. Religionspädagogische Zielvorstellungen und religiöses Selbstverständnis in empirisch-soziologischen Zugängen. Berufsbiographische Fallanalysen und eine repräsentative Meinungserhebung unter evangelischen ReligionslehrerInnen in Niedersachsen, LIT-Verlag Münster 2000.

Feige, Andreas/**Tzscheetzsch**, Werner(Hg.), **Christlicher Religionsunterricht** im religionsneutralen Staat? Unterrichtliche Zielvorstellungen und religiöses Selbstverständnis von evangelischen und katholischen Religionslehrerinnen und -lehrern in Baden-Württemberg – Eine empirische Befragung, Schwabenverlag AG Ostfildern 2005.

Feige, Andreas/**Dressler**, Bernhard/**Tzscheetzsch**, Werner(Hg.), **Religionslehrerin oder Religionslehrer werden**. Zwölf Analysen berufsbiografischer Selbstwahrnehmungen, Schwabenverlag AG Ostfildern 2006.

Feige, Andreas/**Friedrichs**, Niels/**Köllmann**, Michael, **Religionsunterricht von morgen?**, Studienmotivationen und Vorstellungen über die zukünftige Berufspraxis bei Studierenden der ev. und kath. Theologie und Religionspädagogik. Eine empirische Studie an Baden-Württembergs Hochschulen, Schwabenverlag AG Ostfildern 2007.

Fend, Helmut, **Qualität** und Qualitätssicherung im Bildungswesen, in: Zeitschrift für Pädagogik 41 Beiheft (2000), 55-72.

Fend, Helmut, **Neue Theorie** der Schule. Einführung in das Verstehen von Bildungssystemen, VS Verlag für Sozialwissenschaften Wiesbaden 2006.

Fend, Helmut, **Theorie der Schule**, 2., durchgesehene Auflage, Urban&Schwarzenberg München 1981.

Finger, Wolfgang, **Seelsorge** als Diakonie, in: Schober, Theodor/Seibert, Hans-Christoph von (Hg.), Theologie – Prägung und Deutung der kirchlichen Diakonie, Verlagswerk der Diakonie, Stuttgart 1982.

Fischer, Dietlind, **Religion im Schulprogramm**. Eine „didaktische Landkarte", in: Ökumenische Zeitschrift für den Religionsunterricht 30 Jg., Heft Nr. 1/2000, 2-5.

Fischer, Dietlind, **Religion** im Schulprogramm, in: Battke, Achim/Fitzner, Thilo/Isak, Rainer/Lochmann, Ullrich (Hg.), Schulentwicklung – Religion – Religionsunterricht. Profil und Chance von Religion in der Schule der Zukunft, Herder-Verlag, Freiburg 2002, 254-258.

15 Literaturverzeichnis

Flick, Uwe/**Kardorff**, Ernst von/**Steinke**, Ines (Hg.), **Qualitative Forschung**. Eine Einführung, Rowohlt Taschenbuch Verlag, Reinbek bei Hamburg 2007[5].

Friebertshäuser, Barbara/**Langer**, Antje/**Prengel**, Annedore (Hg.), **Handbuch** Qualitative Forschungsmethoden in der Erziehungswissenschaft, unter Mitarbeit von Heike Boller und Sophia Richter, 3., vollständig überarbeitete Auflage 2010, Juventa Verlag Weinheim und München 2010.

Friebertshäuser, Barbara/**Langer**, Anja, **Interviewformen** und Interviewpraxis, in: Friebertshäuser, Barbara/Langer, Antje/Prengel, Annedore (Hg.), Handbuch Qualitative Forschungsmethoden in der Erziehungswissenschaft, Juventa Verlag Weinheim und München 2010[3], 437- 455.

Fröhling, Edward SAC, „**Weite Räume** unseren Füßen?" Schulseelsorge – Ein grundsätzlicher Blick auf ein „kirchliches Handlungsfeld aus pallottinischer Perspektive, in: Ordenskorrespondenz 47 (2006), 150-159.

Froschauer, Ulrike/**Lueger**, Manfred, **ExpertInnengespräche** in der interpretativen Organisationsforschung, in: Bogner, Alexander/Littig, Beate/Menz, Wolfgang (Hg.), Experteninterviews. Theorien, Methoden, Anwendungsfelder. 3., grundlegend überarbeitete Auflage, VS Verlag für Sozialwissenschaften Wiesbaden 2009, S. 239-258.

Gandlau, Thomas, **Bayernweites Projekt** Schulpastoral an Hauptschulen, in: Lebendige Seelsorge 2 (2003), 89-92.

Gandlau, Thomas/**Rüttiger**, Gabriele, **Schulpastoral** an Hauptschulen – christliche Impulse und Beiträge für den Lebensraum Schule, in: RPZ/Religionspädagogisches Zentrum in Bayern (Hg.), RU-aktuell 1/2002: Schulpastoral an Hauptschulen. Dokumentation und Ergebnisse des Erprobungsversuches 1998/99-2000/01, München 2002, 5-10.

Gewerkschaft Erziehung und Wissenschaft (**GEW**), Landesverband Baden-Württemberg (Hg.), GEW-**Jahrbuch** für Lehrerinnen und Lehrer – Handbuch des Schul- und Dienstrechts in Baden-Württemberg, 24. Jahrgang, Ausgabe: 2005, Süddeutscher Pädagogischer Verlag, Stuttgart 2005.

Geißler, Ulrich, **Aufgaben** und Ziel der Schulpastoral und Konsequenzen für das Ausbildungs- und Fortbildungskonzept zur Schulpastoral im Bistum Würzburg, in: Lebendige Seelsorge 54 (2003), 103-107.

Geißler, Karlheinz A.,/ **Hege**, Marianne, **Konzepte** sozialpädagogischen Handelns. Ein Leitfaden für soziale Berufe, Beltz Verlag Weinheim und Basel, 10., aktualisierte Auflage 2001.

Gemeinsame Synode der Bistümer in der Bundesrepublik Deutschland, Beschlüsse der Vollversammlung. Offizielle Gesamtausgabe I, Beschluss: **Schwerpunkte kirchlicher Verantwortung** im Bildungsbereich, Herder-Verlag Freiburg i. B. 1976, 518-548.

Gläser, Jochen/**Laudel,** Grit, **Wenn zwei das Gleiche sagen**....Qualitätsunterschiede zwischen Experten, in: Bogner, Alexander/Littig, Beate/Menz, Wolfgang (Hg.), Experteninterviews. Theorien, Methoden, Anwendungsfelder. 3., grundlegend überarbeitete Auflage, VS Verlag für Sozialwissenschaften Wiesbaden 2009, S. 137-158.

Gläser, Jochen/**Laudel,** Grit, **Experteninterviews** und qualitative Inhaltsanalyse als Instrumente rekonstruierender Untersuchungen, 3., überarbeitete Auflage, VS Verlag für Sozialwissenschaften Wiesbaden 2009.

Glaser, Barney G./**Strauss**, Anselm L., **Grounded Theory**. Strategien qualitativer Forschung. Aus dem Amerikanischen von Axel T. Paul und Stefan Kaufmann, 2., korrigierte Auflage, Huber, Bern u.a. 2008.

Görtz, P. Philipp Johannes SJ, **Nach den Sternen greifen**. Ignatianische Schulpastoral und Kollegseelsorge. Konzeptionelle Erwägungen und Konkretisierungen, o. V. Bonn 2010.

15 Literaturverzeichnis

Grethlein, Christian, **Gemeindepädagogik**, de Gruyter, Berlin-New York 1994.

Grethlein, Christian, **Religionspädagogik**, de Gruyter, Berlin-New York 1998.

Grethlein, Christian, **Religionsunterricht** an Gymnasien – eine Chance für volkskirchliche Pfarrer, Verlag Peter Lang, Frankfurt a. M. 1984.

Gröger, Johannes, **Aus dem Alltag** eines Schulseelsorgers, in: Katechetische Blätter 132 (2007), 140-144.

Grundgesetz für die Bundesrepublik Deutschland (vom 23. Mai 1949 (BGBl. S. 1), zuletzt geändert durch das Gesetz vom 28. August 2006 (BGBl. I S. 2034), Landesverfassung Baden-Württemberg (i.d.F. Vom 23. Mai 2000), hrsg. vom Landtag von Baden-Württemberg, Stuttgart 2007.

Günther, Matthias, **Ermutigung** als seelsorgerliche Dimension schulischer und außerschulischer Religionspädagogik, in: Theo-Web. Zeitschrift für Religionspädagogik 9 (2010), 2, 100-108.

Günther, Matthias, **Seelsorge** mit jungen Menschen, Vandenhoeck&Ruprecht, Göttingen 2009.

Härle, Wilfried, **Die weltanschaulichen Voraussetzungen** jeder normativen Ethik, in: Marburger Jahrbuch Theologie XIII, Woran orientiert sich die Ethik?, Marburg 2001, 15-38.

Hallermann, Heribert, **Schulpastoral**. Der Dienst der Kirche an den Menschen im Handlungsfeld Schule, in: Katechetische Blätter 121 (1996), 332-336.

Hameyer, Uwe, Einführung: **Methoden der Schulentwicklung**, in: Bohl, Thorsten/Helsper, Werner/Holtappels, Heinz Günter/Schelle, Carla (Hrsg.), Handbuch Schulentwicklung. Theorie – Forschungsbefunde – Entwicklungsprozesse – Methodenrepertoire, Verlag Julius Klinkhardt, Bad Heilbrunn 2010, 471-480.

Hanstein, Thomas/**Steinmann**, Matthias, **Schulseelsorge** als Beitrag zur Schulkultur im Lebensraum Schule, in: Die berufsbildende Schule (BbSch) 62 (2010) 10, 287-291.

Hauschildt, Eberhard, **Alltagsseelsorge**. Eine sozio-linguistische Analyse des pastoralen Geburtstagsbesuches, Vandenhoeck&Ruprecht, Göttingen 1996.

Hauschildt, Eberhard, **Alltagsseelsorge. Der Alltag der Seelsorge** und die Seelsorge im Alltag, in: Pohl-Patalong, Uta/Muchlinsky, Frank (Hg.), Seelsorge im Plural. Perspektiven für ein neues Jahrhundert, E.B.-Verlag, Hamburg 1999, 8-17.

Hauschildt, Eberhard, **Die eigenen Trümpfe ausspielen**. Christliche Seelsorge auf dem Psychomarkt, in: Josuttis, Manfred/Schmidt, Heinz/Scholpp (Hrsg.), Auf dem Weg zu einer seelsorgerlichen Kirche. Theologische Bausteine, Vandenhoeck&Ruprecht, Göttingen 2000, 179-188.

Hauschildt, Eberhard, **Interkulturelle Seelsorge** unter Einheimischen. Vom blinden Fleck der Seelsorgetheorie, in: Schulz, Claudia/Hauschildt, Eberhard/Kohler, Eike, Milieus praktisch II. Konkretionen für helfendes Handeln in Kirche und Diakonie, Vandenhoeck&Ruprecht, Göttingen 2010, 263-278.

Hauschildt, Eberhard, **Schulseelsorge** als Spezialfall der Alltagsseelsorge?, in: Kumlehn, Martina/Klie, Thomas (Hrsg.), Protestantische Schulkulturen. Profilbildung an evangelischen Schulen, Verlag W. Kohlhammer, Stuttgart 2011, 185-190.

Heil, Stefan, **Strukturprinzipien** religionspädagogischer Professionalität, LIT Verlag, Münster 2006.

Heimbrock, Hans-Günther, **Evangelische Schulseelsorge** als Beitrag zu lebensweltbezogener Bildungsarbeit der Kirchen, in: PTh 87 (1998), 455-474.

Heimbrock, Hans-Günther, Evangelische **Schulseelsorge auf dem Weg** zu „gelebter Religion", in: Gräb, Wilhelm (Hg.), Religionsunterricht jenseits der Kirche?: Wie lehren wir die christliche Religion? Mit Beiträgen von Ingo Baldermann u.a., Neukirchener Verlagshaus, Neukirchen-Vluyn 1996, 45-68.

Helfferich, Cornelia, **Die Qualität qualitativer Daten.** Manual für die Durchführung qualitativer Interviews. Lehrbuch, VS Verlag für Sozialwissenschaften Wiesbaden 2005².

Helsper, Werner, **Der kulturtheoretische Ansatz**: Entwicklung der Schulkultur, in: Bohl, Thorsten/Helsper, Werner/Holtappels, Heinz Günter/Schelle, Carla (Hg.), Handbuch Schulentwicklung. Theorie – Forschungsbefunde – Entwicklungsprozesse – Methodenrepertoire, Verlag Julius Klinkhardt, Bad Heilbrunn 2010, 106-112.

Helsper, Werner/**Böhme**, Jeanette, **Handbuch Schulforschung**, 2., durchgesehene und erweiterte Auflage 2008, VS Verlag für Sozialwissenschaften, Wiesbaden 2008.

Henke, Thomas, **Seelsorge und Lebenswelt**. Auf dem Weg zu einer Seelsorgetheorie in Auseinandersetzung mit soziologischen und sozialphilosophischen Lebensweltkonzeptionen, Echter Verlag, Würzburg 1994.

Hermanutz, Leo, **Bedeutung** und Möglichkeit des Religionsunterrichts als Element der Schulpastoral, in: Rüttiger, Gabriele (Hg.), Schulpastoral, Benediktbeurer Beiträge zur Jugendpastoral Band 3, Don Bosco Verlag, München 1992, 50-54.

Himmighofen, Armin, **Schulseelsorge**: erste Erfahrungen mit einem neuen/alten Aufgabengebiet, in: EvErz 40 Heft 4 (1988), 381-389.

Hofmann, Renate, **Lernende LehrerInnenbildung**. Eine empirische Studie zum Erwerb religionspädagogischer Kompetenz, in: Theo-Web. Zeitschrift für Religionspädagogik, 4. Jahrgang Heft 1/2005, 68-76.

Hofmann, Renate, **Religionspädagogische Kompetenz**. Eine empirisch-explorative Studie zum Erwerb religionspädagogischer Kompetenz von ReligionslehrerInnen, Gütersloher Verlagshaus, Gütersloh 2008.

Hofmann, Renate, Wie werden **Religionslehrer/innen** zu guten ReligionslehrerInnen?, in: Abel, Jürgen/Faust, Gabriele, Wirkt Lehrerbildung? Antworten aus der empirischen Forschung, Waxmann, Münster-New York-Berlin 2010, 113-121.

Holtappels, Heinz Günter, **Schulkultur** und Innovation – Ansätze, Trends und Perspektiven der Schulentwicklung, in: Holtappels, Heinz Günter (Hg.), Entwicklung von Schulkultur. Ansätze und Wege schulischer Erneuerung, Hermann Luchterhand Verlag, Neuwied 1995, 6-36.

Holtappels, Heinz Günter, **Schulentwicklungsforschung**, in: Bohl, Thorsten/Helsper, Werner/Holtappels, Heinz Günter/Schelle, Carla (Hg.), Handbuch Schulentwicklung. Theorie – Forschungsbefunde – Entwicklungsprozesse – Methodenrepertoire, Verlag Julius Klinkhardt, Bad Heilbrunn 2010, 26-29.

Holtappels, Heinz Günter/**Rolff**, Hans-Günter, Einführung: **Theorien** der Schulentwicklung, in: Bohl, Thorsten/Helsper, Werner/Holtappels, Heinz Günter/Schelle, Carla (Hg.), Handbuch Schulentwicklung. Theorie – Forschungsbefunde – Entwicklungsprozesse – Methodenrepertoire, Verlag Julius Klinkhardt, Bad Heilbrunn 2010, 73-79.

Honrey, Walter (Hg.), **Pädagogisches Lexikon**, Bertelsmann, Gütersloh 1970.

Hopf, Christel, 5.2 **Qualitative Interviews** – ein Überblick, in: Flick, Uwe/Kardorff, Ernst von/Steinke, Ines (Hg.), Qualitative Forschung. Ein Handbuch, Rowohlt Taschenbuchverlag, Reinbeck bei Hamburg 2005[4], 349-360.

15 Literaturverzeichnis

Husmann, Bärbel, **Räume** der Stille, in: Koerrenz, Ralf/ Wermke, Michael (Hg.), Schulseelsorge – Ein Handbuch, Vandenhoeck & Ruprecht, Göttingen 2008, 168-172.

Husmann, Bärbel, **Tage religiöser Orientierung**, in: Koerrenz, Ralf/ Wermke, Michael (Hg.), Schulseelsorge – Ein Handbuch, Vandenhoeck & Ruprecht, Göttingen 2008, 154-157.

Idel, Till-Sebastian, **Fallstudien** und Hermeneutisch-rekonstruktive Schulforschung, in: Bohl, Thorsten/Helsper, Werner/Holtappels, Heinz Günter/Schelle, Carla (Hg.), Handbuch Schulentwicklung. Theorie – Forschungsbefunde – Entwicklungsprozesse – Methodenrepertoire, Verlag Julius Klinkhardt, Bad Heilbrunn 2010, 138-140.

Josuttis, Manfred/**Schmidt**, Heinz/**Scholpp**, Stefan (Hg.), Auf dem Weg zu einer seelsorgerlichen Kirche. Theologische Bausteine, Vandenhoeck&Ruprecht, Göttingen2000.

Käbisch, David, **Schüler** als Seelsorger: Evangelische Schülerarbeit im Bibelkreis, in: Koerrenz, Ralf/ Wermke, Michael (Hg.), Schulseelsorge – Ein Handbuch, Vandenhoeck&Ruprecht, Göttingen 2008, 131-142.

Kalb, Jürgen, **Schulpastoral** als Handlungsfeld innerer Schulentwicklung, in: Biesinger, Albert/Schmidt, Joachim (Hg.), Schulpastoral an beruflichen Schulen, Reihe: gott-leben-beruf. Schriften des Instituts für berufsorientierte Religionspädagogik Bd. 4, Books on Demand, Tübingen 2004, 136-138.

Katholisches Schulkommissariat in Bayern, **Leitlinien** für Schulpastoral an Hauptschulen. Herausgegeben am 28. April 1998, in: Religionspädagogisches Zentrum in Bayern (Hg.) (RPZ), RU-aktuell 1/2002: Schulpastoral an Hauptschulen. Dokumentation und Ergebnisse des Erprobungsversuches 1998/99-2000/01, München 2002, 11-17.

Keck, Rudolf W./**Sandfuchs**, Uwe (Hg.), **Wörterbuch Schulpädagogik**. Ein Nachschlagewerk für Studium und Schulpraxis, 2., vollständig überarbeitete Auflage,Verlag Julius Klinkhardt, Bad Heilbrunn 2004.

Keil, Paul, „**Religionslehrer** ist man stets nur, wenn man mehr ist als Religionslehrer!". Schulseelsorge im Bistum Mainz, in: EvErz. 40 Heft 4 (1988), 372-380.

Keuffer, Josef/**Trautmann**, Matthias, **Institution und Schulkultur**, in: Bohl, Thorsten/Helsper, Werner/Holtappels, Heinz Günter/Schelle, Carla (Hg.), Handbuch Schulentwicklung. Theorie – Forschungsbefunde – Entwicklungsprozesse – Methodenrepertoire, Verlag Julius Klinkhardt, Bad Heilbrunn 2010, 113-118.

Kienast, Michael, **Schulpastoral** in der Erzdiözese Freiburg – eine Übersicht zu den Praxisfeldern, in: Burkhard, Joachim/Wehrle, Paul (Hg.); Schulkultur mitgestalten. Pastorale Anregungen und Modelle, Herder-Verlag, Freiburg i. Br. 2005, 35-58.

Kießling, Klaus, **Praktische Theologie** als empirische Wissenschaft?, in: Praktische Theologie (Festschrift) 2005, 120-127.

Kießling, Klaus, Zur eigenen **Stimme** finden. Religiöses Lernen an berufsbildenden Schulen, Schwabenverlag, Ostfildern 2004.

Kirchenamt der EKD (Hg.), **Theologisch-religionspädagogische Kompetenz**. Professionelle Kompetenzen und Standards für die Religionslehrerausbildung, Hannover 2008.

Kirchliche Arbeitsstelle für Fernstudien/Theologie im Fernkurs bei der Domschule Würzburg (Hrsg.), **Schulpastoral** – Befähigung zum Dienst von Christinnen und Christen in der Schule, Fernstudienmaterialien Studieneinheit **X: Christinnen und Christen** im Dienst in der Schule. Selbstverständnis und Spiritualität, Würzburg 1999.

Kirchliche Arbeitsstelle für Fernstudien/Theologie im Fernkurs bei der Domschule Würzburg (Hg.), **Schulpastoral** – Befähigung zum Dienst von Christinnen und Christen in der Schule, Fernstudienmaterialien Studieneinheit **VI: Theologische Grundlagen** für den Dienst von Christinnen und Christen in der Schule, Würzburg 2000.

Kirchliche Arbeitsstelle für Fernstudien/Theologie im Fernkurs bei der Domschule Würzburg (Hg.), **Schulpastoral** – Befähigung zum Dienst von Christinnen und Christen in der Schule, Fernstudienmaterialien Studieneinheit **IX: Schulkultur** und Gestaltung des Schullebens, Würzburg 1998.

Klein, Stephanie, **Theologie und empirische Biographieforschung.** Methodische Zugänge zur Lebens- und Glaubensgeschichte und ihre Bedeutung für eine erfahrungsbezogene Theologie, Kohlhammer, Stuttgart 1994.

Klein, Stephanie, **Erkenntnis und Methode** in der Praktischen Theologie, Kohlhammer, Stuttgart 2005.

Klein, Stephanie, **Zum Verhältnis von Glaube und Empirie** in der Praktischen Theologie, in: PthI, 28. Jahrgang, Heft 2 (2008), 236-244.

Kloß, Ulla, **Kirche** – Eine Freundin in der Schule. Weiterführende Überlegungen zum Thema Schulseelsorge. Erfahrungsbericht nach einem Spezialpraktikum am Schuldorf Bergstraße im Schuljahr 1990/91, in: EvErz 44 (1992), 361-370.

Knab, Doris, **Vierzig Jahre Schulentwicklung.** Visionen schulischer Bildung im Rückblick, in: KatBl 124 (1999), 150-153.

Koerrenz, Ralf/ **Wermke**, Michael (Hg.), **Schulseelsorge** – Ein Handbuch, Vandenhoeck&Ruprecht, Göttingen 2008.

Kollig, Manfred, **Schulseelsorge**, in: Lebendige Seelsorge 42 (1991), 200-204.

Kowal, Sabine/**O´Connell**, Daniel C., **Zur Transkription** von Gesprächen, in: Flick, Uwe/Kardorff, Ernst von/Steinke, Ines (Hg.), Qualitative Forschung. Ein Handbuch, Rowohlt Taschenbuchverlag, Reinbeck bei Hamburg 2005⁴, 437-447.

Kramer, Anja, **Aktuelle Tendenzen** in der Seelsorge und ihre Bedeutung für die Schulseelsorge, in: Dam, Harmjan/Spenn, Matthias (Hg.), Evangelische Schulseelsorge. Hintergründe, Erfahrungen, Konzeptionen, Comenius-Institut Münster 2007, 51-61.

Kramer, Anja, Evangelische **Schulseelsorge** – Herausforderungen und Perspektiven einer seelsorgerlichen Kirche, in: Dies./Schirrmacher, Freimut, Seelsorgerliche Kirche im 21. Jahrhundert. Modelle – Konzepte - Perspektiven, Neukirchener Verlagshaus, Neukirchen-Vluyn 2005, 183-201.

Kramer, Anja/**Schirrmacher**, Freimut, **Seelsorgerliche Kirche** im 21. Jahrhundert. Modelle – Konzepte – Perspektiven, Neukirchener Verlagshaus, Neukirchen-Vluyn 2005.

Krawczack, Peter, **Schulpastoral?** Die neue kirchliche „Frontgroup" als Träger und Adressat!, in: Pastoralblatt für die Diözesen Aachen, Berlin, Essen, Hildesheim, Köln, Osnabrück, 59 (2007), 306-310.

Krobath, Thomas, **Schulentwicklung und Religion** – eine Herausforderung (nicht nur) für ReligionslehrerInnen. Thesen zu Relevanz und Handlungsbedarf, in: Christlich-pädagogische Blätter 117 (2004), 163-167.

Kromrey, Helmut, **Empirische Sozialforschung**. Modelle und Methoden der standardisierten Datenerhebung und Datenauswertung, 11., überarbeitete Auflage, Lucius&Lucius, Stuttgart 2006.

Krüger, Heinz-Herrmann (Hg.) **Wörterbuch Erziehungswissenschaft**, VS Verlag für Sozialwissenschaften, Wiesbaden 2004.

15 Literaturverzeichnis

Kultusministerium des Landes Baden-Württemberg, **Richtlinien** für die Bildungsberatung; Verwaltungsvorschrift des KM vom 26. April 1984 (KuU S. 349); neu erlassen 13.11.2000 (KuU S.332/2000), Abschnitt II.

Kumher, Ulrich, **Schulpastoral und religiöse Bildung**. Ein Konzeptentwurf für die Auseinandersetzung mit religiöser Pluralität, Studien zur Theologie und Praxis der Seelsorge 74, hrsg. von Konrad Baumgartner und Erich Garhammer, o. V., Würzburg 2006.

Kumher, Ulrich, **Schulpastoral und religiöse Pluralität**. Konvivenz und kirchliche Grundvollzüge als interreligiöse Begegnungsmöglichkeiten, in: Lebendige Seelsorge 58 (2007), 5, 305-310.

Kumlehn, Martina/**Klie**, Thomas (Hrsg.), **Protestantische Schulkulturen**. Profilbildung an evangelischen Schulen, Verlag W. Kohlhammer, Stuttgart 2011.

Lames, Gundo, **Kirche** im Kontext des Systems Schule. Zum Ansatz einer Schulpastoral, in: Trierer theologische Zeitschrift 109 (2000), 295-307.

Lames, Gundo, **Kooperative Schulseelsorge**? Eine ökumenische Initiative im Schulzentrum, in: Katechetische Blätter 119 (1994), 394-398.

Lames, Gundo, **Schulpastoral** als soziales System, in: Lebendige Seelsorge 54 (2003), 134- 138.

Lames, Gundo, **Schulseelsorge** als soziales System. Ein Beitrag zu ihrer praktisch-theologischen Grundlegung, Kohlhammer, Stuttgart-Berlin-Köln 2000.

Lamnek, Siegfried, **Qualitative Sozialforschung**. Lehrbuch, vierte, vollständig überarbeitete Auflage, Beltz, Weinheim-Basel 2005.

Langer, Inghard, **Das Persönliche Gespräch** als Weg in der psychologischen Forschung. Mit einem Originaltext von Carl Rogers sowie unterstützenden Beiträgen von Barbara Gust, Andreas Krebs, Eberhard Binder, Ariane Gonsiorek, Brigitte Rademacher, Fatma Roesner und Martin Wichmann, GwG-Verlag, Köln 2000.

Langer, Jürgen, **Auf Leben und Tod**. Suizidalität bei Jugendlichen als Herausforderung für die Schülerseelsorge, Pastoralpsychologische Spiritualität Bd. 4, Lang, Frankfurt a.M. 2001.

Langer, Wolfgang, **Schulpastoral**: Dienst und Zeugnis aus dem Glauben. Vortrag bei der Jahrestagung der Schulerhalter und Schuldirektoren am 25. November 1997 im Wiener Don-Bosco-Haus, in: Ordensnachrichten 37 (1998), 2, 3-17

Leibnitz, Christian, **Lebensraum** Schule – Schulpastoral, in: cpb 2008/Heft 3, 151

Leuenberger, Robert, **Kirchlicher Dienst** an der Schule. Schulseelsorge, in: Feifel, Erich/Leuenberger, Robert/Stachel, Günter/Wegenast, Klaus (Hg.), Handbuch der Religionspädagogik, Band 1: Religiöse Bildung und Erziehung: Theorie und Faktoren, Gütersloher Verlagshaus Mohn, Gütersloh 1977, 383-390.

Lichtenthäler, Barbara, **Religionsunterricht** als Chance für die Schulentwicklung. Gesichtspunkte der Schulpolitik Baden-Württembergs, in: Battke, Achim/Fitzner, Thilo/Isak, Rainer/Lochmann, Ullrich (Hg.), Schulentwicklung – Religion – Religionsunterricht. Profil und Chance von Religion in der Schule der Zukunft, Herder-Verlag, Freiburg 2002, 71-74.

Linsen, Achim, **Schulkultur** als Aufgabe, hrsg. von der Hauptabteilung Schule/Hochschule des Bischöflichen Generalvikariats Trier, Trier 1991.

Linsen, Achim, **Schulseelsorge** – ein pastorales Arbeitsfeld?, in: Katechetische Blätter 120 (1995), 668-672.

Linsen, Achim, Der **Beitrag** von Religionsunterricht und Schulpastoral zur Schulkultur, in: Kirchliche Arbeitsstelle für Fernstudien/Theologie im Fernkurs bei der Domschule Würzburg (Hrsg.), Schulpastoral – Befähigung zum Dienst von Christinnen und Christen in der Schule, Fernstudienmaterialien Studieneinheit IX, Würzburg 1998.

Littig, Beate, **Interviews mit Experten und Expertinnen**. Überlegungen aus geschlechtstheoretischer Sicht, in: Bogner, Alexander/Littig, Beate/Menz, Wolfgang (Hg.), Experteninterviews. Theorien, Methoden, Anwendungsfelder. 3., grundlegend überarbeitete Auflage, VS Verlag für Sozialwissenschaften, Wiesbaden 2009, S. 181-196.

Lohse, Timm H., Das **Kurzgespräch** in Seelsorge und Beratung. Eine methodische Anleitung, zweite überarbeitete und erweiterte Auflage, Vandenhoeck&Ruprecht, Göttingen 2006.

Luther, Henning, **Alltagssorge und Seelsorge**. Zum Defizitmodell des Helfens, in: Luther, Henning, Religion im Alltag. Bausteine zu einer Praktischen Theologie des Subjekts, Radius-Verlag, Stuttgart 1992, 224-238.

Luther, Henning, **Identität und Fragment**. Praktisch-theologische Überlegungen zur Unabschließbarkeit von Bildungsprozessen, in: Luther, Henning, Religion im Alltag. Bausteine zu einer Praktischen Theologie des Subjekts, Radius-Verlag, Stuttgart 1992, 160-183.

Luther, Henning, **Umstrittene Identität**. Zum Leitbild der Bildung, in: Luther, Henning, Religion im Alltag. Bausteine zu einer Praktischen Theologie des Subjekts, Radius-Verlag, Stuttgart 1992, 150-159.

Mack, Johannes, **Handbuch Kinderseelsorge**, Vandenhoeck&Ruprecht, Göttingen 2010.

Matt, Eduard, 5.22 **Darstellung** qualitativer Forschung, in: Flick, Uwe/Kardorff, Ernst von/Steinke, Ines (Hg.), Qualitative Forschung. Ein Handbuch, Rowohlt Taschenbuchverlag, Reinbeck bei Hamburg 2005[4], 578-587.

Mayer, Horst O., **Interview** und schriftliche Befragung. Entwicklung, Durchführung und Auswertung, 3., überarbeitete Auflage, R. Oldenbourg Wissenschaftsverlag, München-Wien 2006.

Mayring, Philipp, **Einführung** in die qualitative Sozialforschung. Eine Anleitung zu qualitativem Denken, Beltz, München-Basel-Weinheim 2009[4].

Mayring, Philipp, **Qualitative Inhaltsanalyse**. Grundlagen und Techniken, 10., neu ausgestattete Auflage 2008, Beltz, Weinheim-Basel 2008.

Mendl, Hans, **Schulleben mitgestalten** – zur schulkulturellen Kompetenz, in: Burrichter, Rita/Grümme, Bernhard/Mendl, Hans/Pirner, Manfred L./Rothgangel, Martin/Schlag, Thomas, Professionell Religion unterrichten. Ein Arbeitsbuch. Mit einem Beitrag zum Referendariat von Hartmut Lenhard, Verlag W. Kohlhammer, Stuttgart 2012, 188-203.

Mendl, Hans, **Schulreligion** für alle. Die Chancen von Schulpastoral an öffentlichen Schulen, in: Lebendige Seelsorge 5, 274-278.

Merkens, Hans, 4.4 **Auswahlverfahren**, Sampling, Fallkonstruktion, in: Flick, Uwe/Kardorff, Ernst von/Steinke, Ines (Hg.), Qualitative Forschung. Ein Handbuch, Rowohlt Taschenbuchverlag, Reinbeck bei Hamburg 2005[4], 286-299.

Merle, Kristin/**Weyel**, Birgit (Hg.), **Seelsorge**. Quellen von Schleiermacher bis zur Gegenwart, Mohr Siebeck, Tübingen 2009 (UTB 3276).

Mette, Norbert/**Rickers**, Folkert (Hg.), Lexikon der Religionspädagogik **(LexRP)**, Band L-Z, Neukirchener Verlagshaus, Neukirchen-Vluyn 2001.

Mette, Norbert/**Steinkamp**, Hermann, **Sozialwissenschaften** und Praktische Theologie, Patmos Verlag, Düsseldorf 1983.

15 Literaturverzeichnis

Meuser, Michael/**Nagel**, Ulrike, **Experteninterview** und der Wandel der Wissensproduktion, in: Bogner, Alexander/Littig, Beate/Menz, Wolfgang (Hg.), Experteninterviews. Theorien, Methoden, Anwendungsfelder. 3., grundlegend überarbeitete Auflage, VS Verlag für Sozialwissenschaften, Wiesbaden 2009, S. 35-60.

Meyer, Peter, **Typen Empirischer Theologie** – Forschungsansätze, Kontroversen und Erträge. Ein forschungsgeschichtlicher Exkurs, in: Dinter, Astrid/Heimbrock, Hans-Günter/Söderblom, Kerstin (Hg.), Einführung in die empirische Theologie. Gelebte Religion erforschen, Vandenhoeck&Ruprecht, Göttingen 2007, 26-42.

Meyer-Blanck, Michael, **Schulgemeinde und Parochie**, in: Kumlehn, Martina/Klie, Thomas (Hrsg.), Protestantische Schulkulturen. Profilbildung an evangelischen Schulen, Verlag W. Kohlhammer, Stuttgart 2011, 176-184.

Meyer-Blanck, Michael, **Theorie und Praxis** der seelsorgerlichen Gesprächsführung, in: Koerrenz, Ralf/ Wermke, Michael (Hg.), Schulseelsorge – Ein Handbuch, Vandenhoeck&Ruprecht, Göttingen 2008, 79-87.

Möhring-Plath, Burkhard, Das **Leben** lässt sich nicht in 45 Minuten abhandeln. Thema: Schulseelsorge, in: Religion heute 62 (2005), 94f.

Möller, Ludwig, „**Was Hans nicht lernt**, lernt Hänschen nimmermehr!", Ausbildung in Schulseelsorge im Rahmen des Studiums der Religionspädagogik, in: WzM 62 (2010), 274-287.

Morgenthaler, Christoph, **Systemische Seelsorge**. Impulse der Familien- und Systemtherapie für die kirchliche Praxis, Kohlhammer, Stuttgart-Berlin-Köln 1999.

Müller-Rolli, Sebastian, **Evangelische Schulpolitik** in Deutschland 1918-1958. Dokumente und Darstellung, unter Mitarbeit von Rainer Anselm und einem Nachwort von Karl Ernst Nipkow. Eine Veröffentlichung des Comenius-Instituts Münster, Vandenhoeck&Ruprecht, Göttingen 1999.

Musall, Hella, **Praxismodelle** in der Regelschule (GHS/RS), in: Koerrenz, Ralf/ Wermke, Michael (Hg.), Schulseelsorge – Ein Handbuch, Vandenhoeck&Ruprecht, Göttingen 2008, 251-256.

Nauer, Doris, **Seelsorgekonzepte** im Widerstreit. Ein Kompendium, Kohlhammer, Stuttgart 2001.

Nestor, Ingrid, **Schulseelsorge** als christlicher Beitrag zu Schulkultur und -leben, in: Landesinstitut für Schulentwicklung (Hg.), Lehrern und Lernen. Zeitschrift für Schule und Innovation in Baden-Württemberg, Heft 6: Religion als Dimension schulischer Bildung, 35. Jahrgang, Neckar-Verlag, Villingen-Schwenningen, Juni 2009, 18-22.

Nestor, Ingrid, **Qualifizierungsangebot** „Werkstatt Schulseelsorge" der Evangelischen Landeskirche in Württemberg im ptz Stuttgart, in: Dam, Harmjan/Spenn, Matthias (Hg.), Qualifizierung Schulseelsorge, Comenius-Institut Münster 2009, 25-32

Nohl, Paul-Gerhard, **Lebensdeutung** in der Seelsorge, in: Pohl-Patalong, Uta/Muchinsky, Frank (Hg.), Seelsorge im Plural, E.B.-Verlag, Hamburg 1999, 17-26.

Olk, Thomas/**Speck**, Karsten, **Was bewirkt Schulsozialarbeit?** - Theoretische Konzepte und empirische Befunde an der Schnittfläche zwischen formaler und non-formaler Bildung, in: Zeitschrift für Pädagogik, Jahrgang 55, Heft 6, November/Dezember 2009, 910-927.

Pastusiak, Adelgundis, **Elterngespräche** zur Schulseelsorge, in: Religionsunterricht an höheren Schulen 24 (1981), 253-255.

Petermann, Anna-Christina, **Schulseelsorge** – ein junges kirchliches Handlungsfeld im Schulalltag und in Krisenzeiten. Der Trauer-Koffer – in der Trauer füreinander da sein. Neue Wege der evangelischen Schulseelsorge nach dem Tod eines Schülers, LIT Verlag, Münster 2011.

15 Literaturverzeichnis

Pirner, Manfred L., **Wer ist ein guter Lehrer**/eine gute Lehrerin? Ergebnisse der Lehrerprofessionsforschung, in: Burrichter, Rita/Grümme, Bernhard/Mendl, Hans/Pirner, Manfred L./Rothgangel, Martin/Schlag, Thomas, Professionell Religion unterrichten. Ein Arbeitsbuch. Mit einem Beitrag zum Referendariat von Hartmut Lenhard, Verlag W. Kohlhammer, Stuttgart 2012, 13-32.

Pirner, Manfred L., **Wie religiös müssen Religionslehrkräfte sein?** Zur religiösen Kompetenz, Reflexionskompetenz und spirituell-religionspädagogischen Kompetenz, in: Burrichter, Rita/Grümme, Bernhard/Mendl, Hans/Pirner, Manfred L./Rothgangel, Martin/Schlag, Thomas, Professionell Religion unterrichten. Ein Arbeitsbuch. Mit einem Beitrag zum Referendariat von Hartmut Lenhard, Verlag W. Kohlhammer, Stuttgart 2012, 107-125.

Pfadenhauer, Michaela, **Auf gleicher Augenhöhe**. Das Experteninterview – ein Gespräch zwischen Experte und Quasi-Experte, in: Bogner, Alexander/Littig, Beate/Menz, Wolfgang (Hg.), Experteninterviews. Theorien, Methoden, Anwendungsfelder. 3., grundlegend überarbeitete Auflage, VS Verlag für Sozialwissenschaften, Wiesbaden 2009, S. 99-116.

Pohl-Patalong, Uta/**Muchlinsky**, Frank (Hrsg.), **Seelsorge im Plural**. Perspektiven für ein neues Jahrhundert, E.B.- Verlag Hamburg, 1999.

Prengel, Annedore/**Friebertshäuser**, Barbara/**Langer**, Antje, **Perspektiven** qualitativer Forschung in der Erziehungswissenschaft – eine Einführung , in: Friebertshäuser, Barbara/Langer, Antje/Prengel, Annedore (Hg.), Handbuch Qualitative Forschungsmethoden in der Erziehungswissenschaft, Juventa Verlag Weinheim und München 2010³, 17-39.

PTZ/Pädagogisch-Theologisches Zentrum der Evangelischen Landeskirche in Württemberg (Hg.), Evangelische Schulseelsorge. Positionen und Perspektiven. Ein **Mutmachbuch**. Herausgegeben im Auftrag des Evangelischen Oberkirchenrates in Stuttgart, Stuttgart 2009.

15 Literaturverzeichnis

Rahm, Sibylle, **Einführung in die Theorie** der Schulentwicklung, Beltz, Weinheim-Basel 2005.

Rahm, Sibylle, **Kooperative Schulentwicklung**, in: Bohl, Thorsten/Helsper, Werner/Holtappels, Heinz Günter/Schelle, Carla (Hg.), Handbuch Schulentwicklung. Theorie – Forschungsbefunde – Entwicklungsprozesse – Methodenrepertoire, Verlag Julius Klinkhardt, Bad Heilbrunn 2010, 83-86.

Rahm, Sibylle/**Schröck**, Nikolaus **Schulentwicklung** – von verwalteten Schulen zu lernenden Organisationen, in: Apel, Hans J./Sacher, Werner (Hg.), Studienbuch Schulpädagogik, Verlag Julius Klinkhardt, Bad Heilbrunn 2005, 148-167.

Referat Schulpastoral Diözese Rottenburg-Stuttgart (Hg.), **Huch**, was machen die denn da! Projekt Schulpastoral an Hauptschulen und Beruflichen Schulen 2000/2003, Dokumentation und Ergebnisse, Rottenburg-Stuttgart 2004.

Religionspädagogisches Institut Loccum der Ev.- luth. Landeskirche Hannovers, Loccumer Pelikan. Religionspädagogisches Magazin für Schule und Gemeinde, Heft: **Schulseelsorge** 4/09.

Religionspädagogisches Zentrum der Evangelisch-lutherischen Kirche in Bayern, **Heilsbronn** (Hg.), **Evangelische Schulseelsorge** in Bayern. Mehr als ein Trostpflaster, 2009. Quelle: http://www.rpz-heilsbronn.de/fileadmin/user_upload/daten/arbeitsbereiche/seelsorge-beratung/schulseelsorge/broschuere_schulseelsorge.pdf (Stand: (24.Juni2012).

Remy, Jochen, **Praxismodelle** am Gymnasium, in: Koerrenz, Ralf/ Wermke, Michael (Hg.), Schulseelsorge – Ein Handbuch, Vandenhoeck & Ruprecht, Göttingen 2008, 263-269.

Reuter, Ingo, **Bildungsökonomisierung** und Schulseelsorge, in: Evang. Theol. 68.Jg., Heft 5, 383-400.

15 Literaturverzeichnis

Richtlinien für die Bildungsberatung; Verwaltungsvorschrift des Kultusministeriums vom 26. April 1984 (KuU S. 349); neu erlassen 13.11.2000 (KuU S. 332/2000).

Riess, Richard/**Fiedler**, Kirsten (Hg.), **Die verletzlichen Jahre**. Handbuch zur Beratung und Seelsorge an Kindern und Jugendlichen, Gütersloher Verlagshaus, Gütersloh 1993.

Rihm, Thomas, **Schulentwicklung** aus subjektwissenschaftlicher Sicht, in: Bohl, Thorsten/Helsper, Werner/Holtappels, Heinz Günter/Schelle, Carla (Hg.), Handbuch Schulentwicklung. Theorie – Forschungsbefunde – Entwicklungsprozesse – Methodenrepertoire, Verlag Julius Klinkhardt, Bad Heilbrunn 2010, 86-89.

Rolff, Hans-Günter, **Schulentwicklung** als Entwicklung von Einzelschulen? Theorien und Indikatoren von Entwicklungsprozessen, in: Zeitschrift für Pädagogik 37 (1991), 865-886.

Rolff, Hans-Günter, **Schulentwicklung als Trias** von Organisations-, Unterrichts- und Personalentwicklung, in: Bohl, Thorsten/Helsper, Werner/Holtappels, Heinz Günter/Schelle, Carla (Hg.), Handbuch Schulentwicklung. Theorie – Forschungsbefunde – Entwicklungsprozesse – Methodenrepertoire, Verlag Julius Klinkhardt Bad Heilbrunn 2010, 29-36.

Rolff, Hans-Günter, **Studien** zu einer Theorie der Schulentwicklung, Beltz Weinheim-Basel 2007.

Roth, Elisabeth, „**Denn dieser mein Sohn** war tot und ist wieder lebendig geworden". Seelsorge im Jugendstrafvollzug, Dissertation zur Erlangung des Doktorgrades an der Evangelisch-Theologischen Fakultät der Ludwig-Maximilians-Universität München 2011 (noch unveröffentlicht).

Roth, Kristina, **Sinnhorizonte** christlich gestalteter Schule. Eine schulpädagogische Begründung der Schulpastoral an staatlichen Schulen, Verlag Dr. Kovac Hamburg 2013.

RPZ/Religionspädagogisches Zentrum in Bayern (Hg.), RU-aktuell 1/2002: **Schulpastoral** an Hauptschulen. Dokumentation und Ergebnisse des Erprobungsversuches 1998/99-2000/01, herausgegeben von: Katholisches Schulkommissariat in Bayern, unter der Schriftleitung von Dr. Thomas Gandlau, München 2002.

Rüttiger, Gabriele, **Das „Einmaleins"** der Schulpastoral, in: Kontakt. Informationen zum Religionsunterricht im Bistum Augsburg, Heft 2 (1999), 8f.

Rüttiger, Gabriele (Hg.), **Schulpastoral,** Benediktbeurer Beiträge zur Jugendpastoral Band 3, Don Bosco Verlag München 1992.

Rüttiger, Gabriele, **Schulpastoral – ein selbstloser Dienst** von ChristInnen, in: Amann, Hans (Hg.), Kundschafter des Volkes Gottes. Festschrift für P. Roman Bleistein SJ zum 70. Geburtstag (Studien zur Jugendpastoral, Bd. 4), München 1998, S. 274-279.

Rüttiger, Gabriele, **Schulpastoral – Wahlpflichtfach** im Fachhochschulstudiengang. Religionspädagogik und Kirchliche Bildungsarbeit an der Katholischen Universität Eichstätt-Ingolstadt, in: Lebendige Seelsorge 2 (2003), 120-123.

Sautermeister, Jochen, **Religionsunterricht** im Kontext berufsbildender Schulen. Eine pädagogisch-psychologische Untersuchung von Schülerinnen und Schülern zu ihrer Wahrnehmung und Einschätzung des Religionsunterrichts am Berufsschulzentrum Waiblingen, o. V. Tübingen 2006.

Sautermeister, Jochen, **Schülereinschätzungen** zum Religionsunterricht an der Berufsschule. Ausgewählte Befunde einer empirischen Studie, in: pik (praxisnah, informativ, kollegial. Informationen für Religionslehrer an beruflichen Schulen, Herausgeber: Schulreferat/Abt. II, Erzbischöfliches Ordinariat München Nr. I/2008), I, 6-9.

15 Literaturverzeichnis

Scheilke, Christoph Th., **Schule und Religion** – wieder zu entdeckende Beziehungen, in: Lehren und Lernen. Zeitschrift für Schule und Innovation in Baden Württemberg, 35. Jg. 6 Juni 2009, Themenheft: Religion als Dimension schulischer Bildung, 5-9.

Schenk, Gerd, **Schülernahe Jugendarbeit**, in: EvErz 40 Heft 4 (1988), 355-363.

Schleiermacher, Friedrich Daniel Ernst, **Die praktische Theologie** nach den Grundsätzen der Kirche im Zusammenhange dargestellt. Aus Schleiermachers handschriftlichem Nachlasse und nachgeschriebenen Vorlesungen herausgegeben von Jacob Frerichs, gedruckt und verlegt bei G. Reimer, Berlin 1850, in: Friedrich Schleiermacher´s sämtliche Werke. Erste Abtheilung. Zur Theologie. Dreizehnter Band, gedruckt und verlegt bei G. Reimer, Berlin 1850.

Schmälzle, Udo, **Miteinander Leben** und Glauben lernen. Grundlagen der Evangelisation in der Schule, in: Groß, Engelbert (Hg.), Nicht nur Unterricht – Pastorales Engagement in der Schule. Aspekte von Schulseelsorge, Thomas-Morus Akademie Bensberg, Bergisch Gladbach 1992, 10-78.

Schmälzle, Udo Fr., **Wege zur Partnerschaft**. Konzeptionelle Grundlagen interdisziplinärer Forschung zwischen Humanwissenschaften und Praktischer Theologie, in: Fuchs, Ottmar (Hg.), Theologie und Handeln. Beiträge zur Fundierung der Praktischen Theologie als Handlungstheorie, Patmos Verlag, Düsseldorf 1984, 129-144.

Schmid, Franz, **Schulsozialarbeit**, in: Rüttiger, Gabriele (Hg.), Schulpastoral (=Benediktbeurer Beiträge zur Jugendpastoral Band 3), Don Bosco Verlag, München 1992, 43-49.

Schmidt, Christiane, **Analyse** von Leitfadeninterviews, in: Flick, Uwe/Kardorff, Ernst von/Steinke, Ines (Hg.), Qualitative Forschung. Ein Handbuch, Rowohlt Taschenbuchverlag, Reinbeck bei Hamburg 2005^4, 447-456.

Schmidt, Christiane, **Auswertungstechniken** für Leitfadeninterviews, in: Friebertshäuser, Barbara/Langer, Antje/Prengel, Annedore (Hg.), Handbuch Qualitative Forschungsmethoden in der Erziehungswissenschaft, Juventa Verlag, Weinheim-München 2010³, 473-486.

Schmitz, Stefan, **Schulpastoral** kontrovers. Ein kritischer Blick auf ungeklärte Verhältnisse zwischen Religionsunterricht, Schulseelsorge und Gemeindepastoral, LIT-Verlag, Berlin-Münster 2006.

Schneider, Evelyn, „**Ich werde da sein**" - Zum Profil der Seelsorgearbeit in der Schule, in: Religionspädagogisches Institut Loccum der Ev.- luth. Landeskirche Hannovers, Loccumer Pelikan. Religionspädagogisches Magazin für Schule und Gemeinde, Heft: Schulseelsorge 4/09, 153-157.

Schneider, Jan Heiner, **Ein neues Miteinander** von Schule und Kirche, in: Biesinger, Albert/Nonhoff, Winfried (Hg.) Religionsunterricht und Schülerpastoral, Kösel, München 1982, 50-65.

Schneider, Jan Heiner, **Schulpastoral**, in: Lexikon für Theologie und Kirche IX, Neunter Band. Begr. von Michael Buchberger, hrsg. von Walter Kasper, Herder-Verlag, Freiburg i. B. 2006, 298.

Schneider, Jan Heiner, **Schulseelsorge**, in: Mette, Norbert/Rickers, Folkert (Hg.), Lexikon der Religionspädagogik **(LexRP)**, Band L-Z, Neukirchener Verlagshaus, Neukirchen-Vluyn 2001, Sp. 1959-1961.

Schneider, Jan Heiner, **Lehrer** und Lehrerinnen in der Schulseelsorge, in: Katechetische Blätter 115 (1990) 5, 319-327.

Schneider, Jan Heiner, **Schule**, Schulseelsorge und Schulkultur, in: Katechetische Blätter 110 (1985), 734-742.

Schneider, Jan Heiner, Zur **Diskussion** der Schulseelsorge, in: Katechetische Blätter 120 (1995), 22-28.

15 Literaturverzeichnis

Schneider, Tom/ **Fuchs,** Ottmar, Atmende **Zwischenräume:** Schulpastoral als lebensraumorientierte Seelsorge, in: Katechetische Blätter 132 (2007), 132-139.

Schneider-Harpprecht, Christoph F. W., **Interkulturelle Seelsorge,** Vandenhoeck&Ruprecht, Göttingen 2001.

Schönig, Wolfgang, **Schulentwicklung.** Über eine „terminologische Nebelbombe" und das „Religiöse im Schulkonzept", in: Battke, Achim/Fitzner, Thilo/Isak, Rainer/Lochmann, Ullrich (Hg.), Schulentwicklung – Religion – Religionsunterricht. Profil und Chance von Religion in der Schule der Zukunft, Herder-Verlag, Freiburg 2002, 259-273.

Schratz, Michael/**Steiner-Löffler,** Ulrike, **Die Lernende Schule,** Beltz, Weinheim-Basel 1999.

Schreiner, Martin, **Praxismodelle** in der Berufsbildenden Schule, in: Koerrenz, Ralf/ Wermke, Michael (Hg.), Schulseelsorge – Ein Handbuch, Vandenhoeck & Ruprecht, Göttingen 2008, 270-276.

Schreiner, Peter, **Schulentwicklung und Religion** – Beispiele aus Europa, in: ZPT 2 (1999), 140-148.

Schröder, Bernd (Hg.), **Religion** im Schulleben. Christliche Präsenz nicht allein im Religionsunterricht, Neukirchener Verlagshaus, Neukirchen-Vluyn 2006.

Schröder, Bernd, **Schulgottesdienst,** in: Koerrenz, Ralf/Wermke, Michael (Hg.), Schulseel-sorge – Ein Handbuch, Vandenhoeck & Ruprecht, Göttingen 2008, 148-153.

Schröder, Bernd, **Warum** „Religion im Schulleben"?, in: Schröder, Bernd (Hg.), Religion im Schulleben. Christliche Präsenz nicht allein im Religionsunterricht, Neukirchener Verlagshaus Neukirchen-Vluyn 2006, 11-26.

Schweitzer, Friedrich, **Brauchen Kinder Religion?**, in: Comenius Institut Münster in Verbindung mit Evangelische Akademie Bad Boll, Pädagogisch-Theologisches Zentrum der Evangelischen Landeskirche in Württemberg (Hg.); Aufwachsen in der Pluralität. Herausforderungen für Kirche, Schule und Erziehung, Münster 1994.

Schweitzer, Friedrich, **Lebensgeschichte** und Religion. Religiöse Entwicklung und Erziehung im Kindes- und Jugendalter, Kaiser, München 1987.

Schweitzer, Friedrich, **Religionspädagogik**, Lehrbuch Praktische Theologie 1, Gütersloher Verlagshaus, Gütersloh 2006.

Schweitzer, Friedrich, **Schulentwicklung und Religionsunterricht** – Grundsätzliche Überlegungen zu einer aktuellen Problemstellung, in: ZPT 2/1999, 157-167.

Schweitzer, Friedrich, **Seelsorge** mit Schülerinnen und Schülern im Jugendalter, in: Koerrenz, Ralf/Wermke, Michael (Hg.), Schulseelsorge – Ein Handbuch, Vandenhoeck&Ruprecht, Göttingen 2008, 99-106.

Schulgesetz für Baden-Württemberg (**SchG**) in der Fassung vom 1.8.1983 (Gbl S. 397); zuletzt geändert durch das Verwaltungsstruktur-Reformgesetz vom 1. Juli **2004** (Gbl. S. 469/2004).

Seeliger, Magdalena, **Schulseelsorge**, in: Lexikon für Kirche und Staatskirchenrecht, Schöningh, Verlag Paderborn 2003, 525-527.

Seibt, Markus, **Schulpastoral** an berufsbildenden Schulen des dualen Schulsystems. Eine qualitativ-empirische Untersuchung zur Entwicklung von Qualitätskriterien für eine gelingende Schulpastoral an Berufsschulen, LIT-Verlag, Berlin 2008.

Sekretariat der Deutschen Bischofskonferenz (Hrsg.), Der **Religionsunterricht** vor neuen Herausforderungen, Bonn 2005.

Spenn, Matthias, Die **Ganztagsschule** – Kirchliche Arbeit vor neuen Herausforderungen, in: ZPT 2 (2005), 99-118.

Spenn, Matthias, **Evangelische Schulseelsorge**. Ein kirchliches Handlungsfeld in der Schule gewinnt an Bedeutung, in: PGP 4 (2008), 54f.

Spenn, Matthias, **Praxismodelle** in der Gesamtschule, in: Koerrenz, Ralf/ Wermke, Michael (Hg.), Schulseelsorge – Ein Handbuch, Vandenhoeck & Ruprecht, Göttingen 2008, 257-262.

Städtler-Mach, Barbara, **Kinderseelsorge**. Seelsorge mit Kindern und ihre pastoralpsychologische Bedeutung, Vandenhoeck&Ruprecht, Göttingen 2004.

Steinke, Ines, 4.7 **Gütekriterien** qualitativer Forschung, in: Flick, Uwe/Kardorff, Ernst von/Steinke, Ines (Hg.), Qualitative Forschung. Ein Handbuch, Rowohlt Taschenbuchverlag, Reinbeck bei Hamburg 2005^4, 319-331.

Stollberg, Dietrich, **Religionsunterricht**: Erziehung – Bildung – Seelsorge? In: Pastoraltheologie 77 (1988) 7, 306-318.

Strauss, Anselm L./**Corbin**, Juliet, **Grounded Theory**. Grundlagen qualitativer Sozialforschung, Pschologie-Verlag Union, Weinheim 1996.

Strübing, Jörg, **Grounded Theory**. Zur sozialtheoretischen und epistemologischen Fundierung des Verfahrens der empirisch begründeten Theoriebildung, VS Verlag für Sozialwissenschaften, Wiesbaden 2004.

Tenorth, Heinz-Elmar/**Tippelt**, Rudolf, **Beltz Lexikon Pädagogik**, Beltz, Weinheim-Basel 2007.

Thalheimer, Beate, **Als Religionslehrerin** Schulseelsorgerin sein. Gedanken zur Rolle zwischen Beratungslehrer, Vertrauenslehrerin und Schulsozialarbeiter, in: KatBl 120 (1995), 696-699.

Thalheimer, Beate, **Aufbau** von Schulpastoral vor Ort – Konzeptentwicklung, in: Kirchliche Arbeitsstelle für Fernstudien/Theologie im Fernkurs bei der Domschule Würzburg (Hg.), Schulpastoral. Befähigung zum Dienst von Christinnen und Christen in der Schule, StE VIII, Würzburg 1998.

Thalheimer, Beate, **Begegnung** mit Hindernissen. Zum Verhältnis von Kirchlicher Jugendarbeit und Schulpastoral, in: Lebendige Seelsorge 2 (2000), 127-129.

Thalheimer, Beate, **Schulpastoral** – Schulseelsorge, in: Mertens, Gerhard/Frost, Ursula/Böhm, Winfried/Ladenthin, Volker (Hg.), Handbuch der Erziehungswissenschaft Teilband II/1 Schule, Verlag Ferdinand Schöningh, Paderborn 2009, 575-581.

Theologie im Fernkurs/Katholische Akademie Domschule Würzburg (Hg.), **Schulpastoral**. Befähigung zum Dienst von Christinnen und Christen in der Schule. Das Programm – Aufbau und Verwendung. Kursplanungsmappe, Würzburg 3., überarbeitete Auflage 2001.

Tzscheetzsch, Werner, „**Schule ist mehr...**" Der Beitrag der Kirche zur Qualität der Schule, in: Religionsunterricht heute 1 (2005), 7-9.

Van Hooff, Anton, **Zur theologischen Grundlegung** der Schulpastoral, in: Religionsunterricht heute 1 (2005), 10-15.

van der **Ven**, Johannes A., **Entwurf** einer empirischen Theologie, J. H. Kok Publishing House (Kampen/The Netherlands)/ Deutscher Studien-Verlag, Weinheim 1990.

van der **Ven**, Johannes A., **Erfahrung und Empirie** in der Theologie?, in: Religionspädagogische Beiträge 1987, 132-151.

van der **Ven**, Johannes A., **Der Modus der Kooperation**, in: Haslinger, Herbert (Hg.), Handbuch Praktische Theologie. Band 1 Grundlegungen, Matthias-Grünewald-Verlag, Mainz 1999, 267-278.

15 Literaturverzeichnis

van der **Ven**, Johannes A,. **Unterwegs** zu einer empirischen Theologie, in: Fuchs, Ottmar (Hrsg.), Theologie und Handeln. Beiträge zur Fundierung der Praktischen Theologie als Handlungstheorie, Patmos Verlag, Düsseldorf 1984, 102-128.

Vereinigung der Deutschen Ordensoberen (VDO), **Schulpastoral** in katholischen Schulen in freier Trägerschaft (Orden) in der Bundesrepublik Deutschland. Grundlagentext, in: Rüttiger, Gabriele (Hg.), Schulpastoral, Benediktbeurer Beiträge zur Jugendpastoral Band 3, Don Bosco Verlag, München 1992, 21-26.

VO des KM über Einrichtung und Aufgaben der Schülermitverantwortung (SMV-Verordnung) vom 8. Juni 1976 (KuU S.1196/1976), zuletzt geändert 8. September **2004** (KuU S. 243/2004).

Vierling-Ihrig, Heike, Was hat die **Kirche** von der Schulseelsorge, in: Dam, Harmjan/Spenn, Matthias (Hg.), Evangelische Schulseelsorge. Hintergründe, Erfahrungen, Konzeptionen, Comenius-Institut Münster 2007, 35-41.

Wegenast, Klaus/**Lämmermann**, Godwin, **Gemeindepädagogik**. Kirchliche Bildungsarbeit als Herausforderung, Kohlhammer, Stuttgart-Berlin-Köln 1994.

Weinert, Franz E., **Vergleichende Leistungsmessung** in Schulen – eine umstrittene Selbstverständlichkeit, in: Ders. (Hg.), Leistungsmessungen in Schulen, 2., unveränderte Auflage, Beltz, Weinheim-Basel 2002, 17-32.

Weißenberger, Clemens, **Schulseelsorge** und Schulpastoral – unterschiedliche Begriffe für denselben Inhalt? Begründung einer unterschiedlichen Terminologie der Begriffe „Schulseelsorge" und „Schulpastoral" unter Berücksichtigung biblischer Quellen und praxisorientierter Notwendigkeit, in: WzM, 59.Jg., 235-250.

Welter, Bruno, „**Schulseelsorger** sein ohne zu unterrichten?" Pastorales Personal in Schulprojekten des Bistums Aachen, in: Lebendige Seelsorge 2 (2003), 131-134.

Wermke, Michael, **Schulseelsorge** – eine praktisch-theologische und religionspädagogische Grundlegung, in: Koerrenz, Ralf/Wermke, Michael (Hg.), Schulseelsorge – Ein Handbuch, Vendenhoeck&Ruprecht, Göttingen 2008, 15-33.

Wiater, Werner, **Schulkultur** – ein Integrationsbegriff für die Schulpädagogik?, in: Seibert, Norbert (Hg.), Anspruch Schulkultur. Interdisziplinäre Darstellung eines neuzeitlichen schulpädagogischen Begriffs, Verlag Julius Klinkhardt, Bad Heilbrunn, 21-43.

Wild, Klaus, **Schulseelsorge** als Beitrag zur inneren Schulentwicklung, in: Dam, Harmjan/ Spenn, Matthias (Hg.), Evangelische Schulseelsorge. Hintergründe, Erfahrungen, Konzeptionen, Comenius-Institut Münster 2007, 65-67.

Wild, Klaus, Wahrnehmungsorientierte **Schulentwicklung**. Innere Schulentwicklung unter Berücksichtigung der Wahrnehmung von Schulqualität durch Lehrkräfte, Winzer Duschl München 2006.

Willmann-Institut München-Wien (Leitung der Herausgabe: Heinrich Rombach), **Lexikon der Pädagogik**, Herder, Freiburg i. Br. 1971.

Winden, Hans-Willi, **Wie hältst du's mit der Religion** – im Schulprogramm?, in: KatBl 124 (1999), 170-171.

Winzenhörlein, Thomas **Schulseelsorge konkret**. Ein Erfahrungsbericht, in: Lebendige Seelsorge 5 (2007), 320-323.

Wittenbruch, Wilhelm, **Was erwartet** die Schule von der Seelsorge? in: Lebendige Seelsorge 2 (2003), 84-88.

Wörterbuch der pädagogischen Psychologie, Herder, Freiburg i. Br. 1974.

15 Literaturverzeichnis

Wünscher, Ines, **Praxismodelle** im Grundschulbereich, in: Koerrenz, Ralf/ Wermke, Michael (Hg.), Schulseelsorge – Ein Handbuch, Vandenhoeck&Ruprecht, Göttingen 2008, 245-250.

Zerfaß, Rolf, **Praktische Theologie** als Handlungswissenschaft, in: Klostermann, Ferdinand/Zerfaß, Rolf (Hg.), Praktische Theologie heute, Chr. Kaiser Verlag, München 1974, 164-177.

Zick-Kuchinke, Heike, Die **Entstehung** der Schulseelsorge in der EKHN, in: Dam, Harmjan/ Zick-Kuchinke, Heike (Hg.), Evangelische schulnahe Jugendarbeit. ...weil das Leben sich nicht im 45-Minutentakt verhandeln lässt, Neukirchener Verlag, Neukirchen-Vluyn 1996, 56-59.

Ziebertz, Hans-Georg/**Heil**, Stefan/**Mendl**, Hans/**Simon**, Werner, **Religionslehrerbildung** an der Universität. Profession – Religion – Habitus, LIT-Verlag, Münster 2005.

Ziemer, Jürgen, **Seelsorgelehre**. Eine Einführung für Studium und Praxis, Vandenhoeck&Ruprecht (UTB), Göttingen 2000.

16 Anhang

Die Datenschutzerklärungen sowie Bemerkungen zu den Interviewtranskripten finden sich auf beiliegender CD-ROM.